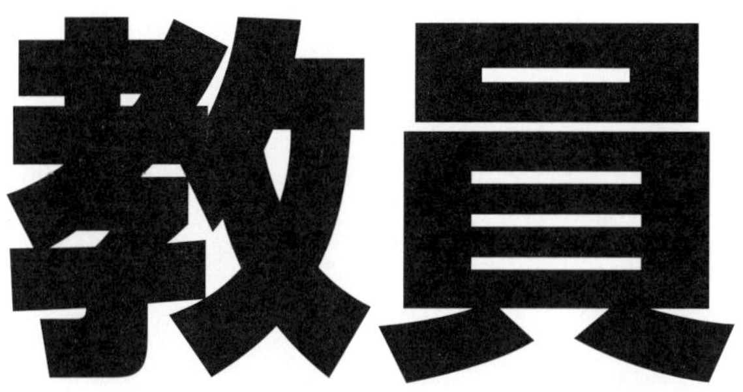

採用試験対策

参考書

専門教科
小学校全科

各教科の頻出事項を詳細に解説！
小学校全科の対策はこれで OK!
教員採用試験必携の参考書

東京アカデミー 編

東京アカデミー七賢出版

は　じ　め　に

教員採用試験は，自治体ごとに実施され，その出題傾向は多種多様です。そのため，受験生にとっては対策を立てる上で大変困難を極めます。また，近年の試験では，人物試験を重視する傾向にあり，その対策にも多くの時間が必要となります。これらの状況を考えると，筆記試験においては，限られた時間の中でより的確かつ効率よく学習を進めていくことが求められます。

このオープンセサミシリーズは，全国に拠点をもつ東京アカデミーのネットワークを最大限に活かして過去の教員採用試験を徹底的に分析し，より効率よく，かつ合理的に，合格に必要な知識を身に付けることができるよう編集されたものです。

多くの受験生が見事合格を勝ちとり，晴れて教師としてご活躍されますよう，ご健闘を心からお祈り申し上げます。

本書が，受験生の皆さまの合格の一助となりましたら幸いです。

東京アカデミー編集部スタッフ一同

この本の構成や内容は，オープンセサミシリーズの問題集，セサミノート（サブノート）に準拠しています。参考書，セサミノートで知識の定着をはかり，問題集で実践力をつけることでより効果的な学習ができます。併用して利用されることをおすすめします。

※本書掲載の学習指導要領およびそれに関連する記述は，平成29年3月に告示された内容に準じております。また，目標や内容の本文の太字は本試験の空欄補充問題等に出題された箇所ですので，参考にしてください。

小学校全科

Contents

1　国語

2　社会

3　算数

4　理科

5　生活

6　音楽

7　図画工作

8　家庭

9　体育

10　外国語活動・外国語

11　特別の教科　道徳

12　その他

解答解説

1
国語

Open Sesame

1 学習指導要領

●ポイント

教科目標をはじめ，学年目標，指導計画の作成と内容の取扱いについて，空欄補充の形で問う問題や，学年目標・内容がいずれの学年のものかを問う問題などに対応できるよう，キーワードを中心として，確実に覚えておくようにしよう。

1 国語科改訂の要点（一部抜粋）

(1) 目標の構成の改善

国語科で育成を目指す資質・能力を「国語で正確に理解し適切に表現する資質・能力」と規定するとともに，「**知識及び技能**」，「**思考力，判断力，表現力等**」，「**学びに向かう力，人間性等**」の三つの柱で整理した。学年の目標についても，従前，「話すこと・聞くこと」，「書くこと」，「読むこと」の領域ごとに示していた目標を，教科の目標と同様に三つの柱で整理した。

(2) 内容の構成の改善

従前，「話すこと・聞くこと」，「書くこと」，「読むこと」の3領域及び〔伝統的な言語文化と国語の特質に関する事項〕で構成していた内容を，〔**知識及び技能**〕及び〔**思考力，判断力，表現力等**〕に構成し直した。

〔**知識及び技能**〕
(1) 言葉の特徴や使い方に関する事項
(2) 情報の扱い方に関する事項
(3) 我が国の言語文化に関する事項

〔**思考力，判断力，表現力等**〕
A 話すこと・聞くこと
B 書くこと
C 読むこと

(3) 漢字指導の改善・充実

学年別漢字配当表の**第4学年**に，**都道府県名に用いる漢字25字を配当**した。具体的には，学年別漢字配当表に新たに加えた漢字20字（茨，媛，岡，潟，岐，熊，香，佐，埼，崎，滋，鹿，縄，井，沖，栃，奈，梨，阪，阜），これまで第5学年に配当されていた漢字4字（賀，群，徳，富）及びこれまで第6学年に配当されていた漢字1字（城）である。また，これに伴い，各学年における児童の学習負担に配慮して，**32字の配当学年を移行**した。

2 国語科の目標

言葉による**見方・考え方**を働かせ，**言語活動**を通して，国語で**正確**に**理解**し**適切**に**表現**する**資質・能力**を次のとおり育成することを目指す。

(1) **日常生活**に必要な国語について，その**特質**を**理解**し**適切**に使うことができるようにする。

(2) **日常生活**における人との関わりの中で**伝え合う力**を高め，**思考力**や**想像力**を養う。

(3) **言葉がもつよさ**を認識するとともに，**言語感覚**を養い，国語の**大切さ**を**自覚**し，国語を**尊重**してその**能力**の**向上**を図る態度を養う。

● **国語で正確に理解し適切に表現する資質・能力**

正確に理解する資質・能力と，適切に表現する資質・能力とは，連続的かつ同時的に機能するものであるが，表現する内容となる自分の考えなどを形成するためには国語で表現された様々な事物，経験，思い，考え等を理解することが必要であることから，「正確に理解」，「適切に表現」という順に示している。

● **言葉による見方･考え方を働かせる**

児童が学習の中で，対象と言葉，言葉と言葉との関係を，言葉の意味，働き，使い方等に着目して捉えたり問い直したりして，言葉への自覚を高めること。

● **伝え合う力を高める**

人間と人間との関係の中で，互いの立場や考えを尊重し，言語を通して正確に理解したり適切に表現したりする力を高めること。

● **言葉がもつよさ**

言葉によって自分の考えを形成したり新しい考えを生み出したりすること，言葉から様々なことを感じたり，感じたことを言葉にしたりすることで心を豊かにすること，言葉を通じて人や社会と関わり自他の存在について理解を深めたりすることなど。

● **言語感覚**

言語で理解したり表現したりする際の正誤・適否・美醜などについての感覚のこと。

3 各学年の目標

各学年の目標は，教科目標の(1)，(2)，(3)に対応して，2学年のまとまりごとに示されている。

(1) 「知識及び技能」に関する目標

(2) 「思考力，判断力，表現力等」に関する目標

(3) 「学びに向かう力，人間性等」に関する目標

各学年の目標を2学年まとめて示しているのは，児童の発達の段階や中学校との関連に配慮しつつ，児童や学校の実態に応じて各学年における指導内容を重点化し，十分な定着を図ることが大切だからである。

	第1学年・第2学年	第3学年・第4学年	第5学年・第6学年
知識及び技能	(1) **日常生活に必要な国語の知識や技能**を身に付けるとともに，我が国の**言語文化**に親しんだり理解したりすることができるようにする。		
思考力，判断力，表現力等	(2) **順序立てて**考える力や感じたり**想像**したりする力を養い，**日常生活**における人との関わりの中で**伝え合う力**を高め，**自分の思いや考えをもつ**ことができるようにする。	(2) **筋道立てて**考える力や豊かに感じたり**想像**したりする力を養い，**日常生活**における人との関わりの中で**伝え合う力**を高め，**自分の思いや考えをまとめる**ことができるようにする。	(2) **筋道立てて**考える力や豊かに感じたり想像したりする力を養い，**日常生活**における人との関わりの中で**伝え合う力**を高め，**自分の思いや考えを広げる**ことができるようにする。
学びに向かう力，人間性等	(3) **言葉がもつよさ**を**感じる**とともに，**楽しんで**読書をし，国語を**大切**にして，思いや考えを伝え合おうとする態度を養う。	(3) **言葉がもつよさ**に**気付く**とともに，**幅広く読書**をし，国語を**大切**にして，思いや考えを伝え合おうとする態度を養う。	(3) **言葉がもつよさ**を**認識**するとともに，**進んで読書**をし，国語の**大切さ**を**自覚**して，思いや考えを伝え合おうとする態度を養う。

4 各学年の内容

〔知識及び技能〕

(1) 言葉の特徴や使い方に関する事項

	第1学年・第2学年	第3学年・第4学年	第5学年・第6学年
言葉の働き	ア　言葉には，事物の内容を表す働きや，経験したことを伝える働きがあることに気付くこと。	ア　言葉には，考えたことや思ったことを表す働きがあることに気付くこと。	ア　言葉には，相手とのつながりをつくる働きがあることに気付くこと。
話し言葉と書き言葉			イ　話し言葉と書き言葉との違いに気付くこと。
	イ　音節と文字との関係，**アクセント**による語の**意味**の違いなどに気付くとともに，姿勢や口形，発声や発音に注意して話すこと。	イ　相手を見て話したり聞いたりするとともに，言葉の抑揚や強弱，**間の取り方**などに注意して話すこと。	
	ウ　**長音，拗音，促音，撥音**などの表記，**助詞の「は」，「へ」及び「を」の使い方，句読点の打ち方，かぎ（「　」）の使い方**を理解して文や文章の中で使うこと。また，平仮名及び片仮名を読み，書くとともに，片仮名で書く語の種類を知り，文や文章の中で使うこと。	ウ　漢字と仮名を用いた表記，送り仮名の付け方，改行の仕方を理解して文や文章の中で使うとともに，**句読点**を適切に打つこと。また，第3学年においては，日常使われている簡単な単語について，**ローマ字**で表記されたものを読み，**ローマ字**で書くこと。	ウ　文や文章の中で漢字と仮名を適切に使い分けるとともに，送り仮名や仮名遣いに注意して正しく書くこと。

	第1学年・第2学年	第3学年・第4学年	第5学年・第6学年
漢字	エ　第1学年においては，学年別漢字配当表の第1学年に配当されている漢字を読み，漸次書き，文や文章の中で使うこと。第2学年においては，同表の第2学年までに配当されている漢字を読むこと。また，第1学年に配当されている漢字を書き，文や文章の中で使うとともに，第2学年に配当されている漢字を漸次書き，文や文章の中で使うこと。	エ　各学年においては，学年別漢字配当表の当該学年までに配当されている漢字を読むこと。また，当該学年の前の学年までに配当されている漢字を書き，文や文章の中で使うとともに，当該学年に配当されている漢字を漸次書き，文や文章の中で使うこと。	
語彙	オ　**身近なこと**を表す語句の量を増し，話や文章の中で使うとともに，言葉には**意味**による語句のまとまりがあることに気付き，語彙を豊かにすること。	オ　様子や行動，**気持ち**や**性格**を表す語句の量を増し，話や文章の中で使うとともに，言葉には性質や役割による語句のまとまりがあることを理解し，語彙を豊かにすること。	オ　**思考**に関わる語句の量を増し，話や文章の中で使うとともに，語句と語句との関係，語句の**構成**や変化について理解し，語彙を豊かにすること。また，**語感**や言葉の使い方に対する感覚を意識して，語や語句を使うこと。
文や文章	カ　文の中における主語と述語との関係に気付くこと。	カ　**主語と述語**との関係，修飾と被修飾との関係，指示する語句と**接続**する語句の役割，**段落**の役割について理解すること。	カ　文の中での語句の係り方や語順，文と文との**接続**の関係，話や文章の**構成**や展開，話や文章の種類とその特徴について理解すること。
言葉遣い	キ　丁寧な言葉と普通の言葉との違いに気を付けて使うとともに，敬体で書かれた文章に慣れること。	キ　丁寧な言葉を使うとともに，敬体と常体との違いに注意しながら書くこと。	キ　日常よく使われる**敬語**を理解し使い慣れること。

	第1学年・第2学年	第3学年・第4学年	第5学年・第6学年
表現の技法			ク　**比喩**や反復などの表現の工夫に気付くこと。
音読，朗読	ク　語のまとまりや**言葉の響き**などに気を付けて音読すること。	ク　文章全体の**構成**や内容の大体を意識しながら音読すること。	ケ　文章を音読したり**朗読**したりすること。

(2)　**情報の扱い方に関する事項**

	第1学年・第2学年	第3学年・第4学年	第5学年・第6学年
情報と情報との関係	ア　**共通**，**相違**，**事柄の順序**など情報と情報との関係について理解すること。	ア　**考えとそれを支える理由や事例**，全体と**中心**など情報と情報との関係について理解すること。	ア　**原因と結果**など情報と情報との関係について理解すること。
情報の整理		イ　**比較や分類**の仕方，必要な語句などの書き留め方，引用の仕方や出典の示し方，**辞書**や事典の使い方を理解し使うこと。	イ　**情報と情報との関係付け**の仕方，**図**などによる**語句と語句との関係**の表し方を理解し使うこと。

(3) 我が国の言語文化に関する事項

	第1学年・第2学年	第3学年・第4学年	第5学年・第6学年
伝統的な言語文化	ア　**昔話や神話・伝承**などの読み聞かせを聞くなどして，我が国の伝統的な言語文化に親しむこと。 イ　長く親しまれている**言葉遊び**を通して，言葉の豊かさに気付くこと。	ア　**易しい文語調の短歌や俳句**を**音読**したり**暗唱**したりするなどして，**言葉の響き**や**リズム**に親しむこと。 イ　長い間使われてきた**ことわざ**や**慣用句**，**故事成語**などの意味を知り，使うこと。	ア　**親しみやすい古文や漢文，近代以降の文語調の文章**を音読するなどして，**言葉の響き**や**リズム**に親しむこと。 イ　**古典**について解説した文章を読んだり作品の内容の大体を知ったりすることを通して，昔の人のものの見方や感じ方を知ること。
言葉の由来や変化		ウ　漢字が，へんやつくりなどから構成されていることについて理解すること。	ウ　語句の**由来**などに関心をもつとともに，時間の経過による言葉の変化や**世代**による言葉の違いに気付き，**共通語と方言**との違いを理解すること。また，仮名及び漢字の**由来**，特質などについて理解すること。
書写	ウ　書写に関する次の事項を理解し使うこと。 (ア)　姿勢や筆記具の持ち方を正しくして書くこと。 (イ)　**点画**の書き方や文字の形に注意しながら，**筆順**に従って丁寧に書くこと。 (ウ)　点画相互の**接し方**や交わり方，**長短**や方向などに注意して，文字を正しく書くこと。	エ　書写に関する次の事項を理解し使うこと。 (ア)　文字の組立て方を理解し，**形を整えて**書くこと。 (イ)　漢字や仮名の**大きさ，配列**に注意して書くこと。 (ウ)　毛筆を使用して**点画**の書き方への理解を深め，**筆圧**などに注意して書くこと。	エ　書写に関する次の事項を理解し使うこと。 (ア)　**用紙全体との関係**に注意して，文字の**大きさ**や配列などを決めるとともに，書く**速さ**を意識して書くこと。 (イ)　毛筆を使用して，**穂先の動きと点画のつながり**を意識して書くこと。 (ウ)　目的に応じて使用する筆記具を選び，その**特徴**を生かして書くこと。

	第1学年・第2学年	第3学年・第4学年	第5学年・第6学年
読書	エ　読書に親しみ，いろいろな本があることを知ること。	オ　**幅広く**読書に親しみ，読書が，必要な**知識**や**情報**を得ることに役立つことに気付くこと。	オ　日常的に読書に親しみ，読書が，自分の考えを広げることに役立つことに気付くこと。

〔思考力，判断力，表現力等〕

A　話すこと・聞くこと

	第1学年・第2学年	第3学年・第4学年	第5学年・第6学年
話題の設定，情報の収集，内容の検討	ア　**身近なこと**や**経験したこと**などから話題を決め，伝え合うために必要な事柄を選ぶこと。	ア　**目的**を意識して，**日常生活**の中から話題を決め，集めた材料を**比較したり分類したり**して，伝え合うために必要な事柄を選ぶこと。	ア　**目的**や**意図**に応じて，**日常生活**の中から話題を決め，集めた材料を**分類**したり関係付けたりして，伝え合う内容を検討すること。
構成の検討，考えの形成（話すこと）	イ　**相手**に伝わるように，行動したことや**経験**したことに基づいて，**話す事柄の順序**を考えること。	イ　**相手**に伝わるように，理由や事例などを挙げながら，**話の中心**が明確になるよう**話の構成を考える**こと。	イ　話の内容が明確になるように，事実と感想，意見とを区別するなど，**話の構成を考える**こと。
表現，共有（話すこと）	ウ　伝えたい事柄や**相手**に応じて，**声の大きさや速さ**などを工夫すること。	ウ　**話の中心**や話す場面を意識して，**言葉の抑揚や強弱，間の取り方**などを工夫すること。	ウ　**資料を活用する**などして，自分の考えが伝わるように表現を工夫すること。
構造と内容の把握，精査・解釈，考えの形成，共有（聞くこと）	エ　話し手が知らせたいことや自分が**聞きたいこと**を落とさないように**集中**して聞き，話の内容を捉えて**感想**をもつこと。	エ　**必要なこと**を記録したり**質問**したりしながら聞き，話し手が伝えたいことや自分が**聞きたいこと**の中心を捉え，自分の考えをもつこと。	エ　**話し手の目的**や自分が聞こうとする**意図**に応じて，話の内容を捉え，話し手の考えと比較しながら，自分の考えをまとめること。

	第1学年・第2学年	第3学年・第4学年	第5学年・第6学年
話合いの進め方の検討，考えの形成，共有（話し合うこと）	オ　互いの話に**関心**をもち，相手の発言を受けて話をつなぐこと。	オ　目的や進め方を確認し，**司会**などの役割を果たしながら話し合い，互いの意見の**共通点や相違点**に着目して，**考えをまとめる**こと。	オ　互いの**立場や意図**を明確にしながら**計画的**に話し合い，考えを広げたりまとめたりすること。

▼「話すこと・聞くこと」の言語活動例

	第1学年・第2学年	第3学年・第4学年	第5学年・第6学年
話したり聞いたりする活動	ア　**紹介**や説明，**報告**など伝えたいことを話したり，それらを聞いて声に出して確かめたり**感想**を述べたりする活動。	ア　**説明や報告**など調べたことを話したり，それらを聞いたりする活動。 イ　**質問**するなどして情報を集めたり，それらを発表したりする活動。	ア　**意見**や**提案**など自分の考えを話したり，それらを聞いたりする活動。 イ　**インタビュー**などをして必要な情報を集めたり，それらを発表したりする活動。
話し合う活動	イ　尋ねたり応答したりするなどして，少人数で話し合う活動。	ウ　**互いの考えを伝える**などして，グループや**学級全体**で話し合う活動。	ウ　それぞれの立場から考えを伝えるなどして話し合う活動。

B　書くこと

	第1学年・第2学年	第3学年・第4学年	第5学年・第6学年
題材の設定，情報の収集，内容の検討	ア　**経験したことや想像したこと**などから書くことを見付け，必要な事柄を集めたり確かめたりして，伝えたいことを**明確**にすること。	ア　**相手や目的**を意識して，**経験**したことや想像したことなどから書くことを選び，集めた材料を**比較したり分類したり**して，伝えたいことを**明確**にすること。	ア　**目的や意図**に応じて，**感じたこと**や**考えたこと**などから書くことを選び，集めた材料を**分類**したり関係付けたりして，伝えたいことを**明確**にすること。

	第1学年・第2学年	第3学年・第4学年	第5学年・第6学年
構成の検討	イ　自分の思いや考えが**明確**になるように，**事柄の順序**に沿って簡単な**構成**を考えること。	イ　書く内容の中心を**明確**にし，**内容のまとまり**で段落をつくったり，段落相互の関係に注意したりして，文章の**構成**を考えること。	イ　筋道の通った文章となるように，文章全体の**構成や展開**を考えること。
考えの形成，記述	ウ　**語と語や文と文との続き方**に注意しながら，内容のまとまりが分かるように書き表し方を**工夫**すること。	ウ　**自分の考え**とそれを支える**理由や事例**との関係を明確にして，書き表し方を**工夫**すること。	ウ　**目的や意図**に応じて簡単に書いたり詳しく書いたりするとともに，**事実と感想，意見**とを区別して書いたりするなど，自分の考えが伝わるように書き表し方を**工夫**すること。 エ　**引用**したり，**図表やグラフ**などを用いたりして，自分の考えが伝わるように書き表し方を**工夫**すること。
推敲	エ　文章を**読み返す習慣**を付けるとともに，間違いを正したり，語と語や文と文の続き方を確かめたりすること。	エ　間違いを正したり，**相手や目的**を意識した表現になっているかを確かめたりして，文や文章を整えること。	オ　文章**全体**の構成や書き表し方などに着目して，文や文章を整えること。
共有	オ　文章に対する**感想を伝え合い**，自分の文章の内容や表現の**よいところ**を見付けること。	オ　書こうとしたことが**明確**になっているかなど，文章に対する**感想や意見を伝え合い**，自分の文章の**よいところ**を見付けること。	カ　**文章全体の構成や展開**が**明確**になっているかなど，文章に対する**感想や意見を伝え合い**，自分の文章の**よいところ**を見付けること。

▼「書くこと」の言語活動例

	第1学年・第2学年	第3学年・第4学年	第5学年・第6学年
説明的な文章を書く活動	ア　**身近なことや経験したこと**を報告したり，観察したことを**記録**したりするなど，見聞きしたことを書く活動。	ア　調べたことを**まとめて報告**するなど，事実やそれを基に**考えたこと**を書く活動。	ア　**事象**を説明したり意見を述べたりするなど，**考えたことや伝えたいこと**を書く活動。
実用的な文章を書く活動	イ　日記や**手紙**を書くなど，思ったことや伝えたいことを書く活動。	イ　行事の案内やお礼の文章を書くなど，伝えたいことを**手紙**に書く活動。	イ　**短歌や俳句**をつくるなど，**感じた**ことや想像したことを書く活動。
文学的な文章を書く活動	ウ　簡単な**物語**をつくるなど，**感じた**ことや想像したことを書く活動。	ウ　**詩**や**物語**をつくるなど，**感じた**ことや想像したことを書く活動。	ウ　**事実や経験**を基に，**感じたり**考えたりしたことや自分にとっての意味について文章に書く活動。

C　読むこと

		第1学年・第2学年	第3学年・第4学年	第5学年・第6学年
構造と内容の把握	説明的な文章	ア　**時間的な順序や事柄の順序**などを考えながら，内容の大体を捉えること。	ア　**段落相互の関係**に着目しながら，考えとそれを支える理由や事例との関係などについて，**叙述**を基に捉えること。	ア　**事実と感想，意見**などとの関係を**叙述を基**に押さえ，文章全体の構成を捉えて**要旨**を把握すること。
	文学的な文章	イ　**場面の様子**や**登場人物の行動**など，内容の大体を捉えること。	イ　**登場人物の行動や気持ち**などについて，**叙述**を基に捉えること。	イ　**登場人物の相互関係や心情**などについて，描写を基に捉えること。
精査・解釈	説明的な文章	ウ　文章の中の重要な語や文を考えて選び出すこと。	ウ　**目的**を意識して，中心となる語や文を見付けて**要約**すること。	ウ　**目的**に応じて，文章と図表などを結び付けるなどして必要な**情報**を見付けたり，論の進め方について考えたりすること。

	第1学年・第2学年	第3学年・第4学年	第5学年・第6学年
精査・解釈 文学的な文章	エ　**場面の様子**に着目して，**登場人物の行動**を具体的に想像すること。	エ　登場人物の**気持ちの変化や性格，情景**について，場面の**移り変わり**と結び付けて具体的に**想像**すること。	エ　人物像や物語などの全体像を具体的に想像したり，**表現の効果**を考えたりすること。
考えの形成	オ　文章の内容と自分の**体験**とを結び付けて，感想をもつこと。	オ　文章を読んで理解したことに基づいて，**感想や考えをもつ**こと。	オ　文章を読んで理解したことに基づいて，**自分の考えをまとめる**こと。
共有	カ　文章を読んで感じたことや分かったことを**共有**すること。	カ　文章を読んで感じたことや考えたことを**共有**し，一人一人の**感じ方**などに違いがあることに気付くこと。	カ　文章を読んでまとめた意見や感想を**共有**し，**自分の考え**を広げること。

▼「読むこと」の言語活動例

	第1学年・第2学年	第3学年・第4学年	第5学年・第6学年
説明的な文章を読む活動	ア　事物の**仕組み**を説明した文章などを読み，分かったことや考えたことを述べる活動。	ア　記録や報告などの文章を読み，文章の一部を引用して，分かったことや考えたことを**説明したり，意見を述べたり**する活動。	ア　説明や解説などの文章を比較するなどして読み，分かったことや考えたことを，話し合ったり文章にまとめたりする活動。
文学的な文章を読む活動	イ　読み聞かせを聞いたり物語などを読んだりして，内容や感想などを伝え合ったり，演じたりする活動。	イ　詩や物語などを読み，内容を説明したり，考えたことなどを伝え合ったりする活動。	イ　詩や物語，**伝記**などを読み，内容を説明したり，自分の生き方などについて考えたことを伝え合ったりする活動。
本などから情報を得て活用する活動	ウ　学校図書館などを利用し，**図鑑**や**科学的**なことについて書いた本などを読み，分かったことなどを説明する活動。	ウ　学校図書館などを利用し，**事典や図鑑**などから**情報**を得て，分かったことなどをまとめて説明する活動。	ウ　学校図書館などを利用し，複数の本や**新聞**などを活用して，調べたり考えたりしたことを報告する活動。

5　指導計画の作成と内容の取扱い

1　指導計画の作成に当たっては，次の事項に配慮するものとする。

(1)　**単元**など内容や時間の**まとまり**を見通して，その中で育む**資質・能力**の育成に向けて，児童の**主体的・対話的**で**深い学び**の実現を図るようにすること。その際，**言葉**による**見方・考え方**を働かせ，**言語活動**を通して，**言葉**の特徴や使い方などを理解し自分の思いや考えを**深める学習の充実**を図ること。

(2)　第2の各学年の内容の指導については，**必要に応じて**当該学年より前の学年において**初歩的な形**で取り上げたり，その後の学年で**程度を高めて**取り上げたりするなどして，**弾力的**に指導すること。

(3)　第2の各学年の内容の〔**知識及び技能**〕に示す事項については，〔**思考力，判断力，表現力等**〕に示す事項の指導を通して指導することを基本とし，必要に応じて，**特定の事項**だけを取り上げて指導したり，それらをまとめて指導したりするなど，指導の効果を高めるよう工夫すること。なお，その際，第1章総則の第2の3の(2)のウの(イ)に掲げる指導を行う場合には，当該指導のねらいを明確にするとともに，単元など内容や時間のまとまりを見通して**資質・能力**が偏りなく育成されるよう計画的に指導すること。

(4)　第2の各学年の内容の〔思考力，**判断力**，表現力等〕の「A**話すこと・聞くこと**」に関する指導については，意図的，計画的に指導する機会が得られるように，第1学年及び第2学年では年間**35**単位時間程度，第3学年及び第4学年では年間**30**単位時間程度，第5学年及び第6学年では年間**25**単位時間程度を配当すること。その際，**音声言語のための教材**を活用するなどして指導の効果を高めるよう工夫すること。

(5)　第2の各学年の内容の〔思考力，**判断力**，表現力等〕の「B**書くこと**」に関する指導については，第1学年及び第2学年では年間**100**単位時間程度，第3学年及び第4学年では年間**85**単位時間程度，第5学年及び第6学年では年間**55**単位時間程度を配当すること。その際，**実際に文章を書く活動**をなるべく多くすること。

(6)　第2の第1学年及び第2学年の内容の〔知識及び技能〕の(3)のエ，第3学年及び第4学年，第5学年及び第6学年の内容の〔知識及び技能〕の(3)のオ及び各学年の内容の〔思考力，判断力，表現力等〕の「C読むこと」に関する指導については，**読書意欲**を高め，**日常生活**において読書活動を活発に行うようにするとともに，他教科等の学習における読書の指導や**学校図書館**における指導との関連を考えて行うこと。

(7) 低学年においては，第1章総則の第2の4の(1)を踏まえ，他教科等との関連を積極的に図り，指導の効果を高めるようにするとともに，**幼稚園教育要領等に示す幼児期の終わりまでに育ってほしい姿**との関連を考慮すること。特に，小学校入学当初においては，**生活科**を中心とした合科的・関連的な指導や，**弾力的**な時間割の設定を行うなどの工夫をすること。

(8) **言語能力**の向上を図る観点から，外国語活動及び外国語科など他教科等との関連を積極的に図り，指導の効果を高めるようにすること。

(9) 障害のある児童などについては，学習活動を行う場合に生じる困難さに応じた指導内容や指導方法の工夫を計画的，**組織的**に行うこと。

(10) 第1章総則の第1の2の(2)に示す道徳教育の目標に基づき，道徳科などとの関連を考慮しながら，第3章特別の教科道徳の第2に示す内容について，国語科の特質に応じて**適切**な指導をすること。

2 第2の内容の取扱いについては，次の事項に配慮するものとする。

(1) 〔知識及び技能〕に示す事項については，次のとおり取り扱うこと。

ア 日常の**言語活動**を振り返ることなどを通して，児童が，実際に話したり聞いたり書いたり読んだりする場面を意識できるよう指導を工夫すること。

イ 理解したり表現したりするために必要な**文字や語句**については，**辞書**や**事典**を利用して調べる活動を取り入れるなど，調べる**習慣**が身に付くようにすること。

ウ 第3学年における**ローマ字**の指導に当たっては，第5章総合的な学習の時間の第3の2の(3)に示す，コンピュータで文字を入力するなどの学習の基盤として必要となる**情報手段**の基本的な操作を習得し，児童が**情報**や**情報手段**を主体的に選択し活用できるよう配慮することとの関連が図られるようにすること。

エ 漢字の指導については，次のとおり取り扱うこと。

(ア) 学年ごとに配当されている漢字は，児童の**学習負担**に配慮しつつ，必要に応じて，当該学年以前の学年又は当該学年以降の学年において指導することもできること。

(イ) 当該学年より後の学年に配当されている漢字及びそれ以外の漢字については，**振り仮名**を付けるなど，児童の**学習負担**に配慮しつつ提示することができること。

(ウ) 他教科等の学習において必要となる漢字については，当該教科等と関連付けて指導するなど，その確実な定着が図られるよう指導を工夫すること。

(エ) 漢字の指導においては，学年別漢字配当表に示す漢字の**字体**を標準とすること。

オ 各学年の(3)のア及びイに関する指導については，各学年で行い，**古典に親しめるよう配慮**すること。

カ 書写の指導については，第2の内容に定めるほか，次のとおり取り扱うこと。

(ア) 文字を**正しく整えて**書くことができるようにするとともに，書写の能力を学習や生活に役立てる態度を育てるよう配慮すること。

(イ) 硬筆を使用する書写の指導は各学年で行うこと。

(ウ) **毛筆を使用する書写の指導**は**第3学年以上**の各学年で行い，**各学年年間30単位時間**程度を配当するとともに，毛筆を使用する書写の指導は硬筆による書写の能力の基礎を養うよう指導すること。

(エ) 第1学年及び第2学年の(3)のウの(イ)の指導については，適切に運筆する能力の向上につながるよう，指導を工夫すること。

(2) 第2の内容の指導に当たっては，児童がコンピュータや**情報通信ネットワーク**を積極的に活用する機会を設けるなどして，指導の効果を高めるよう工夫すること。

(3) 第2の内容の指導に当たっては，**学校図書館**などを目的をもって計画的に利用しその機能の活用を図るようにすること。その際，本などの種類や配置，**探し方**について指導するなど，児童が必要な本などを選ぶことができるよう配慮すること。なお，児童が読む図書については，**人間形成**のため偏りがないよう配慮して選定すること。

● 学校図書館の機能

読書センター	児童の読書活動や児童への読書指導の場としての機能。
学習センター	児童の学習活動を支援したり授業の内容を豊かにしてその理解を深めたりする機能。
情報センター	児童や教職員の情報ニーズに対応したり児童の情報の収集・選択・活用能力を育成したりする機能。

3　教材については，次の事項に留意するものとする。

(1)　教材は，第2の各学年の目標及び内容に示す**資質・能力**を**偏りなく**養うことや**読書に親しむ態度の育成**を通して読書習慣を形成することをねらいとし，児童の**発達の段階**に即して**適切な話題や題材**を精選して**調和的**に取り上げること。また，第2の各学年の内容の〔思考力，判断力，表現力等〕の「A話すこと・聞くこと」，「B書くこと」及び「C読むこと」のそれぞれに掲げる**言語活動**が十分行われるよう教材を選定すること。

(2)　教材は，次のような観点に配慮して取り上げること。

ア　国語に対する**関心**を高め，**国語を尊重する態度**を育てるのに役立つこと。

イ　**伝え合う力，思考力や想像力**及び**言語感覚**を養うのに役立つこと。

ウ　公正かつ**適切に**判断する能力や態度を育てるのに役立つこと。

エ　**科学的，論理的**に物事を捉え考察し，視野を広げるのに役立つこと。

オ　生活を明るくし，強く正しく生きる意志を育てるのに役立つこと。

カ　**生命**を**尊重**し，他人を思いやる心を育てるのに役立つこと。

キ　自然を愛し，美しいものに感動する心を育てるのに役立つこと。

ク　我が国の**伝統と文化**に対する**理解と愛情**を育てるのに役立つこと。

ケ　日本人としての**自覚**をもって国を愛し，国家，社会の発展を願う態度を育てるのに役立つこと。

コ　世界の風土や文化などを理解し，**国際協調**の精神を養うのに役立つこと。

(3)　第2の各学年の内容の〔思考力，判断力，表現力等〕の「C読むこと」の教材については，各学年で**説明的な文章や文学的な文章などの文章の種類を調和的に取り扱う**こと。また，説明的な文章については，適宜，図表や**写真**などを含むものを取り上げること。

確認問題

1 次は学習指導要領国語科の目標である。空欄に適する語句を入れよ。

言葉による見方・考え方を働かせ，言語活動を通して，国語で正確に理解し（　A　）に表現する資質・能力を次のとおり育成することを目指す。

(1)　日常生活に必要な国語について，その（　B　）を理解し（　A　）に使うことができるようにする。

(2)　日常生活における人との関わりの中で（　C　）を高め，思考力や想像力を養う。

(3)　言葉がもつよさを認識するとともに，（　D　）を養い，国語の大切さを（　E　）し，国語を尊重してその能力の向上を図る態度を養う。

2 次は学習指導要領国語科の各学年の目標の一部である。空欄にあてはまる語句をア～コから選び，記号で答えよ。

〔第1学年・第2学年〕

（　A　）立てて考える力や感じたり想像したりする力を養い，日常生活における人との関わりの中で伝え合う力を高め，自分の思いや考えをもつことができるようにする。

〔第3学年・第4学年〕

（　B　）立てて考える力や（　C　）感じたり想像したりする力を養い，日常生活における人との関わりの中で伝え合う力を高め，自分の思いや考えを（　D　）ことができるようにする。

〔第5学年・第6学年〕

（　B　）立てて考える力や（　C　）感じたり想像したりする力を養い，日常生活における人との関わりの中で伝え合う力を高め，自分の思いや考えを（　E　）ことができるようにする。

ア．主張する　　イ．適切に　　ウ．まとめる　　エ．筋道　　オ．段落
カ．広げる　　キ．順序　　ク．計画　　ケ．進んで　　コ．豊かに

3 次は学習指導要領国語科の「読むこと」に掲げられている内容の一部である。第3学年・第4学年の内容を選べ。

① 場面の様子や登場人物の行動など，内容の大体を捉えること。
② 登場人物の相互関係や心情などについて，描写を基に捉えること。
③ 事実と感想，意見などとの関係を叙述を基に押さえ，文章全体の構成を捉えて要旨を把握すること。
④ 時間的な順序や事柄の順序などを考えながら，内容の大体を捉えること。
⑤ 登場人物の気持ちの変化や性格，情景について，場面の移り変わりと結び付けて具体的に想像すること。

4 次は学習指導要領国語科の「指導計画の作成と内容の取扱い」の一部である。空欄に適する語句を入れよ。

(1) 各学年の内容の〔思考力，判断力，表現力等〕の「C読むこと」に関する指導については，（　A　）を高め，（　B　）において読書活動を活発に行うようにするとともに，他教科等の学習における読書の指導や（　C　）における指導との関連を考えて行うこと。内容の指導に当たっては，（　C　）などを目的をもって計画的に利用しその機能の活用を図るようにすること。その際，本などの種類や配置，（　D　）について指導するなど，児童が必要な本などを選ぶことができるよう配慮すること。なお，児童が読む図書については，（　E　）のため偏りがないよう配慮して選定すること。
(2) 小学校入学当初においては，（　F　）を中心とした合科的･関連的な指導や，弾力的な時間割の設定を行うなどの工夫をすること。
(3) 教材は，第2の各学年の目標及び内容に示す資質・能力を偏りなく養うことや読書に（　G　）態度の育成を通して読書習慣を形成することをねらいとし，児童の（　H　）に即して適切な話題や題材を精選して（　I　）的に取り上げること。

2 漢字と語句

●ポイント

漢字の読み書きに関する問題が圧倒的に多い。集中的にまとめて学習するよりも，日頃から正しく読み，正しく書くことを心掛けるようにしよう。また，部首名や筆順，ことわざなどについては，ここで挙げられているものを中心にしっかり学習して得点源としよう。

1 漢字の基本

(1) 漢字の成り立ち

象形文字	物の形や様子を描いた絵文字を略したもの。 例　→ 月　　→ 日　　→ 川
指事文字	形で表せない数や位置などの事柄を，記号や図形で表したもの。 例　→ 上　　→ 下 　　→ 天
会意文字	2つ以上の文字を組み合わせて，新しい意味を示したもの。 例　木＋木→林　　口＋鳥→鳴　　山＋石→岩　　イ＋木→休
形声文字	意味を表す文字と，音を表す文字とを合わせてできたもの。 例　日（意味）＋寺（音）→時　　米（意味）＋分（音）→粉 雨（意味）＋路（音）→露　　氵（意味）＋羊（音）→洋

(2) 漢字の読み

音読み	音＋音	（例）学校(ガッコウ)，家庭(カテイ)，世界(セカイ)，教育(キョウイク)，代表(ダイヒョウ)，環境(カンキョウ)
訓読み	訓＋訓	（例）手紙(てがみ)，青空(あおぞら)，雪国(ゆきぐに)，昔話(むかしばなし)，朝日(あさひ)，大声(おおごえ)
重箱(ジュウばこ)読み	音＋訓	（例）毎朝(マイあさ)，味方(ミかた)，本箱(ホンばこ)，番組(バンぐみ)，献立(コンだて)，素顔(スがお)
湯桶(ゆトウ)読み	訓＋音	（例）合図(あいズ)，手本(てホン)，消印(けしイン)，荷物(にモツ)，切符(きップ)，係員(かかりイン)

(3) **主な部首**

へん（偏）

亻	にんべん	体・仕
冫	にすい	冷・凍
氵	さんずい	海・池
扌	てへん	持・投
阝	**こざとへん**	険・隣
彳	ぎょうにんべん	往・役
忄	**りっしんべん**	忙・性
犭	**けものへん**	猛・狩
月	**にくづき**	肝・脈
歹	がつへん （かばねへん）	残・死
礻	**しめすへん**	社・祝
牜	うしへん	牧・特
衤	**ころもへん**	複・褐
禾	のぎへん	私・秋
糸	いとへん	紙・緑
耒	すきへん	耕・耗
言	ごんべん	計・記

あし（脚）

儿	にんにょう （ひとあし）	先・元
灬	**れんが** （れっか）	熱・熟
㣺	したごころ	恭・慕
皿	さら	盆・盛

つくり（旁）

刂	**りっとう**	別・利
卩	ふしづくり	印・即
阝	**おおざと**	部・都
彡	さんづくり	形・影
攵	**ぼくづくり** （ぼくにょう・のぶん）	教・改
欠	あくび	歌・欲
殳	**るまた** **（ほこづくり）**	段・殺
隹	**ふるとり**	難・雑
頁	**おおがい**	順・頭

たれ（垂）

厂	**がんだれ**	原・厚
广	**まだれ**	店・広
尸	しかばね （かばね）	尽・届
疒	やまいだれ	病・痛

にょう（繞）

辶	**しんにょう** （しんにゅう）	進・近
廴	えんにょう	延・建
走	そうにょう	起・趣

かまえ（構）

勹	**つつみがまえ**	包・匂
匚	はこがまえ	区・医
囗	**くにがまえ**	国・図
行	**ぎょうがまえ**	術・街
門	もんがまえ	間・開

かんむり（冠）

亠	なべぶた	京・交
冖	**わかんむり**	写・冠
宀	**うかんむり**	定・安
⺍	つかんむり	単・営
艹	くさかんむり	草・花
戸	とかんむり （とだれ）	戻・扉
癶	**はつがしら**	発・登
穴	**あなかんむり**	空・窓
罒	あみがしら （あみめ・よこめ）	置・罪
耂	おいかんむり （おいがしら）	老・者
虍	とらがしら （とらかんむり）	虚・虐
⺮	たけかんむり	答・筆
⻗	あめかんむり	雲・雪

(4) 誤りやすい筆順

左	一ナ𠂇左左	廷	ノニ千壬廷廷廷
右	ノナ𠂇右右	拒	一十扌扌扩护拒拒
以	｜レレ以以	狂	ノ犭犭犭犴犴狂
必	丶ソ必必必	発	フヌヌ癶癶癶癶癸発
有	ノナ𠂇冇有有	飛	⺄⺄⺄⺄⺄飛飛飛飛
成	ノ厂厅成成成	武	一二干干正正武武
何	ノイ仁仃何何何	部	丶亠亠立立立音音音部部
別	丨口口号另別別	情	丶丷忄忙忙忙情情情情情
波	丶丶氵氵汇沪波波	衆	ノ丶血血血血衆衆衆衆衆衆
非	丿丿ヨヨ非非非非	報	一十土土幸幸幸幸報報報報
長	丨厂FFF長長長	粛	一コヨ肀肀肀肀粛粛粛粛
馬	丨厂FFF馬馬馬馬馬		

(5) 漢和辞典の引き方… 例「何」を引く場合

引き方	使う索引と方法
音訓引き	音訓索引で，音の「カ」，訓の「なに」を探す。
部首引き	部首索引で，「にんべん」の部を引き，そこで「可」の画数である5画のページを探す。
総画引き	「何」の総画数を7画と確かめ，総画索引の7画のページを探す。

※漢字の画数は，漢字を組み立てている線や点をすべて1画と数える。ひと続きに書く線は，曲がっていても1画である。

例 廴　女　凹　弓　乙　身

(6) 同訓異字

あつい
- **暑**い夏
- **熱**い湯
- **厚**い辞書

うつす
- 机の場所を**移**す
- 写真を**写**す
- 鏡に姿を**映**す

のぞむ
- 平和を**望**む
- 海に**臨**む

つとめる
- 勉学に**努**める
- 会社に**勤**める
- 司会を**務**める

とく
- 問題を**解**く
- 絵の具を**溶**く
- 人の道を**説**く

たつ
- 退路を**断**つ
- 連絡を**絶**つ
- 生地を**裁**つ
- 家が**建**つ

おさめる
- 成功を**収**める
- 税金を**納**める
- 国を平穏に**治**める
- 学問を**修**める

はかる
- 解決を**図**る
- 時間を**計**る
- 距離を**測**る
- 重さを**量**る

とる
- 資格を**取**る
- 血を**採**る
- 事務を**執**る
- ねずみを**捕**る
- 写真を**撮**る

2 熟語の基本

(1) 二字熟語の構成

種　類	用法の例		例
①前と後ろが主語・述語の関係	頭痛	頭が　痛む（痛い）	地震，国営，日没，日照，年少
②前が後ろを修飾する関係	親友	親しい　友	静聴，必要，予想，永住，株券，洋画，深海
③後ろが前の目的・対象	読書	書を　読む	受講，登山，就職，納税，帰国
④似た意味の漢字を重ねたもの	寒冷	寒い—冷たい	保守，護衛，欲求，忠誠，勧奨，到達，帰還
⑤反対の意味の漢字を重ねたもの	明暗	明るい—暗い	公私，上下，勝負，往復，善悪
⑥接頭語（不，非，無，未）をつけ，打ち消す	不安	不＋安	不足，不要，非常，非番，無限，無知，未明，未定
⑦接尾語（的，性，化，然）をつけ，意味をそえる	公的	公＋的	物的，知的，強化，悪化，特性，酸性，必然，整然

(2) 同音異義語

カイホウ
- 人質を**解放**する
- 校庭を市民に**開放**する
- 病人を**介抱**する

カクシン
- 問題の**核心**をつく指摘
- 勝利を**確信**する
- **革新**的な政策

コウセイ
- 文章の**構成**を考える
- 文字を**校正**する
- 非行少年を**更生**させる
- 名を**後世**に残す

セイサン
- 運賃を**精算**する
- 過去を**清算**する
- 勝利の**成算**は十分にある
- 物を**生産**する

タイショウ
- 調査の**対象**を決める
- **対照**的な性格の兄弟
- 左右**対称**の図形
- **対症**療法を行う

タイセイ
- 社会の**体制**を変革する
- 押されて**体勢**が崩れる
- 受け入れ**態勢**を整える
- **大勢**に影響はない

ツイキュウ
- 責任を**追及**する
- 利益を**追求**する
- 真実を**追究**する

ホショウ
- 品質を**保証**する
- 損害を**補償**する
- 安全を**保障**する

(3) 対義語

上の字が対応し，下の字が共通	既刊—未刊，肯定—否定，主観—客観，相対—絶対，敏感—鈍感，必然—偶然
上の字が共通で，下の字が対応	過疎—過密，語幹—語尾，最高—最低，船首—船尾，改善—改悪
上下ともそれぞれ対応	延長—短縮，開放—閉鎖，創造—模倣，単純—複雑，繁栄—衰退
意味による対応	一般—特殊，過失—故意，感情—理性，義務—権利，具体—抽象，原因—結果，形式—内容，現実—理想，需要—供給，人工—自然，慎重—軽率，不易—流行，分析—総合

(4) 三字熟語

有頂天	うちょうてん	うまくいった喜びで夢中になっていること
几帳面	きちょうめん	物事をきちんとしていい加減にしないこと
試金石	しきんせき	物の価値や人の力量などをはかる基準となる物事
真骨頂	しんこっちょう	そのものが本来もっている姿
善後策	ぜんごさく	うまく後始末をつけるための方策
醍醐味	だいごみ	物事の本当のおもしろさ。深い味わい
不如意	ふにょい	思うままにならないこと。特に経済状態が苦しいこと
未曾有	みぞう	歴史上，今まで一度も起こったことがないこと

(5) 四字熟語

曖昧模糊	あいまいもこ	内容がはっきりせず，あやふやなこと
暗中模索	あんちゅうもさく	何の手がかかりもなく探し回ること
異口同音	いくどうおん	多くの人が口をそろえて同じことを言うこと
以心伝心	いしんでんしん	口に出して言わなくとも，気持ちが通じること
一日千秋	いちじつせんしゅう	待ち遠しく思うこと
一網打尽	いちもうだじん	一度に全部捕らえること
一目瞭然	いちもくりょうぜん	一目見ただけではっきりとわかるさま
一喜一憂	いっきいちゆう	状況が変わるたびに，喜んだり悲しんだりすること
一挙両得	いっきょりょうとく	一つの行動で同時に二つの利益を得ること
一触即発	いっしょくそくはつ	危機に直面していること
一心不乱	いっしんふらん	一つのことに集中して心が乱れないこと
一朝一夕	いっちょういっせき	わずかな時間のこと
一刀両断	いっとうりょうだん	思い切って物事を処理すること
意味深長	いみしんちょう	表面上の意味の他に深い意味を含んでいること
因果応報	いんがおうほう	過去・前世の行為に応じて，現世で報いがあること
有為転変	ういてんぺん	世の中が常に移り変わること
海千山千	うみせんやません	世の中の裏も表も知り尽くしているずる賢い人のこと
紆余曲折	うよきょくせつ	面倒な事情があって，複雑な経路をたどること
栄枯盛衰	えいこせいすい	盛んになったり衰えたりすること
外柔内剛	がいじゅうないごう	外見はもの柔らかだが，心の中はしっかりしていること
我田引水	がでんいんすい	自分に都合のいいように行動・発言すること
夏炉冬扇	かろとうせん	夏の火鉢，冬の扇のように，時節に合わない無用の物のこと

危機一髪	ききいっぱつ	髪の毛ひとすじの違いで助かるかどうかという危険な状態
起承転結	きしょうてんけつ	漢詩や文章などの組み立て・構成
奇想天外	きそうてんがい	まったく思いもよらないような奇抜なこと
虚虚実実	きょきょじつじつ	わざを尽くし，策略をめぐらして戦うこと
曲学阿世	きょくがくあせい	真理や自説を曲げて世間に気に入られようとすること
虚心坦懐	きょしんたんかい	心にわだかまりがなく，気持ちが落ち着いていること
空前絶後	くうぜんぜつご	過去にも例がなく将来もありえないと思われる極めて珍しいこと
厚顔無恥	こうがんむち	あつかましく，恥知らずなこと
巧言令色	こうげんれいしょく	言葉を飾り心にもなく顔色をつくろうこと
公明正大	こうめいせいだい	考えが正しく，堂々としていること
古今東西	ここんとうざい	いつの時代，どの場所でも。いつでもどこでも
孤立無援	こりつむえん	助けが得られず，一人になること
言語道断	ごんごどうだん	言葉で言い表せないほどひどいこと。もってのほか
三寒四温	さんかんしおん	寒い日が三日，暖かい日が四日とくり返し続く冬の天候
山紫水明	さんしすいめい	自然の景色が清く美しいこと
山川草木	さんせんそうもく	風景や自然
自画自賛	じがじさん	自分で自分のことをほめること
試行錯誤	しこうさくご	失敗を重ねて正しいものに近づこうとすること
自業自得	じごうじとく	自分の行いの報いを受けること
七転八倒	しちてんばっとう	苦しみや痛みのために転げまわってもがくさま
質実剛健	しつじつごうけん	飾り気がなくまじめで心がしっかりしていること
縦横無尽	じゅうおうむじん	思う通りに自由にすること
首尾一貫	しゅびいっかん	始めから終わりまで，筋が通っていること
順風満帆	じゅんぷうまんぱん	物事が順調に進むこと
初志貫徹	しょしかんてつ	初めに思い立った志を変えず，やり通すこと
支離滅裂	しりめつれつ	筋が通っておらず，一貫性のない様子
心機一転	しんきいってん	あるきっかけで気持ちを切りかえること
信賞必罰	しんしょうひつばつ	功績のある者には必ず賞を与え罪のある者は必ず罰すること
針小棒大	しんしょうぼうだい	針ほどの小さいことを棒ほどに大きく言うこと。おおげさ
深謀遠慮	しんぼうえんりょ	深く先々のことまで考えて，周到に計画を立てること
森羅万象	しんらばんしょう	宇宙間のあらゆる物事や現象
晴耕雨読	せいこううどく	田園で静かに暮らすさま。自由な身の上
是是非非	ぜぜひひ	よいことはよい，悪いことは悪いと公平に判断すること
絶体絶命	ぜったいぜつめい	どうすることもできない困難な状態

千載一遇	せんざいいちぐう	たいへん恵まれた機会
千差万別	せんさばんべつ	それぞれに違っていること
前代未聞	ぜんだいみもん	今までに聞いたこともないような非常に珍しいこと
千変万化	せんぺんばんか	次々に変化してとどまらないこと
率先垂範	そっせんすいはん	人々の先に立って，自ら手本を示すこと
大言壮語	たいげんそうご	実力以上に大きなことを言うこと
単刀直入	たんとうちょくにゅう	前置きせず直接本論に入ること
朝令暮改	ちょうれいぼかい	命令や法などがたえず変わり，一定しないこと
直情径行	ちょくじょうけいこう	気がねなく，自分の思う通りに言ったり行動したりすること
沈思黙考	ちんしもっこう	黙ってじっくりと深く物事を考え込むこと
徹頭徹尾	てっとうてつび	始めから終わりまで
天衣無縫	てんいむほう	純真そのもので無邪気にふるまうこと
天地無用	てんちむよう	荷物の上下を逆にしてはいけないこと
独断専行	どくだんせんこう	物事を独断で勝手に推し進めること
内憂外患	ないゆうがいかん	内外ともに心配ごとがあること
日進月歩	にっしんげっぽ	絶え間なくどんどん進歩すること
二律背反	にりつはいはん	同じ程度に正しい二つの命題が矛盾して，両立しないこと
馬耳東風	ばじとうふう	人の意見や批評などを気にとめず聞き流すこと
半信半疑	はんしんはんぎ	うそか本当か決めかねて迷っている様子
風光明媚	ふうこうめいび	自然の眺めが優れて美しいこと
不易流行	ふえきりゅうこう	根本は変わらず，表面は時代とともに変わること
不即不離	ふそくふり	つかず離れずの関係のこと
付和雷同	ふわらいどう	自分のしっかりした考えがなく，他人の意見に同調すること
粉骨砕身	ふんこつさいしん	力の限り努力すること
傍若無人	ぼうじゃくぶじん	人のことなどまるで気にかけず，自分勝手にふるまうこと
無我夢中	むがむちゅう	我を忘れて一つのことに熱中すること
無味乾燥	むみかんそう	感じるものがなく興味がわかないこと
唯我独尊	ゆいがどくそん	自分だけが優れていると，うぬぼれること
優柔不断	ゆうじゅうふだん	決断力のとぼしいこと
用意周到	よういしゅうとう	用意が十分に整い，手ぬかりがないこと
理路整然	りろせいぜん	道理にきちんとあてはまっているさま
臨機応変	りんきおうへん	状況に応じて適した方法や手段をとること
老若男女	ろうにゃくなんにょ	老人も若者も男も女も。すべての人

3 ことわざ・慣用句・故事成語

(1) ことわざ・慣用句

ことわざは，昔から言い習わされてきた言葉で，批評や風刺，教訓や生活の知恵を含む。**慣用句**は，元の単語の意味を離れ，全体で特定の意味を表す言葉である。

青菜に塩	元気がない様子のたとえ	
虻蜂（あぶはち）とらず	あれこれ欲張って結局手に入らないこと	⇔一挙両得，一石二鳥
石の上にも三年	じっと辛抱していれば，いつかは必ず報われること	＝待てば海路の日和あり
石橋をたたいて渡る	失敗しないように，用心に用心を重ねること	＝転ばぬ先の杖 ＝念には念を入れよ
急がば回れ	危険な近道より，遠くても安全確実な方法をとったほうが早く目的を達することができるということ	＝せいては事を仕損ずる
馬の耳に念仏	いくら言って聞かせても効き目がないこと	＝馬耳東風
枯れ木も山のにぎわい	**つまらぬ物もないよりはましであること**	
気が置けない	**気をつかう必要がなく，気楽につきあえること**	
木に竹を接（つ）ぐ	条理が通らないこと，物事が不調和なことのたとえ	
光陰矢のごとし	月日の経つのが早いこと	＝歳月人を待たず
弘法（こうぼう）にも筆の誤り	熟達した人も時には失敗することのたとえ	＝河童の川流れ ＝猿も木から落ちる
紺屋（こうや）の白袴（しろばかま）	専門としていることについて，それが自分の身に及ぶ場合には案外おろそかになること	＝医者の不養生
船頭多くして船山に上る	指図する人が多くて方針の統一が図れず，物事がとんでもない方向に進んでしまうこと	

袖振り合うも他生(たしょう)の縁（多生）	ちょっとした出会いも，前世の因縁によること	
立て板に水	よどみなく，すらすらと話すこと	
提灯(ちょうちん)に釣り鐘	つりあいの取れないこと	＝月とすっぽん
月夜に提灯	不必要なことのたとえ	＝無用の長物＝蛇足
当(とう)を得る	道理にかなっていて適切であること	
流れに棹(さお)さす	流れに棹をさして水の勢いに乗るように，**物事が思い通りに進行する**こと	
泣きっ面に蜂	よくない時にさらに悪いことが重なること	＝弱り目にたたり目
情けは人のためならず	**人に親切にしておけば，いつかは自分によい報いがあること**	
猫に小判	価値あるものも，持つ人によっては役に立たないこと	＝豚に真珠
暖簾(のれん)に腕押し	効き目や手応えがないこと	＝糠(ぬか)に釘(くぎ) ＝豆腐にかすがい
花より団子	見栄えや名誉よりも実益を選ぶこと	
ひょうたんから駒が出る	思いもよらない結果になること	
仏の顔も三度	何度もひどいことをされればおとなしい人でも怒ること	
的を射る	うまく要点をつかむこと	
身から出た錆(さび)	自分の犯した悪行の結果として自分自身が苦しむこと	＝自業自得
役不足	**能力に対して役目などが軽すぎること**	
焼け石に水	わずかな援助では効果が上がらないこと	
良薬は口に苦し	よい忠告の言葉は聞くのがつらいが，身のためになるというたとえ	
論より証拠	論議するよりも証拠を示す方が真実ははっきりすること	

(2) 故事成語

昔から伝えられている，いわれのある事柄（故事）からできた言葉。中国の古典によるものが多い。

烏合の衆	うごうのしゅう	役に立たない人の集まり
温故知新	おんこちしん	古い事柄や学説を研究し，そこから新しい知識や方法を見出すこと
臥薪嘗胆	がしんしょうたん	達成したいことを常に心に思って辛苦すること
画竜点睛	がりょうてんせい	最後の肝心な仕上げをすること
完璧	かんぺき	一つも欠点がなく，完全なこと
管鮑の交わり	かんぽうのまじわり	非常に親密な交わりのこと （＝水魚の交わり）
疑心暗鬼	ぎしんあんき	一度疑い出すと，何でもないことまで怪しく見えること
杞憂	きゆう	しても仕方のない心配，とりこし苦労をすること
玉石混交（淆）	ぎょくせきこんこう	よいものとつまらぬものが入り混じること
金科玉条	きんかぎょくじょう	ぜひとも守るべき大切な法律や規則
捲土重来	けんどちょうらい（じゅうらい）	一度敗れた人が，また勢いを盛り返してくること
呉越同舟	ごえつどうしゅう	仲の悪い者同士が同じ所に居合わせること
五十歩百歩	ごじっぽひゃっぽ	本質的には大きな差のないこと
五里霧中	ごりむちゅう	物事に迷って判断や方針がつかないこと
塞翁が馬	さいおうがうま	人生の幸，不幸は予測できないものであるということ（＝禍福（かふく）はあざなえる縄のごとし）
四面楚歌	しめんそか	周囲がみな敵で孤立してしまうこと。孤立無援
守株	しゅしゅ	いつまでも旧習にとらわれて時代の流れに対応しないこと（＝株を守りて兎（うさぎ）を待つ，株（くいぜ）を守る）
出藍の誉れ	しゅつらんのほまれ	弟子がよく勉強してその師より優れたものになること（＝青は藍（あい）より出（い）でて藍より青し）
春秋に富む	しゅんじゅうにとむ	若くて，将来が希望に満ちていること

推敲	すいこう	詩文の字句を何度も練り直すこと
切磋琢磨	せっさたくま	優れた集団の中で互いに刺激し合い，学問や人格の向上に励むこと
大器晩成	たいきばんせい	大物は年をとってから大成するということ
他山の石	たざんのいし	他人のとるに足らない言動でも，自分の向上の助けになること
蛇足	だそく	無駄な行為。余計な付けたし
朝三暮四	ちょうさんぼし	口先で人をごまかすこと。見かけの違いにごまかされても結果は同じであること
南船北馬	なんせんほくば	絶えずあちこち旅行すること
背水の陣	はいすいのじん	決死の覚悟で事にあたること
覆水盆に返らず	ふくすいぼんにかえらず	一度してしまったことは，取り返しがつかないということ
矛盾	むじゅん	前後のつじつまの合わないこと
明鏡止水	めいきょうしすい	心に何のわだかまりもなく，澄みきっているさま
孟母三遷	もうぼさんせん	教育には環境が大切であるという教え。また，教育熱心な母親のたとえ
羊頭狗肉	ようとうくにく	見かけだけ立派で中身が伴わないこと
竜頭蛇尾	りゅうとうだび	最初は勢いが盛んだが，最後は勢いがふるわないこと

確認問題

5 次の漢字の部首名をひらがなで答えよ。

(1) 利　(2) 登　(3) 難　(4) 歌　(5) 匂

6 漢字「飛」「必」の筆順を，例のように，一画ずつ書き加える形で答えよ。

例）左 → 一ナ𠂇𠂇左左

7 次の語の対義語を答えよ。

(1) 敏感　(2) 一般　(3) 相対　(4) 具体　(5) 結果

8 次の四字熟語にある誤字を，それぞれ正しく書き直せ。

① 意心伝心　② 真賞必罰　③ 首尾一完　④ 異句同音
⑤ 日新月歩　⑥ 暗中模策　⑦ 無我無中　⑧ 危機一発

9 次のことわざ・慣用句の空欄に入る漢字２字を書け。

(1) 石の上にも（　　）
(2) 袖振り合うも（　　）の縁
(3) 論より（　　）
(4) （　　）矢のごとし
(5) 馬の耳に（　　）

10 次のことわざの意味として，正しいものをそれぞれ選べ。

(1) 気が置けない
　① 気が許せず，油断できない。
　② 気をつかう必要がなく，気楽につきあえる。
(2) 情けは人のためならず
　① 人に親切にしておけば，いつかは自分によい報いがあること。
　② 人に親切にして甘やかしてしまうと，その人のためにならない。

3 文法・敬語・文学史

●ポイント

文法，敬語，文学史，いずれの分野についても，一般的な知識の範囲での出題がほとんどなので，基本的な事項を確実に理解しておけばよい。文法については品詞の分類と用法の見分け方，敬語については正しい使い方，文学史については作品と作者の組み合わせをマスターしておこう。

1 文法

(1) 品詞の種類

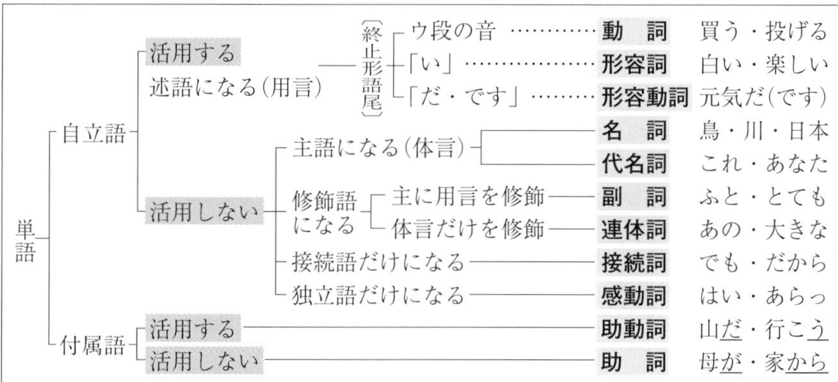

① 形容動詞と形容詞

「～だ」の形にして活用を確認する。語尾を「～だ」の形にできれば形容動詞，できなければ形容詞。

	例	語幹	未然形	連用形	終止形	連体形	仮定形	命令形
形容詞	多い	おお	かろ	かっ く	い	い	けれ	○
	正しい	ただし						
形容動詞	豊かだ	ゆたか	だろ	だっ で に	だ	な	なら	○

例　きれい　→　きれいだ　○　…**形容動詞**
　　痛い　→　痛いだ　×　…**形容詞**

② 形容詞と連体詞

形容詞の連体形は「～い」。

例　大きい人　…**形容詞**　　大きな人　…**連体詞**

③ 形容動詞と連体詞

「～だ」の形にして活用を確認する。「～な」を「～だ」の形にできれば形容動詞，できなければ連体詞。

例　いろいろな　→　いろいろだ　○　…**形容動詞**

　　いろんな　→　いろんだ　×　…**連体詞**

④ 連体詞と副詞

被修飾語が体言か用言かを確認する。活用せず，体言を修飾するなら連体詞，主に用言を修飾するなら副詞。

例　彼は　たいした　人物（体言）　だ　…**連体詞**

　　彼は　いきなり　走っ（用言）　た　…**副詞**

(2) **動詞**

活用の種類	語例	**未然形**	**連用形**	**終止形**	**連体形**	**仮定形**	**命令形**
五段活用（アイウエオの五段の音に活用）	書く	か・こ ka ko	き・い ki i	く ku	く ku	け ke	け ke
上一段活用（イ段の音をもとに活用）	降りる	り ri	り ri	りる ri	りる ri	りれ ri	りろ・りよ ri
下一段活用（エ段の音をもとに活用）	建てる	て te	て te	てる te	てる te	てれ te	てろ・てよ te
カ行変格活用（「来る」一語だけ）	来る	こ ko	き ki	くる ku	くる ku	くれ ku	こい ko
サ行変格活用（「する」「～する」だけ）	する	し・さ・せ si sa se	し si	する su	する su	すれ su	しろ・せよ si se
あとに続く主な言葉		ナイ・ヨウ・ウ	マス・タ・テ	言い切る	トキ・ノデ	バ	命令する

● 動詞の活用形の見分け方

「ナイ」をつけて未然形を作り，活用語尾の音で区別する。

例　走る　→　走らナイ　…五段活用
ra（ア段の音）

借りる　→　借りナイ　…上一段活用
ri（イ段の音）

食べる　→　食べナイ　…下一段活用
be（エ段の音）

(3)　**誤りやすい品詞**

語	品　詞	用　例	見分け方
の	**格助詞〈主語〉**	彼の作った模型だ	「**が**」に置き換えられる
	〈体言の代用〉	この本は私のです	「もの・こと・のもの」に置き換えられる
	〈連体修飾語〉	私のハンカチだ	体言の間に，はさまれている
で	**格助詞〈場所〉** **〈原因・理由〉** **〈手段・方法〉**	公園で遊ぶ 病気で学校を休む バスで旅行する	場所を示す体言に接続する 体言に接続し，「のために」に置き換えられる 体言に接続し，「を使って」に置き換えられる
	接続助詞	すぐに読んでほしい	連用形に接続。音便接続で濁音化
	形容動詞の語尾	この話は退屈である	「～な」の形にして体言に続けられる
	助動詞〈断定〉	彼は医者である	「だ」に置き換え，文として切れる
に	**格助詞〈場所・時〉** **〈作用の結果〉** **〈相手・受身〉** **〈目的〉**	机の上に置く 兄は先生になった 友達に本を借りる 映画を見に出かける	場所・時を示す体言に接続する 「と」に置き換えられる 「に対して」「によって」などに置き換えられる 「～ために」に置き換えられる
	接続助詞「のに」の一部	寒いのに外で遊ぶ	「のに」を「けれど」と置き換えられる
	形容動詞の語尾	教室では静かにする	「～な」の形にして体言に続けられる
と	**格助詞〈共同・相手〉** **〈作用の結果〉** **〈引用〉** **〈並立〉**	友達と学校に行く 通行禁止となる 遊ぼうと声をかける 空と海と地平線	「と共に」に置き換えられる 文中に「結果的に」を入れることができる 「と」の前を「」でくくれる 並立の関係にある体言がある
	接続助詞〈仮定の順接〉 **〈継起の順接〉** **〈確定の順接〉** **〈仮定の逆説〉**	間に合わないと困る 走ると足が痛む 春になると暖かい 何があろうと頑張る	終止形に接続し，「もし～したら」の形になる 「と同時に」に置き換えられる 「～と決まって」に置き換えられる 「もし～ても，～」の形になる
	副詞の一部	きっぱりとした態度	単語に分けられない

な	形容動詞の語尾	彼は立派な人だ	「だ」に置き換えられる
	連体詞の一部	おかしな事件だ	「だ」に置き換えられない
	助動詞〈断定〉	冬なのに暖かい	体言に接続する
	終助詞〈禁止〉 〈感動〉	絶対に行くな 君だったんだな	文末にある 文末にある
ない	助動詞〈打消〉	僕は絶対に読まない	「ぬ」と置き換えられる
	形容詞	僕には力がない	前に「ね」が入る。「ある」に対応
	補助形容詞	全然楽しくない	「ね」が入るが「ある」に対応しない
	形容詞の一部	宿題が少ない	「ぬ」に置き換えられない
だ	助動詞〈完了〉 〈断定〉	最後まで読んだ 今日はいい天気だ	連用形に接続。音便接続で濁音化 「〜な」の形にして体言に続かない
	形容動詞の語尾	彼はとても正直だ	「〜な」の形にして体言の形に続く
そうだ	助動詞〈様態〉 〈伝聞〉	すぐ雨が降りそうだ 明日雨が降るそうだ	連用形に接続する 終止形に接続する
れる・られる	助動詞〈受身〉 〈自発〉 〈可能〉 〈尊敬〉	母に呼ばれる 昔が思い出される 一人でも来られる 先生が話される	「〜することをされる」に置き換えられる 文中に「自然に」「なんとなく」を入れられる 「〜することができる」に置き換えられる 目上の人の動作に用いる

2 敬語

(1) 敬語の種類

敬語は，「尊敬語」「謙譲語」「丁寧語」の3種類に分けて説明されることが多いが，2007年，文化庁は，現在の敬語の使い方をより深く理解するために，5種類に細分化する方針を答申した。従来の「謙譲語」を「謙譲語Ⅰ」と「謙譲語Ⅱ」に，また「丁寧語」を「丁寧語」と「美化語」に分けたものである。

5種類		3種類
尊敬語	「いらっしゃる・おっしゃる」型	尊敬語
謙譲語Ⅰ	「伺う・申し上げる」型	謙譲語
謙譲語Ⅱ（丁重語）	「参る・申す」型	
丁寧語	「です・ます」型	丁寧語
美化語	「お酒・お料理」型	

⑵ 敬語のはたらき

① 尊敬語（「いらっしゃる・おっしゃる」型）

相手側又は第三者の行為・ものごと・状態などについて，その人物を立てて述べるもの。

【特定形の主な例】

いらっしゃる（←行く・来る・いる），おっしゃる（←言う），なさる（←する），召し上がる（←食べる・飲む），下さる（←くれる），見える（←来る）

【一般形の主な例】

・お（ご）……になる（例：一般に，動詞が和語の場合は「読む→お読みになる」「出掛ける→お出掛けになる」のように「お……になる」となり，漢語サ変動詞の場合は「利用する→御利用になる」「出席する→御出席になる」のように「ご……になる」となる。）
・……（ら）れる（例：読む→読まれる，利用する→利用される，始める→始められる，来る→来られる）

【名詞の尊敬語】

一般には，「お名前」「御住所」のように，「お」又は「御」を付ける。このほか，「貴社」「貴信」のように「貴」を付けて，尊敬語として使うものなどがある。

② 謙譲語Ⅰ（「伺う・申し上げる」型）

自分側から相手側又は第三者に向かう行為・ものごとなどについて，その向かう先の人物を立てて述べるもの。

【特定形の主な例】

伺う（←訪ねる・尋ねる・聞く），申し上げる（←言う），存じ上げる（←知る），差し上げる（←上げる），頂く（←もらう），お目に掛かる（←会う），お目に掛ける，御覧に入れる（←見せる），拝見する（←見る）

【一般形の主な例】

・お（ご）……する，お（ご）……申し上げる（例：一般に，動詞が和語の場合は「届ける→お届けする」「誘う→お誘いする」のように「お……する」となり，漢語サ変動詞の場合は，「案内する→御案内する（御案内申し上げる）」「説明する→御説明する（御説明申し上げる）」のように「ご……する」となる。）
・……ていただく（例：読む→読んでいただく，指導する→指導していただく）
・お（ご）……いただく（例：読む→お読みいただく，指導する→御指導いただく）

【名詞の謙譲語Ⅰ】

一般には，「（先生への）お手紙」「（先生への）御説明」のように，「お」又は「御」を付ける。このほか，「拝顔」「拝眉」のように，「拝」の付いた謙譲語Ⅰもある。

（注）「拝見」「拝借」などは，「拝見する」「拝借する」のように動詞として使う方が一般的。

③　**謙譲語Ⅱ**（丁重語）（「参る・申す」型）

自分側の行為・ものごとなどを，話や文章の相手に対して丁重に述べるもの。

【特定形の主な例】

参る（←行く・来る），申す（←言う），いたす（←する），おる（←いる），存じる（←知る・思う）

【一般形】

・……いたす（例，利用する→利用いたす）

（注）「……いたす」は「……する」の形をした動詞（サ変動詞）のみに適用可能。

【「謙譲語Ⅰ」兼「謙譲語Ⅱ」の一般形】

上述の「謙譲語Ⅰ」兼「謙譲語Ⅱ」の一般的な語形として「お（ご）……いたす」がある。

【名詞の謙譲語Ⅱ】

「愚見」「小社」「拙著」「弊社」のように「愚」「小」「拙」「弊」を付けて，謙譲語Ⅱとして使うものがある。ほぼ，書き言葉専用である。

④　**丁寧語**（「です・ます」型）

話や文章の相手に対して丁寧に述べるもの。

⑤　**美化語**（「お酒・お料理」型）

ものごとを，美化して述べるもの。

3 文学史

(1) 三大和歌集

	万葉集	古今和歌集	新古今和歌集
成立	8世紀(奈良時代)	10世紀(平安時代初期)	13世紀(鎌倉時代初期)
編者・撰者	**大伴家持**らといわれる	**紀貫之**ら	**藤原定家**ら
主な歌人	**柿本人麻呂，山部赤人，**山上憶良，額田王　ほか	**在原業平，小野小町**などの六歌仙　ほか	西行，式子内親王，慈円　ほか
歌風	「**ますらをぶり**」の五七調が多く，力強く素朴	「**たをやめぶり**」の七五調が多く，優美で繊細	七五調が中心。感覚的で幻想的
特色	現存する最古の和歌集。天皇から，防人，農民まであらゆる階層の歌約4,500首を収録	醍醐天皇の勅命により作られた，**最初の勅撰和歌集**	後鳥羽院の院宣により作られた，**第8番目の勅撰和歌集**

※万葉集は勅撰和歌集には含まれない。

(2) 中古・中世(平安時代～鎌倉時代)

分類	作品・作者名	成立	特　色
物語	**竹取物語**	平安初期	作り物語。現存する最古の物語 〈冒頭文〉「今は昔，竹取の翁といふものありけり」
	伊勢物語	平安初期	歌物語。在原業平らしき男の一代記風構成
	源氏物語(紫式部)	平安中期	作り物語。光源氏を中心に貴族社会の恋愛の諸相を描写。「もののあはれ」の文学 〈冒頭文〉「いづれの御時にか，女御・更衣あまたさぶらひ給ひけるなかに」
	今昔物語集	平安後期	説話集。編者は不明である。和漢混交文で書かれている。近代に入り，芥川龍之介が説話を素材に，『羅生門』『芋粥』『鼻』などの小説を書いている。

物語	大鏡	平安後期	歴史物語。藤原道長の栄華を中心に紀伝体で記す
	平家物語	鎌倉後期	軍記物語。源平合戦が題材。琵琶法師が「平曲」として伝承。仏教の無常観を基調 〈冒頭文〉「祇園精舎の鐘の声，諸行**無常**の響きあり」
	太平記	室町初期	軍記物語。鎌倉幕府滅亡から室町幕府初期までの動乱を描写
日記	**土佐日記** **（紀貫之）**	平安初期	女性の視点で描いた紀行文。仮名文学の先駆け 〈冒頭文〉「男もすなる日記といふものを，女もしてみむとてするなり」
	蜻蛉日記 （藤原道綱母（ふじわらのみちつなのはは））	平安中期	最初の女流日記。結婚生活における苦悩の告白 〈冒頭文〉「かくありし時すぎて，世の中にひとものはかなく」
	更級日記 （菅原孝標女（すがわらのたかすえのむすめ））	平安中期	少女期から老境に至るまでを回想的に記述 〈冒頭文〉「あづまぢの道のはてよりも，なほ奥つかたに生ひいでたる人」
随筆 （三大随筆）	**枕草子** **（清少納言）**	**平安中期**	現存する最古の随筆。簡潔で，女性的な和文体。「をかし」の文学 〈冒頭文〉「春はあけぼの。やうやう白くなりゆく，山ぎは少しあかりて」
	方丈記 **（鴨長明）**	**鎌倉初期**	中世的無常観に基づく，隠者文学最初の作品 〈冒頭文〉「ゆく河の流れは絶えずして，しかも，もとの水にあらず」
	徒然草 **（兼好法師** 〔吉田兼好〕）	**鎌倉末期**	独自の無常観に基づく，簡潔で風雅な趣の文体 〈冒頭文〉「つれづれなるままに，日暮らし，硯に向かひて，心にうつりゆく由なし事を」

(3) 近世（江戸時代）

分類	作者名	作品名
俳諧紀行文	**松尾芭蕉**	**奥の細道**，野ざらし紀行，笈(おい)の小文(こぶみ)
浮世草子	**井原西鶴**	**好色一代男，日本永代蔵，**世間胸算用
浄瑠璃	**近松門左衛門**	**国性爺合戦(こくせんやかっせん)，曽根崎心中**
読本	滝沢馬琴	南総里見八犬伝
滑稽本	十返舎一九 式亭三馬	東海道中膝栗毛 浮世風呂

(4) 近代（明治時代〜昭和時代）

	分類	作者名	主な作品
明治時代	写実主義	**坪内逍遙** **二葉亭四迷**	小説神髄 **浮雲**，あひびき・めぐりあひ（ロシア文学の翻訳）
	擬古典主義	幸田露伴 尾崎紅葉	五重塔 金色夜叉
	浪漫主義	**樋口一葉** 徳冨蘆花 国木田独歩	**たけくらべ，にごりえ** 不如帰(ほととぎす) 武蔵野
	自然主義	**島崎藤村** 田山花袋 徳田秋声	破戒，夜明け前 蒲団，田舎教師 新世帯(あらじょたい)，黴(かび)，縮図
	余裕派（高踏派）	**森鷗外** **夏目漱石**	**舞姫**，**山椒大夫**，雁(がん)，阿部一族，**高瀬舟** **吾輩は猫である，坊っちゃん，草枕**，三四郎，**それから**，門，**こころ，道草，**明暗
	耽美派	永井荷風 谷崎潤一郎	あめりか物語，ふらんす物語，すみだ川 刺青(しせい)，春琴抄，**細雪**
明治時代／大正〜昭和時代	白樺派	武者小路実篤 **志賀直哉** 有島武郎	お目出たき人，友情，真理(しんり)先生 城の崎にて，**小僧の神様，暗夜行路** 生まれ出づる悩み，或る女，カインの末裔
大正〜昭和時代	新思潮派（新現実主義）	**芥川龍之介** 菊池寛 山本有三	**鼻，羅生門，**河童，蜘蛛の糸，地獄変，杜子春 恩讐の彼方に，父帰る，真珠婦人 波，女の一生，**路傍の石**

大正～昭和時代	プロレタリア文学	**小林多喜二** 徳永直（すなお）	**蟹工船** 太陽のない街
	新感覚派	横光利一 **川端康成**	日輪，機械，紋章 **伊豆の踊子，雪国**，古都
	新興芸術派	**井伏鱒二** 梶井基次郎	**山椒魚，**ジョン万次郎漂流記，**黒い雨** 檸檬（れもん）
	新心理主義	**堀辰雄** 伊藤整	聖家族，**風立ちぬ，菜穂子** 幽鬼の街，火の鳥，雪明りの路
	無頼派	**太宰治** 坂口安吾	走れメロス，**斜陽，人間失格**，津軽 堕落論，白痴
	——	小林秀雄 中島敦	無常といふ事，考へるヒント 山月記，光と風と夢，弟子
	戦後派	野間宏 大岡昇平 **三島由紀夫** 安部公房	暗い絵，真空地帯 俘虜（ふりょ）記，野火（のび），武蔵野夫人 仮面の告白，潮騒，**金閣寺** **壁**，砂の女，燃えつきた地図
	第三の新人	安岡章太郎 吉行淳之介 遠藤周作	悪い仲間，陰気な愉しみ，海辺（かいへん）の光景 驟雨（しゅうう），砂の上の植物群，暗室 **白い人，**沈黙，海と毒薬
	中間小説	井上靖	しろばんば，あすなろ物語，天平の甍（いらか），敦煌
	新世代の文学	石原慎太郎 開高健 **大江健三郎** 北杜夫	太陽の季節 **裸の王様，**輝ける闇，パニック 死者の奢（おご）り，**飼育**，万延元年のフットボール 夜と霧の隅で，楡（にれ）家の人びと
	劇文学	**木下順二**	夕鶴

(5) 詩

	分類	作者名	主な作品・その他
明治	浪漫詩	**島崎藤村** 土井晩翠	詩集『**若菜集**（**初恋**ほか）』 詩集『天地有情』
明治	象徴詩	上田敏 **北原白秋** 三木露風	訳詩集『海潮音』 詩集『**邪宗門**』『水墨集（**落葉松**（からまつ）ほか）』，雑誌「スバル」創刊に参加 詩集『廃園』『白き手の猟人（かりゅうど）』
大正	口語自由詩	**高村光太郎** **萩原朔太郎** **宮沢賢治**	詩集『道程』『**智恵子抄**（**レモン哀歌**ほか）』 詩集『**月に吠える**』『青猫』 詩集『春と修羅』
昭和	四季派	三好達治 **中原中也**	詩集『**測量船**』，雑誌「四季」創刊に参加 詩集『山羊（やぎ）の歌』『在りし日の歌』
昭和	歴程派	草野心平	詩集『第百階級』『蛙』，雑誌「歴程」創刊に参加

※**宮沢賢治**の童話…『銀河鉄道の夜』『風の又三郎』『注文の多い料理店』『セロ弾きのゴーシュ』『よだかの星』『やまなし』

(6) 近代短歌

	分類	作者名	主な作品・その他
明治	**明星派** （浪漫派）	与謝野鉄幹 **与謝野晶子**	新詩社を結成，雑誌「明星」創刊 歌集『**みだれ髪**』
明治	根岸派	**正岡子規**	歌論『歌よみに与ふる書』，根岸短歌会を組織
明治	自然派	**若山牧水** **石川啄木**	歌集『別離』『海の声』 歌集『**一握の砂**』『悲しき玩具』
明治	耽美派	北原白秋	歌集『桐の花』
大正	アララギ派	伊藤左千夫 **斎藤茂吉**	雑誌「アララギ」創刊に参加 歌集『**赤光**』『**あらたま**』

(7) 近代俳句

	分類	特徴	
		作者名	主な作品・その他
明治	日本派	江戸時代以来の月並調を否定し写実による俳諧の革新を図る	
		正岡子規	俳誌「ホトトギス」顧問
	新傾向俳句	個性を尊重し，俳句を近代化	
		河東碧梧桐	新傾向俳句の運動を推進
大正	自由律俳句	季語を無用とし，五七五の制約を拒否して，話し言葉を使用	
		種田山頭火	句集『草木塔』
	ホトトギス派（定型律俳句）	俳句定型の十七音と季題を重視	
		高浜虚子	俳誌「ホトトギス」主宰，句集『虚子句集』
昭和	新興俳句運動	人間感情の清新な表現を求め，形式よりも内容を近代化	
		水原秋桜子	俳誌「馬酔木（あしび）」創刊，句集『葛飾』
		山口誓子	俳誌「天狼」創刊，句集『凍港』
	人間探求派	人間性全体の写実と俳句の伝統美との統合を追求	
		中村草田男	俳誌「万緑」創刊，句集『長子』『火の鳥』
		石田波郷	句集『惜命』

確認問題

11 次の品詞名を答えよ。

(1) ゆっくり　(2) 小さな　(3) 新しさ

12 次のうち，下線部が他と異なる用法のものを1つ選べ。

① ぼくはよく<u>ない</u>と思います。
② 私はたぶん読ま<u>ない</u>。
③ 彼は悪く<u>ない</u>はずだ。
④ 利益は少なく<u>ない</u>。
⑤ 本を読む時間が<u>ない</u>。

13 次の各文には，2ヵ所ずつ敬語の使い方が誤っている。正しく書き直せ。

(1) 私のお父さんが，こうおっしゃっておりました。
(2) 校長先生，おりましたら職員室にまいってください。
(3) 部長は，まだ会社にご出勤していらっしゃいません。

14 次の文の空欄にあてはまる語句・人名をア～シから選び，記号で答えよ。

（　A　）は最初の勅撰和歌集として醍醐天皇の勅命により撰集された。（　B　）らが撰進にあたり，二十巻からなる約千百首の和歌が収められている。歌風は優美・繊細で七五調のなだらかな調子で，歌人には（　C　）や（　D　）などがいる。

ア．万葉集　イ．古今和歌集　ウ．新古今和歌集　エ．紀貫之
オ．藤原定家　カ．大伴家持　キ．山部赤人　ク．西行
ケ．在原業平　コ．小野小町　サ．山上憶良　シ．額田王

15 次の作品の作者をア～シからそれぞれ選び，記号で答えよ。

(1) 曽根崎心中　(2) 一握の砂　(3) 暗夜行路
(4) 人間失格　(5) 高瀬舟　(6) 奥の細道

ア．滝沢馬琴　イ．斎藤茂吉　ウ．井原西鶴　エ．近松門左衛門
オ．松尾芭蕉　カ．島崎藤村　キ．夏目漱石　ク．芥川龍之介
ケ．森鷗外　コ．石川啄木　サ．太宰治　シ．志賀直哉

4 読解

●ポイント

現代文の読解は必須である。指示内容を説明するなど記述する問題も多いため，解法をマスターしておく必要がある。詩や短歌・俳句については，基本的なところを一通り押さえておけばよい。俳句については，主な俳句の作者と季語を確認しておこう。

1 日本語の音節

直音						拗音（ようおん）			
五十音図	a段↓	i段↓	u段↓	e段↓	o段↓				
ア行→	ア	イ	ウ	エ	オ				
カ行→	カ	キ	ク	ケ	コ	キャ	キュ		キョ
⋮	サ	シ	ス	セ	ソ	シャ	シュ	（シェ）	ショ
清音	タ	チ	ツ	テ	ト	チャ	チュ	（チェ）	チョ
清音	ナ	ニ	ヌ	ネ	ノ	ニャ	ニュ		ニョ
清音	ハ	ヒ	フ	ヘ	ホ	ヒャ	ヒュ		ヒョ
清音	マ	ミ	ム	メ	モ	ミャ	ミュ		ミョ
清音	ヤ	イ	ユ	エ	ヨ				
清音	ラ	リ	ル	レ	ロ	リャ	リュ		リョ
清音	ワ	ヰ	ウ	ヱ	オ				
濁音	ガ	ギ	グ	ゲ	ゴ	ギャ	ギュ		ギョ
濁音	ザ	ジ	ズ	ゼ	ゾ	ジャ	ジュ	（ジェ）	ジョ
濁音	ダ	ヂ	ヅ	デ	ド	ヂャ	ヂュ		ヂョ
濁音	バ	ビ	ブ	ベ	ボ	ビャ	ビュ		ビョ
半濁音	パ	ピ	プ	ペ	ポ	ピャ	ピュ		ピョ
撥音（はつおん）	ン			促音（そくおん）	ッ				

〈国語辞典の使い方〉

一般的な国語辞典では，見出し語は五十音の順に並べられている。仮名の組み合わせが同じであれば，清音→濁音→半濁音の順となり，長音符「ー」は，上の母音がもう一度あったものとする。

例 かか → かが → がか → がが

例 ちい → チーズ（ちいず） → ちず

2 修辞法

技法名		方 法	用 例
①比喩	直喩法（明喩）	「まるで・ように」などを用いて，たとえるものを直接明らかに示す	時が矢のように通りすぎた。
	隠喩法（暗喩）	比喩であることを直接示さず，たとえるものと直接に結びつける	この部屋は僕の城だ。
	擬人法	人間以外のものを，人間にたとえる	空が泣いている。
②	倒置法	語順を普通と逆にして，言いたいことを強調する	人間よ，もう止せ，こんな事は。
③	体言止め	文末を体言（名詞）で止め，強調したり，余韻を残したりする	からまつに　からまつのかぜ。
④	対句法	一対になる語句（よく似たもの・反対のもの）を用い，調子を整える	月は東に　日は西に
⑤	反復法	同じ語句や似た言葉をくり返して強調する	小さな小さな花

3 現代文

(1) 空欄補充問題

空欄補充問題の解き方の原則

1 前後の内容から判断する

空欄の前後にどのような内容のことが書かれているかを読み取り，手がかりをつかむ。

〈接続詞を入れる場合〉空欄の前後の文章の構造に着目する。

〈陳述（叙述）の副詞を入れる場合〉空欄を含む文や節の結びの部分から考える。

2 選択肢がある場合，**選択肢を全部見る**

空欄に入れてみて文意が通じたとしても，正解とは限らない。すべての選択肢に目を通し，最適な語句を入れる。

3 選択肢がある場合，**確実なところから埋める**

迷う選択肢を減らすため，正解がはっきりわかった空欄から先に埋めていく。

● 代表的な接続詞

順接	前後が自然な関係で連結	だから・それで・したがって	選択	前後のどちらかを選ぶ	あるいは・または
逆接	前後が逆の関係で連結	しかし・だが・ところが	補足・説明	前の事柄を補足・説明する	なぜなら・ただし
並列	前後が同等	および・また	換言	前の文を言い換える	つまり・すなわち
添加	前に付け加える	なお・さらに・しかも	転換	話題を変える	さて・ところで
例示	前の例を挙げる	たとえば			

● 陳述（叙述）の副詞…文や節の結びと呼応する副詞

〈打消〉決して・全然・少しも ～ない

〈打消推量〉よもや・まさか ～まい 〈推量〉たぶん・おそらく・きっと ～だろう

〈仮定〉もし・たとえ ～ても 〈比況〉あたかも・まるで ～ような

〈例題１〉

いまは，モノも人も，経済も情報も，国境をさまざまに行き交うようになりました。国の内から外へ，また国の外から内へ，往き来することがごく普通のことのようになってきた。けれども，言葉はどうだろうかと考えるのです。

言葉は人の生活の日常に深く結びついています。それだけに，おたがいの日常を親しく固く結び合わせるようになればなるほど，それぞれの人にはっきりとした限界を背負わせるのも，言葉です。それぞれの国にとっての国語のように，それぞれを深く結び合わせると同時に，言葉は，それぞれにその言葉の限界を背負わせずにいないのです。

言葉以上におたがいを非常に親しくさせるものはありません。にもかかわらず，その言葉を共有しないとき，（　A　）できないとき，知らない国のまるで知らない言葉がそうであるように，言葉くらい人をはじくものもありません。際立って［　①　］的にもなれば，際立って［　②　］的にもなるのも，言葉です。

けれども，もう一つの言葉があります。在り方も，はたらきも異なる，別の言葉。ないもの，ここにないもの，どこにもないもの，誰も見たことのないもの，見えないもの，そういうものについて言うことができる言葉です。

（　B　），社会という言葉。社会という言葉は誰でも知っていますが，実際に，社会というものをこれが社会だと，机を指すように，草花を指すように，これが社会だと指すことはできません。世界という言葉もおなじです。世界ということを知っていても，世界というものを，この目で見たことはないのです。

そのように，心のなかよりほか，どこにもないものについて言うことのできる言葉があります。自由。友情。敵意。憎悪。そういった言葉は，誰も見たことがないけれども，そう感じ，そう考え，そう名づけて，そう呼んできた，そういう言葉です。

国境を越える言葉，あるいは越えられる言葉ということを考えるとき，じつは国境を越える言葉というのは，このないものについて言うことのできる言葉ではないだろうかと思うのです。国境を越えるというのは，外国の言葉をいくらか覚えるというのとは違う。ないもの，見えないもの，その言葉でしか感得できないものを，国と言葉を異にするおたがいのあいだでどんなふうにもちあえるか，ということだと思うのです。

自由という言葉について思いをめぐらすとき，わたしたちは自由という言葉はどこからやってきたか，考えます。自由を見た人はいない。机の上に転がっているものでもないし，公園にゆけばあるというものでもない。店で買えるものでもない。（　C　），わたしたちは自由という言葉を知って，自由という言葉を通して，自由というものを感得し，そう感じられる感覚をそう呼んで，そう名づけて，その言葉を自分のものにしてきました。

（　D　）思うことは，日本語の自由という言葉に表され，わたしたちがその言葉によって感じとることのできる感覚を，異なる国々で，違う土地で，いま，おなじように，それぞれの国の言葉，土地の言葉で，自由と呼び，自由と名づけて，おなじに感じている人びとがいるだろう，ということです。

そういう確信を可能にするのが，国境を越える言葉のちからであり，そのようにそれぞれの言葉を通じて，おたがいを繋ぐべき大切な［　③　］を共有することが，じつは言葉を異にするおたがいの［　④　］を可能にしてゆくのだ，というふうに思うのです。

（長田弘『なつかしい時間』より）

問1　空欄Ａ～Ｄに入る接続詞及び副詞として最も適当なものを，次のア～クからそれぞれ選び記号で答えよ。

ア．あるいは　　イ．すると　　ウ．おそらく　　エ．そして
オ．しかし　　カ．なぜなら　　キ．たとえば　　ク．また

問2　空欄①～④に入る語句として最も適当なものを，次のア～クからそれぞれ選び記号で答えよ。

ア．認識　　イ．概念　　ウ．友好　　エ．共生
オ．独断　　カ．排他　　キ．交流　　ク．親和

解説

原則の適用　その1　**空欄A**

1　前後の内容から判断する

⇒　空欄の前「言葉を共有しないとき」と空欄の後「できないとき」は，類似の事象が並んでいるので，Aには同類のことを列挙し，どちらかを選択するときに用いる接続詞「あるいは」が入る。

原則の適用　その2　**空欄B**

1　前後の内容から判断する

⇒　空欄の後にある「社会という言葉」は，「これが社会だと指すこと」はできないものを言う言葉である。つまり，前段落の「見えないもの」について言うことができる言葉の例として挙げているのが「社会という言葉」なので，Bには例示の接続詞「たとえば」が入る。

原則の適用　その3　**空欄C**

1　前後の内容から判断する

⇒　空欄の前は，「自由という言葉はどこからやってきたか」を考えると，「自由を見た人はいない」，どこかにあるというものではない，という内容である。これに対し空欄の後は，「わたしたちは自由という言葉を知って」，これを通して「自由というものを感得し，そう感じられる感覚をそう呼んで」，「その言葉を自分のものにして」きたという内容である。「自由を見た」ことはないのに，「自由という言葉」を「自分のもの」にしてきたと述べているのだから，逆接の接続詞「しかし」が入る。

原則の適用　その4　**空欄D**

1　前後の内容から判断する

⇒　空欄前の段落の「（自由は目に見えないものだがわたしたちは）自由という言葉」を通して，「自由というものを感得し，そう感じられる感覚」をそう呼んで「自分のものにして」きたという内容を受けて，このことから「思うこと」を空欄Dで始まる段落で述べているのだから，添加の接続詞「そして」が入る。

原則の適用　その5　**空欄①・空欄②**

2　選択肢を全部見る

⇒　①②はともに空欄の後に「的」が付いている。そこでまず，「～的」という表現に該当しないア「認識」，キ「交流」は除外することができる。

1　前後の内容から判断する

⇒　空欄①②を含む一文は，「［①］的にもなれば，……［②］的にもなる」という，言葉の二つの際立った性質を述べている。さらに，空欄前の内容を検討すると，「言葉以上におたがいを非常に親しくさせるものはありません」と「言葉くらい人をはじくものもありません」という相反する二つの性質の言い換えであることが分かる。よって，①は「おたがいを非常に親しくさせる」という言葉の性質の換言になるので，ク「親和」が入る。また，②は「人をはじく」という性質の換言になるので，カ「排他」が入る。なお，①には，ウ「友好」も適しているように思えるが，前述のことから，「友好（＝仲の良い関係）」より「親和（＝互いに親しみ心を通わせる）」のほうが最適であると判断できる。

原則の適用　その6　**空欄③・空欄④**

1　前後の内容から判断する

⇒　空欄の前では，「（自由という）言葉によって感じとることのできる感覚を，異なる国々で，違う土地で……それぞれの国の言葉，土地の言葉で……自由と名づけて，おなじに感じている人びとがいる」という「確信」を可能にするのが「国境を越える言葉のちから」だと述べている。また，第7段落には「国境を越える言葉」は「ないものについて言うことのできる言葉」で，「国境を越える」とは，「その言葉でしか感得できないもの」を「国と言葉を異にするおたがいのあいだ」で「<u>もちあえる（＝共有する）</u>」ことだとある。これらを踏まえると，「おたがいを繋ぐべき大切な」もので「共有する」べきものとは，「国と言葉」の違いを越えて，見えなくても「言葉によって感じとる」，「おなじに感じ」ることのできる「感覚」なので，これを表すのに最も適しているのは，イ「概念（＝言語表現の思考内容）」であると判断できる。

2 選択肢を全部見る

⇒ この段階で残る選択肢は，ア「認識」，ウ「友好」，エ「共生」，オ「独断」，キ「交流」である。「おたがいを繋ぐべき大切な概念を共有すること」とあるので，オ「独断」は除外できる。また，ウ「友好」や，キ「交流」では本文の内容からかけ離れてしまうので，これらも除外する。絞られたア「認識」とエ「共生」について，第3段落の「言葉を共有しないとき」人は「排他的」になるという記述に着目すると，「言葉を異に」しても「概念を共有すること」によって「排他的」にはならない＝「共生」が可能になると考えられる。よって，④には，エ「共生」が入る。

正 答

問1　A．ア　B．キ　C．オ　D．エ
問2　①　ク　②　カ　③　イ　④　エ

(2) 指示語の指示内容を問う問題

指示語とは他の語句や文章を指し，文章を簡潔にする言葉である。主な指示語は，**コ・ソ・ア・ド言葉**と言われるものである。

指示内容の捉え方の原則

1 実体を予測

指示語を含む語句や文から，例えば，「人」を指すのか，「考え」を指すのか，おおよその見当をつける。

2 順番に前に戻る

指示語は，前に述べられている語句や内容を指し示しているので，指示語よりも前の文や文節へ少しずつ戻って探していく。ただし，まれに指示語の後ろに指示内容がある場合もあるので要注意。

3 置き換えて確認

指示語に指示内容をあてはめてみて，文意が通じるかどうか確認する。

4 わかりやすく整理

指示内容が長くてわかりにくいときは，文章を適切に要約する。

〈例題2〉

かつては，科学，特に自然科学は必ず人間の幸福をもたらすものであるという素朴な考え方が支配的であった。医学の進歩は多くの病気から人間を解放したし，物理学の成果は人類の労働の苦痛を軽減する多くの技術を生み，化学の発展からは，人類の生活を豊富にする新しい物質が生まれてきた。科学の進歩は，ときに戦争のためにつかわれたが，①これすら，人間の歴史的変化の過程における一種の必要悪として是認されるというのが一般的な考え方であった。

しかし，第二次大戦をへて，この素朴な考え方が疑われなければならない事態が生まれてきた。

核兵器や宇宙ミサイルの出現の結果，科学の悪用は，今まで科学が築きあげてきたすべての善いものを一挙に無にしてしまう力をもつに至った。科学の成果はすべて人類に幸福をもたらすといった考え方は，科学は人類に限りない不幸をもたらすかもしれないという考え方におきかえられねばならなくなった。

科学の成果がそれ自身よいものであるとしたら，科学者はどんなに幸福であったろう。しかし，そうでないとしたら科学者はどういう態度をとるべきであろうか。また，科学者でない人たちはどういう態度をとるべきであろうか。科学の存在をのろうべきであろうか。科学の成果がすべて善ではなく，悪でもありうるということは悲しいことだが，これは冷たい事実である。しかし，人間は，科学の成果をどうつかうかという選択の自由と能力がある。現代は，人類全体がこの能力をいかに発揮するかということをためされている時代である。

この選択にあたって，先ず想起すべきものは「全体的破滅を避けるという目標は他のあらゆる目標に優位せねばならぬ」というアインシュタインのことばであると思う。まず，②この原則をすべての人々が確認することであると思う。

この原則の上にたって何をなすべきかをすべての人々が，真剣に考えることである。

（朝永振一郎『現代における科学と人間』より）

問1　下線部①は何を指すか。過不足なく記せ。

問2　下線部②はどういうものか。40字以内で説明せよ。

解説

原則の適用　その1　**問1**

1　実体を予測

⇒　下線部①の後に，「人間の歴史的変化の過程における一種の必要悪として是認される」とあることから，歴史の中に現れる悪い事態を指す。

2　順番に前に戻る

⇒　直前に「科学の進歩は，ときに戦争のためにつかわれたが」という箇所がある。

3　置き換えて確認

⇒　下線部①「これ」は代名詞であるから，「科学の進歩が～つかわれたこと」という名詞の形に改めて，置き換えてみる。「科学の進歩がときに戦争のためにつかわれたことすら，～是認されるというのが一般的な考え方であった」となり，文意が通じる。

原則の適用　その2　**問2**

1　実体を予測

⇒　「この原則」であるから，何らかの原則を指す。

2　順番に前に戻る

⇒　直前に「全体的破滅を～優位せねばならぬ」というアインシュタインのことばが引用されている。しかし，このことばだけでは，何に関する原則か不明瞭である。筆者は，このアインシュタインのことばを「この選択にあたって，先ず想起すべきもの」として取り上げているから，「この選択」の指示する内容を探す。

⇒　順番に前に戻ると，2つ前の文に「科学の成果をどうつかうかという選択」という箇所がある。そのまま置き換えて確認すると，「科学の成果を～という選択にあたって，先ず想起すべきもの」となり，意味が通じる。

⇒　以上の内容を合成すると，「科学の成果をどうつかうかという選択にあたって，先ず想起すべきものは『全体的破滅を～優位せねばならぬ』というアインシュタインのことば」となる。意味は通じるが，長すぎてわかりにくい。

4　わかりやすく整理

⇒　重要ではない部分を削っていき，字数制限にそって簡潔にまとめる。解答は，「～という原則。」という形で結ぶ。

正答

問1　科学の進歩がときに戦争のためにつかわれたこと

問2　〔解答例〕

科学の成果を利用する際には全体的破滅を避けることを最優先する，という原則。（37字）

(3)　語句の意味を説明する問題

語句説明の問題は，次のように分類することができる。

①　同じ内容を簡潔に表現している語句を抜き出す問題

②　同じ内容を本文に即して具体的に説明する問題

③　原因や結果を答える問題

④　登場人物や筆者の心情を説明する問題

語句を説明する問題の解き方の原則

1　文脈をつかむ

指定された部分が本文の文脈の中でどのような位置を占めるのかを考えながら，丹念に本文を読む。そうすれば，本文中に答えるべき事柄がはっきりと書かれていない場合でも，手がかりは必ず見つかる。

2　理由を示す言葉に注目

理由を示す言葉「だから・ので・つまり」や「というのは・なぜなら・それゆえ～からである」などに注目して，理由や説明を理解する。

3　頻出する内容に注意

注意すべきことは，くり返し出てくる語句や内容である。論説文の場合，このような語句や内容は本文の主題にかかわっているので，意識して読み進めると文脈を把握しやすくなる。

〈例題3〉

大人はこどもの知恵に，あまり敬意をはらっていません。おろかな考えを口に出した者に，わたしたちはずけずけと，「それじゃまるでこどもの理くつだ」と言ったり，「赤子みたいな判断じゃないか」と浴びせかけたりします。

①多くの人は，こういったことばをま正直に受け取ります。実際にばかばかしい判断や憶測を，こどもたちから聞かされることが多いからです。

しかし，②これらの《ばかばかしさ》が何であるか，よくよく考えてみたとしたら，わたしたちは早合点を引っ込めざるを得なくなるでしょう。

レニングラード付近の別荘地で，こんな出来ごとがありました。或る日，夕焼けで空がまっ赤になったころ，狂犬が撃ち殺されました。それ以来，マイヤという二歳半の女の子は，まっ赤な夕焼け空を見るたびに，「またあそこで，気ちがい犬が殺されたわ」と，言い切るようになりました。

殺された犬のせいで空がまっ赤になると想像する，幼い思想家をあざ笑うのは，たやすいことです。しかし，わたしたちはここに，個々の現象のあいだに因果関係をつけようという，貴重な意欲を見ることができないでしょうか?

次に一例として，ターシャという四歳になる女の子が，どうやって《学者》ということばをおぼえたかを，ご紹介しましょう。ターシャがはじめてこのことばを耳にしたのは，《学者犬》の出演するサーカスへいったときでした。そんないきさつがあったものですから，半年ばかりたったころ，お友だちの父親が《学者》であることを知ったターシャは，いかにもうれしそうに大きな声でこうたずねました。

「ねえ，キーロチカのパパは犬なのね?」

このまちがいにも，十分敬意を表すべきです。ここでもまた，③新たな未知の現象群に対し，④他の分野で得た生活経験の結果をあてはめようとする，すばらしい人知の力が発揮されているからです。

（チュコフスキー『二歳から五歳まで』樹下節訳より）

問1　下線部①の理由を，本文中から抜き出せ。

問2　下線部②の理由を40字以内で説明せよ。

問3　下線部③④の具体例を，本文中から，それぞれ2つずつ挙げよ。

解説

原則の適用　その1　**問1**

2　理由を示す言葉に注目

⇒　下線部①の次の文が，「～からです。」という形で結ばれており，その理由を説明している。理由を述べる場合，解答は，「～から」という形で結ぶ。

原則の適用　その2　**問2**

1　文脈をつかむ

⇒　下線部②の中の「これら」とは，「こどもの判断や憶測」のことである。「こどもの判断や憶測の《ばかばかしさ》が何であるか」ということは，下線部②よりも後の部分で詳しく説明されている。その中で，マイヤとターシャという2人のこどものエピソードが例として挙げられている。

3　頻出する内容に注意

⇒　マイヤの例で指摘される「個々の現象のあいだに因果関係をつけようという，貴重な意欲」と，ターシャの例で指摘される「新たな未知の現象群に対し，他の分野で得た生活経験の結果をあてはめようとする，すばらしい人知の力」とは，下線部③の前にある「ここでもまた，」という言葉からもわかるように，同じ内容のものである。つまり，下線部②に続く2人のこどものエピソードは，大人から見ればこどもの「ばかばかしい判断や憶測」の例ということになるが，その中に筆者は，こどもがもっている「貴重な意欲」と「すばらしい人知の力」の現れをみるのである。こどもの言動をこのように理解すれば，それを「ばかばかしい」とは言えなくなるはずである。

原則の適用　その3　**問3**

1　文脈をつかむ

⇒　マイヤとターシャのエピソードの中から，下線部③④にあたる内容を探す。下線部③は，こどもが新たに知った事柄やこどもにとって不思議な事柄，下線部④は，こどもがそれまでに経験した事柄を意味する。

正答

問1　実際にばかばかしい判断や憶測を，こどもたちから聞かされることが多いから

問2　〔解答例〕

こどもの判断や憶測に貴重な意欲とすばらしい人知の力の現れをみることができるから。(40字)

問3　③・夕焼け空が赤いこと
・友だちの父親が《学者》であること
④・夕焼けで空がまっ赤になったころ，狂犬が撃ち殺されたこと
・サーカスで《学者犬》を見たこと

4　近代詩

詩の種類

①　用語による分類

文語詩	文語で書かれた詩
口語詩	口語(現代語)で書かれた詩

②　形式による分類

定型詩	一句が五・七(七・五)音など，音数や行数が一定の詩
自由詩	音数など決まりのない自由な形式の詩
散文詩	文章形式であるが，詩情をもつ詩

③　内容による分類

叙情詩	作者の感情を中心にうたった詩
叙景詩	風景を写生的にうたった詩
叙事詩	歴史上のできごとなどを，主観を交えず物語風にうたった詩

5 和歌と近代短歌

(1) 和歌の形式

① 基本形…**五・七・五・七・七**の五句（三十一音）

② **句切れ**…意味や調子の切れ目。句点「。」をつけられるところを探す。
初句で切れていれば初句切れ，第二句なら二句切れとなる。

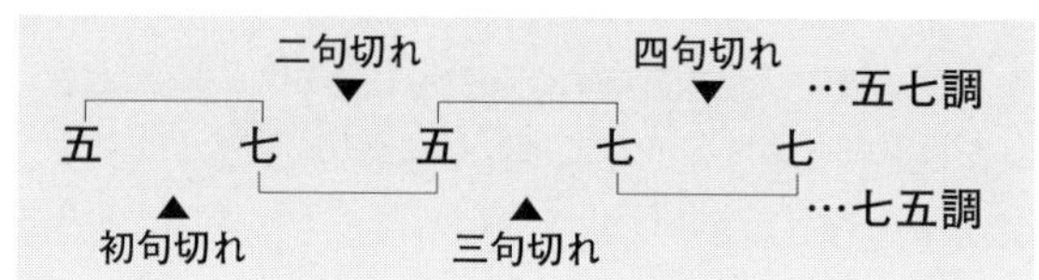

(2) 和歌の表現技法

③ **枕詞**…ある語を導き出すためにおかれる修辞的な語。多くは五音からなり，訳す意味をもたない。

例　あしひきの（山・峰），しろたへの（衣・袖・雪・雲）
たらちねの（母・親），ひさかたの（天・日・光）

④ **序詞**…ある語を導き出すためにおかれる修辞的なものだが，音数が不定であり，受ける言葉も決まっていないところが，枕詞と異なる。

例　あしひきの　山鳥の尾の　しだり尾の
ながながし夜を　ひとりかも寝む　（『万葉集』柿本人麻呂）

⑤ **掛詞**…ひとつの言葉に二重の意味を重ねて用いる方法。

例　花の色は　移りにけりな　いたづらに
わが身世にふる　ながめせしまに　（『古今和歌集』小野小町）
→ふる…「経る」と「降る」とを掛ける。
ながめ…「眺め（ぼんやりと物思いにふける）」と「長雨」とを掛ける。

⑥ **縁語**…ある言葉に基づき，関連のある語を意識的に並べる技法。

例　すずか山　浮世をよそに　ふりすてて
いかになり行く　わが身なるらむ
（『新古今和歌集』西行法師）
→「鈴」の縁語として，「振り」と「鳴り」が用いられている。
「なり」は「鳴り」と「成り」の掛詞ともなっている。

(3) 代表的な近代短歌

与謝野晶子	激しい情熱と奔放な空想によって，人間の本来もつ感情をうたう。
	髪五尺ときなば水にやはらかき少女（をとめ）ごころは秘めて放たじ 海恋し潮の遠鳴りかぞへては少女となりし父母の家 金色（こんじき）のちひさき鳥のかたちして銀杏（いてふ）ちるなり夕日の岡に
正岡子規	自然をありのまま，見て感じたままに詠む写生俳句。病床での作品も多い。
	瓶（かめ）にさす藤の花ぶさみじかければたたみの上にとどかざりけり くれなゐの二尺伸びたる薔薇の芽の針やはらかに春雨のふる いちはつの花咲きいでて我目（わがめ）には今年ばかりの春行かんとす
若山牧水	旅や恋心を詠むことが多く，美しい旋律をもつ平明で感傷的な歌が特徴。
	白鳥（しらとり）は哀しからずや空の青海のあをにも染まずただよふ 幾山河（いくやまかは）越えさり行かば寂しさの終（は）てなむ国ぞ今日（けふ）も旅ゆく うらうらと照れる光にけぶりあひて咲きしづもれる山ざくら花
石川啄木	生活のため，渋民村の代用教員，函館の新聞記者などもする。実生活に根ざした感情を日常語を用いて表現。三行書きで知られる。
	はたらけどはたらけど猶（なほ）わが生活（くらし）楽にならざりぢつと手を見る かにかくに渋民村は恋しかりおもひでの山おもひでの川 やはらかに柳あをめる北上の岸辺目に見ゆ泣けとごとくに 東海の小島の磯の白砂にわれ泣きぬれて蟹とたはむる
斎藤茂吉	哀しみやさびしさを気迫のこもった万葉調の歌に定着させる。「アララギ」全盛の基礎を築いた。
	あかあかと一本の道とほりたりたまきはるわが命なりけり みちのくの母のいのちを一目見ん一目見んとぞただにいそげる のど赤き玄鳥（つばくらめ）ふたつ屋梁（はり）にゐて足乳根（たらちね）の母は死にたまふなり

6 俳句

(1) 俳句の形式

① 基本形…**五・七・五**の三句(十七音)

② **字余り・字足らず**…表現の都合で，十七音よりも音数が多ければ字余り，少なければ字足らずとなる。

③ **句切れ**

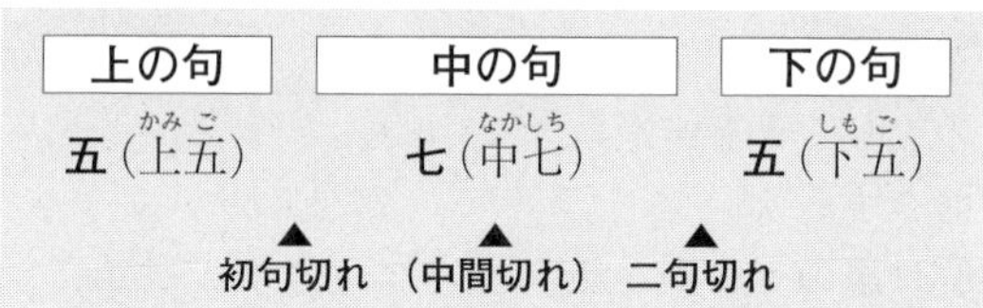

※自由律俳句はこの形式を破るもの

④ **切れ字**…俳句の中で句の切れ目に使う言葉。詠嘆や強調を示す「や」「かな」「なり」「けり」「よ」などの語を用い，意味を途中で切る。

(2) 季語

季節を表す語で，原則的に一句に一つ詠み込む。俳句の季語の季節は，現在の暦より**約1ヵ月早い**。

季節	時候・天文	植物・動物	生活・行事
新年	元旦，元日，去年今年(こぞことし)，松の内，初明り，初霞，初日	なづな，若菜，福寿草，歯朶(しだ)，初鴉(はつがらす)，初鶏	初夢，初詣，七種(ななくさ)(七草)
春(1〜3月)	おぼろ月，陽炎，花曇(はなぐもり)，雪崩(なだれ)，残雪，雪どけ，余寒(よかん)，流氷	桜，梅，椿，すみれ，木(こ)の芽，蛙(かわず)，ひばり，雀の子	雛，麦踏み，茶摘
夏(4〜6月)	五月雨，梅雨，夕立，麦の秋，朝凪(あさなぎ)，夏の果て，滝，泉	牡丹，百合，筍，葉桜，新緑，万緑，甲虫，蠅，蛍，初鰹	吹き流し，端午，噴水
秋(7〜9月)	月，名月，天の川，野分(のわき)，台風，稲妻，身にしむ，夜寒(よさむ)	朝顔，なでしこ，柿，木の実，桐一葉(きりひとは)，啄木鳥(きつつき)，燕帰る	七夕，灯籠(とうろう)，踊
冬(10〜12月)	木枯(こがらし)，時雨(しぐれ)，雪，風花(かざはな)，山眠る，枯野(かれの)，小春，節分	山茶花(さざんか)，落葉，木の葉，大根，鷹，鷲，熊，兎，白鳥，水鳥	たき火，風邪，咳，炭

(3) 代表的な俳人と作品

※季節は陰暦月による分類

	俳　人	俳　句　※太字は季語	季節
古典俳諧	松尾芭蕉	古池や**蛙**(かはづ)とびこむ水の音	春
		山路来て何やらゆかし**すみれ草**	春
		草の戸も住み替る代ぞ**雛**の家	春
		閑(しづ)かさや岩にしみ入る**蟬**の声	夏
		五月雨をあつめて早し最上川	夏
		夏草や兵(つはもの)どもが夢の跡	夏
		名月や池をめぐりて夜もすがら	秋
		秋深き隣は何をする人ぞ	秋
		野ざらしを心に**風のしむ身**かな	秋
		荒海や佐渡によこたふ**天の河**	秋
		旅人と我が名よばれん**初時雨**	冬
		旅に病んで夢は**枯野**をかけめぐる	冬
	与謝蕪村	**春の海**終日(ひねもす)のたりのたりかな	春
		菜の花や月は東に日は西に	春
		夏河(なつかは)を越すうれしさよ手に草履	夏
		不二(ふじ)ひとつうづみ残して**若葉**かな	夏
		五月雨や大河を前に家二軒	夏
		鳥羽殿へ五六騎いそぐ**野分**(のわき)かな	秋
		斧(をの)入れて香(か)におどろくや**冬木立**(こだち)	冬
	小林一茶	**雀の子**そこのけそこのけ御馬が通る	春
		雪とけて村いっぱいの子どもかな	春
		やれ打つな**蠅**が手を摺(す)り足をする	夏
		朝顔やしたたかぬれし通り雨	秋
		うつくしや障子の穴の**天の川**	秋
		名月を取ってくれろとなく子かな	秋
		大根引(だいこひき)大根で道を教へけり	冬
		これがまあ終(つひ)の栖(すみか)か**雪**五尺	冬
		うまそうな**雪**がふうわりふうわりと	冬
	加賀千代女	**朝顔**につるべとられてもらひ水	秋
	山口素堂	目には**青葉山ほととぎす初鰹**(はつがつを)(**初松魚**)	夏
	炭太祇	空遠く声合わせ行く**小鳥**かな	秋

近代俳句	**正岡子規**	**雪残る** 頂(いただき) 一つ国 境(くにざかひ)	春
		故郷やどちらを見ても**山笑ふ**	春
		柿くへば鐘が鳴るなり法隆寺	秋
		鶏頭の十四五本もありぬべし	秋
		いくたびも**雪**の深さを尋ねけり	冬
	河東碧梧桐	赤い**椿**白い**椿**と落ちにけり	春
	種田山頭火	分け入つても分け入つても青い山	−
	高浜虚子	**白(はく)牡丹**といふといへども紅(こう)ほのか	夏
		桐一葉日当りながら落ちにけり	秋
		流れゆく**大根**の葉の早さかな	冬
		遠山に日の当りたる**枯野**かな	冬
	水原秋桜子	**啄木鳥(きつつき)**や落葉をいそぐ牧の木々	秋
	村上鬼城	**小春日**や石を噛(か)みゐる赤蜻蛉(あかとんぼ)	冬
	飯田蛇笏	をりとりて　はらりとおもき　**すすき**かな	秋
		くろがねの**秋の風鈴**鳴りにけり	秋
		いわし雲大いなる瀬をさかのぼる	秋
	山口誓子	**流氷**や宗谷(そうや)の門波(となみ)荒れやまず	春
		海に出て**木枯**帰るところなし	冬
	川端茅舎	金剛の**露**のひとつや石の上	秋
	中村草田男	**万緑**の中や吾子(あこ)の歯生(は)えそむる	夏
	石田波郷	雀らも海かけて飛べ**吹き流し**	夏
	相馬遷子	華やかに**風花(かざはな)**降らすどの雲ぞ	冬

確認問題

16 次の詩を読んで，各問いに答えよ。

初恋

まだあげ初めし前髪の
林檎のもとに見えしとき
前にさしたる花櫛の
花ある君と思ひけり
（略）

(1) この詩の作者名を答えよ。

(2) この詩の種類について，それぞれにあてはまるものを1つずつ選び，記号で答えよ。

［用語上］ア．文語詩　イ．口語詩
［形式上］ア．自由詩　イ．定型詩　ウ．散文詩
［内容上］ア．叙情詩　イ．叙景詩　ウ．叙事詩

17 次の文を読んで，各問いに答えよ。

いったい私にとって，書物とはなんだったのだろうか。①それは，孤独と不安を療してくれる愉しい友達であった。そしてまた，それは，過去の時間の重味と，東西の世界のひろがりを，身をもって教えてくれた経験の豊かな友達でもあった。いずれにせよ，決しておしつけがましいことのない②この友人は，現在の狭い不安な世界から私を解放してくれたし，③知的・感情的な好奇心をかき立てて生きる意欲を絶やさないようにしてくれた。

（江藤淳『作家は行動する』より）

(1) 下線部①の「それ」とは何か。

(2) 下線部②の「この友人」とはどのような友達か，簡潔に2つ答えよ。

(3) 下線部③について，「知的・感情的な好奇心をかき立てて」くれたというのは友人のどのような行為を指すのか。句読点を含めて30字以内で説明せよ。

18 次の短歌の作者名をア～オからそれぞれ選び，記号で答えよ。

(1) はたらけどはたらけど猶わが生活楽にならざりぢつと手を見る

(2) みちのくの母のいのちを一目見ん一目見んとぞただにいそげる

(3) 海恋し潮の遠鳴りかぞへては少女となりし父母の家

ア．正岡子規　イ．斎藤茂吉　ウ．与謝野晶子

エ．石川啄木　オ．若山牧水

19 次の俳句を読んで，各問いに答えよ。

A．古池や蛙とびこむ水の音

B．柿くへば鐘が鳴るなり法隆寺

C．(　　)そこのけそこのけ御馬が通る

D．万緑の中や吾子の歯生えそむる

(1) A，Bの句の作者を答えよ。

(2) A，Dの句の季語と季節を答えよ。

(3) Cの空欄にあてはまる語句を答えよ。

2
社会

Open Sesame

1 学習指導要領

●ポイント

教科目標，学年目標，指導計画の作成と内容の取扱いについては空欄補充問題，各学年の内容については学年を答える問題，内容の取扱いについては正誤問題として出題される場合が多い。いずれも正確な知識が求められるため，キーワードを中心に確実に覚えておこう。

1 社会科改訂の要点（一部抜粋）

(1) 教科目標の改善

従前の目標の趣旨を勘案して「公民としての資質・能力」を育成することを目指し，その資質・能力の具体的な内容を「**知識・技能**」，「**思考力・判断力・表現力等**」，「**学びに向かう力・人間性等**」の三つの柱で示した。

(2) 内容構成の改善

・中学校への接続・発展を視野に入れて，各学年の内容を①**地理的環境と人々の生活**，②**歴史と人々の生活**，③**現代社会の仕組みや働きと人々の生活**，という三つの枠組みに位置付ける。また，①，②は空間的な広がりを念頭に**地域，日本，世界**と，③は社会的事象について**経済・産業，政治及び国際関係**と，対象を区分した。

・従前は2学年まとめて示されていた第3学年・第4各年の目標と内容が，それぞれ分けて示された。

学年	学習対象
第3学年	自分たちの市を中心とした地域
第4学年	自分たちの県を中心とした地域
第5学年	我が国の国土や産業
第6学年	我が国の政治の働きや歴史上の主な事象 グローバル化する世界と日本の役割

※従前，第4学年からとされていた地図帳の使用が**第3学年**からとなった。

2 社会科の目標

社会的な**見方・考え方**を働かせ，**課題を追究したり解決したり**する活動を通して，**グローバル化**する**国際社会**に**主体的**に生きる**平和で民主的な国家及び社会の形成者**に必要な**公民**としての**資質・能力の基礎**を次のとおり育成することを目指す。

(1) 地域や我が国の**国土**の**地理的環境**，現代社会の**仕組みや働き**，地域や我が国の**歴史や伝統**と**文化**を通して**社会生活**について理解するとともに，様々な**資料**や**調査活動**を通して**情報**を**適切に調べまとめる技能**を身に付けるようにする。

(2) **社会的事象の特色**や**相互の関連**，**意味**を**多角的**に考えたり，社会に見られる**課題**を把握して，その**解決**に向けて社会への関わり方を**選択・判断**したりする力，考えたことや**選択・判断**したことを**適切に表現する力**を養う。

(3) **社会的事象**について，**よりよい社会**を考え**主体的**に**問題解決**しようとする**態度**を養うとともに，**多角的**な思考や理解を通して，**地域社会**に対する**誇りと愛情**，**地域社会**の一員としての**自覚**，我が国の**国土**と**歴史**に対する**愛情**，我が国の将来を担う**国民**としての**自覚**，**世界の国々の人々と共に生きていく**ことの**大切さ**についての**自覚**などを養う。

● 社会的な見方・考え方（学年目標では「社会的事象の見方・考え方」）

社会的事象を，位置や空間的な広がり，時期や時間の経過，事象や人々の相互関係などに着目して捉え，比較・分類したり総合したり，地域の人々や国民の生活と関連付けたりすること。

● 公民としての資質・能力の基礎

目標の(1)～(3)は，それぞれ「**知識・技能**」，「**思考力・判断力・表現力等**」，「**学びに向かう力・人間性等**」に対応している。

知識・技能	**知識**	地域や我が国の地理的環境，地域や我が国の歴史や伝統と文化，現代社会の仕組みや働きを通して，社会生活についての総合的な理解を図るためのもの。
	技能	社会的事象について調べまとめる技能。
思考力・判断力・表現力等		社会的事象の特色や相互の関連，意味を多角的に考える力，社会に見られる課題を把握して，その解決に向けて，学習したことを基に，社会への関わり方を選択・判断する力。

学びに向かう力・人間性等	よりよい社会を考え主体的に問題解決しようとする態度，多角的な思考や理解を通して涵養される自覚や愛情など。

社会科の内容については，第3学年においては**市**を中心とする地域社会に関する内容を，第4学年においては**県**を中心とする地域社会に関する内容を，第5学年においては**我が国の国土と産業**に関する内容を，第6学年においては**我が国の政治と歴史**，**国際理解**に関する内容を，それぞれ取り上げている

3　各学年の目標

社会的事象の**見方・考え方**を働かせ，**学習の問題を追究・解決する活動**を通して，次のとおり**資質・能力**を育成することを目指す。

第3学年	(1)　**身近な地域や市区町村の地理的環境**，**地域の安全を守るための諸活動**や地域の産業と**消費生活**の様子，**地域の様子の移り変わり**について，人々の生活との関連を踏まえて理解するとともに，**調査活動**，**地図帳**や各種の**具体的資料**を通して，必要な情報を調べ**まとめる**技能を身に付けるようにする。 (2)　**社会的事象の特色**や**相互の関連**，意味を考える力，社会に見られる課題を把握して，その**解決**に向けて社会への関わり方を**選択・判断**する力，考えたことや**選択・判断**したことを**表現する力**を養う。 (3)　社会的事象について，**主体的**に学習の問題を解決しようとする**態度**や，よりよい社会を考え学習したことを**社会生活**に生かそうとする**態度**を養うとともに，思考や理解を通して，**地域社会に対する誇りと愛情**，**地域社会の一員**としての**自覚**を養う。
第4学年	(1)　自分たちの**都道府県**の**地理的環境**の特色，地域の人々の健康と**生活環境**を支える働きや**自然災害から地域の安全を守るための諸活動**，地域の**伝統**と**文化**や地域の発展に尽くした**先人の働き**などについて，**人々の生活**との関連を踏まえて理解するとともに，**調査活動**，**地図帳**や各種の**具体的資料**を通して，必要な**情報**を調べまとめる技能を身に付けるようにする。 (2)　**社会的事象の特色**や**相互の関連**，意味を考える力，社会に見られる課題を把握して，その解決に向けて社会への**関わり方**を選択・判断する力，考えたことや選択・判断したことを**表現する力**を養う。

第4学年	(3) 社会的事象について，**主体的**に学習の問題を解決しようとする**態度**や，よりよい社会を考え学習したことを**社会生活**に生かそうとする**態度**を養うとともに，**思考**や**理解**を通して，地域社会に対する**誇り**と**愛情**，**地域社会の一員**としての**自覚**を養う。
第5学年	(1) **我が国の国土の地理的環境**の特色や産業の現状，**社会の情報化**と**産業**の関わりについて，**国民生活**との関連を踏まえて理解するとともに，**地図帳**や**地球儀**，**統計**などの各種の**基礎的資料**を通して，情報を適切に調べまとめる技能を身に付けるようにする。 (2) **社会的事象の特色**や**相互の関連**，意味を**多角的**に考える力，社会に見られる課題を把握して，その解決に向けて社会への関わり方を選択・判断する力，考えたことや選択・判断したことを**説明したり**，それらを基に**議論したりする力**を養う。 (3) 社会的事象について，**主体的**に学習の問題を解決しようとする**態度**や，よりよい社会を考え学習したことを**社会生活**に生かそうとする**態度**を養うとともに，**多角的**な**思考や理解**を通して，我が国の国土に対する**愛情**，我が国の**産業の発展**を願い我が国の将来を担う国民としての**自覚**を養う。
第6学年	(1) **我が国の政治の考え方**と**仕組みや働き**，国家及び社会の**発展**に大きな働きをした**先人**の業績や優れた**文化遺産**，我が国と関係の深い国の生活や**グローバル化**する**国際社会**における**我が国の役割**について理解するとともに，**地図帳**や**地球儀**，**統計**や**年表**などの各種の**基礎的資料**を通して，**情報**を適切に調べまとめる技能を身に付けるようにする。 (2) **社会的事象の特色**や**相互の関連**，意味を**多角的**に考える力，社会に見られる課題を把握して，その解決に向けて社会への関わり方を選択・判断する力，考えたことや選択・判断したことを**説明したり**，それらを基に**議論したりする力**を養う。 (3) 社会的事象について，**主体的**に学習の問題を解決しようとする**態度**や，よりよい社会を考え学習したことを**社会生活**に生かそうとする**態度**を養うとともに，**多角的**な思考や理解を通して，我が国の**歴史や伝統**を大切にして**国を愛する心情**，我が国の将来を担う国民としての**自覚**や**平和**を願う日本人として世界の国々の人々と共に生きることの大切さについての**自覚**を養う。

4 各学年の内容・内容の取扱い

学年	構成項目	
第3学年	身近な地域や市区町村の様子	①
	地域に見られる生産や販売の仕事	③
	地域の**安全**を守る働き	③
	市の様子の移り変わり	②
第4学年	都道府県の様子	①
	人々の健康や生活環境を支える事業	③
	自然災害から人々を守る活動	③
	県内の伝統や文化，先人の働き	②
	県内の特色ある地域の様子	①
第5学年	我が国の国土の様子と国民生活	①
	我が国の農業や水産業における食料生産	③
	我が国の工業生産	③
	我が国の産業と情報との関わり	③
	我が国の国土の自然環境と国民生活の関わり	①・③
第6学年	我が国の**政治**の働き	③
	我が国の歴史上の主な事象	②
	グローバル化する世界と日本の役割	③

※①～③は，①地理的環境と人々の生活，②歴史と人々の生活，③現代社会の仕組みや働きと人々の生活，として区分。

(1) 第3学年

	内容	内容の取扱い
第3学年	(1) **身近な地域や市区町村**（以下「市」という。）の様子について，学習の問題を追究・解決する活動を通して，次の事項を身に付けることができるよう指導する。 ア 次のような知識及び技能を身に付けること。 (ア) 身近な地域や自分たちの市の様子を大まかに理解すること。 (イ) **観察・調査**したり地図などの資料で調べたりして，**白地図**などにまとめること。	・学年の導入で扱うこととし，アの(ア)については，「自分たちの市」に重点を置くよう配慮すること。 ・アの(イ)については，「白地図などにまとめる」際に，教科用図書「地図」（以下「地図帳」という。）を参照し，**方位や主な地図記号**について扱うこと。

第3学年	イ　次のような思考力，判断力，表現力等を身に付けること。 (ア)　都道府県内における市の位置，市の**地形**や**土地利用**，交通の広がり，市役所など主な**公共施設**の場所と働き，古くから残る**建造物**の分布などに着目して，身近な地域や市の様子を捉え，**場所による違い**を考え，表現すること。	
	(2)　地域に見られる**生産**や**販売**の仕事について，学習の問題を追究・解決する活動を通して，次の事項を身に付けることができるよう指導する。 ア　次のような知識及び技能を身に付けること。 (ア)　生産の仕事は，**地域の人々の生活と密接な関わり**をもって行われていることを理解すること。 (イ)　**販売**の仕事は，消費者の多様な**願い**を踏まえ売り上げを高めるよう，**工夫**して行われていることを理解すること。 (ウ)　見学・調査したり地図などの資料で調べたりして，**白地図**などにまとめること。 イ　次のような思考力，判断力，表現力等を身に付けること。 (ア)　仕事の種類や**産地**の分布，仕事の**工程**などに着目して，**生産**に携わっている人々の仕事の様子を捉え，地域の人々の生活との**関連**を考え，表現すること。 (イ)　消費者の**願い**，**販売**の仕方，他地域や外国との関わりなどに着目して，**販売**に携わっている人々の仕事の様子を捉え，それらの仕事に見られる**工夫**を考え，表現すること。	・アの(ア)及びイの(ア)については，事例として**農家，工場などの中から選択**して取り上げるようにすること。 ・アの(イ)及びイの(イ)については，**商店**を取り上げ，「他地域や外国との関わり」を扱う際には，地図帳などを使用して**都道府県や国の名称と位置**などを調べるようにすること。 ・イの(イ)については，我が国や外国には国旗があることを理解し，それを尊重する態度を養うよう配慮すること。
	(3)　地域の**安全**を守る働きについて，学習の問題を追究・解決する活動を通して，次の事項を身に付けることができるよう指導する。 ア　次のような知識及び技能を身に付けること。	・アの(ア)の「緊急時に対処する体制をとっていること」と「防止に努めていること」については，**火災と事故はいずれも取り上げる**こと。その際，どち

	(ア) 消防署や警察署などの関係機関は，地域の**安全**を守るために，**相互に連携**して**緊急時に対処**する体制をとっていることや，関係機関が地域の人々と**協力**して火災や**事故**などの防止に努めていることを理解すること。 (イ) 見学・調査したり地図などの資料で調べたりして，まとめること。 イ 次のような思考力，判断力，表現力等を身に付けること。 (ア) 施設・設備などの配置，**緊急時**への備えや対応などに着目して，関係機関や地域の人々の諸活動を捉え，相互の**関連**や従事する人々の働きを考え，表現すること。	らかに重点を置くなど効果的な指導を工夫をすること。 ・イの(ア)については，社会生活を営む上で大切な**法やきまり**について扱うとともに，地域や自分自身の安全を守るために自分たちにできることなどを考えたり選択・判断したりできるよう配慮すること。
第3学年	(4) 市の様子の移り変わりについて，学習の問題を追究・解決する活動を通して，次の事項を身に付けることができるよう指導する。 ア 次のような知識及び技能を身に付けること。 (ア) 市や人々の生活の様子は，時間の**経過**に伴い，移り変わってきたことを理解すること。 (イ) 聞き取り調査をしたり地図などの資料で調べたりして，**年表**などにまとめること。 イ 次のような思考力，判断力，表現力等を身に付けること。 (ア) **交通**や**公共施設**，**土地利用**や**人口**，**生活の道具**などの時期による違いに着目して，市や人々の生活の様子を捉え，それらの**変化**を考え，表現すること。	・アの(イ)の「年表などにまとめる」際には，時期の区分について，昭和，平成など元号を用いた言い表し方などがあることを取り上げること。 ・イの(ア)の「**公共施設**」については，市が公共施設の整備を進めてきたことを取り上げること。その際，**租税の役割**に触れること。 ・イの(ア)の「人口」を取り上げる際には，**少子高齢化**，**国際化**などに触れ，これからの市の**発展**について考えることができるよう配慮すること。

⑵ 第4学年

	内容	内容の取扱い
第4学年	⑴ **都道府県**（以下「県」という。）の様子について，学習の問題を追究・解決する活動を通して，次の事項を身に付けることができるよう指導する。 ア 次のような知識及び技能を身に付けること。 ㋐ 自分たちの県の**地理的環境の概要**を理解すること。また，**47都道府県の名称と位置**を理解すること。 ㋑ 地図帳や各種の資料で調べ，**白地図**などにまとめること。 イ 次のような思考力，判断力，表現力等を身に付けること。 ㋐ 我が国における自分たちの県の**位置**，県全体の地形や主な産業の分布，**交通網**や主な**都市**の**位置**などに着目して，県の様子を捉え，地理的環境の特色を考え，表現すること。	
	⑵ 人々の**健康**や生活環境を支える事業について，学習の問題を追究・解決する活動を通して，次の事項を身に付けることができるよう指導する。 ア 次のような知識及び技能を身に付けること。 ㋐ **飲料水，電気，ガス**を供給する事業は，安全で**安定的**に供給できるよう進められていることや，地域の人々の**健康な生活**の維持と**向上**に役立っていることを理解すること。 ㋑ **廃棄物**を処理する事業は，衛生的な処理や資源の**有効利用**ができるよう進められていることや，**生活環境**の維持と**向上**に役立っていることを理解すること。 ㋒ 見学・調査したり地図などの資料で調べたりして，まとめること。 イ 次のような思考力，判断力，表現力等を身に付けること。	・アの㋐及び㋑については，現在に至るまでに仕組みが計画的に改善され**公衆衛生**が向上してきたことに触れること。 ・アの㋐及びイの㋐については，**飲料水，電気，ガスの中から選択**して取り上げること。 ・アの㋑及びイの㋑については，**ごみ，下水のいずれかを選択**して取り上げること。

学年	内容	内容の取扱い
第4学年	(ア)　供給の仕組みや経路，県内外の人々の協力などに着目して，飲料水，電気，**ガス**の供給のための事業の様子を捉え，それらの事業が果たす**役割**を考え，表現すること。 (イ)　処理の仕組みや再利用，県内外の人々の協力などに着目して，**廃棄物**の処理のための事業の様子を捉え，その事業が果たす**役割**を考え，表現すること。	・イの(ア)については，節水や節電など自分たちにできることを考えたり選択・判断したりできるよう配慮すること。 ・イの(イ)については，社会生活を営む上で大切な**法やきまり**について扱うとともに，**ごみの減量**や**水を汚さない工夫**など，自分たちにできることを考えたり選択・**判断**したりできるよう配慮すること。
	(3)　**自然災害**から人々を守る活動について，学習の問題を追究・解決する活動を通して，次の事項を身に付けることができるよう指導する。 ア　次のような知識及び技能を身に付けること。 (ア)　地域の関係機関や人々は，自然災害に対し，様々な協力をして**対処**してきたことや，今後想定される災害に対し，様々な**備え**をしていることを理解すること。 (イ)　聞き取り調査をしたり地図や**年表**などの資料で調べたりして，まとめること。 イ　次のような思考力，判断力，表現力等を身に付けること。 (ア)　**過去**に発生した地域の自然災害，関係機関の協力などに着目して，**災害から人々を守る活動**を捉え，その働きを考え，表現すること。	・アの(ア)については，**地震災害，津波災害，風水害，火山災害，雪害などの中から，過去に県内で発生したものを選択**して取り上げること。 ・アの(ア)及びイの(ア)の「関係機関」については，県庁や市役所の働きなどを中心に取り上げ，**防災情報の発信，避難体制の確保**などの働き，**自衛隊**など国の機関との関わりを取り上げること。 ・イの(ア)については，地域で起こり得る災害を想定し，日頃から必要な備えをするなど，自分たちにできることなどを考えたり選択・判断したりできるよう配慮すること。
	(4)　**県内の伝統や文化，先人の働き**について，学習の問題を追究・解決する活動を通して，次の事項を身に付けることができるよう指導する。 ア　次のような知識及び技能を身に付けること。 (ア)　**県内の文化財**や**年中行事**は，地域の人々が受け継いできたことや，それらには地域の**発展**など人々の様々な願いが込められていることを理解すること。	・アの(ア)については，県内の主な文化財や年中行事が大まかに分かるようにするとともに，イの(ア)については，それらの中から具体的事例を取り上げること。 ・アの(イ)及びイの(イ)については，**開発，教育，医療，文化，産業などの地域の発展に尽くした先人の中から選択**して取り上げること。

	(イ) 地域の**発展**に尽くした先人は，様々な**苦心**や努力により当時の**生活の向上**に貢献したことを理解すること。 (ウ) 見学・調査したり地図などの資料で調べたりして，**年表**などにまとめること。 イ 次のような思考力，判断力，表現力等を身に付けること。 (ア) 歴史的背景や現在に至る経過，保存や**継承**のための取組などに着目して，県内の**文化財**や年中行事の様子を捉え，人々の願いや努力を考え，表現すること。 (イ) 当時の世の中の課題や人々の願いなどに着目して，**地域の発展に尽くした先人の具体的事例**を捉え，先人の働きを考え，表現すること。	・イの(ア)については，地域の伝統や文化の保存や継承に関わって，自分たちにできることなどを考えたり選択・判断したりできるよう配慮すること。
第4学年	(5) 県内の特色ある地域の様子について，学習の問題を追究・解決する活動を通して，次の事項を身に付けることができるよう指導する。 ア 次のような知識及び技能を身に付けること。 (ア) 県内の**特色ある地域**では，人々が協力し，**特色あるまちづくり**や**観光**などの**産業の発展**に努めていることを理解すること。	・県内の特色ある地域が大まかに分かるようにするとともに，伝統的な技術を生かした**地場産業が盛んな地域**，**国際交流に取り組んでいる地域**及び**地域の資源を保護・活用している地域**を取り上げること。その際，地域の資源を保護・活用している地域については，**自然環境**，**伝統的な文化のいずれかを選択**して取り上げること。
	(イ) 地図帳や各種の資料で調べ，**白地図**などにまとめること。 イ 次のような思考力，判断力，表現力等を身に付けること。 (ア) 特色ある地域の位置や**自然環境**，人々の活動や産業の歴史的背景，人々の協力関係などに着目して，地域の様子を捉え，それらの特色を考え，表現すること。	・国際交流に取り組んでいる地域を取り上げる際には，我が国や外国には国旗があることを理解し，それを尊重する態度を養うよう配慮すること。

(3) 第5学年

	内容	内容の取扱い
第5学年	(1) 我が国の国土の様子と国民生活について，学習の問題を追究・解決する活動を通して，次の事項を身に付けることができるよう指導する。 ア 次のような知識及び技能を身に付けること。 (ア) 世界における**我が国の国土の位置，国土の構成，領土の範囲**などを大まかに理解すること。 (イ) 我が国の**国土の地形や気候**の概要を理解するとともに，人々は自然環境に適応して生活していることを理解すること。 (ウ) 地図帳や地球儀，各種の資料で調べ，まとめること。 イ 次のような思考力，判断力，表現力等を身に付けること。 (ア) 世界の**大陸**と主な海洋，主な国の位置，海洋に囲まれ多数の島からなる国土の構成などに着目して，我が国の国土の様子を捉え，その特色を考え，表現すること。 (イ) 地形や**気候**などに着目して，国土の自然などの様子や**自然条件**から見て特色ある地域の人々の生活を捉え，国土の自然環境の特色やそれらと国民生活との関連を考え，表現すること。	・アの(ア)の「領土の範囲」については，竹島や北方領土，尖閣諸島が我が国の固有の領土であることに触れること。 ・アの(ウ)については，**地図帳**や**地球儀**を用いて，方位，緯度や経度などによる位置の表し方について取り扱うこと。 ・イの(ア)の「主な国」については，名称についても扱うようにし，**近隣の諸国**を含めて取り上げること。その際，我が国や諸外国には国旗があることを理解し，それを尊重する態度を養うよう配慮すること。 ・イの(イ)の「**自然条件から見て特色ある地域**」については，地形条件や気候条件から見て特色ある地域を取り上げること。
	(2) 我が国の**農業**や**水産業**における食料生産について，学習の問題を追究・解決する活動を通して，次の事項を身に付けることができるよう指導する。 ア 次のような知識及び技能を身に付けること。 (ア) 我が国の**食料生産**は，**自然条件**を生かして営まれていることや，**国民の食料を確保する重要な役割**を果たしていることを理解すること。	・アの(イ)及びイの(イ)については，食料生産の盛んな地域の具体的事例を通して調べることとし，**稲作のほか，野菜，果物，畜産物，水産物などの中から一つ**を取り上げること。

第5学年	(イ) **食料生産**に関わる人々は，生産性や**品質**を高めるよう努力したり**輸送方法**や販売方法を**工夫**したりして，**良質**な食料を消費地に届けるなど，**食料生産**を支えていることを理解すること。 (ウ) **地図帳**や地球儀，各種の資料で調べ，まとめること。 イ 次のような思考力，判断力，表現力等を身に付けること。 (ア) **生産物**の種類や分布，**生産量**の変化，**輸入**など外国との関わりなどに着目して，**食料生産**の**概要**を捉え，**食料生産**が**国民生活**に果たす役割を考え，表現すること。 (イ) 生産の工程，人々の協力関係，技術の向上，**輸送**，価格や**費用**などに着目して，食料生産に関わる人々の工夫や努力を捉え，その働きを考え，表現すること。	・イの(ア)及び(イ)については，消費者や生産者の立場などから多角的に考えて，これからの農業などの発展について，自分の考えをまとめることができるよう配慮すること。
	(3) 我が国の**工業生産**について，学習の問題を追究・解決する活動を通して，次の事項を身に付けることができるよう指導する。 ア 次のような知識及び技能を身に付けること。 (ア) 我が国では様々な工業生産が行われていることや，国土には工業の盛んな地域が広がっていること及び**工業製品は国民生活の向上に重要な役割**を果たしていることを理解すること。 (イ) 工業生産に関わる人々は，消費者の**需要**や社会の変化に対応し，優れた製品を生産するよう様々な工夫や努力をして，工業生産を支えていることを理解すること。 (ウ) **貿易や運輸**は，原材料の確保や製品の販売などにおいて，**工業生産を支える重要な役割**を果たしていることを理解すること。 (エ) 地図帳や地球儀，各種の資料で調べ，まとめること。	・アの(イ)及びイの(イ)については，工業の盛んな地域の具体的事例を通して調べることとし，**金属工業，機械工業，化学工業，食料品工業などの中から一つ**を取り上げること。 ・イの(ア)及び(イ)については，消費者や生産者の立場などから多角的に考えて，これからの工業の発展について，自分の考えをまとめることができるよう配慮すること。

	イ　次のような思考力，判断力，表現力等を身に付けること。 (ア)　工業の種類，工業の盛んな地域の分布，工業製品の**改良**などに着目して,工業生産の概要を捉え，工業生産が国民生活に果たす役割を考え，表現すること。 (イ)　製造の工程，工場相互の協力関係，優れた技術などに着目して，工業生産に関わる人々の工夫や努力を捉え，その働きを考え，表現すること。 (ウ)　**交通網**の広がり，外国との関わりなどに着目して，**貿易**や運輸の様子を捉え，それらの役割を考え，表現すること。	
第5学年	(4)　我が国の**産業**と**情報**との関わりについて，学習の問題を追究・解決する活動を通して，次の事項を身に付けることができるよう指導する。 ア　次のような知識及び技能を身に付けること。 (ア)　**放送，新聞**などの産業は，国民生活に大きな影響を及ぼしていることを理解すること。 (イ)　大量の情報や**情報通信技術**の活用は，様々な産業を発展させ，**国民生活を向上**させていることを理解すること。 (ウ)　聞き取り調査をしたり映像や**新聞**などの各種資料で調べたりして，まとめること。 イ　次のような思考力，判断力，表現力等を身に付けること。 (ア)　情報を集め**発信**するまでの工夫や努力などに着目して，放送，**新聞**などの産業の様子を捉え，それらの産業が国民生活に果たす役割を考え，表現すること。 (イ)　**情報の種類，情報の活用の仕方**などに着目して，産業における情報活用の現状を捉え，情報を生かして発展する産業が国民生活に果たす役割を考え，表現すること。	・アの(ア)の**「放送，新聞などの産業」については，それらの中から選択**して取り上げること。その際，情報を有効に活用することについて，情報の送り手と受け手の立場から多角的に考え，受け手として正しく**判断**することや送り手として**責任**をもつことが大切であることに気付くようにすること。 ・アの(イ)及びイの(イ)については，情報や情報技術を活用して発展している**販売，運輸，観光，医療，福祉などに関わる産業の中から選択**して取り上げること。その際，産業と国民の立場から多角的に考えて，情報化の進展に伴う産業の発展や国民生活の向上について，自分の考えをまとめることができるよう配慮すること。

第5学年	(5) 我が国の国土の自然環境と国民生活との関連について，学習の問題を追究・解決する活動を通して，次の事項を身に付けることができるよう指導する。 ア 次のような知識及び技能を身に付けること。 (ア) **自然災害**は国土の**自然条件**などと関連して発生していることや，自然災害から国土を**保全**し国民生活を守るために国や県などが様々な対策や事業を進めていることを理解すること。 (イ) **森林**は，その育成や**保護**に従事している人々の様々な工夫と努力により**国土の保全**など重要な役割を果たしていることを理解すること。 (ウ) 関係機関や地域の人々の様々な努力により**公害の防止**や**生活環境の改善**が図られてきたことを理解するとともに，**公害**から国土の環境や国民の健康な生活を守ることの大切さを理解すること。 (エ) 地図帳や各種の資料で調べ，まとめること。 イ 次のような思考力，判断力，表現力等を身に付けること。 (ア) 災害の種類や発生の位置や時期，**防災対策**などに着目して，国土の自然災害の状況を捉え，**自然条件**との関連を考え，表現すること。 (イ) **森林資源**の分布や働きなどに着目して，国土の環境を捉え，**森林資源**が果たす役割を考え，表現すること。 (ウ) **公害**の発生時期や経過，人々の協力や努力などに着目して，**公害**防止の取組を捉え，その働きを考え，表現すること。	・アの(ア)については，**地震災害，津波災害，風水害，火山災害，雪害など**を取り上げること。 ・アの(ウ)及びイの(ウ)については，**大気の汚染，水質の汚濁などの中から具体的事例を選択**して取り上げること。 ・イの(イ)及び(ウ)については，国土の環境保全について，自分たちにできることなどを考えたり選択・判断したりできるよう配慮すること。

(4) 第6学年

	内容	内容の取扱い
第6学年	(1) 我が国の政治の働きについて，学習の問題を追究・解決する活動を通して，次の事項を身に付けることができるよう指導する。 ア 次のような知識及び技能を身に付けること。 (ア) 日本国憲法は**国家**の理想，**天皇**の地位，国民としての権利及び義務など**国家**や**国民生活**の基本を定めていることや，現在の我が国の**民主政治**は**日本国憲法**の基本的な考え方に基づいていることを理解するとともに，**立法，行政，司法**の三権がそれぞれの役割を果たしていることを理解すること。 (イ) 国や地方公共団体の政治は，**国民主権**の考え方の下，**国民生活の安定と向上**を図る大切な働きをしていることを理解すること。 (ウ) 見学・調査したり各種の資料で調べたりして，まとめること。 イ 次のような思考力，判断力，表現力等を身に付けること。 (ア) 日本国憲法の基本的な考え方に着目して，我が国の**民主政治**を捉え，日本国憲法が**国民生活**に果たす役割や，国会，内閣，裁判所と国民との関わりを考え，表現すること。	・アの(ア)については，国会などの**議会政治**や**選挙**の意味，**国会と内閣と裁判所**の三権相互の関連，**裁判員制度**や**租税**の役割などについて扱うこと。その際，イの(ア)に関わって，国民としての政治への関わり方について多角的に考えて，自分の考えをまとめることができるよう配慮すること。 ・アの(ア)の「天皇の地位」については，日本国憲法に定める天皇の国事に関する行為など児童に理解しやすい事項を取り上げ，歴史に関する学習との関連も図りながら，天皇についての理解と敬愛の念を深めるようにすること。また，「国民としての権利及び義務」については，**参政権，納税の義務**などを取り上げること。 ・アの(イ)の「国や地方公共団体の政治」については，**社会保障，自然災害からの復旧や復興，地域の開発や活性化などの取組の中から選択**して取り上げること。
	(イ) 政策の内容や計画から実施までの過程，**法令**や予算との関わりなどに着目して，国や地方公共団体の政治の取組を捉え，**国民生活**における政治の働きを考え，表現すること。	・イの(ア)の「国会」について，国民との関わりを指導する際には，各々の国民の祝日に関心をもち，我が国の社会や文化における意義を考えることができるよう配慮すること。

第6学年

(2) 我が国の歴史上の主な事象について，学習の問題を追究・解決する活動を通して，次の事項を身に付けることができるよう指導する。

ア 次のような知識及び技能を身に付けること。その際，我が国の歴史上の主な事象を手掛かりに，大まかな歴史を理解するとともに，関連する**先人の業績**，**優れた文化遺産**を理解すること。

(ア) 狩猟・採集や農耕の生活，古墳，大和朝廷（大和政権）による統一の様子を手掛かりに，むらからくにへと変化したことを理解すること。その際，**神話**・伝承を手掛かりに，国の形成に関する考え方などに関心をもつこと。

(イ) 大陸文化の摂取，大化の改新，大仏造営の様子を手掛かりに，**天皇**を中心とした政治が確立されたことを理解すること。

(ウ) 貴族の生活や文化を手掛かりに，**日本風**の文化が生まれたことを理解すること。

(エ) 源平の戦い，鎌倉幕府の始まり，元との戦いを手掛かりに，**武士**による政治が始まったことを理解すること。

(オ) 京都の**室町**に幕府が置かれた頃の代表的な建造物や絵画を手掛かりに，今日の生活文化につながる**室町**文化が生まれたことを理解すること。

(カ) キリスト教の伝来，織田・豊臣の天下統一を手掛かりに，**戦国**の世が統一されたことを理解すること。

(キ) 江戸幕府の始まり，参勤交代や鎖国などの幕府の政策，**身分制**を手掛かりに，**武士**による政治が安定したことを理解すること。

(ク) 歌舞伎や浮世絵，国学や蘭学を手掛かりに，**町人**の文化が栄え新しい学問がおこったことを理解すること。

・アの(ア)から(サ)までについては，児童の興味・関心を重視し，取り上げる人物や文化遺産の**重点の置き方**に工夫を加えるなど，精選して具体的に理解できるようにすること。その際，アの(サ)の指導に当たっては，児童の発達の段階を考慮すること。

・アの(ア)から(サ)までについては，例えば，**国宝**，**重要文化財**に指定されているものや，**世界文化遺産**に登録されているものなどを取り上げ，我が国の代表的な文化遺産を通して学習できるように配慮すること。

・アの(ア)から(コ)までについては，例えば，次に掲げる人物を取り上げ，**人物の働き**を通して学習できるよう指導すること。
卑弥呼，聖徳太子，小野妹子，中大兄皇子，中臣鎌足，聖武天皇，行基，鑑真，藤原道長，紫式部，清少納言，平清盛，源頼朝，源義経，北条時宗，足利義満，足利義政，雪舟，ザビエル，織田信長，豊臣秀吉，徳川家康，徳川家光，近松門左衛門，歌川広重，本居宣長，杉田玄白，伊能忠敬，ペリー，勝海舟，西郷隆盛，大久保利通，木戸孝允，明治天皇，福沢諭吉，大隈重信，板垣退助，伊藤博文，陸奥宗光，東郷平八郎，小村寿太郎，野口英世

・アの(ア)の「神話・伝承」については，**古事記**，**日本書紀**，**風土記**などの中から適切なものを取り上げること。

第6学年		
	(ケ) 黒船の来航，廃藩置県や四民平等などの改革，文明開化などを手掛かりに，我が国が明治維新を機に欧米の文化を取り入れつつ**近代化**を進めたことを理解すること。 (コ) 大日本帝国憲法の発布，日清・日露の戦争，条約改正，科学の発展などを手掛かりに，我が国の国力が充実し**国際的地位**が向上したことを理解すること。 (サ) 日中戦争や我が国に関わる第二次世界大戦，日本国憲法の制定，オリンピック・パラリンピックの開催などを手掛かりに，戦後我が国は民主的な国家として出発し，**国民生活**が向上し，**国際社会**の中で重要な役割を果たしてきたことを理解すること。 (シ) 遺跡や文化財，地図や**年表**などの資料で調べ，まとめること。 イ 次のような思考力，判断力，表現力等を身に付けること。 (ア) 世の中の様子，人物の働きや代表的な**文化遺産**などに着目して，我が国の歴史上の主な事象を捉え，我が国の歴史の展開を考えるとともに，歴史を学ぶ意味を考え，表現すること。	・アの(イ)から(サ)までについては，当時の世界との関わりにも目を向け，我が国の歴史を広い視野から捉えられるよう配慮すること。 ・アの(シ)については，年表や絵画など資料の特性に留意した読み取り方についても指導すること。 ・イの(ア)については，歴史学習全体を通して，我が国は長い歴史をもち伝統や文化を育んできたこと，我が国の歴史は政治の中心地や世の中の様子などによって幾つかの時期に分けられることに気付くようにするとともに，現在の自分たちの生活と過去の出来事との関わりを考えたり，過去の出来事を基に現在及び将来の発展を考えたりするなど，歴史を学ぶ意味を考えるようにすること。
	(3) **グローバル化**する世界と日本の役割について，学習の問題を追究・解決する活動を通して，次の事項を身に付けることができるよう指導する。 ア 次のような知識及び技能を身に付けること。 (ア) 我が国と**経済**や文化などの面でつながりが深い国の人々の生活は，多様であることを理解するとともに，スポーツや文化などを通して他国と交流し，異なる文化や**習慣**を尊重し合うことが大切であることを理解すること。	・アについては，我が国の**国旗**と**国歌**の意義を理解し，これを尊重する態度を養うとともに，諸外国の国旗と国歌も同様に尊重する態度を養うよう配慮すること。 ・アの(ア)については，我が国と**つながりが深い国から数か国**を取り上げること。その際，**児童が1か国を選択**して調べるよう配慮すること。

第6学年	(イ) 我が国は，平和な世界の実現のために**国際連合**の一員として重要な役割を果たしたり，諸外国の**発展**のために援助や協力を行ったりしていることを理解すること。 (ウ) 地図帳や地球儀，各種の資料で調べ，まとめること。 イ 次のような思考力，判断力，表現力等を身に付けること。 (ア) 外国の人々の生活の様子などに着目して，日本の文化や**習慣**との違いを捉え，国際交流の果たす役割を考え，表現すること。 (イ) 地球規模で発生している課題の解決に向けた連携・協力などに着目して，**国際連合**の働きや我が国の**国際協力**の様子を捉え，**国際社会**において我が国が果たしている役割を考え，表現すること。	・アの(ア)については，我が国や諸外国の伝統や文化を尊重しようとする態度を養うよう配慮すること。 ・イについては，世界の人々と共に生きていくために大切なことや，今後，我が国が国際社会において果たすべき役割などを多角的に考えたり選択・判断したりできるよう配慮すること。 ・イの(イ)については，網羅的，抽象的な扱いを避けるため，「国際連合の働き」については，**ユニセフ**や**ユネスコ**の身近な活動を取り上げること。また，「**我が国の国際協力の様子**」については，**教育，医療，農業などの分野で世界に貢献している事例の中から選択**して取り上げること。

5 指導計画の作成と内容の取扱い

1 指導計画の作成に当たっては，次の事項に配慮するものとする。

(1) 単元など**内容や時間のまとまり**を見通して，その中で育む**資質・能力**の育成に向けて，児童の**主体的・対話的で深い学び**の実現を図るようにすること。その際，問題解決への**見通し**をもつこと，**社会的事象**の**見方・考え方**を働かせ，事象の特色や意味などを考え概念などに関する知識を獲得すること，学習の過程や成果を**振り返り**学んだことを活用することなど，学習の問題を**追究・解決する**活動の充実を図ること。

(2) 各学年の目標や内容を踏まえて，**事例**の取り上げ方を工夫して，内容の配列や授業時数の配分などに留意して効果的な年間指導計画を作成すること。

(3) 我が国の**47都道府県の名称と位置**，**世界の大陸と主な海洋の名称と位置**については，学習内容と関連付けながら，その都度，**地図帳**や**地球儀**などを使って確認するなどして，小学校卒業までに身に付け活用できるように工夫して指導すること。

(4) 障害のある児童などについては，学習活動を行う場合に生じる**困難さ**に応じた指導内容や指導方法の工夫を計画的，組織的に行うこと。

(5) 第1章総則の第1の2の(2)に示す**道徳教育**の目標に基づき，**道徳科**などとの関連を考慮しながら，第3章特別の教科道徳の第2に示す内容について，**社会科の特質**に応じて適切な指導をすること。

2　第2の内容の取扱いについては，次の事項に配慮するものとする。

(1) 各学校においては，**地域の実態**を生かし，児童が**興味・関心**をもって学習に取り組めるようにするとともに，**観察や見学，聞き取り**などの**調査活動**を含む具体的な**体験**を伴う学習やそれに基づく**表現活動**の一層の充実を図ること。また，**社会的事象**の特色や意味，社会に見られる課題などについて，**多角的**に考えたことや選択・**判断**したことを論理的に説明したり，**立場**や根拠を明確にして議論したりするなど**言語活動**に関わる学習を一層重視すること。

(2) **学校図書館**や**公共図書館**，**コンピュータ**などを活用して，**情報の収集やまとめ**などを行うようにすること。また，**全ての学年**において，**地図帳**を活用すること。

(3) **博物館**や**資料館**などの施設の活用を図るとともに，身近な地域及び国土の**遺跡**や**文化財**などについての**調査活動**を取り入れるようにすること。また，内容に関わる専門家や関係者，関係の諸機関との連携を図るようにすること。

(4) 児童の**発達の段階**を考慮し，**社会的事象**については，児童の考えが深まるよう様々な見解を提示するよう配慮し，多様な見解のある事柄，未確定な事柄を取り上げる場合には，**有益適切**な教材に基づいて指導するとともに，特定の事柄を**強調**し過ぎたり，**一面的**な見解を十分な配慮なく取り上げたりするなどの偏った取扱いにより，児童が**多角的**に考えたり，事実を客観的に捉え，**公正に判断**したりすることを妨げることのないよう留意すること。

確認問題

1 次は学習指導要領社会科の目標の一部である。空欄に適する語句を入れよ。

社会的な見方・考え方を働かせ，課題を追究したり解決したりする活動を通して，（　A　）化する国際社会に主体的に生きる平和で（　B　）な国家及び社会の形成者に必要な（　C　）としての資質・能力の基礎を次のとおり育成することを目指す。

(3) 社会的事象について，よりよい社会を考え主体的に問題解決しようとする態度を養うとともに，（　D　）な思考や理解を通して，地域社会に対する誇りと（　E　），地域社会の一員としての自覚，我が国の（　F　）と歴史に対する（　E　），我が国の将来を担う国民としての自覚，世界の国々の人々と共に生きていくことの大切さについての自覚などを養う。

2 次は学習指導要領社会科の各学年の目標の一部である。空欄に適する語句を入れ，それぞれ第何学年の目標か答えよ。

(1) 我が国の国土の（　A　）環境の特色や産業の現状，社会の（　B　）と産業の関わりについて，国民生活との関連を踏まえて理解するとともに，地図帳や地球儀，統計などの各種の基礎的資料を通して，情報を適切に調べまとめる技能を身に付けるようにする。

(2) 自分たちの都道府県の（　A　）環境の特色，地域の人々の健康と生活環境を支える働きや自然災害から地域の安全を守るための諸活動，地域の（　C　）と文化や地域の発展に尽くした（　D　）の働きなどについて，人々の生活との関連を踏まえて理解するとともに，調査活動，地図帳や各種の具体的資料を通して，必要な情報を調べまとめる技能を身に付けるようにする。

(3) 我が国の政治の考え方と仕組みや働き，国家及び社会の発展に大きな働きをした（　D　）の業績や優れた文化遺産，我が国と関係の深い国の生活やグローバル化する国際社会における我が国の役割について理解するとともに，地図帳や地球儀，統計や（　E　）などの各種の基礎的資料を通して，情報を適切に調べまとめる技能を身に付けるようにする。

(4) 社会的事象について，主体的に学習の問題を解決しようとする態度や，よりよい社会を考え学習したことを社会生活に生かそうとする態度を養うとともに，多角的な思考や理解を通して，我が国の歴史や（　C　）を大切にして国を愛する心情，我が国の将来を担う国民としての自覚や平和を願う日本人として世界の国々の人々と共に生きることの大切さについての自覚を養う。

(5) 身近な地域や市区町村の（　A　）環境，地域の安全を守るための諸活動や地域の産業と（　F　）の様子，地域の様子の移り変わりについて，人々の生活との関連を踏まえて理解するとともに，調査活動，地図帳や各種の具体的資料を通して，必要な情報を調べまとめる技能を身に付けるようにする。

3 次のものは第何学年の内容か答えよ。

(1) 飲料水，電気，ガスを供給する事業は，安全で安定的に供給できるよう進められていることや，地域の人々の健康な生活の維持と向上に役立っていることを理解すること。

(2) 我が国は，平和な世界の実現のために国際連合の一員として重要な役割を果たしたり，諸外国の発展のために援助や協力を行ったりしていることを理解すること。

(3) 販売の仕事は，消費者の多様な願いを踏まえ売り上げを高めるよう，工夫して行われていることを理解すること。

(4) 県内の文化財や年中行事は，地域の人々が受け継いできたことや，それらには地域の発展など人々の様々な願いが込められていることを理解すること。

(5) 放送，新聞などの産業は，国民生活に大きな影響を及ぼしていることを理解すること。

(6) 我が国では様々な工業生産が行われていることや，国土には工業の盛んな地域が広がっていること及び工業製品は国民生活の向上に重要な役割を果たしていることを理解すること。

4 次は学習指導要領社会科の「指導計画の作成と内容の取扱い」の一部である。空欄にあてはまる語句をア～シから選び，記号で答えよ。

(1) 学校図書館や公共図書館，（　A　）などを活用して，情報の収集やまとめなどを行うようにすること。また，（　B　）において，地図帳を活用すること。

(2) （　C　）や資料館などの施設の活用を図るとともに，身近な地域及び国土の（　D　）や文化財などについての（　E　）活動を取り入れるようにすること。また，内容に関わる専門家や関係者，関係の諸機関との連携を図るようにすること。

ア．遺跡　イ．美術館　ウ．公民館
エ．博物館　オ．図書館　カ．調査
キ．実験　ク．表現　ケ．コンピュータ
コ．第3学年以降　サ．第4学年以降　シ．全ての学年

2 地理

●ポイント

地形図の読み方や縮尺，地図記号，時差，日本の気候区分，野菜・果実の主要生産地，漁獲量の推移，地球環境問題が頻出分野。基本的知識さえ身に付けていれば解ける問題がほとんどであるため，基礎知識の把握に努めよう。

1 地球と地図

(1) 地球とその表面

地球は東西にやや膨らんだ球形で，地球の半径は約6,400km，全周（赤道の長さ）は**約4万km**，表面積は約5.1億km^2である。陸地と海洋の面積比は**3：7**で，北半球の方が陸地が広い。

(2) 世界地図

正積図法	面積が正しく表される図法。**分布図**などに利用される。 ・モルワイデ図法…楕円形で，ひずみがやや小さい。 ・サンソン図法…高緯度地方で形のゆがみが大きい。 ・グード図法…サンソン図法（低緯度地方）とモルワイデ図法（高緯度地方）を組み合わせ，海洋を切断して表現。ひずみが小さいため分布図などによく利用される。ホモロサイン図法ともいう。
正方位図法	方位が正しく表される図法。図の中心と任意の地点間の最短コースである大圏航路が直線で表され，**航空図**として利用される。 ・正距方位図法…図の中心からの方位と距離が正しい。国際連合のマークはこれを図案化。 ・ランベルト正積方位図法…図の中心からの面積と方位が正しい。
正角図法	角度が正しく表される図法。等角航路が直線で示され，**航海図**として利用される。 ・メルカトル図法…経緯線は互いに直交する平行線。高緯度ほど実際の面積と距離よりも大きく表される。

▼グード図法

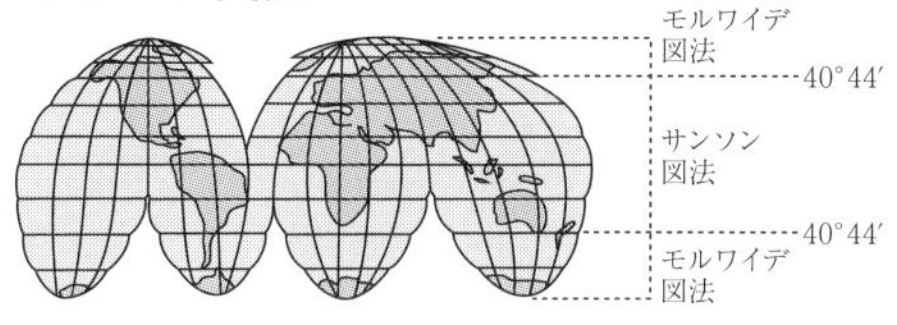

▼メルカトル図法

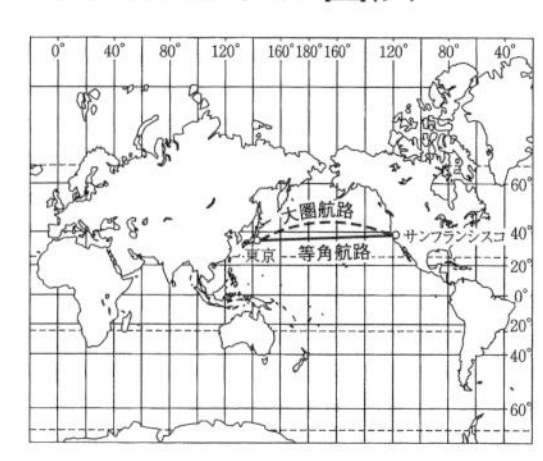

▼正距方位図法

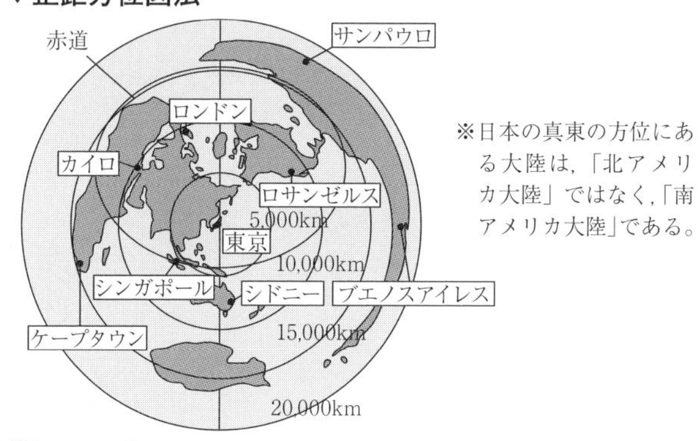

※日本の真東の方位にある大陸は，「北アメリカ大陸」ではなく，「南アメリカ大陸」である。

▼ハザード（防災）マップ

地震や水害など自然災害による被害を予測し，その被害範囲を地図化したもの。

2　地形図の読み方

(1)　地図の種類

日本の地形図は，国土交通省の**国土地理院**が作成している。実測図である2万5千分の1地形図と，それから編集される5万分の1地形図などがある。

(2)　縮尺

縮尺の分母の数が小さいほど，実際の距離に近く，詳しく表された地図である。2万5千分の1地形図は5万分の1地形図より縮尺が大きい。

実際の距離＝地図上の長さ×縮尺の分母

(3)　等高線

同じ高度の地点を結んだ線であり，土地の起伏を表現する方法の1つ。

① 等高線の種類

等高線	線	5万分の1地形図	2万5千分の1地形図
計曲線	━━━	100mごと	50mごと
主曲線	───	20mごと	10mごと
補助曲線	----	10mごと	5mか*2.5mごと
	---------	5mごと	

※補助曲線は，主曲線の間隔が広い場合に使用　＊等高線数値を表示

② 等高線と傾斜

等高線の間隔が広いところは傾斜がゆるやかで，せまいところは傾斜が急。

③ 等高線と谷・尾根

等高線が山地の高い方へくい込んでいるところが谷で，反対に山地の低い方へはり出しているところが尾根を示す。

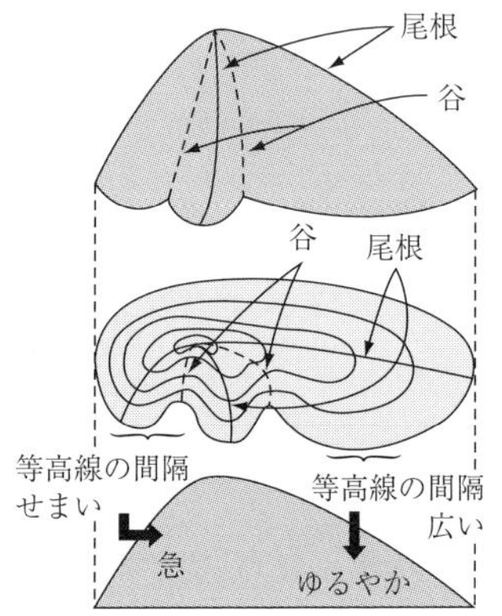

〈主な地図記号〉

土地利用	建物・施設など	
田	◎ 市役所 特別区の区役所	老人ホーム
畑	○ 町村役場 政令指定都市の区役所	図書館
果樹園	官公署	博物館
茶畑	裁判所	神社
広葉樹林	税務署	卍 寺院
針葉樹林	X 交番	記念碑
竹林	⊗ 警察署	自然災害伝承碑
笹地	Y 消防署	城跡
荒地	郵便局	∴ 史跡・名勝・天然記念物
	発電所等	♨ 温泉
	風車	採鉱地
	× 小・中学校	灯台
	⊗ 高等学校	⚓ 港湾
	病院	漁港
	⊕ 保健所	三角点
		⊡ 水準点

(4) 地形図から読み取れる地形

扇状地		河川が山地から平地に流れ出るところに，河川によって運ばれた土砂が，山のふもとにたまってできた扇形の地形。
	扇央	砂礫層が厚く，川の水が地下に伏流し，地表は水の便が悪いため，果樹園や桑畑に利用される。
	扇端	地下に伏流していた水が湧き出し，水利に恵まれるため，水田が開け，集落が立地している場合が多い。古くからの集落は，自然堤防など土地のやや高いところに集まっている。
三角州（デルタ）		河川が海や湖に注ぐところに，河川によって運ばれた土砂が積もってできた低平な地形。耕地のほとんどは水田に利用されるが，集落も発達し，市街化しているところもある。
河岸段丘		河川の両岸に発達した階段状の地形。河川の流路に沿って，等高線の密なところとまばらなところとが交互にあらわれる。段丘面は水利に恵まれないため畑となることが多く，段丘崖は森林や竹林になっている場合が多い。
天井川		河床に土砂が堆積し，川底がまわりの平地よりも高い位置にある川。洪水対策のための堤防を高くするが，河床もさらに高まり，そのくり返しで形成される。

3 標準時と時差

(1) 標準時

① 標準時の決め方

時刻は**経度15度ごとに1時間**ずつ差が生じるので，国や地域ごとに，基準となる経線を決め標準時を決定している。世界の時刻は，**ロンドン**近郊の旧グリニッジ天文台を通る**経度0度**（**本初子午線**）の時刻を基準に決められた。日本は，兵庫県**明石市**などを通る**東経135度線が標準時子午線**。

② 日付変更線

日付変更線は，ほぼ太平洋上の180度の経線に沿って引かれている。日付変更線の東側と西側では，24時間の時差が生じるため，線を**東から西に越えるときは日付を1日進め，西から東へ越えるときには日付を1日遅らせる**。

③　各国の標準時

各国とも独自に標準時を決めている。国土が東西に長い国では，地域ごとにいくつかの標準時を決めているところもある。例えば，ロシアは11，アメリカやカナダでは6つ，オーストラリアでは3つの標準時がある。ただし，中国の標準時は1つだけである。

(2)　時差

①　時差の意味

地球は1日24時間で1回転（360度回転）するので，1時間では15度回転する。このため，経度15度ごとに1時間の時間のずれ（時差）が生じる。日付変更線をまたがずに位置関係をみたとき，**東にある方が時間が早く，西にある方が時間が遅い。**

②　時差の計算

◆日本が1月1日午前0時のときのイギリス（ロンドン）の日時

イギリス（標準時子午線は0度）と日本（標準時子午線は135度）とでは，経度差が135度あるから，135÷15=9より**9時間の時差**がある。イギリスは日本より西にあるので，日本の時刻から9時間遅らせればよい。したがって，イギリスの時刻は12月31日午後3時となる。

◆日本を1月1日午前0時に出発し，12時間かけてニューヨーク（西経75度）に到着したときのニューヨークの日時

西経75度のニューヨークと日本とでは，75+135=210で210度の経度差があり，210÷15=14で14時間の差があることがわかる。12時間かかってニューヨークに到着したときの日本の時刻は，1月1日午前12時。ニューヨークの方が時間が遅いため，ここから14時間遅らせればよい。したがって，ニューヨークの時刻は，12月31日午後10時となる。

※**経線**……**本初子午線**を境に東西それぞれ**180度**に分け，東を東経，西を西経で示す。
※**緯線**……**赤道**を境に南北それぞれ**90度**に分け，北を北緯，南を南緯で示す。
※**サマータイム**……夏の日照時間を有効に活用したり，夕方からの余暇を楽しんだりするため，標準時より1時間時刻を早める制度。主にヨーロッパ諸国では3月下旬～10月下旬に実施している。

4　いろいろな国

(1)　日本と同じ経緯度の国・都市

①　日本と同緯度の国・都市

日本を通る緯線のうち，八郎潟干拓地（秋田県）を通る**北緯40度線**は，アメリカでは，サンフランシスコの北からフィラデルフィア，ニューヨークあたりを通る。ヨーロッパでは，スペインのマドリード，イタリア半島南部やギリシアを通る。そして，トルコのアンカラや中国の北京を通る。

②　日本と同経度の国・都市

日本を通る経線のうち，八郎潟干拓地を通る**東経140度線**は，北はロシアのシベリア東部，南はニューギニア島のインドネシア東部からオーストラリアのアデレードあたりを通る。

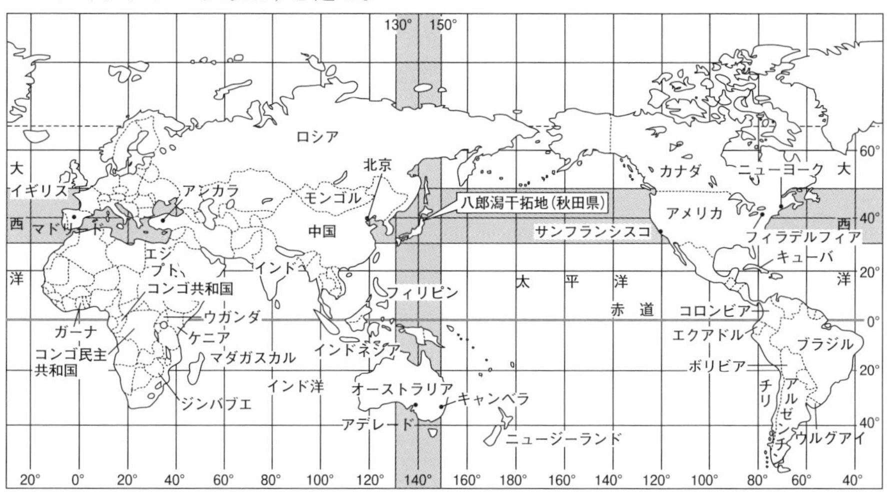

(2)　国土面積の大きい国と小さい国

大きい国	**ロシア**が世界第1位（日本の約45倍）で，カナダ（同26倍）が第2位，次いでアメリカ（同26倍），中国（同25倍）の順に大きい。上位8ヵ国で全陸地の半分を占める。
小さい国	世界最小の国は，イタリアの首都ローマ市内にある**バチカン市国**（0.4km^2）。モナコ，ナウル，ツバル，サンマリノと続く。
日本と同様の面積	日本の面積は約38万km^{2}で，ドイツ（約36万km^2），パラグアイ（約41万km^2）とほぼ同じ。北海道はチェコやオーストリア，九州はスイスやデンマークがほぼ同じ面積。

(3) 赤道直下の国々

赤道は，アジアではインドネシア，アフリカではケニア，コンゴ民主共和国などを，南アメリカではエクアドル（スペイン語で「赤道」を意味する），コロンビア，ブラジルを通る。

5 世界の自然と産業

(1) 世界の地形

① **六大陸**…ユーラシア大陸，アフリカ大陸，北アメリカ大陸，南アメリカ大陸，オーストラリア大陸，南極大陸

② **三大洋**…太平洋，大西洋，インド洋

③ 川

長さでは**ナイル川**（6,695km）が世界第1位で，アマゾン川，長江，ミシシッピ川がこれに続く。流域面積の広さでは**アマゾン川**（705万km^2）が世界第1位で，コンゴ川，ナイル川，ミシシッピ川がこれに続く（データブック オブ・ザ・ワールド2023年版より）。

④ 海岸地形

リアス(式)海岸	山地が海に沈んで，谷の部分に海水が入りこんでできた海岸。日本では三陸海岸，志摩半島，若狭湾などでみられる。
フィヨルド	氷河の侵食によって生じたU字型の谷に，海水が入りこんでできた入り江となっている地形。ノルウェーやニュージーランド南島，チリ南部などでみられる。

(2) 世界の気候

① 風

偏西風	緯度40～60度付近で，一年を通して西から吹く風。偏西風の吹く大陸西岸では，気温の年較差が小さく降水量も安定している。
貿易風	緯度30度付近から赤道に向かって吹く風。地球の自転の影響で，北半球では北東風，南半球では南東風になる。
季節風（モンスーン）	季節によって，風向きが逆になる風。夏は海洋上から大陸部へ，冬は大陸部から海洋上へ吹く。特に東アジア，東南アジア，南アジアでその影響が強い。

② 主な気候区分

気候区		特色	主な地域
熱帯	**熱帯雨林気候**（Af）	年中高温多雨。気温の年較差が小さい。スコールが降る。常緑広葉樹の密林（ジャングル，セルバ）が茂る。	アマゾン川流域，東南アジアなどの赤道付近
	サバナ気候（Aw）	年中高温であるが，雨季と乾季が明瞭。サバナとよばれる草原（疎林）が広がる。	熱帯雨林気候区周辺
乾燥帯	**砂漠気候**（BW）	降雨がほとんどなく，岩石や砂の土地が広がる。気温の日較差が大きい。外来河川の流域やオアシスにのみ草や樹木が生育。	サハラ砂漠，タクラマカン砂漠など
	ステップ気候（BS）	長い乾季と短い雨季がある。短い草や低木が育ち，ステップとよばれる草原が広がる。	砂漠気候区周辺
温帯	**地中海性気候**（Cs）	夏は高温乾燥，冬は偏西風などの影響で温暖湿潤。オリーブ，オレンジ，コルクがしなどを栽培する地中海式農業が発達。	中緯度の大陸西岸，地中海沿岸など
	温暖湿潤気候（Cfa）	季節風（モンスーン）の影響が強く，夏は高温で雨が多い。冬は低温で乾燥。四季の変化が明瞭。	中緯度の大陸東岸
	西岸海洋性気候（Cfb）	偏西風などの影響により，一年を通し適度な降水がある。夏涼しく冬温暖で，気温の年較差が小さい。園芸農業，混合農業が発達。	中～高緯度の大陸西岸，オーストラリア東南部
冷帯（亜寒帯，D）		夏は短く雨が降り気温も高くなるが，冬は低温（最寒月平均気温－3℃未満）。針葉樹林帯（タイガ）が広くみられる。	ユーラシア大陸北部，北アメリカ大陸北部
寒帯	**ツンドラ気候**（ET）	最暖月の平均気温は10℃未満。地中の土は永久凍土。短い夏の間だけ地表の氷雪がとけ，コケ類や小低木が育つ。	ユーラシア大陸～北アメリカ大陸～グリーンランドの北極海沿岸
	氷雪気候（EF）	最暖月の平均気温は0℃未満。年中，氷雪に閉ざされ，植物はほとんど育たない。学術・資源調査地以外はアネクメーネ（非居住地域）。	南極大陸，グリーンランド内陸部
高山気候（H）		温帯や熱帯の高地にみられる気候で，気温の年較差は小さいが，日較差が大きい。	アンデス山脈，エチオピア高原など

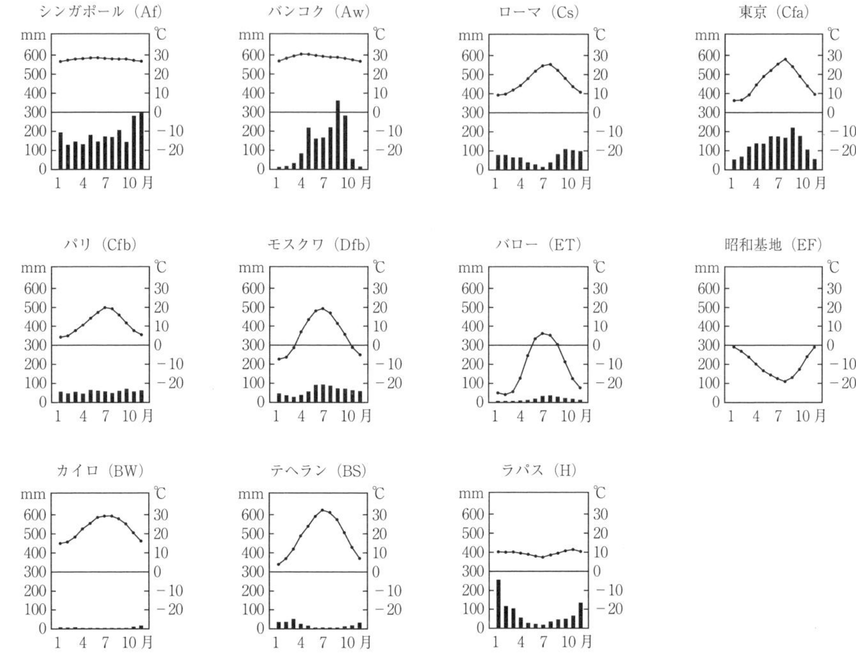

(3) 世界の産業

① 主要農産物の生産（2020年 %）

産物名	第1位		第2位		第3位		第4位	
米	中国	28.0	インド	23.6	バングラデシュ	7.3	インドネシア	7.2
小麦	中国	17.6	インド	14.1	ロシア	11.3	アメリカ	6.5
大豆	ブラジル	34.5	アメリカ	31.8	アルゼンチン	13.8	中国	5.5
とうもろこし	アメリカ	31.0	中国	22.4	ブラジル	8.9	アルゼンチン	5.0
ばれいしょ	中国	21.8	インド	14.3	ウクライナ	5.8	ロシア	5.5

② 主要鉱産資源の生産

資源名	第1位		第2位		第3位		第4位	
原油(2021年)	アメリカ	18.5	サウジアラビア	12.2	ロシア	12.2	カナダ	6.0
石炭(2019年)	中国	54.8	インド	10.4	インドネシア	8.8	オーストラリア	6.2
鉄鉱石(2019年)	オーストラリア	37.4	ブラジル	17.0	中国	14.4	インド	9.7
銅鉱(2018年)	チリ	28.6	ペルー	11.9	中国	7.8	コンゴ民主	6.0
銀鉱(2019年)	メキシコ	22.3	ペルー	14.5	中国	12.9	ロシア	7.5

（『世界国勢図会2022/23』）

6 主な国の特色

(1) アジア

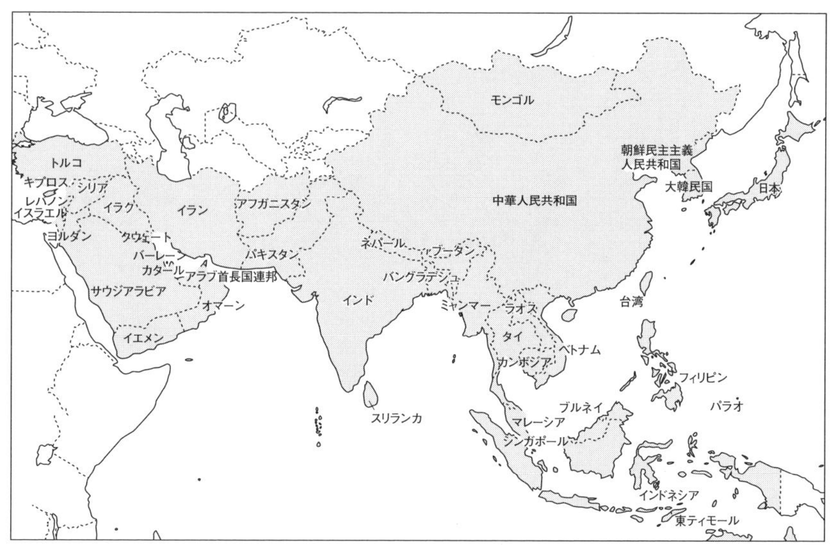

国名	首都	特色
大韓民国	ソウル	造船竣工量世界有数。独自のハングル文字を使用。
中華人民共和国	北京	人口約14.3億人。9割以上が**漢民族**。
インド	ニューデリー	人口約14.1億人。約8割が**ヒンドゥー教徒**。
スリランカ	コッテ*	仏教徒のシンハラ人(多数派)とヒンドゥー教徒のタミル人。
バングラデシュ	ダッカ	イスラーム教国。ガンジス川の下流デルタで稲作が盛ん。
サウジアラビア	リヤド	中東一の産油国。公用語はアラビア語。
インドネシア	ジャカルタ	**赤道直下**の島国。**イスラーム教国**。地下資源が豊富。
カンボジア	プノンペン	メコンデルタで稲作。アンコールワット遺跡がある。
シンガポール	シンガポール	都市国家。中継貿易港として発展。7割以上が華僑。
タイ	バンコク	戦前からの独立国。**仏教国**。米の輸出世界有数。
東ティモール	ディリ	旧ポルトガル領。2002年にインドネシアから独立。
フィリピン	マニラ	**カトリック教国**。公用語はフィリピノ語と英語。
ベトナム	ハノイ	市場経済導入と対外開放化の**ドイモイ(刷新)政策**。
マレーシア	クアラルンプール	イスラーム教国。マレー人優遇の**ブミプトラ政策**。

※「スリ・ジャヤワルダナプラ・コッテ」の略。

(人口は2021,『世界国勢図会2022/23』)

(2) ヨーロッパ

※青色部分はEU（欧州連合）加盟国（2023年6月現在）

国名	首都	特色
イギリス	ロンドン	**北海油田**の開発で石油輸出国。2020年EU離脱。
オランダ	アムステルダム	**ポルダー**（干拓地）で酪農・園芸農業。ユーロポートはヨーロッパ最大の貿易港。
スイス	ベルン	永世中立国。国連に加盟，EUには未加盟。
デンマーク	コペンハーゲン	高福祉国。酪農品の国際競争力が高く，協同組合組織で運営。
ドイツ	ベルリン	**EU最大の工業国**・輸出国。商業的混合農業が発達。
フランス	パリ	「EUの穀倉」とよばれる**EU最大の農業国**で穀類の自給率が高い。**原子力発電**の比重が大きい。
ベルギー	ブリュッセル	首都にEU本部。公用語は仏語，オランダ語，独語。
イタリア	ローマ	北部で重工業，南部で地中海式農業。北部と南部の経済格差が大きい。
スペイン	マドリード	オリーブの生産が盛ん。メセタはメリノ種の羊の原産地。
スウェーデン	ストックホルム	高福祉国。キルナ，エリバレは鉄鉱石の産地。
ノルウェー	オスロ	沿岸部に**フィヨルド**が発達。世界有数の漁業国。
ロシア	モスクワ	国土面積は世界最大。石油や天然ガスなど鉱産資源が豊富。

(3) 南北アメリカ

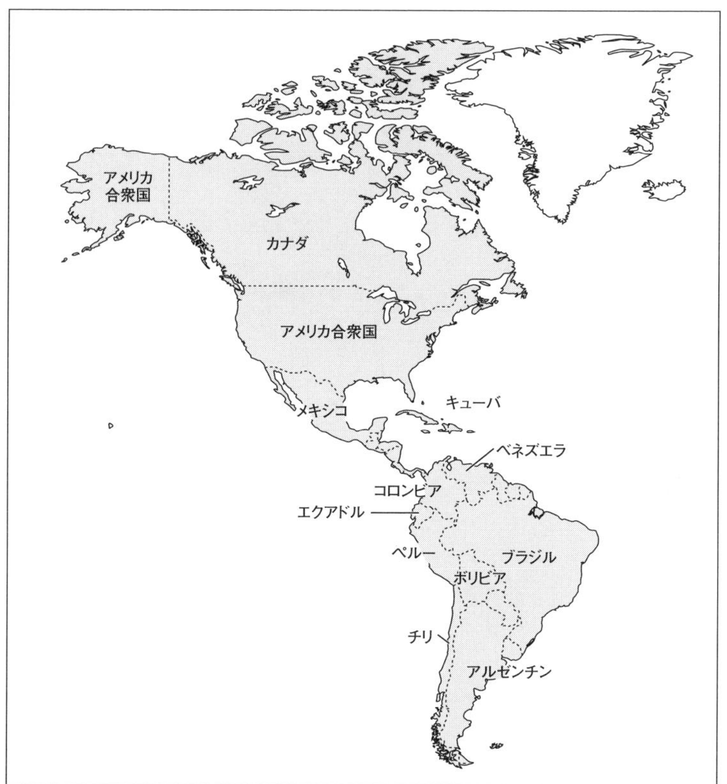

国名	首都	特色
アメリカ合衆国	ワシントンD.C.	国土面積・人口ともに世界第3位。世界最大の農産物輸出国。原油・天然ガス生産世界一。
カナダ	オタワ	国土面積世界第2位。公用語は英語とフランス語。
メキシコ	メキシコシティ	マヤ文明，アステカ文明。**銀鉱**の生産世界一。
キューバ	ハバナ	社会主義国。コバルト鉱などの鉱業が盛ん。
アルゼンチン	ブエノスアイレス	**パンパ**(温帯草原)の混合農業で，肉牛飼育が盛ん。
エクアドル	キト	国名は「赤道」の意味をもつ。首都は高原都市。
コロンビア	ボゴタ	世界有数のコーヒー豆生産国。赤道直下の国。
チリ	サンティアゴ	**銅鉱**の生産世界一。南部の海岸沿いにフィヨルドが発達。
ブラジル	ブラジリア	**コーヒー豆**の生産世界一。公用語は**ポルトガル語**。
ベネズエラ	カラカス	OPEC加盟国。マラカイボ湖，オリノコ川下流に油田。
ペルー	リマ	銀・銅の生産世界有数。インカ文明。アンチョビー。
ボリビア	ラパス	首都は世界最高標高。リャマやアルパカの飼育。

(4) アフリカ・オセアニア

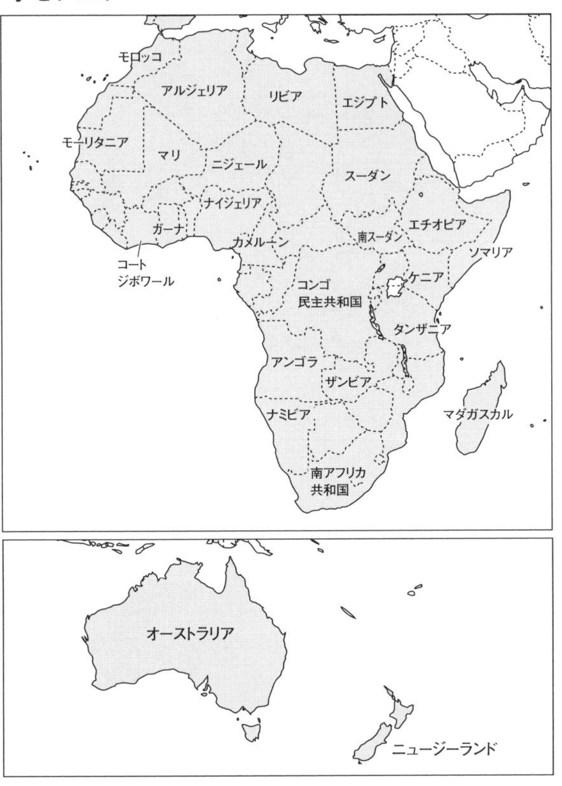

国名	首都	特色
アルジェリア	アルジェ	国土面積はアフリカ最大。OPEC・OAPEC加盟国。
エジプト	カイロ	古代文明発生。ナイル川下流域で小麦や綿花の栽培。
エチオピア	アディスアベバ	アフリカ最古の独立国。コーヒー栽培が盛ん。
ガーナ	アクラ	カカオ豆の生産が盛ん。ボルタ川上流にダムを建設。
ケニア	ナイロビ	コーヒー豆，茶，サイザル麻の栽培が盛ん。
コートジボワール	ヤムスクロ	**カカオ豆**の生産世界一。旧「象牙海岸」。
スーダン	ハルツーム	2011年に南スーダンが分離独立。ダルフール紛争。
ソマリア	モガディシュ	「アフリカの角」とよばれる。沖合で海賊行為が多発。
ナイジェリア	アブジャ	アフリカ最大の人口。アフリカ有数の産油国。
コンゴ民主共和国	キンシャサ	コバルト鉱の生産世界一。ダイヤモンドの生産も多い。
ザンビア	ルサカ	コンゴ民主共和国との国境付近にカッパーベルト。
南アフリカ共和国	プレトリア	**アパルトヘイト**は廃止。白金，マンガン鉱の生産世界一。
オーストラリア	キャンベラ	先住民は**アボリジニ**。**白豪主義**撤廃。羊毛の生産が盛ん。
ニュージーランド	ウェリントン	先住民は**マオリ**。火山や温泉が多く，地熱発電が盛ん。

7 日本の国土と自然

(1) 日本の領域

本州，北海道，九州，四国の四大島と，そのまわりの約**7,000**の小島からなる。北海道から沖縄までは約**3,000km**。

領土	国家の主権の及ぶ土地。日本の領土の面積は約**38万km²**
領海	引き潮時の海岸線から一定幅（多くは**12海里**＝約22km）の海域
領空	領土・領海の上空

① **排他的経済水域（EEZ）**…領海の外側で，引き潮時の海岸線から**200海里**（約370km）以内に設定され，沿岸国に漁業・鉱物資源の開発の権利が認められる水域。日本は国土面積の約11倍。

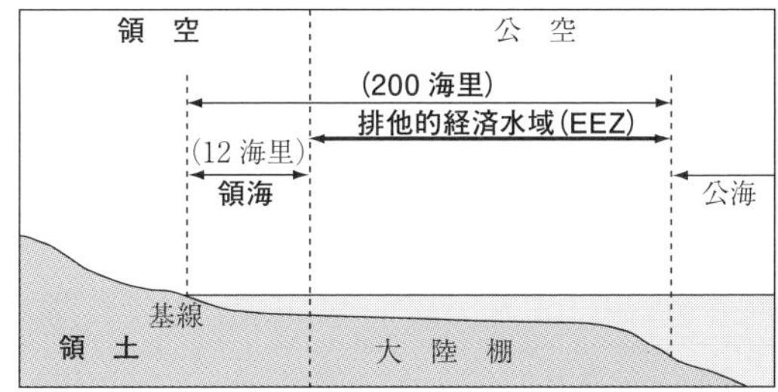

② **国土の端の島々**

・北端…**択捉島**。ロシア連邦が実効支配。

・南端…**沖ノ鳥島**。東京都に属する。水没のおそれがあるため，巨額の費用をかけて護岸工事が行われた。日本の排他的経済水域の縮小を防ぐのが目的。

・東端…**南鳥島**。東京都に属する。

・西端…**与那国島**。沖縄県に属する。

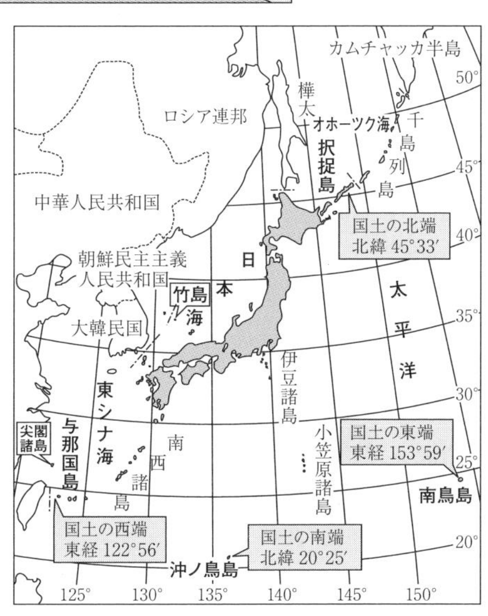

③　**日本の領土問題**

日本は，北方四島（**択捉島・国後島・色丹島・歯舞群島**）ではロシア連邦，**尖閣諸島**では中華人民共和国・台湾，**竹島**（**島根県**）では大韓民国と領土をめぐって対立している。

(2)　**日本の地形の特色**

①　山地

火山地・丘陵を含む山地の面積は国土の約73％を占め，人口の約80％が平野部で生活している。本州の中央部を通る**フォッサマグナ**を境として，日本の地体構造は東北日本と西南日本に分けられる。西南日本は**中央構造線**（**メディアンライン**）によって，さらに内帯と外帯に分けられる。

②　火山

火山活動が活発で地震が多い。大雪山，有珠山，富士山，浅間山，阿蘇山，雲仙岳など多くの火山がある。近年は伊豆諸島，桜島，御嶽山などで激しい噴火活動がおこっている。

③　日本の河川

急流で短い川が多いが，水量が豊富で水資源として重要な役割を果たす。

長い川	**信濃川**（367km）が最も長く，利根川，石狩川が次ぐ。
流域面積の広い川	**利根川**（16,840km^2），石狩川，信濃川の順に広い。

④　近海の海流

暖流	**日本海流（黒潮）**	フィリピン付近から北上し，日本列島南岸に沿って流れ，北太平洋に至る。
	対馬海流	日本海流から分かれ，対馬海峡を通り，日本海へ入る。
寒流	**千島海流（親潮）**	ベーリング海から千島列島に沿って南下し，日本海流とぶつかる。
	リマン海流	間宮海峡付近から日本海を南下する。

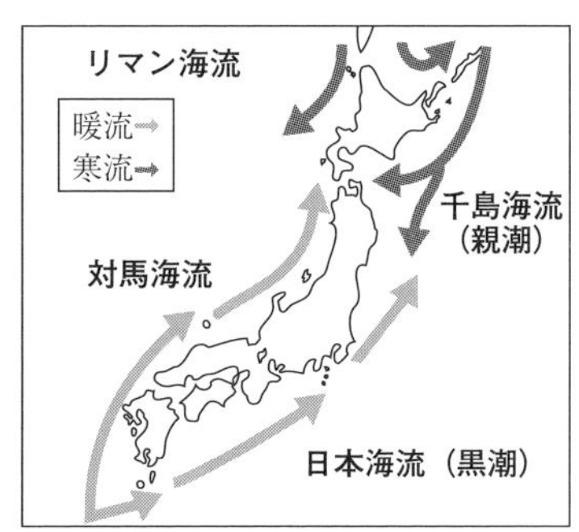

※東北地方の三陸沖には寒流の親潮と暖流の黒潮がぶつかる潮目（潮境）があり，魚が多く集まる好漁場となっている。

(3) 日本の気候

日本の気候区分

北海道の気候	冷帯（亜寒帯）に属し，夏は短く，冬は長くて寒さが厳しい。年間降水量は少なく，梅雨はほとんどみられない。
日本海側の気候	冬は北西**季節風**の影響で雪やくもりの日が多く，降水量が多い。
内陸性の気候	年間の降水量が少なく，気温の年較差が大きい。
太平洋側の気候	夏は湿った南東季節風の影響で高温多雨となる。冬は北西季節風の風下にあたり，快晴の日が多く乾燥する。
瀬戸内の気候	夏・冬とも季節風が山地でさえぎられるため，一年を通して快晴の日が多く，降水量が少ない。冬も比較的温暖。
南西諸島の気候	亜熱帯性の気候で，年間降水量が多く，冬でも温暖である。

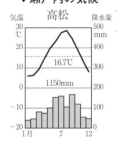

▼日本海側の気候

金沢

気温 ℃ / 降水量 mm

15.0℃

2402mm

▼北海道の気候

釧路

気温 ℃ / 降水量 mm

年平均気温 6.7℃

年降水量 1080mm

▼瀬戸内の気候

高松

気温 ℃ / 降水量 mm

16.7℃

1150mm

▼内陸性の気候

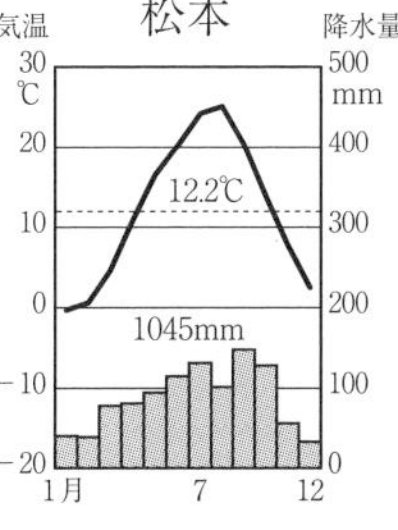

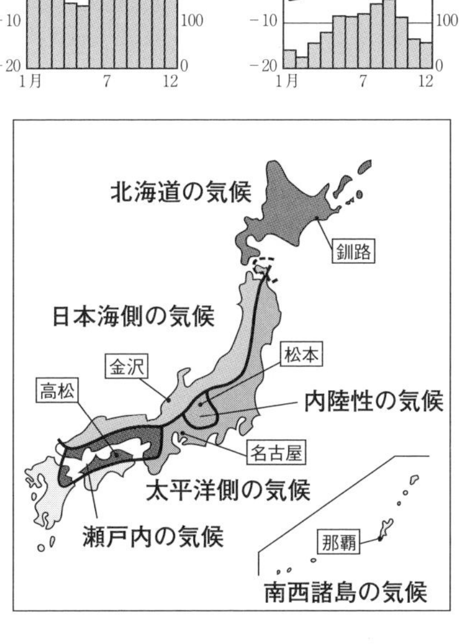

▼太平洋側の気候

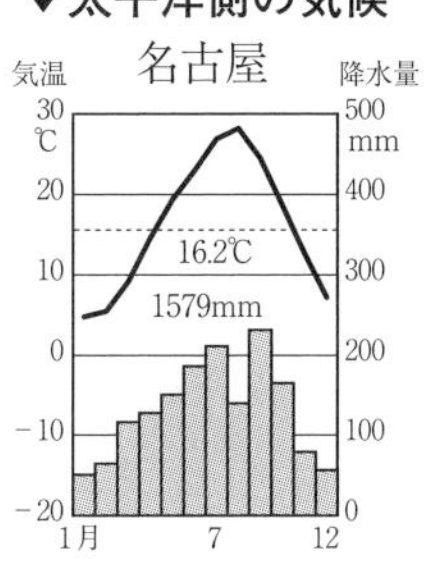

▼南西諸島の気候

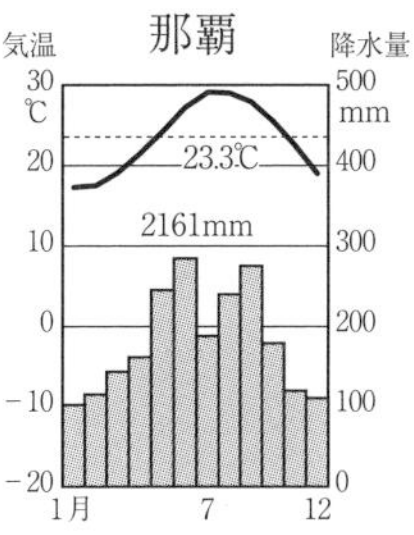

8 日本の産業

(1) 日本の農業

① 米・小麦・大豆

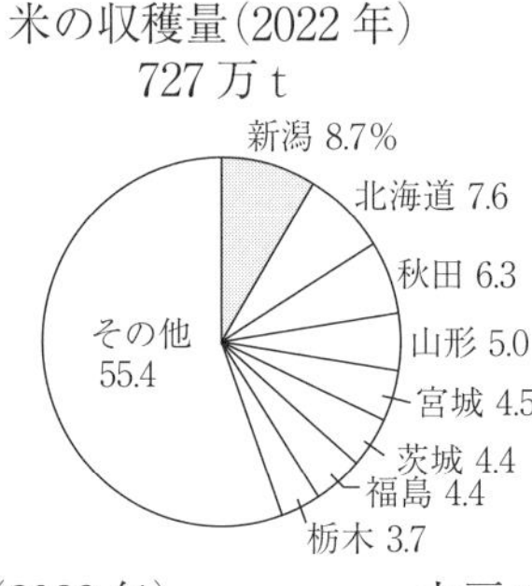

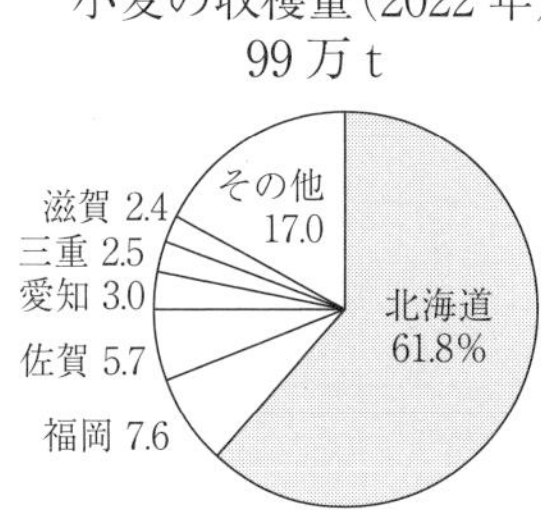

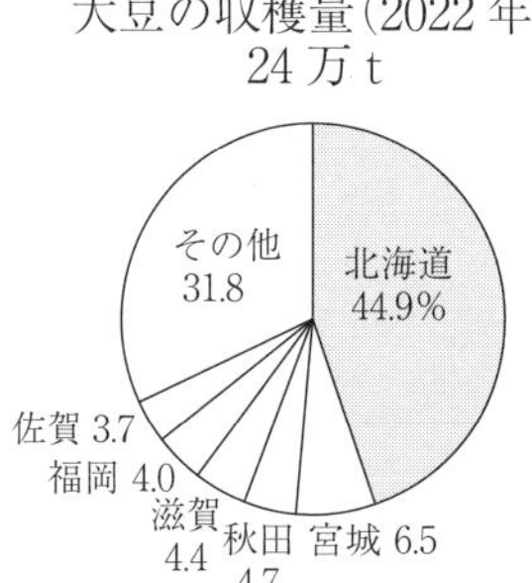

(『日本国勢図会 2023/24』)

② 生産方法

園芸農業	消費者の多い都市向けに，野菜や花，果実などを集約的に栽培する農業。
近郊農業	大都市周辺で行われる園芸農業。
促成栽培	冬でも温暖な気候を利用し，ビニールハウスや温室などを使って，野菜や果物などの出荷時期を早める工夫をした栽培方法。**高知平野**や**宮崎平野**でのピーマンやきゅうりなど。
抑制栽培	野菜や果物などの出荷時期を遅らせて生産する栽培方法。特に，高冷地で夏の冷涼な気候を利用して行われる農業を高冷地農業という。中央高地での高原野菜(レタスやキャベツ)栽培など。

③　農畜産物の主産地

〈野菜の収穫量〉

（2021年　%）

産物名	第1位	第2位	第3位	第4位	第5位
ばれいしょ（218万ｔ）	北海道　77.5	鹿児島　4.2	長　崎　3.8	茨　城　2.3	千　葉　1.4
たまねぎ（109万ｔ）	北海道　60.6	佐　賀　9.2	兵　庫　9.2	長　崎　3.0	愛　知　2.5
ピーマン（15万ｔ）	茨　城　22.5	宮　崎　18.0	鹿児島　9.0	高　知　8.8	岩　手　5.9
きゅうり（55万t）	宮　崎　11.6	群　馬　9.8	埼　玉　8.3	福　島　7.1	千　葉　5.7
はくさい（90万ｔ）	茨　城　27.8	長　野　25.3	群　馬　3.3	埼　玉　2.7	鹿児島　2.7
レタス（55万ｔ）	長　野　32.7	茨　城　15.9	群　馬　10.0	長　崎　6.4	兵　庫　4.7
キャベツ（149万t）	群　馬　19.7	愛　知　18.0	千　葉　8.1	茨　城　7.4	長　野　4.9
トマト（73万t）	熊　本　18.3	北海道　9.0	愛　知　6.8	茨　城　6.6	千　葉　4.5
いちご（16万t）	栃　木　14.8	福　岡　10.1	熊　本　7.3	愛　知　6.7	長　崎　6.5

（『日本国勢図会2023/24』，『県勢2023』）

〈果実・茶の収穫量〉

（2021年　%）

産物名	第1位	第2位	第3位	第4位	第5位
みかん（75万t）	和歌山　19.7	愛　媛　17.1	静　岡　13.3	熊　本　12.0	長　崎　6.9
りんご（66万t）	青　森　62.8	長　野　16.7	岩　手　6.4	山　形　4.9	福　島　2.8
ぶどう（17万t）	山　梨　24.6	長　野　17.4	岡　山　9.1	山　形　8.8	福　岡　4.2
もも（11万t）	山　梨　32.2	福　島　22.6	長　野　9.9	山　形　8.3	和歌山　6.8
おうとう（さくらんぼ）（1万ｔ）	山　形　69.9	北海道　11.5	山　梨　7.2	−	−
日本なし（18万t）	千　葉　11.1	茨　城　10.3	栃　木　8.6	長　野　6.5	福　島　6.4
茶（8万t）	静　岡　38.0	鹿児島　33.9	三　重　6.9	宮　崎　3.9	京　都　3.1

（『日本国勢図会2023/24』，『県勢2023』）

〈家畜の飼養頭羽数〉

（2022年　%）

家畜	第1位	第2位	第3位	第4位	第5位
乳用牛（137万頭）	北海道　61.7	栃　木　4.0	熊　本　3.2	岩　手　2.9	群　馬　2.5
肉用牛（261万頭）	北海道　21.2	鹿児島　12.9	宮　崎　9.7	熊　本　5.1	岩　手　3.4
豚（895万頭）	鹿児島　13.4	宮　崎　8.5	北海道　8.1	群　馬　6.8	千　葉　6.5
採卵鶏（1.8億羽）	茨　城　8.4	千　葉　7.1	鹿児島　6.5	広　島　5.5	愛　知　5.4
肉用若鶏（1.4億羽）	鹿児島　20.2	宮　崎　19.8	岩　手　15.2	青　森　5.8	北海道　3.7

（『日本国勢図会2023/24』）

(2) 日本の水産業

① 水産物の輸入

世界有数の漁業国であるが，水産物の約半分を輸入に頼っており，世界有数の**水産物輸入国**でもある（2020年はアメリカ，中国に次いで第3位）。

② 水産業の盛んな地域

日本の沿岸には**大陸棚**が発達し，特に寒流と暖流がぶつかる**潮目**（潮境）は好漁場となっている。潮目（潮境）が好漁場となるのは，えさとなるプランクトンが豊富で魚が繁殖しやすいためである。

③ 近年の状況

・**遠洋漁業**…1970年代に入ると，他国の排他的経済水域の設定により，操業可能な漁場が縮小したことと，1973年の石油危機以降，燃料費の高騰の影響を受け，漁獲量が急減。

・**沖合漁業**…魚の減少や漁獲量の制限により不振。

〈漁業種類別生産量の推移〉

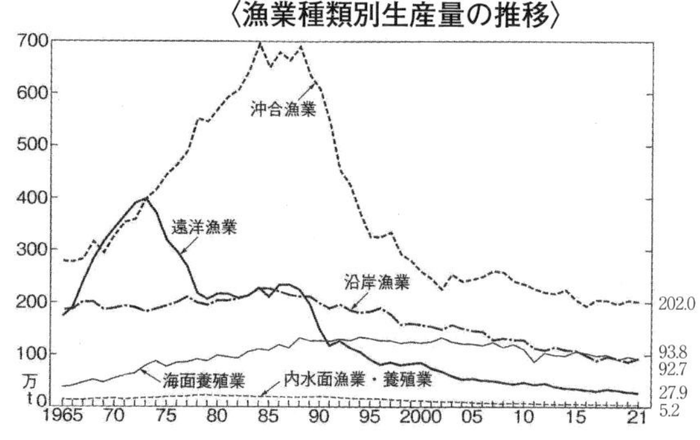

（『日本国勢図会2023/24』）

④ とる漁業から，育てる漁業へ

養殖漁業	出荷するまで稚魚や稚貝などを人工のいけすなどで育てる。
栽培漁業	稚魚などを人工的にふ化させて一定期間育てた後，自然の海や川に放流し，自然の中で育ててからとる。

(3) 日本の林業

日本は古くから林業が盛んであったが，高度経済成長期に入る頃から安い外材に押され木材自給率が低下し，山林の荒廃，収入の不安定，後継者不足が問題となった。近年，木材自給率は回復傾向にあるが，日本は世界有数の木材輸入国であり，北米やロシアからの輸入が多い。

(4) 日本の工業

① 日本の工業の歩み

1940年代までは繊維工業が中心で，1960年代に臨海地域で重工業が発展し，高度経済成長を迎える。原料を輸入し高い技術力で優れた工業製品をつくって輸出する**加工貿易**を行う。1980年代になると，機械工業に加え電子機器など先端技術産業の生産が拡大。同時に技術や製造の拠点を東南アジアや中国などの海外へ移転する企業が増加し，**産業の空洞化**(工業の海外進出によって，国内の産業が衰えること)という問題がおこった。

② 太平洋ベルト

関東地方から九州地方北部にかけてのびる太平洋岸の帯状の地域。第二次世界大戦前に成立した三大工業地帯や北九州工業地域のほか，戦後に形成された京葉，瀬戸内，東海など新しい工業地域も含む。

三大工業地帯	**京浜工業地帯**	機械工業を中心とした重化学工業が盛んで，印刷・出版業なども発達した総合工業地帯。
	中京工業地帯	総合工業地帯で，**自動車工業**を中心に機械工業が発達。繊維工業や窯業などにも特色。工業出荷額は日本一。
	阪神工業地帯	第二次世界大戦前は繊維工業が中心であったが，戦後は鉄鋼や石油化学など素材型工業が発達。

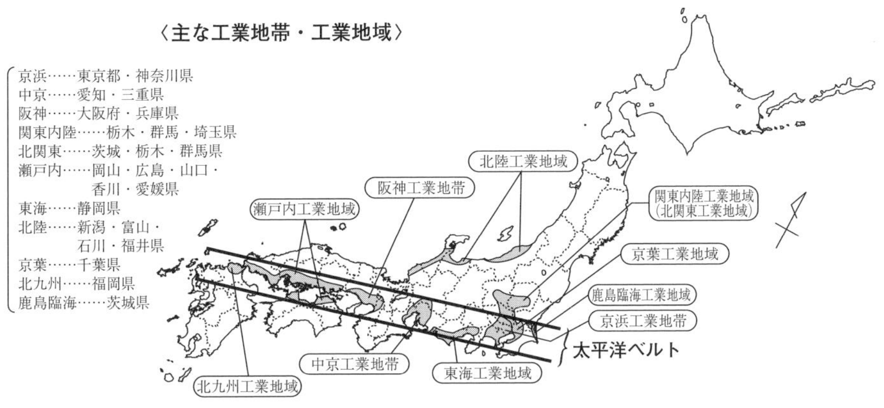

〈主な工業地帯・工業地域の製造品出荷額等（2020年）〉

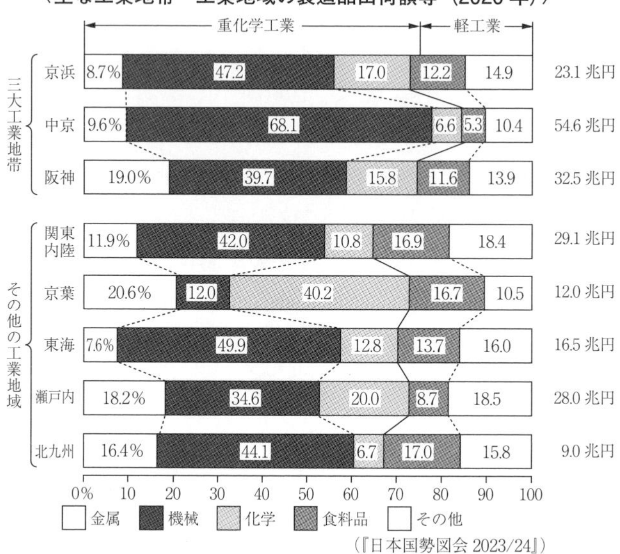

（『日本国勢図会 2023/24』）

③　伝統工芸品

漆器	津軽塗（青森県），鳴子漆器（宮城県），輪島塗（石川県），会津塗（福島県）
陶磁器	九谷焼（石川県），越前焼（福井県），益子焼（栃木県），常滑焼・瀬戸焼（愛知県），美濃焼（岐阜県），清水焼（京都府），信楽焼（滋賀県），備前焼（岡山県），萩焼（山口県），有田焼・伊万里焼（佐賀県）
織物	結城紬（茨城県・栃木県），加賀友禅（石川県），小千谷縮（新潟県），西陣織（京都府）
和紙	越中和紙（富山県），越前和紙（福井県），美濃和紙（岐阜県）
その他	樺（かば）細工（秋田県），南部鉄器（岩手県），天童将棋駒（山形県），水晶貴石細工（山梨県），宮島細工（広島県）

(5)　日本のエネルギー問題

①　日本の発電

かつては水力発電が中心であったが，現在は**火力発電**が総発電量の８割以上を占める。火力発電所は電力需要の多い工業地域や大都市に近い平野の臨海部に立地する。

②　**再生可能エネルギー**（自然エネルギー，新エネルギー）

自然の中で繰り返しおこる現象から取り出すことができる，枯渇することのないエネルギーのこと。**太陽光**，**太陽熱**，**水力**，**風力**，**地熱**，**波力**などがある。石油・石炭・天然ガスといった化石燃料とは異なり，地球温暖化につながる二酸化炭素をほとんど出さないことから，注目されている。また，新しい資源として，「燃える氷」とよばれる**メタンハイドレート**が日本近海で確認されている。

〈主な国の発電電力量（2020年）〉

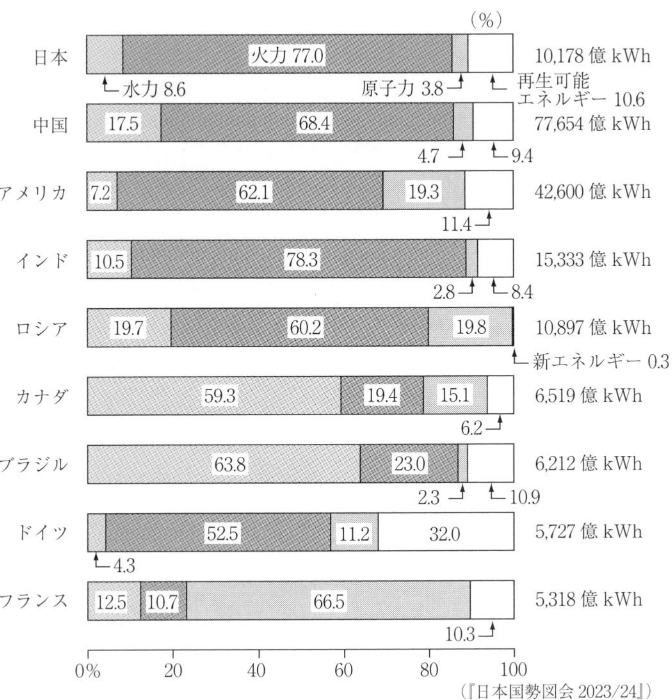

（『日本国勢図会 2023/24』）

〈日本の発電電力量の推移〉

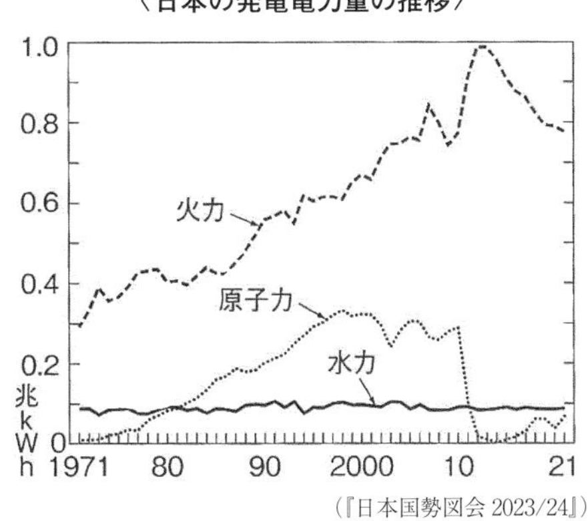

（『日本国勢図会 2023/24』）

9 日本の各地の特色

(1) 九州地方

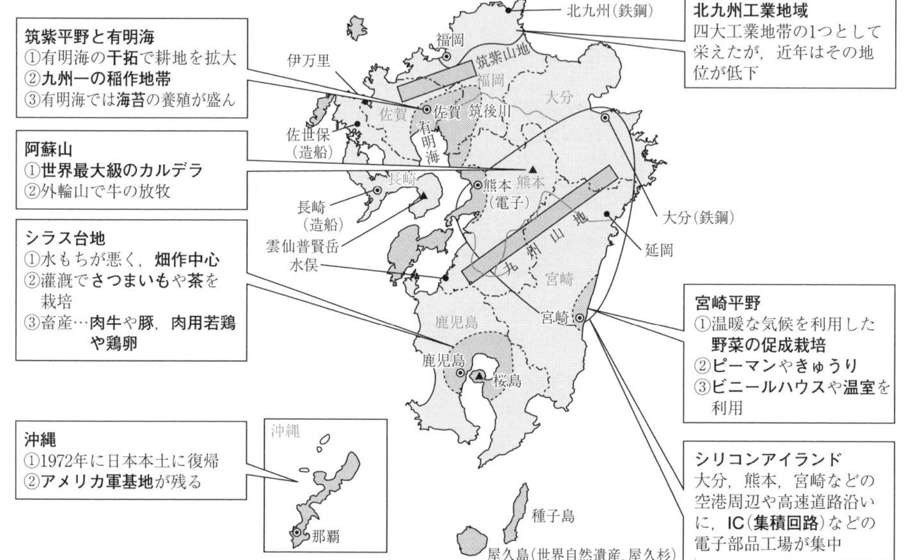
筑紫平野と有明海
①有明海の干拓で耕地を拡大
②九州一の稲作地帯
③有明海では海苔の養殖が盛ん
阿蘇山
①世界最大級のカルデラ
②外輪山で牛の放牧
シラス台地
①水もちが悪く，畑作中心
②灌漑でさつまいもや茶を栽培
③畜産…肉牛や豚，肉用若鶏や鶏卵
沖縄
①1972年に日本本土に復帰
②アメリカ軍基地が残る
北九州工業地域
四大工業地帯の1つとして栄えたが，近年はその地位が低下
宮崎平野
①温暖な気候を利用した野菜の促成栽培
②ピーマンやきゅうり
③ビニールハウスや温室を利用
シリコンアイランド
大分，熊本，宮崎などの空港周辺や高速道路沿いに，IC(集積回路)などの電子部品工場が集中
北九州(鉄鋼)
福岡
筑紫山地
伊万里
福岡
大分
佐賀
佐賀
筑後川
佐世保
(造船)
有明海
長崎
熊本
熊本
(電子)
長崎
(造船)
大分(鉄鋼)
雲仙普賢岳
九州山地
延岡
水俣
宮崎
宮崎
鹿児島
鹿児島
桜島
沖縄
那覇
種子島
屋久島(世界自然遺産，屋久杉)

県名 (県庁所在地)	面積 人口	農業産出額(億円)	製造品出荷額等(億円)	主な生産物	特色
福岡 (福岡)	4,987 km² 512万人	1,977	99,760	コークス，たけのこ，たい類	福岡市は中世から商業の中心として栄える，九州地方最大の都市。
佐賀 (佐賀)	2,441 km² 81万人	1,219	20,839	陶磁器製置物，養殖のり類，えび類，たまねぎ	佐賀平野にはクリークが発達。伊万里・有田・唐津焼など陶磁器の産地。
長崎 (長崎)	4,131 km² 130万人	1,491	17,385	あじ類，養殖ふぐ類，びわ	1990年に雲仙普賢岳が噴火。諫早湾干拓問題。有人離島の数日本一。
熊本 (熊本)	7,409 km² 173万人	3,407	28,706	すいか，トマト，葉たばこ	水俣湾沿岸で水俣病が発生。近年はIC関連産業や輸送機械工業が発展。
大分 (大分)	6,341 km² 111万人	1,208	43,135	かぼす，デジタルカメラ，ぎんなん	八丁原に日本最大の地熱発電所。温泉の源泉数・湧出量日本一。
宮崎 (宮崎)	7,735 km² 106万人	3,348	16,523	きゅうり，キンカン，マンゴー	黒潮の影響で一年中温暖。宮崎平野では野菜の促成栽培が盛ん。
鹿児島 (鹿児島)	9,186 km² 158万人	4,772	20,247	養殖うなぎ，さとうきび，さつまいも，かんしょ	畜産業が盛ん。火山灰が堆積したシラス台地は保水性が低く，畑作中心。
沖縄 (那覇)	2,282 km² 147万人	910	4,990	さとうきび，パイナップル，養殖もずく類	亜熱帯性の気候。出生率全国一(2021年)。

(※面積・人口2021年，農業産出額2020年，製造品出荷額等2019年，『県勢2023』等)

(2) 中国・四国地方

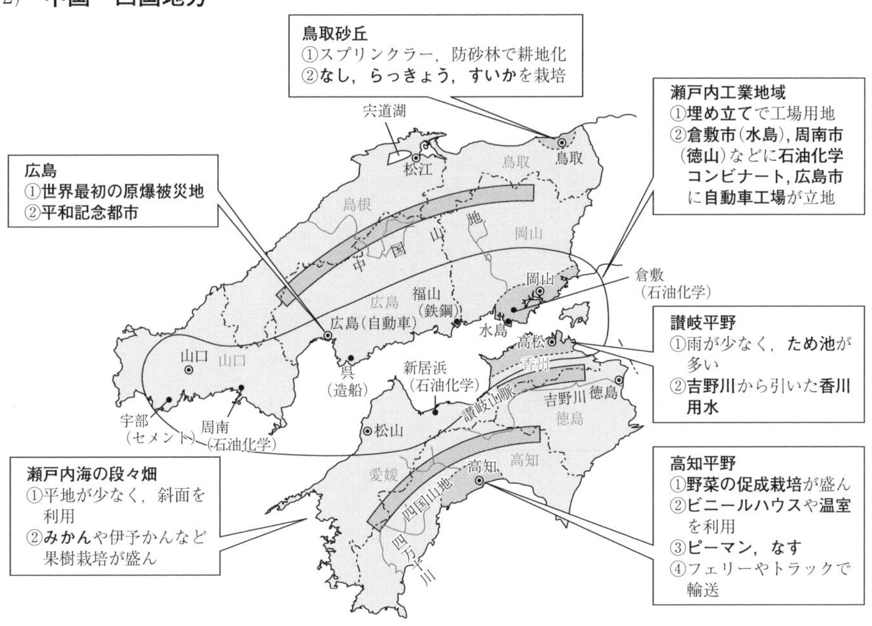
鳥取砂丘
①スプリンクラー，防砂林で耕地化
②なし，らっきょう，すいかを栽培
瀬戸内工業地域
①埋め立てで工場用地
②倉敷市（水島），周南市（徳山）などに石油化学コンビナート，広島市に自動車工場が立地
広島
①世界最初の原爆被災地
②平和記念都市
宍道湖
松江
鳥取
島根
中国山地
岡山
倉敷（石油化学）
福山（鉄鋼）
広島（自動車）
水島
高松
讃岐平野
①雨が少なく，ため池が多い
②吉野川から引いた香川用水
山口
呉（造船）
新居浜（石油化学）
香川
讃岐山脈
吉野川
徳島
宇部（セメント）
周南（石油化学）
松山
高知
瀬戸内海の段々畑
①平地が少なく，斜面を利用
②みかんや伊予かんなど果樹栽培が盛ん
愛媛
四国山地
四万十川
高知平野
①野菜の促成栽培が盛ん
②ビニールハウスや温室を利用
③ピーマン，なす
④フェリーやトラックで輸送

県名（県庁所在地）	面積／人口	農業産出額（億円）	製造品出荷額等（億円）	主な生産物	特色
鳥取（鳥取）	3,507km^2 55万人	764	7,868	らっきょう，かに類，織物製背広服上衣	鳥取砂丘は日本最大の砂丘。水木しげるロードは観光名所として有名。
島根（松江）	6,708km^2 66万人	620	12,488	しじみ，あなご類，固定コンデンサ	宍道湖は海水と淡水が混ざる汽水湖で，しじみ漁が盛ん。
岡山（岡山）	7,114km^2 188万人	1,414	77,397	織物製学生服，畳表，田植機，マッシュルーム	温暖少雨の瀬戸内気候。ぶどうなど果物を栽培。児島湾干拓地で稲作。
広島（広島）	8,479km^2 278万人	1,190	98,047	レモン，養殖かき類，ソース類	瀬戸内工業地域の中核として発展。広島市は中国・四国地方最大の都市。
山口（山口）	6,113km^2 133万人	589	65,735	あまだい類，トルエン	秋吉台は石灰岩からなる，日本最大のカルスト台地。鍾乳洞が発達。
徳島（徳島）	4,147km^2 71万人	955	19,209	すだち，発光ダイオード，しろうり	吉野川が徳島平野を形成。京阪神地方へ野菜を出荷する近郊農業が盛ん。
香川（高松）	1,877km^2 94万人	808	27,416	オリーブ，うちわ，扇子	日本で最も面積が小さい県。はまちや海苔などの養殖業が盛ん。
愛媛（松山）	5,676km^2 132万人	1,206	43,303	タオル，養殖まだい	柑橘類の栽培が盛ん。造船・化学・製紙業が発達。今治市はタオル生産日本一。
高知（高知）	7,104km^2 68万人	1,113	5,953	ぶんたん，花みょうが，しょうが，ゆず	黒潮の影響で温暖。夏の雨量が多い。土佐清水，室戸は遠洋漁業の基地。

(3) 近畿地方

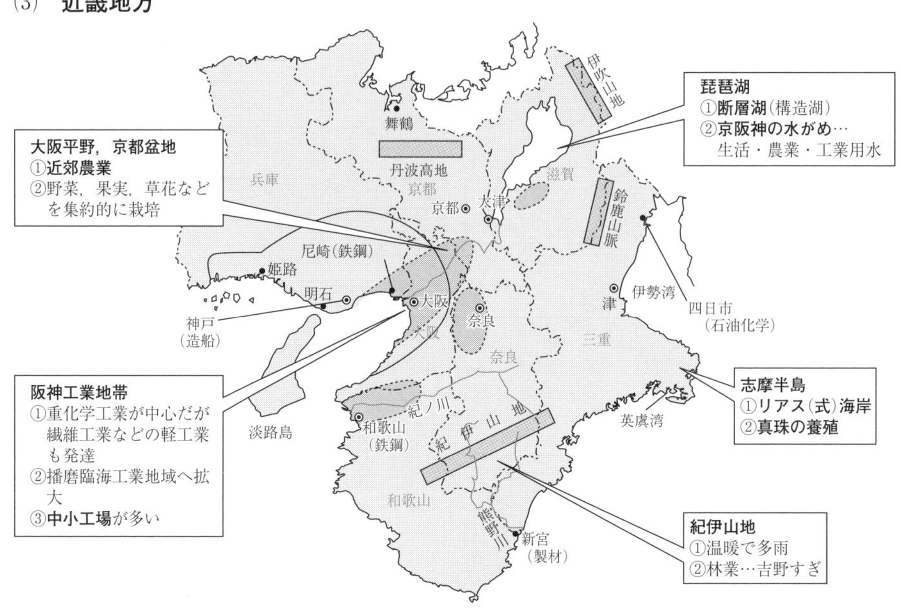
琵琶湖
①断層湖(構造湖)
②京阪神の水がめ…
生活・農業・工業用水
大阪平野，京都盆地
①近郊農業
②野菜，果実，草花などを集約的に栽培
阪神工業地帯
①重化学工業が中心だが繊維工業などの軽工業も発達
②播磨臨海工業地域へ拡大
③中小工場が多い
志摩半島
①リアス(式)海岸
②真珠の養殖
紀伊山地
①温暖で多雨
②林業…吉野すぎ
伊吹山地
舞鶴
丹波高地
兵庫
京都
滋賀
京都
大津
鈴鹿山脈
四日市
(石油化学)
伊勢湾
津
三重
尼崎(鉄鋼)
姫路
明石
神戸
(造船)
大阪
奈良
淡路島
紀ノ川
紀伊山地
和歌山
(鉄鋼)
英虞湾
熊野川
新宮
(製材)

府県名 (府県庁所在地)	面積 人口	農業産出額(億円)	製造品出荷額等(億円)	主な生産物	特色
三重 (津)	5,774km^2 176万人	1,043	107,685	液晶パネル，いせえび，陶磁器製台所用品，錠・かぎ	志摩半島で真珠やかきを養殖。四日市に石油化学コンビナート。公害発生。
滋賀 (大津)	4,017km^2 141万人	619	80,754	理容用電気器具，はかり，即席めん類	琵琶湖は日本最大の湖で，県の面積の約6分の1を占める。
京都 (京都)	4,612km^2 256万人	642	57,419	絹織物，既製和服，帯	西陣織，清水焼など伝統工業が発展。歴史的街並みは世界遺産に登録。
大阪 (大阪)	1,905km^2 881万人	311	172,701	自転車，魔法びん，石けん	西日本最大の都市。古くから商業が盛ん。阪神工業地帯の中心。
兵庫 (神戸)	8,401km^2 543万人	1,478	163,896	清酒，ガス風呂釜，ずわいがに，原子炉，同部品類	神戸港は日本有数の貿易港。鉄鋼・造船・機械・化学などの工業が発展。
奈良 (奈良)	3,691km^2 131万人	395	21,494	ソックス，歯ブラシ，アルミ・合同金粉	紀伊山地では林業が発展。奈良盆地には多くの文化遺産が点在。
和歌山 (和歌山)	4,725km^2 91万人	1,104	26,754	うめ，柿，みかん，はっさく	黒潮の影響で温暖多雨。柑橘類の栽培。大部分を山地が占め，林業が盛ん。

(4) 中部地方

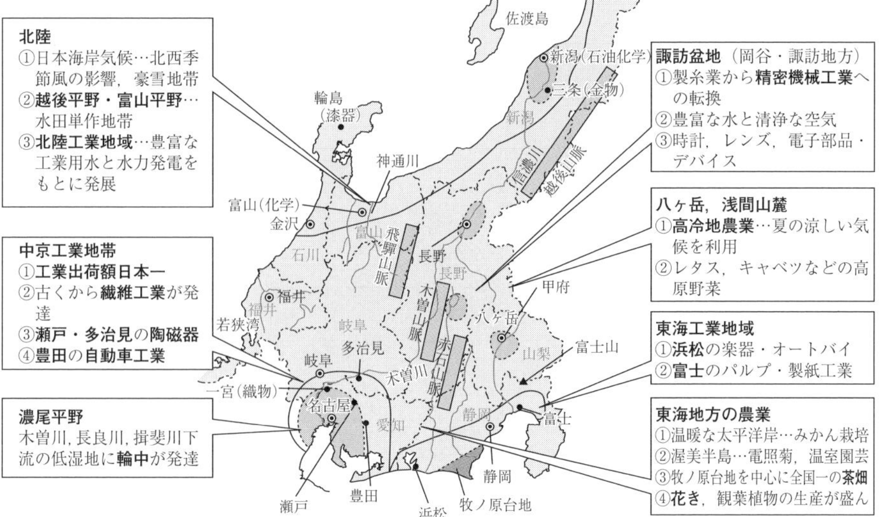
北陸
①日本海岸気候…北西季節風の影響，豪雪地帯
②越後平野・富山平野…水田単作地帯
③北陸工業地域…豊富な工業用水と水力発電をもとに発展
中京工業地帯
①工業出荷額日本一
②古くから繊維工業が発達
③瀬戸・多治見の陶磁器
④豊田の自動車工業
濃尾平野
木曽川，長良川，揖斐川下流の低湿地に輪中が発達
諏訪盆地（岡谷・諏訪地方）
①製糸業から精密機械工業への転換
②豊富な水と清浄な空気
③時計，レンズ，電子部品・デバイス
八ヶ岳，浅間山麓
①高冷地農業…夏の涼しい気候を利用
②レタス，キャベツなどの高原野菜
東海工業地域
①浜松の楽器・オートバイ
②富士のパルプ・製紙工業
東海地方の農業
①温暖な太平洋岸…みかん栽培
②渥美半島…電照菊，温室園芸
③牧ノ原台地を中心に全国一の茶畑
④花き，観葉植物の生産が盛ん
佐渡島
新潟（石油化学）
三条（金物）
新潟
信濃川
越後山脈
輪島（漆器）
神通川
富山（化学）
金沢
富山
石川
飛騨山脈
長野
福井
若狭湾
岐阜
木曽山脈
赤石山脈
八ヶ岳
甲府
山梨
富士山
多治見
木曽川
一宮（織物）
名古屋
愛知
静岡
富士
瀬戸
豊田
浜松
牧ノ原台地

県名 (県庁所在地)	面積 人口	農業産出額(億円)	製造品出荷額等(億円)	主な生産物	特色
新潟 (新潟)	12,584km^2 218万人	2,526	50,113	米(水稲)，金属用食器，まいたけ	全国有数の米どころで「コシヒカリ」が有名。油田・ガス田を持つ。
富山 (富山)	4,248km^2 103万人	629	39,411	球根類，アルミサッシ	扇状地が発達。砺波平野に散村。神通川流域でイタイイタイ病が発生。
石川 (金沢)	4,186km^2 113万人	535	30,478	金属はく，漆器製家具	輪島塗，山中漆器，九谷焼，加賀友禅などの伝統工芸が盛ん。
福井 (福井)	4,191km^2 76万人	451	22,902	眼鏡枠，漆器製食卓用品，さわら類	若狭湾はリアス(式)海岸。沿岸に原子力発電所が多数立地。
山梨 (甲府)	4,465km^2 81万人	974	25,053	もも，ぶどう，ウイスキー	甲府盆地の扇状地は寒暖の差が大きく，果樹栽培が盛ん。湧水も豊富。
長野 (長野)	13,562km^2 203万人	2,697	62,194	レタス，わさび，みそ，寒天	高冷地で高原野菜，盆地で果樹の栽培。日本アルプスを擁する。
岐阜 (岐阜)	10,621km^2 197万人	1,093	59,896	包丁，陶磁器製和飲食器	木曽地方でひのきの生産が盛ん。工業は繊維や陶磁器など軽工業が中心。
静岡 (静岡)	7,777km^2 361万人	1,887	172,749	ピアノ，茶，プラモデル，かつお類	焼津は遠洋漁業の基地。東海工業地域を形成。登呂遺跡は弥生時代の遺跡。
愛知 (名古屋)	5,173km^2 752万人	2,893	481,864	衛生陶器，電動工具，あさり類	自動車の生産は日本一。中京工業地帯の中心。近郊農業が盛ん。

(5) 関東地方

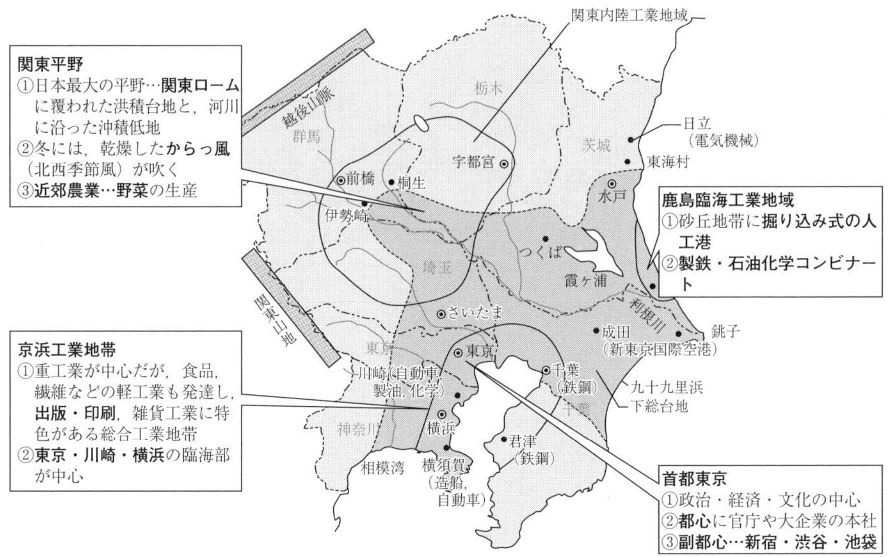
関東平野
①日本最大の平野…関東ローム
に覆われた洪積台地と，河川
に沿った沖積低地
②冬には，乾燥したからっ風
（北西季節風）が吹く
③近郊農業…野菜の生産
関東内陸工業地域
越後山脈
栃木
群馬
茨城
日立
（電気機械）
東海村
宇都宮
前橋
桐生
伊勢崎
水戸
鹿島臨海工業地域
①砂丘地帯に掘り込み式の人
工港
②製鉄・石油化学コンビナー
ト
つくば
霞ヶ浦
埼玉
利根川
関東山地
さいたま
銚子
成田
（新東京国際空港）
京浜工業地帯
①重工業が中心だが，食品，
繊維などの軽工業も発達し，
出版・印刷，雑貨工業に特
色がある総合工業地帯
②東京・川崎・横浜の臨海部
が中心
東京
川崎（自動車，
製油，化学）
千葉
（鉄鋼）
九十九里浜
下総台地
神奈川
横浜
君津
（鉄鋼）
相模湾
横須賀
（造船，
自動車）
首都東京
①政治・経済・文化の中心
②都心に官庁や大企業の本社
③副都心…新宿・渋谷・池袋

都県名（都県庁所在地）	面積／人口	農業産出額（億円）	製造品出荷額等（億円）	主な生産物	特色
茨城（水戸）	6,097km^2 285万人	4,417	126,383	メロン，ピーマン，はくさい，れんこん	つくば市に筑波研究学園都市。東海村に日本初の原子力発電所。
栃木（宇都宮）	6,408km^2 192万人	2,875	90,110	いちご，かんぴょう，うど	東北自動車道に沿って工業地域が発達。日光の社寺は世界遺産に登録。
群馬（前橋）	6,362km^2 193万人	2,463	90,522	キャベツ，こんにゃくいも	絹織物など伝統的な繊維業が発達。農業は畑作，畜産が中心。
埼玉（さいたま）	3,798km^2 734万人	1,678	139,529	さといも，ほうれんそう	東京のベッドタウンとして発展。近郊農業が盛ん。
千葉（千葉）	5,157km^2 628万人	3,853	125,846	らっかせい，ねぎ，だいこん	農業産出額が高い。銚子市は全国有数の漁獲高を誇り，醤油の生産も盛ん。
東京（東京）	2,194km^2 1,401万人	229	74,207	補聴器，電子顕微鏡	日本の全人口の約10分の1が在住。一極集中が進む。世界経済の中心の一つ。
神奈川（横浜）	2,416km^2 924万人	659	178,722	トラック，口紅，ほお紅等	工業出荷額は愛知に次いで第2位（2019年）。横浜港は日本有数の貿易港。

(6) 東北地方

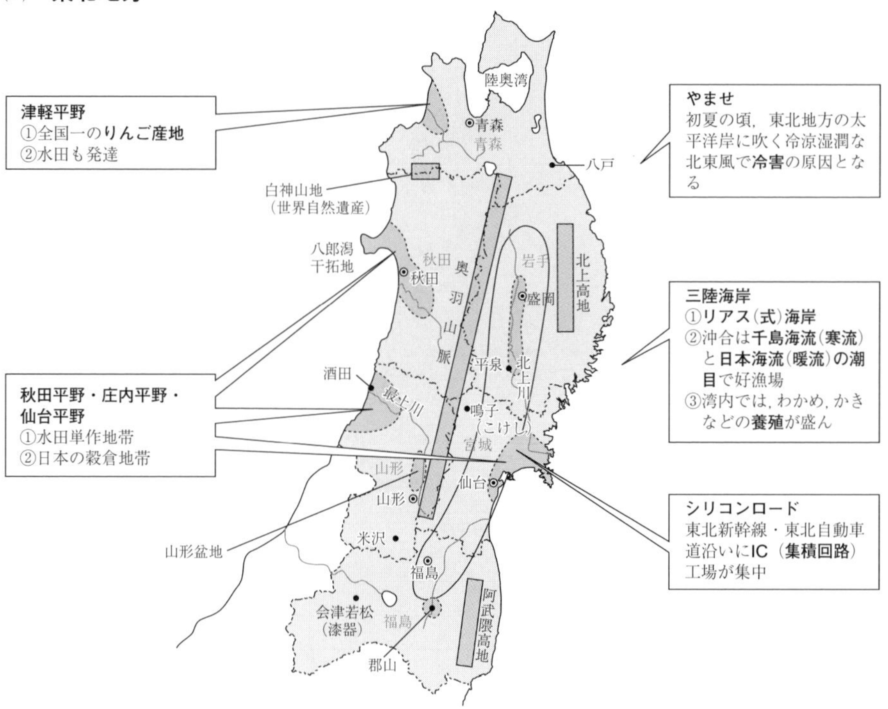
陸奥湾
津軽平野
①全国一のりんご産地
②水田も発達
青森
青森
八戸
やませ
初夏の頃，東北地方の太平洋岸に吹く冷涼湿潤な北東風で冷害の原因となる
白神山地
（世界自然遺産）
八郎潟
干拓地
秋田
秋田
奥
羽
山
脈
岩手
盛岡
北上高地
三陸海岸
①リアス（式）海岸
②沖合は千島海流（寒流）と日本海流（暖流）の潮目で好漁場
③湾内では，わかめ，かきなどの養殖が盛ん
平泉
北上川
酒田
最上川
秋田平野・庄内平野・仙台平野
①水田単作地帯
②日本の穀倉地帯
鳴子
（こけし）
宮城
山形
山形
仙台
シリコンロード
東北新幹線・東北自動車道沿いにIC（集積回路）工場が集中
米沢
山形盆地
福島
会津若松
（漆器）
福島
阿武隈高地
郡山

県名 （県庁所在地）	面積 人口	農業産出額（億円）	製造品出荷額等（億円）	主な生産物	特色
青森 （青森）	9,646km^2 122万人	3,262	17,504	りんご，にんにく，ごぼう	ほたて貝の養殖。八戸は日本有数の漁港。六ヶ所村にエネルギー関連施設。
岩手 （盛岡）	15,275km^2 120万人	2,741	26,435	生うるし，おきあみ類，りんどう	全国第2位の面積。三陸海岸沿岸は豊かな漁場。南部鉄器。
宮城 （仙台）	7,282km^2 229万人	1,902	45,590	かじき類，養殖ぎんざけ	仙台は東北地方最大の都市。仙台平野で稲作。三陸海岸では水産業が盛ん。
秋田 （秋田）	11,638km^2 94万人	1,898	12,998	ラズベリー，プリズム	米どころで，「あきたこまち」の栽培が盛ん。八郎潟の干拓。秋田すぎの山林。
山形 （山形）	9,323km^2 105万人	2,508	28,679	さくらんぼ（おうとう），西洋なし	夏はフェーン現象で高温になりやすい。盆地では果樹栽培が盛ん。
福島 （福島）	13,784km^2 181万人	2,116	51,232	固定局通信装置，桐	福島盆地でももなど果物の栽培。郡山市を中心に工業が発展。

(7) 北海道

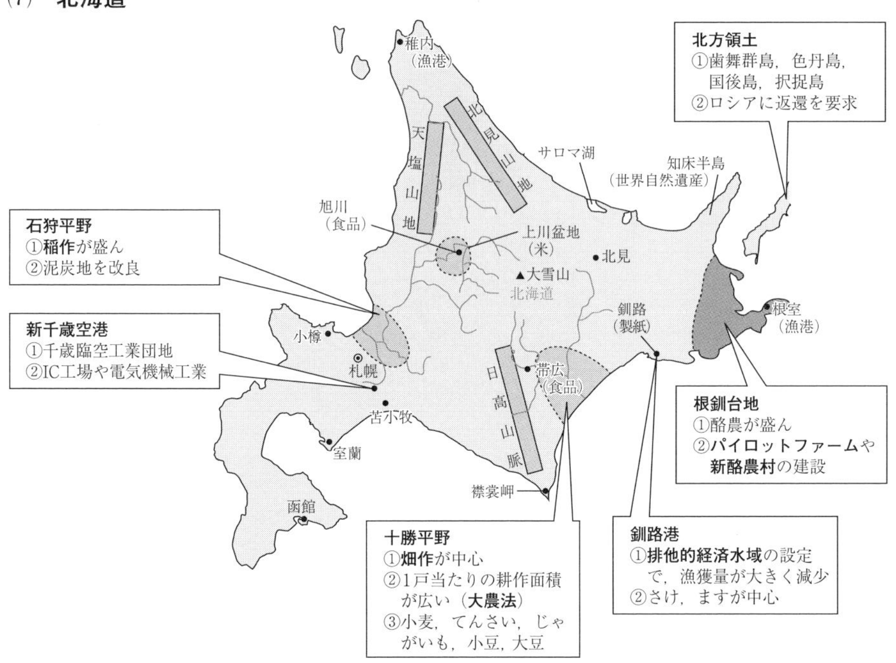
稚内
(漁港)
北見山地
天塩山地
サロマ湖
知床半島
(世界自然遺産)
北方領土
①歯舞群島，色丹島，国後島，択捉島
②ロシアに返還を要求
旭川
(食品)
上川盆地
(米)
北見
▲大雪山
北海道
石狩平野
①稲作が盛ん
②泥炭地を改良
新千歳空港
①千歳臨空工業団地
②IC工場や電気機械工業
小樽
札幌
苫小牧
室蘭
函館
日高山脈
帯広
(食品)
釧路
(製紙)
根室
(漁港)
根釧台地
①酪農が盛ん
②パイロットファームや新酪農村の建設
襟裳岬
十勝平野
①畑作が中心
②1戸当たりの耕作面積が広い（大農法）
③小麦，てんさい，じゃがいも，小豆，大豆
釧路港
①排他的経済水域の設定で，漁獲量が大きく減少
②さけ，ますが中心

道名（道庁所在地）	面積 人口	農業産出額（億円）	製造品出荷額等（億円）	主な生産物	特色
北海道（札幌）	78,421km^2 518万人	12,667	61,336	てんさい，大豆，小豆，小麦，ばれいしょ，そば，にんじん，かぼちゃ，たまねぎ，さけ類，生乳	国土の約5分の1の面積を占める。農業産出額，漁獲高，素材生産量日本一。稲作は上川盆地や石狩平野，畑作は十勝平野，酪農は根釧台地が中心。工業は食料品工業が中心。苫小牧には製紙・パルプ，室蘭には鉄鋼，石油化学が発展。

10 日本の貿易

(1) 貿易相手国

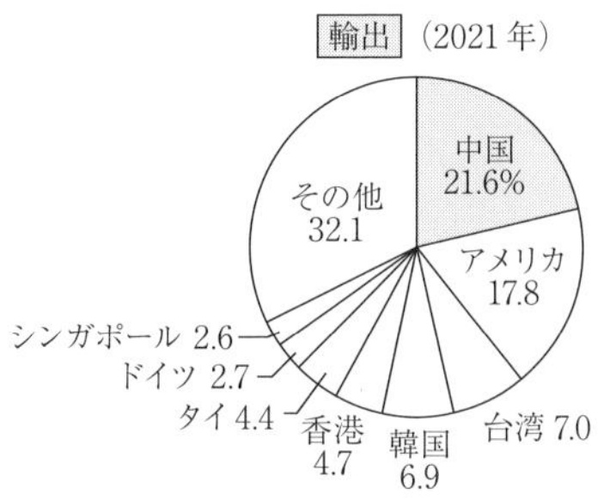

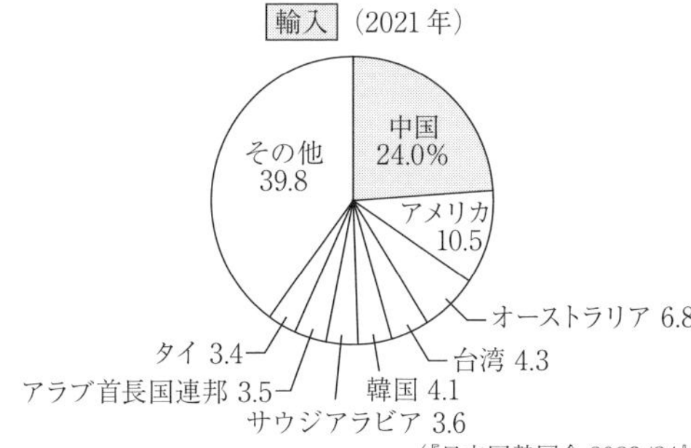

(『日本国勢図会 2023/24』)

(2) 貿易品目

輸出	機械類が第1位（2021年）。自動車や鉄鋼も多い。
輸入	機械類が第1位（2021年）。石油などの燃料の輸入も多い。

〈主要輸出入品〉

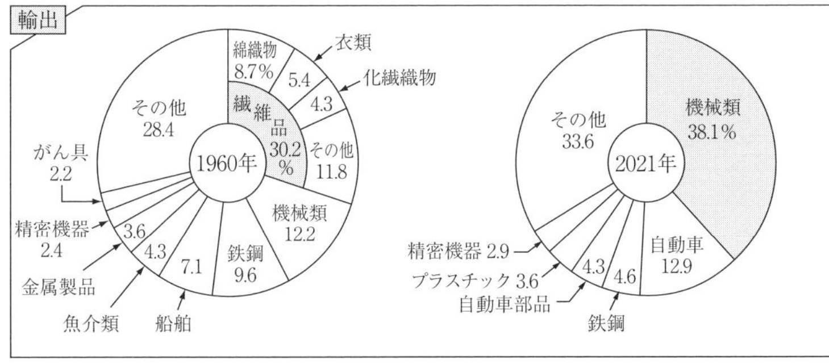

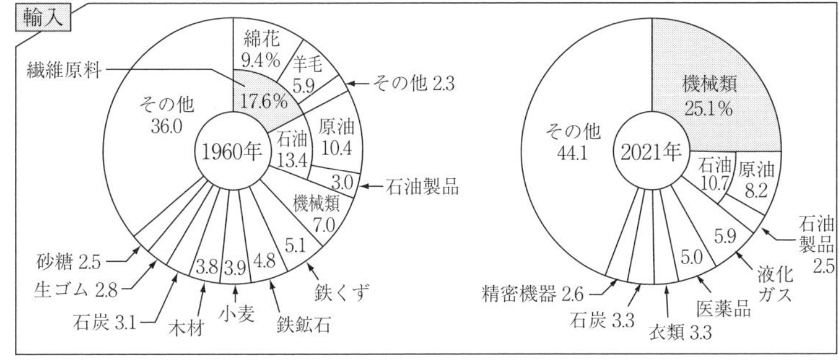

(『日本国勢図会 2023/24』)

(3) 原材料

日本は原油，石炭，天然ガスなどのエネルギー資源や，工業原料となる鉄鉱石，銅などの鉱産資源はほとんどを輸入に依存している。

〈主要輸入品輸入先（2021年　金額円による百分比〔%〕)〉

原油	サウジアラビア	40.0	アラブ首長国連邦	34.8	クウェート	8.5	カタール	7.4
石炭	オーストラリア	67.2	インドネシア	11.3	ロシア	10.2	アメリカ	4.8
鉄鉱石	オーストラリア	65.3	ブラジル	28.3	カナダ	7.0	南アフリカ共和国	3.7
銅鉱	チリ	35.0	オーストラリア	18.0	インドネシア	13.0	ペルー	9.9
液化天然ガス	オーストラリア	36.0	マレーシア	12.5	アメリカ	11.0	カタール	11.0
木材	カナダ	24.8	アメリカ	17.0	ロシア	13.1	スウェーデン	9.2

（『日本国勢図会2023/24』）

(4) 食料品

日本の食料自給率は，先進国の中で最も低い水準にあり，カロリーベースでは**38%**である。なお，農林水産省は2030年度までにカロリーベースで45%，生産額ベースで75%に引き上げることを目標にしている。

〈主要輸入品の輸入先（2021年　金額円による百分比〔%〕)〉

肉類	アメリカ	29.8	タイ	13.4	オーストラリア	13.1	カナダ	11.0
魚介類	中国	18.0	チリ	9.2	ロシア	9.1	ベトナム	8.6
小麦	アメリカ	45.1	カナダ	35.5	オーストラリア	19.2	－	
大豆	アメリカ	72.7	ブラジル	14.2	アルゼンチン	8.0	－	
野菜	中国	49.4	アメリカ	15.0	韓国	5.4	タイ	4.0

（『日本国勢図会2023/24』）

〈主な国の食料自給率（2019年/日本は2021年度)〉

	日本	アメリカ	イギリス	ドイツ	フランス	イタリア
穀類………………	29	116	97	101	187	61
食用穀物………	63	167	94	114	183	72
うち小麦　………	17	158	99	125	200	62
豆類………………	8	172	53	13	79	39
野菜類……………	79	84	42	41	68	151
果実類……………	39	61	12	31	64	104
肉類………………	53	114	75	120	102	81
卵類………………	97	104	94	70	98	99
牛乳・乳製品……	63	101	89	106	104	86
食料自給率………	38	121	70	84	131	58

（『日本国勢図会2023/24』）

11 世界と日本の人口

(1) 増加する世界の人口

① 世界の人口

2022年，世界の人口は**約80億人**に達し，地域別ではアジアが約60％を占める。2050年には97億人を超えると予測されている。

② 人口増加の南北差

先進国…日本や欧米諸国などの先進国では，人口増加率の割合は小さい。出生率，死亡率ともに低い。

発展途上国…アジアやアフリカ，ラテンアメリカの国々では，人口増加率の割合は大きい。死亡率は低下したが，出生率が高い。

③ **人口ピラミッド**

年齢別，男女別の人口構成グラフ。**富士山**（ピラミッド）**型**（発展途上国）→**つりがね**（ベル）**型→つぼ**（紡錘）**型**（日本など先進国）と推移する。

〈日本の人口ピラミッドの推移〉

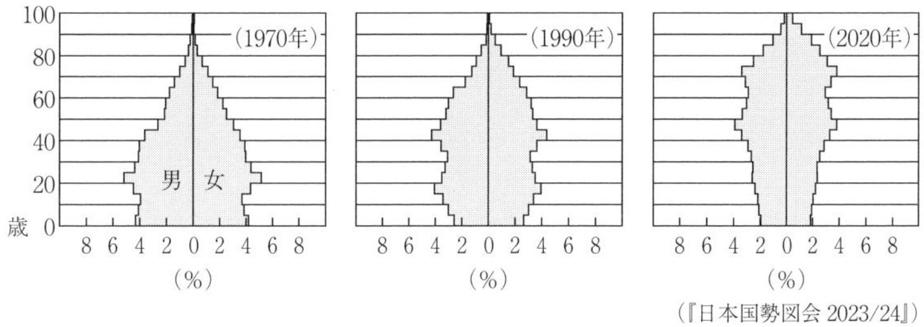

（『日本国勢図会 2023/24』）

(2) 日本の少子高齢化

① 日本の人口

2022年現在，**約1.25億人**。人口密度は335人/km^2（世界平均は61人/km^2）。

② 少子高齢化の現状

2021年現在，日本における65歳以上の老年人口は全人口の28.9％と**超高齢社会**の域に達し，15歳未満の年少人口の割合（11.9％）の2倍以上となっている。また，**合計特殊出生率**（一人の女性が生涯に産む子どもの数の平均値）は，先進国のなかでも特に低く，2021年は1.30となっている。

12 地球環境問題

(1) 環境問題

① **地球温暖化**…石炭・石油などの化石燃料の大量消費により二酸化炭素などの**温室効果ガス**の濃度が増加し，地球の平均気温が上昇する現象。海面水位の上昇や異常気象，生態系への悪影響が懸念される。1997年の地球温暖化防止京都会議（気候変動枠組み条約第3回締約国会議　COP3）で**京都議定書**が締結され，先進国に温室効果ガスの削減目標が設定された。その後，2015年に開催された気候変動枠組み条約第21回締約国会議（COP21）では京都議定書に代わる**パリ協定**が採択された。同協定では先進国のみならず途上国も含めたすべての国・地域が参加し，2020年以降の排出量削減の枠組み（平均気温の上昇を産業革命以前から2度未満に抑える）が合意された。

〈主な国の温室効果ガス排出量（2019年）**〉**

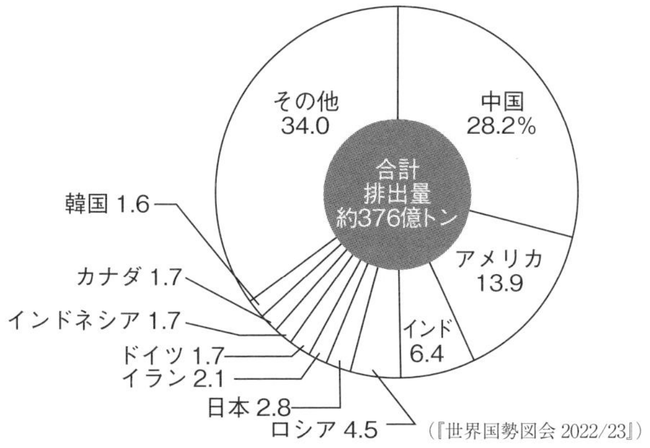

（『世界国勢図会 2022/23』）

② **オゾン層破壊**…冷蔵庫の冷媒などに使用されていた**フロン**によってオゾン層が破壊され，地表に届く有害な**紫外線**の量が増加する現象。皮膚がんの増加や農業収穫物の減少，生態系への悪影響を及ぼす。

③ **酸性雨**…自動車の排気ガスや工場の排煙に含まれる**硫黄酸化物や窒素酸化物**が，大気中で化学反応を起こし，**pH5.6以下の酸性**を示す雨や霧として降下する現象。湖沼や土壌の酸性化による魚類の死滅，森林の枯死，歴史的建造物の腐食などの悪影響を及ぼす。

(2) 国際的な取り組み

① **国連人間環境会議**…1972年にスウェーデンの**ストックホルム**で開かれ，環境問題が初めて国際的に検討された。「**かけがえのない地球（only one earth）**」をスローガンに掲げ，**人間環境宣言**を採択した。

② **国連環境開発会議（地球サミット）**…1992年にブラジルの**リオデジャネイロ**で開かれ，「**持続可能な開発**」を基本理念にリオ宣言のほか，**アジェンダ21**や気候変動枠組み条約，**生物多様性条約**を採択した。

③ **環境・開発サミット**…「持続可能な開発に関する世界首脳会議」のことで，2002年に南アフリカ共和国の**ヨハネスブルク**で開かれ，アジェンダ21の実施状況の検証，ヨハネスブルク宣言を採択した。

④ **リオ＋20**…2012年にリオデジャネイロで開かれた「国連持続可能な開発会議」のことで，環境保護と経済成長を両立させる**グリーン経済**をめざすことを確認した。

⑤ **国連持続可能な開発サミット**…2015年に開かれ，「**持続可能な開発のための2030アジェンダ**」が採択され，17のゴール（目標）と169のターゲットからなる「**持続可能な開発目標（SDGs）**」が掲げられた。

⑥ **ワシントン条約**…絶滅の危機にある野生動植物の国際取引を規制するとにより，それらの保護を図ることを目的とする条約。

⑦ **ラムサール条約**…湿地を保全することにより生態系を保護することを目的とする条約。

⑧ **世界遺産条約**…**ユネスコ**（国連教育科学文化機関）**総会**で採択された「世界の文化遺産および自然遺産の保護に関する条約」。

〈我が国のラムサール条約の登録地(2023年6月現在)計53ヵ所〉

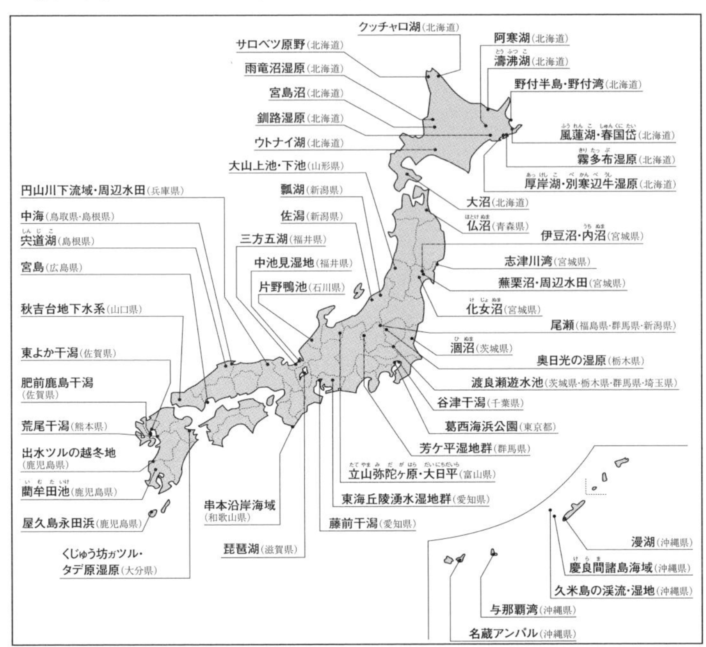
クッチャロ湖(北海道)
サロベツ原野(北海道)
雨竜沼湿原(北海道)
宮島沼(北海道)
釧路湿原(北海道)
ウトナイ湖(北海道)
大山上池・下池(山形県)
瓢湖(新潟県)
佐潟(新潟県)
三方五湖(福井県)
中池見湿地(福井県)
片野鴨池(石川県)
円山川下流域・周辺水田(兵庫県)
中海(鳥取県・島根県)
宍道湖(島根県)
宮島(広島県)
秋吉台地下水系(山口県)
東よか干潟(佐賀県)
肥前鹿島干潟
(佐賀県)
荒尾干潟(熊本県)
出水ツルの越冬地
(鹿児島県)
藺牟田池(鹿児島県)
屋久島永田浜(鹿児島県)
くじゅう坊ガツル・
タデ原湿原(大分県)
串本沿岸海域
(和歌山県)
琵琶湖(滋賀県)
阿寒湖(北海道)
濤沸湖(北海道)
野付半島・野付湾(北海道)
風蓮湖・春国岱(北海道)
霧多布湿原(北海道)
厚岸湖・別寒辺牛湿原(北海道)
大沼(北海道)
仏沼(青森県)
伊豆沼・内沼(宮城県)
志津川湾(宮城県)
蕪栗沼・周辺水田(宮城県)
化女沼(宮城県)
尾瀬(福島県・群馬県・新潟県)
涸沼(茨城県)
奥日光の湿原(栃木県)
渡良瀬遊水池(茨城県・栃木県・群馬県・埼玉県)
谷津干潟(千葉県)
葛西海浜公園(東京都)
芳ケ平湿地群(群馬県)
立山弥陀ヶ原・大日平(富山県)
東海丘陵湧水湿地群(愛知県)
藤前干潟(愛知県)
漫湖(沖縄県)
慶良間諸島海域(沖縄県)
久米島の渓流・湿地(沖縄県)
与那覇湾(沖縄県)
名蔵アンパル(沖縄県)

〈我が国の世界遺産の登録数(2023年6月現在)計25ヵ件〉

★は自然遺産、◆は文化遺産、数字は登録年

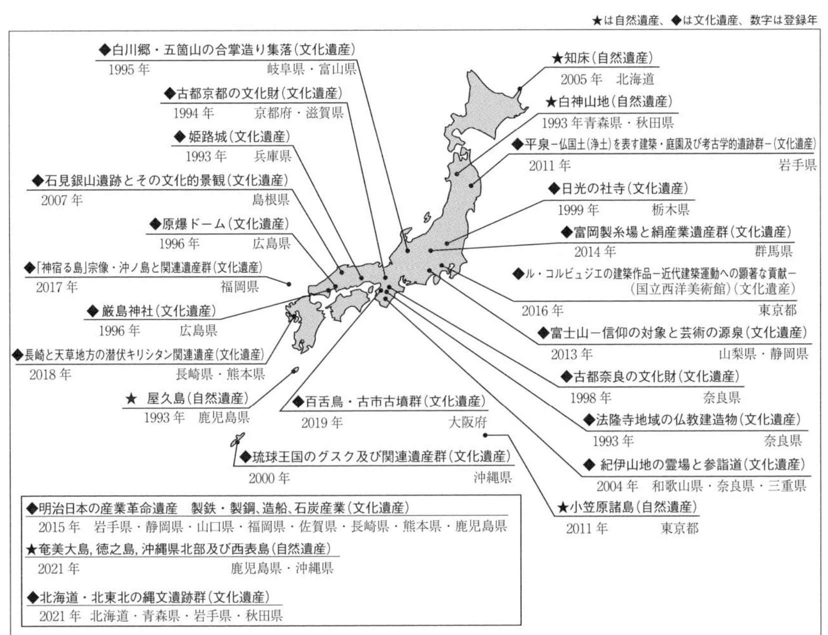
◆白川郷・五箇山の合掌造り集落(文化遺産)
1995年 岐阜県・富山県
◆古都京都の文化財(文化遺産)
1994年 京都府・滋賀県
◆姫路城(文化遺産)
1993年 兵庫県
◆石見銀山遺跡とその文化的景観(文化遺産)
2007年 島根県
◆原爆ドーム(文化遺産)
1996年 広島県
◆「神宿る島」宗像・沖ノ島と関連遺産群(文化遺産)
2017年 福岡県
◆厳島神社(文化遺産)
1996年 広島県
◆長崎と天草地方の潜伏キリシタン関連遺産(文化遺産)
2018年 長崎県・熊本県
★ 屋久島(自然遺産)
1993年 鹿児島県
◆百舌鳥・古市古墳群(文化遺産)
2019年 大阪府
◆琉球王国のグスク及び関連遺産群(文化遺産)
2000年 沖縄県
◆明治日本の産業革命遺産 製鉄・製鋼、造船、石炭産業(文化遺産)
2015年 岩手県・静岡県・山口県・福岡県・佐賀県・長崎県・熊本県・鹿児島県
★奄美大島, 徳之島, 沖縄県北部及び西表島(自然遺産)
2021年 鹿児島県・沖縄県
◆北海道・北東北の縄文遺跡群(文化遺産)
2021年 北海道・青森県・岩手県・秋田県
★知床(自然遺産)
2005年 北海道
★白神山地(自然遺産)
1993年青森県・秋田県
◆平泉－仏国土(浄土)を表す建築・庭園及び考古学的遺跡群－(文化遺産)
2011年 岩手県
◆日光の社寺(文化遺産)
1999年 栃木県
◆富岡製糸場と絹産業遺産群(文化遺産)
2014年 群馬県
◆ル・コルビュジエの建築作品－近代建築運動への顕著な貢献－
(国立西洋美術館)(文化遺産)
2016年 東京都
◆富士山－信仰の対象と芸術の源泉(文化遺産)
2013年 山梨県・静岡県
◆古都奈良の文化財(文化遺産)
1998年 奈良県
◆法隆寺地域の仏教建造物(文化遺産)
1993年 奈良県
◆ 紀伊山地の霊場と参詣道(文化遺産)
2004年 和歌山県・奈良県・三重県
★小笠原諸島(自然遺産)
2011年 東京都

確認問題

5 次の記述の空欄にあてはまる語句・数値を入れよ。

(1) 日本の標準時子午線が通る明石市は，東経（　A　）°で，経度0°の本初子午線の通るロンドンより，時刻は（　B　）時間（　C　）くなる。

(2) 2万5千分の1地形図上での2点間の距離が2cmであるとき，実際の距離は（　D　）である。

(3) 角度の正しい図法の1つである（　E　）図法は，主に航海図として利用される。

6 日本の地理に関する次の各問いに答えよ。

(1) 日本の最南端の島を次から選べ。

ア．竹島　イ．与那国島　ウ．沖ノ鳥島
エ．南鳥島　オ．礼文島

(2) 日本最大の流域面積をもつ川を次から選べ。

ア．最上川　イ．石狩川　ウ．天竜川
エ．信濃川　オ．利根川

(3) 日本三景ではないものを次から選べ。

ア．天橋立　イ．松島　ウ．宮島　エ．三保の松原

(4) 飛驒山脈，木曽山脈，赤石山脈を総称して何というか，答えよ。

7 次の表はある農作物の生産量の多い県を示したものである。それぞれの農作物名を答えよ。

（2021年）

県名	A	県名	B	県名	C
山梨	32.2%	静岡	38.0%	茨城	22.5%
福島	22.6%	鹿児島	33.9%	宮崎	18.0%
長野	9.9%	三重	6.9%	鹿児島	9.0%

（『日本国勢図会2023/24』）

8　次の表は，日本の主な輸入品とその相手国である。これを見て各問いに答えよ。

（2021年）

	第1位	第2位	第3位
（　A　）	オーストラリア	インドネシア	ロシア
原油	（　B　）	アラブ首長国連邦	クウェート
小麦	（　C　）	カナダ	オーストラリア

（『日本国勢図会2023/24』）

(1)　Aの品目は次のうちどれか。

ア．鉄鉱石　　イ．アルミニウム　　ウ．石炭　　エ．金

(2)　B，Cの国名を答えよ。

(3)　発展途上国で生産された農作物や製品を適正な価格で購入することを何というか。

9　地球環境問題に関する次の各問いに答えよ。

(1)　地球温暖化の原因となる代表的な物質名を化学記号で答えよ。

(2)　日本で最初に登録された世界自然遺産がある都道府県を3つ挙げよ。

3 歴史

●ポイント

原始・古代では，聖徳太子・聖武天皇・平清盛，中世では，源頼朝・承久の乱・元寇・勘合貿易，近世では，織田信長・鎖国・江戸時代の三大改革，近代・現代では，日米修好通商条約の締結やその改正・日清戦争・日露戦争についての問題が頻出。また，日本文化史は必須である。その他，世界のできごとと融合させた問題もみられる。いずれも難解な問題は少なく，基本的な知識が問われる場合がほとんどであるため，基礎的知識を確実に身に付けておこう。

1 原始・古代

(1) 先土器時代～縄文時代

① 旧石器時代（先土器時代）

日本列島成立までの数万年間。**打製石器**を使用し，ほら穴などに住み，狩りや漁・採集の生活を送っていた。群馬県の**岩宿遺跡**の調査で確認。

② 日本列島の成立

それまでは大陸と陸続きであったが，約1万年前に気温が温暖となり，氷河がとけて海水面が上昇し，大陸と切り離され，現在のような形となった。

③ **縄文時代**

約1万3000年前から紀元前4世紀頃。打製石器に加えて**磨製石器**を用い，さらに厚手で黒褐色の**縄文土器**をつくる。**竪穴住居**に住み，自然を崇拝し（アニミズム），豊富な獲物や家族の繁栄を祈って**土偶**をつくる。青森県の**三内丸山遺跡**，東京都の**大森貝塚**などが有名。

(2) 弥生時代

① **弥生時代**

紀元前4世紀頃から紀元3世紀頃。**稲作**が始まり，低地に定住し，もみを蓄えるため**高床倉庫**を造る。銅剣・銅矛・銅鐸などの**青銅器や鉄器**が朝鮮半島から伝わり，赤褐色の薄手でかたい**弥生土器**も使用。静岡県の**登呂遺跡**，佐賀県の**吉野ヶ里遺跡**などが有名。

② 小国家の誕生

『漢書』地理志によれば，紀元前後には100あまりの小国が分立していたとされる。**倭の奴国**の王は後漢に使者を派遣し，57年に光武帝から金印を授かったことが**『後漢書』東夷伝**に記されている。

(3) 邪馬台国と大和(ヤマト)政権

① **邪馬台国**

「魏志」倭人伝によれば，3世紀頃は邪馬台国の女王**卑弥呼**が，30あまりの小国を従えていたとされる。239年には中国の皇帝に国王の地位を認めてもらうため，**魏**に使者を派遣し，「親魏倭王」の称号と金印などを授かった。

人物ファイル　1　**卑 弥 呼**(2世紀後期〜3世紀前期)

・邪馬台国の女王で，30あまりの小国を支配。
・鬼道(呪術)を行うとされる。
・中国の魏に使者を派遣し，皇帝から「**親魏倭王**」の称号を受ける。

② 大和(ヤマト)政権

大王が中心となり，大和地方の有力な豪族が連合して成立し，4世紀末にほぼ国土を統一。大王が氏に地位や家柄を示す姓を与えて従わせる**氏姓制度**によって豪族を支配した。

③ 古墳時代

3世紀後半〜4世紀に，大王や豪族を葬るための墓である古墳が造られ始めた。5世紀が全盛期で，円墳，方墳のほか巨大な**前方後円墳**が多い。古墳の周囲や上部には，**埴輪**とよばれる土製品が置かれた。

④ 渡来人

朝鮮や中国から日本へ移り住んだ人々を**渡来人**といい，4〜5世紀頃から漢字や土木・鍛冶・養蚕・機織りの技術など，大陸の優れた文化や技術が伝えられた。

⑤ 仏教の伝来

紀元前5世紀にインドでシャカが開いた**仏教**は，6世紀半ばに**百済**から伝えられた。

(4) 飛鳥時代

① **聖徳太子**(厩戸王)の政治

593年に**推古天皇**の**摂政**となり，蘇我馬子と協力して天皇中心の統一国家を目指す。

・**冠位十二階（の制）**（603年）…役人の位を12の冠の色に分け，個人の才能や功績に応じて冠位を与えた。

・**十七条の憲法**（604年）…国家の官僚としての自覚を求めたもの。

・遣隋使…隋の進んだ制度や文化を取り入れるため，600年から数回にわたり派遣。607・608年には**小野妹子**らが送られた。

〈重要史料〉十七条の憲法

一に曰（いわ）く、和を以て貴（たっと）しとなし、忤（さか）ふること無きを宗（むね）とせよ。

二に曰く、篤（あつ）く三宝（さんぼう）を敬へ。

三に曰く、詔（みことのり）を承りては必ず謹め。

人物ファイル　2　**聖徳太子**（574～622年）

・**冠位十二階・十七条の憲法**を制定。

・**隋**に小野妹子を遣わし，大陸文化を導入。

・仏教をすすめ，**法隆寺**，**四天王寺**を建立。

聖徳太子と伝えられる肖像▶

人物ファイル　3　**小野妹子**（7世紀前期ごろ）

・聖徳太子が派遣した**遣隋使**の1人。

・607～608年，608～609年の2回隋に渡る。

② **飛鳥文化**

飛鳥地方を中心に日本最初の仏教文化が栄えた。中国，朝鮮，ギリシア，ペルシア，インドなどの文化の影響を受ける。

建　築	**法隆寺**（現存する世界最古の木造建築物）
彫　刻	法隆寺の**釈迦三尊像**・百済観音像，**玉虫厨子**

〈法隆寺〉

(5) 律令国家の形成

① 大化の改新

645年，**中大兄皇子**（後の天智天皇）や**中臣鎌足**（後の藤原鎌足）らが蘇我蝦夷・**入鹿**父子を倒す（**乙巳の変**）。唐の律令制をもとに，**公地公民制**（すべての土地と人民は天皇に帰属する）に基づく天皇中心の中央集権国家の確立をめざした。646年には**改新の詔**を出し，政治改革の方針を示した。

人物ファイル 4 **中大兄皇子**（626～671年）

・**大化の改新**の中心人物。
・都を**近江大津宮**に移し，即位して**天智天皇**となる。
・日本初の法令（近江令）を定め，律令政治の基礎を固める。

人物ファイル 5 **中臣鎌足**（614～669年）

・中大兄皇子に協力し，大化の改新を行う。
・藤原の姓を賜り，**藤原氏**の始まりとなる。

② 改新政治の展開

a）**天智天皇**…中大兄皇子は667年に都を大津に移して**近江大津宮**とし，668年には即位して天智天皇となる。我が国最初の全国的な戸籍である**庚午年籍**を作成するとともに近江令を制定し，律令政治の基礎を固める。

b）**壬申の乱**（672年）…天智天皇の子の大友皇子と弟の大海人皇子との間での皇位をめぐる争い。勝利した大海人皇子は飛鳥浄御原宮で即位し，**天武天皇**となった。

③ 律令国家のしくみ

a）**大宝律令**（701年）…律令政治の基本となる法典で唐の律令にならい制定。

b）中央と地方

・中央…神祇官と太政官が置かれ，太政官の下には8つの省が所属（2官8省）。

・地方…国とその下に郡・里が置かれ，それぞれ**国司と郡司**が治める。国司には中央の貴族が，郡司にはその地方の豪族が任命された。

c）**班田収授法**…6年ごとに戸籍を作成し，これに基づき口分田（6歳以上の男子に2段，女子はその3分の2）が与えられる。唐の均田制を手本とする。

d）農民の義務…租・調・庸のほか，労役・兵役が課せられた。
- ・租：田地に課される税。口分田1反につき収穫高の3％程度の稲を納める。
- ・調：絹・布・糸や各地の特産品を納める。
- ・庸：年に10日間都で労役に服するか，かわりに布などを納める。
- ・雑徭：国司の命令によって年間60日以内の労役を行う。

(6) 奈良時代

① 平城京

710年，元明天皇が唐の都**長安**にならい，奈良に都を造る。都では産物を売買する市が開かれ，708年に鋳造された**和同開珎**も使われた。朝廷の支配は東北地方から南九州にまで及ぶ。

② **聖武天皇**の政治

聖武天皇は貴族の勢力争いや飢饉・疫病などの社会的不安を仏教の力でしずめ，国家の安定を図ろうと，741年に**国分寺建立の詔**を出して，諸国に**国分寺・国分尼寺**をつくらせた。743年には紫香楽宮で**大仏造立の詔**を出し，都が平城京に戻ると**東大寺**を建て，その本尊として**大仏**がつくられた。

〈東大寺大仏〉

人物ファイル 6　聖武天皇（701～756年）
- ・国ごとに**国分寺・国分尼寺**を建立。
- ・都に**東大寺**を建て，**大仏**を造営する。

人物ファイル 7　行基（668～749年）
- ・**東大寺の大仏造営に協力**し，僧の第一人者となる。
- ・諸国をまわって仏教の布教に尽力。東大寺の大仏造営に協力するなど社会事業にも力を注ぐ。

③ 開墾の奨励

- ・口分田の荒廃…租調庸などの負担に苦しむ農民の中には，口分田を捨てて逃亡し浮浪人となる者も現れ，口分田が荒廃し不足した。
- ・**墾田永年私財法**（743年）…新たに開墾した土地の永久私有を認める法令で，開墾を奨励。これにより，私有地が広がり，公地公民制がしだいに崩れていった。

〈重要史料〉貧窮問答歌ー山上憶良 『**万葉集**』

…綿も無き布肩衣の　海松の如　わわけさがれる　襤褸のみ　肩にうち懸け　伏廬の　曲廬の内に　直土に　藁解き敷きて　父母は　枕の方に　妻子どもは　足の方に　囲み居て　憂へ吟ひ　竈には　火気ふき立てず　甑には　蜘蛛の巣懸きて　飯炊く　事も忘れて　鵺鳥の　呻吟ひ居るに　いとのきて　短き物を　端截ると　云へるが如く　楚取る　五十戸良が声は　寝屋戸まで来立ち呼ばひぬ　斯くばかり　術無きものか　世間の道…

※『万葉集』の山上憶良の歌。貧しい農民の生活が詠まれている。

④　**天平文化**

唐の文化の影響を受け，国際色豊かな貴族中心の仏教文化が発達した。

建　築	**東大寺**の**正倉院宝庫**（校倉造），唐招提寺（**鑑真**）
文　学	『古事記』，『日本書紀』，『**万葉集**』（大伴家持らが編纂）

人物ファイル　8　**鑑　真**（688?～763年）

・唐の高僧。
・日本への渡航に失敗を重ね，盲目になりながらも753年に来日，戒律を伝える。
・**唐招提寺**を開き，仏教を広める。

(7)　律令国家の立て直し

①　**平安京**

桓武天皇は，仏教政治の弊害を改め，天皇権力を強化するため，784年に平城京から長岡京，794年には平安京に都を移す（以降約400年間，平安時代）。**坂上田村麻呂**を征夷大将軍に任じ，蝦夷の抵抗を鎮めて支配地を拡大した。

②　新仏教

政治から離れ山中での学問や修行を重視。

最澄（伝教大師）	**天台宗**	比叡山に延暦寺を建てる
空海（弘法大師）	**真言宗**	高野山に金剛峰寺を建てる

③　**遣唐使の派遣中止**

唐の進んだ文化や制度を学ぶため，遣唐使が630年から10数回派遣されていたが，国内政治の乱れから唐が急速に衰えたため，894年に**菅原道真**の建議により中止される。菅原道真は，のちに藤原氏によって大宰府に追放された。

(8) 摂関政治と国風文化

① 摂関政治

10世紀後半から藤原氏が**外戚**(母方の親戚)として，天皇が幼いときは**摂政**，成人してからも**関白**という天皇を補佐する職を独占し，政治の実権を握った。11世紀前半の**藤原道長・頼通**父子の頃，全盛となった。

人物ファイル 9　藤原道長(966～1027年)

・4人の娘を天皇の后にし，1016年摂政，1017年太政大臣となる。
・**藤原氏の全盛期**を築く。

此(こ)の世をば　我が世とぞ思ふ　望月の
かけたることも　無しと思へば

※　藤原道長がその満足な気持ちを詠んだ歌

② 国風文化

かな文字の発達や遣唐使の派遣中止などを背景として，日本風の優雅な貴族文化が発達。摂関政治の頃，最も栄えた。

〈平等院鳳凰堂〉

建　築	**平等院鳳凰堂**(藤原頼通)
文　学	**『古今和歌集』**(紀貫之ら編纂)，**『源氏物語』**(紫式部)，**『枕草子』**(清少納言)

人物ファイル 10　紫式部(10世紀後期～11世紀前期)

・一条天皇の中宮彰子(藤原道長の娘)に仕える。
・**『源氏物語』**を著して，藤原氏全盛期の貴族社会を描写。

人物ファイル 11　清少納言(10世紀後期～11世紀前期)

・一条天皇の皇后定子(藤原道隆の娘)に仕える。
・宮仕えの中で感じたことなどを，随筆**『枕草子』**にまとめる。

2 中世

(1) 武士のおこりと平氏政権

① 武士のおこりと成長

名主の豪族への成長，地方政治の乱れなどを背景として，源氏と平氏が棟梁となり，武士団を結成。地方の反乱に対して武士は力で平定したことから，貴族は棟梁や武士の力を認めた。

② **院政**の開始

摂関政治が衰えたことから，**白河天皇**は退位して上皇となった後の1086年から御所の院で政治を始めた。上皇（院）と天皇（朝廷）の対立から，保元の乱がおこった。

③ 平氏政権

保元の乱や**平治の乱**に勝利した**平清盛**は，1167年に武士として初めて**太政大臣**となり，政治の実権を握った。**大輪田泊**（現在の神戸港）を改修し，**日宋貿易**を進めた。日宋貿易の利益は，平氏政権の経済的基盤となるとともに，貨幣を鋳造しなくなった日本に大量の宋銭が流通し，貨幣経済が進展した。

人物ファイル 12 **平 清 盛**（1118～81年）

・平治の乱で源義朝に勝利した。
・武士として初めて**太政大臣**となり，政権を握る。
・大輪田泊を修築し，**日宋貿易**を行う。
・厳島神社の整備。

(2) 鎌倉幕府の成立と武家政治

① 鎌倉幕府の成立

1185年，壇の浦の戦いで源義経らとともに平氏一門を滅ぼした**源頼朝**は，国ごとに**守護**，荘園や公領ごとに**地頭**を置き，1192年に**征夷大将軍**に任ぜられた。将軍と主従関係を結んだ有力な武士を**御家人**といい，将軍から領地を与えられるかわりに，将軍に忠誠を誓い，戦時には一族を率いて出陣し，平時には京都や鎌倉の警備を務めた。このように，土地を仲立ちとして**御恩と奉公**の関係で結ばれた主従関係を**封建制度**という。

〈鎌倉幕府のしくみ〉

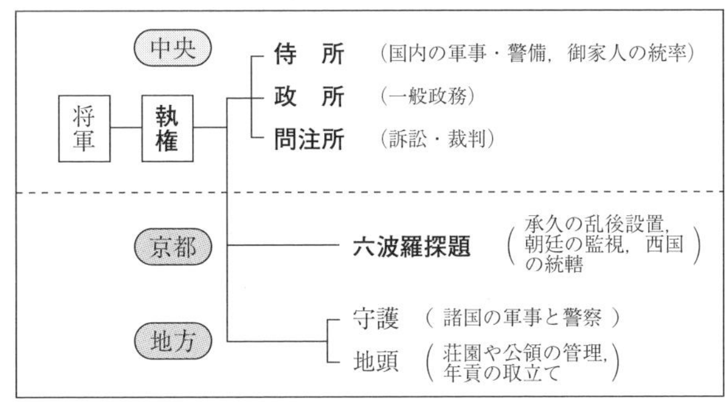

人物ファイル 13 **源頼朝**（1147～99年）
- 平氏を滅ぼした後，守護・地頭を置き，東国の支配を固める。
- 征夷大将軍に任じられ，**鎌倉幕府を開く**。

人物ファイル 14 **源義経**（1159～89年）
- 源頼朝の異母弟で，幼名「牛若丸」。
- 頼朝挙兵に参じ，壇の浦の戦いで平氏を滅ぼす。
- のちに頼朝と不仲になり，奥州に逃れたが敗れる。

② 執権政治

a）執権政治の開始…頼朝の死後，その妻**北条政子**とその父**北条時政**が政治の実権を握り，時政は初代執権となる。その子義時は侍所と政所の長官を兼ねる**執権**となり，その後，北条氏が他の御家人をおさえ，代々執権となる。

b）**承久の乱**（1221年）…**後鳥羽上皇**が倒幕を計って挙兵したが，北条氏率いる幕府軍に敗れ，隠岐（現在の島根県）に流罪となる。その後，幕府は京都に**六波羅探題**を設置し，朝廷の監視や西国の統轄などに当たった。

c）**御成敗式目（貞永式目）**（1232年）…**北条泰時**が制定した武家社会の最初の成文法典。

〈重要史料〉御成敗式目（貞永式目）

一　諸国守護人奉行の事

右、右大将家(うだいしょうけ)の御時(おんとき)定め置かるる所は、大番催促・謀叛・殺害人（付たり。夜討・強盗・山賊・海賊）等の事なり。而るに近年、代官を郡郷(ぐんごう)に分ち補し、公事を庄保(しょうほ)に充て課(おお)せ、国司に非ずして国務を妨げ、地頭に非ずして地利を貪る。所行の企て甚だ以て無道なり。

③　**元寇（モンゴル帝国の襲来）**

13世紀初めにチンギス＝ハンが建設したモンゴル帝国の国号を1271年に元とした**フビライ＝ハン**は，1274年（文永の役）と1281年（弘安の役）の2度にわたり北九州に来襲した（**元寇**）。**北条時宗**を執権とする幕府はこれを撃退した。

〈元軍と戦う日本軍（「蒙古襲来絵巻」）〉

人物ファイル 15　**北条時宗**（1251～84年）

・鎌倉幕府第8代執権。

・2度にわたる**元寇**に際し，幕府軍を指揮して，火薬を使った武器を用い，集団戦法をとる元軍を阻止。

④　**永仁の徳政令**

元寇への出陣のため，幕府の財政が苦しくなる一方，戦いに参加した御家人は十分な恩賞をもらえず，生活が窮乏化したことから，幕府に対する不満が増大した。そのため，幕府は1297年に永仁の徳政令を出して御家人を救済しようとしたが，効果は一時的なものにすぎなかった。

⑤ **鎌倉文化**

武士の気風を反映した素朴で力強い文化が発達した。

和　歌	『**新古今和歌集**』（後鳥羽上皇の命で藤原定家ら編纂），『山家集』（西行）
随　筆	『**徒然草**』（兼好法師（吉田兼好）），『**方丈記**』（鴨長明）
軍記物	『**平家物語**』（琵琶法師が語り伝える）
彫　刻	東大寺南大門の「**金剛力士像**」（**運慶**・**快慶**の作）
絵　画	「伝源頼朝像」（似絵），「蒙古襲来絵巻」（絵巻物）

⑥ **鎌倉新仏教**

系統	宗　派	開祖	内　　容	主要寺院
念仏	**浄土宗**	**法然**	**念仏**（「南無阿弥陀仏」）唱和による極楽浄土への往生（＝専修念仏）	知恩院（京都）
	浄土真宗	**親鸞**	一念発起，悪人正機（説）	本願寺（京都）
	時　宗	**一遍**	**踊念仏**・民間信仰と結びついた全国遊行	清浄光寺（神奈川）
題目	**日蓮宗**（法華宗）	日蓮	**題目**（「南無妙法蓮華経」）唱和による救済。激しい他宗排撃	久遠寺（山梨）
禅	**臨済宗**	**栄西**（ようさい）	公案による修行と悟り。幕府の保護を受ける	建仁寺（京都）
	曹洞宗	**道元**	坐禅による修行と悟り（**只管打坐**）	永平寺（福井）

(3) 武家政治の進展

① 鎌倉幕府の滅亡

後醍醐天皇のよびかけに応じ，**足利高氏**（のち**尊氏**），新田義貞らが1333年に倒幕を果たす。

② **建武の新政**

後醍醐天皇は，1334年に年号を建武と改め，公家重視の政策を行った。このため，武士の不満が高まり，足利尊氏が挙兵し京都に別の天皇をたてると，後醍醐天皇は吉野にのがれ，新政は3年足らずで終わった。

〈重要史料〉二条河原落書 『建武年間記』

此比都ニハヤル物。夜討、強盗、謀綸旨。召人、早馬、虚騒動。生頸、還俗、自由出家。俄大名、迷者、安堵、恩賞、虚軍。本領ハナルヽ訴訟人。文書入タル細葛。追従、讒人、禅律僧。下克上スル成出者。器用ノ堪否沙汰モナク。モルヽ人ナキ決断所……

③　南北朝の対立と合一

吉野に逃がれた後醍醐天皇の朝廷（南朝）と，足利尊氏がたてた光明天皇の朝廷（北朝）が対立し，全国の武士をそれぞれ味方につけて約60年間争う。1392年，**足利義満**の時代に**南北朝の合体**が実現した。

(4)　室町幕府

①　室町幕府の成立

足利尊氏は，1336年に建武式目を制定し，京都において武家政治を復活させる。1338年には北朝の光明天皇より征夷大将軍に任命され，幕府を開いた。第3代将軍**足利義満**が室町幕府全盛期を築く。義満は，1404年，貿易の利益に着目して朝貢形式による**日明（勘合）貿易**を始め，倭寇と正式な貿易船と区別するために勘合（勘合符）を用いた。

〈室町幕府のしくみ〉

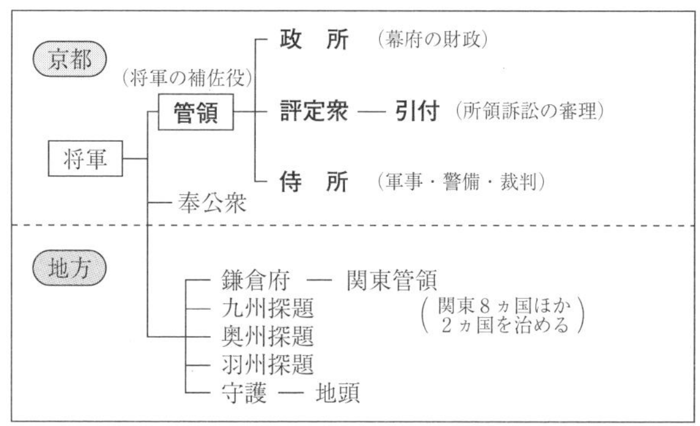

人物ファイル 16　**足利義満**（1358～1408年）

・足利尊氏の孫で，室町幕府第3代将軍。室町幕府の全盛期を築く。
・**南北朝の合体**を実現させ，幕府の権力を確立。
・明と国交を開き，**日明（勘合）貿易**を始める。
・京都の北山に**金閣**（鹿苑寺）を建立。

② **守護大名**

南北朝の内乱期に，守護は地頭や武士を従え公家や寺社の荘園を侵略し，自分の領国のように支配を強めた。これを守護大名といい，幕府の要職に就いた。

③ **応仁の乱**と**戦国大名**

将軍の跡継ぎ争いに守護大名の勢力争いがからみ，1467年に**応仁の乱**がおこる。京都を中心として11年間争いが続き，その戦乱が全国に波及した（戦国時代）。**下剋上**（身分の低い者が上位の者を実力で倒すこと）の風潮の中で，実力で一国の新しい支配者となった者を戦国大名という。

④ **室町文化**

公家文化と武家文化が融合するとともに，禅宗の影響を受け簡素で気品のある文化が栄えた。足利義満の頃に栄えた文化を**北山文化**，足利義政の頃に栄えた文化を**東山文化**という。住宅建築様式として**書院造**が成立し，近代の和風住宅の原型となった。茶の湯（茶道）や生け花（華道），能なども現在の暮らしの中で親しまれている。

文　学	『太平記』〔軍記物〕，絵入り物語の「御伽草子」，宗祇が連歌を大成
芸　能	**観阿弥・世阿弥**（『風姿花伝』を著す）父子が**能楽**を大成，村田珠光が侘び茶を創出
建　築	**金閣**（**足利義満**が建立），**銀閣**（**足利義政**が建立）
美　術	**雪舟**が**水墨画**を大成，狩野正信・元信父子が狩野派を確立

〈鹿苑寺金閣〉

〈慈照寺銀閣〉

人物ファイル 17 **足利義政**(1436～90年)

・足利義満の孫で，室町幕府第8代将軍。
・京都の東山に**銀閣**(慈照寺)を建立。
・**東山文化**の興隆を支える。

人物ファイル 18 **雪舟**(1420～1502?年)

・**水墨画**の画家。
・明に渡って学び，帰国後，日本独自の水墨山水画を完成。
・「四季山水図」「天橋立図」などが代表作。

3 近世

(1) 天下統一への動き

① ヨーロッパ人の来航

a)**鉄砲の伝来**(1543年)…**ポルトガル人**が**種子島**に漂着して伝える。各地の戦国大名の間に広がり，堺などで生産された。

b)**キリスト教の伝来**(1549年)…イエズス会の宣教師**フランシスコ=ザビエル**が鹿児島に来航して伝える。大名の保護を受け，西日本を中心に布教活動を進めた。

c)**南蛮貿易**…ポルトガルやスペインとの間で，平戸・長崎を中心に行う。生糸や鉄砲，火薬などを輸入し，主に銀を輸出。

人物ファイル 19 **フランシスコ=ザビエル**(1506～52年)

・スペイン人の**イエズス会**宣教師。
・**鹿児島に来航**し，日本に**キリスト教**を伝える。

② **織田信長の統一事業**

a)統一の経過

・**桶狭間の戦い**(1560年)…駿河(現在の静岡県)の今川義元を破る。
・比叡山延暦寺の焼き討ち(1571年)，石山本願寺攻め(1570～80年)
・室町幕府の滅亡(1573年)…第15代将軍**足利義昭**を追放。
・**長篠合戦**(1575年)…足軽鉄砲隊を使い，家康軍とともに甲斐(現在の山梨県)の武田勝頼軍を破る。鉄砲を大量かつ効果的に活用した戦いとして知られる。

・安土城を築く（1576年）…天下統一の拠点として近江（現在の滋賀県）に築城。

・本能寺の変（1582年）…統一事業の半ばで，家臣の明智光秀に倒される。

〈長篠合戦図屏風〉

b）政策

・**キリスト教の保護**…貿易による利益，寺院勢力を抑えるのが目的。

・**関所の廃止，楽市・楽座**…商工業を保護し，城下への集住を図る。

人物ファイル 20 **織田信長**（1534～82年）

・尾張（愛知県）出身。

・各地の戦国大名を破り，室町幕府を滅ぼす。

・**安土城**を築き，天下統一の本拠地とする。

③ 豊臣秀吉の天下統一

a）統一の完成…本能寺の変の後，いちはやく明智光秀を討って後継者の地位を固める。1590年に小田原の北条氏を滅ぼし，全国を統一。**関白**の位に就く。大坂城を築き，本拠地とする。

b）国内政策

・**太閤検地**（1582年～）…土地台帳を作成して土地・農民を支配し，年貢を徴収。荘園が完全に崩壊し，封建的な土地所有制度が確立。ものさしや枡の統一。

・**刀狩**（1588年）…一揆を防ぐため，農民や寺院からすべての武器を取り上げる。**兵農分離**が進み，封建的身分制度が整えられた。

・直轄領（蔵入地）…佐渡や生野などの主要鉱山，京都や大坂，堺などの重要都市を直轄する。

〈重要史料〉刀狩令　『小早川家文書』

一　諸国百姓、刀、脇指(わきざし)、弓、やり、てつはう、其外(そのほか)武具のたぐひ所持(しょじ)候事、堅(かた)く御停止(ごちょうじ)候。其子細(しさい)は、入(い)らざる道具をあひたくはへ、年貢・所当(しょとう)を難渋(なんじゅう)せしめ、自然(しぜん)、一揆を企(くわだ)て、給人(きゅうにん)にたいし非儀(ひぎ)の動(はたらき)をなすやから、勿論(もちろん)御成敗あるべし。然(しか)れば其所の田畠不作せしめ、知行ついえになり候の間、其国主、給人、代官として、右武具、悉(ことごとく)取りあつめ、進上致すべき事。

c）対外政策

・キリスト教の禁止…初めは保護したが，長崎がイエズス会の教会に寄進されていることを知って，宣教師を国外へ追放（バテレン追放令，1587年）。

・**朝鮮侵略**…明の征服を目指し，1592年（文禄の役［朝鮮名:壬辰倭乱］）と1597年（慶長の役［朝鮮名:丁酉倭乱］）の2度にわたり出兵したが失敗。

・**朱印船貿易**…渡航許可証（朱印状）を与えられた船（朱印船）による，東南アジア各地との貿易。東南アジア各地に日本町が栄えた。秀吉が奨励し，家康も受け継ぐが鎖国により消滅。

人物ファイル 21　**豊臣秀吉**（1537～98年）

・尾張（愛知県）出身。
・全国統一を実現。
・**太閤検地・刀狩・人掃令**を行い，**兵農分離**を図る。
・2度にわたり**朝鮮へ侵略**するが，いずれも失敗。

④　**桃山文化**

新興の大名や大商人の気風を反映した，豪華・雄大で活気にあふれた文化で，南蛮文化の影響を受ける。

〈唐獅子図屛風〉

建　築	**天守閣や書院造の御殿**などをもつ城郭(安土城，大坂城，姫路城)
障壁画	**「唐獅子図屏風」(狩野永徳)**
茶　道	**千利休**が大成。茶器・茶室建築が発達
芸　能	出雲の阿国が歌舞伎踊りを始める 三味線を伴奏とする浄瑠璃が発達
工　芸	朝鮮の陶工によって有田焼，萩焼，薩摩焼などが誕生

(2) 江戸幕府の成立

① 江戸幕府の成立

徳川家康は，1600年，**関ヶ原の戦い**で石田三成らを破り，全国支配の実権を握る。1603年には征夷大将軍となり，江戸幕府を開いた。将軍と大名(幕府と藩)が全国の土地と人民を支配する**幕藩体制**をしく。

〈江戸幕府のしくみ〉

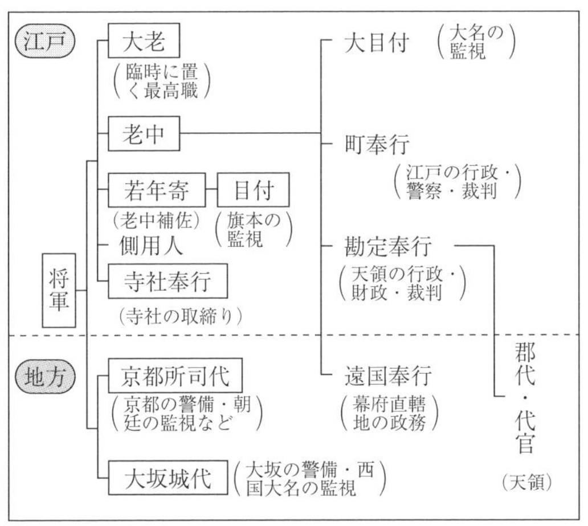

人物ファイル 22 **徳川家康**(1542～1616年)

・**関ヶ原の戦い**に勝利。
・征夷大将軍となって**江戸幕府を開く**。
・日光東照宮に祀られる。

② 統制のしくみ

a）大名の配置…幕府の天領（幕領，直轄地）や関東・東海などの重要地には，徳川氏の一族である**親藩**や，関ヶ原の戦い以前からの家来である**譜代大名**を，東北・九州などの辺地には，関ヶ原の戦い前後に徳川氏に従った**外様大名**を配置。

b）**武家諸法度**（1615年）…大名を取り締まるため，築城や結婚などを制限。違反した大名は領地没収，国替えなど厳しく罰せられた。将軍の代替りごとに発布。

c）禁中並公家諸法度（1615年）…天皇や公家の行動を制限。

d）**参勤交代**（1635年）…第3代将軍家光のときに新たな武家諸法度（寛永令）を発布し，義務化。大名は江戸と国元とを1年交代で往復させられる。

e）農民への規制…土地の売買を禁止した田畑永代売買の禁止令や，分割相続による田畑の細分化を防ぐため，分地制限令などを発令。

f）江戸時代の身分…武士，百姓，町人。

〈重要史料〉武家諸法度（元和令）　『徳川禁令考』

一　文武弓馬ノ道、専(もっぱ)ラ相嗜(あいたしな)ムベキ事。……

一　諸国ノ居城修補(しゅうほ)ヲ為(な)スト雖(いえど)モ、必ズ言上(ごんじょう)スベシ。……

一　私(わたくし)ニ婚姻ヲ締(むす)ブベカラザル事。……

〈重要史料〉田畑永代売買の禁止令　『御触書寛保集成』

身上(しんしょう)能(よ)き百姓は田地を買取り、弥(いよいよ)宜(よろし)く成り、身体(しんたい)成らざる者は田畠を沽(こ)却(きゃく)せしめ、猶々身上成るべからざるの間、向後田畠売買停止たるべき事。

徳川家光（1604～51年）

・江戸幕府第3代将軍。
・武家諸法度（寛永令）を改定し，**参勤交代**を義務化。
・**鎖国を完成**させるなど，幕藩体制を確立。

③ **鎖国**

キリスト教禁止の徹底と貿易の独占を図るため，幕府のみが長崎において，オランダ・清と貿易（長崎貿易）。

a）中国船を除く外国船の寄港地を**平戸**と**長崎**に制限（1616年）

b）**スペイン船**の来航禁止（1624年）

c）日本人の海外渡航および帰国を全面禁止（1635年）

d）**島原・天草一揆**（1637～38年）…九州の島原・天草地方でおこったキリスト教徒を中心とする農民の大規模な一揆。幕府の大軍により鎮圧。

e）**ポルトガル船**の来航禁止（1639年）

f）平戸の**オランダ商館**を長崎の**出島**に移す（1641年）…**鎖国が完成**。

※鎖国中，対馬藩（宗氏）は朝鮮と，薩摩藩（島津氏）は琉球王国と，松前藩（松前氏）はアイヌの人々と交易。

④　**徳川綱吉の政治**

第5代将軍**徳川綱吉**は，江戸幕府の将軍としては最も安定した強い権力をもち，独裁的な政治を展開した。

a）儒学（朱子学）の奨励…儒学者**林羅山**が建てた聖堂を江戸の湯島に移す。

b）幕府の財政難…金の含有量を減らした質の悪い貨幣を発行して財政を改善しようとしたが，物価の上昇を招く。

c）**生類憐みの令**…生類すべての殺生を禁じ，民衆の反感を買う。

⑤　**新井白石の政治（正徳の政治）**

朱子学者であった**新井白石**が，第6代将軍徳川家宣・第7代将軍徳川家継に用いられ，朱子学に基づく文治政治により財政の立て直しを図る。物価の安定のため**正徳小判**など良貨を発行し，長崎貿易を制限して（海舶互市新例），金銀の国外流出を抑えようとした。

⑥　**元禄文化**

大坂・京都の上方を中心に，人間的で華麗な町人文化が発達した。

文学	**浮世草子**	**井原西鶴**	『日本永代蔵』 『世間胸算用』
	蕉風（正風）俳諧	**松尾芭蕉**	『奥の細道』
	浄瑠璃の台本	**近松門左衛門**	『国性（姓）爺合戦』 『曽根崎心中』
絵画	**装飾画**	**尾形光琳**	「紅白梅図屏風」
	浮世絵	**菱川師宣**	「見返り美人図」
演劇	歌舞伎，人形浄瑠璃など		

〈見返り美人図〉

人物ファイル 24 **近松門左衛門**（1653～1724年）

・**浄瑠璃・歌舞伎の脚本**の作者。
・時代物・世話物に優れ，義理人情の葛藤を描写。
・**『国性（姓）爺合戦』『曽根崎心中』**が代表作。

⑶ 幕府政治のゆきづまり

① **享保の改革**（第8代将軍**徳川吉宗**　在職1716～45年）

公事方御定書	法令や判例を集めて編纂し，裁判や刑罰の基準を示す
目安箱	民衆の意見や不満を聞くため，評定所に設置
上げ米	財政窮迫のため，参勤交代の在府期間を半年に緩和するかわりに，石高1万石あたり100石の米を上納させる
足高の制	在職期間に限り不足の石高（役料）を支給し，人材を確保

⇒財政は一時立ち直ったが，農民にとって年貢が重くなり，享保の飢饉も発生したことから百姓一揆が増加。

② **田沼意次**の政治（在職1772～86年）

商人の力を利用して幕府の財政再建を図る。**株仲間を公認**して冥加などの営業税の増収，長崎貿易での俵物輸出，蝦夷地の調査，印旛沼などの**新田開発**などを行ったが，賄賂や縁故による人事が横行するなど批判が強まる。

③ **寛政の改革**（老中**松平定信**　在職1787～93年）

囲米	飢饉に備えて各地に社倉・義倉を設けさせ，米穀を貯蓄
棄捐令	旗本・御家人の商人からの借金を帳消しにする
寛政異学の禁	湯島聖堂の学問所（後の**昌平坂学問所**）での朱子学以外の講義や研究を禁止

⇒その他，旧里帰農令の発布，七分積金の実施などを行ったが，このような倹約の徹底や統制の強化は民衆の反発を招いた。

⇒大坂町奉行所の元与力大塩平八郎らの反乱（**大塩の乱**，1837年）。

④ **天保の改革**（老中**水野忠邦**　在職1841～43年）

株仲間の解散	物価高騰抑制のため，商売の自由競争を図る
人返しの法	江戸への流入者を強制的に帰村させ，農村の再建を図る

上知令	江戸・大坂周辺の直轄地化

⇒上知令への大名・旗本の反発により失脚。

⑤ **国学と蘭学**

国学	日本の古典を研究し，日本人固有の精神を明らかにしようとする学問。**本居宣長**が『古事記伝』を著して大成
蘭学	オランダ語を通じて西洋の学術・文化を研究する学問。前野良沢・**杉田玄白**らが『**解体新書**』を著す。**伊能忠敬**が『大日本沿海輿地全図』を作成

人物ファイル 25 **本居宣長**（1730～1801年）

・伊勢国（三重県）松坂の国学者で医者。
・『**古事記伝**』を著し，**国学**を大成。

人物ファイル 26 **杉田玄白**（1733～1817年）

・蘭学者で，若狭小浜藩（福井県）の藩医。
・前野良沢らとともに**オランダ語**の解剖書『ターヘル＝アナトミア』を翻訳し，『**解体新書**』を出版。
・翻訳したときの回想録が『**蘭学事始**』。

人物ファイル 27 **伊能忠敬**（1745～1818年）

・下総国（千葉県）佐原の酒造家。
・50歳で江戸に出て西洋の天文学や測量技術などを学ぶ。
・幕命で全国の沿岸を測量し，『**大日本沿海輿地全図**』を作成。

⑥ 江戸時代の教育

江戸時代には，教育への関心が高まり，寺子屋や藩校が各地につくられた。

寺子屋	町人や農民の子弟が，読み・書き・そろばんなどの実用的な知識を学んだ教育施設
藩校	藩士の子弟を教育するための学校。諸藩が優秀な人材を育成するために設立した

⑦ 化政文化

江戸町人を中心とする庶民性の強い，円熟した町人文化が発達。

文学	滑稽本	**十返舎一九**	『東海道中膝栗毛』
	読　本	**曲亭（滝沢）馬琴**	『南総里見八犬伝』
	俳　諧	**与謝蕪村，小林一茶**	
	川　柳	柄井川柳	
美術	**多色刷りの浮世絵（錦絵）**が発達		
	美人画	**喜多川歌麿**	「ポッピンを吹く女」
	風景画	**葛飾北斎**	「富嶽三十六景」
		歌川（安藤）広重	「東海道五十三次」
	役者絵	**東洲斎写楽**	「三代目大谷鬼次の奴江戸兵衛」

〈ポッピンを吹く女〉

〈富嶽三十六景「凱風快晴」〉

〈三代目大谷鬼次の奴江戸兵衛〉

〈東海道五十三次「庄野」〉

人物ファイル 28 **歌川広重**(1797～1858年)

・江戸出身の**浮世絵**師。かつては安藤広重とも呼ばれた。
・西洋画の遠近法を取り入れ，情緒豊かな風景版画を大成。
・「**東海道五十三次**」が代表作。

⑧ 外国船の接近

a）ロシア使節**ラクスマン**来航（1792年）…根室に来航し，日本人漂流民を送り届けるとともに，通商を要求。幕府は拒絶し，北方防備を強化。

b）フェートン号事件（1808年）…イギリスの軍艦フェートン号がオランダ船捕獲を目的に長崎に侵入し，薪水・食料を強奪して退去。

c）**異国船打払令**（1825年）…徳川家斉が，日本に接近する外国船の撃退を命じる。

d）蛮社の獄（1839年）…幕府の鎖国政策に対し，批判をした蘭学者の高野長英（『戊戌夢物語』）や渡辺崋山らが処罰された事件。

4 近代・現代

(1) 開国と江戸幕府の滅亡

① 日本の開国

a）アメリカ使節**ペリー**来航（1853年）…浦賀に来航し，開国を要求。

〈ペリー上陸図〉

b）**日米和親条約**（1854年）…**下田・箱館**を開港（事実上の開国）。

c）**日米修好通商条約**（1858年）…アメリカの総領事**ハリス**と大老**井伊直弼**が締結し，**箱館・神奈川・長崎・新潟・兵庫**の5港を開き貿易を開始。不平等条約であったため，その回復が明治時代の条約改正の重要課題となった。

日米修好通商条約が不平等条約といわれる理由

・**領事裁判権を認めたこと**
・**日本に関税自主権がないこと**

※領事裁判権…在留外国人が日本国内で罪を犯しても，日本の法律で裁くことができないこと。
※関税自主権…輸出入品の関税率を自国で自主的に決定できる国家的権利。

人物ファイル 29 **ペリー**（1794～1858年）

・アメリカの東インド艦隊司令長官。
・4隻の軍艦を率いて**浦賀沖に来航**し，開国を要求。
・**日米和親条約の締結**に成功。

② 開国の混乱

a）**安政の大獄**（1858～59年）…条約調印など井伊直弼の専制に反対する吉田松陰らを処罰した事件。

b）**桜田門外の変**（1860年）…井伊直弼が暗殺された事件。こののち，幕府の権威が急速に衰えていった。

c）尊王攘夷運動…天皇を敬う思想（尊王論）と，外国勢力を排斥する思想（攘夷論）が結びついた反幕府運動。

③ 攘夷から倒幕へ

幕府は朝廷の要請で攘夷の命令を下した。しかし，**薩英戦争**や**下関砲撃事件**などで外国の攻撃を受け，攘夷が不可能なことを知った薩摩・長州藩を中心に倒幕運動へと変化していった。

a）薩英戦争（1863年）…前年の**生麦事件**（薩摩藩士がイギリス人を殺傷した事件）の報復として，イギリス艦隊が鹿児島を砲撃し薩摩藩と交戦。薩摩藩は外国軍の武力の強大さを知る。

b）下関砲撃事件（1864年）…1863年，長州藩が下関海峡を通るアメリカ・フランス・オランダ船を砲撃したが，翌年イギリスを加えた四国連合艦隊が下関を攻撃し砲台を占拠。長州藩は攘夷が不可能なことを知る。

c）薩長連合（同盟，1866年）…土佐藩の坂本龍馬らの仲介により，薩摩藩の**西郷隆盛**，**大久保利通**と，長州藩の**木戸孝允**らが結んだ軍事同盟。倒幕勢力が結集し倒幕の動きが大きく進展した。

人物ファイル 30　西郷隆盛（1827～77年）
・薩摩藩出身で，討幕運動の中心人物。**維新の三傑**の1人。
・明治新政府では参議として廃藩置県に尽力したが，征韓論により下野。
・**西南戦争**をおこしたが，敗れる。

人物ファイル 31　大久保利通（1830～78年）

・薩摩藩出身で，**維新の三傑**の1人。
・廃藩置県を策し，岩倉使節団に参加。
・征韓論に反対し，殖産興業を進める。

人物ファイル 32　木戸孝允（桂小五郎）（1833～77年）

・長州藩出身で，**維新の三傑**の1人。
・吉田松陰の松下村塾で学ぶ。
・明治新政府の参議として，版籍奉還，廃藩置県などに尽力。

④　幕府の滅亡

a）**大政奉還**（1867年）…第15代将軍**徳川慶喜**が政権を朝廷に返上し，江戸幕府滅ぶ。

b）**王政復古の大号令**（1867年）…摂関・幕府を廃絶し，天皇が直接政治を行うことを宣言。

c）**戊辰戦争**…1868年，旧幕府軍は鳥羽・伏見の戦いをおこしたが敗北。新政府軍の江戸攻撃に際し，**勝海舟**，**西郷隆盛**の会見などにより江戸城を無血開城させる。1869年，箱館の五稜郭で旧幕府軍が降伏したことにより，戦争は終結し，新政府軍が全国を統一。

人物ファイル 33　勝海舟（義邦・安房）（1823～99年）

・江戸時代末期の幕臣。
・咸臨丸の艦長として太平洋を横断。
・戊辰戦争の際，西郷隆盛と会見し，**江戸城の無血開城**に成功。

(2) 明治維新

① 明治政府の成立

王政復古の大号令により発足した明治新政府の方針を，**明治天皇**が神に誓う形で，1868年，**五箇条の御誓文**を発布。その翌日，庶民が守るべき心得として，五榜の掲示が示される。

〈重要史料〉五箇条の御誓文

一　広ク**会議**ヲ興(おこ)シ**万機公論**ニ決スベシ

一　上下(しょうか)心ヲ一ニシテ盛ニ経綸(けいりん)ヲ行フベシ

一　官武一途(いっと)庶民ニ至ル迄各其志ヲ遂ゲ人心ヲシテ倦(うま)ザラシメン事ヲ要ス

一　旧来ノ陋習(ろうしゅう)ヲ破リ天地ノ公道ニ基クベシ

一　**智識**ヲ世界ニ求メ大ニ皇基(こうき)ヲ振起(しんき)スベシ

人物ファイル 34　明治天皇（1852～1912年）

・王政復古を実現し，**五箇条の御誓文**を発布。

・大日本帝国憲法や教育勅語を発布して，天皇制の基盤を確立。

・日清・日露戦争の勝利など，在位45年間に近代日本の発展をみた。

② 中央集権のしくみ

a）**版籍奉還**（1869年）…藩主が所有する土地（版図）と人民（戸籍）を天皇に返上。

b）**廃藩置県**（1871年）…藩を廃止して，地方を府・県に区分し，中央から府知事・県令（後の県知事）を派遣。全国を政府の直接支配の下に置く**中央集権体制**が実現した。

c）身分制度の廃止…江戸時代の身分制度を改め，華族・士族・平民の3族籍に再編。平民に苗字，職業選択・居住・結婚の自由などを認める。

③ 富国強兵と殖産興業

a）殖産興業…**富岡製糸場**（1872年）などの官営模範工場や官営鉱山を設立し，工業化を図る。貨幣制度・金融制度・郵便制度を整備。

b）**学制**（1872年）…フランスの制度にならい，国民皆学，教育の機会均等，実学の実践を基本とした。

c）**地租改正**（1873年）…土地所有者に**地価の3％の税**（地租）を金納させる。農民の負担は重く，各地で反対の一揆が続発。

d）**徴兵令**（1873年）…20歳以上の男子に兵役の義務。役人や戸主などは免除。

④　明治初期の外交

a）岩倉具視使節団の派遣（1871年）…条約改正の条件づくりとしての欧米諸国の制度・文物調査が目的。

b）領土の確定…ロシアとの間で**樺太・千島交換条約**（1875年）を締結し，千島列島を日本領とする。琉球藩を沖縄県とし，小笠原諸島も領有宣言。

c）日朝修好条規（1876年）…征韓論（鎖国中の朝鮮を開国させようとする主張）に基づき，江華島事件（1875年）をきっかけとして，軍事力を背景に，朝鮮にとって不平等な条規を結んで開国させた。

⑤　**文明開化**

明治維新後，西洋風の文化が積極的に取り入れられ，都市を中心に衣食住，国民生活が大きく変化。西洋の近代的思想・学問も生まれる。

中江兆民	ルソーの『社会契約論』を翻訳して『**民約訳解**』を著す
福沢諭吉	『**学問のすゝめ**』（冒頭のことば：「天は人の上に人を造らず，人の下に人を造らずと云へり」）を著し，人間の平等と尊さ，学問の大切さを説く

人物ファイル 35　**福沢諭吉**（1834～1901年）

・豊前中津藩（大分県）出身の**啓蒙思想**家。
・西洋の近代思想を紹介し，慶応義塾を創設。
・『**学問のすゝめ**』『西洋事情』が代表作。

(3)　**近代日本の歩み**

①　自由民権運動の展開

a）**自由民権運動**…1874年，**板垣退助**らが**民撰議院設立の建白書**を政府に提出し，藩閥政治を改め，憲法の制定と国会開設を要求。

b）新政府への不満…藩閥政治への不満から，西日本各地で士族の反乱がおこる。

c）**西南戦争**（1877年）…西郷隆盛を中心として鹿児島の士族がおこした，最大で最後の士族の反乱。

d）政府の弾圧…新聞紙条例，集会条例などで運動を弾圧。

人物ファイル 36 **板垣退助**（1837～1919年）

・土佐藩（高知県）出身の政治家。
・征韓論に敗れて，西郷隆盛らとともに下野。
・**民撰議院設立の建白書**を提出し自由民権運動の指導者となる。
・**立志社**，愛国社をたて，**自由党**を結成して党首となる。

② 政党の結成

a）**国会開設の勅諭**（1881年）…政府が10年後の国会開設を約束。

b）政党の結成…自由民権派が国会開設に備えて結成。

政　党	党　首	特　　色
自由党	**板垣退助**	フランス流の民権思想（急進的）
立憲改進党	**大隈重信**	イギリス流の立憲思想（穏健）

人物ファイル 37 **大隈重信**（1838～1922年）

・佐賀藩出身の政治家。
・開拓使官有物払い下げを批判し，国会開設など急進的な意見を述べて政府を追放された（明治十四年の政変）。
・**立憲改進党**を結成して党首となる。
・東京専門学校（後の早稲田大学）を設立。

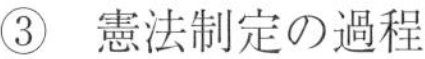

③ 憲法制定の過程

a）憲法の起草…**伊藤博文**が渡欧してプロイセン（ドイツ）憲法などを研究し，帰国後，憲法草案を作成。天皇の相談機関として設けられた枢密院で審議し決定。

b）**内閣**の発足（1885年）…最高行政機関として創設。**初代内閣総理大臣**は伊藤博文。

c）**大日本帝国憲法**の発布（1889年）…アジア最初の立憲君主国となる。**天皇主権**，帝国議会は天皇の協賛機関，内閣は天皇の輔弼機関。

人物ファイル 38　**伊藤博文**(1841～1909年)

・長州藩(山口県)出身の政治家。

・**初代内閣総理大臣。**

・プロイセン(ドイツ)憲法を参考に大日本帝国憲法草案を作成。

・日露戦争後，初代**韓国統監**を務める。

④　**帝国議会**の開設

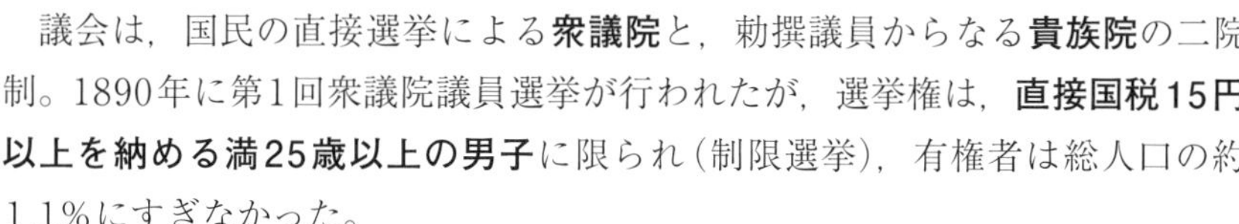

議会は，国民の直接選挙による**衆議院**と，勅撰議員からなる**貴族院**の二院制。1890年に第1回衆議院議員選挙が行われたが，選挙権は，**直接国税15円以上を納める満25歳以上の男子**に限られ(制限選挙)，有権者は総人口の約1.1%にすぎなかった。

⑤　条約改正

a)欧化政策…条約改正のため，外相井上馨を中心に欧米の風俗・習慣を取り入れる。外国貴賓の接待と上流社会の社交の場として東京日比谷に**鹿鳴館**を建設。民権・国権論側から厳しい批判を受ける。

b)**ノルマントン号事件**…1886年，難破したイギリス船の日本人乗客が全員水死した事件。

〈ノルマントン号事件〉
イギリス人船員は全員救出。船長は最初無罪，のちに禁固3ヵ月となっただけで賠償もなかったため，**領事裁判権**(外国人が日本国内で罪をおかしても，日本の法律で裁くことができないこと)**撤廃**の声が高まった。

c)**領事裁判権の撤廃**(1894年)…**陸奥宗光**外相が**日英通商航海条約**を締結し，成功。

d)**関税自主権の回復**(1911年)…**小村寿太郎**外相が**日米通商航海条約**を締結し，成功。

人物ファイル 39　**陸奥宗光**(1844～97年)

・和歌山県出身の政治家で，外交官・外務大臣として活躍。

・日清戦争直前に**領事裁判権の撤廃に成功。**

・**下関講和会議**に日本全権として出席。

人物ファイル 40 **小村寿太郎**（1855～1911年）

・宮崎県出身の政治家で，外交官・外務大臣として活躍。
・**関税自主権の回復に成功**。
・**ポーツマス講和会議**に日本全権として出席。

(4) **日清・日露戦争**

① **日清戦争**（1894～95年）

朝鮮の支配権をめぐって日本と清との利害の対立があり，1894年に朝鮮でおこった**甲午農民戦争**（**東学の乱**）に出兵した日清両国が，乱がしずまった後も対立し戦争となった。1895年，清は敗北を認め，**下関条約**を締結。日本全権は**伊藤博文・陸奥宗光**，清国全権は李鴻章。

下関条約の内容	・清は朝鮮を独立国と認める ・清は遼東半島・台湾などを日本に譲る ・清は賠償金2億両を日本に支払う

〈日清戦争前の情勢〉
朝鮮（魚）をねらう日本（左）・清（右）と，見守るロシア（上）。

② 三国干渉と中国の分割

a）**三国干渉**…**ロシア**が**フランス・ドイツ**とともに，遼東半島を清に返還するよう要求。3国の軍事力をおそれた日本は，賠償金の増額を条件に要求を受け入れる。

b）中国の分割…日清戦争後，ヨーロッパの列国は，清から租借地を得て，勢力範囲を拡大。1900年に外国人排斥を目指す**義和団事件**がおこると，列国は清に出兵して鎮圧。

③ 日清戦争後の国内政治

a）**政党内閣**…1898年，**大隈重信**と**板垣退助**が**憲政党**を結成。地租増徴案の否決で伊藤内閣が総辞職すると，大隈を首相とする日本初の政党内閣（隈板内閣）が組織された。内紛から憲政党は分裂し，4ヵ月で崩壊。

b）**立憲政友会**…1900年，伊藤博文は憲政党（旧自由党系）を母体として立憲政友会をつくり，内閣を組織。

④　**日露戦争**（1904～05年）

義和団事件後もロシアが満州に軍隊をとどめていたことから，ロシアの南下政策に備えて，日本は1902年に**日英同盟**（**協約**）を締結。これにより，さらにロシアとの対立が深まったことから，1904年に開戦。1905年には，アメリカの**セオドア＝ローズヴェルト大統領**の仲介で**ポーツマス条約**を締結した。日本全権小村寿太郎，ロシア全権ウィッテ。賠償金が得られない条約の内容を不満として**日比谷焼き打ち事件**がおこる。

ポーツマス条約の内容	・ロシアは韓国における日本の優越権を認める ・ロシアは樺太の南半分を日本領とする ・ロシアは南満州鉄道の権益や遼東半島の租借権を日本に譲る

〈日英同盟〉
絵は「イギリスは，ロシアが火で炒っている栗を日本に取りに行かせている」ところを表現したもの。

人物ファイル　41　**東郷平八郎**（1847～1934年）

・薩摩藩出身の海軍軍人（元帥）。
・日露戦争の連合艦隊司令長官。
・日本海海戦でロシアのバルチック艦隊を破り，世界の三大提督といわれる。

⑤　韓国と中国

a）**韓国併合**（1910年）…日本は韓国（朝鮮，1897年に改名）を併合し，**朝鮮総督府**を置いて植民地支配した。

b）**辛亥革命**（1911年）…中国で清朝打倒と近代国家の樹立を目指し，三民主権を唱える**孫文**が中心となって革命をおこす。1912年に清が滅び，**中華民国**が成立。

⑥　自然科学の発達

北里柴三郎	ペスト菌の発見，破傷風の血清療法の発見
志賀潔	赤痢菌の発見
野口英世	アフリカで黄熱病の研究

人物ファイル 42　**野口英世**（1876～1928年）

・伝染病研究所の北里柴三郎のもとで細菌学を研究。
・アメリカに渡り，**梅毒スピロヘータ**の純粋培養に成功。
・アフリカで**黄熱病**研究中，同病に感染して病死。

(5)　第一次世界大戦と日本

①　帝国主義諸国の対立

a）**三国同盟**…1882年，**ドイツ・オーストリア・イタリア**が，フランスに対抗して結成。

b）**三国協商**…イギリス・フランス・ロシアが，それぞれ露仏同盟（1891年），英仏協商（1904年），英露協商（1907年）を結び成立。三国同盟に対抗。

②　**第一次世界大戦**（1914～18年）

a）背景…「ヨーロッパの火薬庫」ともいわれるバルカン半島をめぐり，列強が対立。

b）経過

1914年　オーストリア皇太子夫妻がセルビアの青年将校に暗殺（**サラエボ事件**）されたことから，**オーストリア**がセルビアに宣戦し，第一次世界大戦に発展。ドイツ・オーストリアなどが同盟国で，イギリス・フランス・ロシア，セルビア・イタリアなどが連合国。日本は日英同盟を理由に**連合国側で参戦**

1917年　アメリカが連合国側で参戦

1918年　ドイツで革命がおこり帝政が崩壊，連合国と休戦協定を結ぶ

③　**二十一カ条の要求**（1915年）

日本は中華民国の**袁世凱**政府に対して，山東省でのドイツの権益を日本が引き継ぐ，南満州や東部内モンゴルにおける鉱山の採掘権を日本に与えるなどの要求をし，軍事力を背景に大部分を認めさせる。中国各地で排日運動高まる。

④　国際協調の時代

a）**ヴェルサイユ条約**（1919年）…**パリ講和会議**で結ばれた第一次世界大戦の講和条約。連合国と敗戦国ドイツとの間で締結。アメリカ大統領ウィルソンが提出した14カ条からなる平和原則に基づく。

ヴェルサイユ条約の内容	ドイツ	すべての植民地と本国の領土の一部を失う 軍備を制限され，巨額の賠償金を課せられる
	東欧諸国	**民族自決の原則**に基づき独立
	日本	中国山東省でのドイツの権益を受け継ぐ 旧ドイツ領南洋諸島を委任統治領として支配

b）**国際連盟**の成立（1920年）…アメリカ大統領ウィルソンが提案し，世界平和と秩序を維持するための世界最初の国際機構として発足。アメリカは議会の反対で不参加，ドイツ・ソ連は当初除外，**日本は常任理事国**。『武士道』の著者である**新渡戸稲造**は，6年間事務局次長として活躍。

⑤　大正デモクラシー

a）**大正デモクラシー**…自由主義・民主主義の傾向が強まり，改革への動きが活発化した大正時代の風潮。吉野作造の民本主義，美濃部達吉の天皇機関説が影響を及ぼす。

b）政党内閣…1918年，立憲政友会総裁の**原敬**が，日本最初の本格的**政党内閣**を組織。

c）**普通選挙制**の成立…1925年，加藤高明内閣の下で，**25歳以上のすべての男子**に選挙権が与えられる。同時に**治安維持法**を制定し，社会主義運動の取り締まりを強化。

(6)　第二次世界大戦と日本

①　世界恐慌

1929年，アメリカの**ニューヨーク**で株価が大暴落し，経済恐慌は全世界の資本主義国に広まる。アメリカでは，フランクリン＝ローズヴェルト大統領が**ニューディール**（新規まき直し）という政府が積極的に経済に介入する政策を実施し，イギリス・フランスは**ブロック経済**で乗り切る。

② ファシズムの台頭

・イタリア…1922年，**ファシスト党のムッソリーニ**が政権を握り，軍国主義的な独裁政治を行う。

・ドイツ…1933年，**ヒトラー**が**ナチ党**を率いて政権を握り，ワイマール憲法を無視した独裁政治を行う。

③ 日本の中国侵略

a）**満州事変**（1931年）…日本軍が奉天郊外で鉄道を爆破（**柳条湖事件**）して開始。満州全域を占領して，満州国を建国。1933年，国際連盟が満州からの撤退勧告を決議したが，日本は**国際連盟を脱退**。

b）軍部の台頭…政党政治が終わり，軍部が政治を支配。

五・一五事件	1932年	海軍将校が**犬養毅首相**を暗殺
二・二六事件	1936年	陸軍将校が大臣や重臣を殺害

c）**日中戦争**（1937年）…**盧溝橋事件**から全面戦争に突入し，短期間で南京を占領。1938年の**国家総動員法**により，戦時体制強化。

④ **第二次世界大戦**（1939～45年）

a）経過

1939年　独ソ不可侵条約を結び，ドイツが**ポーランド**に侵攻。ポーランドを支援するイギリス・フランスがドイツに宣戦布告

1940年　イタリアがドイツ側に立って参戦。北・西欧へ戦線拡大。フランス降伏

1941年　ドイツがソ連に侵攻。アメリカを中心に連合国が反撃
日本のアメリカ・イギリスへの宣戦布告により世界大戦に発展

b）**太平洋戦争**（1941～45年）への過程

1937年　日独伊三国防共協定締結

1940年　**日独伊三国同盟**締結（アメリカを仮想敵国）

1941年4月　日ソ中立条約調印

10月　東条英機内閣成立

12月　ハワイの**真珠湾**にあるアメリカ軍基地を奇襲（太平洋戦争の開始）し，アメリカ・イギリスに宣戦布告。東南アジアへ戦線拡大

1942年6月　ミッドウェー海戦で日本軍が敗れ，以降，戦況は日本不利に

c）戦争の終結

1943年　イタリア降伏

1945年2月　**ヤルタ会談**（アメリカのローズヴェルト，イギリスのチャーチル，ソ連のスターリンが戦後のドイツの管理，ソ連の対日参戦などを討議）

5月　ドイツ無条件降伏

7月　ポツダム会談（アメリカのトルーマン，イギリスのチャーチル，ソ連のスターリンが欧州の戦後処理と対日戦終結方策を討議）

8月　**広島（8月6日）・長崎（8月9日）**に原爆投下，ソ連参戦
日本は**ポツダム宣言**を受諾して無条件降伏

(7)　現代の日本と世界

①　日本の占領と民主化

a）連合国軍による占領政策

マッカーサーを最高司令官とする**連合国軍最高司令官総司令部（GHQ）**がポツダム宣言に基づき，日本を民主化する指令を出す。

b）経済・社会の民主化

・**財閥解体**（1945年）…戦前の日本経済を支配していた三井・三菱・住友・安田の四財閥などを解体。企業の独占を防ぐため**独占禁止法**を制定（1947年）。

・**農地改革**（1946年）…自作農創設のため，政府が地主から小作地を強制的に買い上げ，小作農に払い下げる。寄生地主制が解体。

・労働関係の民主化…労働三法（**労働組合法・労働関係調整法・労働基準法**）の制定と，労働基本権の確立。

c）政治の民主化

・政治活動の自由…**治安維持法を廃止**し，政党の結成や言論が自由となる。

・**普通選挙**の実施…公職選挙法を改正し，**20歳以上の男女**に選挙権。

d）**日本国憲法**の制定（1946年11月3日**公布**，1947年5月3日**施行**）

国民主権，**基本的人権の尊重**，**平和主義**を三大基本原理とし，天皇は日本国及び日本国統合の象徴とされた。新憲法に基づき，地方自治，教育制度，民法なども改められた。

②　第二次世界大戦後の世界

a）**国際連合**の成立

サンフランシスコ会議において1945年6月に調印された国際連合憲章に基づき，10月に51ヵ国を原加盟国として成立した。本部はニューヨーク。**安全保障理事会**を設け，アメリカ，イギリス，フランス，ソ連，中国（五大

国）が常任理事国となる。

b）**冷戦**

第二次世界大戦後，アメリカを中心とする資本主義陣営と，ソ連を中心とする社会主義陣営の戦争寸前の緊張関係が続く。1949年には資本主義陣営の軍事同盟として**北大西洋条約機構（NATO）**が，1955年には社会主義陣営の軍事同盟としてワルシャワ条約機構が結成され対立。1989年のマルタ会談で冷戦は終結した。

③　日本の独立

・**朝鮮戦争**（1950年）…**特需**により経済が復興。日本を資本主義国の一員とする占領政策の転換がなされ，**警察予備隊**が創設（1954年に**自衛隊**に発展）。

・**サンフランシスコ平和条約**（1951年）…日本と連合国との講和条約。翌年，連合国による日本占領が解かれ，独立を回復。

・**日米安全保障条約**（1951年）…吉田茂内閣がサンフランシスコ平和条約と同時に締結。アメリカ軍の日本駐留を認める。

・**日ソ共同宣言**（1956年）…鳩山一郎内閣が調印し，ソ連と国交を回復。**国際連合への加盟**を果たし，国際社会へ復帰。

・**日韓基本条約**（1965年）…佐藤栄作内閣が締結し，大韓民国との国交正常化を実現。日韓の結びつきが強化された。

・沖縄の日本復帰（1972年）…第二次世界大戦後，沖縄はアメリカの施政権下におかれていた。

・**日中共同声明**（1972年）…田中角栄内閣が発表し，中華人民共和国との国交正常化を実現。1978年には福田赳夫内閣が**日中平和友好条約**を締結。

(8)　今日の世界

①　世界の多極化

a）**第三世界**…1954年，インドのネルーと中国の周恩来が**平和五原則**を発表したのち，1955年に**アジア＝アフリカ会議（バンドン会議）**が開催。1960年にはアフリカ17ヵ国が独立を果たしたことから**「アフリカの年」**といわれる。

b）中華人民共和国…平和共存政策を批判し，ソ連と対立。1971年，中華民国（国民政府）にかわって国連代表権を獲得。

c）**ベトナム戦争**…1965年以降激化したが，1973年にアメリカ軍が撤退したため，1976年には南北統一が実現。ベトナム社会主義共和国となった。

② 激動する世界

a）ドイツの統一…1989年「**ベルリンの壁**」**開放**，1990年**東西ドイツ統一**。

b）冷戦の終結…1989年，ソ連がアフガニスタンから撤退。アメリカのブッシュ大統領とソ連のゴルバチョフ書記長が，地中海の**マルタ島**で首脳会談を開催し，**冷戦の終結**を宣言。

c）ソ連の解体…ゴルバチョフ大統領がペレストロイカ実施。1991年，バルト3国が独立し，ソ連は解体。独立国家共同体（CIS）を結成。

d）新興工業経済地域（NIEs）の躍進…大韓民国，台湾，香港，シンガポールなどで急速に工業化進展。

		日本の動き			世界の動き
弥生	239	邪馬台国女王**卑弥呼**が魏に遣使			
古墳				395	ローマ帝国の東西分裂
				476	西ローマ帝国滅亡
				481	フランク王国建国
	538	仏教の伝来			
				589	隋が中国を統一
飛鳥	593	**聖徳太子**が推古天皇の摂政となる			
	603	冠位十二階制定			
	604	十七条の憲法制定	飛鳥文化		
	607	**小野妹子**を**隋**に派遣			
				610	**ムハンマド**が**イスラーム教**開く
				618	唐建国
	630	第1回遣唐使			
	645	**大化の改新**始まる			
	663	白村江の戦い		661	イスラーム帝国（ウマイヤ朝）成立
	672	**壬申の乱**			
	701	**大宝律令**完成			
	708	和同開珎鋳造			
奈良	710	元明天皇が**平城京**に遷都	天平文化		
	723	三世一身法施行			
				732	トゥール・ポワティエ間の戦い
	743	墾田永年私財法，大仏造立の詔発布			
平安	794	桓武天皇が**平安京**に遷都			
				843	フランク王国分裂
	894	菅原道真の建議により**遣唐使の派遣中止**			
				907	唐の滅亡
	939	平将門の乱，藤原純友の乱			
				960	北宋建国
				962	神聖ローマ帝国成立
	1017	**藤原道長**が太政大臣，頼通が摂政となる	国風文化		
				1038	セルジューク朝成立
	1069	延久の荘園整理令発布			
	1086	白河上皇が**院政**を始める			
				1096	十字軍の遠征始まる
				1127	南宋建国
	1156	保元の乱			
	1159	平治の乱			
	1167	**平清盛**が**太政大臣**となる			
	1185	壇の浦の戦いで平氏滅亡			
鎌倉		源頼朝が守護・地頭を置く			
	1192	**源頼朝**が征夷大将軍となる			
			鎌倉文化		
				1206	チンギス＝ハンがモンゴルを統一
				1215	大憲章（マグナ＝カルタ）制定
	1221	**承久の乱**，**六波羅探題**の設置			

時代	年	日本の動き	年	世界の動き
鎌倉	1232	北条泰時が**御成敗式目**（貞永式目）制定		
			1260	フビライ＝ハン即位
			1271	元が中国を統一
	1274	文永の役 } **元寇**		
	1281	弘安の役 } **元寇**		
	1297	永仁の徳政令発布		
			1300頃	オスマン帝国成立
			1309	教皇のバビロン捕囚（～77年）
	1333	鎌倉幕府滅亡		
	1334	**後醍醐天皇**が**建武の新政**		
南北朝	1336	建武式目制定		
	1338	**足利尊氏**が征夷大将軍となる		
			1339	英仏百年戦争（～1453年）
			1368	明が中国を統一
	1392	南北朝の合体	1392	（李氏）朝鮮建国
室町	1404	足利義満が**日明（勘合）貿易**開始　［北山文化］		
	1428	正長の徳政一揆（土一揆）	1453	オスマン帝国が東ローマ（ビザンツ）帝国を滅ぼす
	1457	コシャマインの戦い		
	1467	**応仁の乱**（～77年）		
	1485	山城の国一揆（～93年）　［東山文化］		
	1488	加賀の一向一揆（～1580年）	1488	**バルトロメウ＝ディアス**が喜望峰到達
			1492	**コロンブス**が西インド諸島に到達
			1498	**ヴァスコ＝ダ＝ガマ**がインド航路発見
			1517	**ルターの宗教改革**（九十五カ条の論題発表）
			1522	**マゼラン**一行が世界一周達成
	1543	ポルトガル人が**鉄砲**を伝える		
	1549	**フランシスコ＝ザビエル**が**キリスト教**を伝える		
			1558	イギリスでエリザベス1世即位
	1560	桶狭間の戦い		
安土桃山	1573	**織田信長**が将軍**足利義昭**を追放，室町幕府滅亡		
	1575	**長篠合戦**		
	1582	本能寺の変，太閤検地を始める　［安土桃山文化］		
	1588	豊臣秀吉が**刀狩令**発布	1588	スペイン無敵艦隊がイギリス艦隊に敗北
	1590	**豊臣秀吉**が全国を統一		
	1592	文禄の役（～93年） } **朝鮮侵略**		
	1597	慶長の役（～98年） } **朝鮮侵略**		
	1600	**関ヶ原の戦い**，リーフデ号が豊後に漂着	1600	イギリスが東インド会社設立
			1602	オランダが東インド会社設立
江戸	1603	**徳川家康**が征夷大将軍となる		
	1614	大坂冬の陣		
	1615	大坂夏の陣，**武家諸法度・禁中並公家諸法度**制定		
			1618	三十年戦争
	1635	**徳川家光**が寛永令を発布，**参勤交代**制度を義務づけ		
	1637	**島原・天草一揆**		
	1639	ポルトガル船の来航禁止		
			1640	イギリスで**イギリス（ピューリタン）革命**（～60年）
	1641	オランダ商館を長崎の出島に移し**鎖国完成**		

日本の動き				世界の動き	
江戸				1648	ウェストファリア条約
	1669	シャクシャインの戦い			
				1661	フランスでルイ14世の絶対王政
	1685	生類憐みの令制定	元禄文化		
				1688	イギリスで**名誉革命**(～89年)
				1689	イギリスで**権利の章典**
				1701	スペイン継承戦争(～13年)
	1709	新井白石による正徳の政治(～16年)			
	1716	**徳川吉宗**による**享保の改革**(～45年)			
	1742	**公事方御定書**制定			
	1772	田沼意次の政治(～86年)	宝暦・天明期の文化		
				1775	**アメリカ独立戦争**(～83年)
				1776	**アメリカ独立宣言**
	1782	天明の飢饉(～87年)			
	1787	**松平定信**による**寛政の改革**(～93年)			
				1789	**フランス革命**(～99年), **人権宣言**
	1792	ロシアのラクスマンが根室に来航			
				1796	ナポレオン戦争(～1815年)
	1804	ロシアのレザノフが長崎に来航		1804	ナポレオンが皇帝となる
	1808	フェートン号事件	化政文化		
				1814	ウィーン会議(～15年)
	1825	**異国船打払令**			
				1830	フランスで七月革命
	1837	大坂で大塩の乱, モリソン号事件			
				1840	中国で**アヘン戦争**(～42年)
	1841	**水野忠邦**による**天保の改革**(～43年)			
				1842	南京条約
				1848	フランスで二月革命
				1851	中国で太平天国の乱(～64年)
	1853	アメリカの**ペリー**が浦賀に来航		1853	クリミア戦争(～56年)
	1854	**日米和親条約**締結			
				1856	中国でアロー戦争(～60年)
				1857	インド大反乱(シパーヒーの反乱)(～59)
	1858	**日米修好通商条約**締結		1858	ムガル帝国が滅亡
		安政の大獄(～59年)			
	1860	**桜田門外の変**で**井伊直弼**が暗殺される		1860	北京条約
				1861	**アメリカ南北戦争**(～65年)
	1862	生麦事件			
	1863	薩英戦争			
	1864	四国艦隊下関砲撃事件			
	1866	薩長連合(同盟)			
	1867	**大政奉還**, **王政復古の大号令**			
明治	1868	**戊辰戦争**(～69年), **五箇条の御誓文**			
	1869	**版籍奉還**, 北海道開拓使設置			
				1870	プロイセン＝フランス(普仏)戦争(～71年)
	1871	**廃藩置県**, 日清修好条規締結		1871	**ドイツ帝国**成立
	1872	**学制**発布, **富岡製糸場**開業			

	日本の動き		世界の動き	
明治	1873	**地租改正**，**徴兵令**公布		
	1874	板垣退助らが**民撰議院設立の建白書**提出		
	1875	**樺太・千島交換条約**締結，江華島事件		
	1876	**日朝修好条規**締結		
	1877	**西南戦争**		
	1880	**国会期成同盟**結成		
	1881	国会開設の勅諭，**板垣退助**が**自由党**結成		
	1882	**大隈重信**が**立憲改進党**結成	1882	三国同盟（ドイツ・オーストリア・イタリア）
	1884	秩父事件		
	1885	**内閣制度**創設		
	1886	**ノルマントン号事件**		
	1889	**大日本帝国憲法**（明治憲法）発布		
	1890	**第一回帝国議会**開会		
	1894	**陸奥宗光**が**領事裁判権撤廃**に成功	1894	朝鮮で甲午農民戦争（東学の乱）
		日清戦争（～95年）		
	1895	**下関条約**締結，**三国干渉**		
			1898	ファショダ事件
	1901	**八幡製鉄所**操業開始	1900	中国で義和団事件（～01年）
	1902	**日英同盟**締結		
	1904	**日露戦争**（～05年）		
	1905	**ポーツマス条約**締結		
			1907	三国協商（イギリス，フランス，ロシア）
	1910	韓国併合，大逆事件		
	1911	**小村寿太郎**が**関税自主権の回復**に成功	1911	中国で**辛亥革命**（～12年）
大正			1912	清が滅亡，中華民国建国
	1914	**第一次世界大戦**に参戦	1914	**第一次世界大戦**始まる（～18年）
	1915	中華民国の袁世凱政府に対し，**二十一カ条の要求**		
			1917	**ロシア革命**
	1918	シベリア出兵，**米騒動**		
		原敬内閣成立（初の本格的政党内閣）	1919	ヴェルサイユ条約締結，中国で**五・四運動**，朝鮮で**三・一独立運動**
	1920	国際連盟に加盟	1920	国際連盟発足
	1922	全国水平社結成	1922	イタリアでムッソリーニのファシスト政権成立，ソヴィエト社会主義共和国連邦成立
	1923	**関東大震災**		
	1925	**普通選挙法・治安維持法**制定		
昭和		**ラジオ放送**開始	1929	**世界恐慌**
	1931	**満州事変**		
	1932	**五・一五事件**（犬養毅首相暗殺）		
	1933	**国際連盟脱退**通告	1933	ドイツでヒトラーのナチ党政権成立
	1936	**二・二六事件**	1936	イタリアがエチオピアを併合
	1937	**日中戦争**（～45年）		
昭和	1938	国家総動員法制定		
			1939	ドイツがポーランド侵攻を開始し，**第二次世界大戦**始まる（～45年）
	1940	**日独伊三国同盟**締結		
	1941	真珠湾攻撃により**太平洋戦争**開始（～45年）	1941	大西洋憲章発表
	1945	広島・長崎に原子爆弾投下	1945	ヤルタ会談
		ポツダム宣言受諾により終戦		**国際連合**発足
	1946	**日本国憲法**公布		

	日本の動き		世界の動き	
昭和	1947	**教育基本法**，学校教育法公布		
			1948	世界人権宣言
			1949	中華人民共和国成立，北大西洋条約機構発足
			1950	**朝鮮戦争**（～53年）
	1951	**サンフランシスコ平和条約**締結		
		日米安全保障条約締結		
	1954	自衛隊発足		
			1955	アジア＝アフリカ（バンドン）会議，ワルシャワ条約機構発足
	1956	**日ソ共同宣言**，国際連合に加盟		
	1960	日米新安全保障条約締結		
			1962	キューバ危機
	1964	東海道新幹線開業，東京オリンピック・パラリンピック開催		
	1965	日韓基本条約締結	1965	ベトナム戦争激化，北爆開始
	1967	公害対策基本法制定		
	1968	小笠原諸島が日本に復帰		
	1970	日本万国博覧会（大阪万博）開催		
	1972	**沖縄日本返還**，日中共同声明		
		札幌オリンピック開催		
	1973	**第1次石油危機**	1973	第4次中東戦争
			1975	ベトナム統一
	1978	**日中平和友好条約**締結		
			1979	ソ連，アフガニスタンに軍事介入（～89年），第2次石油危機
			1980	イラン＝イラク戦争（～88年）
平成	1989	消費税（3%）導入	1989	**ベルリンの壁撤去**
				マルタ会談（冷戦の終結宣言）
			1990	東西ドイツの統一
	1991	牛肉・オレンジ輸入自由化	1991	湾岸戦争，**ソビエト連邦の解体**
	1992	**PKO（国連平和維持活動）協力法**制定		
			1993	**EU（欧州連合）**発足
	1995	阪神・淡路大震災		
	1997	消費税（5%）引き上げ，アイヌ文化振興法制定	1997	香港，中国に返還
	1998	長野オリンピック・パラリンピック開催		
			1999	マカオ，中国に返還
	2001	中央省庁再編	2001	アメリカで同時多発テロ
			2003	イラク戦争
	2005	郵政民営化法案成立		
	2007	防衛省発足		
	2011	東日本大震災	2011	南スーダン独立
	2014	消費税（8%）引き上げ		
	2019	消費税（10%）引き上げ		

確認問題

10 次の事柄がおこった時代をア～キからそれぞれ選べ。

⑴ 鎖国を廃止し，下田・箱館の2港を開港した。

⑵ 朝廷が遣唐使の派遣を中止した。

⑶ 明との勘合貿易が始まった。

⑷ モンゴル軍の襲来を阻止した。

ア．飛鳥時代　イ．奈良時代　ウ．平安時代
エ．鎌倉時代　オ．室町時代　カ．安土・桃山時代
キ．江戸時代

11 空欄にあてはまる語句を入れ，次の年表を完成させよ。

1894年　(　A　)がおこる。
1904年　(　B　)がおこる。
1914年　(　C　)がおこる。
1919年　中国で(　D　)運動がひろがる。
1923年　関東大震災がおこる。
1931年　満州事変がおこる。
1933年　日本は(　E　)を脱退する。
1937年　(　F　)戦争が始まる。
1939年　第二次世界大戦が始まる。
1941年　日本の(　G　)攻撃により，(　H　)戦争が始まる。
1945年　広島・長崎に(　I　)が落とされる。
日本は(　J　)宣言を受け入れ，降伏する。

12 次の①～⑤のそれぞれ2つのできごとのうち，最も近い時期におこった組み合わせを1つ選べ。

①　島原・天草一揆　イギリス(ピューリタン)革命
②　五・一五事件　世界恐慌
③　戊辰戦争　アメリカ南北戦争
④　日清戦争　義和団事件
⑤　関ヶ原の戦い　東インド会社設立

13 次の記述にあてはまる文化をア～カからそれぞれ選べ。

(1) かな文学の発達や遣唐使の派遣中止などを背景として，発達した日本風の貴族文化。

(2) より深化した伝統的公家文化と，素朴で力強い武家文化が共存した文化。

(3) 足利義政が銀閣をつくるなど，幽玄枯淡の趣のある文化。

(4) 儒学や浮世草子にみられる人間中心主義を特徴とし，町人の台頭を背景とした町人文化。

ア．元禄文化　　イ．鎌倉文化　　ウ．国風文化

エ．天平文化　　オ．東山文化　　カ．北山文化

4 政治・経済・国際社会

●ポイント

政治では，自由権・社会権などの基本的人権の分類，三権分立，国会や内閣の権限，衆議院の優越，議院内閣制，地方自治の直接請求権，経済では，租税と社会保障制度，国際社会では，国際連合，UNESCO，UNICEFなどの国連機関についての出題率が比較的高い。小学校では地理や歴史の分野と比べてそれほど深くは扱わないこともあり，難解な問題は少ない。覚えていさえすれば得点源ともなるため，基礎的知識を押さえておこう。

1 政治

(1) 日本国憲法

① **公布・施行**

1946年11月3日公布，1947年5月3日施行。

② **日本国憲法の三大基本原理**

・**国民主権**

政治のあり方を最終的に決定する権力（主権）は国民にあるとする考え方。

・**基本的人権の尊重**

人間が生まれながらにしてもっている永久不可侵の権利を保障すること。公共の福祉に反しない限り最大限尊重されなければならない。

※**公共の福祉**…社会全体の利益という意味で，各人の人権が相互に衝突・矛盾した場合に，それを調整するための実質的公平の原理。

・**平和主義**

戦争の放棄，戦力の不保持，交戦権の否認を前文と第9条で規定。

③ **天皇**

a）天皇の地位

天皇は，「日本国及び日本国民統合の**象徴**」であり，その地位は，主権の存する日本国民の総意に基づく（日本国憲法第1条）。

b）天皇の国事行為

天皇は，国政に関する権能をもたず，形式的・儀礼的行為である**国事行為**のみを行う。**内閣の助言と承認**により行われ，内閣が責任を負う。

・憲法改正，法律，政令及び条約を公布すること。
・国会を召集すること。
・衆議院を解散すること。
・国会議員の総選挙の施行を公示すること。
・大赦，特赦，減刑，刑の執行の免除及び復権を認証すること。
・栄典を授与すること。
・外国の大使及び公使を接受すること。　など

④　**憲法改正**

日本国憲法の最高法規性を確保するため，憲法を改正するには法律の改正手続きよりも厳格な手続きが必要である（**硬性憲法**）。国会が発議し，**国民投票**（投票権は満**18歳**以上）によって国民が承認するという手続きをとる。

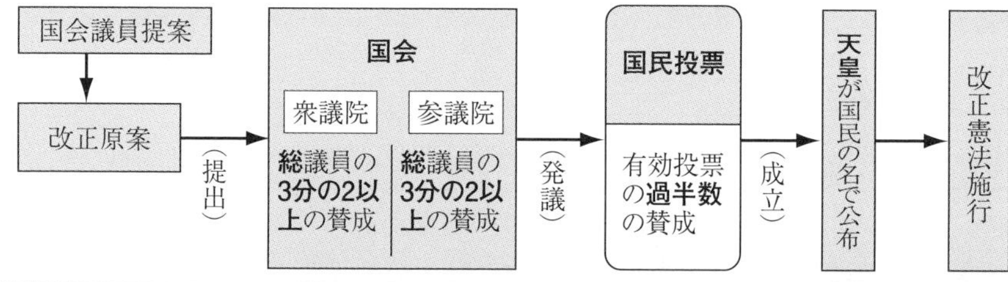

〈重　要〉日本国憲法の条文

第9条 ①　日本国民は，**正義**と秩序を基調とする国際平和を誠実に希求し，国権の発動たる戦争と，**武力**による威嚇又は武力の行使は，国際紛争を解決する手段としては，永久にこれを放棄する。

②　前項の目的を達するため，陸海空軍その他の戦力は，これを保持しない。国の**交戦権**は，これを認めない。

第11条　国民は，すべての**基本的人権の享有**を妨げられない。この憲法が国民に保障する基本的人権は，**侵すことのできない永久の権利**として，現在及び将来の国民に与へられる。

第12条　この憲法が国民に保障する自由及び権利は，国民の不断の努力によつて，これを保持しなければならない。又，国民は，これを**濫用**してはならないのであつて，常に**公共の福祉**のためにこれを利用する責任を負ふ。

第14条①　すべて国民は，法の下に平等であつて，**人種**，**信条**，**性別**，**社会的身分**又は**門地**により，**政治的**，**経済的**又は**社会的関係**において，差別されない。

第25条①　すべて国民は，健康で**文化的**な最低限度の生活を営む権利を有する。

第26条①　すべて国民は，法律の定めるところにより，その**能力**に応じて，ひとしく**教育を受ける権利**を有する。

②　すべて国民は，法律の定めるところにより，その保護する子女に普通教育を受けさせる義務を負ふ。**義務教育**は，これを**無償**とする。

(2) 基本的人権の保障

① 基本的人権

<table>
<tr><td rowspan="3">自由権</td><td rowspan="3">国家権力の違法・不当な介入や干渉を排除し，各人の自由を保障する権利。</td><td>精神的自由</td><td>・思想・良心の自由
・信教の自由
・集会・結社及び言論，出版その他一切の表現の自由
・学問の自由</td></tr>
<tr><td>経済的自由</td><td>・居住・移転・職業選択の自由
・財産権</td></tr>
<tr><td>身体（人身）の自由</td><td>・法定手続の保障
・奴隷的拘束，苦役からの自由
・拷問，残虐刑の禁止など</td></tr>
<tr><td>社会権</td><td>「人間たるに値する」生活を保障する権利。1919年制定のワイマール憲法（ドイツ）で初めて本格的に規定された。</td><td colspan="2">・生存権…「健康で文化的な最低限度の生活を営む権利」（憲法第25条）
・教育を受ける権利
・労働基本権</td></tr>
<tr><td>平等権</td><td>すべての国民が等しく扱われることを要求する権利。</td><td colspan="2">・法の下の平等
・両性の本質的平等　など</td></tr>
<tr><td>参政権</td><td>国民が政治過程に参加することを保障する権利。</td><td colspan="2">・選挙権・被選挙権
・最高裁判所裁判官国民審査権　など</td></tr>
<tr><td>受益（請求）権</td><td>基本的人権が侵害された場合，国家に対し積極的にその救済を要求しうる権利。</td><td colspan="2">・請願権
・裁判を受ける権利
・国家賠償請求権　など</td></tr>
</table>

② 新しい人権

日本国憲法に**明文規定はない**が，人権に対する考え方の深まりや社会・経済の変化に伴い，第13条の幸福追求権などを根拠に新たに主張されるようになった人権。

環境権	人間の生存にとって必要な環境を享受する権利。
プライバシーの権利	私的な生活をみだりに公開されず，かつ自分に関する情報をコントロールする権利。
知る権利	行政機関などがもっている情報の公開を請求し，それらを知る権利。

③ 国民の三大義務

・子どもに**普通教育を受けさせる義務**（第26条第2項）

・**勤労の義務**（第27条第1項）

・**納税の義務**（第30条）

(3) 日本の政治機構

① 三権分立

立法権は国会,**行政権**は内閣,**司法権**は裁判所に帰属し,3つの権力が互いに抑制・均衡の関係にある。これは,権力の濫用を防ぎ,国民の権利をできる限り保障しようとするしくみである。フランスの思想家**モンテスキュー**が,その著書『**法の精神**』の中で唱えた。

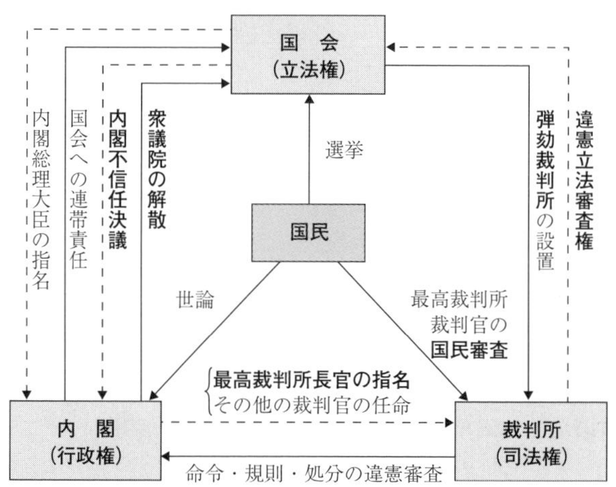

② 国会

a)国会の地位と権限

国会は**国権の最高機関,国の唯一の立法機関**(第41条)。

国会の権限	・**法律案の議決** ・**予算案の議決** ・**条約の承認**(※条約の締結は内閣) ・**憲法改正の発議** ・**内閣総理大臣の指名** ・**弾劾裁判所の設置** など

法律案や予算は,分野ごとに**委員会**で審議を行い,委員会の決定を経て**本会議**に進む。

※この他に,両議院がそれぞれ有する権限として**国政調査権**,衆議院のみが有する権限として内閣不信任決議権・予算先議権がある。

b）**二院制**（衆議院と参議院）

二院制がとられているのは，①国民の多様な意見を国政に反映できる，②予算・法律案などの審議を慎重に行うことができる，ためである。

	定数	任　期	被選挙権
衆議院	465名	4年（解散あり）	**満25歳**以上
参議院	248名※	6年（3年ごとに半数改選）	**満30歳**以上

※2018年7月の改正公職選挙法により，参議院の議員定数は，選挙区148名（2増），比例代表100名（4増）の計248名（6増）となった。2019年夏の参議院選挙から適用。なお，**選挙権**は2016年7月から**満18歳以上**となっている。

c）**衆議院の優越**

衆議院は任期が短く解散制度もあるため，国民の意思を反映させやすいことから，参議院に対する優越が認められている。

議決上の優越	**・内閣総理大臣の指名** **・条約の承認** **・予算案の議決**	衆参両院で異なった議決をし，**両院協議会**を開いても意見が一致しないとき，または，内閣総理大臣の指名については**10日以内**，条約の承認，予算の議決については**30日以内**に参議院が議決しないとき，衆議院の議決が国会の議決となる。
	・法律案の議決	衆議院が可決した法律案を参議院で否決したとき，衆議院で**出席議員の3分の2以上の多数で再可決**された場合，その法律案は成立する。また，参議院が**60日以内**に議決しないときは，衆議院は参議院が否決したとみなすことができる。
権限上の優越	・内閣不信任決議権 ・予算先議権	

d）**国会の種類**

種類	召　集	主要議題
常会 **（通常国会）**	**毎年1回，1月中** 会期150日間	次年度の予算審議
臨時会 **（臨時国会）**	内閣が必要と認めたとき，あるいはいずれかの議院の**総議員の4分の1以上**の要求	予算・外交など国政上緊急を要する議題
特別会 **（特別国会）**	**衆議院の解散総選挙後30日以内**	**内閣総理大臣の指名**
参議院の緊急集会	衆議院の解散中，国に緊急の必要が生じたとき	国政上緊急を要する議題

③ 内閣

a）**議院内閣制**

国会の信任に基づいて内閣が存立するしくみ。内閣は，行政権の行使について，**国会に対し連帯して責任**を負う。

b）内閣の組織

内閣は，内閣総理大臣とその他の国務大臣で構成される。内閣総理大臣とその他の国務大臣は，**文民**でなければならない。

・**内閣総理大臣**…**国会議員**の中から**国会の議決**によって**指名**され，天皇が任命する。

・**国務大臣**…**内閣総理大臣によって任命**され，その**過半数は国会議員**でなければならない。また，内閣総理大臣は国務大臣を**任意**に罷免することができる（罷免そのものの決定に**閣議は不要**）。

c）**閣議**

内閣が意思決定をするため，内閣総理大臣が主宰し，すべての国務大臣が出席して開かれる会議。

d）**内閣総理大臣と内閣の権限**

内閣総理大臣の権限	・国務大臣の任命・罷免 ・行政各部の指揮監督　　など
内閣の権限	・**法律を**誠実に**執行**し，国務を総理すること ・外交関係の処理 ・**条約の締結**（※条約の承認は国会） ・**予算を作成**して国会に提出すること ・**政令の制定** ・恩赦（減刑，刑の執行の免除など）の決定 ・**最高裁判所長官の指名**，最高裁判所長官以外の最高裁判所裁判官及び下級裁判所裁判官の任命 ・天皇の国事行為に対する助言・承認　　など

e）**内閣の総辞職**

・衆議院で内閣不信任決議案を可決，または信任決議案を否決したとき，内閣が**10日以内に衆議院を解散しない**場合
・衆議院議員総選挙後，**初めて国会が召集**された場合
・内閣総理大臣が欠けた場合　　など

④　**裁判所**

a）**司法権の帰属**

すべて司法権は，**最高裁判所**及び**下級裁判所**（**高等**裁判所・**地方**裁判所・**家庭**裁判所・**簡易**裁判所）に属する。特別裁判所の設置は禁止されている。

b）**司法権の独立**

裁判が公正・中立に行われるために，裁判所が国会や内閣，裁判官が上級裁判所などから圧力や干渉を受けないこと。そのために，最高裁判所に規則制定権を与えたり，裁判官の職権の独立や身分を保障されたりしている。

〈裁判官の職権の独立〉

「すべて裁判官は，その**良心**に従ひ**独立**して職権を行ひ，この**憲法**及び**法律**にのみ拘束される。」（日本国憲法第76条第3項）

〈裁判官の罷免〉

- 公の弾劾で罷免を可とされた場合
- 裁判により，心身の故障のために職務をとることができないと決定された場合
- **国民審査**により，罷免が可とされた場合（最高裁判所裁判官のみ）

c）**最高裁判所**

司法権の最高機関で，終審の裁判所。長官は**内閣の指名**に基づき**天皇**が**任命**し，その他の裁判官は内閣が任命する。最高裁判所の裁判官は，任命後，最初の衆議院議員総選挙のとき**国民審査**に付され（その後は10年ごと），投票者の過半数が罷免を可とした場合，罷免される。

d）**三審制**

裁判を慎重に行うことによって誤審を防ぎ，人権保障を確実にするためのしくみ。第一審の判決に不服がある場合，上級の裁判所に**控訴**し，さらに不服があれば，より上級の裁判所に**上告**することができる。原則として1つの事件について**3回まで裁判を求める**ことができる。

e）**違憲立法（法令）審査権**

国会や内閣が制定した**法律，命令，規則**または**処分**が，憲法に適合しているかどうかを審査する権限。最高裁判所のみならず，下級裁判所も有する。最高裁判所は，違憲立法（法令）審査権をもつ終審裁判所であるため，「**憲法の番人**」とよばれる。

f) 民事裁判と刑事裁判

・**民事裁判**…私人間の争いについての裁判。訴えた人を**原告**，訴えられた人を**被告**という。

・**刑事裁判**…犯罪行為について，有罪・無罪を決定する裁判。**検察官**が原告となり，被疑者を**被告人**として裁判所に**起訴**することによって開始される。

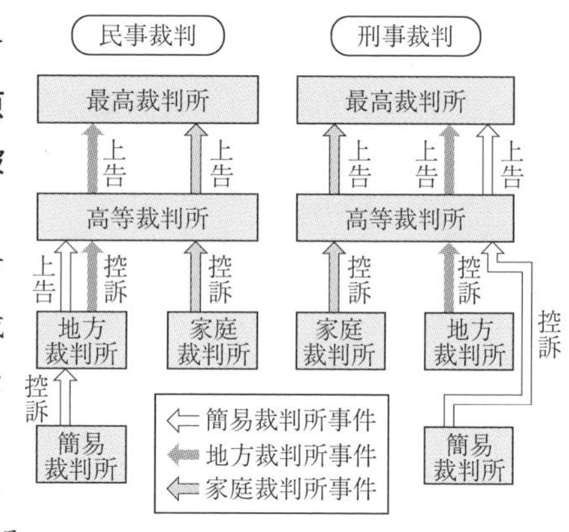

g) **裁判員制度**

18歳以上の有権者の中から無作為に選ばれた裁判員が，殺人や強盗致死など重大事件の**刑事裁判**の第一審（**地方裁判所**）に参加し，職業裁判官とともに有罪・無罪の事実認定と量刑判断を行う（刑事事件の控訴審・上告審や**民事事件は対象外**）。審理は原則として**裁判官３人**と**裁判員６人**の合議制で行われ，全員の意見が一致しないときは，**多数決**により評決する。ただし，有罪とする場合は，裁判官・裁判員各1人以上の賛成を必要とする。裁判員には日当や交通費が支払われる一方，評議内容については**生涯守秘義務を負う**ことになっている。国民の感覚や視点を裁判に生かすため，2009年5月から開始された。

⑤ **地方自治**

a) **地方自治の本旨**

住民自治	地方公共団体が，地域住民の意思に基づいて運営されるという原理
団体自治	地方公共団体が，団体自らの意思と責任に基づいて国から独立して地方政治を行うという原理

b) 地方公共団体の組織

・**首長**

住民の直接選挙（選挙権**満18歳**以上）で選ばれ，被選挙権は**都道府県の知事が満30歳以上，市町村長が満25歳以上**で，任期は4年。議会の議決に対して拒否権を有し，首長に対する不信任決議がなされた場合，議会を解散させることができる。

・**地方議会**

都道府県・市町村議会の議員は住民の直接選挙（選挙権満18歳以上）で選ばれ，被選挙権は**満25歳以上**で，任期は4年。議会は一院制で，条例の制定，予算の議決などを行う。

※条例…その地方公共団体のみに適用される，地方議会が制定する法令。

c）地方公共団体の事務

自治事務	病院・薬局の開設許可など地方公共団体が自主的に責任をもって処理する事務
法定受託事務	戸籍の管理，旅券の交付など法令により実施が義務づけられている事務のうち，国にかわって地方公共団体が処理すべきとされた事務

d）**直接請求権**

地方自治法によって住民に認められた，地方自治に直接参加する権利のこと。

分類	請求の種類	必要署名数	請求先	処理手続
イニシアティブ	**条例の制定・改廃の請求**	**有権者の50分の1以上**	**首長**	議会の過半数で議決
——	事務の監査の請求		**監査委員**	監査結果を公表 議会・首長などにも報告
リコール	**議会の解散の請求**	**有権者の3分の1以上（原則）**	**選挙管理委員会**	住民投票で過半数の同意があれば解散
	議員・首長の解職の請求			住民投票で過半数の同意があれば解職
	主要公務員の解職の請求		**首長**	議会で総議員の3分の2以上出席，4分の3以上の同意で解職

e）地方財政

地方交付税交付金	地方公共団体間の財政格差の是正を目的として，国税収入の一部を交付。**使途に制限はない**。
国庫支出金	**国が使途を限定**して交付。義務教育費や生活保護費の国家負担金などがある。

(4) 選挙制度

①近代選挙の4原則

①普通選挙	納税額・性別などによる差別なく，一定の年齢に達したすべての国民に与えられる選挙
②平等選挙	性別・社会的身分などによる差別なく，平等に1人1票の選挙権がある選挙
③直接選挙	有権者自身の意思に基づいて直接代表者を選ぶ選挙
④秘密選挙	誰に投票したか分からない方法で選挙が執行される選挙

② 代表的な選挙制度

小選挙区	1選挙区1名選出。多数党に有利で，政局は安定。死票が多くなり，**ゲリマンダリング**（選挙において特定の党派や候補者に有利になるように選挙区を恣意的に決定すること）の可能性が大きい。
大選挙区	1選挙区2名以上選出。死票は少ないが，少数政党の進出が可能であるため，小党分立により政局の不安定化を招く。
比例代表制	政党の得票数に比例して議席を配分する制度。

③ 日本の選挙制度

議　院	定数	選　挙　形　式
衆議院（任期4年解散あり）	465名	**小選挙区比例代表並立制**。小選挙区選挙で289名，全国を11ブロックとする比例代表選挙で176名を選出。比例代表では，各政党の提出した名簿の登載順位に従って当選者が確定する**拘束名簿式**を採用。
参議院（任期6年解散なし）	248名※	都道府県単位で行われる選挙区選挙で148名，全国を1単位とする比例代表選挙で100名を選出（3年ごとに半数改選のため，実際の選挙ではそれぞれこの半数を選出）。比例代表では，有権者は**個人名あるいは政党名を記入**して投票し，政党に比例配分された議席数について，候補者個人の得票数が多い順に当選者が確定する**非拘束（一部拘束）名簿式**を採用。

※2018年7月の改正公職選挙法により，上記定数に増加。比例区では個人の得票数に関係なく優先的に当選できる「特定枠」を政党の判断で採用できるようになった。

2 経済

(1) 需要と供給

① 需要と供給の法則

需要の法則	価格が下がれば需要量は増大し，価格が上がれば需要量は減少する。**需要曲線（D）は右下がり。**
供給の法則	価格が上がれば供給者は利潤が増えることから供給量は増大し，下がれば利潤が減るため供給量は減少する。**供給曲線（S）は右上がり。**

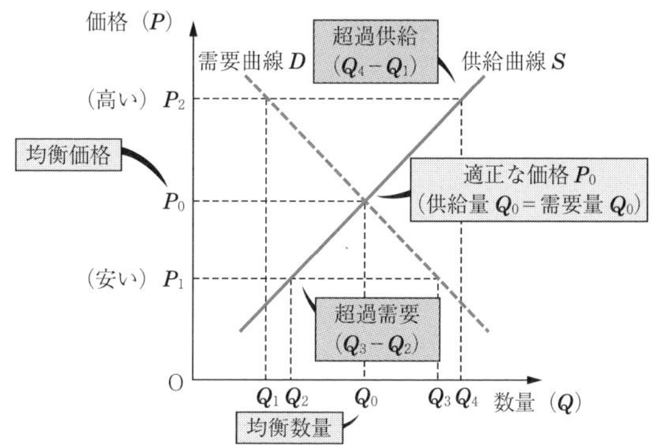

② 価格の自動調節機能

価格の上下変動を通じて，自動的に需要量と供給量が一致するようになること。価格が高いときには超過供給が，価格が低いときには超過需要が発生するが，いずれ最適な価格（**均衡価格**）に落ち着く。均衡価格は需要曲線と供給曲線の交点で示される。

(2) 独占禁止政策

① 独占禁止法

市場の独占や不公正な取引を制限・禁止し，公正かつ自由な競争を促進することを目的とする法律。第二次世界大戦後の1947年制定。

② 公正取引委員会

独占禁止法の目的を達成するために設置された行政委員会。違法カルテルや過大景品の排除命令などを出す。

(3) 国民所得と景気変動

① 国民所得

- 国内総生産（GDP）＝国内の総生産額－中間生産物
- 国民総生産（GNP）＝国民総所得（GNI）＝国内総生産（GDP）＋海外からの純所得
- 国民純生産（NNP）＝国民総所得（GNI）－固定資本減耗
- 国民所得（NI）＝国民純生産（NNP）－（間接税－補助金）

② 景気変動

インフレーション	景気過熱に伴い物価が持続的に上昇する現象
デフレーション	景気後退に伴い物価が持続的に下落する現象
スタグフレーション	景気が停滞しているにも関わらず物価が上昇する現象
デフレスパイラル	物価下落と景気後退の悪循環のこと

(4) 株式会社

株式を発行することにより，多数の人々から資本を集めて経営される会社。

- **株主**…会社に損失が発生した場合，出資額の範囲内でのみ責任を負い（有限責任），利益が出た場合には，一定の配当を受け取ることができる。
- **株主総会**…株式会社の最高意思決定機関。株主は1株1票の議決権をもち，取締役の選任，会社の合併など，会社の基本事項について決定する。

(5) 金融のしくみと役割

① 日本銀行の三大業務

発券銀行	日本銀行券を独占的に発行することが認められている。
銀行の銀行	市中銀行に対し，資金の貸付，準備金の受け入れなどを行う。
政府の銀行	政府にかわって税金などの国庫金の保管や出納，国債の発行・償還に関する事務の代行，外国為替事務の代行などを行う。

② 金融政策

公開市場操作 (オープン＝マーケット＝オペレーション)	日本銀行が，国債や手形などの**有価証券を公開の市場で売買**することにより通貨量を調整しようとする。現在，金融政策の中心的手段となっている。
預金（支払）準備率操作	市中銀行が受け入れた預金のうち日本銀行に預け入れる割合（**預金準備率**）を上下させ，市中銀行が貸出に回すことのできる手持ち資金の量を調節しようとする。

〈日本銀行の金融政策〉

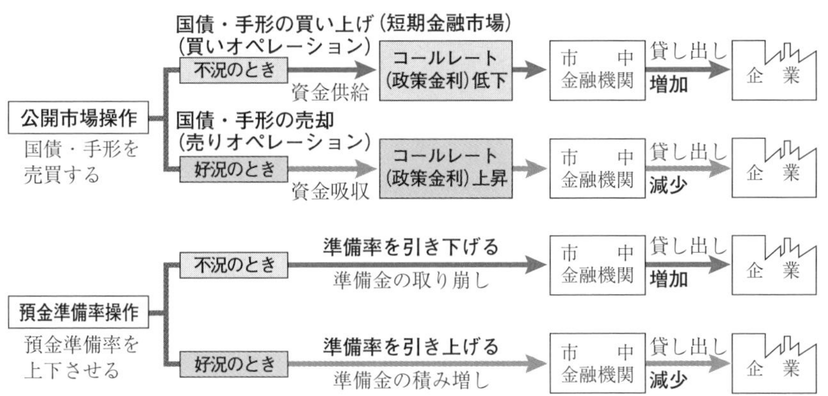

※かつて金融政策の最も基本的な手段は**公定歩合操作**（金利政策）であったが，金利の自由化にともない，金融政策の手段としては用いられていない。現在，公定歩合は「基準割引率および基準貸付利率」とよばれる。

(6) 財政のしくみと役割

① 財政の機能

資源配分機能		市場機構によっては十分に供給できず，政府が供給する方が好ましいと考えられる**公共財・公共サービス**を供給し，国民生活の向上を図り，適切な資源配分を行う。
所得再分配機能		所得の不平等を是正するため，所得税などに**累進課税制度**をとり入れ，高所得者から徴収した税金を，生活保護や失業保険などの**社会保障制度を通じて低所得者に再分配**する。
経済安定化機能（景気調整機能）		景気動向に対応して政策的・裁量的に財政支出を伸縮させる補整的財政政策（**フィスカル=ポリシー**）を行い，経済を安定化させる。
	〈好況期〉	**財政支出（公共投資など）の削減**や**増税**を行い，有効需要を抑えて景気を抑制。
	〈不況期〉	**財政支出（公共投資など）の拡大**や**減税**などを行い，有効需要を創出して景気を刺激。

② **ビルトイン=スタビライザー（自動安定化装置）**

財政の中に組み込まれた累進課税制度や社会保障制度（失業保険，生活保護など）が，**自動的に景気を調節する機能**をもつこと。

③ 租税

		直接税	間接税
国　税		所得税，法人税，相続税，贈与税	消費税，酒税，揮発油税，たばこ税，関税，石油ガス税
地方税	都道府県税	都道府県民税，事業税，自動車税，不動産取得税	都道府県たばこ税，ゴルフ場利用税
	市（区）町村税	市（区）町村民税，固定資産税	市（区）町村たばこ税

a）国税と地方税…国税は国が徴収主体となる税，地方税は地方公共団体が徴収する税。

b）直接税と間接税…直接税は，実際に税を負担する担税者と，税を納める納税者が同一である税。**間接税は担税者と納税者が異なる税。**

c）**累進課税制度**…**所得が高くなるにつれて高い税率が適用される租税制度。**所得税・相続税などで導入されている。

d）**ふるさと納税**…本来は住んでいる自治体に納税する税金を，任意の自治体に寄付できる制度。控除上限金額の範囲内で，2,000円を超える部分について税金が控除される。

④ 国債

政府が必要な資金を調達するために発行する債券。その実質は借入証書であるため，返済は将来の租税徴収によることになり，後世代に負担を残すことになる。

a）建設国債と赤字国債

建設国債	社会資本建設といった**公共事業費**などを賄うために発行される国債。財政法上，その発行は認められている。
赤字（特例）国債	一般会計歳入の不足分を補い，人件費や事務経費などの経常的な支出にあてるための国債。財政法上，その**発行は禁止**されている。

b）国債市中消化の原則

政府が発行する国債を日本銀行が買い取ることを禁止し，個人や市中銀行が買い取るという原則。日銀の直接引き受けにすると，通貨供給量が増加し，インフレーションを引き起こす可能性が高いためである。

⑤ 財政投融資

政府が国の信用に基づいて調達した資金などを用いて行う投資や融資活動。策定にあたっては，予算の一体のものとして国会の審議・議決を受ける。「**第二の予算**」ともよばれる。

(7) 国際収支と円高・円安

① 国際収支

・**経常収支**……商品とサービスの輸出入額や雇用者報酬などの収支。

・**資本移転等収支**……金銭の受取り・支払いを伴わない資産の取得・処分に関する収支。

・**金融収支**……対外金融資産または対外金融負債の収支。

〈国際収支統計〉

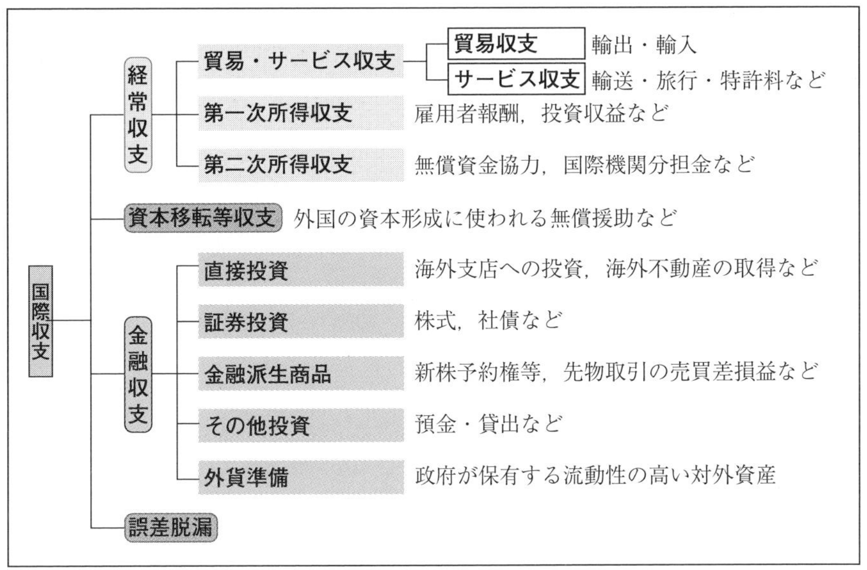

② 円高・円安

円　高	**円の対外的価値が上昇**すること。例えば，1ドル＝100円から1ドル＝90円になることをいう。輸出品の価格が上昇するため，輸出産業には不利となるが，輸入品の価格は下落するため，輸入産業には有利となる。
円　安	**円の対外的価値が下落**すること。例えば，1ドル＝90円から1ドル＝100円になることをいう。輸入品の価格が上昇するため，**輸入産業には不利**となるが，輸出品の価格は下落するため，輸出産業には有利となる。

(8) 労働関係

① **労働基本権**（日本国憲法第27条による**勤労の権利**と第28条による**労働三権**を指す）

団結権	労働者が団結して労働組合を結成する権利。
団体交渉権	労働者の労働条件や待遇の改善と向上のため，労働組合が使用者と交渉する権利。
団体行動権	団体交渉で労使の交渉がまとまらないとき，労働条件改善のため労働組合団体での交渉や争議行為を行う権利。

② **労働三法**

労働基準法	賃金・労働時間・休日などの労働条件の最低基準を定める。日本国憲法第27条に基づき制定された。
労働組合法	労働者の地位向上を目的として，使用者と労働組合との間における**労働協約**締結の保障，**不当労働行為の禁止**などを定める。
労働関係調整法	労使関係の公正な調整と，労働争議の予防・解決を目的とする。労使間の自主解決が不可能な場合，労働委員会による斡旋，調停，仲裁による解決が行われる。

③ 労働関係の関連法規

男女雇用機会均等法	職場での男女平等を目指し，1985年に制定された法律。1999年には**募集・採用，配置・昇進**にあたっての男女差別について，従来の努力義務から**禁止規定に強化**され，2007年には男女双方に対する差別が禁止された。
育児・介護休業法	少子化・高齢化対策として，職場と家庭の両立を支援するために制定された法律。育児休業では，原則，子が1歳に達する日までの間，子を養育するための休業が性別を問わず可能である。また，保育所等に入所できない等の理由がある場合は，最長子が2歳に達する日まで延長が可能。介護休業では，労働者の家族が介護を必要とする場合，1人につき3回まで，通算93日までの休業が保障される。

※ワーク・ライフ・バランス…「仕事と生活の調和」と訳され，働きながら私生活も充実できるように職場や社会環境を整えること。

(9) 社会保障制度

① 社会保障制度の歴史

ベバリッジ報告	1942年**イギリス**において発表されたもので，全国民の生涯にわたる最低限の生活（**ナショナル・ミニマム**）を保障することを，社会保障の目的とした。スローガンは「**ゆりかごから墓場まで**」。
ビスマルク社会保険	ドイツのビスマルクが制定した世界で最初の社会保険。同時に労働運動の弾圧も行ったため「**アメとムチ**」の政策といわれる。

② **日本の社会保障制度**

社会保険	疾病，老齢，失業などにより生活が困難になったとき，被保険者の保険料を中心として現金・サービス給付を行う。**医療**，**年金**，**雇用**，**労働災害**，**介護**の5つの分野からなる。
社会福祉	児童，老人，障害者，母子家庭など保護を必要とする社会的弱者に対し，施設やサービスなどを国・地方公共団体などが無償もしくは軽負担で提供。福祉六法を中心に行われる。
公的扶助	最低限度の生活を維持できない生活困窮者に不足分を公費で給付。**生活保護法**に基づき，生活・医療・教育・住宅・出産・生業・葬祭・介護の8つの扶助がある。
公衆衛生	国民の健康維持・増進を目的に，感染症予防や予防接種などを行う。

③ 社会福祉に関する用語

ノーマライゼーション	高齢者も子どもも，障害のある者もない者も，すべての人がともにノーマルな生活を送ることができる社会の実現を目指すべきであるとする考え方。
バリアフリー	高齢者や障害者などが安心して快適に暮らせる環境を作るため，社会から物質的・精神的バリア（障壁）をなくしていこうとする考え方。
ユニバーサルデザイン	空間づくりや商品の設計の際，誰もが利用しやすいデザインを初めからとり入れること。

(10) 消費者問題

① **消費者の4つの権利**

1962年にアメリカの**ケネディ大統領**が提唱した権利。**安全である権利**，**知らされる権利**，**選ぶ権利**，**意見が反映される権利**の4つをいう。

② 消費者保護法制

消費者基本法（2004年施行）	1968年施行の消費者保護基本法を抜本改正した法律。消費者政策の重点が従来の「消費者保護」から「**消費者の自立支援**」に変わり，国際消費者機構（CI）が定める8つの**消費者の権利**を明記。
PL法（製造物責任法）（1995年施行）	消費者が商品の欠陥や説明不足が原因で損害を受けた場合，製造業者など企業の過失の有無にかかわらず，企業に損害賠償を負わせることができることを定めた法律。
消費者契約法（2001年施行）	事業者の言動により消費者が事実を誤認するなどして結んだ契約については，取り消すことができることなどを定めた法律。
特定商取引法・預託法（2021年改正）	事業者による違法な悪質商法への根本な対策を強化し，消費者被害の防止・取引の公正を図る。

③ **クーリング・オフ制度**

消費者が購入契約を結び，代金を支払った後でも，一定期間内であれば**無条件で契約を解除**できる制度。訪問販売・電話勧誘販売などでは8日間，現物まがい商法では14日間，マルチ商法では20日間となっている。現金取引での3,000円に満たない場合や，乗用自動車の購入等，クーリング・オフの対象外となるものもある。通信販売については，返品の可否や条件について特約が記載していない場合に限り，クーリング・オフの対象となる。

⑾ **日本の環境問題**

① **四大公害病**

高度経済成長期に発生した4つの公害。裁判ではいずれも**被害住民が勝訴**。

	被害地域	内　容
水俣病	熊本県・水俣湾周辺	工場廃液中のメチル水銀による**有機水銀**中毒
新潟水俣病	新潟県・阿賀野川流域	
イタイイタイ病	富山県・神通川流域	鉱山流出の**カドミウム**による骨軟化症など
四日市ぜんそく	三重県四日市市	**大気汚染**（工場排出の亜硫酸ガス）によるぜんそくなどの呼吸器障害

② 公害対策

1967年に**公害対策基本法**が制定され，1971年には環境庁（現・環境省）が設置される。1993年には地球環境保護も視野に入れて**環境基本法**が制定され，公害対策基本法は廃止となった。

③ 公害規制

PPP（汚染者負担の原則）	環境汚染の防止や被害者救済の費用は，公害を発生させた企業が負担すべきとする原則。
無過失責任の原則	企業に故意や過失がなくても，公害の被害者に対して損害賠償の責任を負わなければならないという原則。大気汚染防止法や水質汚濁防止法に明文化されている。

④ 主な環境保護法制

循環型社会形成推進基本法	**3R（リデュース，リユース，リサイクル）**のことを総論的に規定した法律で，資源を循環させて環境への負荷を減らす社会システムを構築していくことを目的とする。
家電リサイクル法	使用済みの家電を対象として，製造業者にリサイクル，小売店に引き取り，消費者にリサイクル費用負担を義務づけた法律。**エアコン，テレビ（ブラウン管，液晶・プラズマ），冷蔵庫・冷凍庫，洗濯機・衣類乾燥機**が対象。
小型家電リサイクル法	パソコン，携帯電話，デジタルカメラなどの小型家電のリサイクルを促進するための法律。市町村ごとに回収品目が異なる。
容器包装リサイクル法	容器包装廃棄物について，消費者に分別排出，自治体に分別回収，事業者にリサイクルを求めた法律。
自動車リサイクル法	使用済み自動車の引き取りと適正処理を製造業者と輸入業者に義務づけた法律。リサイクル料金は自動車の所有者が負担し，新車は購入時に支払う。
環境アセスメント法（環境影響評価法）	発電所やダム，高速道路などの大規模な開発を行う際，周辺の環境に及ぼす影響について事前に調査，予測，評価をして対策を講じることにより，環境への影響を回避，縮小することを目的とする法律。

3 国際社会

(1) 国際連合

① 目的と設立

国際平和と安全の維持，国際問題の解決と人権尊重のための国際協力などを目的として，サンフランシスコ会議で決定された**国際連合憲章**に基づき，**1945年**に発足。**本部はニューヨーク**。原加盟国は**51ヵ国**で，2023年6月現在，193ヵ国が加盟。日本の加盟は1956年。

② 主要機関

総会	全加盟国によって構成され，1国に1票の投票権が与えられている。一般事項は過半数，重要事項は3分の2以上による多数決で表決。加盟国や理事会に対して勧告する権限を有するが，**法的拘束力はない。**
安全保障理事会	国際平和と安全の維持に関する主要な責任を負う機関。**拒否権**を有する**アメリカ，ロシア，イギリス，フランス，中国**の**5常任理事国**と，総会で選出される任期2年の**10非常任理事国**の計15ヵ国で構成される。手続事項は15理事国のうち9ヵ国以上，実質事項は5常任理事国を含む9ヵ国以上の賛成で表決。**軍事的強制措置**・非軍事的強制措置（経済制裁，交通・外交の断絶など）をとることができ，**法的拘束力をもつ**。
経済社会理事会	総会選出の54ヵ国で構成。経済・社会・文化・教育・保健などの分野で研究・報告・勧告などを行う。国連専門機関や**NGO**（**非政府組織**）などと連携して活動する。
国際司法裁判所（ICJ）	加盟国間の紛争解決に当たる機関。裁判の開始には当事国の同意が必要で，判決には法的拘束力がある。本部は**オランダのハーグ**。

③ 主な国連専門機関と補助機関

名称・略称	目的・活動
国際労働機関（ILO）	労働者の利益保護と生活水準の向上を目的として，国際的規模での労働条件の改善を図る。本部ジュネーブ。
国連教育科学文化機関（UNESCO）	一般教育の普及，**世界遺産**などの文化財の保護といった教育・科学・文化・情報流通などの面での協力を推進することにより，世界平和の確立に寄与する。本部パリ。

世界保健機関（WHO）	諸国民の健康保持と増進を目的として，伝染病・風土病の撲滅や公衆衛生の向上などを図る。本部ジュネーブ。
国連食糧農業機関（FAO）	世界の栄養水準の向上，食糧と農業生産の増大，農村地域の生活改善などを任務とする。本部ローマ。
国際通貨基金（IMF）	国際通貨の安定を図ることを目的とし，国際収支赤字国に対する短期融資を主な業務とする。本部ワシントン。
国際復興開発銀行（IBRD）	発展途上国の経済構造改革を目的とし，発展途上国に対する長期融資を主な業務とする。本部ワシントン。
世界貿易機関（WTO）	**GATT（関税及び貿易に関する一般協定）**にかわり発足した貿易に関する国際機関。サービス貿易や知的所有権などの広範な分野の国際ルールの確立，貿易国間の紛争処理などを通じ，多角的な貿易自由化を推進。本部ジュネーブ。
国連児童基金（UNICEF）	子どもたちの生命と健やかな成長を守るため，保健・衛生・栄養・教育などの支援を行う。本部はニューヨーク。
国際原子力機関（IAEA）	原子力の平和利用促進と，核物質の軍事目的への転用を抑制するための保護措置を実施する。本部ウィーン。
国連難民高等弁務官事務所（UNHCR）	難民の国際的な保護・救済の促進を目的とする。難民に避難先での雇用や教育などの面で法的保護を与えることが基本的任務であるが，本国への自発的帰国や第三国への定住の支援も行う。本部ジュネーブ。
国連貿易開発会議（UNCTAD）	南北問題を解決することを目的とし，発展途上国の経済開発と貿易の促進を図る。本部ジュネーブ。

④　**PKO（国連平和維持活動）**

加盟国から自発的に提供された要員を停戦合意後の紛争現地などに派遣し，PKF（平和維持軍）による停戦監視のほか，難民帰還支援，選挙監視などを行う。

(2) 地域的経済統合

名称・略称	目的・役割
東南アジア諸国連合（ASEAN）	東南アジア諸国における経済・社会・政治分野にわたる地域協力機構。10ヵ国が加盟。1967年発足。
アジア太平洋経済協力〔会議〕（APEC）	アジア太平洋地域における経済協力のための会議。貿易・投資の自由化，技術協力を実施。1989年開始。
米国・メキシコ・カナダ協定（USMCA）	北米自由貿易協定（NAFTA）に代わる新協定で，2020年7月に発効。
南米南部共同市場（MERCOSUR）	ブラジル，アルゼンチン，ウルグアイ，パラグアイ，ベネズエラ（現在，資格停止）間の関税同盟。1995年発足。
欧州連合（EU）	政治的・経済的統合を推進するヨーロッパの地域統合。2002年1月より，単一通貨ユーロの紙幣・硬貨の市場流通が開始された。2013年にクロアチアが新たに加わり，28ヵ国が加盟。2020年1月にイギリスが正式に離脱し，現在のEU加盟国は**27ヵ国**。

(3) 先進国の協力機構・体制

① OECD（経済協力開発機構）

加盟各国の経済発展と貿易の拡大，及び発展途上国援助の促進と調整を図ることを目的とし，2022年6月現在，先進38ヵ国が参加する経済協力組織。日本は1964年に加盟。

② サミット（主要国首脳会議）

毎年1回，**アメリカ，イギリス，フランス，ドイツ，イタリア，日本，カナダ，ロシア**の首脳が集まり，政治・経済問題などについて討議する。
（※ロシアはクリミア問題により2014年以降，参加停止）

③ ODA（政府開発援助）

発展途上国の経済開発や福祉の向上を目的とする，先進国による発展途上国への政府レベルでの経済援助。日本のODA実績は，1991年から2000年まで10年連続第1位であったが，2020年にはアメリカ，ドイツ，イギリスに次いで世界第4位となっている（贈与相当額ベース）。なお，日本のODAは**JICA**（独立行政法人国際協力機構）が中心となって実施している。

確認問題

14 日本国憲法について，次の各問いに答えよ。

(1) 日本国憲法の三大基本原理を挙げよ。

(2) 国民の三大義務を挙げよ。

15 基本的人権について，①～⑥をそれぞれ自由権，社会権，参政権，受益権に分類せよ。

① 生存権　② 被選挙権　③ 裁判請求権
④ 法定手続の保障　⑤ 勤労権　⑥ 私有財産制

16 次のうち，内閣に関する記述として正しいものを選べ。

① 内閣は，最高裁判所の長官以外の裁判官を指名する権限を有する。
② 内閣総理大臣は，国会の承認を経て国務大臣を罷免できる。
③ 国務大臣は，国会の指名に基づき天皇によって任命される。
④ 内閣は，衆議院を解散した場合でも，衆議院議員の総選挙後初めて国会が召集されたときに総辞職しなければならない。
⑤ 国務大臣の過半数は，文民の中から選ばれなければならない。

17 次のうち，不況の際にとられる財政政策として正しいものを選べ。

① 増税し，公共投資を増やす。
② 増税し，公共投資を減らす。
③ 減税し，公共投資を増やす。
④ 減税し，公共投資を減らす。

18 発展途上国の経済開発や福祉の向上を目的として，政府あるいは政府の実施機関によって行われる経済援助の略称として，正しいものを選べ。

① NGO　② ODA　③ PKO　④ OECD　⑤ APEC

3
算数

Open Sesame

1 学習指導要領

●ポイント

学習指導要領については，まずは教科目標の空欄補充問題に対応できるよう，キーワードを中心に各々の語句を確実に覚えておく必要がある。また，各学年の内容に関して，何学年のものかを答える問題も多くみられる。算数の各学年の学習内容は系統的に発展していくものなので，各領域を学年順に把握しておこう。そのほか近年では，指導法に関する問題が増加傾向にある。特に，分数の加法・除法，台形や平行四辺形の面積の求め方についての指導法を具体的に記述する問題がよくみられるため，自分なりの指導法を確立しておこう。

1 算数科改訂の要点（一部抜粋）

(1) 目標の改善

① 目標の示し方

算数科において育成を目指す資質・能力を，「**知識及び技能**」，「**思考力，判断力，表現力等**」，「**学びに向かう力，人間性等**」の三つの柱に沿って明確化し，各学校段階を通じて，実社会との関わりを意識した**数学的活動**の充実等を図った。

② 算数科の学習における「数学的な見方，考え方」

算数科の学習における「数学的な見方・考え方」とは，「事象を数量や図形及びそれらの関係などに着目して捉え，根拠を基に筋道を立てて考え，統合的・発展的に考えること」である。

③ 算数科の学びの過程としての数学的活動の充実

算数科においては，「事象を数理的に捉え，数学の問題を見いだし，問題を自立的，協働的に解決し，解決過程を振り返って概念を形成したり体系化したりする過程」といった算数の問題発見・解決の過程が重要である。この過程は，次の二つの過程が相互に関わり合って展開する。

日常生活や社会の事象を数理的に捉え，数学的に表現・処理し，問題を解決し，解決過程を振り返り得られた結果の意味を考察する，という問題解決の過程。	数学の事象について統合的・発展的に捉えて新たな問題を設定し，数学的に処理し，問題を解決し，解決過程を振り返って概念を形成したり体系化したりする，という問題解決の過程。

従来の算数的活動は，数学的活動とし，目標の中で「数学的活動を通して，数学的に考える資質・能力を育成することを目指す」と示した。なお，数学的活動を通して，知識及び技能として習得する具体的な内容は，小学校段階では，日常生活に深く関わり，日常生活の場面を数理化して捉える程度の内容が多い。

(2) 内容構成の改善

① 改善の方向性

・児童が身に付けることが期待される資質・能力を三つの柱に沿って整理し，「知識及び技能」，「思考力，判断力，表現力等」については指導事項のまとまりごとに内容を示した。また，「学びに向かう力，人間性等」については，教科の目標及び学年目標において，まとめて示した。

・指導事項のそれぞれのまとまりについて，数学的な見方・考え方や育成を目指す資質・能力に基づき，内容の系統性を見直し，領域を全体的に整理し直した。結果として「A**数と計算**」，「B**図形**」，「C**測定**」，「C**変化と関係**」及び「D**データの活用**」の五つの領域とした。

下学年	「A数と計算」，「B図形」，「C測定」及び「Dデータの活用」の四つの領域
上学年	「A数と計算」，「B図形」，「C変化と関係」及び「Dデータの活用」の四つの領域

② 具体的な内容の移行について

基礎的・基本的な知識及び技能の習得や思考力，判断力，表現力等の育成を図るために，一部の内容の指導時期を改めた。

〔小学校算数科における内容の移行〕

第3学年	○メートル法の単位の仕組み（k（キロ），m（ミリ）など接頭語について）←第6学年から
第4学年	○メートル法の単位の仕組み（長さと**面積**の単位の関係について）←第6学年から
第5学年	●素数→中学校第1学年へ ●分数×整数，分数÷整数→第6学年へ ○メートル法の単位の仕組み（長さと**体積**の単位の関係について）←第6学年から ○速さ←第6学年から
第6学年	○分数×整数，分数÷整数←第5学年から ●メートル法の単位の仕組み→第3学年，第4学年，第5学年へ ●速さ→第5学年へ ○平均値，中央値，最頻値，階級←中学校第1学年から

（注）○…当該学年に移行して入ってきた内容
　　●…当該学年から移行してなくなった内容

2　算数科の目標

数学的な**見方・考え方**を働かせ，**数学的活動**を通して，**数学的に考える資質・能力**を次のとおり育成することを目指す。

(1)　数量や図形などについての**基礎的・基本的な概念や性質**などを理解するとともに，**日常の事象**を**数理的に処理**する**技能**を身に付けるようにする。

(2)　**日常**の事象を**数理的**に捉え**見通し**をもち**筋道を立てて考察**する力，**基礎的・基本的な数量や図形の性質**などを見いだし**統合的・発展的**に**考察**する力，**数学的な表現を用いて**事象を**簡潔・明瞭・的確**に表したり**目的**に応じて**柔軟**に表したりする力を養う。

(3)　**数学的活動の楽しさ**や**数学のよさ**に気付き，**学習を振り返ってよりよく問題解決しよう**とする態度，算数で学んだことを**生活や学習**に**活用**しようとする態度を養う。

● **数学的見方・考え方**

「数学的な見方・考え方」のうち「**数学的な見方**」については，事象を**数量や図形**及びそれらの関係についての概念等に着目してその特徴や本質を捉えることである。また，「**数学的な考え方**」については，目的に応じて**数，式，図，表，グラフ**等を活用しつつ，根拠を基に筋道を立てて考え，問題解決の過程を振り返るなどして既習の知識及び技能等を関連付けながら，**統合的・発展的**に考えることである。

● **数学的活動**

事象を数理的に捉えて，算数の問題を見いだし，問題を自立的，協働的に解決する過程を遂行すること。単に問題を解決することのみならず，問題解決の過程や結果を振り返って，得られた結果を捉え直したり，新たな問題を見いだしたりして，統合的・発展的に考察を進めていくことが大切である。

3 各学年の目標

第1学年	(1) **数の概念**とその表し方及び計算の意味を理解し，量，図形及び数量の関係についての理解の基礎となる**経験**を重ね，**数量や図形についての感覚**を豊かにするとともに，**加法及び減法**の計算をしたり，形を構成したり，身の回りにある量の大きさを比べたり，簡単な**絵**や**図**などに表したりすることなどについての**技能**を身に付けるようにする。 (2) ものの数に着目し，**具体物**や**図**などを用いて数の数え方や計算の仕方を考える力，ものの形に着目して特徴を捉えたり，**具体的な操作**を通して形の構成について考えたりする力，身の回りにあるものの特徴を量に着目して捉え，量の大きさの比べ方を考える力，データの**個数**に着目して身の回りの事象の特徴を捉える力などを養う。 (3) 数量や図形に親しみ，算数で学んだことのよさや**楽しさ**を感じながら学ぶ**態度**を養う。
第2学年	(1) **数の概念**についての理解を深め，計算の意味と性質，基本的な**図形の概念**，量の概念，簡単な表とグラフなどについて理解し，**数量や図形についての感覚**を豊かにするとともに，加法，減法及び**乗法**の計算をしたり，図形を構成したり，**長さやかさ**などを測定したり，表やグラフに表したりすることなどについての技能を身に付けるようにする。

第2学年	⑵　数とその表現や数量の関係に着目し，必要に応じて**具体物**や図などを用いて数の表し方や計算の仕方などを考察する力，**平面図形**の特徴を図形を構成する要素に着目して捉えたり，身の回りの事象を図形の性質から考察したりする力，身の回りにあるものの特徴を量に着目して捉え，量の**単位**を用いて的確に表現する力，身の回りの事象をデータの特徴に着目して捉え，**簡潔に表現**したり考察したりする力などを養う。 ⑶　数量や図形に進んで関わり，数学的に表現・処理したことを振り返り，**数理的な処理**のよさに気付き**生活**や**学習**に活用しようとする態度を養う。
第3学年	⑴　数の表し方，整数の計算の意味と性質，**小数及び分数**の意味と表し方，基本的な**図形の概念**，量の概念，**棒グラフ**などについて理解し，**数量や図形についての感覚**を豊かにするとともに，整数などの計算をしたり，図形を**構成**したり，**長さや重さ**などを測定したり，**表**やグラフに表したりすることなどについての技能を身に付けるようにする。 ⑵　数とその表現や**数量の関係**に着目し，必要に応じて**具体物**や図などを用いて数の表し方や計算の仕方などを考察する力，**平面図形**の特徴を図形を構成する要素に着目して捉えたり，身の回りの事象を図形の性質から考察したりする力，身の回りにあるものの特徴を量に着目して捉え，量の**単位**を用いて的確に表現する力，身の回りの事象をデータの特徴に着目して捉え，**簡潔に表現**したり**適切に判断**したりする力などを養う。 ⑶　数量や図形に進んで関わり，数学的に表現・処理したことを振り返り，**数理的な処理**のよさに気付き**生活**や**学習**に活用しようとする態度を養う。
第4学年	⑴　**小数及び分数**の意味と表し方，**四則の関係**，**平面図形**と立体図形，**面積**，**角の大きさ**，**折れ線グラフ**などについて理解するとともに，整数，**小数及び分数の計算**をしたり，図形を構成したり，**図形**の面積や角の大きさを求めたり，表やグラフに表したりすることなどについての技能を身に付けるようにする。 ⑵　数とその表現や**数量の関係**に着目し，**目的に合った表現方法を用いて**計算の仕方などを考察する力，図形を構成する要素及びそれらの**位置関係**に着目し，図形の性質や図形の**計量**について考察する力，伴って変わる二つの数量やそれらの関係に着目し，変化や対応の特徴を見いだして，二つの数量の関係を表や式を用いて考察する力，目的に応じてデータを**収集**し，データの特徴や**傾向**に着目して表やグラフに**的確**に表現し，それらを用いて問題解決したり，解決の**過程**や結果を**多面的**に捉え**考察**したりする力などを養う。

第4学年	(3) 数学的に表現・処理したことを振り返り，**多面的**に捉え**検討**してよりよいものを求めて**粘り強く考える**態度，**数学のよさ**に気付き学習したことを**生活**や**学習**に**活用**しようとする態度を養う。
第5学年	(1) 整数の性質，分数の意味，**小数と分数の計算**の意味，面積の公式，図形の意味と性質，**図形の体積**，**速さ**，割合，**帯グラフ**などについて理解するとともに，小数や分数の計算をしたり，図形の性質を調べたり，図形の面積や体積を求めたり，表やグラフに表したりすることなどについての技能を身に付けるようにする。 (2) 数とその表現や計算の意味に着目し，目的に合った表現方法を用いて数の性質や計算の仕方などを考察する力，図形を構成する要素や図形間の関係などに着目し，図形の性質や図形の計量について考察する力，伴って変わる二つの数量やそれらの関係に着目し，変化や対応の特徴を見いだして，二つの数量の関係を表や式を用いて考察する力，目的に応じてデータを**収集**し，データの特徴や傾向に着目して表やグラフに的確に表現し，それらを用いて問題解決したり，解決の**過程**や結果を**多面的**に捉え**考察**したりする力などを養う。 (3) 数学的に表現・処理したことを振り返り，**多面的**に捉え**検討**してよりよいものを求めて**粘り強く考える**態度，数学のよさに気付き学習したことを**生活**や**学習**に活用しようとする態度を養う。
第6学年	(1) **分数の計算**の意味，**文字**を用いた式，図形の意味，図形の体積，**比例**，度数分布を表す表などについて理解するとともに，分数の計算をしたり，図形を構成したり，**図形の面積や体積**を求めたり，表やグラフに表したりすることなどについての技能を身に付けるようにする。 (2) 数とその表現や計算の意味に着目し，**発展的**に考察して問題を見いだすとともに，目的に応じて**多様な表現方法**を用いながら数の表し方や計算の仕方などを考察する力，図形を構成する要素や図形間の関係などに着目し，図形の性質や図形の計量について考察する力，伴って変わる二つの数量やそれらの関係に着目し，変化や対応の特徴を見いだして，二つの数量の関係を表や式，グラフを用いて考察する力，身の回りの事象から**設定**した問題について，目的に応じてデータを**収集**し，データの特徴や傾向に着目して適切な**手法**を選択して分析を行い，それらを用いて問題解決したり，解決の**過程**や結果を**批判的**に**考察**したりする力などを養う。

第6学年	(3) 数学的に表現・処理したことを振り返り，**多面的**に捉え検討してよりよいものを求めて粘り強く考える態度，数学のよさに気付き学習したことを**生活**や**学習**に活用しようとする態度を養う。

4 算数科の内容

A 数と計算

	学年	身に付ける知識・技能
数の構成と表し方	第1学年	(ア) ものとものとを対応させることによって，ものの個数を比べること。 (イ) 個数や**順番**を正しく数えたり表したりすること。 (ウ) 数の大小や順序を考えることによって，数の系列を作ったり，**数直線**の上に表したりすること。 (エ) 一つの数をほかの数の和や差としてみるなど，ほかの数と関係付けてみること。 (オ) 2位数の表し方について理解すること。 (カ) 簡単な場合について，3位数の表し方を知ること。 (キ) 数を，十を単位としてみること。 (ク) 具体物をまとめて数えたり**等分**したりして整理し，表すこと。
	第2学年	(ア) 同じ大きさの集まりにまとめて数えたり，**分類**して数えたりすること。 (イ) 4位数までについて，十進位取り記数法による数の表し方及び数の大小や順序について理解すること。 (ウ) 数を**十や百**を単位としてみるなど，数の相対的な大きさについて理解すること。 (エ) 一つの数をほかの数の積としてみるなど，ほかの数と関係付けてみること。 (オ) 簡単な事柄を**分類**整理し，それを数を用いて表すこと。 (カ) $\frac{1}{2}$，$\frac{1}{3}$など簡単な分数について知ること。
整数の表し方	第3学年	(ア) **万**の単位について知ること。 (イ) 10倍，100倍，1000倍，$\frac{1}{10}$の大きさの数及びそれらの表し方について知ること。 (ウ) 数の相対的な大きさについての理解を深めること。
	第4学年	(ア) 億，**兆**の単位について知り，十進位取り記数法についての理解を深めること。

概数	第4学年	(ア) 概数が用いられる場合について知ること。 (イ) 四捨五入について知ること。 (ウ) 目的に応じて四則計算の結果の**見積り**をすること。
小数とその表し方	第3学年	(ア) **端数**部分の大きさを表すのに小数を用いることを知ること。また，小数の表し方及び $\frac{1}{10}$ の位について知ること。 (イ) $\frac{1}{10}$ の位までの小数の加法及び減法の意味について理解し，それらの計算ができることを知ること。
分数とその表し方	第3学年	(ア) 等分してできる部分の大きさや**端数**部分の大きさを表すのに分数を用いることを知ること。また，分数の表し方について知ること。 (イ) 分数が**単位分数**の幾つ分かで表すことができることを知ること。 (ウ) 簡単な場合について，分数の加法及び減法の意味について理解し，それらの計算ができることを知ること。
整数の性質及び整数の構成	第5学年	(ア) 整数は，観点を決めると**偶数**と**奇数**に類別されることを知ること。 (イ) **約数**，倍数について知ること。
整数及び小数の表し方	第5学年	(ア) ある数の10倍，100倍，1000倍，$\frac{1}{10}$，$\frac{1}{100}$ などの大きさの数を，小数点の位置を移してつくること。
分数	第5学年	(ア) 整数及び小数を分数の形に直したり，分数を小数で表したりすること。 (イ) 整数の除法の結果は，分数を用いると常に一つの数として表すことができることを理解すること。 (ウ) 一つの分数の分子及び分母に同じ数を乗除してできる分数は，元の分数と同じ大きさを表すことを理解すること。 (エ) 分数の**相等**及び大小について知り，大小を比べること。
加法及び減法	第1学年	(ア) 加法及び減法の意味について理解し，それらが用いられる場合について知ること。 (イ) 加法及び減法が用いられる場面を式に表したり，式を読み取ったりすること。 (ウ) 1位数と1位数の加法及びその逆の減法の計算が確実にできること。 (エ) 簡単な場合について，2位数などについても加法及び減法ができることを知ること。

加法及び減法	第2学年	(ア) 2位数の加法及びその逆の減法の計算が，1位数などについての基本的な計算を基にしてできることを理解し，それらの計算が確実にできること。また，それらの**筆算**の仕方について理解すること。 (イ) 簡単な場合について，3位数などの加法及び減法の計算の仕方を知ること。 (ウ) 加法及び減法に関して成り立つ性質について理解すること。 (エ) 加法と減法との**相互関係**について理解すること。
	第3学年	(ア) 3位数や4位数の加法及び減法の計算が，2位数などについての基本的な計算を基にしてできることを理解すること。また，それらの**筆算**の仕方について理解すること。 (イ) 加法及び減法の計算が確実にでき，それらを適切に用いること。
乗法	第2学年	(ア) 乗法の意味について理解し，それが用いられる場合について知ること。 (イ) 乗法が用いられる場面を式に表したり，式を読み取ったりすること。 (ウ) 乗法に関して成り立つ簡単な性質について理解すること。 (エ) 乗法九九について知り，1位数と1位数との乗法の計算が確実にできること。 (オ) 簡単な場合について，2位数と1位数との乗法の計算の仕方を知ること。
	第3学年	(ア) 2位数や3位数に1位数や2位数をかける乗法の計算が，乗法九九などの基本的な計算を基にしてできることを理解すること。また，その**筆算**の仕方について理解すること。 (イ) 乗法の計算が確実にでき，それを適切に用いること。 (ウ) 乗法に関して成り立つ性質について理解すること。
除法	第3学年	(ア) 除法の意味について理解し，それが用いられる場合について知ること。また，余りについて知ること。 (イ) 除法が用いられる場面を式に表したり，式を読み取ったりすること。 (ウ) 除法と乗法や減法との関係について理解すること。 (エ) 除数と**商**が共に1位数である除法の計算が確実にできること。 (オ) 簡単な場合について，除数が1位数で**商**が2位数の除法の計算の仕方を知ること。
整数の除法	第4学年	(ア) 除数が1位数や2位数で**被除数**が2位数や3位数の場合の計算が，基本的な計算を基にしてできることを理解すること。また，その**筆算**の仕方について理解すること。 (イ) 除法の計算が確実にでき，それを適切に用いること。 (ウ) 除法について，次の関係を理解すること。 （**被除数**）＝（除数）×（商）＋（余り） (エ) 除法に関して成り立つ性質について理解すること。

内容	学年	指導事項
小数とその計算	第4学年	(ア) ある量の何倍かを表すのに小数を用いることを知ること。 (イ) 小数が整数と同じ仕組みで表されていることを知るとともに，数の相対的な大きさについての理解を深めること。 (ウ) 小数の加法及び減法の計算ができること。 (エ) 乗数や除数が整数である場合の小数の乗法及び除法の計算ができること。
分数と（その）加法及び減法	第4学年	(ア) 簡単な場合について，大きさの等しい分数があることを知ること。 (イ) **同分母**の分数の加法及び減法の計算ができること。
	第5学年	(ア) **異分母**の分数の加法及び減法の計算ができること。
小数の乗法及び除法	第5学年	(ア) 乗数や除数が小数である場合の小数の乗法及び除法の意味について理解すること。 (イ) 小数の乗法及び除法の計算ができること。また，**余り**の大きさについて理解すること。 (ウ) 小数の乗法及び除法についても整数の場合と同じ関係や**法則**が成り立つことを理解すること。
分数の乗法及び除法	第6学年	(ア) 乗数や除数が整数や**分数**である場合も含めて，分数の乗法及び除法の意味について理解すること。 (イ) 分数の乗法及び除法の計算ができること。 (ウ) 分数の乗法及び除法についても，整数の場合と同じ関係や**法則**が成り立つことを理解すること。
計算に関して成り立つ性質	第4学年	(ア) 四則に関して成り立つ性質についての理解を深めること。
数量の関係を表す式	第3学年	(ア) 数量の関係を表す式について理解するとともに，数量を□などを用いて表し，その関係を式に表したり，□などに数を当てはめて調べたりすること。
	第4学年	(ア) 四則の混合した式や（ ）を用いた式について理解し，正しく計算すること。 (イ) **公式**についての考え方を理解し，**公式**を用いること。 (ウ) 数量を□，△などを用いて表し，その関係を式に表したり，□，△などに数を当てはめて調べたりすること。
	第5学年	(ア) 数量の関係を表す式についての理解を深めること。
	第6学年	(ア) 数量を表す言葉や□，△などの代わりに，a，xなどの**文字**を用いて式に表したり，**文字**に数を当てはめて調べたりすること。

そろばんを用いた数の表し方と計算	第3学年	㈠ そろばんによる数の表し方について知ること。 ㈡ 簡単な加法及び減法の計算の仕方について知り，計算すること。
	第4学年	㈠ 加法及び減法の計算をすること。

B　図形

	学年	身に付ける知識・技能
身の回りにあるものの形	第1学年	㈠ ものの形を認め，形の特徴を知ること。 ㈡ 具体物を用いて形を作ったり**分解**したりすること。 ㈢ 前後，左右，上下など方向や位置についての言葉を用いて，ものの位置を表すこと。
図形	第2学年	㈠ 三角形，四角形について知ること。 ㈡ 正方形，長方形，**直角三角形**について知ること。 ㈢ 正方形や長方形の面で構成される箱の形をしたものについて理解し，それらを構成したり**分解**したりすること。
	第3学年	㈠ **二等辺三角形**，正三角形などについて知り，**作図**などを通してそれらの関係に次第に着目すること。 ㈡ 基本的な図形と関連して角について知ること。 ㈢ **円**について，中心，半径，直径を知ること。また，**円**に関連して，球についても直径などを知ること。
平面図形	第4学年	㈠ 直線の平行や**垂直**の関係について理解すること。 ㈡ 平行四辺形，**ひし形**，台形について知ること。
	第5学年	㈠ 図形の形や大きさが決まる要素について理解するとともに，図形の**合同**について理解すること。 ㈡ 三角形や四角形など多角形についての簡単な性質を理解すること。 ㈢ **円**と関連させて正多角形の基本的な性質を知ること。 ㈣ **円周率**の意味について理解し，それを用いること。
	第6学年	㈠ 縮図や拡大図について理解すること。 ㈡ **対称**な図形について理解すること。
立体図形	第4学年	㈠ **立方体**，直方体について知ること。 ㈡ 直方体に関連して，直線や平面の平行や**垂直**の関係について理解すること。 ㈢ 見取図，**展開図**について知ること。
	第5学年	㈠ 基本的な角柱や**円柱**について知ること。

ものの位置	第4学年	(ア) ものの位置の表し方について理解すること。
身の回りにある形の概形やおよその面積など	第6学年	(ア) 身の回りにある形について，その概形を捉え，およその面積などを求めること。
平面図形の面積	第4学年	(ア) 面積の単位（平方センチメートル（cm^2），平方メートル（m^2），平方キロメートル（km^2））について知ること。 (イ) 正方形及び長方形の面積の計算による求め方について理解すること。
	第5学年	(ア) 三角形，平行四辺形，**ひし形**，台形の面積の計算による求め方について理解すること。
	第6学年	(ア) **円**の面積の計算による求め方について理解すること。
立体図形の体積	第5学年	(ア) 体積の単位（立方センチメートル（cm^3），立方メートル（m^3））について知ること。 (イ) **立方体**及び直方体の体積の計算による求め方について理解すること。
	第6学年	(ア) 基本的な角柱及び**円柱**の体積の計算による求め方について理解すること。
角の大きさ	第4学年	(ア) 角の大きさを**回転**の大きさとして捉えること。 (イ) 角の大きさの単位（度（°））について知り，角の大きさを測定すること。

C　測定（第1学年〜第3学年）

	学年	身に付ける知識・技能
身の回りのものの大きさ	第1学年	(ア) 長さ，**広さ**，かさなどの量を，具体的な操作によって直接比べたり，他のものを用いて比べたりすること。 (イ) 身の回りにあるものの大きさを単位として，その幾つ分かで大きさを比べること。
量の単位と測定	第2学年	(ア) 長さの単位（ミリメートル（mm），センチメートル（cm），メートル（m））及びかさの単位（ミリリットル（mL），デシリットル（dL），リットル（L））について知り，測定の意味を理解すること。 (イ) 長さ及びかさについて，およその見当を付け，単位を適切に選択して測定すること。

量の単位と測定	第3学年	(ア) 長さの単位（キロメートル（km））及び重さの単位（グラム（g），キログラム（kg））について知り，測定の意味を理解すること。 (イ) 長さや重さについて，適切な単位で表したり，およその見当を付け**計器**を適切に選んで測定したりすること。
時刻	第1学年	(ア) **日常生活**の中で時刻を読むこと。
時刻と時間	第2学年	(ア) 日，時，**分**について知り，それらの関係を理解すること。
	第3学年	(ア) **秒**について知ること。 (イ) **日常生活**に必要な時刻や時間を求めること。

C　変化と関係（第4学年～第6学年）

	学年	身に付ける知識・技能
伴って変わる二つの数量	第4学年	(ア) 変化の様子を表や式，**折れ線グラフ**を用いて表したり，変化の特徴を読み取ったりすること。
	第5学年	(ア) 簡単な場合について，比例の関係があることを知ること。
	第6学年	(ア) 比例の関係の意味や性質を理解すること。 (イ) 比例の関係を用いた**問題解決**の方法について知ること。 (ウ) **反比例**の関係について知ること。
異種の二つの量の割合として捉えられる数量	第5学年	(ア) 速さなど単位量当たりの大きさの意味及び表し方について理解し，それを求めること。
二つの数量の関係	第4学年	(ア) **簡単**な場合について，ある二つの数量の関係と別の二つの数量の関係とを比べる場合に**割合**を用いる場合があることを知ること。
	第5学年	(ア) ある二つの数量の関係と別の二つの数量の関係とを比べる場合に**割合**を用いる場合があることを理解すること。 (イ) 百分率を用いた表し方を理解し，割合などを求めること。
	第6学年	(ア) 比の意味や表し方を理解し，数量の関係を比で表したり，等しい比をつくったりすること。

D　データの活用

	学年	身に付ける知識・技能
数量の整理	第1学年	(ア) ものの個数について，簡単な絵や図などに表したり，それらを読み取ったりすること。
データの分析	第2学年	(ア) 身の回りにある数量を分類整理し，簡単な表やグラフを用いて表したり読み取ったりすること。
	第3学年	(ア) 日時の観点や場所の観点などからデータを分類整理し，表に表したり読んだりすること。 (イ) **棒グラフ**の特徴やその用い方を理解すること。
データの収集とその分析	第4学年	(ア) データを二つの観点から分類整理する方法を知ること。 (イ) 折れ線グラフの特徴とその用い方を理解すること。
	第5学年	(ア) **円グラフ**や帯グラフの特徴とそれらの用い方を理解すること。 (イ) データの収集や適切な手法の選択など**統計的**な問題解決の方法を知ること。
	第6学年	(ア) **代表値**の意味や求め方を理解すること。 (イ) **度数分布**を表す表やグラフの特徴及びそれらの用い方を理解すること。 (ウ) 目的に応じてデータを収集したり適切な手法を選択したりするなど，**統計的**な問題解決の方法を知ること。
測定した結果を平均する方法	第5学年	(ア) 平均の意味について理解すること。
起こり得る場合	第6学年	(ア) 起こり得る場合を順序よく整理するための図や表などの用い方を知ること。

〔数学的活動〕

第1学年	ア　身の回りの事象を観察したり，具体物を操作したりして，数量や形を見いだす活動 イ　日常生活の問題を具体物などを用いて解決したり結果を確かめたりする活動 ウ　算数の問題を具体物などを用いて解決したり結果を確かめたりする活動 エ　問題解決の過程や結果を，具体物や図などを用いて表現する活動

第2学年	ア　身の回りの事象を観察したり，具体物を操作したりして，数量や図形に進んで関わる活動 イ　日常の事象から見いだした算数の問題を，具体物，図，数，式などを用いて解決し，結果を確かめる活動 ウ　算数の学習場面から見いだした算数の問題を，具体物，図，数，式などを用いて解決し，結果を確かめる活動 エ　問題解決の過程や結果を，具体物，図，数，式などを用いて表現し伝え合う活動
第3学年	ア　身の回りの事象を観察したり，具体物を操作したりして，数量や図形に進んで関わる活動 イ　日常の事象から見いだした算数の問題を，具体物，図，数，式などを用いて解決し，結果を確かめる活動 ウ　算数の学習場面から見いだした算数の問題を，具体物，図，数，式などを用いて解決し，結果を確かめる活動 エ　問題解決の過程や結果を，具体物，図，数，式などを用いて表現し伝え合う活動
第4学年	ア　日常の事象から算数の問題を見いだして解決し，結果を確かめたり，日常生活等に生かしたりする活動 イ　算数の学習場面から算数の問題を見いだして解決し，結果を確かめたり，発展的に考察したりする活動 ウ　問題解決の過程や結果を，図や式などを用いて数学的に表現し伝え合う活動
第5学年	ア　日常の事象から算数の問題を見いだして解決し，結果を確かめたり，**日常生活等**に生かしたりする活動 イ　算数の学習場面から算数の問題を見いだして解決し，結果を確かめたり，**発展的**に考察したりする活動 ウ　問題解決の過程や結果を，図や式などを用いて数学的に表現し伝え合う活動

第6学年	ア　日常の事象を数理的に捉え問題を見いだして解決し，解決過程を振り返り，結果や方法を改善したり，日常生活等に生かしたりする活動 イ　算数の学習場面から算数の問題を見いだして解決し，解決過程を振り返り統合的・発展的に考察する活動 ウ　問題解決の過程や結果を，目的に応じて図や式などを用いて数学的に表現し伝え合う活動

〔用語・記号〕

学年	用語・記号
第1学年	一の位，十の位，＋，－，＝
第2学年	直線，直角，頂点，辺，面，**単位**，×，>，<
第3学年	等号，不等号，小数点，$\frac{1}{10}$の位，**数直線**，**分母**，分子，÷
第4学年	和，差，積，商，**以上**，以下，未満，真分数，仮分数，帯分数，平行，垂直，対角線，平面
第5学年	最大公約数，最小公倍数，通分，約分，底面，側面，比例，％
第6学年	線対称，点対称，対称の軸，対称の中心，比の値，ドットプロット，平均値，中央値，最頻値，階級，：

5　指導計画の作成と内容の取扱い

1　指導計画の作成に当たっては，次の事項に配慮するものとする。

(1)　**単元**など内容や時間のまとまりを見通して，その中で育む**資質・能力**の育成に向けて，**数学的活動**を通して，児童の**主体的・対話的で深い学びの実現**を図るようにすること。その際，**数学的な見方・考え方**を働かせながら，**日常の事象**を**数理的**に捉え，算数の問題を見いだし，問題を**自立的**，**協働的**に解決し，学習の過程を振り返り，**概念**を形成するなどの学習の充実を図ること。

(2)　第2の各学年の内容は，次の学年以降においても必要に応じて**継続**して指導すること。数量や図形についての基礎的な能力の**習熟や維持**を図るため，適宜**練習の機会**を設けて**計画的**に指導すること。なお，その際，第1章総則の第2の3の(2)のウの(イ)に掲げる指導を行う場合には，当該指導のねらいを明確にするとともに，単元など内容や時間のまとまりを見通して**資質・能力**が偏りなく育成されるよう計画的に指導すること。また，学年間の指導内容を円滑に**接続**させるため，**適切な反復**による学習指導を進めるようにすること。

(3) 第2の各学年の内容の「Ａ数と計算」，「Ｂ図形」，「Ｃ測定」，「Ｃ変化と関係」及び「Ｄデータの活用」の間の指導の関連を図ること。

(4) 低学年においては，第1章総則の第2の4の(1)を踏まえ，他教科等との関連を積極的に図り，**指導の効果**を高めるようにするとともに，幼稚園教育要領等に示す幼児期の終わりまでに育ってほしい姿との関連を考慮すること。特に，小学校入学当初においては，**生活科**を中心とした**合科的・関連的**な指導や，弾力的な時間割の設定を行うなどの工夫をすること。

(5) 障害のある児童などについては，学習活動を行う場合に生じる困難さに応じた指導内容や指導方法の工夫を計画的，組織的に行うこと。

(6) 第1章総則の第1の2の(2)に示す道徳教育の目標に基づき，**道徳科**などとの関連を考慮しながら，第3章特別の教科道徳の第2に示す内容について，**算数科の特質**に応じて適切な指導をすること。

2　第2の内容の取扱いについては，次の事項に配慮するものとする。

(1) 思考力，判断力，表現力等を育成するため，各学年の内容の指導に当たっては，**具体物，図，言葉，数，式，表，グラフ**などを用いて考えたり，**説明**したり，互いに自分の考えを表現し伝え合ったり，学び合ったり，高め合ったりするなどの学習活動を**積極的**に取り入れるようにすること。

(2) 数量や図形についての**感覚を豊か**にしたり，**表やグラフ**を用いて**表現する力**を高めたりするなどのため，必要な場面において**コンピュータ**などを適切に活用すること。また，第1章総則の第3の1の(3)のイに掲げる**プログラミング**を体験しながら**論理的思考力**を身に付けるための学習活動を行う場合には，児童の**負担**に配慮しつつ，例えば第2の各学年の内容の〔第5学年〕の「Ｂ図形」の(1)における**正多角形**の作図を行う学習に関連して，**正確な繰り返し作業**を行う必要があり，更に一部を変えることでいろいろな**正多角形**を同様に考えることができる場面などで取り扱うこと。

(3) 各領域の指導に当たっては，**具体物を操作**したり，日常の事象を観察したり，児童にとって身近な算数の問題を解決したりするなどの**具体的な体験**を伴う学習を通して，数量や図形について実感を伴った理解をしたり，**算数を学ぶ意義**を実感したりする機会を設けること。

(4) 第2の各学年の内容に示す〔用語・記号〕は，当該学年で取り上げる内容の程度や範囲を明確にするために示したものであり，その指導に当たっては，各学年の内容と密接に関連させて取り上げるようにし，それらを用いて**表したり考えたりすることのよさ**が分かるようにすること。

(5) 数量や図形についての**豊かな感覚**を育てるとともに，およその大きさや形を捉え，それらに基づいて適切に判断したり，**能率的な処理の仕方**を考え出したりすることができるようにすること。

(6) **筆算**による計算の技能を確実に身に付けることを重視するとともに，目的に応じて**計算の結果の見積り**をして，計算の仕方や結果について適切に判断できるようにすること。また，低学年の「A数と計算」の指導に当たっては，**そろばんや具体物などの教具**を適宜用いて，数と計算についての意味の理解を深めるよう留意すること。

3 **数学的活動**の取組においては，次の事項に配慮するものとする。

(1) **数学的活動**は，基礎的・基本的な**知識**及び技能を確実に身に付けたり，**思考力，判断力，表現力**等を高めたり，**算数を学ぶことの楽しさや意義**を実感したりするために，重要な役割を果たすものであることから，各学年の内容の「A数と計算」，「B図形」，「C測定」，「C変化と関係」及び「Dデータの活用」に示す事項については，**数学的活動**を通して指導するようにすること。

(2) 数学的活動を**楽しめる**ようにする機会を設けること。

(3) 算数の問題を解決する方法を理解するとともに，自ら問題を見いだし，解決するための**構想**を立て，実践し，その結果を**評価・改善する**機会を設けること。

(4) **具体物，図，数，式，表，グラフ**相互の**関連**を図る機会を設けること。

(5) 友達と考えを伝え合うことで学び合ったり，学習の**過程**と成果を振り返り，**よりよく問題解決**できたことを**実感**したりする機会を設けること。

6 指導法に関する問題

例題1 〈分数の除法〉

次のような問題を解く場合，計算の式は$\frac{2}{5} \div \frac{3}{4}$となるが，この計算の仕方を児童にどのように説明すればよいか。図を用いた説明と計算のきまりを用いた説明の2通りの方法で答えよ。

「$\frac{3}{4}$Lのペンキを使って，$\frac{2}{5}$m^{2}の広さのかべをぬりました。

このペンキ1Lでは何m^{2}のかべがぬれるでしょう。」

考え方 図を用いた説明については，面積図を用いて，ペンキ1Lでぬれる量はどこに当たるのかを視覚的にとらえさせる。

計算のきまりを用いた説明については，「割る数を整数の1にする」という計算法則を使って計算する。

解答 〈図を用いた説明〉

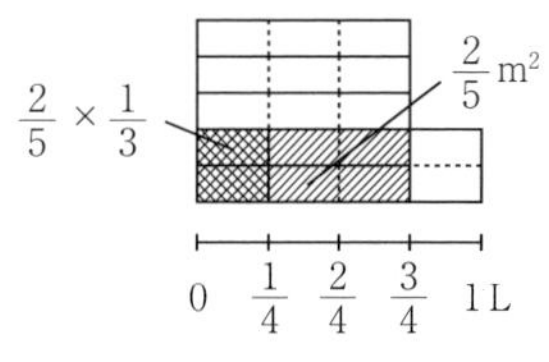

$\frac{3}{4}$Lのペンキで$\frac{2}{5}$m^{2}のかべをぬれるのだから，$\frac{1}{4}$Lのペンキでは，$\frac{2}{5} \times \frac{1}{3}$のかべをぬることができる。

1Lは$\frac{1}{4}$Lの4倍だから，1Lでは$\frac{2}{5} \times \frac{1}{3} \times 4$のかべをぬることができる。

よって，$\frac{2}{5} \div \frac{3}{4} = \frac{2}{5} \times \frac{4}{3} = \frac{8}{15}$〔m^2〕

〈計算のきまりを用いた説明〉

割る数$\frac{3}{4}$は，$\frac{4}{3}$をかけて1になるから，

$$\frac{2}{5} \div \frac{3}{4} = \left(\frac{2}{5} \times \frac{4}{3}\right) \div \left(\frac{3}{4} \times \frac{4}{3}\right)$$

$$= \left(\frac{2}{5} \times \frac{4}{3}\right) \div 1 = \frac{2}{5} \times \frac{4}{3}$$

$$= \frac{8}{15} \text{〔m}^2\text{〕}$$

例題2 〈台形の面積〉

右の図のような台形の面積について，5年生の児童が答えそうな計算方法を3つ答えよ。ただし，三角形と平行四辺形の面積の求め方は習っているものとする。

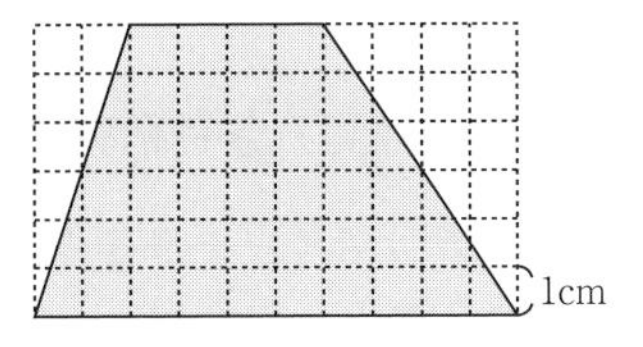

考え方 既習の三角形や長方形，平行四辺形の求積公式を活用し，台形の面積を求めることが考えられる。台形の面積は，対角線で2つの三角形に分割したり，長方形や平行四辺形に変形したりして求めることができる。

解答例 ① 対角線を結んで2つの三角形に分ける。

$4\times6\div2+10\times6\div2=12+30=42$〔$cm^2$〕

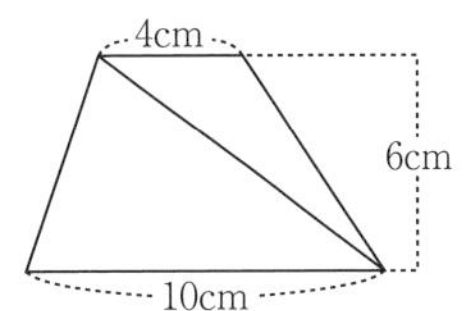

② 平行四辺形と三角形に分ける。

$4\times6+6\times6\div2=24+18=42$〔$cm^2$〕

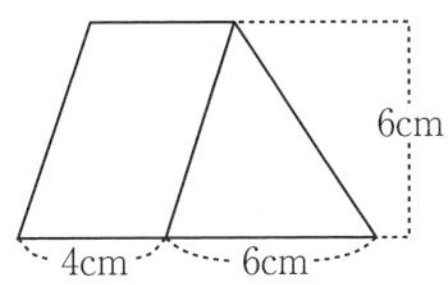

③ 長方形と2つの三角形に分ける。

$4\times6+2\times6\div2+4\times6\div2$

$=24+6+12=42$〔cm^2〕

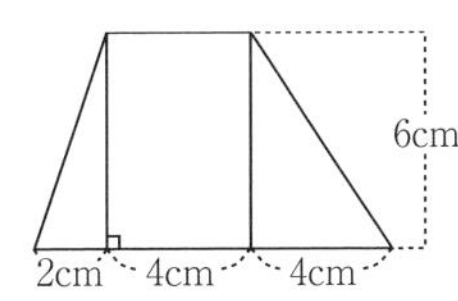

④ 台形2つで平行四辺形を作る。

$(4+10)\times6\div2=42$〔cm^2〕

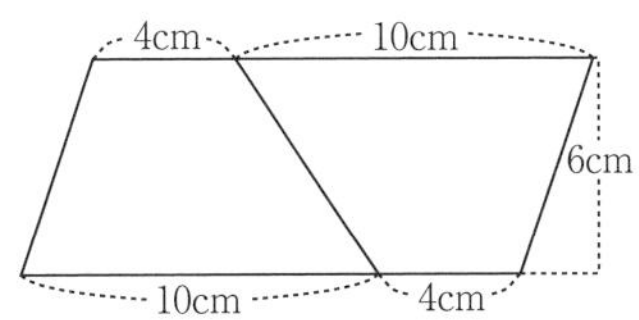

⑤ 長方形から2つの三角形をひく。

$(10\times6)-(2\times6\div2)-(4\times6\div2)$

$=60-6-12=42$〔cm^2〕

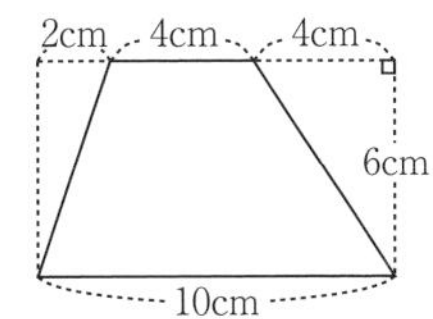

⑥ 面積移動させて2つの長方形に分ける。

$(4\times3)+(10\times3)=42$〔$cm^2$〕

のうちから3つ

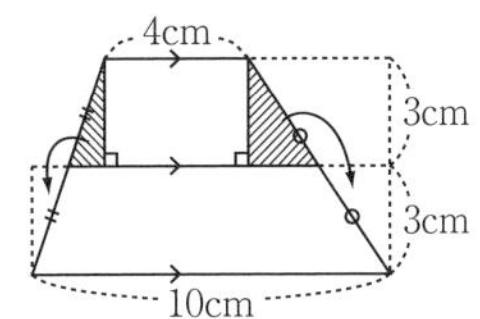

確認問題

1 次は，学習指導要領算数科の目標である。空欄に適語を入れよ。

数学的な見方・考え方を働かせ，（　A　）を通して，数学的に考える資質・能力を次のとおり育成することを目指す。

(1) 数量や図形などについての基礎的・基本的な概念や性質などを理解するとともに，（　B　）を数理的に処理する技能を身に付けるようにする。

(2) （　B　）を数理的に捉え見通しをもち（　C　）を立てて考察する力，基礎的・基本的な数量や図形の性質などを見いだし統合的・発展的に考察する力，数学的な表現を用いて事象を簡潔・明瞭・（　D　）に表したり目的に応じて柔軟に表したりする力を養う。

(3) （　A　）の楽しさや数学のよさに気付き，学習を振り返ってよりよく問題解決しようとする態度，算数で学んだことを（　E　）や学習に活用しようとする態度を養う。

2 次は，学習指導要領算数科に示されている内容の一部である。それぞれ第何学年のものか答えよ。

(1) 万の単位について知ること。

(2) 基本的な角柱や円柱について知ること。

(3) 日常生活の中で時刻を読むこと。

(4) 折れ線グラフの特徴とその用い方を理解すること。

3 次は，学習指導要領算数科の「指導計画の作成と内容の取扱い」の一部である。空欄に適語を入れよ。

(1) 第2の各学年の内容は，次の学年以降においても必要に応じて継続して指導すること。数量や図形についての（　A　）の習熟や維持を図るため，適宜練習の機会を設けて計画的に指導すること。また，学年間の指導内容を円滑に接続させるため，適切な（　B　）による学習指導を進めるようにすること。

(2) 数量や図形についての（　C　）を育てるとともに，およその大きさや形を捉え，それらに基づいて適切に判断したり，（　D　）な処理の仕方を考え出したりすることができるようにすること。

2 数や式と計算

●ポイント

この分野からは，毎年何らかの問題が出題されている。その内容としては，分数も混じえた四則混合計算が最も多く，次いで数列，因数分解，平方根，公倍数・公約数の順となっている。数列，公倍数・公約数については，小学校で学習するレベルの内容なので，解法を確実に身に付けておこう。また，因数分解と平方根については，基礎的知識を把握した上で，素早く解けるよう問題に慣れておこう。

1 四則混合計算

Point Check

1 四則の混じった計算の順序

1） 累乗があるときは，累乗を最初に計算する。
2） かっこのあるときは，かっこの中を先に計算する。
3） 加減と乗除のあるときは，乗除の計算を先にする。
4） 小数は分数になおしてから計算する。

2 分数式

① 乗法・除法

$$\frac{A}{B}\times\frac{C}{D}=\frac{AC}{BD} \qquad \frac{A}{B}\div\frac{C}{D}=\frac{A}{B}\times\frac{D}{C}=\frac{AD}{BC}$$

② 加法・減法

$$\frac{A}{B}+\frac{C}{D}=\frac{AD+BC}{BD} \qquad \frac{A}{B}-\frac{C}{D}=\frac{AD-BC}{BD}$$

例題 1 〈四則混合計算〉

次の計算をせよ。

(1) $\frac{1}{3}\div\frac{2}{5}+\frac{1}{4}\div\frac{1}{2}$　　(2) $\frac{a+b}{2}-\frac{a-b}{3}$

(3)　$18 \div (-3^2) + (-2)^2 \times 5$　　(4)　$\left\{\frac{1}{3} \div 0.75 \div \left(-\frac{2}{3}\right)^2\right\} \times (-0.3)$

解き方　(1)　$(与式) = \frac{1}{3} \times \frac{5}{2} + \frac{1}{4} \times 2 = \frac{5}{6} + \frac{1}{2} = \frac{10+6}{12} = \frac{16}{12} = \frac{4}{3}$

(2)　$(与式) = \frac{3a+3b}{6} - \frac{2a-2b}{6} = \frac{3a+3b-2a+2b}{6} = \frac{a+5b}{6}$

(3)　$(与式) = 18 \times \left(-\frac{1}{9}\right) + 4 \times 5 = -2 + 20 = 18$

(4)　$(与式) = \left(\frac{1}{3} \times \frac{100}{75} \times \frac{9}{4}\right) \times \left(-\frac{3}{10}\right) = -\frac{3}{10}$

2　因数分解

Point Check

1　共通因数をくくり出す

$$ma + mb = m(a+b)$$

2　因数分解の公式

① $a^2 + 2ab + b^2 = (a+b)^2$
② $a^2 - 2ab + b^2 = (a-b)^2$
③ $a^2 - b^2 = (a+b)(a-b)$
④ $x^2 + (a+b)x + ab = (x+a)(x+b)$
⑤ $acx^2 + (ad+bc)x + bd = (ax+b)(cx+d)$

例題2　〈因数分解〉

次の式を因数分解せよ。

(1)　$a(b-c) + c - b$　　(2)　$x^2 - 4x + 3$

(3)　$8a^2 - 18b^2$　　(4)　$3(x-1)^2 - (x+1)(2x-3)$

考え方　(1)　共通因数は$b-c$であるので，それをくくり出す。

(2)　公式④を利用する。

(3)　2でくくり出し，公式③を利用する。

(4)　各式をまず展開し整理してから，公式④を利用する。

解き方　(1)　(与式) $= a(b-c)-(b-c)=(b-c)(a-1)$

(2)　積が3，和が-4となるような2数は，-1と-3であるから，

(与式) $=(x-1)(x-3)$

(3)　(与式) $=2(4a^2-9b^2)=2(2a+3b)(2a-3b)$

(4)　(与式) $=3(x^2-2x+1)-(2x^2-x-3)$

$=3x^2-6x+3-2x^2+x+3=x^2-5x+6=(x-2)(x-3)$

3　平方根

Point Check

1　根号を含む基本計算

$$\sqrt{a}\times\sqrt{b}=\sqrt{ab}\qquad \frac{\sqrt{b}}{\sqrt{a}}=\sqrt{\frac{b}{a}}\qquad \sqrt{a^2b}=a\sqrt{b}\qquad (a>0,\ b>0)$$

2　分母の有理化

$$\frac{a}{\sqrt{b}}=\frac{a\sqrt{b}}{\sqrt{b}\times\sqrt{b}}=\frac{a}{b}\sqrt{b}$$

$$\frac{c}{\sqrt{a}\pm\sqrt{b}}=\frac{c}{\sqrt{a}\pm\sqrt{b}}\times\frac{\sqrt{a}\mp\sqrt{b}}{\sqrt{a}\mp\sqrt{b}}=\frac{c(\sqrt{a}\mp\sqrt{b})}{a-b}$$

例題3　〈平方根の計算〉

次の計算をせよ。

(1)　$\sqrt{27}+\dfrac{6}{\sqrt{3}}$　　　　(2)　$(\sqrt{2}-1)^2+\sqrt{8}$

考え方　(1)　$\sqrt{a^2b}=a\sqrt{b}$の利用，分母の有理化を行ってから，計算する。

(2)　展開公式（因数分解の公式の逆）を利用する。

解き方　(1)　(与式) $=\sqrt{3^2\times3}+\dfrac{6}{3}\sqrt{3}=3\sqrt{3}+2\sqrt{3}=5\sqrt{3}$

(2)　(与式) $=(\sqrt{2})^2-2\times\sqrt{2}\times1+1^2+\sqrt{2^2\times2}$

$=2-2\sqrt{2}+1+2\sqrt{2}=3$

例題4 〈平方根の式の値〉

$x=\sqrt{3}-2,\ y=\sqrt{3}+2$のとき，$x^2+y^2-xy$の値を求めよ。

考え方　x^2+y^2-xyを$x+y$とxyで表し，それぞれの数値を代入する。

解き方　
$$\begin{aligned}x^2+y^2-xy&=x^2+2xy+y^2-3xy\\&=(x+y)^2-3xy\\&=(\sqrt{3}-2+\sqrt{3}+2)^2-3(\sqrt{3}-2)(\sqrt{3}+2)\\&=(2\sqrt{3})^2-3\times(3-4)\\&=12+3=15\end{aligned}$$

4　公倍数と公約数

Point Check

1　最小公倍数

公倍数（2つ以上の整数に共通な倍数）のうち，最小の数。

例　2と3の最小公倍数は6

2　最大公約数

公約数（2つ以上の整数に共通な約数）のうち，最大の数。

例　12と18の最大公約数は6

3　最小公倍数と最大公約数の求め方

それぞれの数をともに割り切る素数（1は素数ではない）で順に割っていく。

例
```
2) 12  18
3)  6   9
    2   3
```
12と18の最小公倍数は縦横の数の積…$2^2\times3^2=36$

12と18の最大公約数は縦の数の積…$2\times3=6$

例題5 〈公倍数の利用〉

縦9cm，横15cmの長方形の紙を同じ向きにすき間なく並べて，できるだけ小さい正方形を作るには，この紙は何枚必要か。

考え方　できる正方形の1辺の長さは，9cmでも15cmでも割り切れることになるから，9と15の最小公倍数となる。

解き方　9と15の最小公倍数は45
縦に$45 \div 9 = 5$〔枚〕
横に$45 \div 15 = 3$〔枚〕並ぶから，
$5 \times 3 = 15$〔枚〕

5　記数法

Point Check

1　10進法からn進法への変換

$$
\begin{array}{r|ll}
n) & N & \\
n) & N_1 & \cdots e \\
n) & N_2 & \cdots d \\
n) & N_3 & \cdots c \\
 & a & \cdots b
\end{array}
$$

10進法で表される数Nを順次nで割って，それぞれの余りe，d，c，bを右に書いていき，商がnより小さくなったところでやめる。$abcde$がn進法で表された数である。

2　n進法から10進法への変換

n進法で表された数$N_{(n)}$の各位の数が上の位から
$a_1 a_2 a_3 \cdots a_m$のとき，

$$N_{(10)} = a_1 n^{m-1} + a_2 n^{m-2} + a_3 n^{m-3} + \cdots + a_{m-1} \cdot n^1 + a_m \cdot n^0$$

例題6〈記数法〉

次の各問いに答えよ。
(1)　10進法で表された12を2進法で表せ。
(2)　3進法で表された$10201_{(3)}$を10進法で表せ。

解き方　(1)

$$
\begin{array}{r|ll}
2) & 12 & \text{余り} \\
2) & 6 & \cdots 0 \\
2) & 3 & \cdots 0 \\
 & 1 & \cdots 1
\end{array}
$$

よって，$1100_{(2)}$

(2)
$$
\begin{aligned}
10201_{(3)} &= 1 \times 3^4 + 0 \times 3^3 + 2 \times 3^2 + 0 \times 3^1 + 1 \times 3^0 \\
&= 81 + 18 + 1 \\
&= 100_{(10)}
\end{aligned}
$$

6 数列

Point Check

1 数列

ある規則に従って数を順に並べたものを**数列**といい，その各数を項という。第1番目の項を**初項**，n番目の項を第n項，最後の項を**末項**という。

2 等差数列

初項から順に一定の数を加えて作られた数列を**等差数列**といい，一定の数のことを**公差**という。

例　初項　　第7項　　末項（第10項）

②，5，8，11，14，17，⑳，23，26，**29**

└公差3┘└3┘└3┘└3┘└3┘└3┘└3┘└3┘└3┘

① **等差数列の一般項**

初項a，公差dの等差数列の第n項（a_n）は，

$$a_n = a + (n-1)d$$

と表せ，最初の数に，公差の数を加えたことを意味する。

例　初項2，公差3の等差数列の第7項の数は，

$$a_7 = 2 + (7-1) \times 3 = 20$$

② **等差数列の和**

初項aから第n項までの和S_nは，末項をlとすると，

$$S_n = \frac{1}{2}n(a+l), \quad S_n = \frac{1}{2}n\{2a + (n-1)d\}$$

例　2 + 5 + 8 + 11 + 14 + 17 + 20の7個の数の和を求める。

$$S_7 = \frac{1}{2} \times 7 \times (2+20) = 77$$

（別解）初項　　末項

②+ 5 + 8 + 11 + 14 + 17 + **20**

+) **20** + 17 + 14 + 11 + 8 + 5 + ②

22 + 22 + 22 + 22 + 22 + 22 + 22　より，

$$(2+20) \times 7 \div 2 = 77$$

3 三角数

1からnまでの自然数の和（自然数の列1，2，3，4…の第1番目からn番目までの和）

$$1+2+3+\cdots+n=\frac{1}{2}n(n+1)$$

例題7 〈等差数列の一般項〉

正三角形を右の図のように並べていく。上の段から順に，1段目，2段目…と数えていくと，10段目には何個の三角形が並ぶか。

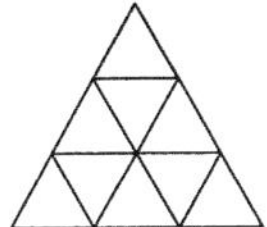

解き方　1段目1，2段目3，3段目5より，
1段増えるごとに正三角形は2個ずつ増えているから，
初項1，公差2の等差数列である。第10項の数は，

$$a_{10}=1+(10-1)\times 2=19〔個〕$$

例題8 〈三角数〉

右の図のように，おはじきを並べて正三角形を作る。8番目の正三角形を作るには，全部で何個のおはじきが必要か。

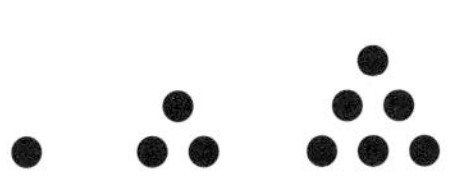

解き方　1番目は1個，2番目は1＋2〔個〕，3番目は1＋2＋3〔個〕必要であるから，
8番目は，1から8までの自然数の和となる。
三角数を利用して，

$$\frac{1}{2}\times 8(8+1)=36〔個〕$$

（別解）　等差数列の和の公式を利用して，

$$S_8=\frac{1}{2}\times 8\times(1+8)=36〔個〕$$

例題９ 〈周期性の問題〉

右の図のように，正三角形の色板を並べていく。12番目の三角形を作るには，色板が全部で何枚必要か。

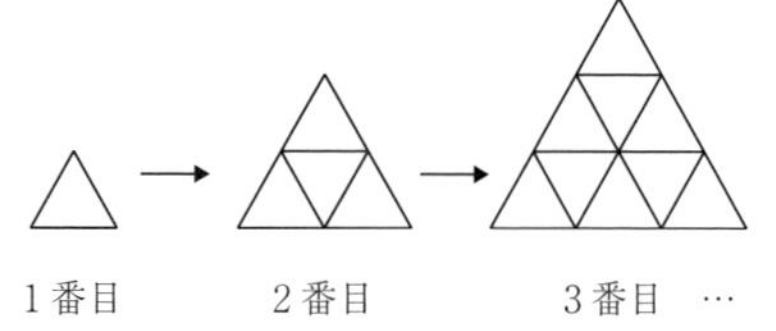

解き方 1番目……$1 \times 1 = 1$〔枚〕

2番目……$2 \times 2 = 4$〔枚〕

3番目……$3 \times 3 = 9$〔枚〕

となっているから，12番目の三角形の色板の数は，

$12 \times 12 = 144$〔枚〕

確認問題

4 次の計算をせよ。

(1) $\frac{3}{4}+\left(-\frac{1}{4}\right)^2\div\frac{5}{4}$　(2) $0.3-1\frac{1}{2}\div2\frac{1}{3}\div\left(-\frac{9}{14}\right)$

(3) $-2^2\times\frac{3}{2}+(-3)^3\div\left(-\frac{3}{2}\right)$　(4) $(-3)^2\times(-4)+24\div(-6)$

(5) $\sqrt{18}-\frac{8}{\sqrt{2}}$　(6) $(\sqrt{2}-3)^2+\frac{6}{\sqrt{2}}$

5 次の式を因数分解せよ。

(1) $x^2-2x-35$　(2) $a^2-ac-ab+bc$

(3) x^2+2x-y^2+2y　(4) $(2x+1)^2-3(x+1)(x-1)$

6 縦**56cm**，横**48cm**の長方形の台紙に，同じ大きさの正方形の色紙を敷き詰めるとき，色紙の枚数を最も少なくするには，色紙の**1**辺の長さを何**cm**にしたらよいか。

7 縦**2cm**，横**3cm**の長方形がある。この長方形を順に上下左右に**1cm**ずつ広げていく。**34**番目の長方形の周囲の長さを求めよ。

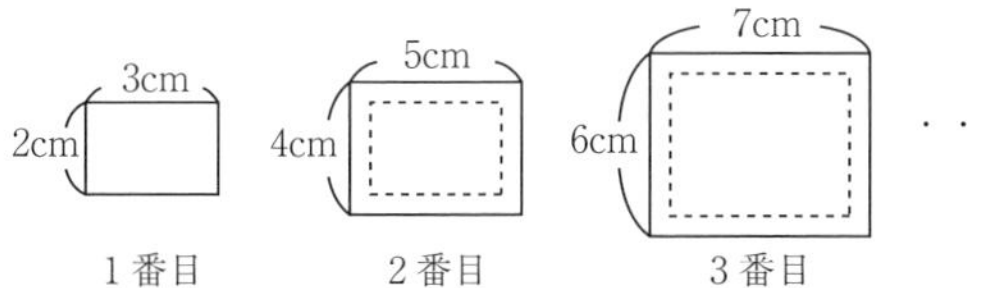

3 方程式・不等式

●ポイント

出題頻度の高い分野であるが，そのほとんどが文章題である。速さ，食塩水の濃度，数などに関して，1次方程式や連立方程式，2次方程式を利用して解く問題が多い。いずれの問題も中学レベルのものであるので，パターン化してその解法を確実にマスターしておこう。

1　1次方程式・連立方程式・不等式

Point Check

1　1次方程式の解法

$$ax = b \longrightarrow x = \frac{b}{a}$$

例

$$\frac{x-2}{3} = 2x + 6$$
$$x - 2 = (2x + 6) \times 3$$
$$x - 2 = 6x + 18$$
$$x - 6x = 18 + 2$$
$$-5x = 20$$
$$x = -4$$

（移項する）（$ax = b$の形へ）

2　文章題に利用する基本事項

① 速さ

$$速さ = \frac{距離}{時間}$$

② 濃度

$$濃度〔\%〕 = \frac{溶けている物質の重さ}{水の重さ＋溶けている物質の重さ} \times 100$$

③ 仕事算

仕事量の全体を1と考え，1日または1時間の仕事量や，仕上げるのにかかる日数または時間を求める問題を仕事算という。

1）1日の仕事量

1日の仕事量＝1÷仕上げるのにかかる日数

2）A，Bの2人で仕事をするときにかかる日数

$$\text{仕上げるのにかかる日数} = 1 \div \left(\frac{1}{\text{Aの日数}} + \frac{1}{\text{Bの日数}} \right)$$

3 連立方程式

① 代入法

一方の方程式を他方の方程式に代入して，文字を消去する。

例 $\begin{cases} y = 2x + 5 & \cdots(1) \\ x + y = 2 & \cdots(2) \end{cases}$

(1)を(2)に代入　$x + (2x + 5) = 2$

$3x = -3$

$x = -1$

これを(1)に代入　$y = 2 \times (-1) + 5 = 3$

② 加減法

2つの方程式の辺々を加減して文字を消去する。

例 $\begin{cases} 2x - y = 5 & \cdots(1) \\ x + y = 1 & \cdots(2) \end{cases}$

(1)+(2)

$$\begin{array}{rr} & 2x - y = 5 \\ +) & x + y = 1 \\ \hline & 3x \quad = 6 \end{array}$$

よって，$x = 2$

これを(2)に代入　$2 + y = 1$　よって，$y = -1$

4 不等式

$ax > b$において，$\begin{cases} a > 0\text{のとき，} x > \dfrac{b}{a} \\ a < 0\text{のとき，} x < \dfrac{b}{a} \end{cases}$

例 $-(10x + 5) \geqq 25$

$-10x - 5 \geqq 25$

$-10x \geqq 30$

$x \leqq -3$

例題1 〈1次方程式の応用――速さに関する問題①〉

20km離れたところへ行くのに，はじめは自転車で25km/時の速さで行ったが，途中からは5km/時で歩いたため，全体で2時間かかった。自転車に乗った距離を求めよ。

考え方 時間＝$\dfrac{距離}{速さ}$ であるから，自転車に乗った時間＋歩いた時間＝2時間　を方程式で表す。

解き方 自転車に乗った距離を$x$kmとすると，歩いた距離は$(20-x)$kmとなる。

$$\frac{x}{25}+\frac{20-x}{5}=2$$
$$x+5(20-x)=50$$
$$-4x=-50$$
$$x=12.5〔\text{km}〕$$

例題2 〈1次方程式の応用――速さに関する問題②〉

弟が家を出発してから20分後に兄が自転車で弟を追いかけた。弟の速さは70m/分，兄の速さは270m/分とすると，兄が弟に追いつくのは兄が家を出発してから何分後か。

解き方 兄が出発してからx分後に追いつくとして，図で表すと次のようになる。

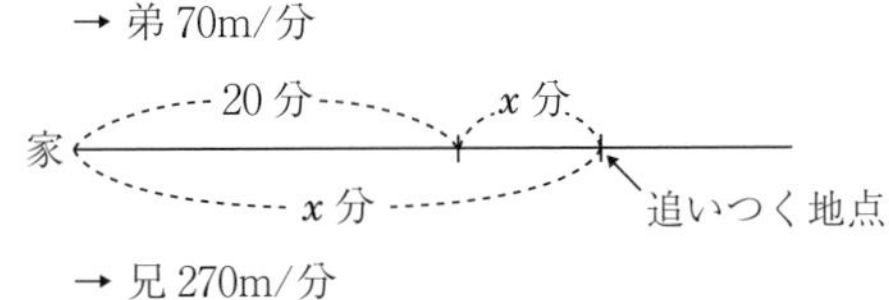

弟が兄に追いつかれるのは，$(20+x)$分後であるから，
兄が進んだ距離は$270x$m，弟の進んだ距離は$70(20+x)$mである。
よって，$270x=70(20+x)$

$$270x=1400+70x$$
$$200x=1400$$
$$\therefore x=7〔分〕$$

例題3 〈1次方程式の応用――濃度〉

10％の食塩水と5％の食塩水を混ぜて，8％の食塩水を450g作りたい。それぞれ何gずつ混ぜればよいか。

解き方 10％の食塩水をxgとすれば，5％の食塩水は$(450-x)$gとなる。

$$x \times \frac{10}{100} + (450-x) \times \frac{5}{100} = 450 \times \frac{8}{100}$$

$$10x + 2250 - 5x = 3600$$

$$5x = 1350$$

$$x = 270 \text{〔g〕}$$

したがって，10％の食塩水270g，5％の食塩水180gを混ぜればよい。

例題4 〈1次方程式の応用――数に関する問題〉

一の位の数字が7である2桁の整数がある。この整数の一の位の数字と十の位の数字を入れかえてできる数は，もとの数より45大きくなるという。もとの整数を求めよ。

考え方 十の位の数字がaで，一の位の数字がbである2桁の整数は，$10a+b$で表される。

解き方 もとの整数の十の位の数字をaとすると，もとの整数は$10a+7$
一の位の数字と十の位の数字を入れかえてできる数は，$7 \times 10 + a = 70 + a$と表せる。
この数が，もとの数より45大きいのであるから，

$$70 + a = 10a + 7 + 45$$

$$-9a = -18$$

$$a = 2$$

したがって，もとの整数は27

例題5 〈1次方程式の応用——過不足に関する問題〉

子どもにエンピツを分けるのに，1人に4本ずつ分けると8本余り，1人に5本ずつ分けると2本不足する。子どもは何人いるか。また，エンピツは何本あるか。

解き方　子どもの人数をx人とすると，

$$4x + 8 = 5x - 2$$
$$-x = -10$$
$$x = 10〔人〕$$

このとき，エンピツの本数は，

$$4 \times 10 + 8 = 48〔本〕$$

例題6 〈仕事算〉

ある仕事をやり遂げるのに，A君は12日，B君は18日，C君は24日かかる。3人でこの仕事を始めたが，途中でC君が数日休んだので，仕事を終えるのに6日かかった。C君は何日休んだか。

考え方　A君とB君は6日間仕事をしたので，残りがC君の仕事量となる。

A君，B君，C君のそれぞれの1日の仕事量は，$\frac{1}{12}$，$\frac{1}{18}$，$\frac{1}{24}$である。

解き方　C君が仕事を休んだ日数をx日とすると，

C君が仕事をした日数は$(6 - x)$日。

C君の仕事量は，全体の仕事量である1から，A君とB君の6日間の仕事量を引いたものであるので，

$$(6 - x) \times \frac{1}{24} = 1 - \left(\frac{1}{12} + \frac{1}{18}\right) \times 6$$
$$6 - x = \frac{1}{6} \times 24$$
$$x = 2〔日〕$$

例題7 〈連立方程式の応用〉

A中学校の昨年の生徒数は，男女合わせて420人であった。今年は男子が5%増加し，女子が6%増加したので，全体の人数が23人増加した。この中学校の今年の男子，女子の生徒数を求めよ。

解き方 昨年の男子をx人，女子をy人とすると，

$$\begin{cases} x + y = 420 & \cdots① \\ \dfrac{5}{100}x + \dfrac{6}{100}y = 23 & \cdots② \end{cases}$$

①×5－②×100より，

$$\begin{array}{rl} & 5x + 5y = 2100 \\ -) & 5x + 6y = 2300 \\ \hline & -y = -200 \end{array}$$

よって，　$y = 200$〔人〕

これを①に代入して，$x = 220$〔人〕

今年の男子生徒数は，$220 \times \dfrac{105}{100} = 231$〔人〕

今年の女子生徒数は，$200 \times \dfrac{106}{100} = 212$〔人〕

例題8 〈不等式の応用〉

1個90円のりんごと1個70円のかきを合わせて25個箱に詰めてもらい，代金は箱代100円を含めて2000円以下になるようにしたい。りんごは何個まで入れることができるか。

解き方 りんごの個数をx個とすると，かきの個数は$(25-x)$個となる。

$$90x + 70(25-x) + 100 \leqq 2000$$
$$90x + 1750 - 70x + 100 \leqq 2000$$
$$90x - 70x \leqq 2000 - 1750 - 100$$
$$20x \leqq 150$$
$$x \leqq 7.5$$

xは整数なので最大で $x = 7$

よって，りんごは7個まで入れることができる。

2　2次方程式

Point Check

1　2次方程式の解法

①　完全平方式の利用

$$(x+a)^2=b\text{の解}\longrightarrow x=-a\pm\sqrt{b}$$

例　$x^2-4x-1=0$

$x^2-4x=1$

$x^2-4x+2^2=1+2^2$　（4の半分の2を2乗したものを両辺に足す）

$(x-2)^2=5$

$x-2=\pm\sqrt{5}$

$x=2\pm\sqrt{5}$

②　因数分解の利用

$$x^2+bx+c=(x+p)(x+q)=0\text{の解}\longrightarrow x=-p,\ -q$$

③　解の公式の利用

$$ax^2+bx+c=0\quad(a\neq 0)\text{の解}\longrightarrow x=\frac{-b\pm\sqrt{b^2-4ac}}{2a}$$

例題9　〈2次方程式の解〉

次の2次方程式を解け。

(1)　$(x-2)^2=49$　　(2)　$x^2-4x-2=0$

(3)　$2x^2=(x-2)(x-3)$　　(4)　$-x^2-3x+1=0$

考え方　(1)・(2)　完全平方式を利用する。

(3)　まず展開し$ax^2+bx+c=0$の形に整理してから，因数分解しなおす。

(4)　解の公式を利用する。

解き方　(1)　$(x-2)^2=7^2$より，

$x-2=\pm 7$　　$x=-5,\ 9$

(2)　$x^2-4x+4=2+4$

$(x-2)^2=6$

$x-2=\pm\sqrt{6}$　　$x=2\pm\sqrt{6}$

(3) 右辺を展開して整理すると，

$$2x^2 = x^2 - 5x + 6$$

$$x^2 + 5x - 6 = 0$$

$$(x + 6)(x - 1) = 0$$

$$x = -6,\ 1$$

(4) $a = -1$，$b = -3$，$c = 1$を，解の公式に代入する。

$$x = \frac{3 \pm \sqrt{(-3)^2 + 4}}{-2} = -\frac{3 \pm \sqrt{13}}{2}$$

例題10 〈2次方程式の解の意味〉

2次方程式 $x^2 + ax - (4a + 7) = 0$の1つの解が3であるとき，もう1つの解を求めよ。

解き方 $x = 3$を与えられた方程式に代入する。

$3^2 + 3a - (4a + 7) = 0$　　　よって，$a = 2$

$a = 2$を与えられた方程式に代入する。

$x^2 + 2x - 15 = 0$

$(x + 5)(x - 3) = 0$　　　$x = -5,\ 3$

よって，他の解は$x = -5$

例題11 〈2次方程式の図形への応用〉

縦が14m，横が17mの長方形の土地に，右の図のように同じ幅の道路をつけたところ，残りの面積が208m^2になった。道路の幅は何mか。

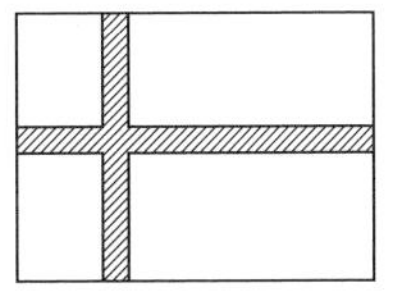

解き方 右の図のように，道路の位置を移動させて考える。
道路の幅をxmとすると，残りの面積は，
縦$(14 - x)$m，横$(17 - x)$mの長方形の面積になる。

$(14 - x)(17 - x) = 208$

$238 - 31x + x^2 = 208$

$x^2 - 31x + 30 = 0$

$(x - 30)(x - 1) = 0$　　　よって，$x = 30,\ 1$

$x < 14$より，$x = 1$〔m〕

確認問題

8　弟が，2 km離れた駅に向かって家を出発した。それから14分たって兄が自転車で同じ道を追いかけた。弟の歩く速さは66 m/分，兄の自転車の速さは220 m/分であるとすると，兄は出発してから何分後に弟に追いつくか。

9　6％の食塩水と12％の食塩水を混ぜ合わせて，8％の食塩水を600 g作りたい。6％と12％の食塩水はそれぞれ何gずつ必要か。

10　2桁の正の整数がある。十の位の数と一の位の数との和は12で，その数字を入れかえると，もとの数より18小さくなる。この2桁の正の整数を求めよ。

11　2次方程式 $ax^2-(a+3)x+4-a^2=0$ の1つの解が -3 であるとき，aの値を求めよ。

12　連続した3つの整数がある。そのうちの最大の数と最小の数の積に真ん中の数の2倍を加えると14になる。最小の数を求めよ。

4 関数

●ポイント

1次関数と2次関数の融合問題が最も多く，2次関数に関しては，頂点が原点にある$y=ax^2$の形のものが大半を占めている。直線の方程式を求めたり，直線で囲まれた図形の面積を求めたりする問題が多く出題されているが，いずれも関数の性質や方程式の基本形などを押さえておけば，十分対応できる。

1 1次関数

Point Check

1 1次関数 $y=ax+b$のグラフ

① **a…傾き**
　b…切片（y軸との交点のy座標）

② **$a>0$**のとき，**右上がり**の直線
　$a<0$のとき，**右下がり**の直線

③ x軸との交点のx座標…$-\dfrac{b}{a}$

④ $y=ax$に平行

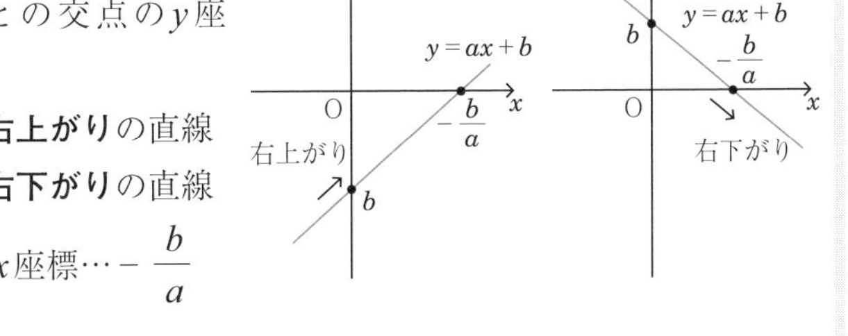

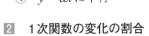

2 1次関数の変化の割合

$$（変化の割合）=\frac{（yの増加量）}{（xの増加量）}=（一定）$$

3 直線の方程式

① **傾きaで点$(x_1,\ y_1)$を通る直線**

$$y-y_1=a(x-x_1)$$

例 傾き2で点(1，3)を通る直線

$$y-3=2(x-1)$$
$$y=2x+1$$

② **2点 (x_1, y_1)，(x_2, y_2) を通る直線**

・$y-y_1=\dfrac{y_2-y_1}{x_2-x_1}(x-x_1)$

・直線の式を，$y=ax+b$ とおき，連立方程式により求める。

例 2点 (1, 1)，(2, 4) を通る直線

$$y-1=\frac{4-1}{2-1}(x-1)$$

$$y=3(x-1)+1$$

$$y=3x-2$$

4 2直線の関係

2直線　$y=mx+n$，$y=m'x+n'$ について，

平行 ⟶ $m=m'$（傾きが同じ）

垂直 ⟶ $mm'=-1$

5 2直線の交点

2直線 $y=mx+n$，$y=m'x+n'$ の交点は，2つの式を連立方程式としたときの解である。

例題 1 〈直線の方程式〉

次の直線の式を求めよ。

(1) 2点 $(-2, 3)$，$(1, -6)$ を通る直線

(2) 点 $(-2, 5)$ を通り，直線 $y=-2x-3$ に平行な直線

解き方 (1) $y-y_1=\dfrac{y_2-y_1}{x_2-x_1}(x-x_1)$ より，

$$y-3=\frac{-6-3}{1-(-2)}\times\{x-(-2)\}$$

$$y=\frac{-9}{3}(x+2)+3=-3x-3$$

よって，求める式は，$y=-3x-3$

(2) $y=-2x-3$ に平行なので，傾きは -2 である。

$y=-2x+b$ とすると，点 $(-2, 5)$ を通ることから，

$5=4+b$

よって，$b=1$

したがって，求める式は，$y=-2x+1$

例題2 〈直線で囲まれた三角形の面積〉

直線$2x+y-3=0$と直線$x+2y-2=0$の交点をP，y軸との交点をそれぞれA，Bとするとき，△ABPの面積を求めよ。

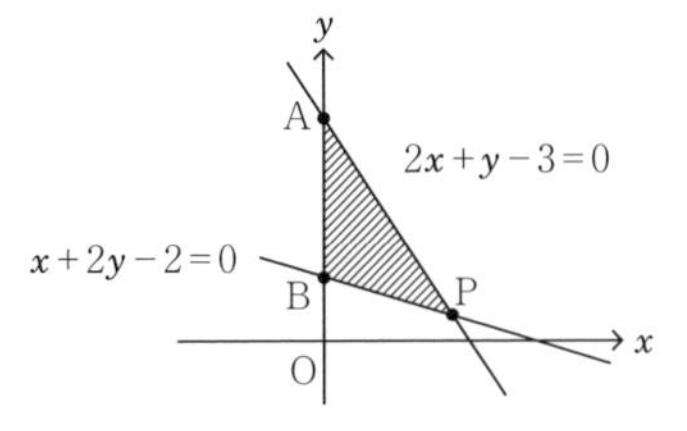

考え方 三角形の面積はx軸やy軸との交点の座標を，底辺や高さとしてみる。ここでは，2直線のy軸との交点を三角形の底辺とみる。底辺の長さは，2直線のy座標の差で求められる。高さとなる2直線の交点のx座標は，連立方程式の解である。

解き方 $2x+y-3=0$を変形して，$y=-2x+3$ …①

$x+2y-2=0$を変形して，$y=-\dfrac{1}{2}x+1$ …②

よって，底辺ABの長さは，これらの切片の差で

$$3-1=2$$

次に，△ABPの高さは交点Pのx座標であるから，

①を②に代入して，

$$-2x+3=-\frac{1}{2}x+1$$

$$-4x+x=2-6$$

よって，　$x=\dfrac{4}{3}$

したがって，求める面積は，

$$\frac{1}{2}\times2\times\frac{4}{3}=\frac{4}{3}$$

2　2次関数

Point Check

1　$y=ax^2$のグラフ（$a \neq 0$）

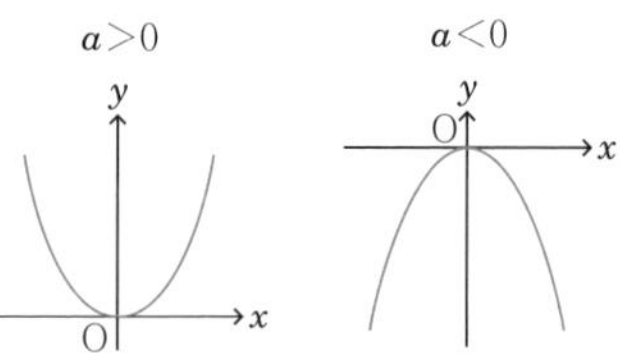

① 原点を通る放物線（**原点は頂点**）

② **y軸に関して対称**

③ $a>0$のとき，**下に凸**（$y=0$が最小値）

$a<0$のとき，**上に凸**（$y=0$が最大値）

2　$y=a(x-p)^2+q$のグラフ（$a \neq 0$）

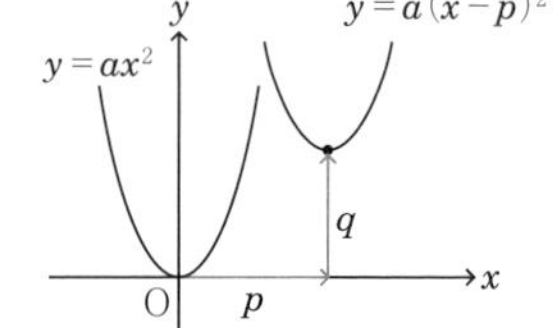

① $y=ax^2$のグラフを，x軸方向にp，y軸方向にqだけ平行移動した放物線

② 軸…直線$x=p$

頂点…（p，q）

③ $a>0$のとき，下に凸なので頂点において最小

$a<0$のとき，上に凸なので頂点において最大

$a>0$のとき

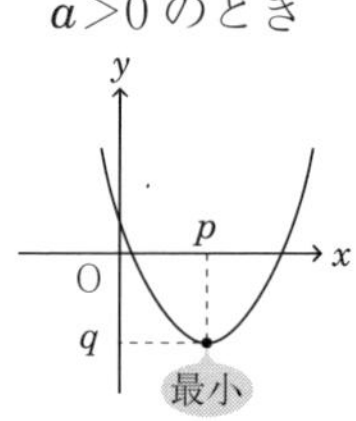

$a<0$のとき

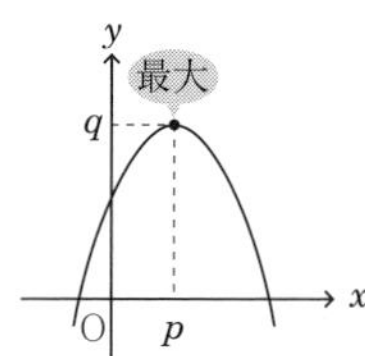

3　変化の割合

$y=ax^2+bx+c$で，xの値が変化したときの変化の割合は，

$$(\text{変化の割合})=\frac{(y\text{の増加量})}{(x\text{の増加量})}$$

例　関数$y=x^2$において，xが2から4まで増加するとき，

$$(\text{変化の割合})=\frac{4^2-2^2}{4-2}=6$$

4　2次関数と直線との交点

$y=ax^2$と$y=mx+n$の2つのグラフの交点は，2つの式の連立方程式の解である。

例題3 〈関数と変域〉

関数$y=2x^2$で，xの変域を$-1 \leqq x \leqq 3$とするとき，yの変域を求めよ。

解き方 $y=2x^2$の最小値は，$x=0$のとき，$y=0$である。

$x=3$のとき，$y=2\times 3^2=18$

$x=-1$のとき，$y=2\times(-1)^2=2$

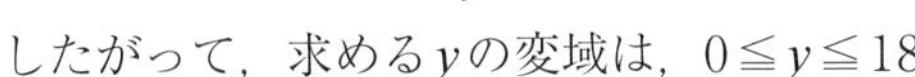

したがって，求めるyの変域は，$0 \leqq y \leqq 18$

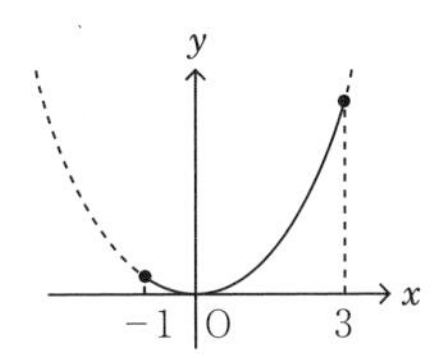

例題4 〈2次関数のグラフ〉

グラフが，3点(0，3)，(1，6)，(−1，2)を通る2次関数について，次の各問いに答えよ。

(1) この2次関数を求めよ。

(2) この2次関数のグラフの頂点の座標を求めよ。

考え方 (1) $y=ax^2+bx+c$とおき，それぞれの値を代入して連立方程式として解く。

(2) $y=a(x-p)^2+q$の形に変形する。このとき，頂点は(p, q)となる。

解き方 (1) 求める2次関数を$y=ax^2+bx+c$とおく。

点(0，3)を通るから，$3=c$ …①

点(1，6)を通るから，$6=a+b+c$ …②

点(−1，2)を通るから，$2=a-b+c$ …③

①より，$c=3$を②③に代入すると，

$a+b=3$ …②′

$a-b=-1$ …③′

②′+③′より，

$a=1$

②′に代入して，

$b=2$

よって，$y=x^2+2x+3$

(2) $y=x^2+2x+3$

$=x^2+2x+1+2$

$=(x+1)^2+2$

よって，頂点の座標は(−1，2)

例題5 〈グラフと三角形の面積〉

右の図のように，放物線$y=\frac{1}{2}x^2$と直線$y=x+4$の交点をA，Bとする。

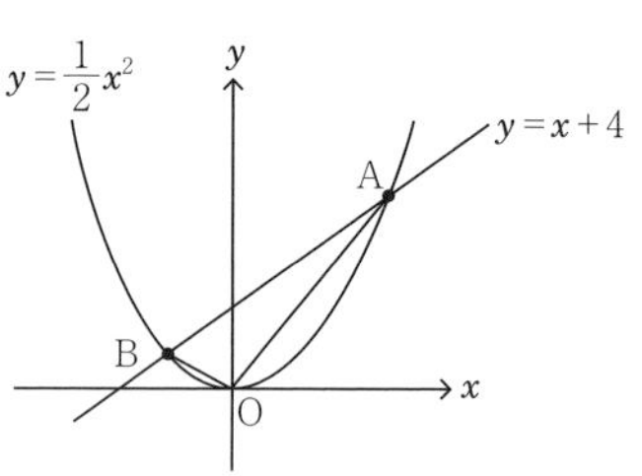

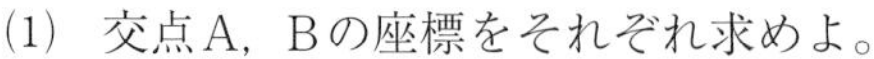

(1)　交点A，Bの座標をそれぞれ求めよ。

(2)　△OABの面積を求めよ。

(3)　点Bを通り，△OABの面積を2等分する直線と線分OAが交わる点の座標を求めよ。

考え方　(1)　2つの式のyを消去して求める。

(2)　△OABをy軸で2つの部分に分けて考える。

(3)　三角形の面積は，1つの頂点とその対辺の中点を結んだ直線で2等分される。

解き方　(1)

$$\begin{cases} y=\frac{1}{2}x^2 \\ y=x+4 \end{cases}$$

より，

$$\frac{1}{2}x^2=x+4$$

$$x^2-2x-8=0$$

$$(x-4)(x+2)=0$$

$$x=-2,\ 4 \qquad y=2,\ 8$$

よって，A(4，8)，B(−2，2)

(2)　右の図のように，直線$y=x+4$とy軸との交点をPとすると，直線の切片は4だから

$$\mathrm{OP}=4$$

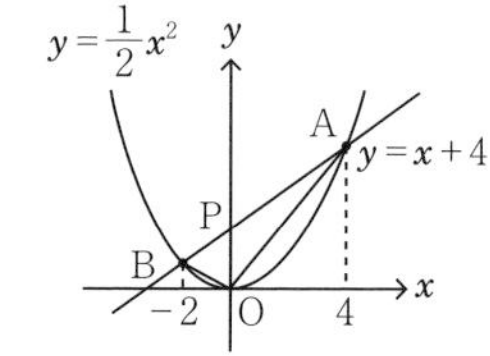

△OABを△OPBと△OPAに分け，いずれもOPを底辺とすると，△OPBの高さは2，△OPAの高さは4であるから，△OABの面積は，

$$4\times(2+4)\times\frac{1}{2}=12$$

(3)　点Bを通り，△OABの面積を2等分する直線は，線分OAの中点を通る。

線分OAの中点は，$\left(\frac{4}{2},\ \frac{8}{2}\right)=(2,\ 4)$

確認問題

13 右の図について，次の各問いに答えよ。

(1) 直線l，直線mの式を求めよ。

(2) 2直線l，mとの交点Pの座標を求めよ。

(3) △PBCの面積を求めよ。

(4) △PABの面積を求めよ。

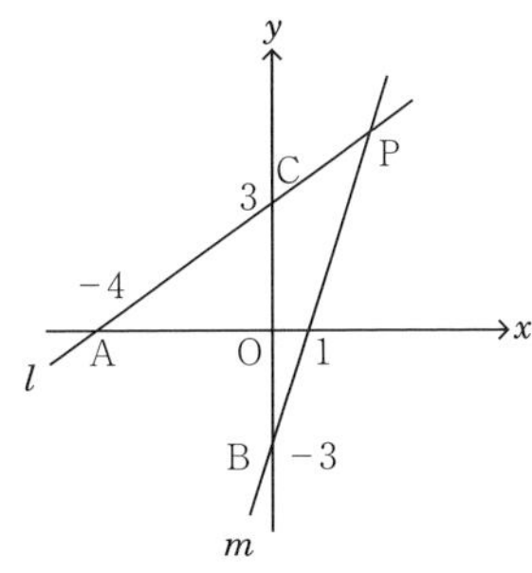

14 関数$y=ax^2$について，$x=2$のとき$y=-12$である。xの変域が$-1\leqq x\leqq 4$のとき，yの変域を求めよ。

15 右の図のように，点$(-1,\ 1)$で交わる放物線と直線g，それらと点Bで交わる直線l：$y=2x$がある。これについて，次の各問いに答えよ。

(1) 放物線の式を求めよ。

(2) 交点Bの座標を求めよ。

(3) △OABの面積を求めよ。

(4) 原点Oを通り，△OABの面積を2等分する直線の式を求めよ。

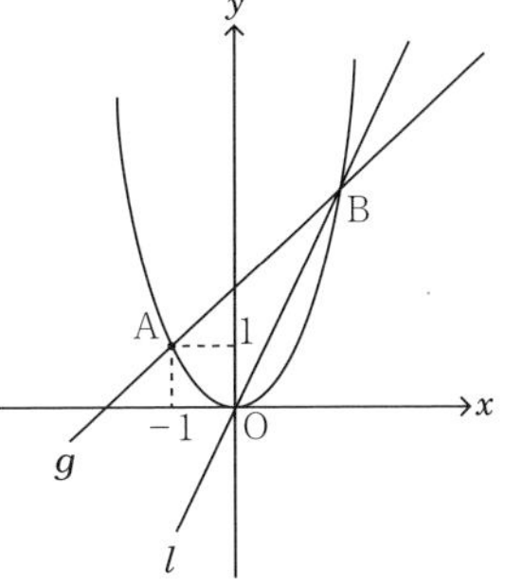

5 図形

●ポイント

全分野の中で図形に関する出題が圧倒的に多い。内容的には，相似，円の性質，三平方の定理を利用して，線分の長さ，角度，面積を求める問題が大半を占める。単に基本を覚えているだけでは通用しないので，いろいろな問題に当たり，それらの知識を駆使できるよう練習を積んでおこう。

1 角と平行線

Point Check

1 平行線と角

$l \parallel m$のとき，

① **対頂角は等しい。** $\angle \boldsymbol{a} = \angle \boldsymbol{b}$

② **同位角は等しい。** $\angle \boldsymbol{a} = \angle \boldsymbol{c}$

③ **錯角は等しい。** $\angle \boldsymbol{b} = \angle \boldsymbol{c}$

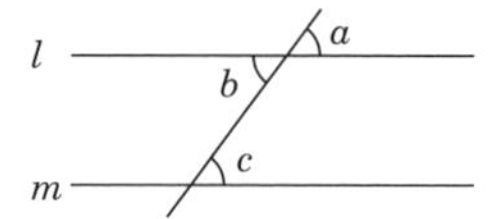

2 三角形と角

① 内角の和は180°

② 外角は，他の内角の和に等しい。

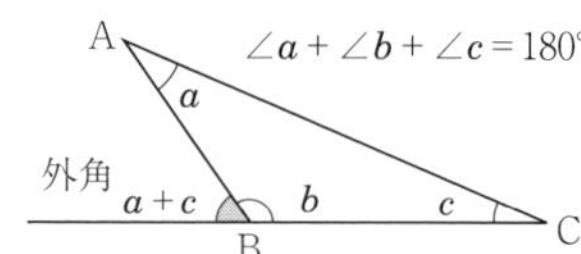

3 多角形

① n角形の**内角の和…$\mathbf{180°\times(n-2)}$**

例　六角形の内角の和は，$180° \times (6-2) = 720°$

② n角形の**外角の和…$\mathbf{360°}$**

③ n角形の対角線の総数…$\dfrac{n(n-3)}{2}$本

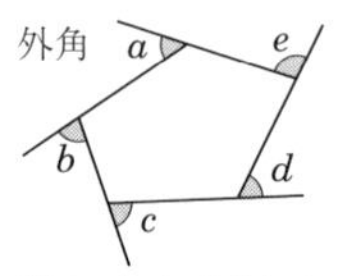

∠a + ∠b + ∠c + ∠d + ∠e = 360°

例題1 〈平行線と角〉

∠ADC＝70°の平行四辺形ABCDを，右の図のようにEFを折り目にして折り返したとき，頂点C，Dのくる位置をそれぞれG，Hとする。HG∥BFのとき，∠EFGの大きさを求めよ。

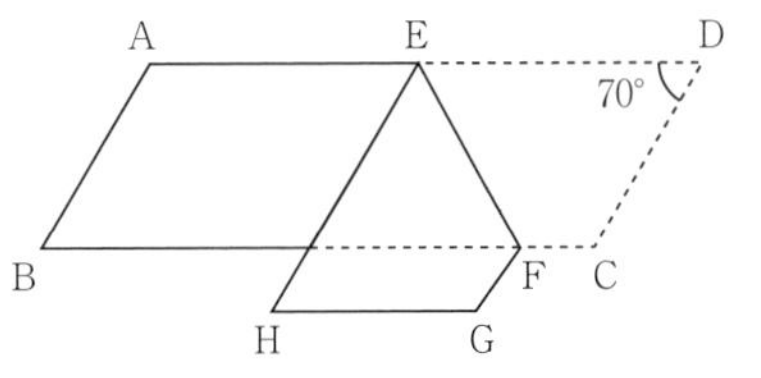

考え方 平行四辺形であることから，AD∥BCであり，錯角はどこかを考える。

解き方 折り返したこと，またHG∥BF∥AD，EH∥FGより，

∠EHG＝∠AEH＝∠BFG＝∠ADC＝70°

折り返したところは同じ角度であるから，

$$∠HEF = ∠DEF = (180° - 70°) \times \frac{1}{2} = 55°$$

AD∥BCより，

∠EFB＝∠DEF＝55°

よって，∠EFG＝∠EFB＋∠BFG＝55°＋70°＝125°

例題2 〈三角形と角〉

右の図で，∠A～∠Eまでの5つの角の総和は何度か。

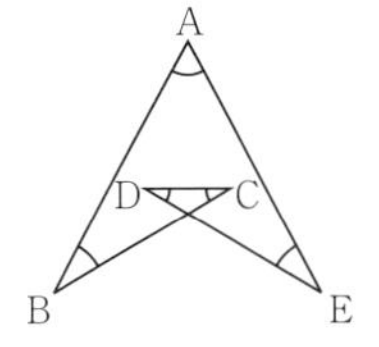

考え方 三角形の内角の和は180°，∠Cと∠Dの和はどの角と等しくなるかを考え，△ABEの内角の和と結びつける。

解き方 右の図のように，BとEとを結び，BCとDEとの交点をPとすると，

△PBEと△PCDにおいて，

∠BPE＝∠DPC

であるから，残りの内角の和は等しくなる。

よって，∠PBE＋∠PEB＝∠C＋∠D　…①

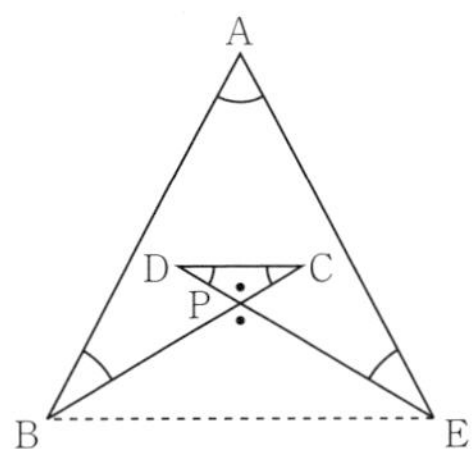

次に，

$\angle ABE = \angle B + \angle PBE$　…②

$\angle AEB = \angle E + \angle PEB$　…③

②と③の辺々を加えて，

$\angle ABE + \angle AEB = \angle B + \angle E + \angle PBE + \angle PEB$

この式に①を代入して，

$\angle ABE + \angle AEB = \angle B + \angle C + \angle D + \angle E$

よって，∠A～∠Eまでの角の総和は，

△ABEの内角の和と等しくなるから，

$\angle A + \angle B + \angle C + \angle D + \angle E = 180°$

2 三角形

Point Check

1 三角形の合同条件

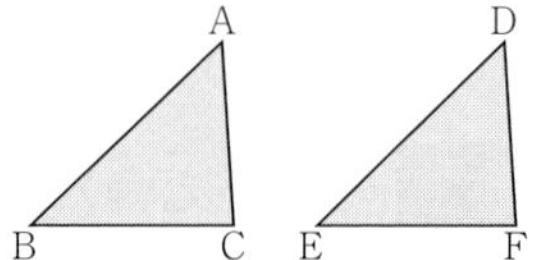

① 3辺がそれぞれ等しい。

AB = DE，BC = EF，CA = FD

② 2辺とその間の角がそれぞれ等しい。

AB = DE，BC = EF，∠B = ∠E

③ 1辺とその両端の角がそれぞれ等しい。

BC = EF，∠B = ∠E，∠C = ∠F

2 三角形の相似条件

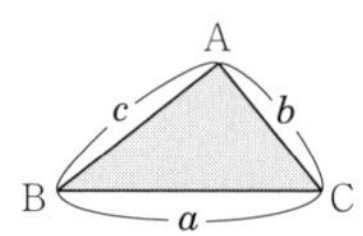

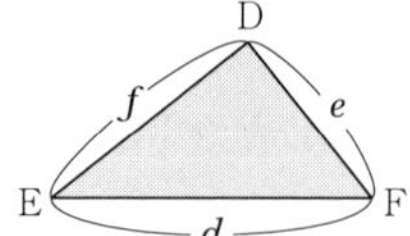

① 3組の辺の比が等しい。

$a : d = b : e = c : f$

② 2組の辺の比とその間の角が等しい。

$a : d = c : f$　　∠B = ∠E

③ 2組の角がそれぞれ等しい。

∠B = ∠E　　∠C = ∠F

3 三角形と線分の比

△ABCにおいて，点D，Eを辺AB，AC上，またはその延長上にとるとき，

DE // BCならば，△ABC∽△ADEで，

$$\frac{AD}{AB}=\frac{AE}{AC}=\frac{DE}{BC}$$

$$\frac{AD}{DB}=\frac{AE}{EC}$$

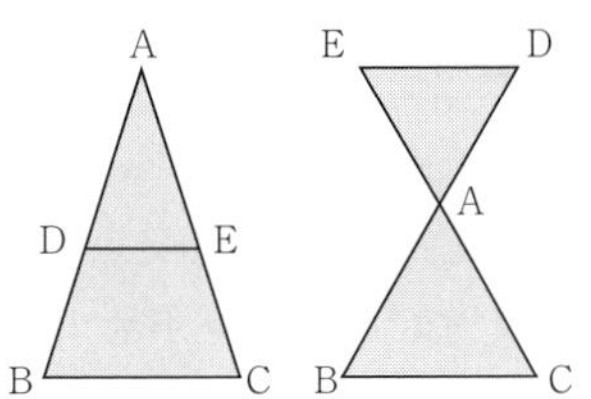

4 三角形と面積の比

三角形において高さが等しいとき，面積の比は，底辺の比に等しい。

△ABC：△ACD：△ABD = BC：CD：BD

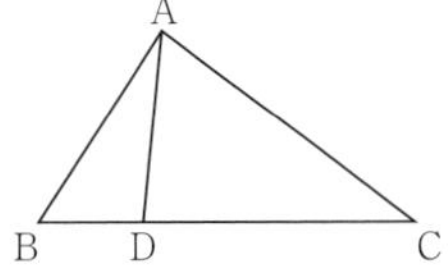

5 中点連結定理

△ABCの2辺AB，ACの中点をそれぞれM，Nとすると，

$$\mathbf{MN /\!/ BC} \qquad \mathbf{MN = \frac{1}{2}BC}$$

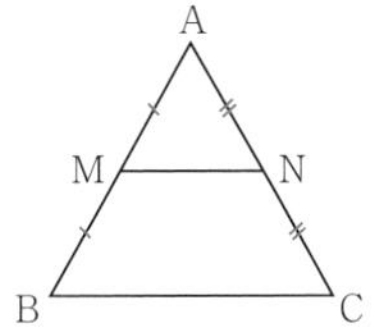

6 三平方の定理

① 三平方の定理

直角三角形の直角をはさむ2辺の長さをa，b，斜辺の長さをcとすれば，

$$\boldsymbol{a^2+b^2=c^2}$$

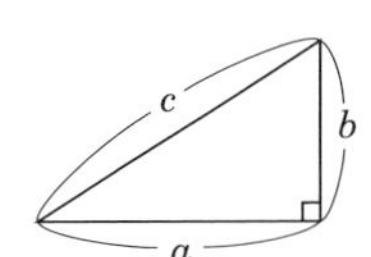

② 特別な直角三角形の3辺の比

・直角二等辺三角形

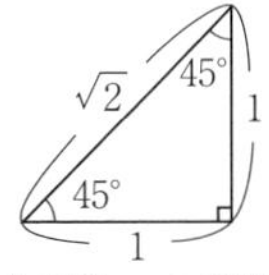

・鋭角が30°，60°の直角三角形

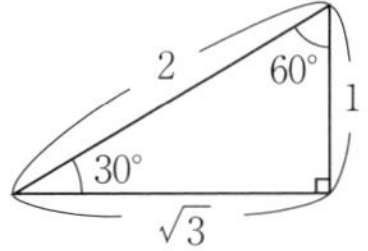

③ 立体図形への利用

3辺の長さが，a，b，cである直方体の対角線の長さは，

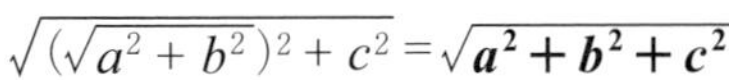

$$\sqrt{(\sqrt{a^2+b^2})^2+c^2}=\boldsymbol{\sqrt{a^2+b^2+c^2}}$$

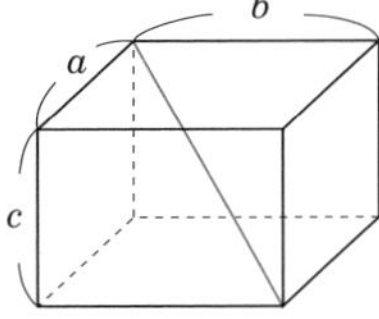

例題3 〈三角形と線分の比〉

右の図の平行四辺形ABCDで，AB = 6cm，BE = 4cm，AEとDCを延長した交点をFとしたとき，DF = 14cm である。BCの長さを求めよ。

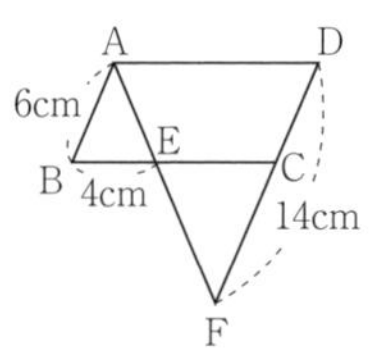

考え方 2つの三角形について，はじめに角，次に辺の比を調べ，相似な三角形を見つけだす。2つの三角形が相似であれば，対応する辺の比が等しい。

解き方 △ABEと△FCEについて，

∠EAB = ∠EFC（錯角），∠BEA = ∠CEF（対頂角）より，

△ABE ∽ △FCEであるから，

AB：FC = BE：CE

また，AB = DC = 6より，

FC = 14 − 6 = 8〔cm〕

よって，6：8 = 4：CE

$$CE = \frac{16}{3}〔cm〕$$

$$BC = BE + CE = 4 + \frac{16}{3} = \frac{28}{3}〔cm〕$$

例題4 〈中点連結定理〉

右の図の四角形ABCDは，AD // BC，AD = 8，BC = 12 の台形である。辺AB，CDの中点をそれぞれM，Nとし，対角線BD，ACとMNとの交点を順にP，Qとするとき，PQの長さを求めよ。

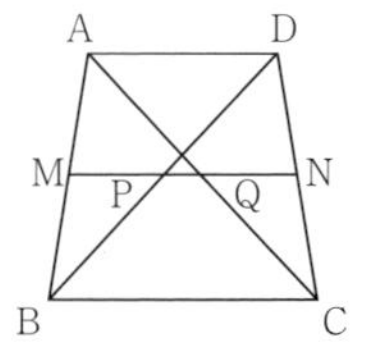

考え方 中点が使われている三角形の場合，まずは中点連結定理の利用を考える。

解き方 台形ABCDで，M，NはAB，DCの中点であるから，

AD // MN // BC

△ABCで，AM = MB，MQ // BCであるから，

$$MQ = \frac{1}{2}BC = 6$$

同様に，△BADで，$MP = \frac{1}{2}AD = 4$

よって，PQ = MQ − MP = 6 − 4 = 2

例題5 〈相似な図形の面積の比〉

右の図のような△ABCにおいて，辺ABを1：2に分ける点をD，辺BCの中点をE，辺CAを2：1に分ける点をFとする。CDとEFの交点をGとするとき，次の各問いに答えよ。

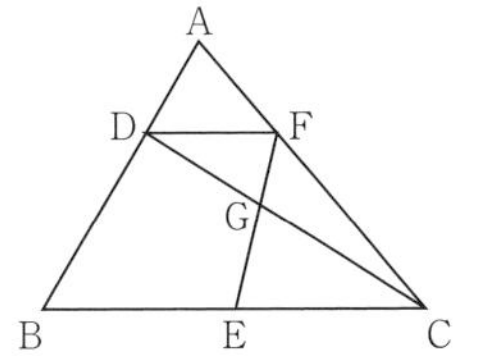

(1)　EG：GFを最も簡単な整数の比で表せ。

(2)　△ABCの面積は，△DGFの面積の何倍か。

考え方　高さが等しい三角形の面積の比は，底辺の比になる。

解き方　(1)　AD：DB = AF：FC = 1：2より，DF // BC

△ADF ∽ △ABCより，

DF：BC = AD：AB = 1：3（= 2：6）　…①

EはBCの中点であるから，

EC：BC = 1：2（= 3：6）　…②

①，②より，DF：BC：EC = 2：6：3

よって，CE：DF = 3：2

△GDF ∽ △GCEより，

EG：GF = CE：DF = 3：2

(2)　△ABCと△ADCについて，高さが等しい三角形の面積の比は，底辺の比になるから，AB：AD = 3：1より，

△ABC = 3△ADC　…③

△ADCと△CDFについても同様に，AC：CF = 3：2より，

$$\triangle ADC = \frac{3}{2}\triangle CDF \quad \cdots④$$

CG：DG = EG：GF = 3：2より，

DC：DG = 5：2

よって，$\triangle CDF = \frac{5}{2}\triangle DGF$　…⑤

したがって，③，④，⑤より，

$$\triangle ABC = 3\triangle ADC$$
$$= 3 \times \frac{3}{2}\triangle CDF$$
$$= \frac{9}{2} \times \frac{5}{2}\triangle DGF = \frac{45}{4}\triangle DGF$$

例題6 〈三平方の定理〉

長方形ABCDを，右の図のように，線分EGを折り目として折り，頂点Aを辺BC上の点Fに重ねる。AB = 10cm，BF = 6cmのとき，線分BEの長さを求めよ。

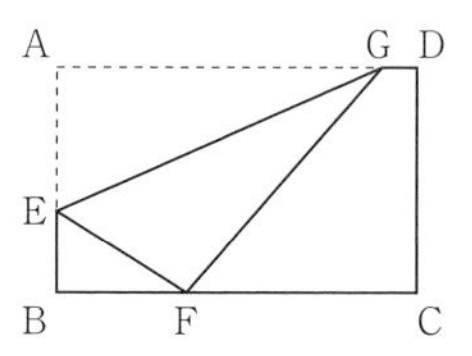

解き方 BE = $x$cmとおく。FはEGを折り目としてAを折り返したものだから，AとFは直線EGに関して線対称である。

よって，AE = EF = $(10-x)$ cm

△BFEにおいて，三平方の定理より，

$$x^2+6^2=(10-x)^2$$

$$x^2+36=100-20x+x^2$$

$$20x=64$$

$$x=\frac{16}{5}\text{〔cm〕}$$

例題7 〈三平方の定理の立体図形への応用〉

右の図のような正四角すいがある。この正四角すいの高さを求めよ。

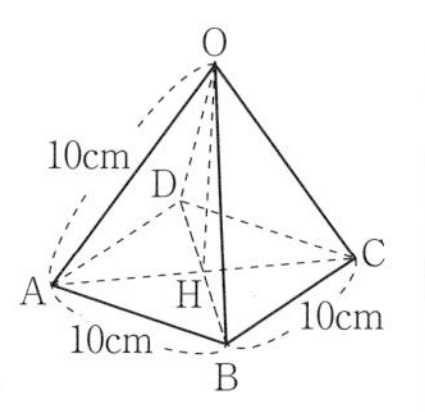

考え方 正四角すいの底面は正方形で，その対角線の中点と頂点を垂直に結ぶ線分が，この正四角すいの高さとなる。この正四角すいの高さOHは，これを含む直角三角形OAHに，三平方の定理を適用して求める。

解き方 ACは，底面の正方形ABCDの対角線であるから，

直角二等辺三角形の比より，

$$AC=10\sqrt{2}\text{〔cm〕}$$

Hは対角線の中点であるから，

$$AH=\frac{1}{2}AC=5\sqrt{2}\text{〔cm〕}$$

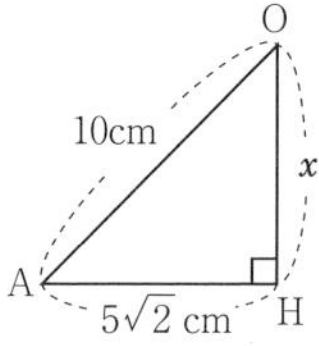

∠OHA = 90°であるから，△OAHにおいてOH = $x$cmとすると，

$OA^2 = OH^2 + AH^2$ より，$10^2 = x^2 + (5\sqrt{2})^2$

$x^2 = 50$

$x > 0$ だから，$x = 5\sqrt{2}$〔cm〕

3　円の性質

Point Check

1　円周角と中心角

① **円周角は中心角の半分**に等しい。

$$\angle APB = \frac{1}{2}\angle AOB$$

② **同じ弧に対する円周角は等しい。**

$$\angle AQB = \angle APB$$

③ **弧の長さは中心角に比例**する。

④ **直径に対する円周角は90°**である。

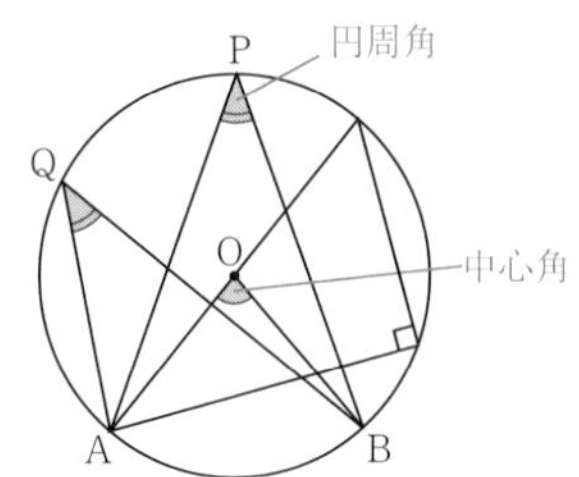

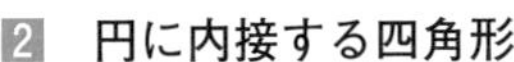

2　円に内接する四角形

① **向かい合う内角の和は180°**

$$\angle A + \angle C = \angle B + \angle D = 180°$$

② 1つの外角は，それにとなり合う内角の対角に等しい。

$$\angle DCE = \angle A$$

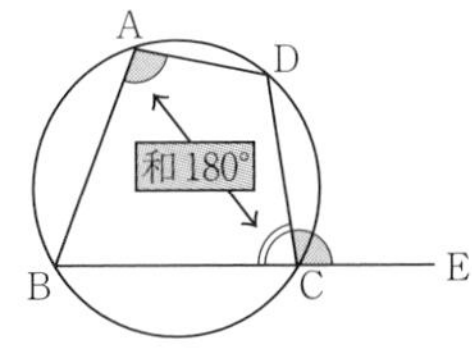

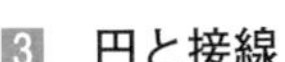

3　円と接線

① **接線は，接点を通る半径に垂直。**

$$OA \perp PA$$

② 円外の1点からひいた2本の接線の長さは等しい。

$$PA = PB$$

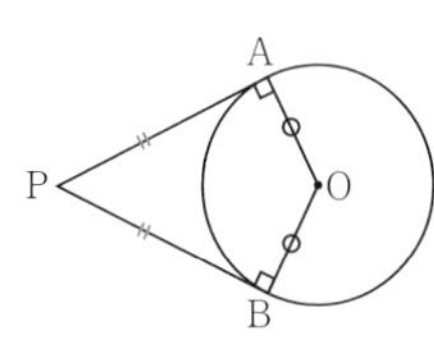

4　接弦定理

円周上の1点からひいた接線と弦の作る角は，その角の内部にある弧に対する円周角に等しい。

$$\angle BAT = \angle ACB$$

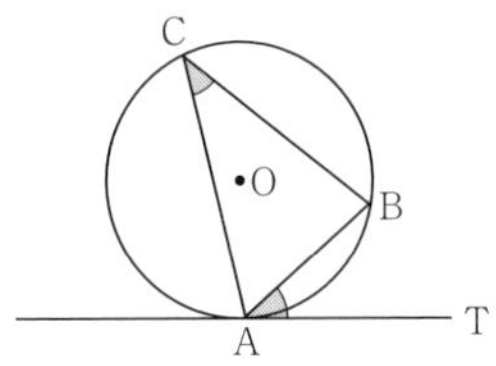

例題8 〈円と角〉

次の各図の$\angle x$の大きさを求めよ。

(1)

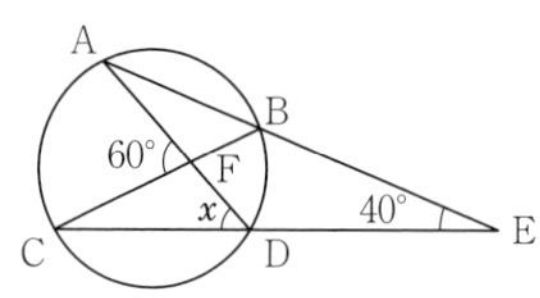

(2)

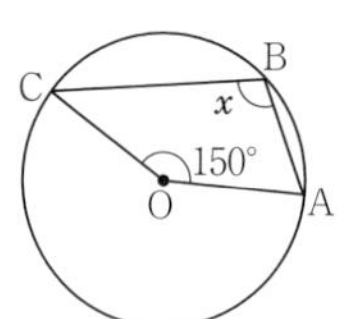

解き方 (1) xは△DEAの$\angle$ADEの外角なので，

$\angle \mathrm{DAB} = x - 40°$

$\angle \mathrm{DCB} = \angle \mathrm{DAB} = x - 40°$

△FCDにおいて，$\angle$AFCは$\angle$DFCの外角なので，

$60° = x + (x - 40°)$

$x = 50°$

(2) $\angle \mathrm{AOC} = 360° - 150° = 210°$

$x = \frac{1}{2} \times \angle \mathrm{AOC} = \frac{1}{2} \times 210°$

$= 105°$

例題9 〈接線の長さと面積〉

右の図で，CはABを直径とする半円Oの周上の点である。また，Dは直線ABを延長した線と点Cを接点とする半円Oの接線との交点である。OB＝3cm，BD＝2cmのとき，△CADの面積を求めよ。

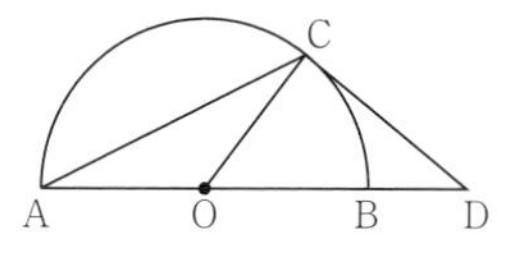

考え方 辺CDの長さがわかれば，△CODの面積が求められる。また，△CADと△CODの面積の比は，AD：ODに等しい。

解き方 CDは半円Oの接線であるから，OC⊥CDで，△CODは直角三角形。

△CODにおいて，三平方の定理より，

$\mathrm{CD}^2 = (3 + 2)^2 - 3^2 = 16$

$\mathrm{CD} = 4$〔cm〕

$\triangle \mathrm{COD} = \frac{1}{2} \times 4 \times 3 = 6$〔$\mathrm{cm}^2$〕

また，△CAD：△COD＝AD：OD＝8：5

よって，$\triangle \mathrm{CAD} = \triangle \mathrm{COD} \times \frac{8}{5} = 6 \times \frac{8}{5} = \frac{48}{5}$〔$\mathrm{cm}^2$〕

4 図形の求積

Point Check

1 扇形の弧の長さと面積

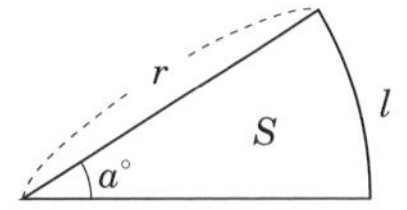

半径r，中心角$a°$の扇形の弧の長さをl，面積をS，円周率をπとすると，

$$\boldsymbol{l=2\pi r\times\frac{a}{360}}$$

$$\boldsymbol{S=\pi r^2\times\frac{a}{360}=\frac{1}{2}lr}$$

例　半径3cm，中心角120°の扇形の弧の長さは，

$$l=2\pi\times3\times\frac{120}{360}=2\pi〔\text{cm}〕$$

2 立体図形の求積

体積をV，表面積をA，底面積をSとする（高さh，半径r，母線l）。

① 直方体

$V=Sh=abh$　　$A=2(ab+bh+ah)$

② 円柱

$V=Sh=\pi r^2h$　　$A=2\pi r^2+2\pi rh$

③ 角すい

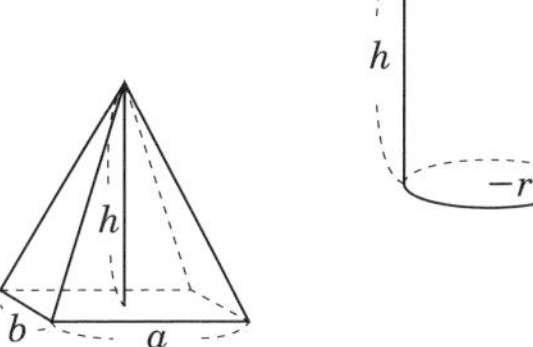

$$\boldsymbol{V=\frac{1}{3}Sh=\frac{1}{3}abh}$$

④ 円すい

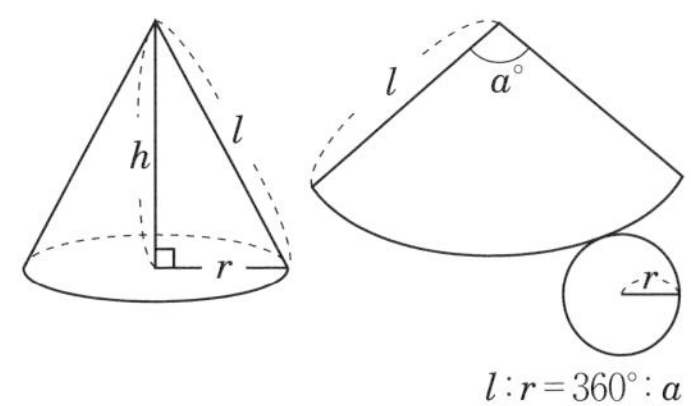

$$\boldsymbol{V=\frac{1}{3}Sh=\frac{1}{3}\pi r^2h}$$

$A=\pi r^2+\pi rl$

$$\textbf{側面積}=\boldsymbol{\pi l^2\times\frac{\textbf{中心角}}{360}=\pi rl}$$

$l:r=360°:a$
（a：中心角）

3 相似な図形の面積比・体積比

辺の比が$m:n$の相似な図形のとき，

面積比$=\boldsymbol{m^2:n^2}$

体積比$=\boldsymbol{m^3:n^3}$

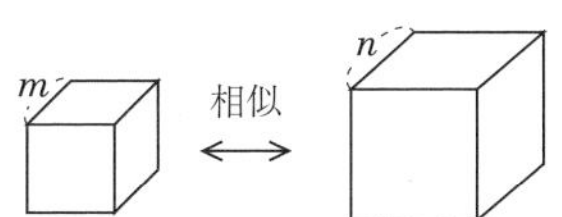

例題10 〈扇形の面積〉

右の図の斜線部分の面積を求めよ。

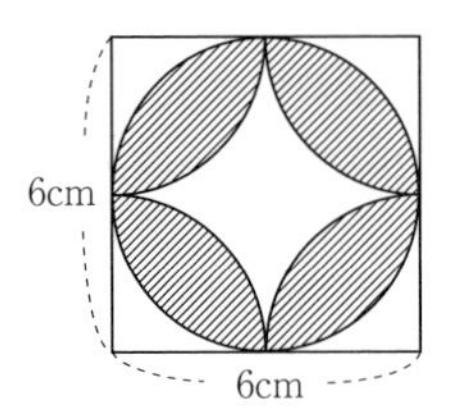

考え方 斜線部分の4つの面積はいずれも等しいので，どれか1つの面積を求め，それを4倍すればよい。

解き方 右の図の斜線部分の面積は，1辺3cmの正方形の面積から，半径3cmの4分円の面積をひき，さらにそのひいたものを，半径3cmの4分円の面積からひいた部分である。

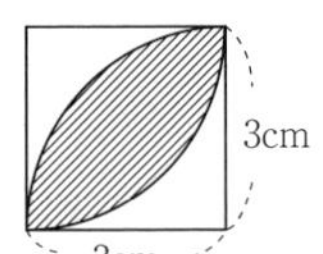

求める面積をS，4つの斜線部分の1つの面積をS'とすると，

$$S' = \frac{1}{4} \times 3^2 \times \pi - \left(3^2 - \frac{1}{4} \times 3^2 \times \pi\right) = \frac{9\pi}{2} - 9$$

$$S = 4 \times \left(\frac{9\pi}{2} - 9\right) = 18\pi - 36 〔\mathrm{cm}^2〕$$

例題11 〈円すいの側面積と体積〉

右の図のような底面が半径3cmの円で，母線の長さが8cmの円すいがある。

(1) この円すいの側面となる扇形の中心角を求めよ。
また，この扇形の面積を求めよ。

(2) この円すいの体積を求めよ。

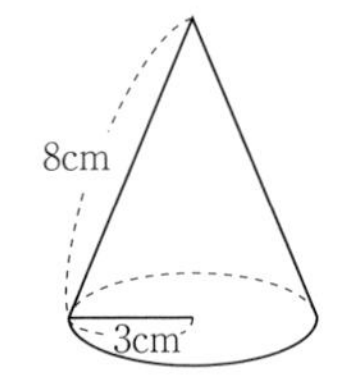

解き方 (1) 右の図のような展開図で考える。

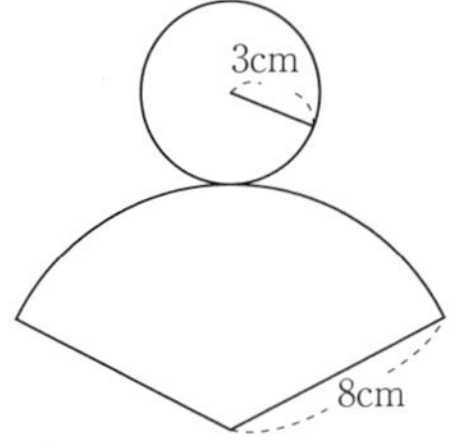

底面の円周と，側面の扇形の弧の長さlが等しいので，

$$l = 2 \times 3 \times \pi = 6\pi$$

よって，側面の扇形の中心角は，

$$360° \times \frac{6\pi}{2 \times 8 \times \pi} = 135°$$

扇形の面積は，

$$\pi \times 8^2 \times \frac{135}{360} = 24\pi 〔\mathrm{cm}^2〕$$

(2) 円すいの高さは，母線の長さと底面の半径を使って三平方の定理で求める。

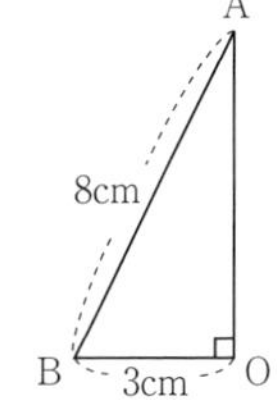

頂点をA，半径をOBとおき，△ABOにおいて，

$$AO = \sqrt{8^2 - 3^2}$$
$$= \sqrt{55}$$

よって，体積は，$V = \frac{1}{3}\pi r^2 h$の公式より，

$$\frac{1}{3} \times \pi \times 3^2 \times \sqrt{55} = 3\sqrt{55}\pi \text{〔cm}^3\text{〕}$$

例題12 〈相似な図形の面積比〉

右の図の台形ABCDで，AD // BC，対角線の交点をO，△ADOの面積が18cm^2，△BCOの面積が50cm^{2}であるとき，台形ABCDの面積は，△ADOの面積の何倍か。

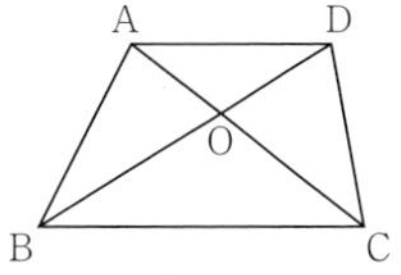

解き方 AD // BCより，△ADO∽△CBO

△ADO：△CBO = 18：50 = 9：25 = 3^2：5^2　より，

相似比は3：5

OA：OC = OD：OB = 3：5

△ADO：△CDO = △ADO：△ABO = 3：5 = 18：30

△CDO = △ABO = 30〔cm^2〕

したがって，台形ABCD = 18 + 30 + 30 + 50 = 128〔cm^2〕より，

$$128 \div 18 = \frac{64}{9}$$

よって，$\frac{64}{9}$倍

5 図形の展開

Point Check

1 立方体の展開図

① 立方体を組み立てたとき，2面が互いに平行になる。

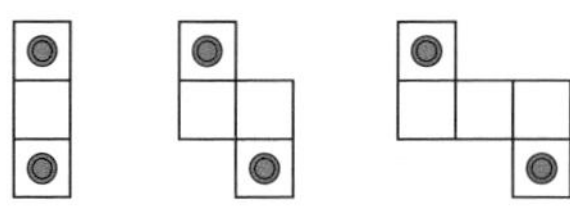

（◉のマークが平行の位置にある）

② 立方体の1つの頂点には3つの面が集まる（4つの面が集まると立方体にならない）。

2 最短距離の作図

① 直線l上を通るABの最短距離の作図

1）lに関して点Bと対称となる点B′をとる。

2）AB′とlの交点から点Bに直線をひく。

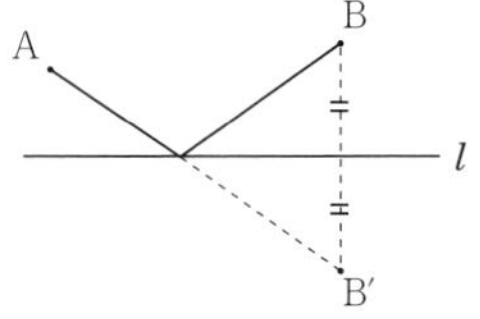

② 立体図形での最短距離

1）展開図で考える。

2）点と点を結びその直線の長さを求める。

例 一辺が3cmの立方体におけるABの長さは，

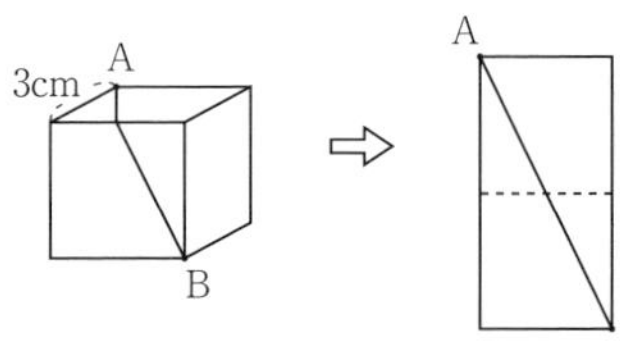

$$AB = \sqrt{6^2 + 3^2} = \sqrt{45} = 3\sqrt{5}〔cm〕$$

例題13〈立方体の展開図〉

右の図の5面に，もう1面追加して立方体を作りたい。このときa～lの辺のうち，もう1面を追加できる辺をすべて挙げよ。

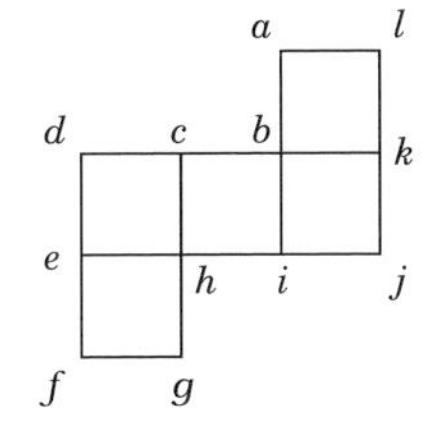

考え方 平行面と重なる辺に注目する。
立方体の展開図では，互いに平行な面を探す。

解き方 面を右の図のように表すと，アとオ，イとエが平行なので，ウに対する平行面を追加すればよい。

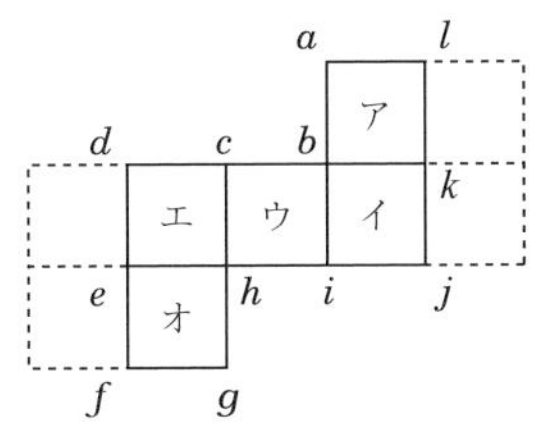

よって，追加できる辺は，
de，ef，jk，kl

例題14〈円すいの最短距離〉

底面の半径が2cm，母線の長さが6cmの直円すいがある。いま，点Aを通って円すいの側面にひもを1周させた。このとき，ひもが最短になる長さを求めよ。

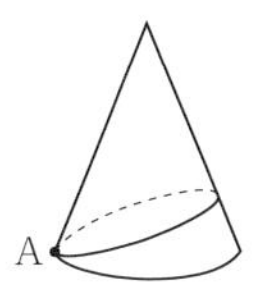

考え方 最短距離は，展開図にして考える。

解き方 最短距離は，右の図のように展開図の上では直線になる。

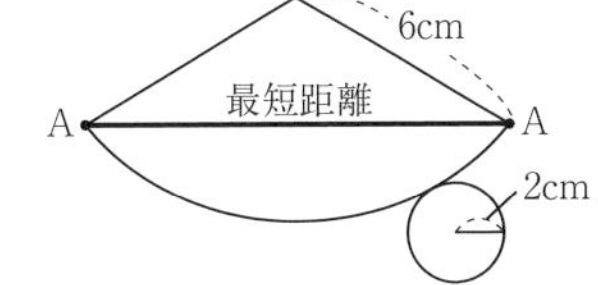

扇形の中心角は，

$$\frac{2 \times 2 \times \pi}{2 \times 6 \times \pi} \times 360 = 120^\circ$$

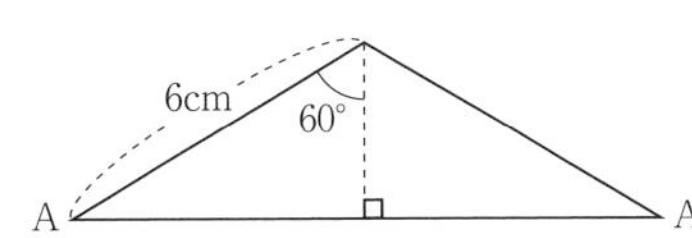

最短距離 $= 2 \times 3\sqrt{3}$
$= 6\sqrt{3}$〔cm〕

確認問題

16 右の図のように，長方形**ABCD**を線分**EF**を折り目として折る。
∠**CEB**＝**30°**のとき，∠**DFE**の大きさxを求めよ。

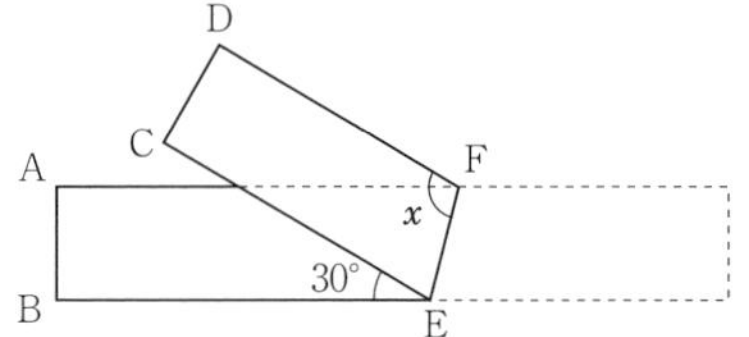

17 右の図で，四角形**ABCD**は**AD**//**BC**の台形であり，△**ABC**は正三角形である。点**E**は線分**BC**の中点であり，**DE**＝**DC**で，線分**AC**，**DE**の交点を**F**とする。**AB**＝**8cm**のとき，△**CDF**の面積を求めよ。

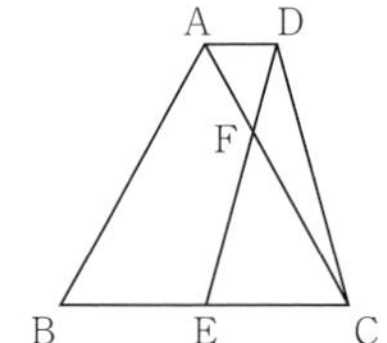

18 右の図において，△**ABC**は∠**BAC**が直角で，**AB**＝**AC**＝**8**の直角二等辺三角形であり，△**BCD**は∠**CBD**が直角で，∠**CDB**＝**60°**の直角三角形である。また，∠**A**の二等分線と辺**BC**，辺**DC**との交点をそれぞれ**E**，**F**とする。これについて，次の各問いに答えよ。

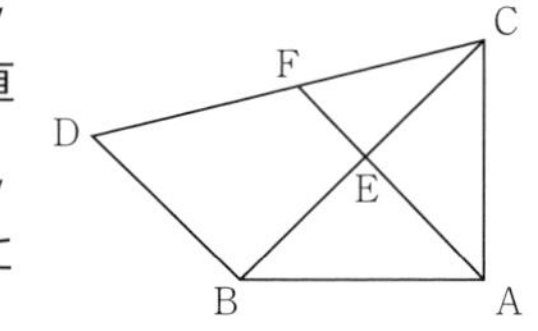

(1) 線分BDの長さを求めよ。
(2) 線分AFの長さを求めよ。
(3) △CFAの面積を求めよ。

19 右の図で，直線lは円**O**の接線，点**A**はその接点である。∠xの大きさを求めよ。

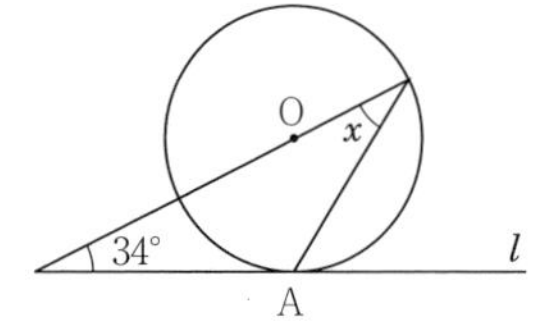

20 右の図のような正四角すい**O-ABCD**について，次の各問いに答えよ。

(1) △OABの面積を求めよ。
(2) 正四角すいの体積を求めよ。

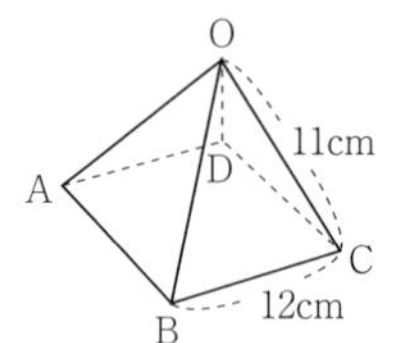

6 確率・データの活用

●ポイント

場合の数と確率については，例年出題が多くみられる。順列（順番を問題にする）か，組合せ（順番は関係ない）かを区別した上で，場面に応じてそれぞれの公式を使いこなせるようにしよう。データの活用については，平均値・中央値・最頻値を求める問題が多い。それぞれの値の意味を理解しておくことが重要である。両分野とも基本的な問題が多いので，確実に得点できるようにしておこう。

1 場合の数

Point Check

1 数えあげの原則

① 和の法則

あることがらがA，Bに分類されるとき，Aである場合がm通り，Bである場合がn通りあり，AとBの共通部分がないAとBの場合の数は

$m+n$〔通り〕

例 箱の中に赤2個，白3個のボールが入っている。
同時に2個取り出すときの取り出し方は，
2個とも同じ色…2通り
2個とも異なる色…1通り
よって，$2+1=3$〔通り〕

② 積の法則

あることがらA，Bが続いておこるとき，Aである場合がm通り，Bである場合がn通りあり，Aに続いてBである場合の数は，

$m\times n$〔通り〕

例 箱の中に1から5までの数字が書かれた5個のボールが入っている。1個取り出し，また1個取り出したときの数字の取り出し方は，
（1回目）1から5までの数字のうち1つ…5通り
（2回目）1回目に出た数字以外から1つ…4通り
よって，$5\times 4=20$〔通り〕

2 順列

異なるn個のものからr個取り出して1列に並べたものの総数は,

$$_n\mathrm{P}_r = \underbrace{n(n-1)(n-2)\cdots(n-r+1)}_{r\text{個の積}} = \frac{n!}{(n-r)!}$$

特に, n個の異なるものすべてを並べる順列の総数は,

$$_n\mathrm{P}_n = n! = n(n-1)(n-2)\cdots 3\cdot 2\cdot 1$$

例 ① $_6\mathrm{P}_3 = 6\times 5\times 4 = 120$

② $_5\mathrm{P}_5 = 5! = 5\times 4\times 3\times 2\times 1 = 120$

3 円順列

異なるn個のものの円順列(円形に並べたもの)の総数は,

$$(n-1)!$$

4 重複順列

異なるn個のものからr個とった重複順列(同じものを何度使ってもよいものとして, 一列に並べたもの)の総数は,

n^r通り

5 組合せ

異なるn個のものからr個取り出して1組にした(並べ方の順序は考えない)組合せの総数は,

$$_n\mathrm{C}_r = \frac{_n\mathrm{P}_r}{r!}$$

$$= \frac{n(n-1)(n-2)\cdots\cdots(n-r+1)}{r(r-1)(r-2)\cdots\cdots 2\cdot 1} = \frac{n!}{(n-r)!r!}$$

$$_n\mathrm{C}_r = {}_n\mathrm{C}_{n-r}$$

例 $_6\mathrm{C}_3 = \frac{_6\mathrm{P}_3}{3!} = \frac{6\cdot 5\cdot 4}{3\cdot 2\cdot 1} = 20$

6 同じものを含む順列

n個のもののうち, 同じものがそれぞれ, p個, q個, r個, ……あるとき, これらを一列に並べる総数は,

$$\frac{n!}{p!q!r!\cdots\cdots} \quad (ただし, p+q+r+\cdots = n)$$

例題1 〈順列の基本的な計算〉

次の場合の数を求めよ。

(1) POWERの5文字全部を1列に並べる方法

(2) 1～6の6個の数字から4個を取って1列に並べる方法

(3) 番号のついた7脚のいすに3人の子どもが座る方法

考え方 (1) n個の異なるものすべてを並べる順列の総数であるから，$n!$を使う。

(2)・(3) 異なるn個のものからr個取り出して1列に並べたものの総数であるから，${}_{n}P_{r}$を使う。

解き方 (1) 異なる5個の文字を1列に並べるから，

$5! = 5 \times 4 \times 3 \times 2 \times 1 = 120$〔通り〕

(2) ${}_{6}P_{4} = 6 \times 5 \times 4 \times 3 = 360$〔通り〕

(3) いすの7個の番号から3個を取って並べ，その順に子どもが3人座ると考えて，

${}_{7}P_{3} = 7 \times 6 \times 5 = 210$〔通り〕

例題2 〈0を含む整数の順列〉

5個の数字0，1，2，3，4を使ってできる，次の整数は何個あるか。ただし，同じ数字は2度以上使わないものとする。

(1) 5桁の整数

(2) 4桁の奇数

考え方 (1) 万の位に0以外の数を並べることに注意する。

(2) 4桁の奇数は，一の位には奇数，千の位には0以外の数を並べる。

解き方 (1) 万の位は，0以外の数字1，2，3，4のどれかで，その選び方は，

4通り

千，百，十，一の位は残りの4個の数字を並べるから，その並べ方は，

4!通り

よって，5桁の整数の個数は，

$4 \times 4! = 4 \times 4 \times 3 \times 2 \times 1 = 96$〔個〕

(2) 一の位は，1，3のどちらかで，2通り

千の位は，一の位で選んだ数字と0を除く数字のどれかで，その選び方は，3通り

百, 十の位は, 残り3個の数字から2個を選んで並べるから, その並べ方は, ${}_3P_2$通り

よって, 4桁の奇数は,

$$2 \times 3 \times {}_3P_2 = 2 \times 3 \times 3 \times 2 = 36$$〔個〕

例題3　〈円順列〉

立方体の6つの面を, 6色で塗り分ける方法は何通りあるか。

考え方　まず, 1つの面の色を固定し, 異なるn個のものを円形に並べた円順列の総数として考える。

解き方　1つの面の色を固定する。その対面の色の決め方は5通り。

その2面の塗り方の各々に対して, 側面の色の決め方は, 残り4色の円順列であるから,

$$(4-1)!$$通り

よって, 求める塗り分け方は,

$$5 \times (4-1)! = 5 \times 3 \times 2 \times 1 = 30$$〔通り〕

例題4　〈重複順列〉

1, 2, 3, 4, 5の5個の数字を用いてできる3桁の整数は全部で何個あるか。ただし, 同じ数字をくり返し用いてよいものとする。

考え方　異なるn個のものを, 同じものを何度使ってもよいものとしてr個取った重複順列の総数として考える。

解き方　異なる5個の数字を, 同じものを何度使ってもよいものとして3個取った重複順列の総数であるから,

$$5^3 = 125$$〔個〕

例題5　〈組合せ〉

6人の中から代表を2人選ぶ方法は全部で何通りあるか。

考え方　異なる6個のものから2個取り出して1組にした, 組合せの総数として考える。

解き方　${}_6C_2 = \frac{6 \cdot 5}{2 \cdot 1} = 15$〔通り〕

例題6 〈特定のものを含む組合せ〉

男子6人，女子8人の中から4人を選ぶとき，男女2人ずつになるのは何通りか。

考え方 男子の中から2人，女子の中から2人を選ぶ選び方は何通りかを求め，その積を求める。

解き方 男子6人の中から2人を選ぶ方法は${}_6C_2$通りあり，そのそれぞれに対して，女子8人の中から2人を選ぶ方法が${}_8C_2$通りずつある。
よって，男女2人ずつになるのは，

$$
\begin{aligned}
{}_6C_2 \times {}_8C_2 &= \frac{6 \cdot 5}{2 \cdot 1} \times \frac{8 \cdot 7}{2 \cdot 1} \\
&= 420〔通り〕
\end{aligned}
$$

例題7 〈同じものを含む順列〉

a，a，b，b，c，c，cの7文字をすべて用いて1列に並べる方法は全部で何通りあるか。

考え方 n個のうち，同じものをp個含む順列は，$n!$を$p!$で割ればよい。

解き方 aが2個，bが2個，cが3個の計7個を1列に並べる順列であるから，

$$
\begin{aligned}
\frac{7!}{2!2!3!} &= \frac{7 \cdot 6 \cdot 5 \cdot 4 \cdot 3 \cdot 2 \cdot 1}{2 \cdot 1 \cdot 2 \cdot 1 \cdot 3 \cdot 2 \cdot 1} \\
&= 210〔通り〕
\end{aligned}
$$

2 確率

Point Check

1 確率の定義

ある試行によっておこりうるすべての場合の数がN通りで，どの場合のおこることも同様に確からしいとする。そのうち，事象Aのおこる場合の数がa通りならば，Aのおこる確率は，

$$
P(A) = \frac{a}{N} \quad (0 \leqq P(A) \leqq 1)
$$

例 1個のサイコロを投げるとき，

① 2の目が出る確率は，$\frac{1}{6}$

② 偶数の目が出る確率は，$\frac{3}{6}=\frac{1}{2}$

2 余事象の確率

Aの余事象$\overline{A}$（事象Aのおこらない事象）の確率は，

$P(\overline{A})=1-P(A)$

例題8 〈確率〉

2個のサイコロを同時に投げるとき，次の確率を求めよ。

(1) 出る目の和が10となる確率

(2) 出る目の和が5以下である確率

考え方 2個のサイコロを使う場合，大と小のように区別し，それぞれの場合の数を考える。

解き方 2個のサイコロを同時に投げて，出る目の場合の数は，

$6\times6=36$〔通り〕

(1) 出る目の和が10である場合は，(4, 6)，(5, 5)，(6, 4)の3通りある。

よって，求める確率は，$\frac{3}{36}=\frac{1}{12}$

(2) 出る目の和が5以下になるのは，

(1, 1)，(1, 2)，(1, 3)，(1, 4)，(2, 1)，(2, 2)，(2, 3)，

(3, 1)，(3, 2)，(4, 1)の10通り。

よって，求める確率は，$\frac{10}{36}=\frac{5}{18}$

例題9 〈余事象の確率〉

2個のサイコロを同時に投げるとき，2の目が少なくとも1つ出る確率を求めよ。

考え方 数えるのが複雑な事象については，余事象を考える。「2の目が少なくとも1つ出る」という事象をAとすると，余事象$\overline{A}$は「2個とも2の目が出ない」ということになる。

解き方 2個のサイコロを同時に投げて，出る目の場合の数は，

$$6 \times 6 = 36 〔通り〕$$

「2の目が少なくとも1つ出る」は「2個とも2の目が出ない」ことの余事象で，

2個とも2の目が出ない場合の数は，

$$5^2 = 25 〔通り〕$$

したがって，2の目が少なくとも1つ出る確率は，

$$P(A) = 1 - P(\overline{A}) = 1 - \frac{25}{36} = \frac{11}{36}$$

例題10 〈組合せと確率〉

赤球5個，白球3個，青球2個を入れた袋がある。この袋の中から3個の球を同時に取り出すとき，次の確率を求めよ。

(1) 3個とも赤球である確率

(2) 白球が2個，青球が1個である確率

(3) 3個とも異なる色である確率

考え方 まずは，指定された球を取り出す場合の数を求める。

解き方 球は全部で10個あり，3個の球を取り出す場合の数は，

$${}_{10}C_3 = \frac{10 \cdot 9 \cdot 8}{3 \cdot 2 \cdot 1} = 120 〔通り〕$$

(1) 赤球3個を取り出す場合の数は，

$${}_5C_3 = \frac{5 \cdot 4 \cdot 3}{3 \cdot 2 \cdot 1} = 10 〔通り〕$$

よって，求める確率は，$\dfrac{10}{120} = \dfrac{1}{12}$

(2) 白球3個から2個を取り出す場合の数は，${}_3C_2$通り。

そのそれぞれに対して青球2個から1個を取り出す場合の数が${}_2C_1$通りであるから，白球が2個，青球が1個である場合の数は，

$${}_3C_2 \times {}_2C_1 = 3 \times 2 = 6〔通り〕$$

よって，求める確率は，$\dfrac{6}{120} = \dfrac{1}{20}$

(3) 赤球，白球，青球がそれぞれ1個である場合の数は，

$${}_5C_1 \times {}_3C_1 \times {}_2C_1 = 5 \times 3 \times 2 = 30〔通り〕$$

よって，求める確率は，$\dfrac{30}{120} = \dfrac{1}{4}$

例題11 〈コインの確率〉

5枚のコインを同時に投げるとき，2枚は表，3枚は裏の出る確率を求めよ。

考え方 総数の場合の数は，重複順列で求める。

解き方 5枚のコインの出方の総数は，表，裏の2面から5つをとる重複順列で考えられるので，

$$2^5 = 32〔通り〕$$

2枚が表，3枚が裏の出る場合の数は，

$${}_5C_2\ (= {}_5C_3) = \frac{5 \cdot 4}{2 \cdot 1} = 10〔通り〕$$

よって，求める確率は，$\dfrac{10}{32} = \dfrac{5}{16}$

3 データの整理

Point Check

1 度数分布表

ある変量の測定値や観測値の集まりを**データ**といい，データ全体の傾向をわかりやすくした表を**度数分布表**という。度数分布表において，区切られた各区間を**階級**，区間の幅を**階級の幅**，各階級に含まれる値の個数を**度数**，各階級の中央の値を**階級値**という。ある階級の全体に対する割合を**相対度数**という。

2 ヒストグラム

長方形の柱で度数分布を表すグラフの一つで，柱状グラフともいう。
（縦軸が度数，横軸が階級）

例題12 〈度数分布表〉

右の表は，ある小学校6年生男子50人の身長の度数分布表である。

(1) 150.0cm以上155.0cm未満の階級の度数を求めよ。

(2) 165.0cm以上170.0cm未満の階級の相対度数を求めよ。

身長の階級（cm）			度数（人）
以上		未満	
140.0	～	145.0	2
145.0	～	150.0	6
150.0	～	155.0	
155.0	～	160.0	15
160.0	～	165.0	10
165.0	～	170.0	4
170.0	～	175.0	1
計			50

考え方 (1) 度数の合計が50になればよい。

(2) 相対度数$=\dfrac{\text{その階級の度数}}{\text{度数の合計}}$で求める。

解き方 (1) 求める度数をx人とすると，

$$2+6+x+15+10+4+1=50$$

$$x=12〔人〕$$

(2) $\dfrac{4}{50}=0.08$

例題13 〈ヒストグラム〉

右の図は，あるクラスの通学時間をヒストグラムに表したものである。

(1) クラスの人数を求めよ。

(2) 通学時間が15分未満の生徒の人数を求めよ。

(3) 通学時間が20分以上25分未満の相対度数を求めよ。

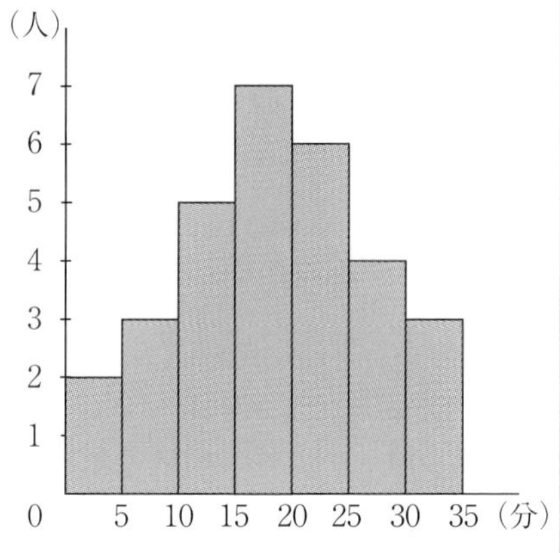

考え方 各階級の度数を読みとる。

解き方 (1) 各階級の度数の和を求めると，

$2+3+5+7+6+4+3=30$〔人〕

(2) $2+3+5=10$〔人〕

(3) 20分以上25分未満の度数は6人なので，求める相対度数は，

$$\frac{6}{30}=0.2$$

4 データの代表値

Point Check

1 代表値

データ全体の特徴を適当な1つの数値で表したり，それらを比べたりすることがある。そのような値をデータの代表値という。

① **平均値**
すべてのデータの合計を度数の合計で割った値。

② **中央値**（メジアン）
データの値を大きさの順に並べたときの中央にくる値。

③ **最頻値**（モード）
データにおいて最も度数の多い値。

例題14 〈代表値〉

ある小学校の生徒16人に1週間に読んだ本の冊数を調べたところ，次のような結果になった。

3　2　4　6　4　5　3　6
2　4　3　3　1　4　2　4　（単位は冊）

(1) 平均値を求めよ。
(2) 中央値を求めよ。
(3) 最頻値を求めよ。

考え方 データを度数分布表に整理する。
(2) データの度数の合計が偶数のときは，中央にくる2つの値の平均値を中央値とする。

解き方 (1) データを度数分布表に整理すると下のようになる。
平均値は，

$$\frac{1}{16}(1\times1+2\times3+3\times4+4\times5+5\times1+6\times2)$$

$$=\frac{1}{16}\cdot56$$

$$=3.5〔冊〕$$

冊数（冊）	度数（人）
1	1
2	3
3	4
4	5
5	1
6	2
計	16

(2) データを大きさの順に並べたときの8番目と9番目の値の平均値が中央値になるので，

$$\frac{3+4}{2}=3.5〔冊〕$$

(3) 最も度数の多い値なので，4冊

例題15 〈度数分布表から求める代表値〉

右の表は，あるクラスの英語のテストの得点（100点満点）をまとめた度数分布表である。

(1) 平均値を小数第二位で四捨五入し，小数第一位まで求めよ。

(2) 中央値はどの階級に含まれるか。

(3) 最頻値を求めよ。

得点の階級（点）	度数（人）
30 以上 40 未満	2
40 〜 50	4
50 〜 60	5
60 〜 70	7
70 〜 80	8
80 〜 90	6
90 〜 100	3
計	35

考え方 (1) ｛(階級値)×(度数)の総和｝÷(度数の合計)で求める。

(3) 最も度数の多い階級の階級値

解き方 (1) (階級値)×(度数)の総和は，

$35\times2+45\times4+55\times5+65\times7+75\times8+85\times6+95\times3=2375$

よって，求める平均値は，

$\frac{2375}{35}=67.85\cdots$

$\fallingdotseq 67.9$〔点〕

（別解）仮の平均を使って平均値を求める。

仮の平均を65点とする。

階級値	仮の平均との差	度数	(仮の平均との差)×(度数)
35	−30	2	−60
45	−20	4	−80
55	−10	5	−50
65	0	7	0
75	10	8	80
85	20	6	120
95	30	3	90
	計	35	100

(平均値)＝(仮の平均)＋｛(仮の平均との差)×(度数)の総和｝÷(度数の合計)より，求める平均値は，

$$65+\frac{100}{35}$$
$$=67.85\cdots$$
$$\fallingdotseq 67.9〔点〕$$

データ数が多い場合や階級値が大きい場合，仮の平均を使って平均値を求めるとよい。

(2) 中央値は18番目の得点で，60～70〔点〕の階級に含まれる。

(3) 最も度数の多いのは70～80〔点〕の階級である。

よって，最頻値は75点。

5 データの散らばりと箱ひげ図

Point Check

1 範囲と四分位数

データの散らばりの様子を分布という。

① **範囲**

データの最大値と最小値の差

② **四分位数**

データを値の大きさの順に並べたとき，4等分する位置の値。

小さい方から，**第1四分位数**，**第2四分位数**，**第3四分位数**といい，順に Q_1，Q_2，Q_3 で表す。第2四分位数は中央値である。

2 箱ひげ図

データの最小値，第1四分位数，中央値，第3四分位数，最大値を箱と線（ひげ）で表した図を**箱ひげ図**という。

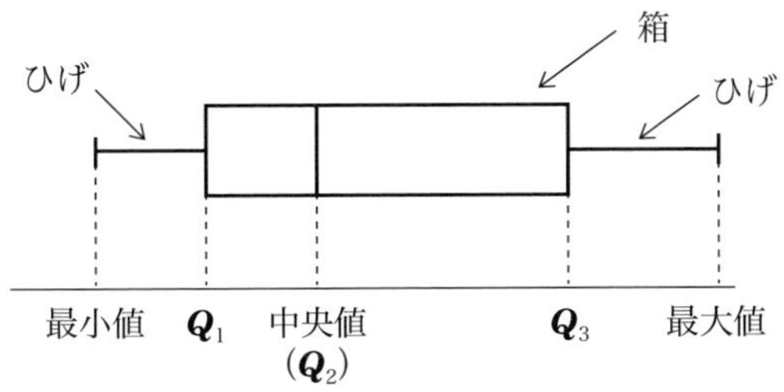

例題16 〈箱ひげ図〉

次の10個のデータを箱ひげ図に表したものはどれか。

8　5　4　6　10　2　9　12　5　3

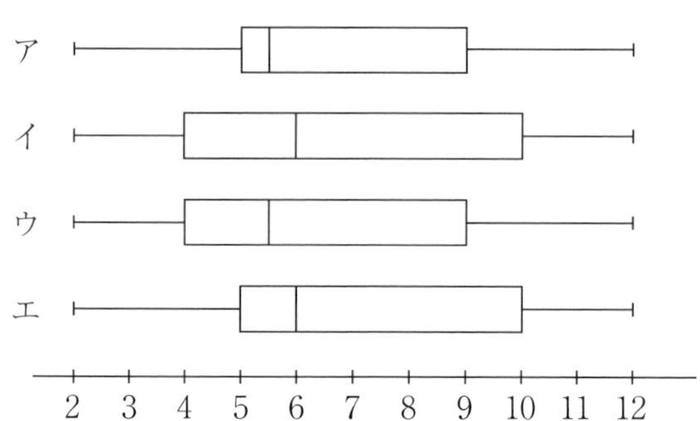

考え方　箱ひげ図に必要な値をそれぞれ求める。

解き方　データを小さい方から順に並べると下のようになる。

2　3　4　5　5　6　8　9　10　12

これより，

最小値は2，最大値は12

また，中央値（第2四分位数）は5番目と6番目の値の平均値なので，

$$Q_2 = \frac{5+6}{2} = 5.5$$

第1四分位数は下位5つのデータの中央値，第3四分位数は上位5つのデータの中央値になるから，

$$Q_1 = 4,\ \ Q_3 = 9$$

これらの値から箱ひげ図をかくと，ウのようになる

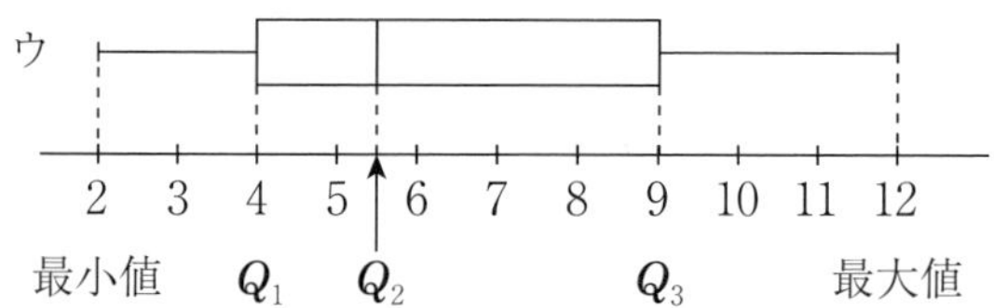

確認問題

21 1，2，3，4の4個の数字の中から，異なる3個の数字を用いて作られる3桁の偶数は全部でいくつあるか。

22 男子6人，女子4人の合計10人がいる。これについて，次の各問いに答えよ。

(1) 男女の区別なく4人を選ぶ方法は全部で何通りあるか。

(2) 男子2人，女子2人を選ぶ方法は全部で何通りあるか。

23 大小2個のサイコロを同時に投げるとき，次の確率を求めよ。

(1) 出る目の差が4である確率

(2) 2つとも同じ目である確率

(3) 目の和が5以上である確率

24 袋の中に赤球7個，白球3個が入っている。この袋から3個の球を同時に取り出すとき，赤球1個，白球が2個になる確率を求めよ。

25 A，B，Cの3人でじゃんけんを1回するとき，次の確率を求めよ。

(1) AとBが勝つ確率

(2) 1人だけが勝つ確率

26 次のヒストグラムはあるクラスの10点満点の算数のテストの結果をまとめたものである。得点の平均値，中央値，最頻値をそれぞれ求めよ。

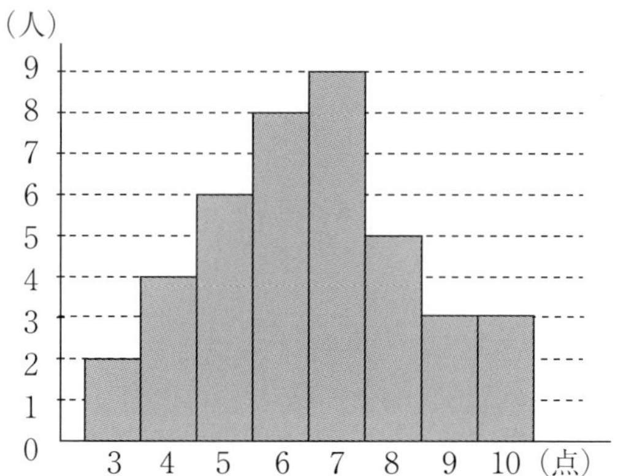

27 ある中学校3年生の男子9人の身長を調べたところ，次のような結果であった。これについて，次の各問いに答えよ。

158cm　162cm　163cm　157cm　168cm

170cm　166cm　169cm　172cm

(1) 9人の身長の平均値を求めよ。

(2) 9人の身長の中央値を求めよ。

28 下の図は，200人の生徒の国語のテストの得点のデータの箱ひげ図である。この箱ひげ図から読み取れることとして確実にいえるものは①～⑤のどれか。

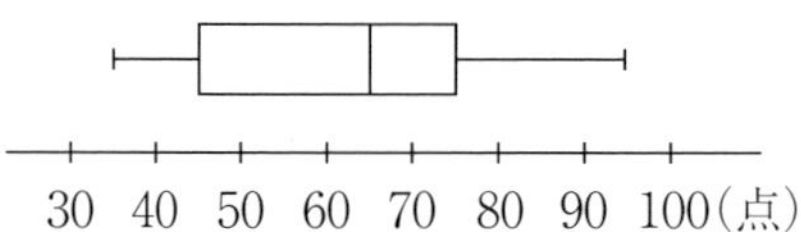

① 40点未満の生徒は50人以上いる。

② 50点台の生徒は50人以上いる。

③ 60点以上の生徒は100人以上いる。

④ 平均値は65点である。

⑤ 80点以上の生徒は40人以下である。

4
理科

Open Sesame

1 学習指導要領

●ポイント

教科目標や各学年の目標，指導計画の作成と内容の取扱いの空欄補充問題や，各学年の目標に関して何学年のものかを答える問題に対応できるよう，キーワードを中心に各々の語句を確実に覚えておく必要がある。

1 理科科改訂の要点（一部抜粋）

(1) 目標の示し方

目標については，最初に，どのような学習過程を通して資質・能力を育成するかを示し，それを受けて，(1)には，育成を目指す資質・能力のうち，「**知識及び技能**」を，(2)には，「**思考力，判断力，表現力等**」を，(3)には，「**学びに向かう力，人間性等**」を示した。

(2) 内容の改善

理科の目標である「自然の事物・現象についての問題を**科学的に解決**するために必要な資質・能力」を育成することを実現するために，追加，移行及び中学校への移行を行った主な内容は，以下のとおりである。

○ 追加した内容
- **音の伝わり方と大小**（第3学年）
- **雨水の行方と地面の様子**（第4学年）
- **人と環境**（第6学年）

○ 学年間で移行した内容
- **光電池の働き**〔第6学年（第4学年から移行）〕
- **水中の小さな生物**〔第6学年（第5学年から移行）〕

○ 中学校へ移行した内容
- **電気による発熱**（第6学年）

2 理科の目標

自然に親しみ，理科の**見方・考え方**を働かせ，**見通し**をもって**観察，実験を行う**ことなどを通して，**自然の事物・現象**についての問題を**科学的に解決する**ために必要な**資質・能力**を次のとおり育成することを目指す。

(1) **自然の事物・現象**についての**理解**を図り，観察，実験などに関する**基本的な技能**を身に付けるようにする。

(2) **観察**，**実験**などを行い，**問題解決の力**を養う。

(3) **自然を愛する心情**や**主体的**に**問題解決**しようとする態度を養う。

● 自然に親しむこと

「自然に親しむ」とは，単に自然に触れたり，慣れ親しんだりするということだけではない。児童が**関心や意欲**をもって対象と関わることにより，自ら問題を見いだし，それを追究していく活動を行うとともに，見いだした問題を追究し，解決していく中で，新たな問題を見いだし，**繰り返し自然の事物・現象に関わっていく**ことを含意している。

児童に自然の事物・現象を提示したり，自然の中に連れて行ったりする際には，児童が対象である自然の事物・現象に**関心や意欲**を高めつつ，そこから問題意識を醸成し，**主体的に追究**していくことができるように**意図的な活動**の場を工夫することが必要である。

3 各学年の目標

(1) 物質・エネルギー

第3学年	① 物の性質，風とゴムの力の働き，**光と音の性質**，磁石の性質及び**電気の回路**についての理解を図り，観察，実験などに関する**基本的**な技能を身に付けるようにする。 ② 物の性質，風とゴムの力の働き，**光と音の性質**，磁石の性質及び**電気の回路**について追究する中で，主に**差異点**や**共通点**を基に，**問題を見いだす力**を養う。 ③ 物の性質，風とゴムの力の働き，**光と音の性質**，磁石の性質及び**電気の回路**について追究する中で，**主体的**に問題解決しようとする態度を養う。

第4学年	①　空気，**水**及び金属の性質，**電流の働き**についての理解を図り，観察，実験などに関する基本的な**技能**を身に付けるようにする。 ②　空気，**水**及び金属の性質，**電流の働き**について追究する中で，主に既習の内容や**生活経験**を基に，**根拠のある予想や仮説**を発想する力を養う。 ③　空気，**水**及び金属の性質，**電流の働き**について追究する中で，**主体的**に問題解決しようとする態度を養う。
第5学年	①　物の溶け方，**振り子**の運動，電流がつくる**磁力**についての**理解**を図り，観察，実験などに関する**基本的な技能**を身に付けるようにする。 ②　物の溶け方，**振り子**の運動，電流がつくる**磁力**について追究する中で，主に**予想や仮説**を基に，**解決の方法**を**発想する力**を養う。 ③　物の溶け方，**振り子**の運動，電流がつくる**磁力**について追究する中で，主体的に問題解決しようとする態度を養う。
第6学年	①　燃焼の仕組み，**水溶液**の性質，**てこの規則性**及び電気の性質や働きについての理解を図り，観察，実験などに関する基本的な技能を身に付けるようにする。 ②　燃焼の仕組み，**水溶液**の性質，てこの**規則性**及び電気の性質や働きについて追究する中で，主にそれらの**仕組み**や**性質**，**規則性**及び**働き**について，**より妥当な考え**を**つくりだす力**を養う。 ③　燃焼の仕組み，**水溶液**の性質，てこの**規則性**及び電気の性質や働きについて追究する中で，**主体的**に問題解決しようとする態度を養う。

(2)　**生命・地球**

第3学年	①　**身の回りの生物**，太陽と地面の様子についての理解を図り，観察，実験などに関する**基本的**な技能を身に付けるようにする。 ②　**身の回りの生物**，太陽と地面の様子について追究する中で，主に**差異点**や**共通点**を基に，**問題を見いだす力**を養う。 ③　**身の回りの生物**，太陽と地面の様子について追究する中で，**生物を愛護する**態度や**主体的**に問題解決しようとする態度を養う。
第4学年	①　人の体のつくりと運動，**動物の活動**や植物の成長と環境との関わり，**雨水の行方**と地面の様子，気象現象，**月や星**についての理解を図り，観察，実験などに関する基本的な**技能**を身に付けるようにする。

第4学年	② 人の体のつくりと運動，**動物の活動**や植物の成長と環境との関わり，**雨水の行方**と地面の様子，気象現象，**月や星**について追究する中で，主に**既習の内容**や**生活経験**を基に，**根拠のある予想や仮説を発想する**力を養う。 ③ 人の体のつくりと運動，**動物の活動**や植物の成長と環境との関わり，**雨水の行方**と地面の様子，気象現象，**月や星**について追究する中で，**生物を愛護する**態度や**主体的**に**問題解決**しようとする態度を養う。
第5学年	① 生命の**連続性**，流れる水の働き，気象現象の**規則性**についての**理解**を図り，観察，実験などに関する基本的な**技能**を身に付けるようにする。 ② 生命の**連続性**，流れる水の働き，気象現象の**規則性**について追究する中で，主に**予想や仮説**を基に，**解決の方法**を**発想する力**を養う。 ③ 生命の**連続性**，流れる水の働き，気象現象の**規則性**について追究する中で，**生命を尊重**する態度や**主体的**に問題解決しようとする態度を養う。
第6学年	① 生物の体のつくりと働き，生物と環境との関わり，**土地**のつくりと変化，月の形の見え方と太陽との**位置関係**についての理解を図り，観察，実験などに関する基本的な技能を身に付けるようにする。 ② 生物の体のつくりと働き，生物と環境との関わり，**土地**のつくりと変化，月の形の見え方と太陽との**位置関係**について追究する中で，主にそれらの**働き**や**関わり**，**変化**及び**関係**について，**より妥当な考えをつくりだす力**を養う。 ③ 生物の体のつくりと働き，生物と環境との関わり，**土地**のつくりと変化，月の形の見え方と太陽との**位置関係**について追究する中で，**生命を尊重する態度**や主体的に問題解決しようとする態度を養う。

4　各学年の内容

(1)　内容区分

「**物質・エネルギー**」を扱うＡ区分と「**生命・地球**」を扱うＢ区分に分けられる。Ａ区分では**エネルギー・粒子**，Ｂ区分では生命・地球といった科学の基本的な概念等が柱となっており，この柱は知識及び技能の確実な定着を図る観点から，児童の発達の段階を踏まえ，小学校，中学校，高等学校を通じた理科の内容の構造化を図るために設けられた。

(2)　小学校理科の「エネルギー」，「粒子」，「生命」，「地球」を柱とした内容の構成

学年	A　物質・エネルギー		B　生命・地球	
	エネルギー	粒子	生命	地球
第3学年	・風とゴムの力の働き ・光と音の性質 ・磁石の性質 ・電気の通り道	・物と重さ	・身の回りの生物	・太陽と地面の様子
第4学年	・電流の働き	・空気と水の性質 ・金属，水，空気と温度	・人の体のつくりと運動 ・季節と生物	・雨水の行方と地面の様子 ・天気の様子 ・月と星
第5学年	・振り子の運動 ・電流がつくる磁力	・物の溶け方	・植物の発芽，成長，結実 ・動物の誕生	・流れる水の働きと土地の変化 ・天気の変化
第6学年	・てこの規則性 ・電気の利用	・燃焼の仕組み ・水溶液の性質	・人の体のつくりと働き ・植物の養分と水の通り道 ・生物と環境	・土地のつくりと変化 ・月と太陽

5 指導計画の作成と内容の取扱い

1 指導計画の作成に当たっては，次の事項に配慮するものとする。

(1) 単元など内容や**時間のまとまり**を見通して，その中で育む**資質・能力**の育成に向けて，児童の**主体的・対話的**で深い学びの実現を図るようにすること。その際，理科の**学習過程**の**特質**を踏まえ，理科の**見方・考え方**を働かせ，**見通しをもって観察，実験を行う**ことなどの，問題を**科学的**に解決しようとする学習活動の充実を図ること。

(2) 各学年で育成を目指す思考力，**判断力**，表現力等については，該当学年において育成することを目指す力のうち，主なものを示したものであり，実際の指導に当たっては，他の学年で掲げている力の育成についても十分に配慮すること。

(3) 障害のある児童などについては，学習活動を行う場合に生じる**困難さ**に応じた指導内容や指導方法の**工夫**を計画的，組織的に行うこと。

(4) 第1章総則の第1の2の(2)に示す道徳教育の目標に基づき，**道徳科**などとの関連を考慮しながら，第3章特別の教科道徳の第2に示す内容について，**理科の特質**に応じて適切な指導をすること。

2 第2の内容の取扱いについては，次の事項に配慮するものとする。

(1) 問題を見いだし，**予想や仮説，観察，実験**などの方法について考えたり説明したりする学習活動，**観察，実験の結果を整理し考察**する学習活動，**科学的な言葉や概念**を**使用して考えたり説明したり**する学習活動などを重視することによって，**言語活動**が充実するようにすること。

(2) 観察，実験などの指導に当たっては，指導内容に応じて**コンピュータ**や**情報通信ネットワーク**などを適切に活用できるようにすること。また，第1章総則の第3の1の(3)のイに掲げる**プログラミング**を体験しながら**論理的思考力**を身に付けるための学習活動を行う場合には，児童の**負担**に配慮しつつ，例えば第2の各学年の内容の〔第6学年〕の「A物質・**エネルギー**」の(4)における電気の性質や働きを利用した道具があることを捉える学習など，与えた**条件**に応じて動作していることを考察し，更に**条件**を変えることにより，動作が変化することについて考える場面で取り扱うものとする。

(3)　生物，**天気**，川，土地などの指導に当たっては，**野外**に出掛け地域の**自然に親しむ活動や体験的な活動**を多く取り入れるとともに，生命を尊重し，**自然環境**の**保全**に寄与する態度を養うようにすること。

(4)　**天気**，川，土地などの指導に当たっては，**災害**に関する基礎的な理解が図られるようにすること。

(5)　個々の児童が**主体的**に**問題解決の活動**を進めるとともに，**日常生活**や**他教科等との関連**を図った学習活動，目的を設定し，計測して**制御する**という考え方に基づいた学習活動が充実するようにすること。

(6)　**博物館や科学学習センター**などと連携，協力を図りながら，それらを積極的に活用すること。

3　観察，実験などの指導に当たっては，**事故防止**に十分留意すること。また，**環境整備**に十分配慮するとともに，**使用薬品**についても**適切な措置**をとるよう配慮すること。

確認問題

1 **次は，学習指導要領理科の目標である。空欄に適語を入れよ。**

自然に親しみ，理科の見方・考え方を働かせ，（　A　）をもって観察，実験を行うことなどを通して，自然の（　B　）についての問題を（　C　）に解決するために必要な資質・能力を次のとおり育成することを目指す。

⑴　自然の（　B　）についての理解を図り，観察，実験などに関する基本的な技能を身に付けるようにする。

⑵　観察，実験などを行い，問題解決の力を養う。

⑶　（　D　）心情や主体的に問題解決しようとする態度を養う。

2 **次は，学習指導要領理科の各学年の目標である。それぞれ第何学年のものか答えよ。**

⑴　空気，水及び金属の性質，電流の働きについての理解を図り，観察，実験などに関する基本的な技能を身に付けるようにする。

⑵　生命の連続性，流れる水の働き，気象現象の規則性について追究する中で，生命を尊重する態度や主体的に問題解決しようとする態度を養う。

⑶　身の回りの生物，太陽と地面の様子について追究する中で，主に差異点や共通点を基に，問題を見いだす力を養う。

⑷　燃焼の仕組み，水溶液の性質，てこの規則性及び電気の性質や働きについて追究する中で，主にそれらの仕組みや性質，規則性及び働きについて，より妥当な考えをつくりだす力を養う。

物質・エネルギー（物理分野）

●ポイント

出題傾向としては，オームの法則を用いて解く，回路に関連した出題が最も多い。オームの法則を使いこなせるようにしておきたい。てこのつり合い，振り子の長さと周期の関係，凸レンズによってできる像，電磁石，電磁誘導の出題も多いので，Point Checkを活用して学習を進めてほしい。公式を覚え，問題演習を通して解法を身に付けておこう。

1 光と音

Point Check

1 光の性質

① 光の反射
光が反射するとき，入射角＝反射角

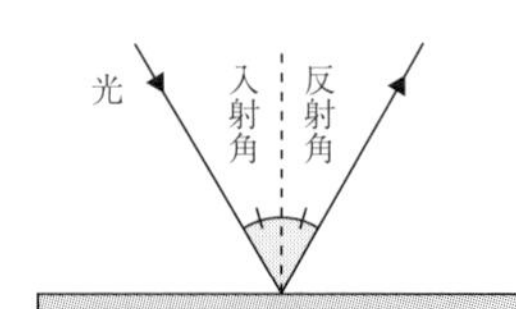

② 光の屈折

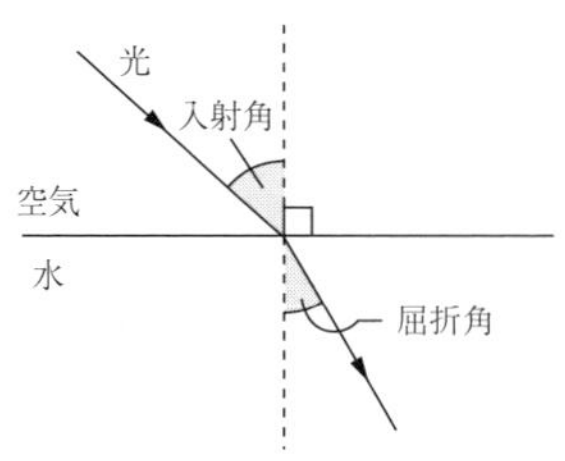

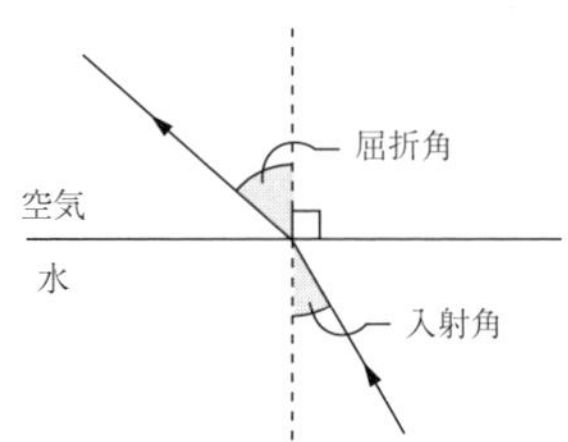

2 実像と虚像

・**実像**…反射・屈折した光が実際にある一点に集まることによってできる像。
・**虚像**…物体から出た光が鏡や凸レンズなどによって発散させられた場合，光を逆向きに延長して交わった点に物体があるようにみえる像（実際に光が集まってできた像ではないので，スクリーンを置いてもうつらない）。

3 凸レンズ

① 凸レンズによってできる像

1) 物体を焦点距離の2倍より遠い位置に置く⇒ **実物より小さい倒立の実像**

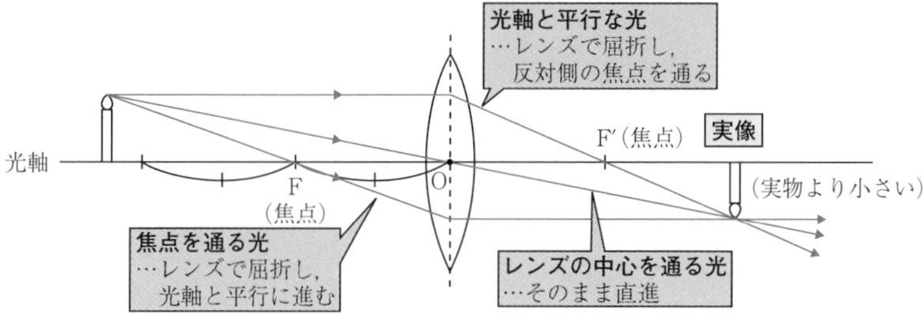

2) 物体を焦点距離の2倍の位置に置く⇒ **実物と同じ大きさの倒立の実像**

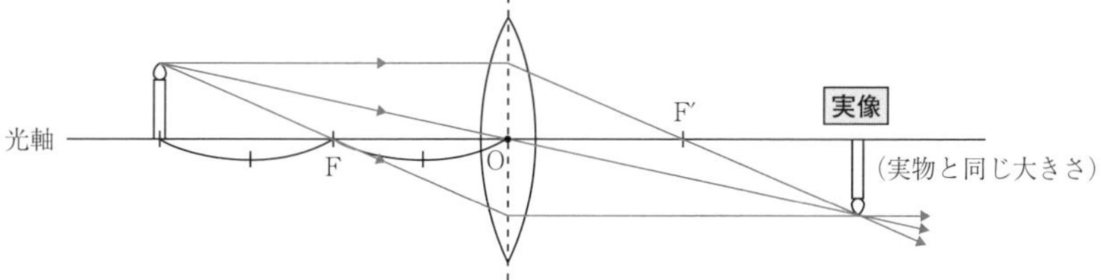

3) 物体を焦点距離の2倍と焦点の間に置く⇒ **実物より大きい倒立の実像**

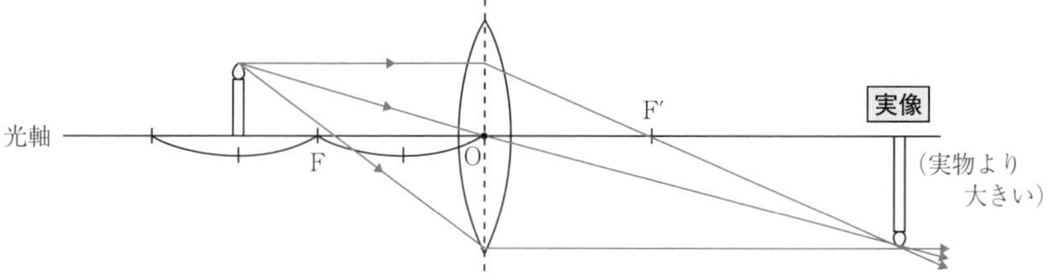

4) 物体を焦点の内側に置く⇒ レンズを通して見ると,**実物より大きな正立の虚像**

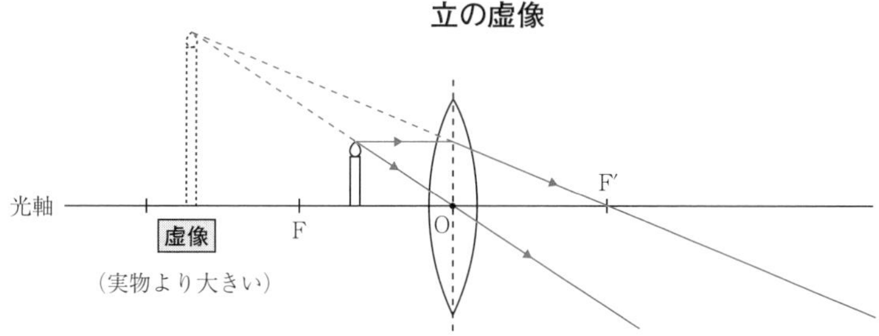

② 凸レンズの公式

焦点距離をf，凸レンズから物体までの距離をa，凸レンズからスクリーンまでの距離をbとすると，

$$\frac{1}{f}=\frac{1}{a}+\frac{1}{b}$$

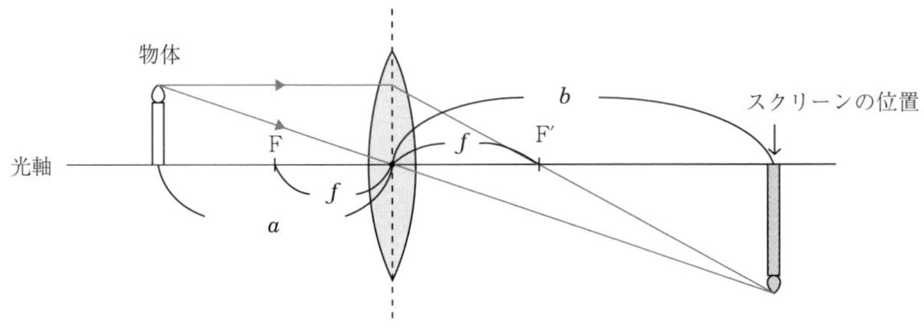

(物体の大きさ)：(実像の大きさ)＝a：b

4 鏡にうつる像

① 鏡による光の進み方

鏡にうつる像が見えるのは，物体から出た光が鏡で反射して目に入ってくる（図のA→O→E）からである。

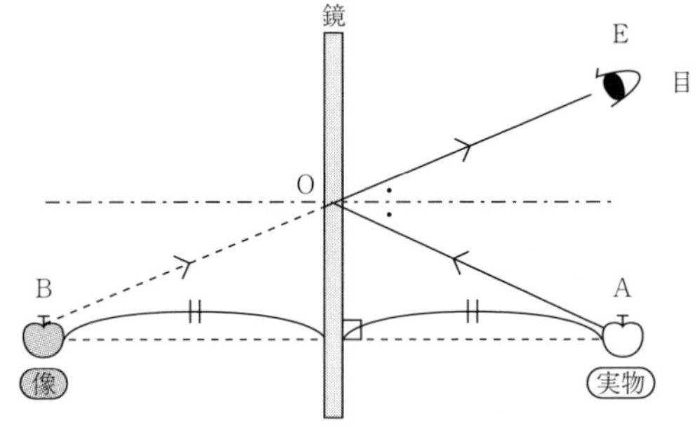

しかし，目に見える像は，物体から出た光が直進して目に入ってできたもの（図のB→O→E）のように感じられる。したがって，鏡にうつる像は虚像である。

② 実物と虚像の関係

実物と虚像は鏡に対して対称な位置にある。

5 音

① **音源**

振動して音を出すもの。発音体ともいう。

② **振動数**

音を出すものが1秒間に振動する回数。**振動数が多いほど音は高くなる。**

③ **振幅**

音の出すものの振れ幅。振動数が一定のとき，**振幅が大きいほど音も大きい。**

④ **弦の振動で高い音を出す方法**

・弦を強く張る。
・弦の長さを短くする。
・弦の太さを細くする。

⑤ **音が伝わる速さ**

空気中を伝わる音は，1秒間に約340m（気温15℃のとき）の速さで進む。

音源からの距離〔m〕＝音の速さ〔m/s〕×かかった時間〔s〕

⑥ **音の伝わりやすさ**

固体＞液体＞気体の順に音は伝わりやすい。

⑦ **ドップラー効果**

音は近づくときは高く，遠ざかるときは低く聞こえる。

例題1 〈凸レンズによってできる像〉

図のように，ろうそく，凸レンズがある。F, F′は凸レンズの焦点である。

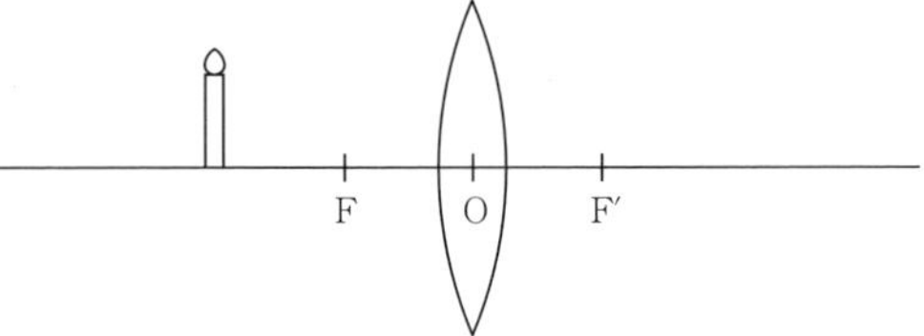

(1) ろうそくの炎から出た光はどのように進み，どこに像ができるか，作図せよ。

(2) (1)でできる像はどのような像か。次から選べ。

ア．正立の実像　　イ．倒立の実像　　ウ．正立の虚像　　エ．倒立の虚像

(3) ろうそくを図の位置から点Fに近づけると，像の大きさはどのように変化するか。

考え方 (1) 光軸と平行な光線は，レンズで屈折し，反対側の焦点を通る。レンズの中心を通る光線はそのまま直進する。

(3) 焦点Fより外側に置いた場合，焦点に近づけるほど，大きな像ができる。

解答 (1)

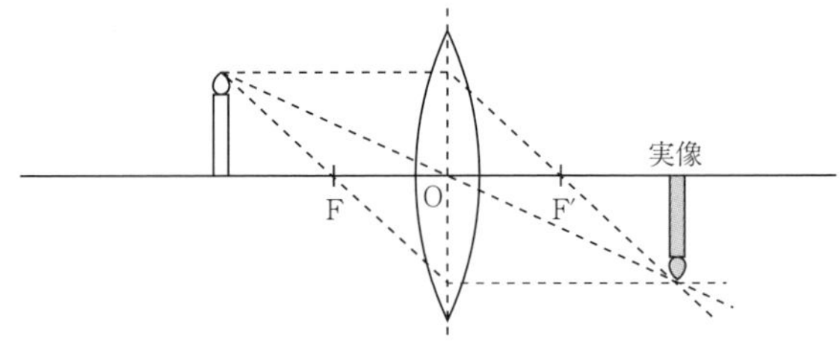

(2) イ　　　(3) 大きくなる

例題2 〈鏡にうつる像〉

鏡にうつる自分の姿について，次の問いに答えよ。

(1) 鏡にうつる自分の像の種類を何というか。

(2) 身長180cmの人が垂直に立てた鏡の前に立って自分の全身を見るには，少なくとも鏡の縦の長さ（高さ）は何cm必要か。

考え方 (1) 鏡にうつる像は，実際に光が交わってできる像ではないので，虚像である。

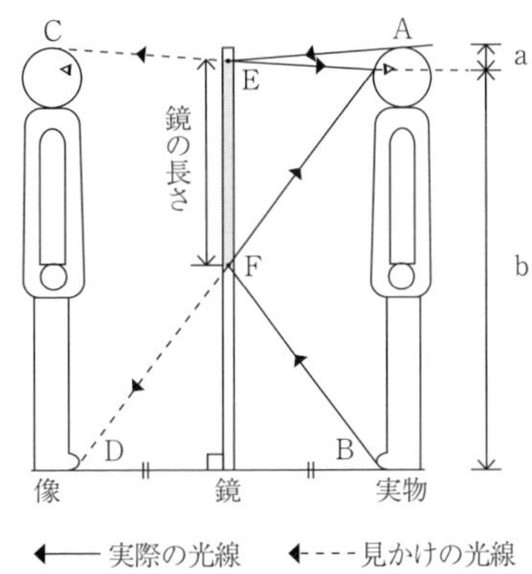

(2) 頭の上Aから出た光は，Eで反射して目に届く。足の先Bから出た光は，Fで反射して目に届くので，全身をうつすための鏡はEFの長さがあればよい。像は鏡に対して対称の位置にあり，光の反射では入射角と反射角は等しいので，E，Fはそれぞれa，bの中点である。したがって，

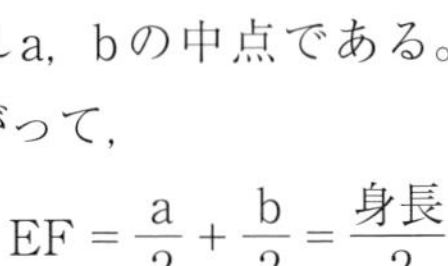

$$EF = \frac{a}{2} + \frac{b}{2} = \frac{身長}{2}$$

解答 (1) 虚像

(2) $180 \times \frac{1}{2} = 90$〔cm〕

例題3 〈音源までの距離〉

空気中を音が伝わる速さを340m/s，水中を音が伝わる速さを1500m/sとして，次の各問いに答えよ。

(1) 花火が見えてから3秒後にその炸裂音が聞こえた。花火を見ている場所は，花火が破裂した位置から何m離れているか。

(2) 船から海底に向かって音を出したところ，1.2秒後に海底からの反射音が聞こえた。この場所の海底の深さは何mか。

考え方 音源からの距離〔m〕＝音が伝わる速さ〔m/s〕×かかった時間〔s〕の式に代入して計算する。

解き方 (1) 破裂してから音が伝わるまでに3秒かかったので，

音源からの距離＝$340 \times 3 = 1020$〔m〕

(2) 船→海底→船と，音が海底まで往復するのに1.2秒かかったのだから，音が船から海底まで達する時間は0.6秒である。

音源からの距離＝$1500 \times 0.6 = 900$〔m〕

2 力のつり合い

Point Check

1 力

力は大きさと向きをもつベクトルである。
力の単位は，**N**（**ニュートン**）やkg重（kgw）などを用いる。

① 重力

地球上にある物体は地球の中心に向かって引かれており，この力を**重力**という。運動の状態によらず，質量m〔kg〕の物体にはたらく重力はmg〔N〕（g≒$9.8\,\mathrm{m/s^2}$で重力加速度）またはm〔kg重〕。

※質量1kgの物体にはたらく重力は，9.8N≒1kg重

② 抗力

面が物体に及ぼす力を抗力といい，特に，接触している面が物体に垂直に及ぼす力を**垂直抗力**という。

③ 糸が引く力（張力）

おもりに糸を付けてつるすと，おもりは糸から上向きの力を受け，この力と重力がつり合って静止する。

④ 弾性力

力が加わって変形した物体（ばねやゴムなど）が，もとの状態に戻ろうとして他の物体に及ぼす力を弾性力という。

⑤ 摩擦力

物体と物体が触れ合う面との間にはたらく力のことをいい，物体の運動をさまたげる力である。

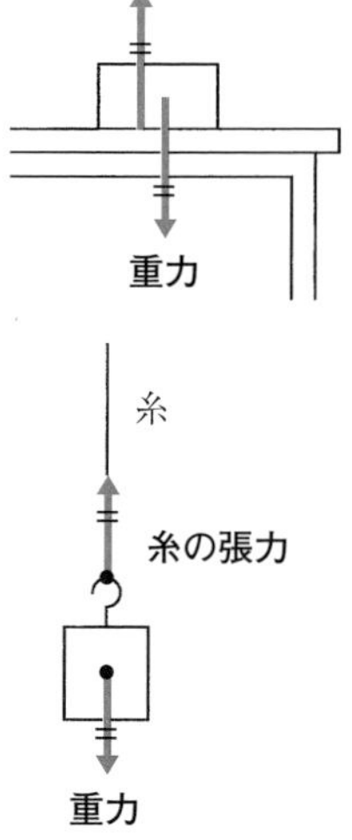

2 力の合成と分解

① **力の合成**

2力F_1，F_2を合わせて同じはたらきをする1つの力Fを求めることを**力の合成**といい，合成した力のことを**合力**という。

2力F_1，F_2の合力Fは，F_1，F_2を隣り合う辺とする平行四辺形の対角線によって表される。

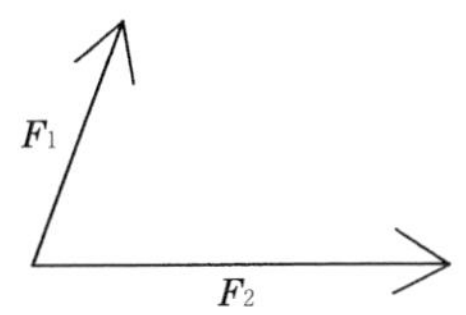

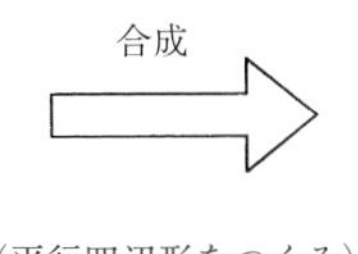

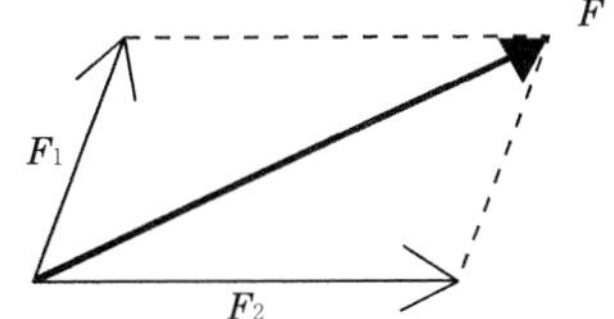

② **力の分解**

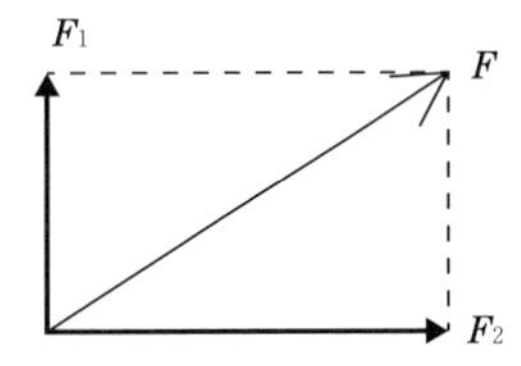

1つの力Fを同じはたらきをする2つの力F_1，F_2に分けることを**力の分解**といい，分けた2つの力を**分力**という。

例　なめらかな斜面上に置いた物体にはたらく重力は，次の2力に分解して考えるとよい。

・斜面に平行な方向の分力⇒**滑り降りるはたらきをする力**

・斜面に垂直な方向の分力⇒**斜面を押す力**

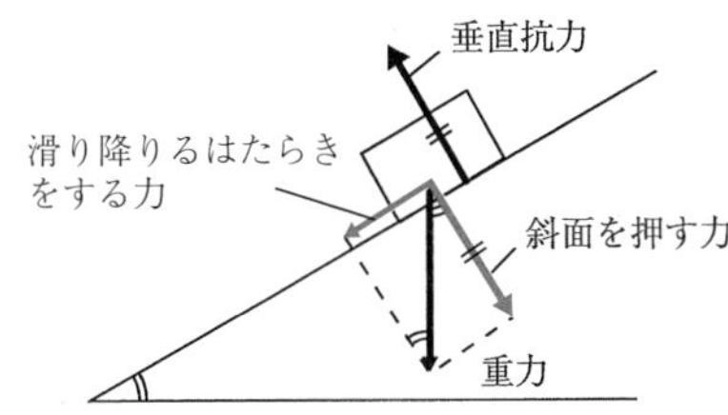

3 力のつり合い

1つの物体にいくつかの力が同時にはたらいても，それらの合力が0であるときは，これらの力はつり合っているという。

4 ばね

① ばねののび

ばねののびは，加えた力に比例する（**フックの法則**）。

ばねにF〔N〕の力を加えてx〔m〕のびたとき，

$$F = kx$$

（k〔N/m〕は，ばね定数）

② ばねのつなぎ方とのびの関係

・**直列**…どのばねにも同じ大きさの力が加わる。**ばね全体ののびは，ばねの本数に比例する。**

・**並列**…**ばね1本ののびは，ばねの本数に反比例する。**

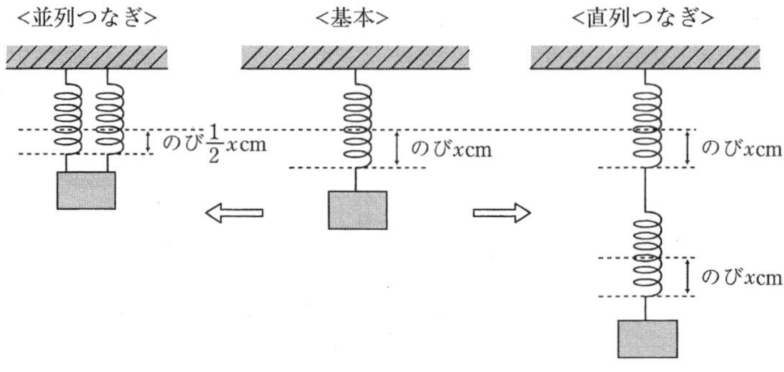

例題4 〈力の分解とつり合い〉

重さ200Nの物体を引き上げるのに，図のようななめらかな斜面を使った。ひもの重さや摩擦は無視するものとする。

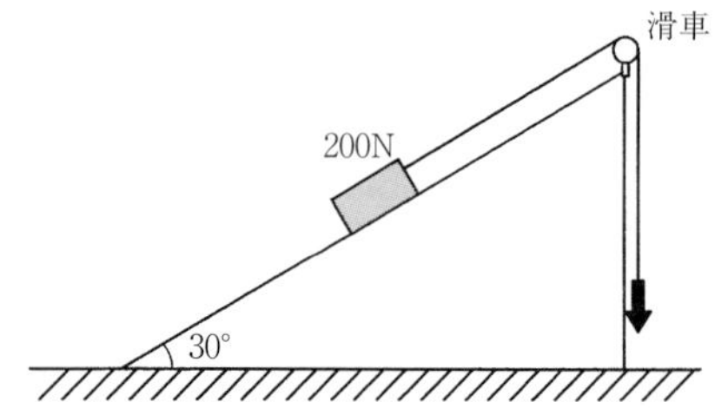

(1) 引き上げる途中で，斜面上に物体を静止させているとき，物体にはたらいている力のつり合いを矢印で正しく示しているものを次から選べ。

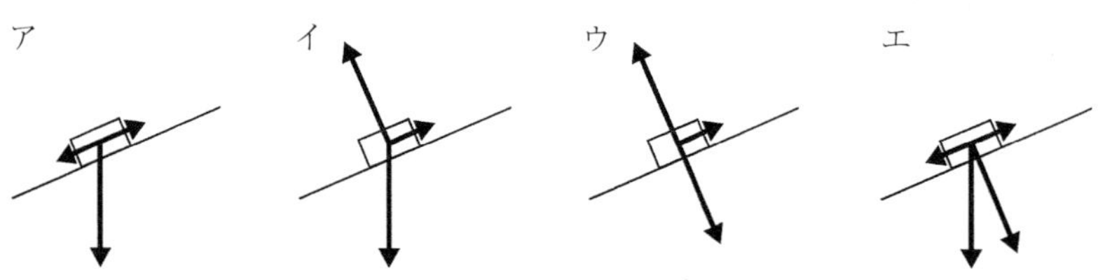

(2) ひもが引く力の大きさは何Nか。

考え方 (1) この物体には，重力，垂直抗力，ひもが引く力の3つの力がはたらくことから考える。

(2) 物体にはたらく重力を，斜面に平行な分力（力A）と斜面に垂直な分力（力B）とに分解する。物体を引く力は，斜面に平行な分力（力A）とつり合っている。

解き方 (1) 重力，垂直抗力，ひもが引く力の3力がつり合っている。右の図より，イが正しい。

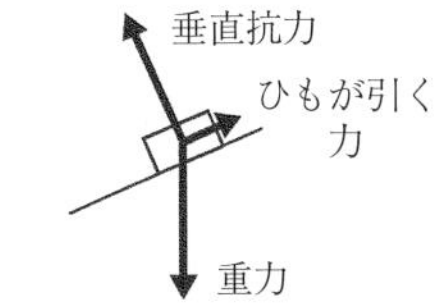

(2) 斜面に垂直な分力（力B）が垂直抗力とつり合い，斜面に平行な分力（力A）がひもが引く力とつり合う。斜面に平行な分力（力A）の大きさを求める。力の大きさは，三角形の辺の比から求める。求める力の大きさをx〔N〕とすると，

$2:1=200:x \quad \therefore \quad x=100$〔N〕

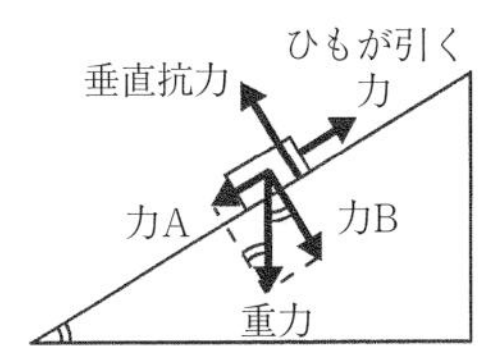

例題5 〈3つの力のつり合い〉

図のように，天井の2点A，Bに糸の両端を固定し，糸の途中の点Cに20Nのおもりをつるして静止させた。このとき，AC＝30cm，BC＝40cmで，∠ACB＝90°であった。2本の糸にはたらく張力はそれぞれ何Nか。

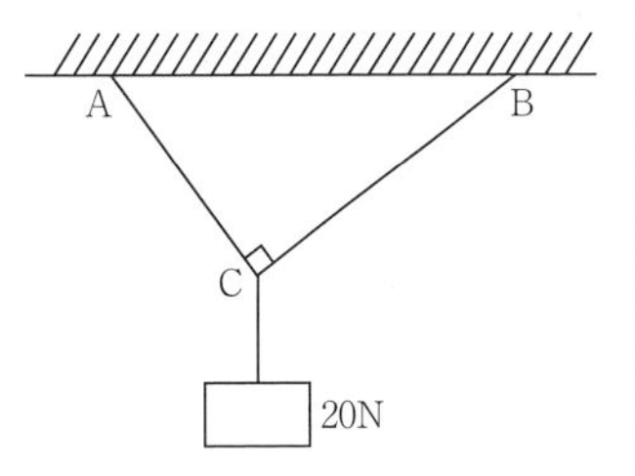

考え方 糸AC，BCにかかる張力をそれぞれT_A，T_Bとすると，点Cには重力W，T_A，T_Bの3つの力がはたらき，つり合っていることから考える。

解き方 T_A，T_Bを二辺として平行四辺形をつくると，力の関係は図のように直角三角形（△ABCと相似関係）で表されることから，三角形の辺の比を利用して，

$3:4:5=T_B:T_A:20$ より，

$T_A=16$〔N〕
$T_B=12$〔N〕

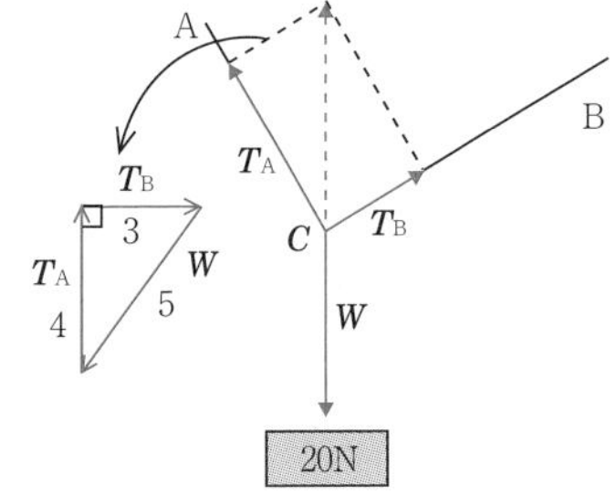

例題6 〈ばねののび〉

図1は，2種類のばねA，Bのそれぞれに，おもりをつるしたときのおもりの質量とばねの長さとの関係を示したものである。ただし，糸とばねの重さは考えないものとする。

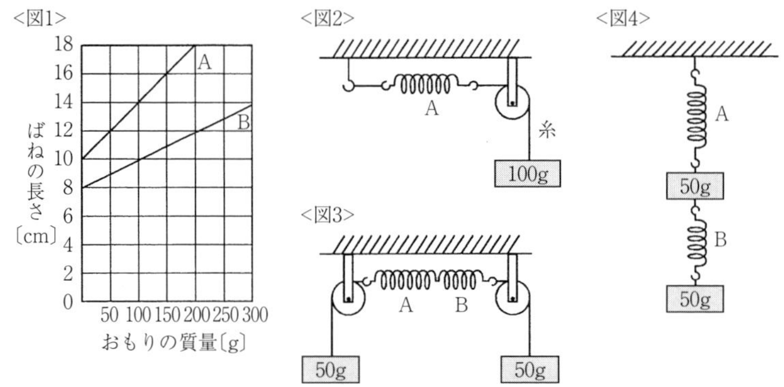

(1) 図2のとき，Aののびは何cmか。

(2) 図3のように，AとBをつなぎ，両端に滑車を通して50gのおもりをつるしたとき，Bののびは何cmか。

(3) 図4のように，天井に一端を固定したAに50gのおもりをつるして，これにばねBの一端を固定し，Bに50gのおもりをつるしたとき，AとBののびの合計は何cmか。

考え方 (1) 図2のとき，ばねAには100gのおもりをつるしている。図1よりおもりの質量が100gのときのばねの長さを求める。

(2) 図3のとき，ばねA，Bにはそれぞれ50gのおもりをつるしていると考える。

(3) 図4のとき，ばねBには50g，ばねAには50＋50＝100〔g〕のおもりをつるしていると考える。

解き方 (1) ばねの長さ〔cm〕＝自然長＋のびであるから，図1より，ばねAに100gのおもりをつるすと，そののびは，

14 − 10 = 4〔cm〕

(2) 図1より，ばねBに50gのおもりをつるすと，そののびは，

9 − 8 = 1〔cm〕

(3) 図4のとき，ばねBには50gのおもりをつるしているので，そののびは1cm。ばねAには100gのおもりをつるしているので，そののびは4cm。

よって，ばねAとばねBののびの合計は，

4＋1＝5〔cm〕

3 てこ

Point Check

1 てこの原理

① 作用点にはたらく力を大きくする

⇒**支点から力点までの距離を，支点から作用点までの距離より大きく**する。

例 せんぬき，くぎぬき など

② 作用点にはたらく力を小さくする

⇒支点から作用点までの距離を，支点から力点までの距離より大きくする。

例 ピンセット など

- **支点**…てこを支えている動かない点（回転の中心となる点）
- **力点**…てこに力を加える点
- **作用点**…加えた力がものにはたらく点

2 てこの利用

てこを利用した道具は，支点，力点，作用点の位置によって，3種類に分けることができる。

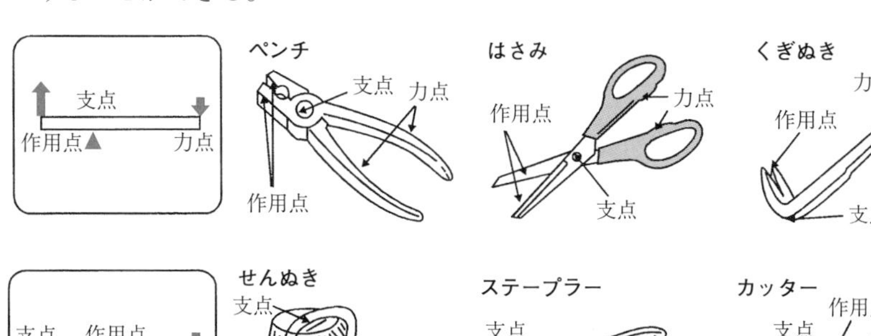

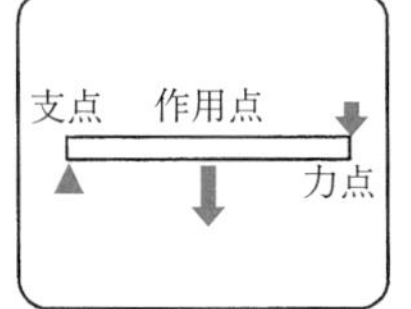

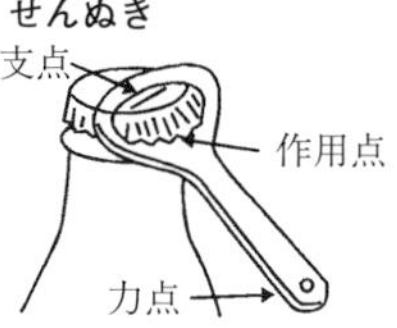

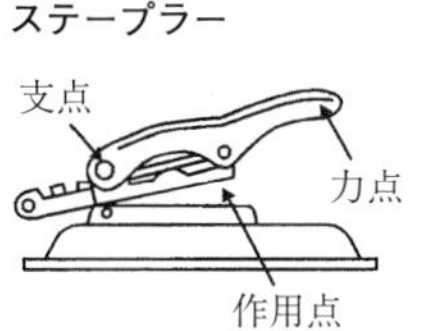

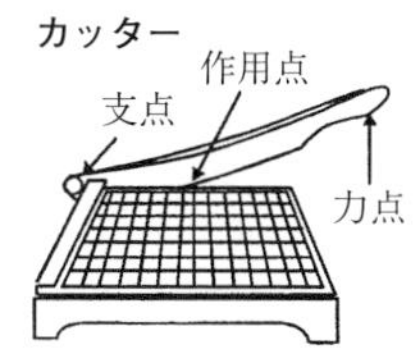

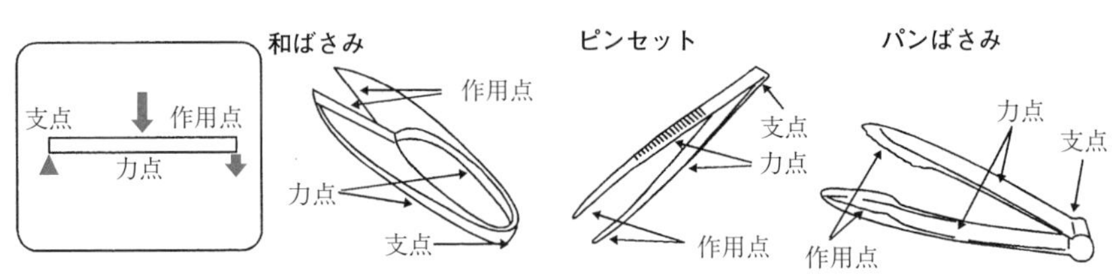

3 てこのつり合いの条件

(おもりの質量)×(支点からの距離)

が支点を中心にして等しくなっているとき，てこはつり合う。

右の図の場合，支点をOとすると，

$$F_1 l_1 = F_2 l_2 + F_3 l_3$$

が成立するとき，つり合う。

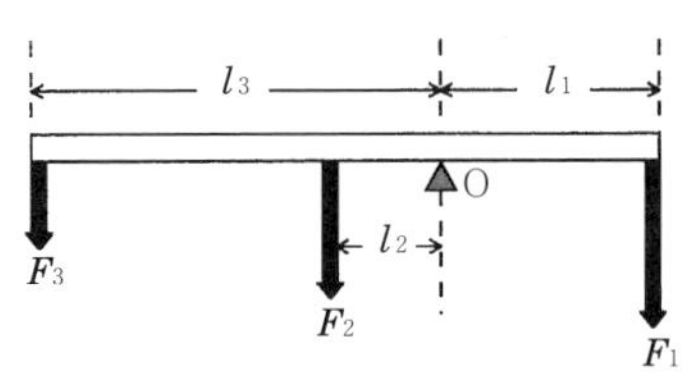

例題7 〈てこの利用〉

次のてこを利用した道具を，支点，力点，作用点のうち，①支点が間にあるもの，②作用点が間にあるもの，③力点が間にあるものに分類せよ。

ア．ピンセット　イ．はさみ　ウ．和ばさみ　エ．せんぬき

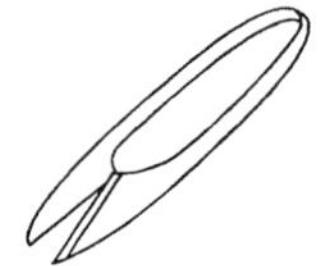

オ．カッター　カ．上皿てんびん　キ．ステープラー　ク．くぎぬき

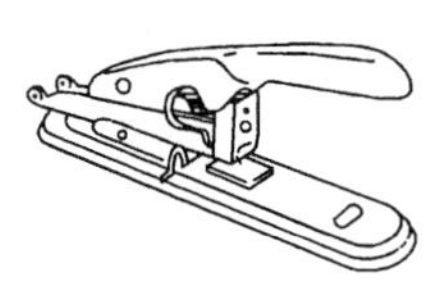
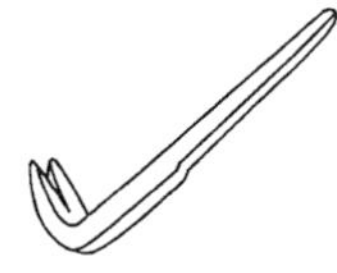

解答　①　イ，カ，ク　②　エ，オ，キ　③　ア，ウ

例題8 〈てこのつり合い〉

てこのつり合いについて，次の各問いに答えよ。ただし，棒及びひもの重さは考えないものとする。

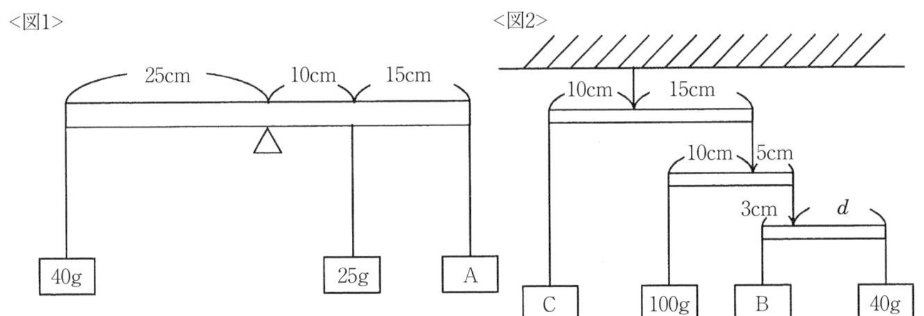

(1) 図1のように，つり合っているてこがある。Aの質量を求めよ。

(2) 図2のように，水平に保たれているモビールがある。B，Cの質量及びdの長さを求めよ。

考え方 てこのつり合いの条件にあてはめて考える。支点△を中心にして，左右の(おもりの質量)×(支点からの距離)が等しくなっていることから，つり合いの式をつくる。

解き方 (1) 求めるAの質量をx〔g〕とすると，

$$40 \times 25 = 25 \times 10 + x \times 25 \qquad \therefore \quad x = 30〔\text{g}〕$$

(2) 40gのおもりとBの質量の和をy〔g〕とすると，100gのおもりをつるしている，てこのつり合いは，

$$100 \times 10 = y \times 5 \qquad \therefore \quad y = 200〔\text{g}〕$$

よって，Bの質量は，200 − 40 = 160〔g〕

40gのおもりをつるしている，てこのつり合いは，

$$160 \times 3 = 40 \times d \qquad \therefore \quad d = 12〔\text{cm}〕$$

おもりCをつるしている，てこのつり合いは，求めるCの質量をz〔g〕とすると，

$$z \times 10 = (100 + 200) \times 15 \qquad \therefore \quad z = 450〔\text{g}〕$$

4 圧力と浮力

Point Check

1 圧力…単位面積（1 m^2，1 cm^2）あたりの面を垂直に押す力

$$\text{圧力}〔N/m^2〕 = \frac{\text{力の大きさ}〔N〕}{\text{面積}〔m^2〕}$$

※圧力〔g重/cm^2〕＝ $\frac{\text{力の大きさ}〔g重〕}{\text{面積}〔cm^2〕}$ と表す場合もある。

※1Pa＝1N/m^2

2 水圧

・水圧の大きさは，水面からの深さに比例する。

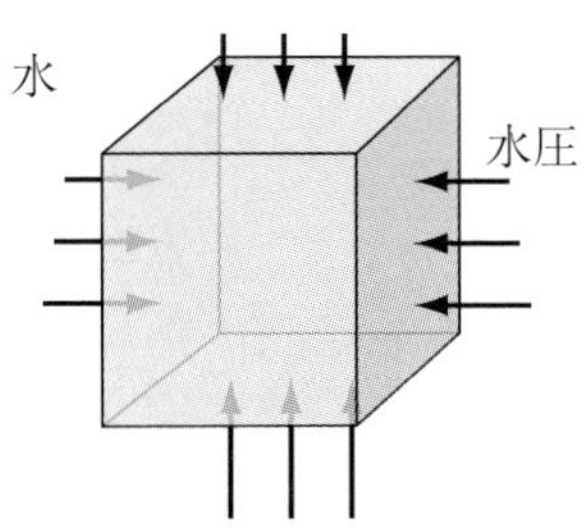

3 浮力

① **アルキメデスの原理**…浮力は物体が押しのけた液体の重さに等しい。

② 物体が浮いているときの力のつり合い
物体にはたらく浮力と重力がつり合っているとき，物体は浮く。

例題9 〈圧力〉

圧力について，次の各問いに答えよ。

(1) 一辺が5cm，質量750gの立方体を水平な床の上に置いたとき，この物体が床に及ぼす圧力は何N/m^2になるか。ただし，100gの物体にはたらく重力を1Nとする。

(2) 底面が一辺2cmの正方形で高さ3cmの直方体がある。底面を下にしたときの圧力は，側面を下にしたときの何倍か。

考え方 (1) 力の大きさと底面の面積の単位に注意し，

$$\text{圧力}〔N/m^2〕 = \frac{\text{力の大きさ}〔N〕}{\text{面積}〔m^2〕}$$

の公式を利用する。

(2) 圧力は面積に反比例するので，それぞれの場合の面積を計算する。

解き方 (1) 5cm = 0.05m，750gの物体にはたらく重力は7.5Nより，

$$圧力 = \frac{7.5}{0.05 \times 0.05} = 3000〔N/m^2〕$$

(2) 面積より，

$$\frac{2 \times 3}{2 \times 2} = 1.5〔倍〕$$

例題10 〈浮力〉

図のように，密度が$1.2g/cm^3$の食塩水300gを質量100gのビーカーに入れたものを自動上皿はかりにのせ，質量50gの物体をビーカーに触れないようにばねはかりにつるした。このとき，ばねはかりの目盛りは20gを示した。ただし，100gの物体にはたらく重力の大きさを1Nとする。

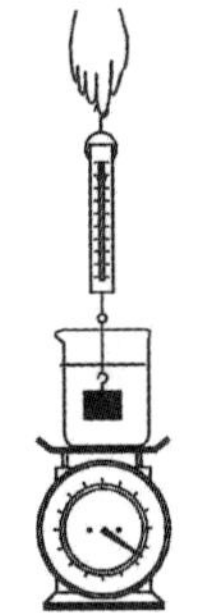

(1) 物体の体積はいくらか。

(2) このとき，自動上皿はかりの目盛りは何gを示すか。

考え方 (1) 質量50gの物体には，0.5Nの重力が鉛直下向きに，ばねはかりから引っぱられる力0.2Nと浮力が上向きにはたらいており，これらの力はつり合っている。

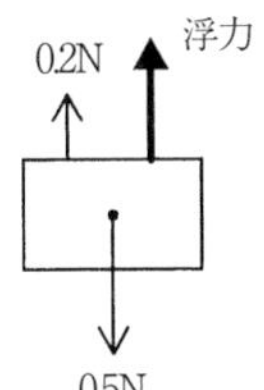

(2) 自動上皿はかりの示す値は，次のようになる。

(下向きの力の合力)

= **(ビーカーと食塩水の重さ) + (浮力の反作用)**

解き方 (1) この物体にはたらく浮力は，

$$0.5 - 0.2 = 0.3〔N〕$$

この浮力は押しのけられた食塩水の重さに等しいので，重さ0.3Nの食塩水の質量を求めると30gである。

物体の体積は押しのけられた食塩水の体積であり，体積$=\frac{質量}{密度}$だから，求める体積は，

$$\frac{30}{1.2} = 25〔cm^3〕$$

(2) 下向きの力の合力の大きさは，

$$(1 + 3) + 0.3 = 4.3〔N〕$$

自動上皿はかりを4.3Nの力で押しているので，目盛りは430gを示す。

5 仕事と仕事率

Point Check

1 仕事

物体に力Fが作用して，力の向きに距離sだけ移動したとき，力Fのした仕事Wは，

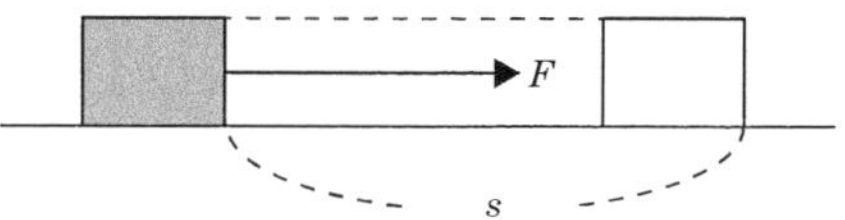

$$W = Fs$$

※単位は〔J〕(ジュール)または〔kg重m〕を用いる。

1J = 1N・m (1Nの力で，物体を力の向きに1m動かしたときの仕事の量)
1kg重m ≒ 9.8J

2 重力に関係する仕事

質量m〔kg〕の物体が鉛直方向にh〔m〕落下するとき重力のする仕事W，または質量m〔kg〕の物体を鉛直方向にh〔m〕持ち上げるとき重力に逆らってする仕事Wは，

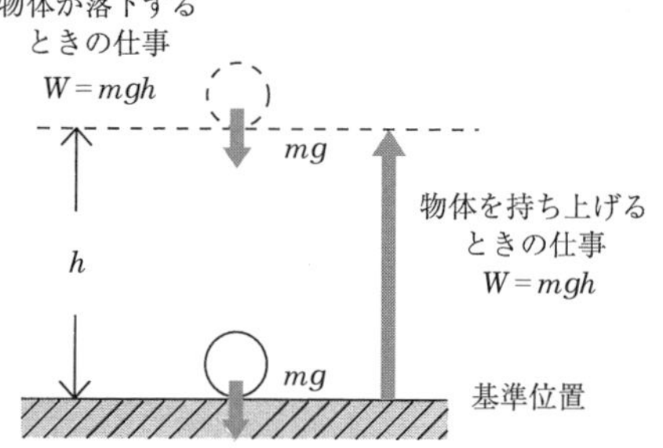

$$W = mgh〔J〕$$

($W = mh$〔kg重m〕)

3 仕事の原理

てこや滑車，斜面などの道具を使うと，動かす力は小さくなるが，物体を動かす距離は長くなるため，道具の質量や摩擦を無視できるときは，道具を使う場合と使わない場合の仕事の量は等しくなる。

4 滑車と仕事

① 定滑車

F（ひもを引く力）＝W（物体にかかる重力）

・ひもを引く力は物体の重さと同じ。

・ひもを引く距離は物体を持ち上げる距離と同じ。

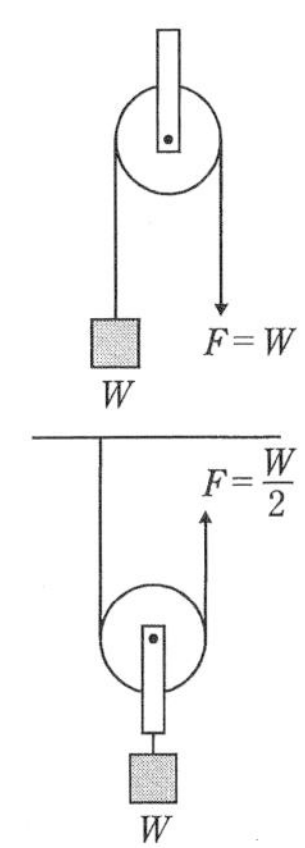

② 動滑車

$$F=\frac{W}{2}$$

・動滑車の重さが無視できる場合，ひもを引く**力は物体の重さの$\frac{1}{2}$倍**。

・ひもを引く**距離は物体を持ち上げる距離の2倍**。

③ 組合せ滑車

重さが無視できる滑車を組合せた場合の引く力と引く距離は，右の図のようになる。

C $\frac{1}{8}W$ $F=\frac{1}{8}W$
B $\frac{1}{4}W$
A $\frac{1}{2}W$
W
ひもを引く距離は物体を持ち上げる距離の$2^3=8$倍

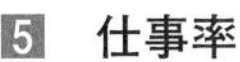

5 仕事率

時間t〔秒〕の間に仕事W〔J〕を行うときの仕事率P〔W〕は，

$$P=\frac{W}{t}$$

※単位は〔W〕（ワット）または〔kg重m/s〕を用いる。

$$\begin{cases} 1\text{W}=1\text{J/s}（1秒間に1\text{J}の仕事をするときの仕事率） \\ 1\text{kg重m/s} \fallingdotseq 9.8\text{W} \end{cases}$$

例題11 〈斜面上の仕事〉

図のように，なめらかな斜面上にある質量50kgの物体を，ゆっくりと斜面上のAからBまで引き上げた。重力加速度の大きさは9.8m/s^2とする。

(1) 物体をゆっくり引き上げる力Fの大きさは何Nか。

(2) 力Fがした仕事は何Jか。

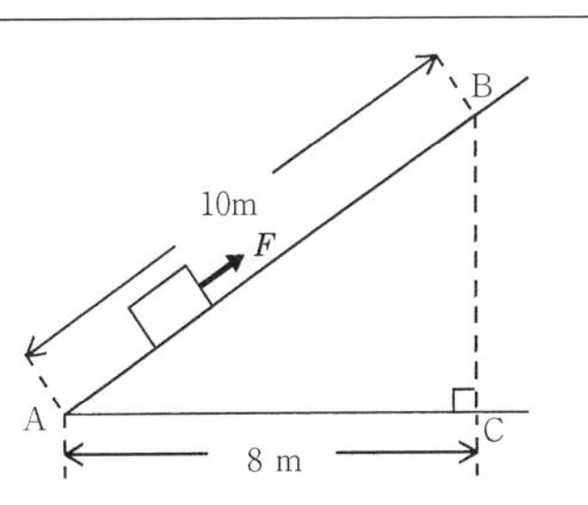

解き方 (1) 斜面にそって物体を引き上げる力Fは，物体の重力の斜面に平行な分力とつり合うので，

$F = mg \times \dfrac{\text{斜面の高さBC}}{\text{斜面の長さAB}}$で表されるから，

$$F = 50 \times 9.8 \times \frac{6}{10} = 294 〔\mathrm{N}〕$$

(2) Fの向きに10m進んだので，仕事$W = Fs$より，

$$W = 294 \times 10 = 2940 〔\mathrm{J}〕$$

例題12 〈滑車〉

図のように，滑車を使って質量20kgの物体を2m引き上げた。ただし，滑車とひもの質量や摩擦は考えないものとし，100gの物体にはたらく重力の大きさを1Nとする。

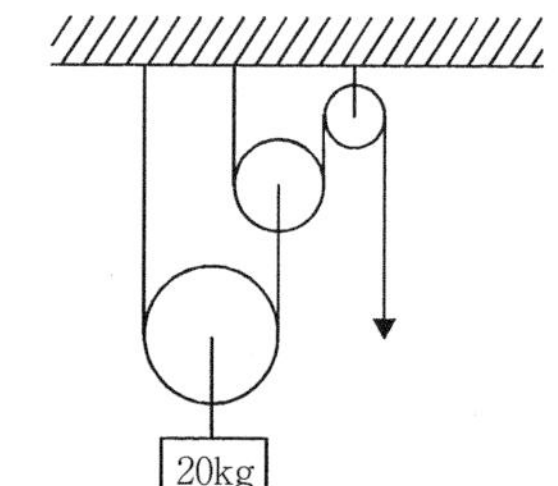

(1) ひもを何m引く必要があるか。
(2) ひもを引く力は何Nか。
(3) (2)の力がした仕事は何Jか。
(4) 2mを10秒かかって引き上げたときの仕事率は何Wか。

考え方 (1)(2) 動滑車2個を使うと，引き上げるひもの長さは，物体を持ち上げる距離の$2 \times 2 = 4$〔倍〕になり，必要な力は物体の重さの$\dfrac{1}{2} \times \dfrac{1}{2} = \dfrac{1}{4}$〔倍〕になる。

解き方 (1) $2 \times 4 = 8$〔m〕

(2) 20kgの物体にはたらく重力の大きさは200Nであるから，

$$200 \times \frac{1}{4} = 50 〔\mathrm{N}〕$$

(3) $W = Fs$より，$50 \times 8 = 400$〔J〕

(4) $P = \dfrac{W}{t}$より，$\dfrac{400}{10} = 40$〔W〕

例題13 〈仕事の原理〉

てこを使って質量10kgの岩石を50Nの力で0.2m持ち上げるとき，てこの端を何m下げればよいか。ただし，100gの物体にはたらく重力の大きさを1Nとする。

考え方 「仕事の原理」を利用する。

解き方 質量10kgの岩石にはたらく重力の大きさは100Nである。
求める距離をx〔m〕とする。仕事の原理より，てこがこの岩石を100Nの力で0.2m持ち上げる仕事の量と，手がてこの端を50Nの力でx〔m〕下げる仕事の量は変わらないので，

$$100 \times 0.2 = 50 \times x$$

$$x = 0.4 \text{〔m〕}$$

6 力学的エネルギー

Point Check

1 運動エネルギー

質量m〔kg〕の物体が速さv〔m/s〕で運動しているとき，その物体のもつ**運動エネルギーK**〔J〕は，物体の速さの2乗に比例し，物体の質量に比例する。

速さv〔m/s〕

質量m〔kg〕の物体

$$K = \frac{1}{2}mv^2$$

※速さが0のところでは，運動エネルギーは0。

2 位置エネルギー

① 重力による位置エネルギー

質量m〔kg〕の物体が基準点からh〔m〕の高さにあるとき，その物体のもつ重力による**位置エネルギーU**〔J〕は，物体の質量と高さの積で表される。

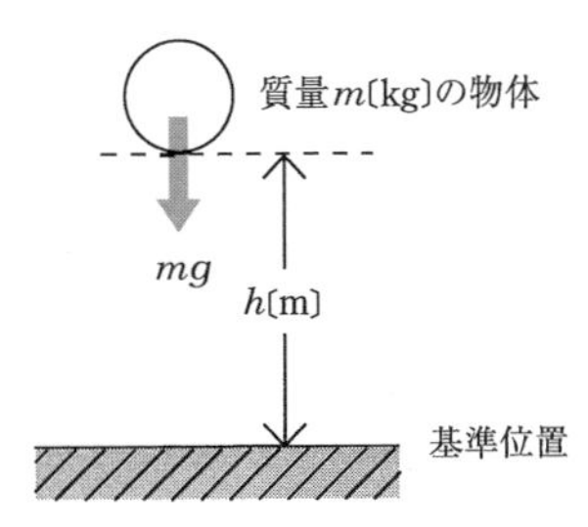

$$U = mgh$$

※高さが0のところでは，位置エネルギーは0。

② **弾性力による位置エネルギー**（弾性エネルギー）

ばね定数k〔N/m〕のばねを自然長からx〔m〕だけのばした（縮めた）とき，ばねに蓄えられる弾性力による位置エネルギーU〔J〕は，

$$U=\frac{1}{2}kx^2$$

3 力学的エネルギーの保存

① **力学的エネルギー保存の法則**

物体に保存力（重力や弾性力）のみが作用する場合，運動エネルギーと位置エネルギーの和（**力学的エネルギー**）は一定になる。

〈重力に仕事をされて運動する場合〉 $\frac{1}{2}mv^2+mgh=$一定

〈弾性力に仕事をされて運動する場合〉 $\frac{1}{2}mv^2+\frac{1}{2}kx^2=$一定

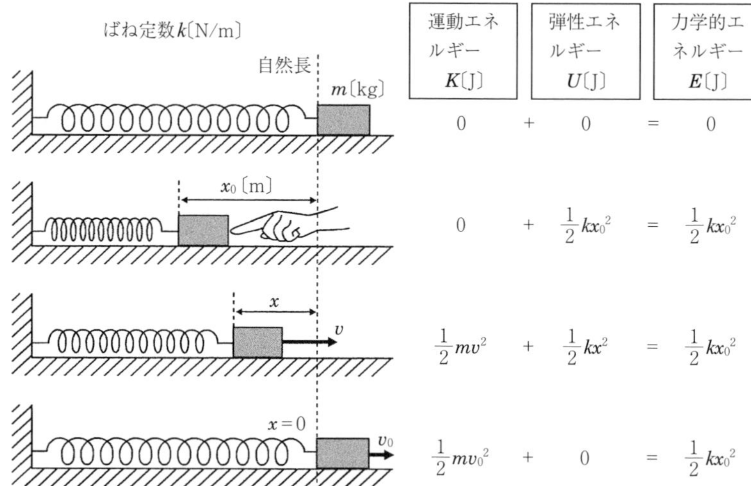

② 位置エネルギーと運動エネルギーの移り変わり

〈物体が落下するとき〉

物体がある高さから落ちるにつれて，物体のもつ位置エネルギーが減少していき，その分，運動エネルギーが増加していく。

〈物体を投げ上げたとき〉

物体の位置が高くなるにつれて，物体のもつ運動エネルギーが減少していき，その分，位置エネルギーが増加していく。

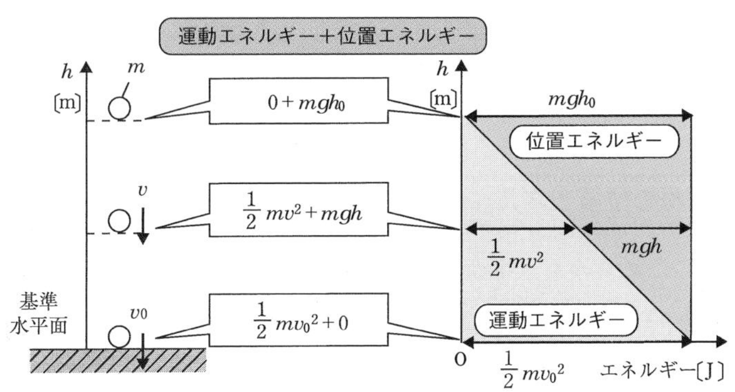

4 振り子

① 振り子の周期

振り子の長さ（支点とおもりとの重心の長さ）をlとすると，振り子の周期T（1往復する時間）は，

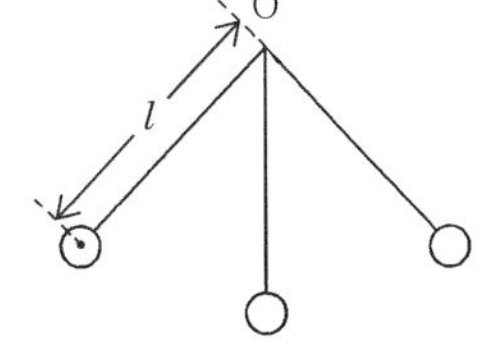

$$T=2\pi\sqrt{\frac{l}{g}}\quad (g\text{は重力加速度})$$

振り子の周期は振り子の長さで決まり，おもりの質量，振幅を変えても周期は変化しない。

② 振り子の位置エネルギーと運動エネルギー

1）おもりがAの位置から動き始めるにつれて，位置エネルギーが次第に運動エネルギーに変わっていく。

2）Bの位置では，**位置エネルギーが0**に，**運動エネルギーは最大**になる。

3）Bの位置を過ぎると，運動エネルギーが次第に位置エネルギーに変わっていき，Cの位置に達する。

4）摩擦や空気の抵抗がなければ，Aの位置とCの位置は同じ高さになり，振り子の運動はいつまでも続く。

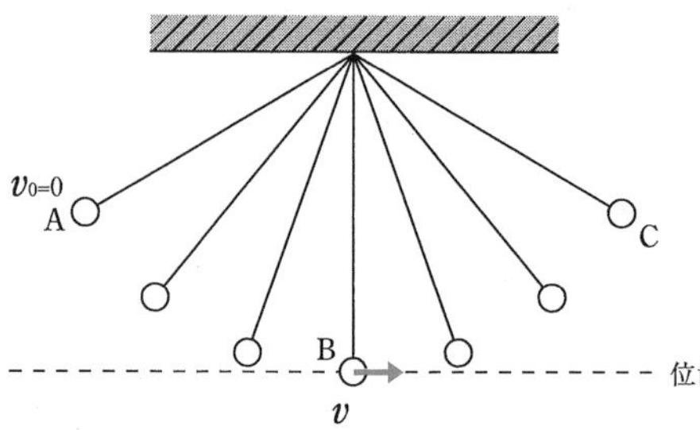

位置エネルギーの基準水平面

位置エネルギー	最大	(減少)→	0	(増加)→	最大
運動エネルギー	0	(増加)→	最大	(減少)→	0

例題14〈ばねの位置エネルギー〉

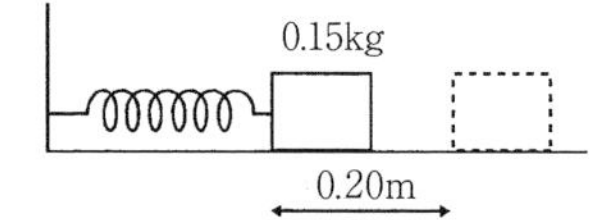

図のように，なめらかな水平面上で，ばね定数60N/mのばねの一端を固定し，他端に質量0.15kgの物体をつけ，ばねを自然な長さより0.20m押し縮めた。ばねが自然の長さにもどったときの物体の速さは何m/sか。

解き方 ばねが自然の長さになったとき，ばねに蓄えられていた弾性エネルギーは0になり，かわって物体の運動エネルギーが増えている。

求める速さをvとして，力学的エネルギー保存の法則

$$\frac{1}{2}mv^2 + \frac{1}{2}kx^2 = 一定$$

を用いると，

$$0 + \frac{1}{2} \times 60 \times 0.20^2 = \frac{1}{2} \times 0.15v^2 + 0$$

$$\therefore \quad v = 4.0〔\mathrm{m/s}〕$$

例題15 〈振り子の運動とエネルギー〉

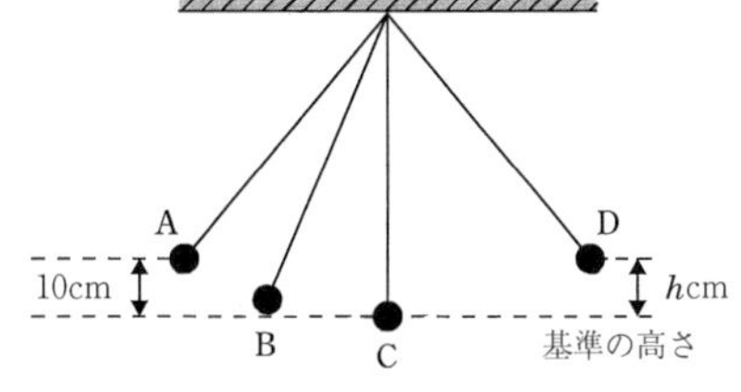

右の図のように，A～D間をふれている振り子がある。Cの位置のおもりの重心の位置を高さの基準として，次の各問いに答えよ。

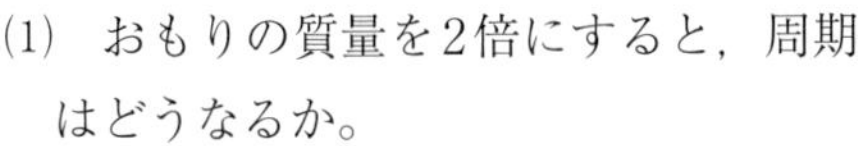

(1) おもりの質量を2倍にすると，周期はどうなるか。

(2) A～Cのうち，おもりの位置エネルギーが最大になるのは，どの位置にあるときか。

(3) Aにあったおもりが動いてBを通過しているとき，増加したエネルギーと減少したエネルギーはそれぞれ何であったか。

(4) おもりの運動エネルギーが最大になるのは，A～Dのどの位置にあるときか。

(5) Dの高さhは何cmか。

考え方 (1) 振り子の周期は振り子の長さで決まり，おもりの質量や振幅を変えても変化しない。

(2) 質量mの物体が高さhにあるときの位置エネルギーはmghで表されるから，位置エネルギーは基準の高さから最も高いところにあるAで最大となる。

(3) BはAよりも低いところにあるから，位置エネルギーは減少した。Aでは静止していたが，Bでは動いているから，運動エネルギーは増加した。

(4) 位置エネルギーが0となるCでの運動エネルギーが最も大きい。

(5) 最大にふれたAとDの高さは同じである。

解答 (1) 変わらない

(2) A

(3) 増加したエネルギー：運動エネルギー
減少したエネルギー：位置エネルギー

(4) C

(5) 10cm

7 電流と電圧

Point Check

1 オームの法則

電流をI〔A〕，電圧をV〔V〕，抵抗をR〔Ω〕とすると，

$$I=\frac{V}{R}\qquad V=RI\qquad R=\frac{V}{I}$$

※1 A＝1000mA

2 抵抗の直列回路

① 合成抵抗

抵抗の値がR_1〔Ω〕，R_2〔Ω〕の抵抗を直列につなぐとき，合成抵抗の値R〔Ω〕は，

$$R=R_1+R_2$$

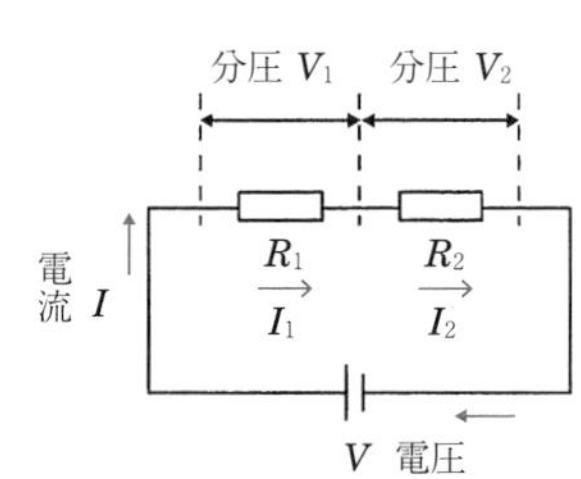

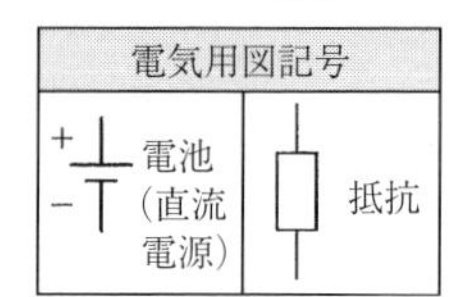

② 電圧…各抵抗にかかる電圧の和は，電源の電圧と等しい。

$$V=V_1+V_2$$

③ 電流…直列回路に流れる電流の大きさは，どこでも同じ。

$$I=I_1=I_2$$

④ 分圧の比…電圧と抵抗は比例する。

$$V_1:V_2=R_1:R_2$$

3 抵抗の並列回路

① 合成抵抗

抵抗の値がR_1〔Ω〕，R_2〔Ω〕の抵抗を並列につなぐとき，合成抵抗の値R〔Ω〕は，

$$\frac{1}{R}=\frac{1}{R_1}+\frac{1}{R_2}$$

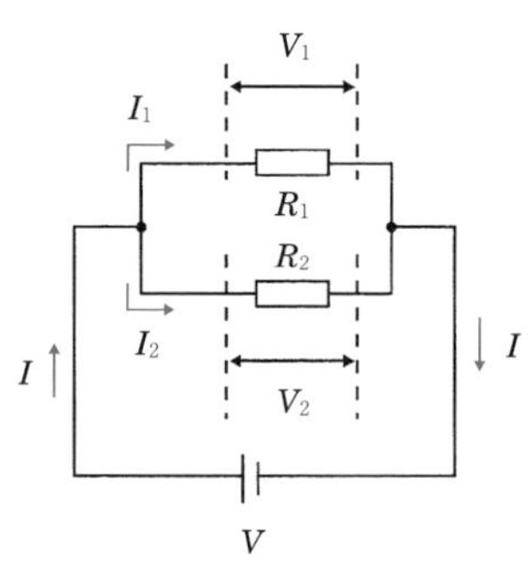

② 電圧…各抵抗にかかる電圧は等しい。

$$V=V_1=V_2$$

③　電流…回路全体に流れる電流の大きさは，各抵抗に流れる電流の和になる。

$$\boldsymbol{I} = \boldsymbol{I}_1 + \boldsymbol{I}_2$$

④　分流の比…電流と抵抗は反比例する。

$$\boldsymbol{I}_1 : \boldsymbol{I}_2 = \boldsymbol{R}_2 : \boldsymbol{R}_1$$

4　電熱線と抵抗

抵抗は電熱線の長さに比例し，断面積に反比例する。

例題16〈直列回路の電流と電圧〉

図のように，10Ωの抵抗Aと5Ωの抵抗Bを直列につなぎ，6Vの直流電源をつないだ。

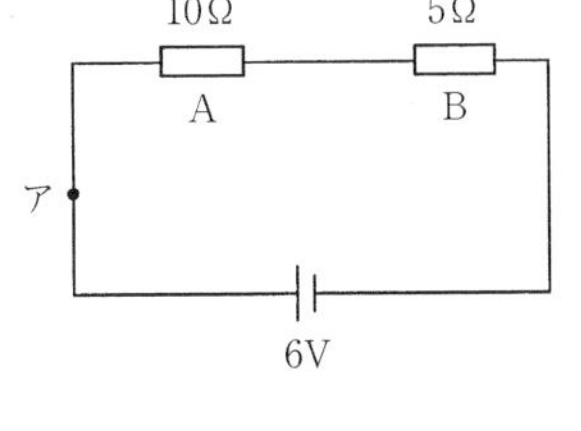

(1)　点アを流れる電流の大きさを求めよ。

(2)　抵抗A，Bにかかる電圧を求めよ。

(3)　点アの電流，抵抗Bの電圧を測定するための器具を配線した回路図を書け。ただし，電流計をⒶ，電圧計をⓋとする。

考え方　(1)(2)　直列回路なので，流れる電流の大きさはどこでも同じであり，$R = R_1 + R_2$と，オームの法則$I = \frac{V}{R}$，$V = RI$を使って求める。

(3)　電流計は回路に直列，電圧計は並列につなぐ。

解き方　(1)　合成抵抗の値をR〔Ω〕とすると，

$$R = 10 + 5 = 15〔\Omega〕$$

電圧が6V，抵抗値が15Ωなので，オームの法則を使って，

$$I = \frac{V}{R} = \frac{6}{15} = 0.4〔A〕$$

(2)　抵抗Aに流れる電流は0.4A，抵抗値は10Ω，また，抵抗Bに流れる電流は0.4A，抵抗値は5Ωであるから，それぞれにオームの法則を使って，

抵抗A：$V = RI = 10 \times 0.4 = 4$〔V〕

抵抗B：$V = RI = 5 \times 0.4 = 2$〔V〕

(3)

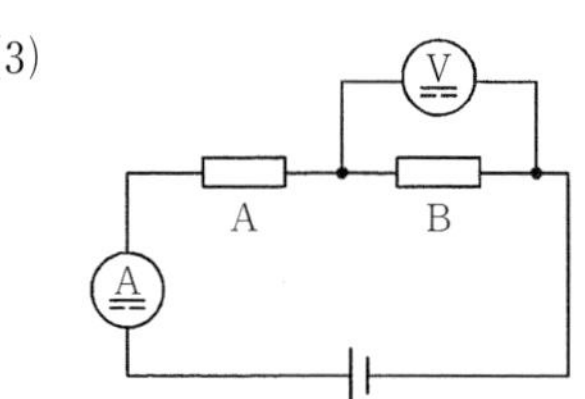

例題17〈並列回路の電流と電圧〉

図のように，10Ωの抵抗Aと5Ωの抵抗Bを並列につなぎ，6Vの直流電源をつないだ。

(1) 抵抗A，Bにかかる電圧を求めよ。

(2) 点アを流れる電流の大きさを求めよ。

(3) 抵抗A，Bを流れる電流の大きさを求めよ。

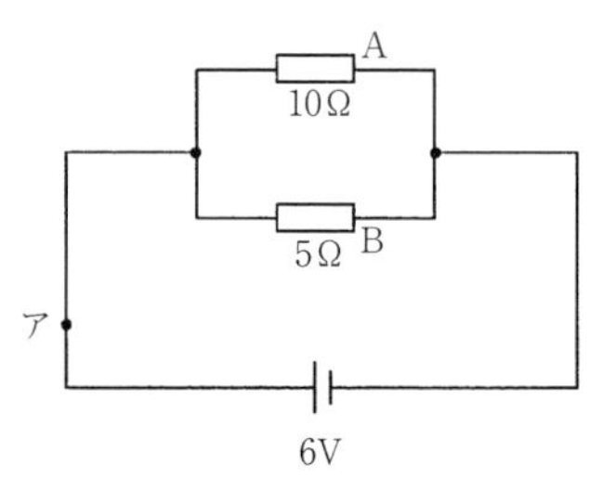

考え方 (1) 並列回路では，各抵抗にかかる電圧の大きさは等しいことから考える。

(2)(3) $\dfrac{1}{R}=\dfrac{1}{R_1}+\dfrac{1}{R_2}$と，オームの法則$I=\dfrac{V}{R}$を使って求める。

解き方 (1) 抵抗A，Bは，並列につながれているので，各抵抗にかかる電圧の大きさは等しく，どちらの抵抗にも6Vの電圧がかかっている。

(2) 合成抵抗の値をR〔Ω〕とすると，

$$\frac{1}{R}=\frac{1}{10}+\frac{1}{5}=\frac{3}{10}\text{より，}R=\frac{10}{3}\text{〔Ω〕}$$

電圧が6V，抵抗値が$\dfrac{10}{3}$Ωなので，オームの法則を使って，

$$I=\frac{V}{R}=6\times\frac{3}{10}=1.8\text{〔A〕}$$

(3) 抵抗Aにかかる電圧は6V，抵抗値は10Ω，また，抵抗Bにかかる電圧は6V，抵抗値は5Ωであるから，それぞれにオームの法則を使って，

$$\text{抵抗A}:I=\frac{V}{R}=\frac{6}{10}=0.6\text{〔A〕}$$

$$\text{抵抗B}:I=\frac{V}{R}=\frac{6}{5}=1.2\text{〔A〕}$$

例題18 〈複雑な回路〉

図のように，15 Ωの抵抗R_1と30 Ωの抵抗R_2，6 Ωの抵抗R_3を6 Vの直流電源につないだ。

(1) 点Aを流れる電流の大きさを求めよ。
(2) 抵抗R_1にかかる電圧を求めよ。
(3) 抵抗R_2にかかる電圧を求めよ。
(4) 点Bを流れる電流の大きさを求めよ。

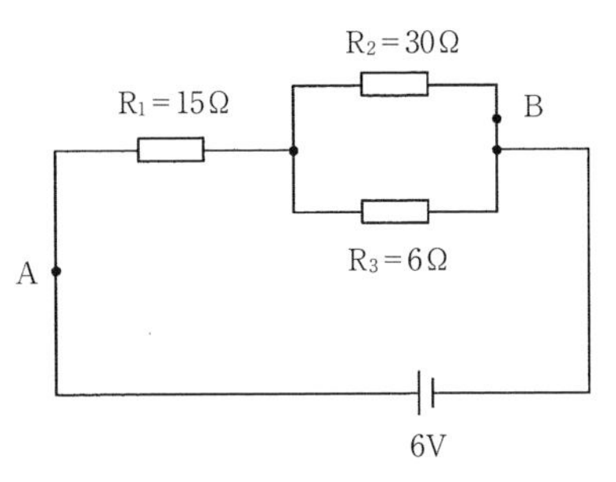

考え方 (1) R_2とR_3は並列，そして，R_1と(R_2とR_3)は直列として考える。3つの抵抗の合成抵抗を求め，その合成抵抗について，オームの法則$I = \frac{V}{R}$を使って求める。

(2) 直列回路に流れる電流は，どこでも同じ大きさであることから，(1)で求めた電流の大きさを，オームの法則$V = RI$に代入して計算する。

(3) 並列回路では，各抵抗にかかる電圧は等しいこと，直列回路では，各抵抗にかかる電圧の和は，電源の電圧と等しいことから，

R_1にかかる電圧 + (R_2 = R_3にかかる電圧) = 6 V

解き方 (1) R_2とR_3は並列つなぎであるから，合成抵抗Rは，

$$\frac{1}{R} = \frac{1}{30} + \frac{1}{6} = \frac{1}{5} \qquad \therefore \quad R = 5〔\Omega〕$$

R_1と(R_2とR_3)は直列であるから，合成抵抗R'は，

$$R' = 15 + 5 = 20〔\Omega〕$$

電圧が6 V，抵抗が20 Ωであるから，オームの法則より，

$$I = \frac{V}{R} = \frac{6}{20} = 0.3〔\mathrm{A}〕$$

(2) 抵抗R_1は，抵抗が15 Ω，電流が0.3 Aであるから，オームの法則より，

$$V = RI = 15 \times 0.3 = 4.5〔\mathrm{V}〕$$

(3) 並列の抵抗R_2とR_3には同じ大きさの電圧がかかるため，電源の電圧から抵抗R_1にかかる電圧を引いた分の電圧が抵抗R_2にかかるので，

$$6 - 4.5 = 1.5〔\mathrm{V}〕$$

(4) 抵抗R_2は，電圧が1.5 V，抵抗が30 Ωであるから，オームの法則より，

$$I = \frac{V}{R} = \frac{1.5}{30} = 0.05〔\mathrm{A}〕$$

8 電流計と電圧計の使い方

Point Check

1 電流計の使い方

① 電流計のつなぎ方

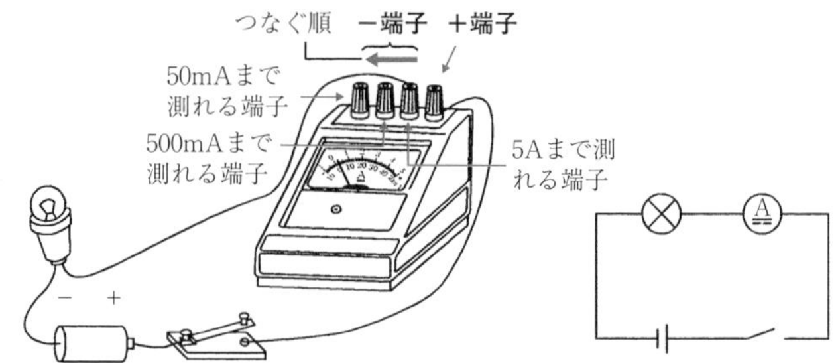

・測りたい部分に対して**直列**につなぐ。

・導線の－側は－端子のうち最も強い電流が測れる端子（**右端**）につなぐ。針がよく振れないときは，次に小さい値の端子につなぎかえて目盛りを読み取る。

※回路に並列につないではいけない。

※直接電源につないではいけない。

② 電流計の目盛りの読み方

針が次のように振れたとき，－端子の種類によって読み方が異なる。

●5A端子につないだとき ⟶ 3.80A
●500mA端子につないだとき ⟶ 380mA
●50mA端子につないだとき ⟶ 38.0mA

2 電圧計の使い方

① 電圧計のつなぎ方

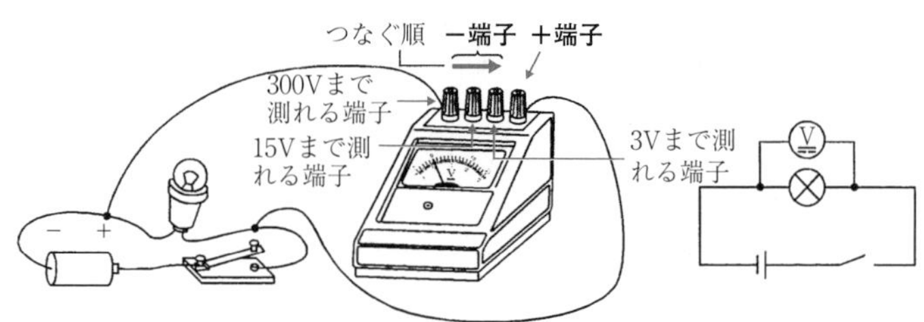

・測りたい部分に対して**並列**につなぐ。

・導線の－側は－端子のうち最も大きな電圧が測れる端子（**左端**）につなぐ。針がよく振れないときは，次に小さい値の端子につなぎかえて目盛りを読み取る。

※回路に直列につないではいけない。

※直接電源につないではいけない。

② 電圧計の目盛りの読み方

針が次のように振れたとき，－端子の種類によって読み方が異なる。

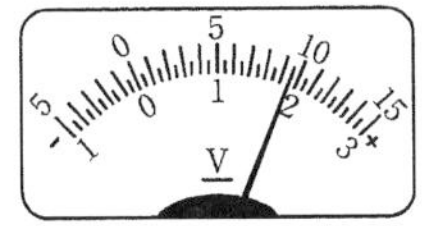

●300V端子につないだとき ⟶ 190V

●15V端子につないだとき ⟶ 9.5V

●3V端子につないだとき ⟶ 1.90V

例題19 〈電流計，電圧計のつなぎ方〉

次の実験器具を導線でつないで，電熱線にかかる電圧とそれを流れる電流の値を調べる実験をした。図の電源装置，スイッチ，電流計，電圧計，電熱線の各端子を線で結び回路を完成させよ。

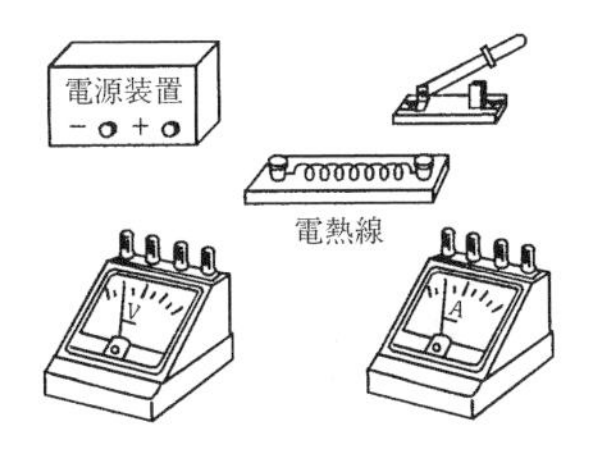

考え方 Aと記してある計器が電流計で，電熱線に直列に接続する。Vと記してある計器が電圧計で，電熱線に並列に接続する。また，電流計の－端子は右端が最大端子，電圧計の－端子は左端が最大端子である。

解答

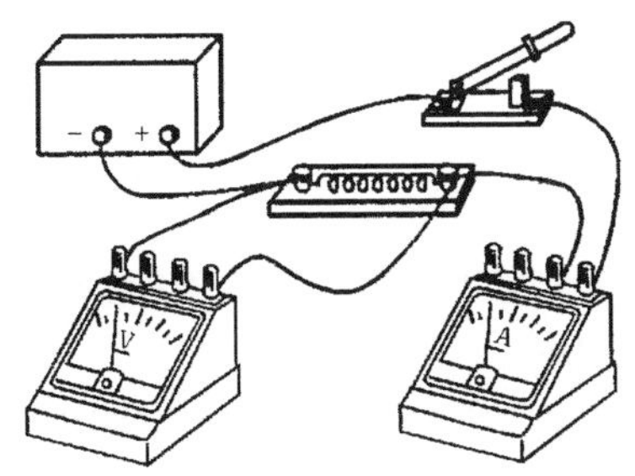

9 電力と電力量

Point Check

1 電力と電力量

① **電力（消費電力）**

電池や電流が単位時間当たりにした仕事（仕事率）。流れる電流をI〔A〕，電圧をV〔V〕，抵抗をR〔Ω〕とすると，

$$\text{電力}P\text{〔W〕} = VI = RI^2 = \frac{V^2}{R}$$

② 電力量

電池や電流のする仕事量。電力をP〔W〕，時間をt〔秒〕とすると，

$$\text{電力量}W\text{〔J〕} = Pt$$

※単位は，〔Wh〕（ワット時）を使うこともある。（$1\,\text{Wh} = 3.60 \times 10^3\,\text{J}$）

2 ジュールの法則

電力をP〔W〕，時間をt〔秒〕とすると，

$$\text{熱量}Q\text{〔J〕} = Pt = VIt$$

1J＝0.24calより，熱量Q〔cal〕＝$0.24Pt$と表すこともできる。

3 水の温度を上げる熱量

熱量〔J〕＝4.2×水の質量〔g〕×水の温度変化〔℃〕

※単位は，〔cal〕を使うこともある。
1cal：水1gの温度を1℃上げるのに必要な熱量（1cal＝4.2J）

4 豆電球の明るさと電力

① 豆電球は電力が大きいほど明るくなる。したがって，規格が同じ（抵抗の値が同じ）であれば，$P = \frac{V^2}{R}$より，豆電球にかかる電圧が大きいほど明るい。

② 豆電球のつなぎ方と明るさ

・豆電球の**直列**つなぎ…電圧を等分するので，**豆電球1個の明るさは電圧の2乗に比例**。

・豆電球の**並列**つなぎ…豆電球の数に関係なく，**明るさは豆電球1個つないだときと同じ**。

③ 電池のつなぎ方と電圧

・電池の**直列**つなぎ…**全体の電圧＝電池1個の電圧×個数**

・電池の**並列**つなぎ…**全体の電圧＝電池1個の電圧**

※電池が1個の場合に比べて長持ちする。

例題20 〈消費電力〉

消費電力について，次の各問いに答えよ。

(1) 電熱線に5.0Vの電圧をかけ，2.0Aの電流を流したときに消費される消費電力を求めよ。

(2) 100V－40Wの電球を100Vにつないだとき，流れる電流の大きさを求めよ。

考え方 電力P〔W〕＝VIの公式を利用する。

解き方 (1) $P = VI$より，$5.0 \times 2.0 = 10.0$〔W〕

(2) $I = \dfrac{40\text{〔W〕}}{100\text{〔V〕}} = 0.4$〔A〕

例題21 〈電力量と発熱量〉

図のように，12Vの電源に2Ωの電熱線Aと4Ωの電熱線Bを直列につなぎ，それぞれを20℃の水100gの入ったビーカーに入れて，電流を7分間流した。

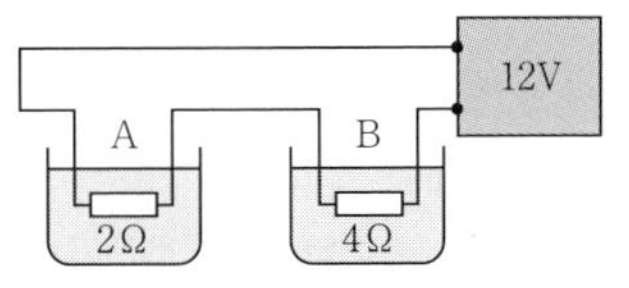

(1) 電熱線Aの発熱量〔J〕を求めよ。

(2) 電熱線Aの入ったビーカーの水の温度は何℃上昇するか。

(3) 電熱線Bの入ったビーカーの水の温度は何℃になったか。

考え方 (1) まず，合成抵抗R，そして電流Iを求め，$P = RI^2$で電力を計算する。次に，時間の単位を秒に直してから，Q〔J〕＝Ptを使って発熱量を求める。

(2) 熱量〔J〕＝4.2×(水の質量)×(水の温度変化)を利用して求める。

(3) (1)(2)と同様に上昇した温度を求め，はじめの温度20℃に加える。

解き方 (1) 電熱線は直列であるから，合成抵抗Rは，

$R = 2 + 4 = 6$〔Ω〕

オームの法則より，

$$I = \frac{V}{R} = \frac{12}{6} = 2〔A〕$$

電熱線Aの発熱量は，抵抗が2Ω，電流が2Aであるから，

$$P = RI^2 = 2 \times 2^2 = 8〔W〕$$

時間の単位を秒に直すと，7分＝420秒

発熱量Q〔J〕＝Pt　より，

$$Q = 8 \times 420 = 3360〔J〕$$

(2)　電熱線Aは3360Jの熱量を水に与えたことになるから，

熱量〔J〕＝4.2×(水の質量)×(水の温度変化)より，水の温度変化は，

$$\frac{3360}{4.2 \times 100} = 8〔℃〕$$

(3)　電熱線Bは，抵抗が4Ω，電流が2Aであるから，

$$P = 4 \times 2^2 = 16〔W〕,\ Q = 16 \times 420 = 6720〔J〕$$

水の温度変化は，

$$\frac{6720}{4.2 \times 100} = 16〔℃〕$$

よって，電熱線Bの入っている水の温度は，

$$20 + 16 = 36〔℃〕$$

例題22 〈豆電球の明るさ〉

同じ規格の豆電球と乾電池を1個または2個つないで，次の図のようなA～Fの回路を作った。回路Aの豆電球の明るさを基準にすると，回路B～Fのうち豆電球1個の明るさが回路Aの豆電球より明るくなるものはどれか，すべて答えよ。

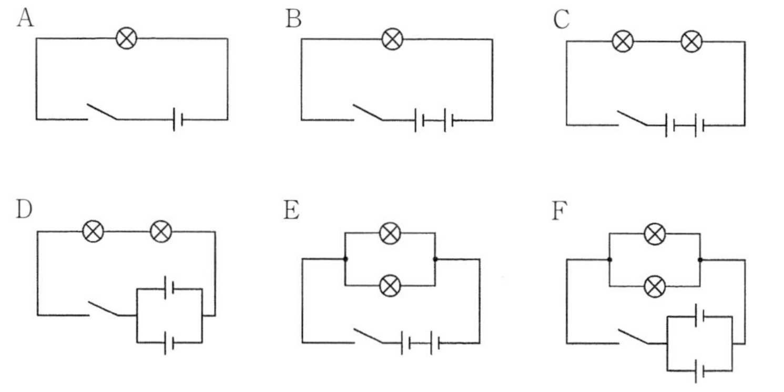

考え方 ①　豆電球は電力が大きいほど明るくなるため，電力P〔W〕$=\dfrac{V^2}{R}$の公式より，豆電球の明るさは豆電球にかかる電圧が大きいほど明るい。電源の電圧の比を求めた後，それぞれの豆電球にかかる電圧を求める。

②　電池について，直列つなぎの場合は，全体の電圧＝電池1個の電圧×個数となるが，並列つなぎの場合は，電池を2個つないでも，電圧は電池1個の場合と同じであることに注意する。

③　豆電球について，直列回路の場合は電圧を等分し，並列回路の場合はそれぞれに電源の電圧と同じ電圧がかかる。

解き方 電池1個の電圧をV〔V〕とすると，それぞれの回路にかかる電圧は，

A：V，　B：$2V$，　C：$2V$，　D：V，　E：$2V$，　F：V

それぞれの回路の豆電球1個にかかる電圧は，

A：V，　B：$2V$，　C：$2V\times\dfrac{1}{2}=V$，　D：$V\times\dfrac{1}{2}=\dfrac{1}{2}V$，

E：$2V$，　F：V

よって，Aの豆電球より明るくなるものは，BとEである。

10　電流と磁界

Point Check

1　磁石と磁力線

・磁力線は磁石の**N極から出てS極に入る**。
・磁力線どうし交差しない。
・枝分かれしたり，くっついたりしない。

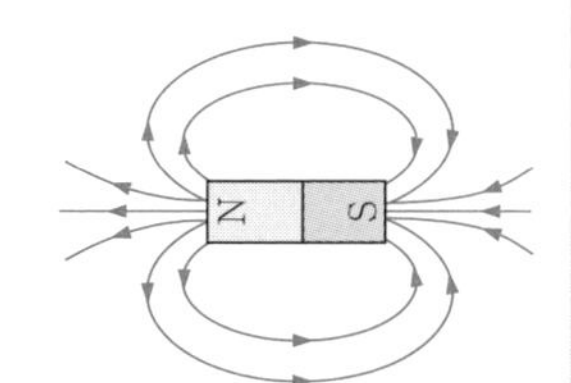

2　電流によってつくられる磁界

① **右ねじの法則**

ねじの進む向き　→　電流の向き
ねじを回す向き　→　磁界の向き

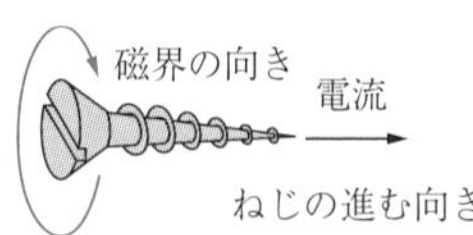

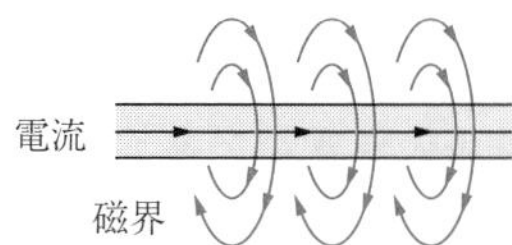

② コイルのまわりの磁界

コイルに電流を流すと磁界を生じる。

・磁界の向き

（コイルの内側）

右手の親指以外の4本の指を電流の向きにあわせてコイルを握ったときの親指の指す向き。

（コイルの外側）

コイルの内側と反対向き。

・磁界の強さ

電流が強いほど，またコイルの巻数が多いほど強くなる。コイルに鉄心を入れると，磁界はさらに強くなる。

3 電流が磁界から受ける力

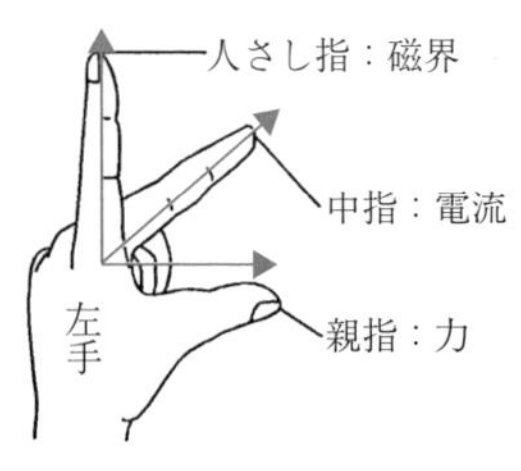

磁界と直角の向きに電流を流すと，磁界・電流とも直角になる向きに力を受ける。この3つの向きを覚えやすくしたものが**フレミングの左手の法則**であり，左手の中指から順に，電・磁・力の向きを示す。

4 電磁誘導

磁石の磁極をコイルに近づけたり遠ざけたりして，コイルの中の磁界を変化させると，コイルの両端に電圧が生じる現象。流れる電流のことを**誘導電流**という。

5 誘導電流の特徴

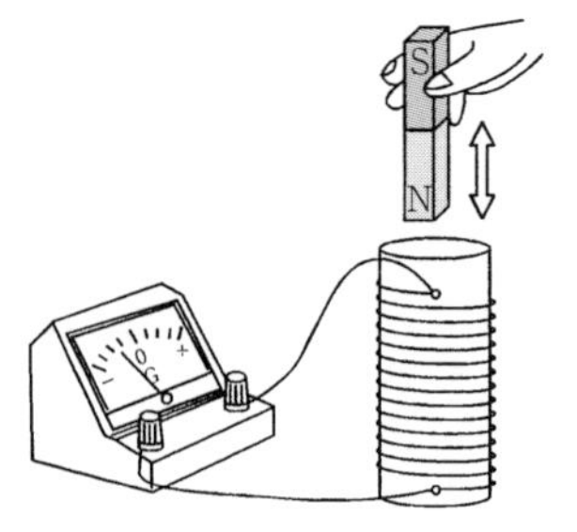

① 大きな誘導電流を流す方法

・強い磁石を使用する。

・コイルの巻き数を多くする。

・磁石の出し入れを速くする。

② 誘導電流の向き

・誘導電流は，誘導電流のつくる磁界が，外部からの磁界の変化を妨げるような向きに生じる（レンツの法則）。

・磁石を近づけるときと遠ざけるときでは逆になる。

・近づける極（遠ざける極）を変えると逆になる。

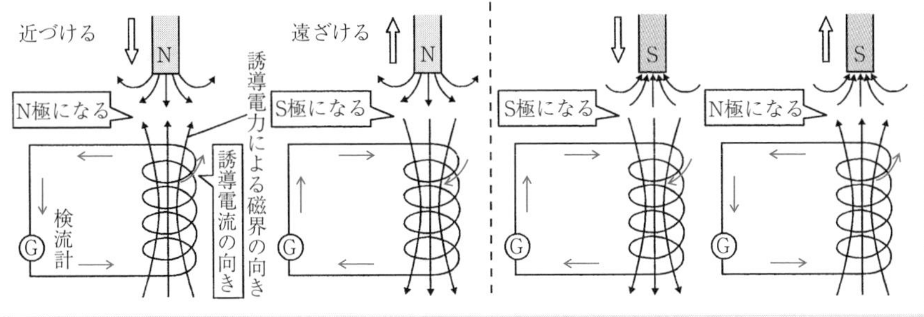

例題23〈コイルのまわりの磁界〉

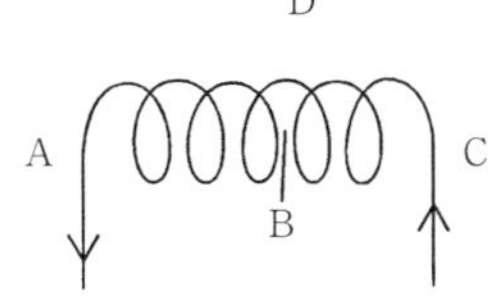

図のように，コイルのまわりに方位磁針A～Dを置いて，コイルのまわりにできる磁界を調べた。A，B，C，D各点に置いた方位磁針の向きは，次のア～カのうち，それぞれどれになるか。

ア　イ　ウ　エ　オ　カ

N

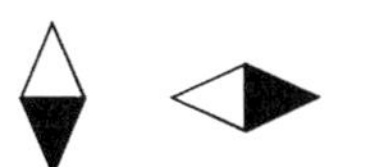
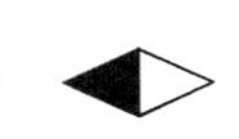

考え方　電流の向きに着目し，右ねじの法則から磁界の向きを求める。

解き方　このコイルでは，図のような磁力線が生じる。

A．エ　　B．エ　　C．エ　　D．ウ

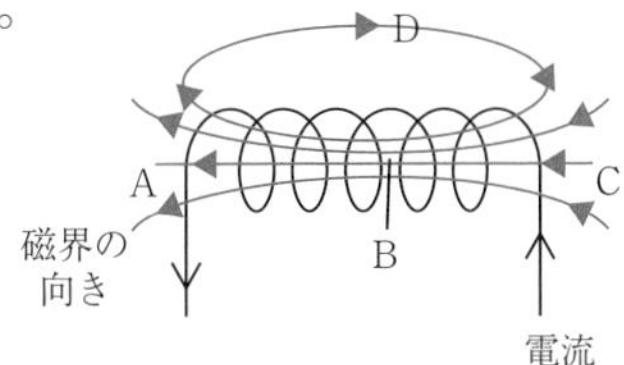

例題24〈フレミングの左手の法則〉

図のような装置で，磁界の中で金属棒がどのような力を受けるか調べた。

(1) aの向きに電流を流したとき，電流によって生じる金属棒のまわりにできる磁界の向きは，A，Bどちらか。

(2) 電流を流したとき，アの方に金属棒が動いた。電流はa，bどちらの向きに流れたか。

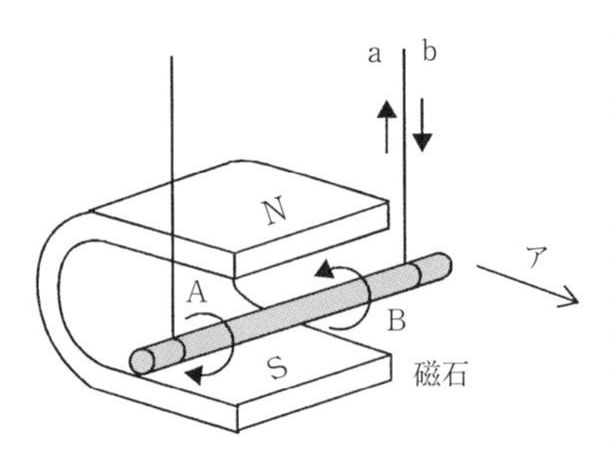

考え方 (1) 右ねじの法則から磁界の向きを求める。

(2) フレミングの左手の法則から電流の向きを求める。

解答 (1) A　(2) b

例題25〈電磁誘導〉

図のように，コイルに棒磁石のN極を近づけると図のaの向きに電流が流れた。

(1) コイルの中に磁石を出し入れして，コイルの中の磁界を変化させると，コイルに電流が流れる。この現象を何というか。

(2) 電流をbの向きに流すには，磁石をどのように動かしたらよいか。

(3) 電流を大きくするにはどうしたらよいか。

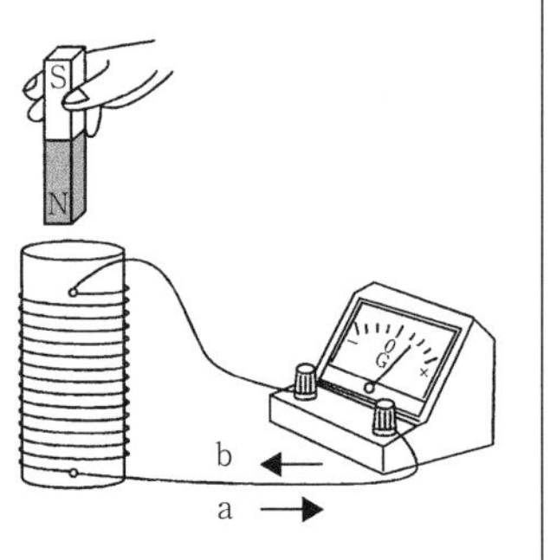

考え方 (3) コイルの外から加える磁界の変化が大きいほど，コイルに生じる誘導電流が大きくなる。

解答 (1) 電磁誘導

(2) N極を遠ざける。またはS極を近づける。

(3) ・磁力の強い磁石を使用する。
・磁石を出し入れする速さを速くする。
・コイルの巻き数を多くする。　など

確認問題

3 図のように，焦点距離**15cm**の凸レンズの左方**20cm**のところにろうそくを置いたとき，スクリーンに像ができた。これについて，各問いに答えよ。

(1) 凸レンズとスクリーンの距離は何cmか。

(2) 像の大きさはもとのろうそくの何倍か。

(3) このときスクリーンに映る像は，どのような像か。

(4) 凸レンズの下半分を紙で覆うと像はどのようになるか。

4 横**8cm**，縦**5cm**，高さ**5cm**で質量**140g**の木片が水に浮かんでいる。これについて，次の各問いに答えよ。ただし，**100g**の物体にはたらく重力を**1N**とする。

(1) この木片の密度は何g/cm^3か。

(2) 水面上に出ている木片の高さは何cmか。

(3) 木片を完全に沈めるためには，木片を押す力は少なくとも何N必要か。

5 図のように，振り子をA点からD点まで振らせる。次の各問いに答えよ。

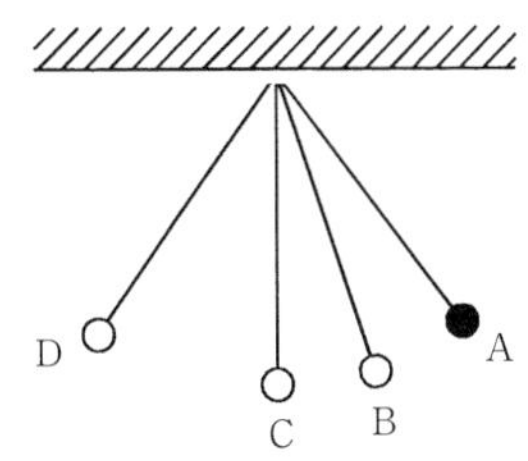

(1) B点での振り子がもつエネルギーは，C点でのエネルギーに比べてどのようになっているか。次から選べ。

① 位置エネルギーが小さく，運動エネルギーが大きい。

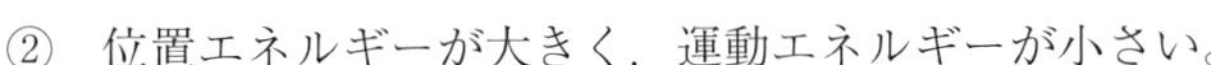

② 位置エネルギーが大きく，運動エネルギーが小さい。

③ 位置エネルギー，運動エネルギーともに大きい。

④ 位置エネルギー，運動エネルギーともに小さい。

(2) この振り子が1往復する時間を長くするにはどうすればよいか。

6 図のように，**5Ω**と**10Ω**の電熱線を使って直列回路と並列回路をつくり，電源の電圧をどちらも**12V**にして電流を流した。次の各問いに答えよ。

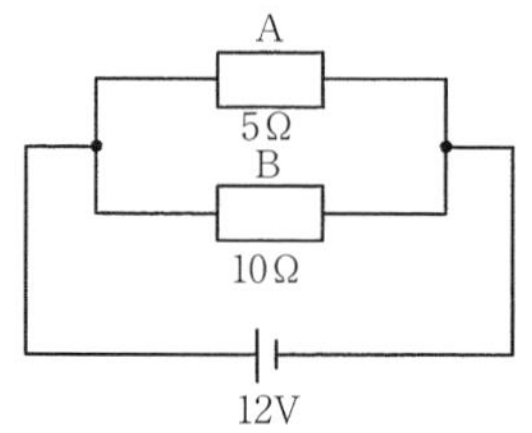

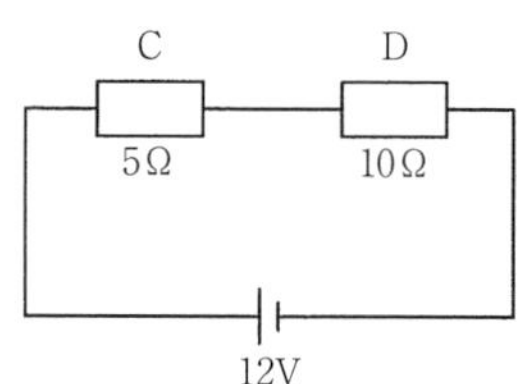

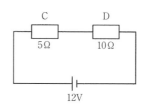

(1) 電熱線Aを流れる電流は何Aか。

(2) 電熱線Bが消費する電力は何Wか。

(3) 電熱線Cに加わる電圧は何Vか。

(4) 電熱線A～Dを消費電力の大きい順に並べかえよ。

7 図のように，コイルを検流計につないで棒磁石のN極を近づけると，検流計の針が右にふれた。次の各問いに答えよ。

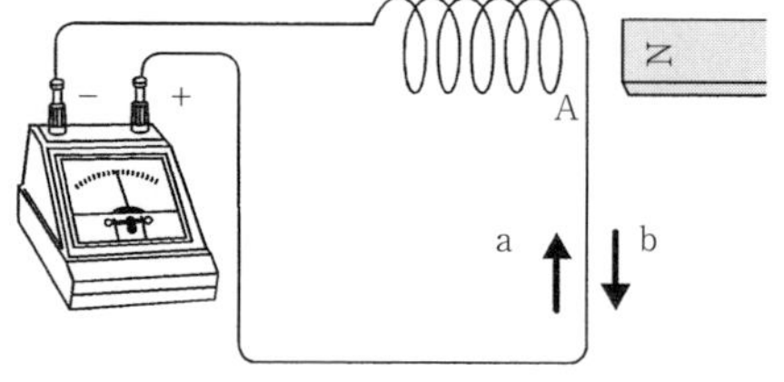

(1) コイルのA端に生じる磁極は何極か。

(2) コイルに流れる電流の向きはa，bのどちらか。

3 物質・エネルギー（化学分野）

●ポイント

中学レベルの問題が多く，難易度は高くない。最も出題が多いのは，気体・水溶液の性質である。酸素，二酸化炭素の発生方法や性質，塩酸，水酸化ナトリウム水溶液，アンモニア水などの性質，そして，中和については必ず覚えておこう。器具の取扱いや薬品の取扱いなど実験を安全に行うための留意事項についての知識も必要である。計算問題では，濃度，溶解度の出題が多く，物質量も出題されることがあるが，基本的な知識を理解しておけば容易に解ける。

1 器具の取扱い

Point Check

1 アルコールランプ

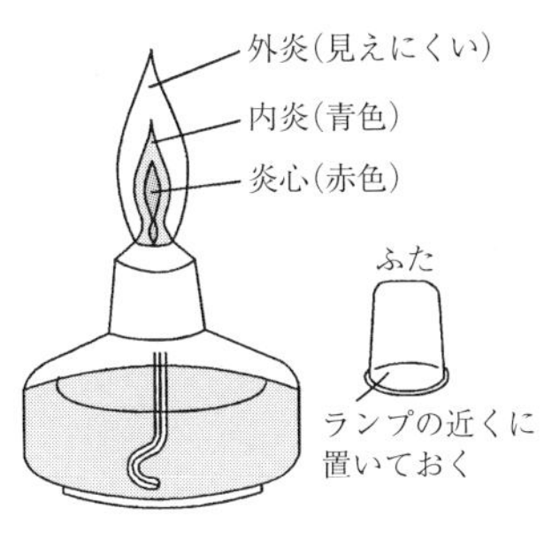

① アルコールを容器に7～8分目入れる。
（少ないと容器内のアルコールと空気の混合気体に引火して，爆発する危険性がある）

② マッチの炎をななめ下から点火。
※ランプ同士で点火してはいけない。

③ ふたを横からかぶせて消火。いったんふたを取り，アルコールランプが冷えてから再びふたをする。
※口で吹き消してはいけない。

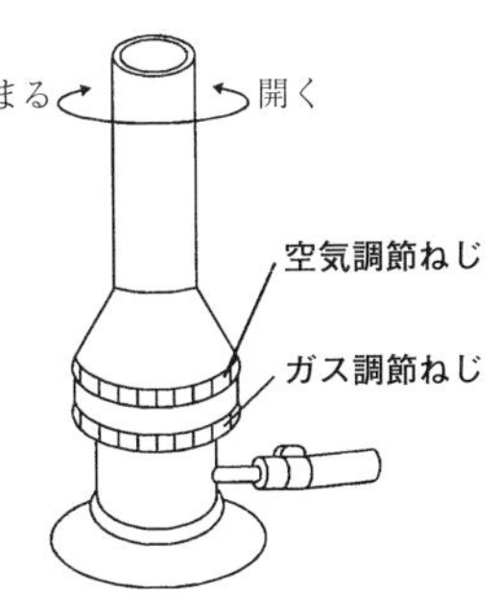

2 ガスバーナー

① 点火法

1）空気・ガスの2つの調節ねじが閉まっているか確認する。

2）ガスの**元栓**を開く。

3）マッチに火をつけ，**ガス調節ねじ**を開きながらななめ下から火を近づけ，点火する。

4）ガス調節ねじで炎の大きさを調整する。

5）ガス調節ねじを押さえ，**空気調節ねじ**を開いて青色の炎にする。

② 消火法

1) 空気調節ねじを閉める。

2) ガス調節ねじを閉めて消火する。

3) ガスの元栓を閉める。

3 上皿てんびん

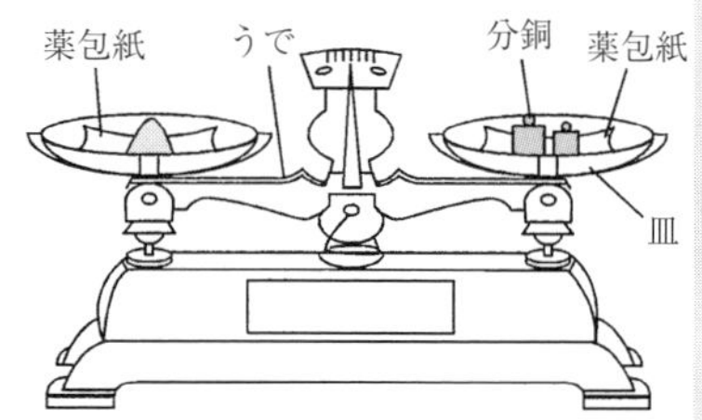

① 皿とうでの番号を合わせる。

② **薬包紙**を使うときは，両方の皿に薬包紙を置く。

③ はかろうとするものより**重いと思われる分銅**からのせていく。

※分銅は必ずピンセットではさむ。

④ 一定量の薬品をはかりとるときは，分銅は利き手と反対側の皿に必要な質量の分銅をのせる。

⑤ 針が左右に等しくふれているとき，その真ん中の目盛りを読み取る。

⑥ 使用後は皿を一方に重ねておく。

4 メスシリンダーの目盛りの読み方

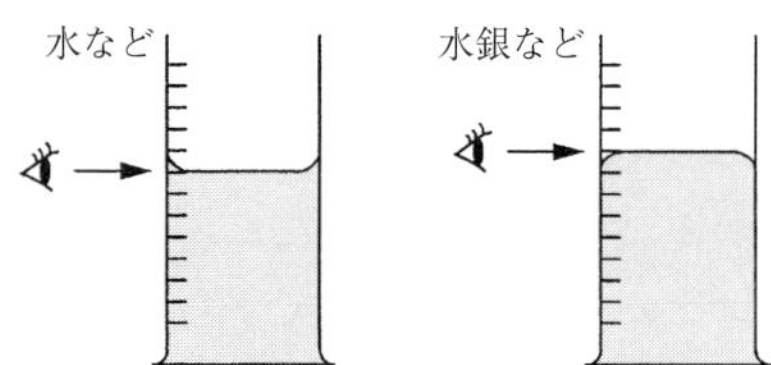

5 気体検知管

① 検知管の両端をチップホルダで切り取り，先端にゴムカバーをつけ，気体採取器にさしこむ。

② ハンドルは一気に引いて固定し，そのまま1分ぐらい待つ。

③ 逆さにすると液が出てくるので，なるべく垂直に持つ。

④ 発色した部分がななめになっていたり，うすくなっていたりするときは，濃度の高い部分と低い部分の中間の目盛りを読み取る。

⑤ 使用後は，熱を出して熱くなるので，すぐには触らないようにする。

⑥ 使い終わった検知管は処分する（使用後の検知管の中には有毒な気体が含まれているため）。

例題1 〈アルコールランプの取扱い〉

アルコールランプの取扱いについて，適切でないものをすべて選べ。

ア．アルコールを最後まで使いきってから，新しいアルコールを注ぐ。

イ．火を消すときは吹き消してはいけない。

ウ．火をつけたまま持ち歩かない。

エ．マッチの火は上から近づける。

オ．火のついたアルコールランプを使って点火してもよい。

カ．可燃物や引火しやすいものの近くで使用しない。

キ．ふたをして消火後，いったんふたを取り，アルコールランプが冷えてから再びふたをする。

考え方 ア．アルコールの量は7～8分目にする。少ないと容器内の混合気体に引火し，爆発する恐れがあるので，半分以下になったら火を消し，しばらくたってからつぎ足すようにする。

イ．吹き消そうとしても火は消えないので，必ずふたを被せて消火する。

エ．マッチの火は，ななめ下から近づける。

オ．アルコールがこぼれて引火する危険があり，絶対にしてはいけない。

キ．アルコール蒸気を飛ばし，ふたがくっついて取れなくなることを防ぐ。

解答 ア，エ，オ

2 薬品の取扱い

Point Check

1 留意点

① 薬品は冷暗所に密栓して保管する。
② 液体の薬品は，液もれによってラベルが汚れるのを防ぐため，薬品びんのラベルを上にして持ち，ガラス棒を伝わせて取り出す。
③ 残った薬品を廃棄するときは，元のびんに戻さず，決められた容器に捨てる。
④ 薬品が手についたときは，すぐに流水で洗い流す。
⑤ 薬品が目に入った場合，応急手当として多量の水で15分間以上洗眼する。

2 強酸の希釈

① 濃塩酸を薄めるときは，水に濃塩酸を少しずつ加えていく。
② 濃硫酸を薄めるときは，発熱し突沸することがあるので，冷却，撹拌しながら，水に濃硫酸を少しずつ加えていく。

3 水酸化ナトリウム

① 潮解性があり，空気中の水分を吸収し，べとつく。
② 水溶液を作るときは，水に少しずつ水酸化ナトリウムを加えて溶かす。
③ ガラスに溶着することがあるため，ゴム栓で密栓して保管する。
④ タンパク質を侵すため，皮膚についたときは，ぬるぬるした感触がなくなるまで流水で洗い流す。
⑤ 目に入った場合は，水で洗眼し，すみやかに医師の診断を受ける。

例題2 〈薬品の取扱い〉

薬品の取扱いについて，次の各問いに答えよ。

(1) 薄い塩酸をつくる場合，ビーカー等の容器に入れた水に，ガラス棒やピペットを用いて濃い塩酸を少しずつ加えていくのが正しい方法である。反対に，濃い塩酸に水を加えてはいけないのはなぜか。その理由として最も適当なものを次から選べ。

① 濃度が変化することがあるから。

② 濃い塩酸が蒸発することがあるから。

③ 水が発熱して沸騰したり液がはねたりすることがあるから。

④ 刺激臭のある塩化水素が発生することがあるから。

(2) 薬品が目に入ったときの処置の仕方を書け。

解答 (1) ③

(2) すぐに多量の水で15分間以上洗眼し，速やかに医師の診断を受ける。

例題3 〈水酸化ナトリウムの取扱い〉

水酸化ナトリウムの取扱いに関する記述のうち，正しいものをすべて選べ。

ア．空気中の水分を吸収し，べとつくので，すばやく扱うようにする。

イ．水溶液を作るときは，水酸化ナトリウムに水を少量ずつ加えていく。

ウ．水溶液は，ガラスの共栓で密栓して保管する。

エ．水溶液は，児童が十分使えるように多めに作っておく。

オ．廃棄する場合，中和してから多量の水でうすめて流すようにする。

考え方 ア．空気中の水分を吸収することを，潮解という。

イ．水酸化ナトリウムは粒がかたまりやすく，水に溶けるとき発熱する。したがって，水溶液を作るときは，水に粒を少量ずつ加え，絶えずかき混ぜながら溶かす。

ウ．ガラスに溶着し，ふたがとれなくなることがあるので，ゴム栓でふたをする。

エ．必要十分な量だけ作り，多量に余らせて廃棄することのないようにする。

解答 ア，オ

3 物質の三態

Point Check

1 状態変化

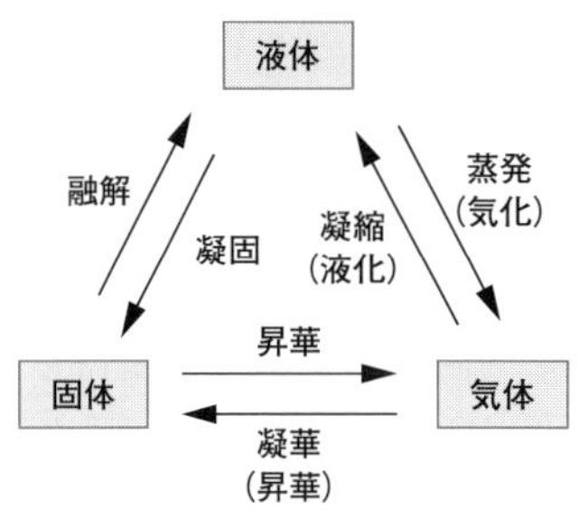

※一般に，物質は高温になるほど粒子の熱運動が激しくなり，粒子の集合状態が変化する。そのため，固体→液体→気体に変わる。

・**融点**…固体が**融解**するときの温度。
・**凝固点**…液体が**凝固**するときの温度。
・**沸点**…液体が**沸騰**するときの温度。

<固体→液体の加熱曲線>

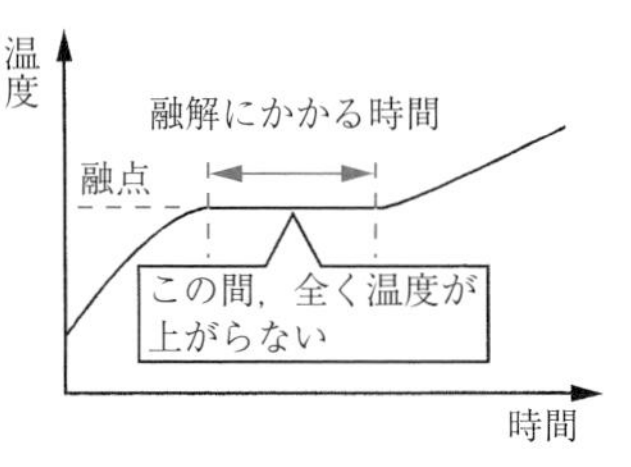

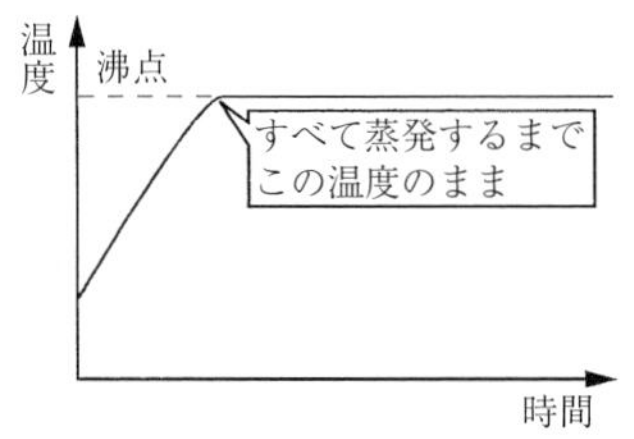

<混合物(水とエタノール)の加熱曲線>

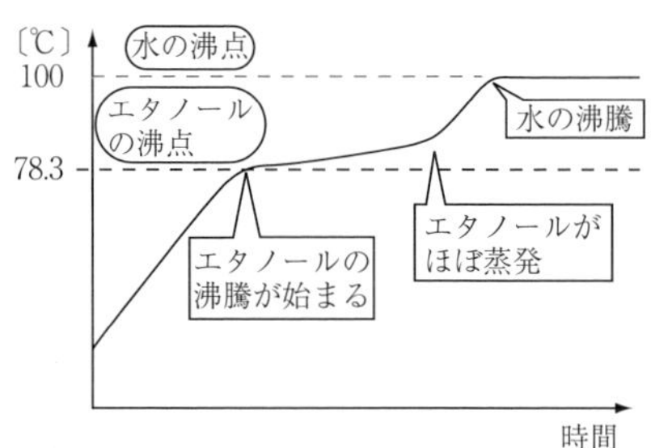

2種類の物質の混合物を加熱すると，2つの沸点（または融点）で温度の低い方の状態変化が少しずつ温度を上げながら進む。

低い方の状態変化がほぼすべて終わると再び温度上昇が大きくなり，高い方の沸点（または融点）で状態変化が起こる。

2 状態変化と体積・密度

① 質量…状態変化しても，質量は変わらない。

② 体積…一般に，凝固するとき体積は小さくなり，気化するとき体積は大きくなる。

③ **密度**…状態変化するとき，体積は変化するが質量は変わらないため，密度は変化する。一般に，密度は固体が最も大きく，気体が最も小さい。

$$密度〔g/cm^3〕=\frac{質量〔g〕}{体積〔cm^3〕}$$

3 水の状態変化と体積

① 水→氷（凝固）…体積は約1.1倍に増加する。
② 水→水蒸気（蒸発）…体積は約1700倍に大きく増加する。

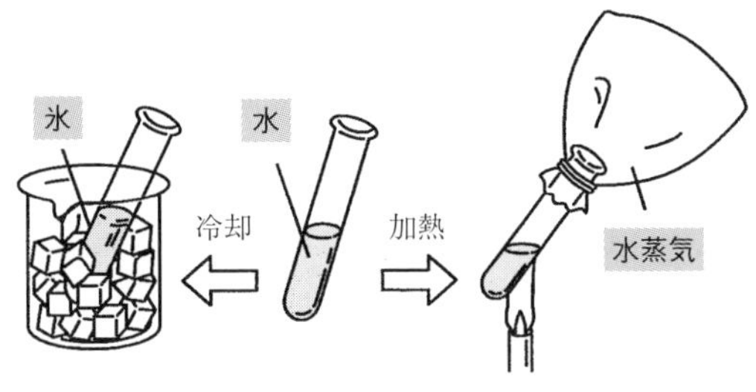

体積	$1.1cm^3$	↖	$1cm^3$	↗	$1700cm^3$
質量	1g	←	1g	→	1g

例題4 〈状態変化〉

ある固体の物質を一定の強さで加熱したとき，加熱時間と温度の関係を調べたら，図のようになった。

(1) AB，BC，CD，DEでは，物質はそれぞれどのような状態にあるか。
(2) T_1，T_2の温度をそれぞれ何というか。

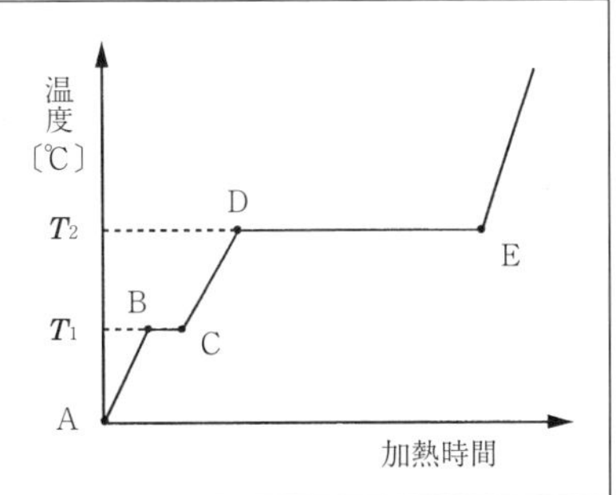

考え方 この物質は，Bで固体から液体に変化し始める。BCでは，加え続けた熱は融解熱として消費しているので，温度は変化せず横軸と平行になっている。Cですべての固体が液体に変化する。さらに，Dで液体が気体に変化し始め，Eですべての液体が気体に変化する。

解答 (1) AB：固体　BC：固体と液体　CD：液体　DE：液体と気体
(2) T_1：融点　T_2：沸点

例題5 〈水蒸気〉

図は，水を沸騰させる実験を示している。この実験で水を沸騰させたとき出てくる泡が空気ではなく，水蒸気であることを児童に教えたい。そのためには，どのような実験をしたらよいか。図を描き説明せよ。

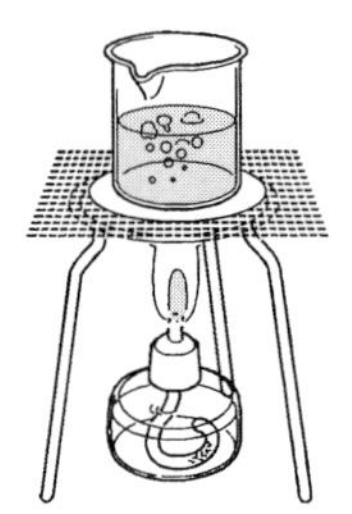

考え方 水蒸気を集め，冷やすと水に変わることを知らせる実験をする。

解答例 図のようにして風船に泡を集める。風船は水蒸気でふくらむが，次々に水に変わっていくので，一定以上はふくらまない。風船をはずすと，風船はしぼみ，中には水が確認できる。空気でふくらませた風船は，どんどんふくらみ，中には水はたまらないという違いを児童に気付かせる。

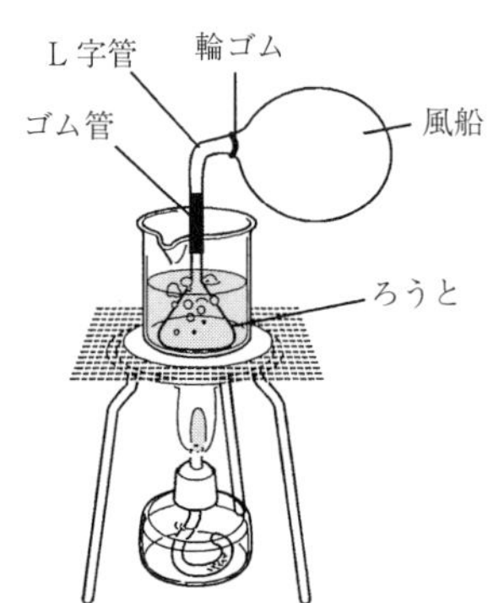

4 ものの溶け方

Point Check

1 溶液

① **溶液**…物質が液体に一様に溶けたもの。

② **溶質**…溶液中に溶けている物質。

③ **溶媒**…溶質を溶かしている液体。

例 食塩水の場合，溶液は食塩水，溶質は食塩，溶媒は水。

2 質量パーセント濃度

溶液100gに含まれる溶質の質量〔g〕を百分率〔%〕で表した濃度。

$$\text{質量パーセント濃度〔\%〕} = \frac{\text{溶質の質量〔g〕}}{\text{溶液の質量〔g〕}} \times 100$$

3 溶解度

① **溶解度**

溶媒(一般に水) 100gに対し，溶質の溶ける限界量をg単位で表した数値。溶解度は，物質によって異なり，温度によっても変化する。

② **飽和溶液**

溶質が限界量まで溶けた溶液。溶媒が水のときは**飽和水溶液**という。

<主な物質の溶解度曲線>

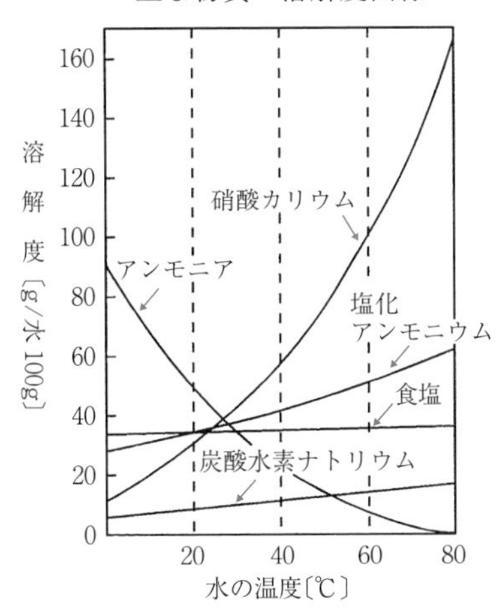

4 混合物の分離

① **ろ過**

ろ紙のすき間を通過できない固体成分を液体から分離する方法。

例 泥水から土や砂と水を分離する。(図1)

<図1>

② **蒸留**

液体の混合物を加熱して出てきた気体を冷却し，沸点の違いを利用して，再び液体として取り出す方法。

例 食塩を溶かした水から純水を得る。

※いくつかの液体が溶け合っているとき，沸点の低い物質から順に蒸留していくことを**分留**という。

例 水とエタノールの混合物を分離する。(図2)

<図2>

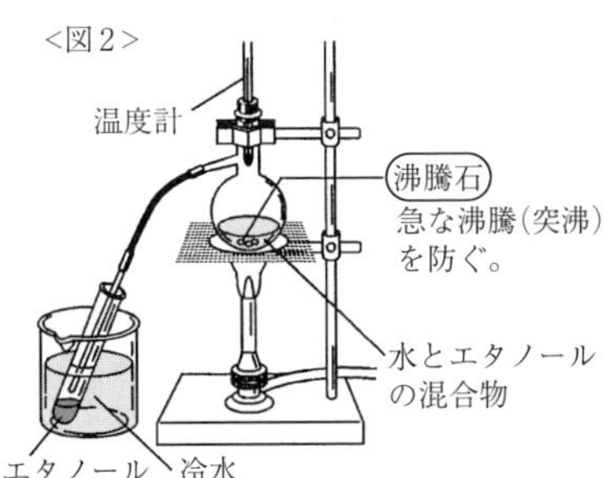

③ **再結晶**

固体の物質を水に溶かし，再び結晶として取り出すこと。水溶液を冷却する方法と水を蒸発させる方法とがある。

例 食塩水から塩化ナトリウムを得る。

例題6 〈質量パーセント濃度〉

次の各問いに答えよ。

(1) 15％の食塩水200gを加熱して水を蒸発させたところ，食塩水は150gとなった。この食塩水の質量パーセント濃度はいくらか。

(2) 市販の濃硫酸（質量パーセント濃度98％）を希釈して，薄い硫酸（質量パーセント濃度9.8％）を500gつくりたい。市販の濃硫酸と水はそれぞれ何g必要か。

考え方 $質量パーセント濃度〔\%〕=\frac{溶質の質量〔g〕}{溶液の質量〔g〕}\times 100$より，

$$溶質の質量=\frac{質量パーセント濃度\times 溶液の質量}{100}$$

解き方 (1) 15％の食塩水200gに溶けている食塩の質量は，

$$\frac{15\times 200}{100}=30〔g〕$$

食塩30gが溶けている食塩水150gの質量パーセント濃度は，

$$\frac{30}{150}\times 100=20〔\%〕$$

(2) 薄い硫酸（質量パーセント濃度9.8％）500gに含まれている硫酸（質量パーセント濃度100％）の質量は，

$$500\times\frac{9.8}{100}=49〔g〕$$

49gの硫酸（質量パーセント濃度100％）を含む市販の濃硫酸（質量パーセント濃度98％）の質量は，

$$49\times\frac{100}{98}=50〔g〕$$

よって，市販の濃硫酸50gを水450gに注ぎ，混ぜ合わせればよい。

例題7 〈溶解度〉

右の図は，ある物質Aの溶解度曲線である。

(1) 物質Aは，40℃の水300gに最大何g溶けるか。

(2) 60℃の水20gに物質Aを12g溶かした水溶液を40℃まで冷却したとき，物質Aの結晶は約何g析出するか。

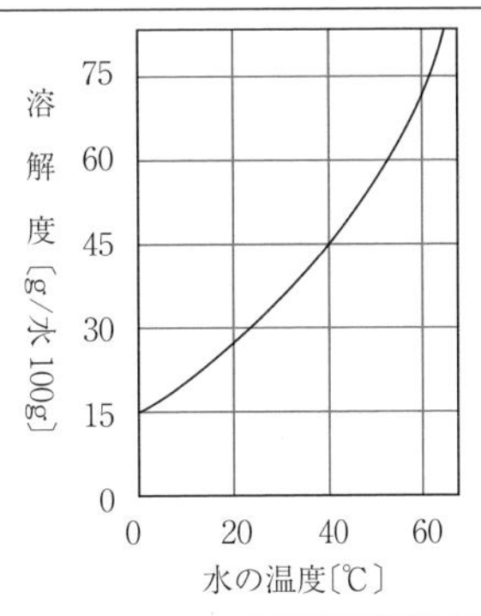

考え方 溶解度は，溶媒100gに溶ける物質の限界量である。

(1) グラフから，40℃の水100gに溶ける物質Aの質量を読みとる。

(2) 水溶液を冷却すると，飽和水溶液になる温度で結晶が析出し始める。その温度に溶ける物質の限界量を超える量が，結晶となって析出する。

解き方 (1) グラフから，40℃の溶解度は45より，水300gに溶ける物質Aの質量は，

$$45 \times \frac{300}{100} = 135 \text{〔g〕}$$

(2) 40℃の溶解度は45より，40℃の水20gに溶ける物質Aの限界量は，

$$45 \times \frac{20}{100} = 9 \text{〔g〕}$$

したがって，$12 - 9 = 3$〔g〕が結晶として析出する。

5 気体の性質

Point Check

1 気体の捕集方法

捕集方法	適する気体の性質	しくみ	例
水上置換法	水に溶けにくい気体	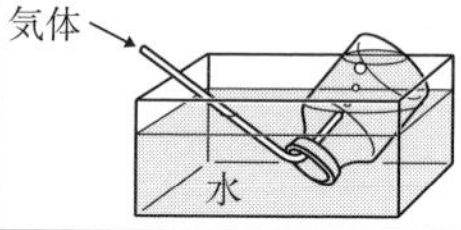 気体 水	酸素，水素，窒素 など
下方置換法	水に溶けやすく，空気より重い気体	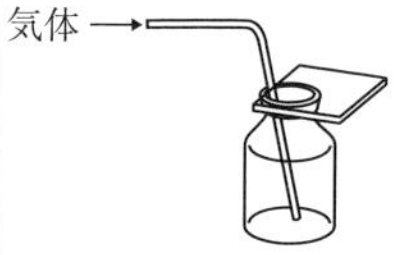 気体	二酸化炭素，塩素，塩化水素 など
上方置換法	水に溶けやすく，空気より軽い気体	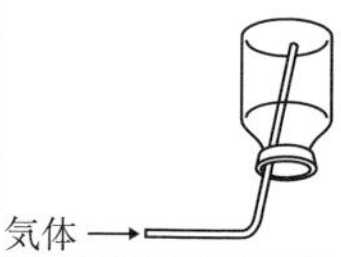 気体	アンモニア など

2 酸素（O_2）

① 発生方法

二酸化マンガンに**うすい過酸化水素水**（オキシドール）を加える。

$$2H_2O_2 \xrightarrow{MnO_2} 2H_2O + O_2\uparrow$$

※二酸化マンガンは，反応の前後で変化せず，過酸化水素の分解を促進するはたらきをする。このような物質を**触媒**という。

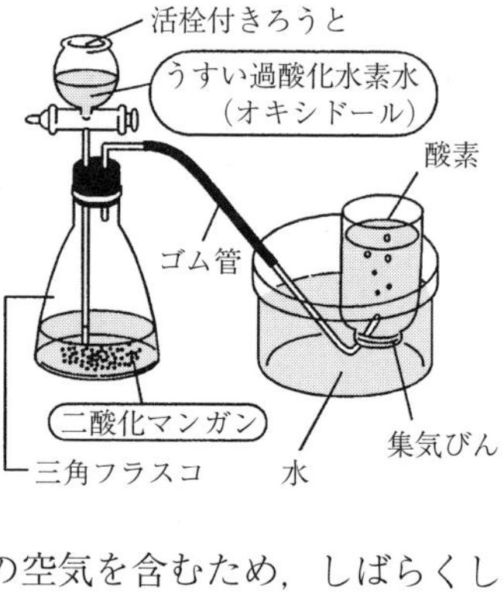

〈注意点〉

・初めに出てくる気体は，三角フラスコ内の空気を含むため，しばらくしてから気体を集める。

・濃い過酸化水素水を使用すると，急激に酸素が発生してフラスコが破裂することがある。うすい過酸化水素水を少量ずつ加えるようにする。

② 捕集方法

水に溶けにくいため，**水上置換法**で集める。

3 二酸化炭素（CO_2）

① 発生方法

・炭酸カルシウム（石灰石や大理石，貝殻など）に希塩酸を加える。

$$CaCO_3 + 2HCl \longrightarrow CaCl_2 + H_2O + CO_2\uparrow$$

・炭酸水素ナトリウム（重曹）を加熱する。

$$2NaHCO_3 \xrightarrow{加熱} Na_2CO_3 + H_2O + CO_2\uparrow$$

② 捕集方法

水に少ししか溶けないため**水上置換法**，あるいは空気より重いため**下方置換法**で集める。

③ 性質

石灰水に通すと，**炭酸カルシウム**（$CaCO_3$）の**白色沈殿**を生じる。

$$Ca(OH)_2 + CO_2 \longrightarrow CaCO_3 + H_2O$$

4 水素（H_2）

① 発生方法

・亜鉛やアルミニウムなどの金属に希塩酸や希硫酸を加える。

$$Zn + 2HCl \longrightarrow ZnCl_2 + H_2\uparrow$$

$$2Al + 6HCl \longrightarrow 2AlCl_3 + 3H_2\uparrow$$

・水を電気分解する。

$$2H_2O \longrightarrow O_2\uparrow + 2H_2\uparrow$$

希塩酸（希硫酸）
水素
亜鉛
水

② 捕集方法

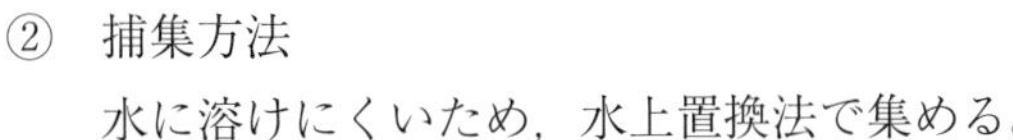

水に溶けにくいため，水上置換法で集める。

5 アンモニア（NH_3）

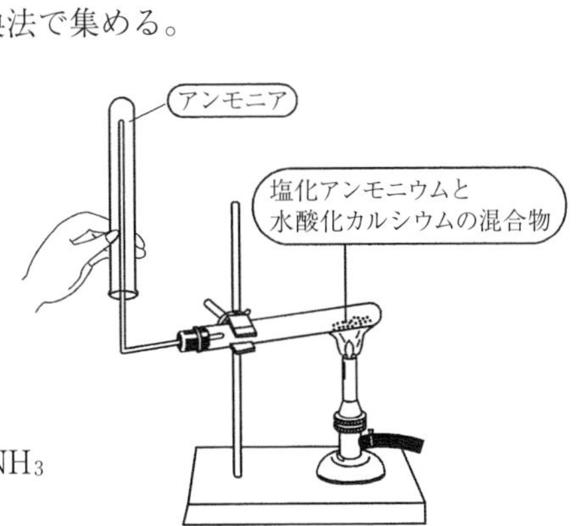

① 発生方法

・塩化アンモニウムに水酸化カルシウム（消石灰）を加えて加熱する。

$$2NH_4Cl + Ca(OH)_2 \xrightarrow{加熱} CaCl_2 + 2H_2O + 2NH_3$$

・濃アンモニア水を加熱する。

② 捕集方法

水に非常に溶けやすく，空気より軽いので，上方置換法で集める。

③ **アンモニア噴水**

・アンモニアは水に非常に溶けやすいので，フラスコ内に水が入ると，その水にアンモニアが溶けてフラスコ内の圧力が下がり，噴水のように水を吸い上げる。

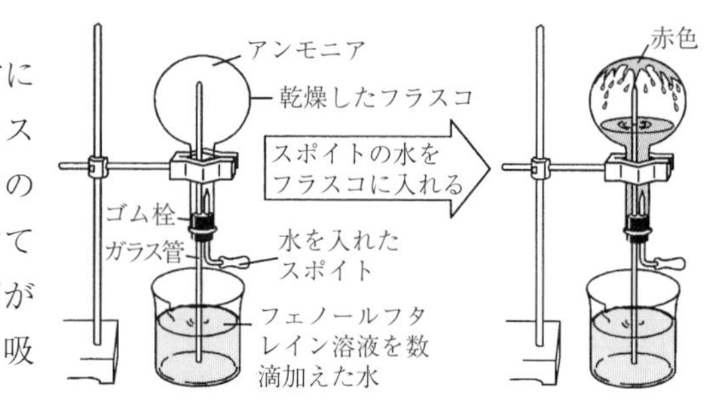

・噴き出すアンモニア水は赤色になる（フェノールフタレイン液は，中性で無色透明，アルカリ性で赤色に変色）。

6 主な気体の性質

気体	色	におい	水への溶解性	空気と比較した重さ	捕集方法	その他の性質・特徴
酸素 **O_2**	無色	無臭	×	わずかに重い	水上置換法	ものを燃やすはたらき（助燃性）
二酸化炭素 **CO_2**	無色	無臭	○	重い（空気の約1.5倍）	下方置換法（水上置換法）	水溶液は弱酸性，石灰水を白く濁らせる
水素 **H_2**	無色	無臭	×	非常に軽い	水上置換法	空気中でよく燃え（可燃性），燃えると水ができる
アンモニア **NH_3**	無色	刺激臭	◎	軽い	上方置換法	水溶液はアルカリ性
塩素 **Cl_2**	黄緑色	刺激臭	○	かなり重い	下方置換法	水溶液は酸性で，漂白・殺菌作用がある
窒素 **N_2**	無色	無臭	×	わずかに軽い	水上置換法	空気中の体積の約80％を占める
塩化水素 **HCl**	無色	刺激臭	◎	重い	下方置換法	水溶液は塩酸といい，強い酸性を示す

例題8 〈気体の性質〉

二酸化炭素，酸素について次の各問いに答えよ。

(1) 二酸化炭素，酸素を発生させるには，それぞれ何を使ったらよいか。ア～カから選べ。

ア．水酸化ナトリウム　イ．過酸化水素水　ウ．希塩酸
エ．二酸化マンガン　オ．石灰石　カ．亜鉛

(2) 二酸化炭素であることをどの方法で調べればよいか。ア～オからすべて選べ。

ア．においをかぐ　イ．石灰水を入れてまぜる　ウ．火を近づける
エ．水にぬらした青いリトマス紙を近づける　オ．気体検知管を用いる

(3) 発生した酸素の捕集方法を書け。

考え方 二酸化炭素，酸素についての出題は多いので，発生方法，性質は覚えておきたい。

(2) ア．二酸化炭素は無臭であるが，酸素や水素も無臭で，二酸化炭素特有の性質ではない。
イ．石灰水を入れてまぜると白濁する。
ウ．火を近づけると消えるが，二酸化炭素特有の性質ではない。
エ．青いリトマス紙を近づけると赤色になるが，塩素も酸性で，二酸化炭素特有の性質ではない。
オ．気体検知管を用いると，二酸化炭素や酸素がそれぞれどれくらい含まれているか調べることができる。

解答 (1) 二酸化炭素：ウ，オ　酸素：イ，エ
(2) イ，オ
(3) 水上置換法

6 水溶液の性質

Point Check

1 指示薬

指示薬	酸性		中性	アルカリ性	
リトマス紙	青色 → **赤色**		変化しない	赤色 → **青色**	
BTB溶液	**黄色**		**緑色**	**青色**	
フェノールフタレイン液	無色		無色	**赤色**	
ムラサキキャベツ液	(強酸性)	(弱酸性)	紫色	(弱アルカリ性)	(強アルカリ性)
	赤色	ピンク色		緑色	黄色

2 主な水溶液の性質

液性	水溶液	主な性質
酸性	**希塩酸**	・塩化水素HClの水溶液。**刺激臭**がある。 ・**アルミニウム，亜鉛，鉄(スチールウール)**，マグネシウムと反応して，**水素**を発生する。銅とは反応しない。
	希硫酸	・**アルミニウム，亜鉛，鉄**，マグネシウムと反応して，**水素**を発生する。銅とは反応しない。 ・バリウム，カルシウムを含む水溶液に加えると，**白色の沈殿**(硫酸塩)が発生するため，硫酸イオンの検出に使われる。
	炭酸水	・**二酸化炭素**の水溶液。金属とは反応しない。
アルカリ性	**水酸化ナトリウム水溶液**	・二酸化炭素を吸収するはたらきがある。 ・**アルミニウム，亜鉛**と反応し，**水素**を発生する。鉄，銅とは反応しない。 ・水溶液の水を蒸発させると，水酸化ナトリウムが残る。
	アンモニア水	・**刺激臭**がある。 ・金属とは反応しない。
	石灰水	・**水酸化カルシウム**$Ca(OH)_2$(**消石灰**)の水溶液。水溶液の水を蒸発させると，水酸化カルシウムが残る。 ・二酸化炭素と反応すると，**白色の沈殿**(**炭酸カルシウム**$CaCO_3$)が発生するため，**二酸化炭素**の検出に使われる。
中性	食塩水	・塩化ナトリウムNaClの水溶液。水溶液の水を蒸発させると，食塩が残る。

3　酸とアルカリの反応

①　中和

酸の水溶液とアルカリ（塩基）の水溶液を混ぜ合わせたとき，互いの性質を打ち消しあう化学変化。酸の水素イオンH^+とアルカリの水酸化物イオンOH^-が結びついて水ができ，酸の陰イオンとアルカリの陽イオンから化合物（塩〈えん〉）ができる。

酸＋アルカリ ⟶ 塩＋水

②　塩酸と水酸化ナトリウム水溶液の中和

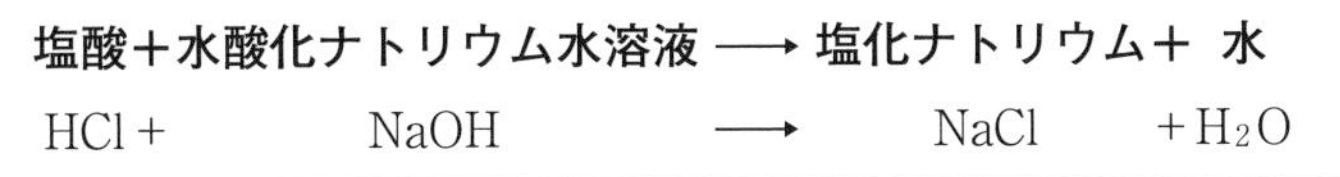
塩酸＋水酸化ナトリウム水溶液 ⟶ 塩化ナトリウム＋ 水
HCl ＋ $NaOH$ ⟶ $NaCl$ ＋H_2O

塩酸と水酸化ナトリウム水溶液は，次のように電離している。

HCl ⟶ H^+ ＋ Cl^-
（塩酸）（**水素イオン**）＋（**塩化物イオン**）

$NaOH$ ⟶ Na^+ ＋ OH^-
（水酸化ナトリウム）（**ナトリウムイオン**）＋（**水酸化物イオン**）

塩酸に水酸化ナトリウム水溶液を加えていくと，

1）H^+とOH^-が反応して混合液のH^+が次第に減っていく（酸性）。
2）H^+とOH^-がすべて反応すると中和する（中性）。水溶液中に含まれるイオンはNa^+とCl^-だけとなる（水の電離は考えないものとする）。
3）さらに水酸化ナトリウム水溶液を加えると，Na^+とOH^-が増える（アルカリ性）。

<塩酸に水酸化ナトリウム水溶液を加えたときのイオンの数の変化>

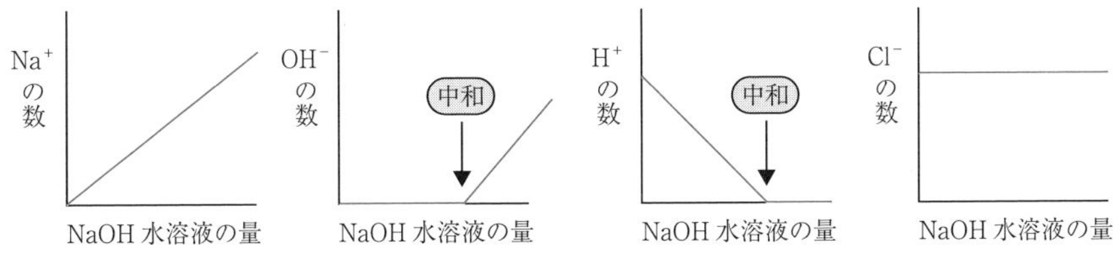

4　リトマス紙を使って水溶液の性質を調べる実験における注意事項

・リトマス紙は指で直接さわらず，ピンセットでつまんで持つ。
・ガラス棒で少量の水溶液をリトマス紙につける。
・ガラス棒は1回ごとに水で洗い，乾いた布で拭く。

例題9 〈水溶液の性質〉

炭酸水，食塩水，希塩酸，水酸化ナトリウム水溶液，うすいアンモニア水のいずれかが試験管A～Eに入っている。A～Eの水溶液の性質を調べるために，次のような実験をおこなった。A～Eにはそれぞれ何が入っているか答えよ。

（実験1） 試験管の上部を手であおぎ，においを調べるとAとCは刺激臭がした。

（実験2） 赤いリトマス紙に少量ずつつけると，B，C，Eは変化しなかった。

（実験3） 石灰水を加えると，Eは白濁した。

考え方 （実験1） 刺激臭（鼻をつくにおい）があるのは，希塩酸，アンモニア水である。よって，A，Cは希塩酸，アンモニア水。

（実験2） 赤いリトマス紙が変化しないのは，中性の食塩水と酸性の希塩酸，炭酸水である。よって，B，C，Eは食塩水，希塩酸，炭酸水。

（実験3） 石灰水は，二酸化炭素と反応し白濁する。炭酸水は，二酸化炭素の水溶液である。よって，Eは炭酸水。

解答 A．うすいアンモニア水　B．食塩水　C．希塩酸
D．水酸化ナトリウム水溶液　E．炭酸水

例題10 〈中和〉

希塩酸を水酸化ナトリウム水溶液で中和した。右のグラフは，中和したときの希塩酸と水酸化ナトリウム水溶液との体積の関係を示したものである。

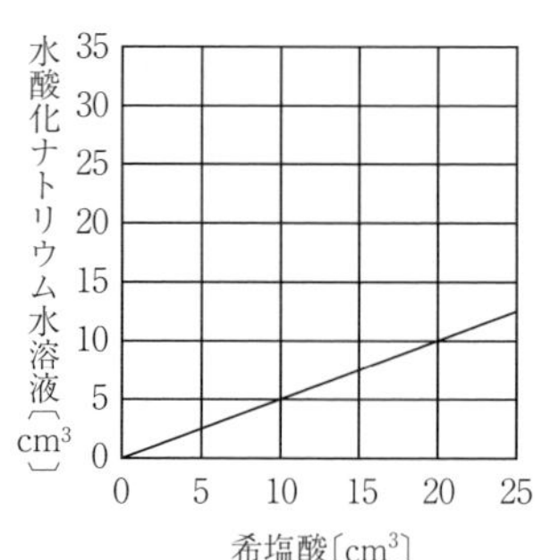

(1) 希塩酸30 cm^3にBTB溶液を加え，水酸化ナトリウム水溶液5 cm^3を加えたとき，混合液は何色になるか。

(2) (1)の混合液を完全に中和するには，水酸化ナトリウム水溶液をあと何 cm^3加えればよいか。

(3) 中和した混合液の水分を蒸発させたとき，あとに残る物質は何か。

(4) 塩酸を薄めるときの注意点を書け。

考え方　塩酸と水酸化ナトリウム水溶液の中和の化学反応式は，

$$HCl + NaOH \longrightarrow NaCl + H_2O$$

一定濃度の希塩酸と水酸化ナトリウムが中和する体積は比例する。グラフから希塩酸10 cm^3を中和する水酸化ナトリウム水溶液の体積を読みとり，比例関係から30 cm^3の希塩酸と中和する水酸化ナトリウムの量を求める。BTB溶液は，酸性で黄色，中性で緑色，アルカリ性で青色を示すので，希塩酸にBTB溶液を加えたときは黄色を示す。

解き方　(1)　グラフより希塩酸10 cm^3を中和する水酸化ナトリウム水溶液は5 cm^3である。したがって，30 cm^3の希塩酸を中和する水酸化ナトリウム水溶液の体積は，

$$5 \times \frac{30}{10} = 15〔cm^3〕$$

よって，5 cm^3の水酸化ナトリウムを加えたとき，混合液はまだ完全に中和せず，黄色のままである。

(2)　すでに5 cm^3が加えられているので，追加する水酸化ナトリウム水溶液の体積は，

$$15 - 5 = 10〔cm^3〕$$

(3)　塩化ナトリウム

(4)　水に塩酸を少しずつ加えていく。

7　燃焼と酸化・還元

Point Check

1　**燃焼**…**酸化**の一種で，激しく熱や光を出しながら物質が酸素と化合する化学変化。

①　ものが燃えるのに必要なもの
ものが燃え続けるためには，新しい空気（**酸素**）が必要である。

②　有機物の燃焼

（有機物）　＋（酸素）⟶（**二酸化炭素**）＋（**水**）

メタンCH_4　＋　$2O_2$　⟶　CO_2　＋$2H_2O$

エタノールC_2H_6O＋　$3O_2$　⟶　$2CO_2$　＋$3H_2O$

2　**酸化**…酸素と化合する化学変化。
※水素を失う反応や，電子を失う反応も酸化という。

① **マグネシウムの酸化**

マグネシウム＋酸素 ⟶ 酸化マグネシウム（白色）

$2Mg + O_2 \longrightarrow 2MgO$

※マグネシウムの質量と化合する酸素の質量の比　**マグネシウム：酸素＝3：2**

② **銅の酸化**

銅（赤褐色）＋酸素 ⟶ 酸化銅（黒色）

$2Cu + O_2 \longrightarrow 2CuO$

※銅の質量と化合する酸素の質量の比　**銅：酸素＝4：1**

3 **還元**…酸化物が酸素を失う化学変化。還元がおこるときには酸化も同時におこっている。

※水素と化合する反応や，電子を受け取る反応も還元という。

① **酸化銅の炭素による還元**

酸化銅＋炭素

⟶ 銅　＋二酸化炭素

$2CuO + C$

$\longrightarrow 2Cu + CO_2$

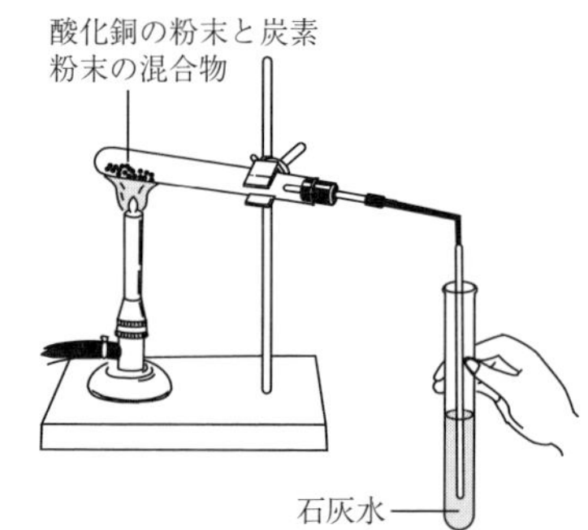

② 酸化銅の水素による還元

酸化銅＋水素 ⟶ 銅 ＋ 水

$CuO + H_2 \longrightarrow Cu + H_2O$

4 **化学変化の法則**

① **質量保存の法則**…化学変化の前後で，物質全体の質量は変わらない。

② **定比例の法則**…純粋な化合物中の構成元素の質量比は常に一定である。

例題11〈燃焼〉

図のように，酸素の中に火のついたろうそくを入れて燃え方を調べる実験をおこなった。

(1)　ろうが燃焼するとできるのは二酸化炭素と何か。

(2)　集気びんの底に水を入れておく理由を書け。

(3)　酸素中でろうそくを燃やすと，激しく熱や光を出しながら酸化をする。このような酸化を何というか。

考え方　ろうの主成分はパラフィンで，炭素と水素からなる有機物である。有機物を燃焼すると，二酸化炭素と水が発生する。

解答　(1)　水　　(2)　燃えさしが落ち，集気びんが割れるのを防ぐため。

(3)　燃焼

例題12 〈マグネシウムの酸化〉

図1のように，ステンレス皿の上でマグネシウムの粉末を十分に加熱し，酸化させる実験をおこなった。図2は，マグネシウムの質量と加熱後に得られた酸化物の質量との関係を示したグラフである。

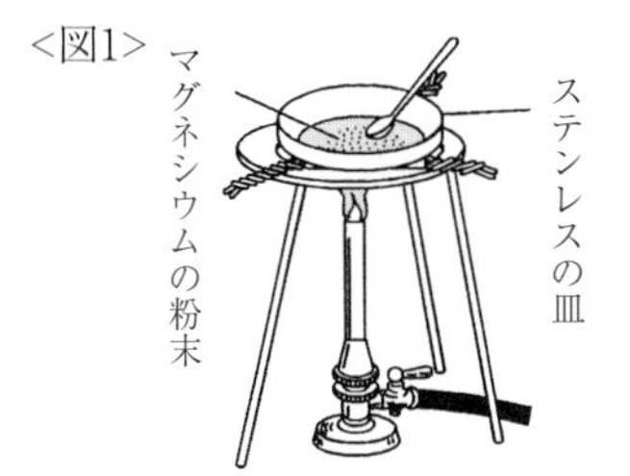

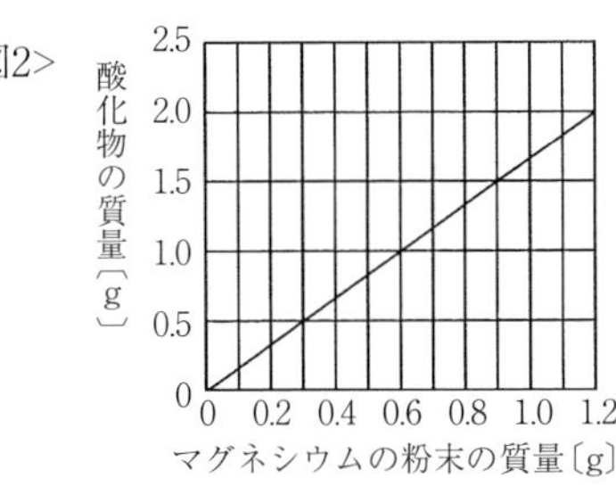

(1)　実験で，加熱後に酸化物の質量をはかるときの安全面での留意点を書け。

(2)　マグネシウムを3.0g加熱したとき，化合する酸素の質量は何gか。

(3)　この実験の化学変化を化学反応式で書け。

考え方　マグネシウムを加熱すると，酸素と化合し，酸化マグネシウムになる。

(2)　グラフから数値が読みとりやすいマグネシウム0.6gからできる化合物の質量を読みとる。化合した酸素の質量は，質量保存の法則(マグネシウムの質量)＋(酸素の質量)＝(化合物の質量)から求める。さらに，マグネシウム3.0gと反応する酸素の質量は，定比例の法則から求める。

解き方　(1)　皿が熱くなっているので注意し，十分冷めてから計量する。

(2)　マグネシウム0.6gからできる化合物は1.0gなので，このとき化合した酸素の質量は，

$$1.0-0.6=0.4〔g〕$$

マグネシウム3.0gを加熱したとき，化合する酸素の質量をx〔g〕とすると，

$$0.6:0.4=3.0:x \qquad \therefore \quad x=2.0〔g〕$$

(3)　$2Mg+O_2 \longrightarrow 2MgO$

8 化合と分解

Point Check

1 鉄と硫黄の化合

① 実験方法

1) 鉄粉と硫黄をよく混ぜ，試験管に入れる。

2) 試験管の上部を熱し，赤熱したら加熱をやめる。
(鉄と硫黄の反応は激しいため，試験管の上部を熱しないと危険)

3) 試験管を立てておくと，赤熱部分が下まで広がり，全体が赤くなる。
(発生した熱により，次々と反応が進んでいくため)

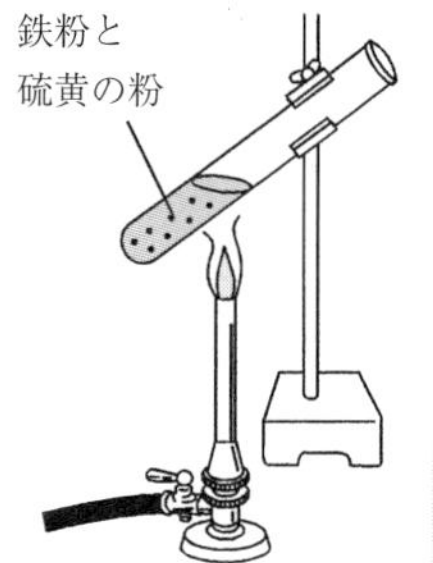

② 実験結果

硫化鉄(Ⅱ)(黒色)が生じる。

$$Fe + S \longrightarrow FeS$$

③ 硫化鉄の特徴

・**磁石につかない**。

・希塩酸を加えると腐卵臭の**硫化水素が発生**する。

2 炭酸水素ナトリウム(重曹)の分解

① 実験方法

1) 炭酸水素ナトリウム(白色の粉末)を試験管に入れて加熱する。

2) 加熱する際，粉末は試験管の底の方に入れ，試験管の口の方を少し下げておく。
(試験管の口の付近についた水滴が底の方に流れると，試験管が割れることがあるため)

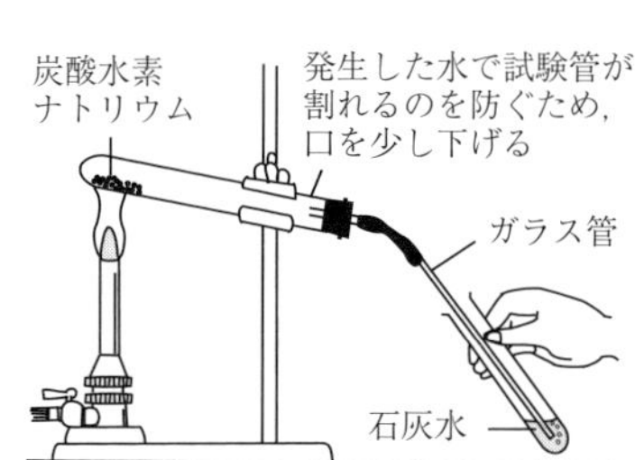

3) 反応が終わり，火を止めるときは，ガラス管の先を石灰水の外に出してからにする。
(石灰水の逆流を防ぐため)

② 実験結果

二酸化炭素と**水**，**炭酸ナトリウム**が生じる。

炭酸水素ナトリウム ⟶ 炭酸ナトリウム ＋ 水 ＋二酸化炭素

$$2NaHCO_3 \longrightarrow Na_2CO_3 + H_2O + CO_2$$

・**二酸化炭素**の確認…石灰水を入れて振ると白く濁る。

・水の確認…試験管の口付近の内側が水蒸気で白くくもったり，水滴ができたりする。

・炭酸ナトリウムの確認…水に溶かし，フェノールフタレイン溶液を加えると赤変する。

例題13 〈鉄と硫黄の化合〉

鉄と硫黄をよく混ぜ合わせたものをA，B２本の試験管に入れ，図のように試験管Aのみ加熱した。反応が始まったところで<u>加熱をやめたが，そのまま反応が進み</u>，黒色の物質Cができた。

(1) 試験管Aの中で物質Cができる変化の化学反応式を書け。

(2) 試験管Bの物質と物質Cに磁石を近づけた。磁石に対する反応はそれぞれどうなるか。

(3) 物質Cを少量とり，希塩酸を加えたら気体が発生した。この気体は何か。

(4) (3)の気体を発生させるとき，安全上の留意点を書け。

(5) 下線部のように，加熱をやめても反応が続いたのはなぜか。

考え方 (1) 鉄と硫黄の化合である。鉄＋硫黄 ⟶ 硫化鉄

(2) 試験管Bの物質は混合物なので，鉄の性質がそのまま現れる。物質Cは硫化鉄であり，磁性はない。

(3)(4) 希塩酸を加えると硫化水素が発生する。硫化水素は腐卵臭があり，有毒である。

$$FeS + 2HCl \longrightarrow FeCl_2 + H_2S\uparrow$$

解答 (1) $Fe + S \longrightarrow FeS$

(2) 試験管B：鉄だけが磁石につく。　物質C：磁石につかない。

(3) 硫化水素

(4) 硫化水素は有毒なので，換気に気をつける。

(5) 鉄と硫黄の化合で発熱し，その熱で次々と反応が進んでいくため。

例題14 〈炭酸水素ナトリウムの分解〉

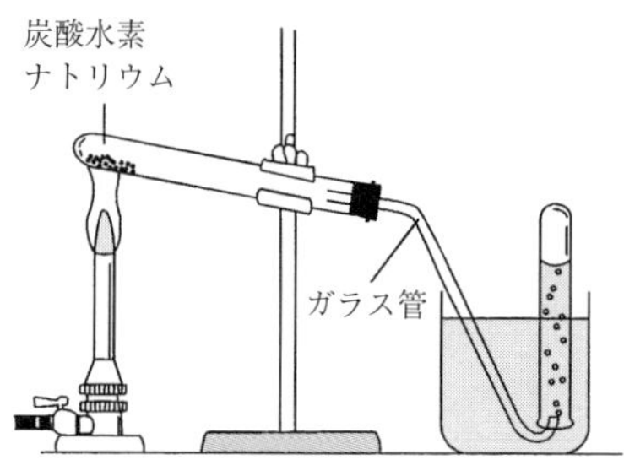

図のように炭酸水素ナトリウムを加熱する実験をおこなった。熱し始めると気体が発生したが，①初めに出てくる気体は集めず，しばらくしてから気体を集めた。加熱を続けると気体の発生が止まったので，②ガラス管をビーカーから取り出して，火を消した。試験管の中には，白い物質が残り，③内側に液体がついていた。

(1) この実験の化学反応式を書け。

(2) 下線部①のように，最初の気体を集めないのはなぜか。

(3) 下線部②のようにガラス管をビーカーから取り出すのはなぜか。

(4) 下線部③のように，液体が発生する実験を行うときに注意しなければならないことは何か。

(5) ふくらし粉の主成分は炭酸水素ナトリウムである。ふくらし粉は，炭酸水素ナトリウムのどのような性質を利用しているか，簡単に書け。

考え方 (1) 炭酸水素ナトリウムを加熱すると，炭酸ナトリウムと水，二酸化炭素に分解する。

(2) 最初の気体は試験管内の空気であるため，しばらくしてから集める。

(3) 火を消すと試験管内の温度が下がって，気圧も下がる。

(4) 発生した液体が加熱している試験管の底の方に流れると，試験管が割れる恐れがある。

解答 (1) $2NaHCO_3 \longrightarrow Na_2CO_3 + H_2O + CO_2$

(2) 試験管内に入っていた空気であるから。

(3) 水が逆流して試験管が割れるのを防ぐため。

(4) 試験管の口を少し下げておく。

(5) 炭酸水素ナトリウムは加熱すると，分解して二酸化炭素を発生する。

9 電気分解

Point Check

1 電気分解

電解質溶液や融解液に電極を入れて，外部から直流電圧をかけ，化学変化をおこして電解質を分解すること。

陽極…電子e^-を放出する酸化反応がおこる。

陰極…電子e^-を受け取る還元反応がおこる。

2 塩化銅水溶液の電気分解

塩化銅水溶液を電気分解すると，**陽極から刺激臭のある塩素**が発生し，**陰極に赤褐色の銅**が付着する。塩化銅水溶液は青色であるが，銅が付着していくにつれて，青色は薄くなる。

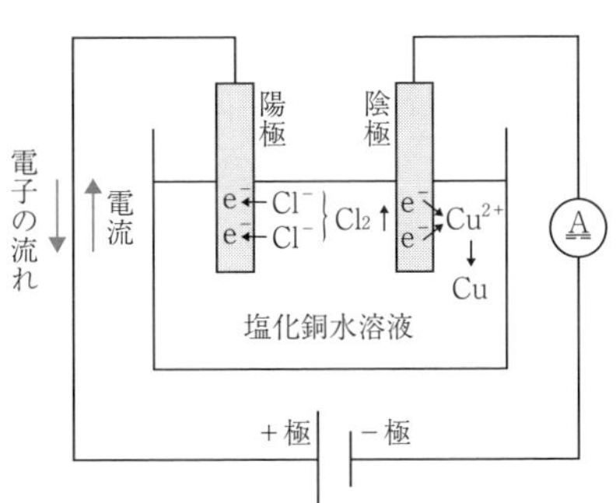

Cl^-は陽極に引かれて移動
→陽極でe^-を放出

Cu^{2+}は陰極に引かれて移動
→陰極でe^-を受け取る

$$CuCl_2 \longrightarrow Cl_2 + Cu$$

〈陽極〉 $2Cl^- \longrightarrow Cl_2 + 2e^-$

〈陰極〉 $Cu^{2+} + 2e^- \longrightarrow Cu$

3 水の電気分解

水に少量の水酸化ナトリウム水溶液（または希硫酸）を加えて，電流を流すと，**陽極から酸素，陰極から水素**が発生する。

$$2H_2O \longrightarrow 2H_2 + O_2$$

〈陽極〉 $4OH^- \longrightarrow 2H_2O + O_2 + 4e^-$

〈陰極〉 $2H_2O + 2e^- \longrightarrow H_2 + 2OH^-$

〈体積比〉 水素：酸素＝2：1

※水に水酸化ナトリウム水溶液（または希硫酸）を加える理由…電流を流れやすくするため（純粋な水は電気を通さない）。

例題15 〈塩化銅水溶液の電気分解〉

図のように，塩化銅水溶液に電極を入れ，電源装置につないで電流を流した。

(1) 塩化銅水溶液は何色をしているか。

(2) 炭素棒A，Bどちらが陽極か。

(3) 陽極から発生する気体を化学式で書け。

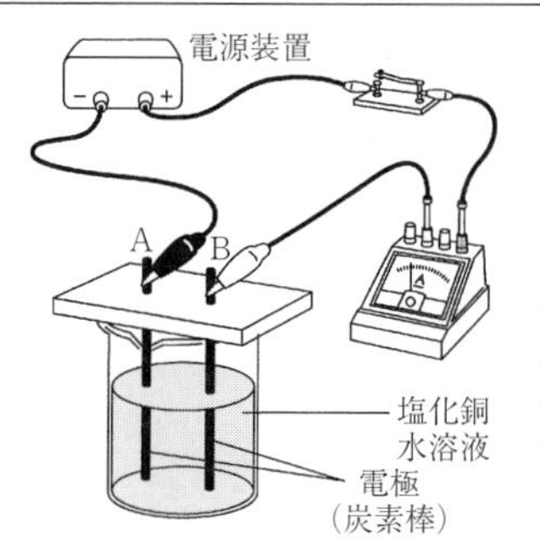

考え方 電解質に電流を流すと，陰極では，陽イオン（Cu^{2+}）に電子を与え，陽極では，陰イオン（Cl^{-}）から電子を奪う化学変化がおきる。

(1) 塩化銅は水溶液中で，$CuCl_2 \longrightarrow Cu^{2+} + 2Cl^{-}$のように電離している。$Cu^{2+}$は，青色を呈する。

(2) 陰極は，電源装置の－極側で，陽極は＋極側である。

(3) 電流を流すと電気分解により，陰極には銅（Cu）が付着し，陽極からは塩素（Cl_2）が発生する。

解答 (1) 青色　(2) B　(3) Cl_2

10 化学反応式と物質量

Point Check

1 原子量・分子量

① 原子量…質量数12の炭素原子^{12}Cの1個の質量を12としたときの各原子の相対的質量。

〈主な原子の原子量〉

元　素	原子量	元　素	原子量	元　素	原子量
水素　H	1.0	ナトリウム　Na	23.0	カルシウム　Ca	40.0
炭素　C	12.0	硫黄　S	32.0	鉄　Fe	55.9
酸素　O	16.0	塩素　Cl	35.5	銅　Cu	63.6

② 分子量…分子の相対的質量。分子を構成する原子の原子量の総和に等しい。

例 H_2Oの分子量 = 1.0 × 2 + 16.0 = 18.0

H_2SO_4の分子量 = 1.0 × 2 + 32.0 + 16.0 × 4 = 98.0

2 物質量

① 物質量の基準

アボガドロ数個の粒子を**1モル (mol)** といい，1モルの物質の中には，6.02×10^{23}個の原子または分子が含まれる。

※ 質量数12の炭素原子12gに存在する原子の数をアボガドロ数といい，その数は，6.02×10^{23}である。

② モル質量

物質を構成する粒子1molあたりの質量。原子量・分子量・式量にg/molの単位をつけたもので表される。

例 原子量23.0のNa（ナトリウム）のモル質量＝23.0g/mol

分子量16.0のCH_4（メタン）のモル質量＝16.0g/mol

③ 物質量とモル質量

分子量Mの物質w〔g〕の物質量n〔mol〕は，

$$\textbf{物質量}\,\boldsymbol{n}\,\text{〔mol〕} = \frac{\textbf{質量}}{\textbf{モル質量}} = \frac{\boldsymbol{w}\,\text{〔g〕}}{\boldsymbol{M}\,\text{〔g/mol〕}}$$

例 分子量18.0のH_2O27gの物質量n〔mol〕は，

$$n = \frac{27\text{〔g〕}}{18.0\text{〔g/mol〕}} = 1.5\text{〔mol〕}$$

H_2O 0.25molの質量w〔g〕は，

$$w = 18.0\text{〔g/mol〕} \times 0.25\text{〔mol〕} = 4.5\text{〔g〕}$$

④ 気体分子1molの体積

0℃，1.0×10^5Paの標準状態において，1molの気体の占める体積は，気体の種類に関係なく**22.4 L**である。

0℃，1.0×10^5PaでV〔L〕の気体の物質量n〔mol〕$= \dfrac{V\text{〔L〕}}{22.4\text{〔L/mol〕}}$

例 0℃，1.0×10^5Paで，11.2Lの酸素の物質量n〔mol〕は，

$$n = \frac{11.2\text{〔L〕}}{22.4\text{〔L/mol〕}} = 0.5\text{〔mol〕}$$

3 化学反応式の量的関係

化学反応式	$2H_2$ + O_2 ⟶ $2H_2O$ (2個の水素分子)(1個の酸素分子)(2個の水分子)	左右の原子の数は等しい
物質量	2mol　1mol　2mol	係数の比＝物質量の比
質量	2×2g　1×32g　2×18g	左辺の質量和＝右辺の質量和
気体の体積	2×22.4L　1×22.4L　—	標準状態 (0℃，1.0×10^5Pa)

※化学反応式中の係数は，各物質の物質量（mol）の比を表す。

4 モル濃度〔mol/L〕または〔M〕

溶液1L中に含まれている溶質の量を物質量〔mol〕で表した濃度。溶液V〔L〕中にn〔mol〕の溶質が含まれている場合のモル濃度〔mol/L〕は，

$$\text{モル濃度〔mol/L〕} = \frac{n\text{〔mol〕}}{V\text{〔L〕}}$$

例　0.50mol/Lの希硫酸30mLに含まれるH_2SO_4の物質量は，

$$0.50\times\frac{30}{1000}=0.015\text{〔mol〕}$$

例題16〈化学反応式と物質量〉

アセチレンC_2H_2が空気中で完全燃焼した。

(1)　アセチレンが完全燃焼したときにできる物質を2つ書け。

(2)　1molのアセチレンが完全燃焼したとき，化合する酸素は0℃，1.0×10^5Paで何Lか。

考え方　0℃，1.0×10^5Paで，アセチレンC_2H_2が完全燃焼したときの反応は，次のように示すことができる。

化学反応式	$2C_2H_2$	+	$5O_2$	⟶	$4CO_2$	+	$2H_2O$
物質量	2mol		5mol		4mol		2mol
質量	2×26g		5×32g		4×44g		2×18g
気体の体積	2×22.4L		5×22.4L		4×22.4L		—

解き方 (1) 炭素と水素から成る有機物の燃焼では，二酸化炭素と水が発生する。

(2) 化学反応式より，2molのC_2H_2と5molのO_2が化合する。よって，1molのC_2H_2は$\frac{5}{2}$molのO_2と化合するので，化合するO_2の体積は，

$$\frac{5}{2} \times 22.4 = 56.0〔L〕$$

例題17 〈モル濃度〉

次の各問いに答えよ。

(1) 12mol/Lの塩酸を蒸留水で希釈し，2mol/Lの塩酸を600mLつくるとき，12mol/Lの塩酸は何mL必要か。

(2) 12Mの塩酸120cm^3を用いて，3Mの薄い塩酸をつくるとき，水は何cm^3必要か。

考え方 (1) 溶液V〔L〕中にn〔mol〕の溶質が含まれている場合のモル濃度〔mol/L〕は，

$$\text{モル濃度}M〔mol/L〕 = \frac{n〔mol〕}{V〔L〕}$$

より，$n = MV$を利用して，2mol/Lの塩酸600mLに含まれる塩化水素（溶質）の物質量を求める。これが12mol/Lの塩酸x〔mL〕に含まれる塩化水素の物質量となる。

解き方 (1) 2mol/Lの塩酸600mL（= 0.6L）に含まれる塩化水素の物質量は，

$$2 \times 0.6 = 1.2〔mol〕$$

必要な塩酸の体積をx〔mL〕とすると，

$$12 \times \frac{x}{1000} = 1.2 \qquad \therefore \quad x = 100〔mL〕$$

〔別解〕12mol/Lの塩酸を2mol/Lの塩酸にするには，6倍に薄めればよい。12mol/Lの塩酸の体積の5倍の蒸留水を加えて600mLにすればよいから，必要な12mol/Lの塩酸の体積は，

$$600 \times \frac{1}{6} = 100〔mL〕$$

(2) 3Mの薄い塩酸をつくる場合，水と12Mの塩酸の割合は3：1となる。

よって，必要な水の量は，

$$120 \times 3 = 360〔cm^3〕$$

確認問題

8 実験でアルコールランプを使用中，アルコールが半分以下になった。この後，起こりうる事故と，教師がとるべき対応を書け。

9 空気中に水蒸気が含まれていることがわかる身の回りの事象を1つ書け。

10 次の表は，硝酸カリウムと食塩の溶解度を示したグラフである。これについて，各問いに答えよ。

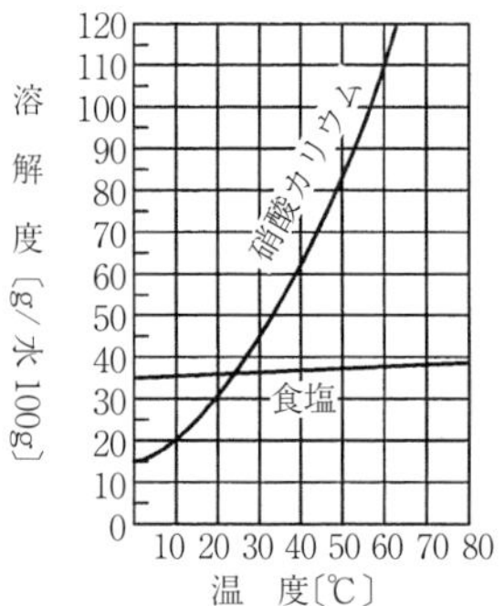

(1)　硝酸カリウム60gを60℃の水100gに完全に溶かした。この水溶液の質量パーセント濃度はいくらか。整数で答えよ。

(2)　(1)の水溶液を冷却したときに硝酸カリウムの結晶が析出し始める温度は約何℃か。

ア．約40℃　　イ．約30℃　　ウ．約20℃

(3)　硝酸カリウム80gと食塩20gを60℃の水100gに溶かした水溶液を静かに放置し，20℃まで冷却すると，先に結晶として析出するのはどちらか。

(4)　(3)で析出する結晶は約何gか。

(5)　(3)のように混合物から純粋な結晶を取り出すことを何というか。

11 次のような方法で，いろいろな気体を発生させる実験をおこなった。これについて，各問いに答えよ。

A．アンモニア水を加熱する。

B．石灰石に薄い塩酸を加える。

C．二酸化マンガンに薄い過酸化水素水を加える。

D．亜鉛に薄い塩酸を加える。

(1)　実験A～Dで発生する気体は，それぞれ何か。

(2)　実験Bで，石灰石の代わりになるものを1つ書け。

(3)　実験Cで，薄い過酸化水素水を加えるときの留意点を書け。

(4)　実験Aで発生する気体の捕集方法と，その理由を書け。

12 希塩酸，アンモニア水，水酸化ナトリウム水溶液，食塩水，炭酸水の5種類の水溶液がある。これについて，各問いに答えよ。ただし，答えが1つとは限らない。

(1) フェノールフタレイン液を加えると赤色に変化するものはどれか。

(2) アルミニウムを入れると反応するものはどれか。また，発生した気体は何か。

(3) スチールウールを入れると水素が発生するものはどれか。また，発生した水素の捕集方法を書け。

(4) 水溶液を少量ずつ蒸発皿にとり，加熱して蒸発させると固体が残るものはどれか。

(5) 炭酸水を温めると気体が発生した。この気体は何か。また，この気体が何であるか確かめる方法を書け。

13 図のように炭酸水素ナトリウムを試験管に入れ，加熱する実験をおこなった。これについて，各問いに答えよ。

(1) 試験管Aの口を底よりもわずかに下げる理由を書け。

(2) 試験管内の反応が終わって火を消す前に，最初におこなわなければならないことは何か。

(3) 試験管Bに採集された気体の性質を2つ書け。

14 図のような装置で，少量の水酸化ナトリウムを溶かした水に電流を流したところ，a，bでそれぞれ気体が発生した。これについて，各問いに答えよ。

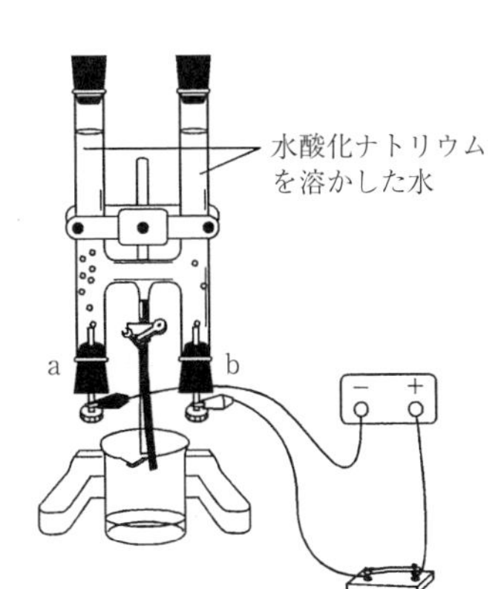

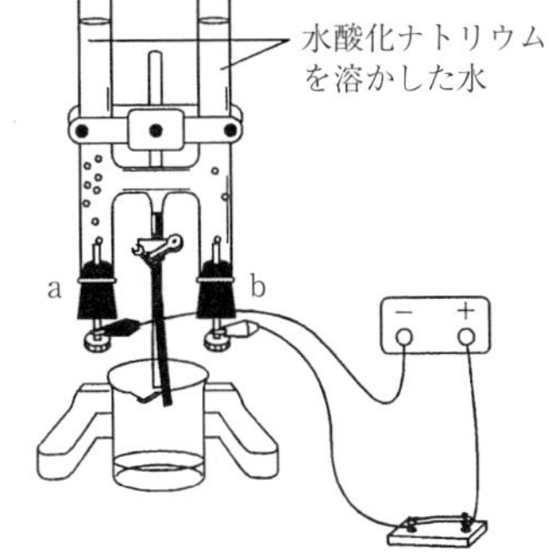

(1) 水に水酸化ナトリウムを加えるのはなぜか。

(2) 陰極はa，bどちらか。

(3) a，bで発生する気体の化学式とその体積比を書け。

4 生命・地球（生物分野）

●ポイント

中学校の学習内容全般から出題されている。特に光合成，植物の分類，からだのつくりは頻出のため，必ず押さえておく必要がある。また，種子の発芽や昆虫やメダカのからだのつくりなど小学校の学習内容についても学習しておきたい。その他，実験や観察の方法，顕微鏡等器具の名称や取扱い方についても注意して覚えておけば万全である。

1 器具の取扱い

Point Check

1 顕微鏡の使い方

① 顕微鏡を，直射日光が当たらない窓際などの明るい水平な場所に置く。
② **接眼レンズをつけ，次に対物レンズ**（最初は低い倍率）をつける。
（ほこりなどが鏡筒内に入り，対物レンズの内側につくことを防ぐため）
③ **反射鏡**の向きをかえて，視野全体が明るくなるように調節する。
④ プレパラートがステージの穴の真ん中にくるように置き，クリップでとめる。
⑤ **横から見ながら調節ねじを回し**，対物レンズとプレパラートをできるだけ近づける。
⑥ 接眼レンズをのぞきながら調節ねじを回し，対物レンズをプレパラートから遠ざけ，ピントを合わせる。

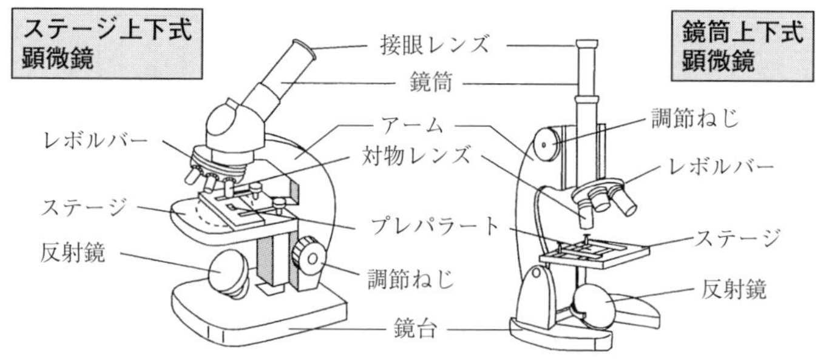

2 顕微鏡の倍率

① 接眼レンズの倍率

長い方が低く，短い方が高い。

② 対物レンズの倍率

長い方が高く，短い方が低い。

③ 顕微鏡の倍率

接眼レンズの倍率×対物レンズの倍率

〈接眼レンズ〉

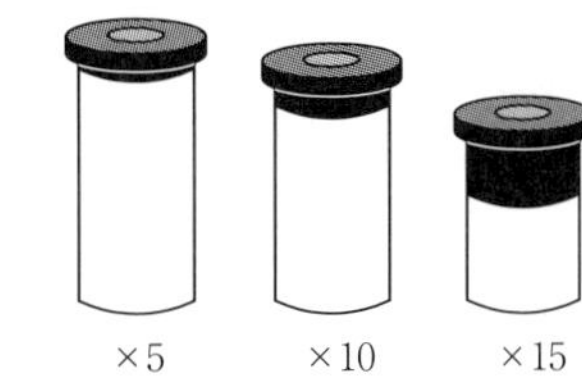

〈対物レンズ〉

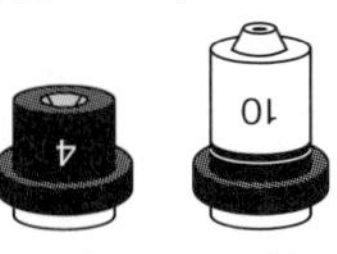

3 顕微鏡の倍率と視野の広さ，視野の明るさ

顕微鏡の倍率	低倍率	高倍率
視野の広さ	広い ⟷ 狭い	
視野の明るさ	明るい ⟷ 暗い	

4 プレパラートを動かす方向

顕微鏡で見える像は，実際のものとは上下左右が反対である。そのため，観察しようとするものが視野の中心からずれているときは，プレパラートを**上下左右反対**に動かす。

見たいものを左の図のように視野の中心に移動させたい場合，プレパラートを動かす方向は，下の図のように像を動かす方向とは反対に動かす。

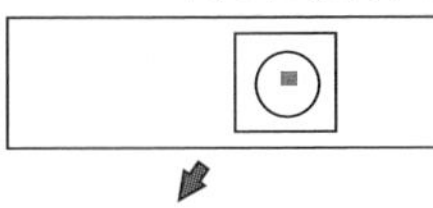

5 プレパラートの作り方

1）材料をスライドガラスにのせる

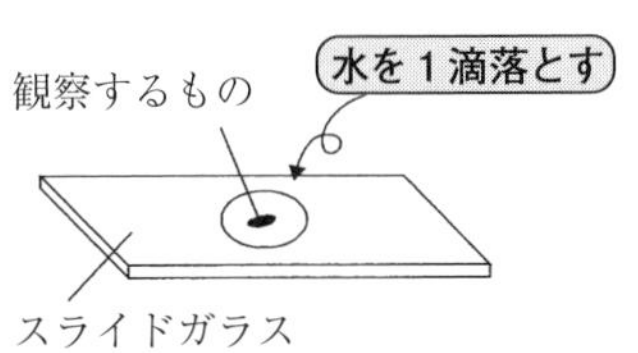

2）カバーガラスをかける

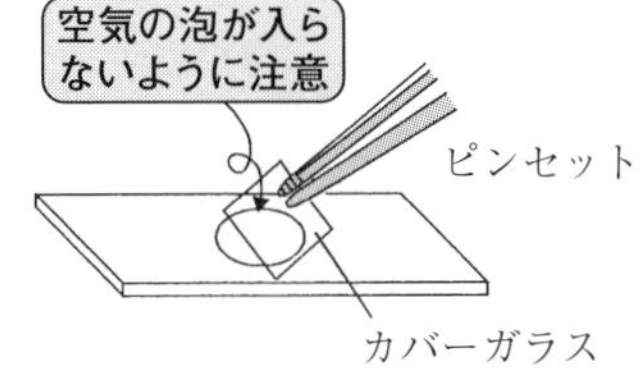

6 ルーペの取扱い

① ルーペを目に近づけて持ち，焦点の内側からのぞく。

② **観察するものを前後に動かして**ピントを合わせる。

〈注意点〉ルーペは動かさない。太陽の光を直視しない。

例題1 〈顕微鏡の取扱い〉

顕微鏡の使い方について，次の文の空欄にあてはまる語句を答えよ。

まず，（　A　）レンズを取りつけ，次に（　B　）レンズを取りつける。次に（　C　）で視野を明るく調整する。（　D　）をステージにのせ，横からのぞきながら，倍率の（　E　）い（　B　）レンズを（　D　）にできるだけ近づける。そのあと，（　A　）レンズをのぞきながら，（　F　）を回してピントを合わせる。

解答 A．接眼　B．対物　C．反射鏡　D．プレパラート
E．低　F．調節ねじ

例題2 〈ルーペの取扱い〉

ルーペの使い方について，正しいものをすべて選べ。

① ルーペを目に近づけて持ち，観察したいものを前後に動かしてピントを合わせる。
② ルーペを目から離して持ち，観察したいものを前後に動かしてピントを合わせる。
③ ルーペを目に近づけて持ち，顔を前後に動かしてピントを合わせる。
④ ルーペを目から離して持ち，ルーペを前後に動かしてピントを合わせる。

考え方 ルーペを目から離して見ると，視野が極端に狭くなる。観察するものが動かせないときは，顔を前後に動かす。

解答 ①，③

2 生物の細胞と生殖

Point Check

1 細胞のつくり

生物の種類によっても異なるが，一般に次のものからできている。

① **核**…生命活動の中心。ふつう1つの細胞に1個ある。**酢酸カーミン液**，**酢酸オルセイン液**で**赤色**に染まる。
② **細胞質**…細胞の核以外の部分で，実際の生命活動を行う。細胞小器官の間を細胞質基質が満たしており，**葉緑体**，**発達した液胞**は植物細胞にみられる。

③　細胞膜…細胞質の一部で，細胞質と核を包む薄い膜。

④　**細胞壁**…細胞膜の外側にある厚くてじょうぶな膜。**植物細胞**にみられる。

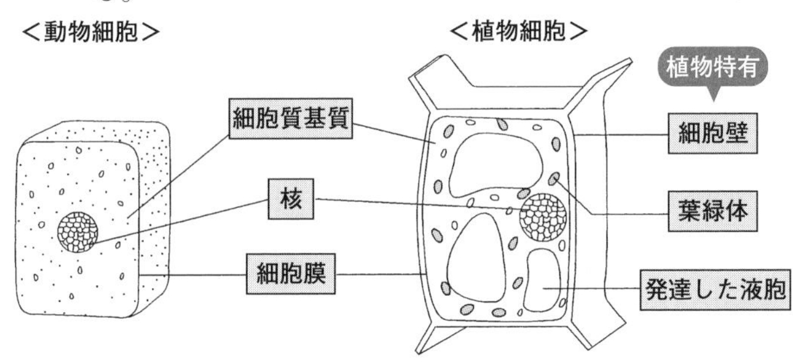

2　細胞分裂

①　体細胞分裂

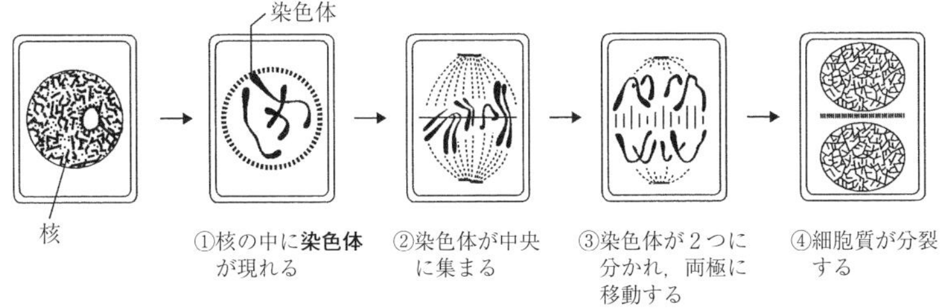

①核の中に**染色体**が現れる　②染色体が中央に集まる　③染色体が２つに分かれ，両極に移動する　④細胞質が分裂する

②　減数分裂

染色体の数がもとの細胞の半分になるような細胞分裂。生物が生殖細胞をつくるときに行う。

3　遺伝

①　純系

自家受粉（自家受精）によって親，子，孫と代を重ねても，その形質がすべて親と同じであるもの。

②　顕性形質と潜性形質

形質の異なる純系をかけ合わせたときに，子に現れる方の形質を顕性（優性）形質，子に現れない方の形質を潜性（劣性）形質という。

顕性（優性）形質を現す純系（AA）と，潜性（劣性）形質を現す純系（aa）をかけ合わせると，子はすべて顕性（優性）形質を現す。

③　**分離の法則**

生殖細胞ができる減数分裂のとき，対になっている親の遺伝子は別々に分かれてその中に入る。

顕性（優性）形質を現す親（AA）の生殖細胞の遺伝子

潜性（劣性）形質を現す親（aa）の生殖細胞の遺伝子

	A	A
a	Aa	Aa
a	Aa	Aa

④　**遺伝のしくみ**

顕性（優性）形質を現す純系と，潜性（劣性）形質を現す純系をかけ合わせてできた子どうし（Aa）をさらにかけ合わせると，孫には顕性（優性）形質を現すものと潜性（劣性）形質を現すものが，**3：1の割合**（AA：Aa：aa＝1：2：1）で現れる。

子（Aa）の生殖細胞の遺伝子

子（Aa）の生殖細胞の遺伝子

	A	a
A	AA	Aa
a	Aa	aa

⑤　**遺伝子**

細胞の核の中の**染色体**にあり，その本体は**DNA（デオキシリボ核酸）**という物質である。DNAは二重らせん構造をしている。

4　単細胞生物と多細胞生物

〈水中の微生物〉

植物（葉緑体をもち，緑色をしている）		動物（足やせん毛，べん毛をもち活発に動く）		
単細胞生物	多細胞生物	単細胞生物	単細胞生物（原生動物）	多細胞生物
ミカヅキモ ケイソウ	アオミドロ	ミドリムシ	アメーバ　ゾウリムシ	ミジンコ

※この他の肉眼で見える生物のほとんどは多細胞生物。

例題3 〈細胞〉

右の図は，タマネギの根の先端を顕微鏡で観察してスケッチしたものである。

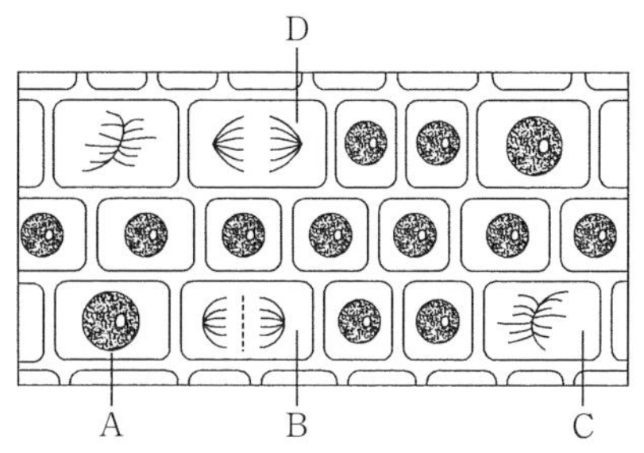

(1) 細胞を顕微鏡で観察するとき，酢酸カーミン液（または酢酸オルセイン液）に最もよく染まる部分はどこか。

(2) 図のA～Dの細胞を，Aを始まりとして細胞分裂の進む順に並べよ。

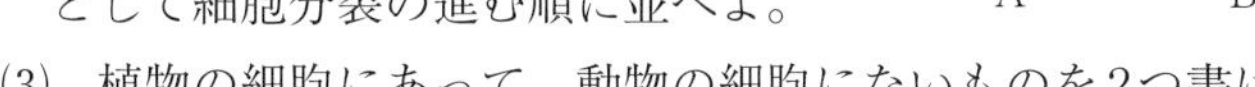

(3) 植物の細胞にあって，動物の細胞にないものを2つ書け。

考え方 (2) B. 中央に細胞板が形成されている。
C. 染色体が出現している。
D. 染色体が2つに分かれ，両極に移動している。

解答 (1) 核　(2) A→C→D→B
(3) 葉緑体，細胞壁，発達した液胞から2つ

例題4 〈遺伝ーヒトのABO式血液型〉

ヒトのABO式血液型の遺伝において，両親がそれぞれA型（遺伝子型AO）とB型（遺伝子型BO）である場合，子どもに発現する血液型の比として正しいものを，次から1つ選べ。

ア　AB：A：B：O＝1：1：1：1　　イ　AB：A：B：O＝2：1：1：1
ウ　AB：A：B：O＝1：1：1：2　　エ　AB：A：B：O＝1：0：0：1

考え方 A型の遺伝子型AOとB型の遺伝子型BOをかけ合わせるとき，生まれる子どもの血液型の遺伝子の組合せは，右の表のようになる。

	B	O
A	AB	AO
O	BO	OO

遺伝子AとBはそれぞれ遺伝子Oに対して顕性（優性）で，遺伝子AとBの間には優劣の関係がないから，遺伝子型ABはAB型，遺伝子型AOとBOはそれぞれA型とB型，遺伝子型OOはO型となる。よって，子どもに発現する血液型の比は，

AB：A：B：O＝1：1：1：1

解答 ア

例題5 〈遺伝－エンドウの種子〉

丸粒の種子をつくる純系のエンドウのめしべに，しわ粒の種子をつくる純系のエンドウの花粉をつけて受粉をさせたところ，得られた種子はすべて丸粒になった。

(1) このとき得られた子の世代の遺伝子型として正しいものを，次から1つ選べ。ただし，丸粒をつくる形質を伝える遺伝子をA，しわ粒をつくる形質を伝える遺伝子をaで表すものとする。

ア AAとAa　イ AAとaa　ウ Aaとaa
エ AA　オ Aa　カ aa

(2) (1)の種子どうしを交配したとき，種子が丸粒になる確率を求めよ。

(3) (2)で得られたしわ粒の種子どうしを交配したとき，種子がしわ粒になる確率を求めよ。

考え方 (1) 丸い種子をつくる純系のエンドウの遺伝子型はAA，しわのある種子をつくる純系のエンドウの遺伝子型はaaで表される。これらを受精させて得られる種子は，右上の表の通り。よって，得られた種子はすべて遺伝子型Aaとなる。これらの種子はすべて丸粒であったことから，丸い種子をつくる遺伝子Aが顕性（優性）遺伝子で，しわのある種子をつくる遺伝子aが潜性（劣性）遺伝子であるとわかる。

	a	a
A	Aa	Aa
A	Aa	Aa

(2) Aaの種子どうしを交配したときに得られる種子は，下の表の通り。表より，丸粒（Aa）の種子どうしを交配したときの種子は，丸粒（AA），丸粒（Aa），丸粒（Aa），しわ粒（aa）となる。よって，丸粒になる確率は，$\dfrac{3}{4}=0.75$である。

	A	a
A	AA	Aa
a	Aa	aa

(3) しわ粒（aa）の種子どうしを交配した場合，しわ粒（aa）しかできない。

解答 (1) オ　(2) 0.75　(3) 1

例題6 〈水中の微生物〉

池の水を顕微鏡で観察すると，図のような生物が見られた。

ア
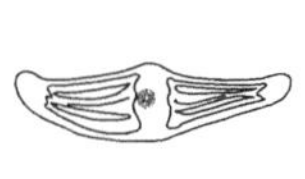
イ

ウ
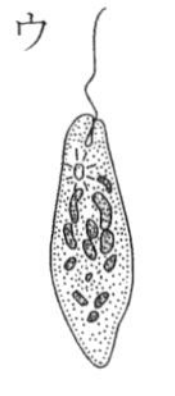
エ

オ
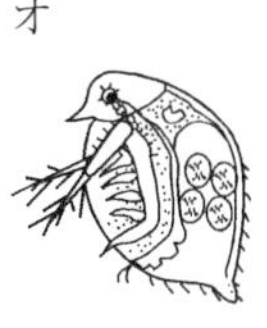

(1) それぞれの名称を書け。

(2) 光合成を行うものはどれか。

(3) 多細胞生物はどれか。

解答 (1) ア．ミカヅキモ　イ．ゾウリムシ　ウ．ミドリムシ
エ．ケイソウ　オ．ミジンコ

(2) ア，ウ，エ

(3) オ

3 植物のつくり

Point Check

1 花のつくりと種子のでき方

① **被子植物**

・花のつくり…花の中心にはめしべがあり，**めしべ(柱頭，胚珠，子房)**を囲むように，**おしべ**(やく)，**花びら**，**がく**がついている。

・**受粉**…おしべの花粉がめしべの柱頭につくこと。

・種子のでき方…受粉後，**胚珠が成長して種子**になり，**子房は果実**になる。

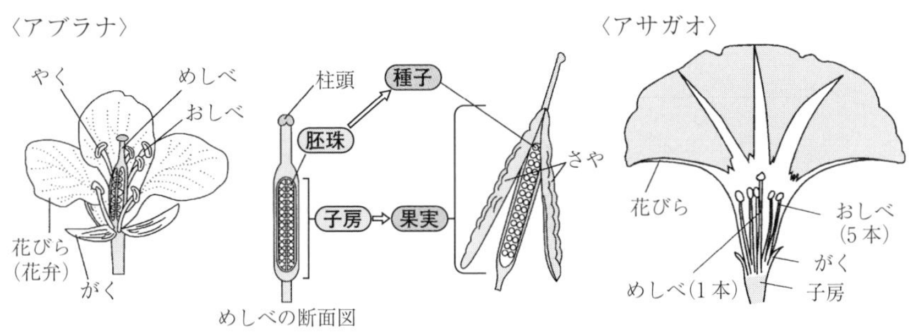

〈タンポポ〉

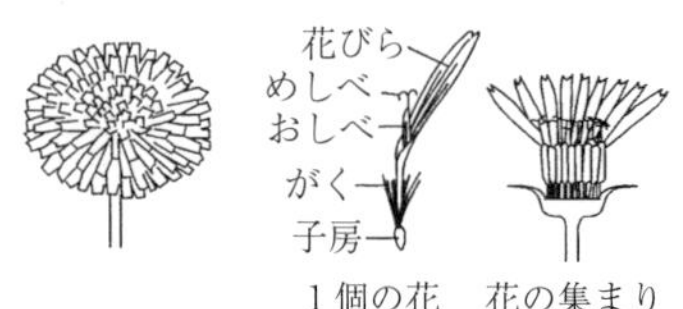

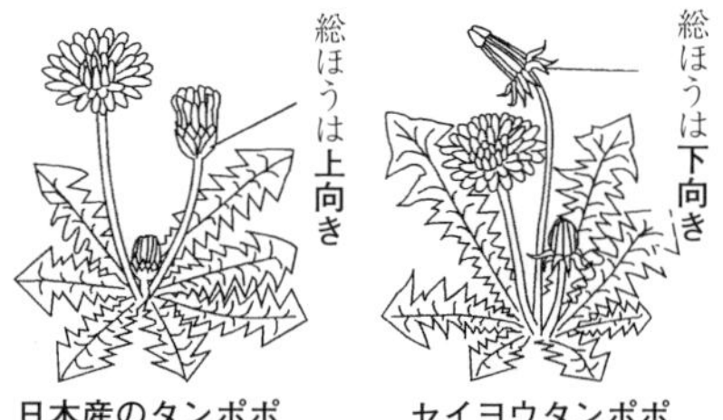

日本産のタンポポ（在来種）	カントウタンポポ，カンサイタンポポがある。3～4月に咲く。
セイヨウタンポポ（外来種）	明治になって外国から入ってきたタンポポ。1年中咲く。

② **裸子植物**

・花のつくり…雌花と雄花に分かれる。

・種子のでき方…雌花の胚珠に花粉がつくと，種子になる。子房がないので，果実はできない。

〈マツ〉

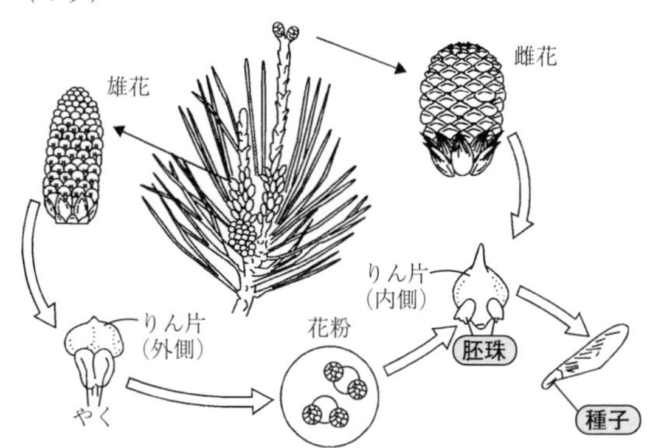

2 茎のつくりとはたらき

道管と師管が集まって束のようになっている部分を**維管束**という。

① **道管**…根から吸収した**水や養分**を運ぶ管。

② **師管**…葉で光合成によってつくられた**栄養分**を運ぶ管。

〈双子葉類の茎の断面図〉　〈単子葉類の茎の断面図〉

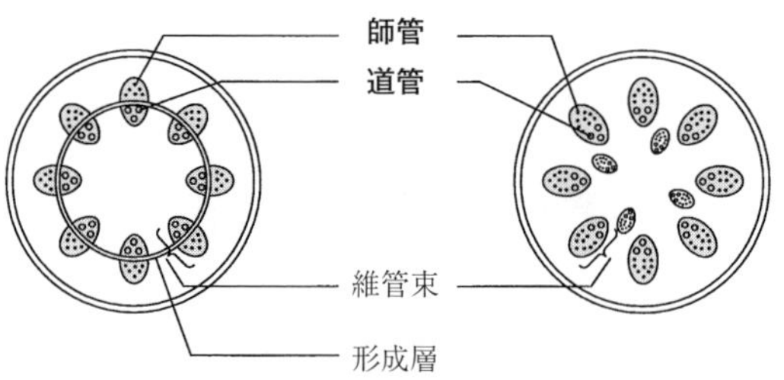

3 葉のつくりとはたらき

① **気孔**

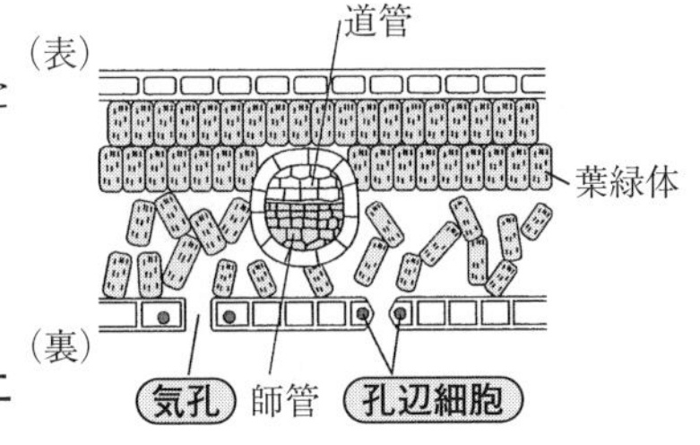

・葉の表皮にある**孔辺細胞**に囲まれたすきま。

・葉の表側よりも裏側のほうに多い。

② 気孔のはたらき

・光合成や呼吸に関係のある**酸素，二酸化炭素，水蒸気の出入り口**となる。

・**蒸散作用**…植物体内の余分な水を水蒸気として体外へ出す。

例題7 〈花のつくり〉

右の図は，アサガオの花のつくりを表している。

(1) アサガオの果実は，A～Eのうちどこが変化したものか。また，その名前を書け。

(2) 花粉ができるのはどこか，A～Eのうちから選べ。

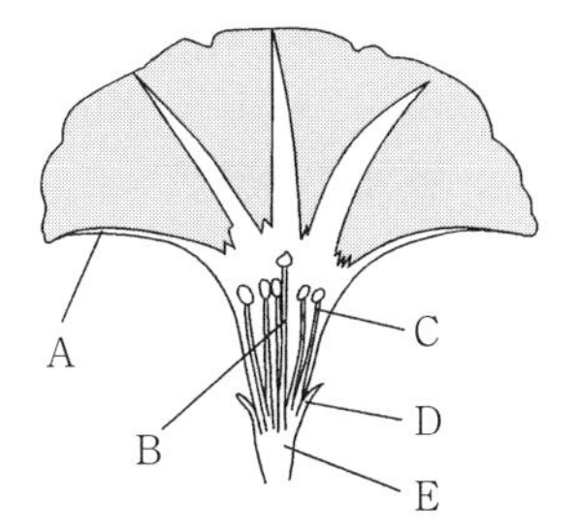

解答 (1) E，子房　(2) C

例題8 〈茎のつくり〉

ホウセンカの茎を赤インキで着色した水に入れておき，茎を薄く切り，ルーペで観察した。図は，茎の断面を模式的に表したものである。

(1) 赤く染まった部分は，図のA～Cのどこか。

(2) 葉で作られた養分が通る管を何というか。

(3) A，Bの管がまとまった部分を何というか。

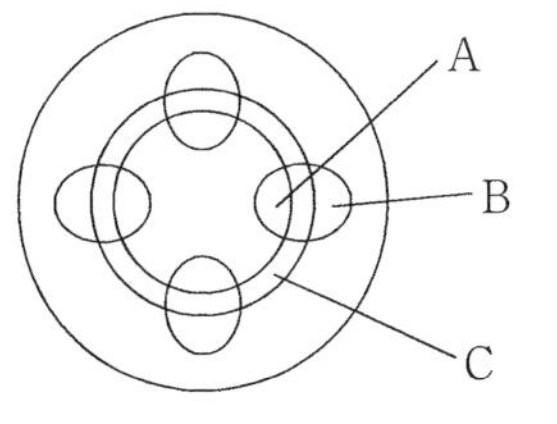

考え方 ホウセンカは，双子葉植物で茎の断面は図のように維管束が輪状配列になっている。赤く染まるのは，根から水が通る道管である。

解答 (1) A　(2) 師管　(3) 維管束

4 種子の発芽

Point Check

1 種子のつくりと養分

〈インゲンマメ〉

幼芽
子葉に養分
胚軸
幼根
子葉
種皮
胚

① 胚乳のない種子（無胚乳種子）

　胚（子葉，幼芽，胚軸，幼根）と種皮からなる。**子葉に養分**がある。

・**幼芽**…発芽して本葉になる。

・胚軸…発芽のとき子葉を支える軸になる。

・**幼根**…成長して根になる。

・**子葉**…発芽してふた葉になる。

例　インゲンマメ，ダイコン，ヘチマ，アサガオ，ヒマワリ　など

② 胚乳のある種子（有胚乳種子）

〈カキ〉

胚乳
胚乳に養分
種皮
子葉
胚軸
幼根
胚

　胚（子葉，胚軸，幼根）と胚乳，種皮からなる。**胚乳に養分**がある。

例　トウモロコシ，イネ，ムギ，カキ　など

2 発芽に必要な条件

　水，空気，適当な温度の3条件が必要。発芽には，土や日光は特に必要ではない。

発芽と水の関係を調べる実験

① 湿った脱脂綿

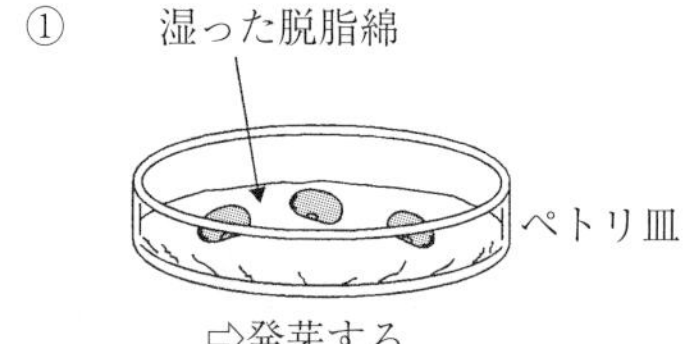

⇨発芽する

② 乾いた脱脂綿

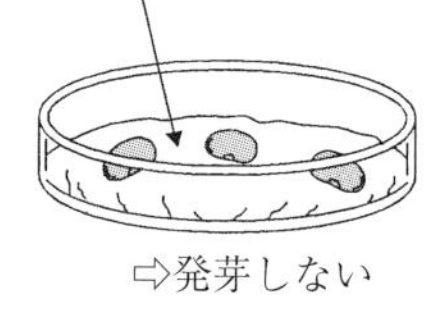

⇨発芽しない

発芽と空気の関係を調べる実験

①

⇨発芽しない

②

⇨発芽する

発芽と温度の関係を調べる実験

① 冷蔵庫

5℃

湿った脱脂綿

⇨発芽しない

② 定温器

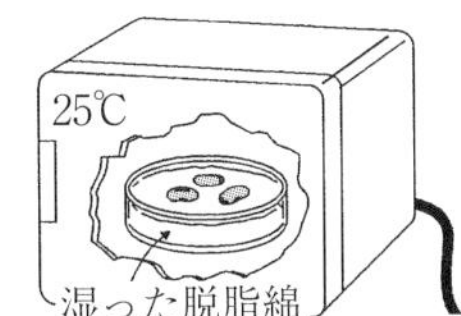

⇨発芽する

③ 定温器

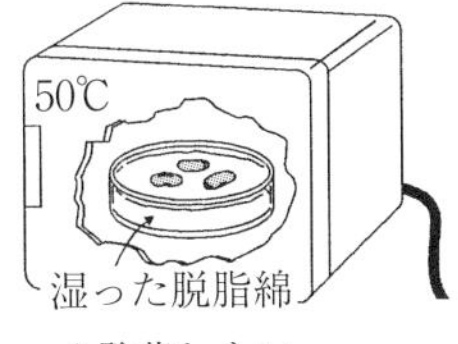

⇨発芽しない

※このように，ある条件だけを変えてそれ以外はすべて同じ状態にして結果を比べる実験を**対照実験**という。

例題9 〈種子のつくりと発芽の条件〉

先の図のようにして，定温器と冷蔵庫を使って，インゲンマメの発芽の条件を調べた。

(1)　この実験から発芽に必要な条件は何であることがわかるか。

(2)　図の②を定温器に入れず，室内(25℃)で同じ実験を行うと，対照実験として不適切である。その理由を書け。

考え方　対照実験では，比べる条件以外はすべて同じにする必要がある。

解答　(1)　適当な温度

(2)　定温器，冷蔵庫の中は暗いが，室内では光があり，温度以外の条件が異なるため，対照実験として適切ではない。

5 光合成

Point Check

1 光合成

植物が，葉緑体で光のエネルギーを利用して，二酸化炭素と水からデンプンなどの有機物と酸素を合成するはたらき。

$$6CO_2 + 12H_2O + \text{光エネルギー} \longrightarrow C_6H_{12}O_6 + 6H_2O + 6O_2$$

(二酸化炭素)(水)　(有機物)　(水)　(酸素)

ふ入りのアサガオの葉の実験

① 実験手順

1) ふ（葉の白い部分，葉緑体がない）入りのアサガオの葉の一部をアルミニウム箔で覆い，一昼夜暗室に置いた後（←葉にあったデンプンをなくすため），葉全体に十分日光を当てる。

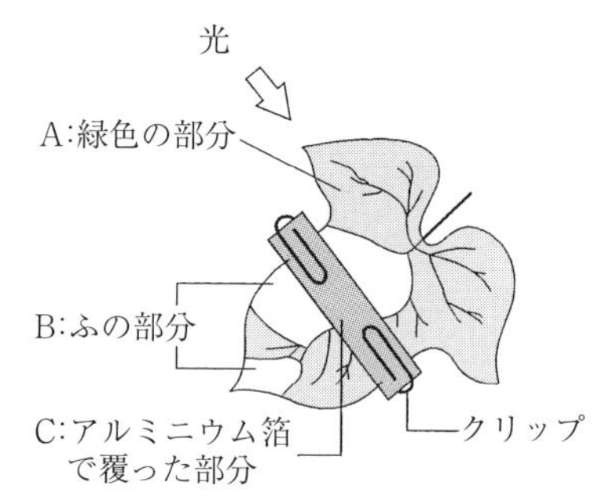

2) 葉をつみとり，熱湯で温めたエタノールに入れる（←葉緑素を溶かして脱色し，ヨウ素溶液の色の変化を見やすくするため）。

3) **ヨウ素溶液**に浸すと，ふの部分とアルミニウム箔で覆われていた部分は，色の変化は見られず，それ以外の部分はヨウ素デンプン反応が現れ，青紫色になる。

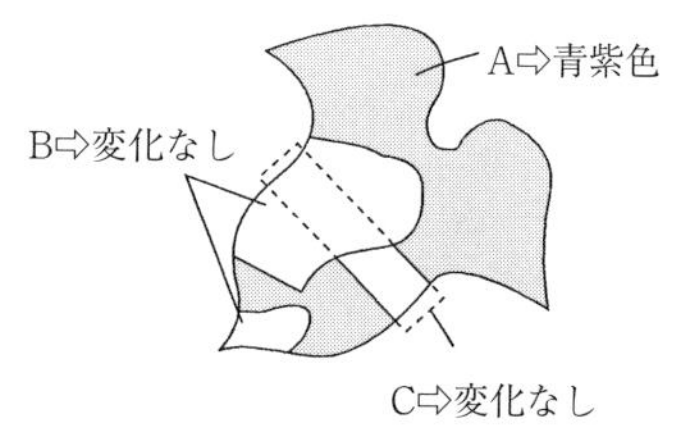

② 結論

ふの部分には葉緑体がないため，またアルミニウム箔の部分には日光が当たらないため，それぞれ光合成は行われずデンプンができなかった。
⇒光合成には**葉緑体**と**光**が必要である。

オオカナダモの実験

① 実験手順

1) 3本の試験管を水で満たし，それぞれに青色のBTB溶液を加え，息を吹きこんで緑色（中性）にする。

2) A，Cにはオオカナダモを入れ，Cはアルミニウム箔で完全に覆い，ゴム栓をして3本に同じように日光を当てる。

3) 色の変化を観察すると，**Aは青色**，**Bは変化せず緑色**，**Cは黄色**となる。

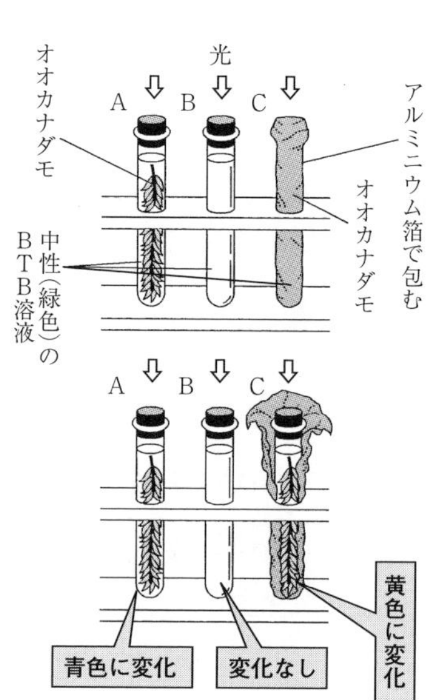

② 結論

A…光合成によって二酸化炭素がなくなる（アルカリ性）。

C…呼吸によって二酸化炭素がふえる（酸性）。

⇒光合成には**二酸化炭素と光**が必要である。

2 光合成と呼吸

・昼間…光合成量＞呼吸量。

全体としては，二酸化炭素を吸収し，酸素を放出する。

・夜間…呼吸のみ。酸素を吸収し，二酸化炭素を放出する。

例題10〈ふ入りのアサガオの葉の実験〉

右の図のように，ふ入りのアサガオの葉の一部をアルミニウム箔で覆い，十分日光を当てた。この葉を熱湯につけた後，温めたエタノールに浸けた。その後，葉をヨウ素溶液に浸してその反応を調べた。

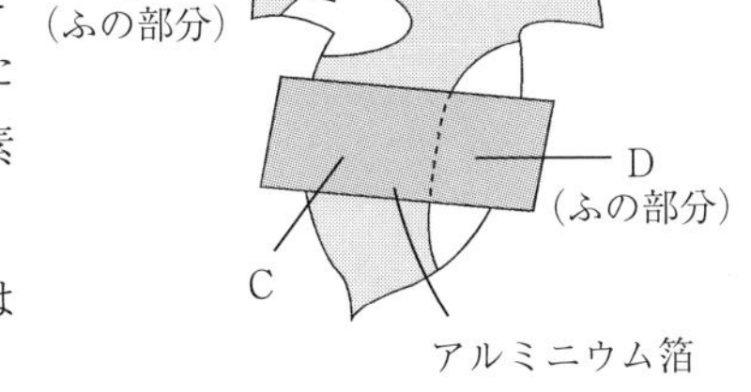

(1) 葉を温めたエタノールに浸けるのはなぜか。

(2) ヨウ素溶液は何を検出するために用いるのか。

(3) ヨウ素溶液に反応した部分はA～Dのどの部分か。また，どのような反応が見られるか。

考え方 光合成には，葉緑体，光，二酸化炭素，水が必要であるが，ふの部分は葉緑体がなく，アルミニウム箔で覆われた部分は，光が当たらないので光合成が行われない。光合成が行われると，デンプンが合成され，デンプンはヨウ素デンプン反応で検出できる。

解答 (1) 葉緑素をエタノールに溶かして葉を脱色し，ヨウ素デンプン反応による色の変化を見やすくするため。

(2) デンプン

(3) A，葉が青紫色になる。

6 植物などの分類

Point Check

1 植物・藻類などの分類

<table>
<tr><th colspan="4">種類</th><th>特徴</th><th>例</th></tr>
<tr><td rowspan="6">光合成をする</td><td rowspan="3">種子植物</td><td rowspan="2">被子植物</td><td>双子葉類</td><td rowspan="2">・根・茎・葉が発達
・胚珠が子房に包まれている</td><td>(合弁花類)アサガオ，タンポポ，キク，ヒマワリ，ツツジ
(離弁花類)アブラナ，サクラ，エンドウ</td></tr>
<tr><td>単子葉類</td><td>チューリップ，ユリ，ツユクサ，イネ，スイセン，ムギ，タケ，トウモロコシ，サトイモ，ヤシ</td></tr>
<tr><td colspan="2">裸子植物</td><td>・根・茎・葉が発達
・子房がなく，胚珠はむき出し
・雄花と雌花の区別がある</td><td>マツ，イチョウ，スギ，ヒノキ，モミ，ソテツ</td></tr>
<tr><td colspan="3">シダ植物</td><td>・根・茎・葉の区別がある
・維管束がある
・湿ったところに多く生育
・胞子でふえる</td><td>イヌワラビ，ゼンマイ，ベニシダ，ノキシノブ，スギナ(ツクシ)</td></tr>
<tr><td colspan="3">コケ植物</td><td>・根・茎・葉の区別がない
・維管束はない
・からだの全表面から水を吸収
・胞子でふえる</td><td>ゼニゴケ，エゾスナゴケ，コスギゴケ</td></tr>
<tr><td colspan="3">藻類</td><td>・根・茎・葉の区別がない
・水中で生活する
・胞子(遊走子)はべん毛で水中を泳ぐ</td><td>ワカメ，アオサ，テングサ，ケイソウ，アオミドロ，クロレラ</td></tr>
<tr><td rowspan="2">光合成をしない</td><td colspan="3">菌類</td><td>・からだは菌糸でできている
・寄生生活をする</td><td>マツタケ，シイタケ，アオカビ，クロカビ，ミズカビ，コウボ菌</td></tr>
<tr><td colspan="3">細菌類</td><td>・寄生生活をする</td><td>大腸菌，結核菌，コレラ菌，乳酸菌，ブドウ状球菌</td></tr>
</table>

2 種子植物…花が咲き，種子をつくってふえる植物。

① **被子植物**…胚珠が子房に包まれている。双子葉類と単子葉類に分けられる。

	子葉の数	葉脈	茎の維管束	根の様子	植物名
双子葉類	2枚	網状脈	輪状配列	主根と側根	アブラナ，サクラ，タンポポ，ヒマワリ，アサガオ，ダイコン，キュウリ，エンドウ，ダイズ，ヘチマ など
単子葉類	1枚	平行脈	散在配列	ひげ根	ユリ，チューリップ，イネ，ムギ，ネギ，トウモロコシ，タケ，サトイモ など

② **裸子植物**…子房がなく，**胚珠がむき出し**になっている。

例題11 〈双子葉類と単子葉類〉

図のA，Bは植物の芽生えのようすを，C，Dは葉のつくりを，E，Fは根のつくりを示したものである。

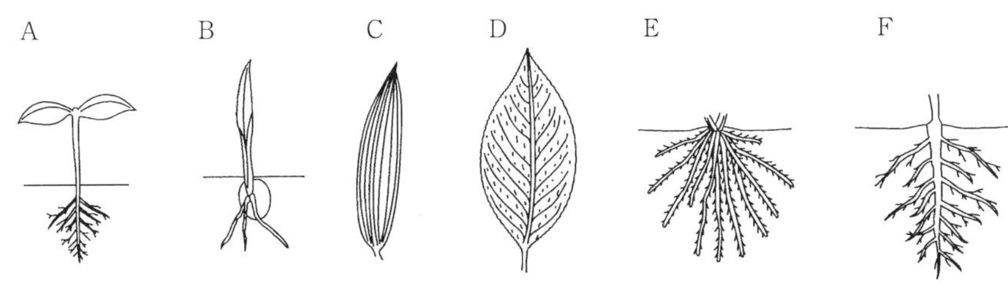

(1) イネの子葉，葉，根はそれぞれどれか。

(2) 図のCのような葉をもつ植物はどれか。

ア．トウモロコシ　イ．キュウリ　ウ．エンドウ　エ．ネギ　オ．ダイズ

考え方 イネは単子葉類であり，子葉は1枚，葉脈は平行脈，根はひげ根である。

解答 (1) B，C，E　(2) ア，エ

7 動物の分類

Point Check

<table>
<tr><th colspan="3">動物の種類</th><th colspan="6">特徴</th><th>例</th></tr>
<tr><td rowspan="6">セキツイ動物</td><td colspan="2">ホニュウ類</td><td>2心房2心室，体内受精，毛でおおわれる</td><td rowspan="5">陸上</td><td>胎生</td><td rowspan="5">肺呼吸</td><td rowspan="2">恒温</td><td rowspan="6">背骨がある</td><td>コウモリ，イルカ，クジラ，ラッコ</td></tr>
<tr><td colspan="2">鳥類</td><td>2心房2心室，体内受精</td><td rowspan="5">卵生</td><td>ペンギン，フクロウ，カラス</td></tr>
<tr><td colspan="2">ハチュウ類</td><td>2心房2心室（不完全），体内受精，うろこ・こうら</td><td rowspan="12">変温</td><td>ヤモリ，カメ，ワニ，イグアナ，ヘビ，マムシ</td></tr>
<tr><td colspan="2" rowspan="2">両生類</td><td rowspan="2">2心房1心室，体外受精，皮膚が裸出，子はえらで，親は肺で呼吸</td><td rowspan="2">イモリ，サンショウウオ，カエル</td></tr>
<tr><td rowspan="2">水中</td><td rowspan="2">えら呼吸</td></tr>
<tr><td colspan="2">魚類</td><td>1心房1心室，体外受精</td><td>サメ，メダカ，ナマズ，フナ，ウナギ</td></tr>
<tr><td rowspan="8">無セキツイ動物</td><td colspan="2">キョク皮動物</td><td colspan="4">からだは放射状で，殻やとげをもつものが多い</td><td rowspan="8">背骨がない</td><td>ウニ，ヒトデ，ナマコ</td></tr>
<tr><td rowspan="4">節足動物</td><td>昆虫類</td><td>からだは頭部・胸部・腹部に分かれ，胸部に3対のあしと羽をもつ（羽がないものもあり）</td><td rowspan="2">変態する</td><td>羽がある</td><td rowspan="4">外骨格をもつ</td><td>チョウ，カブトムシ，ハチ，アリ，バッタ，セミ，トンボ，カ，ゴキブリ，ゲンゴロウ</td></tr>
<tr><td>甲殻類</td><td>外骨格でおおわれる</td><td rowspan="3">羽がない</td><td>カニ，エビ，ヤドカリ，ダンゴムシ</td></tr>
<tr><td>多足類</td><td>胴部の各部に1又は2対のあしをもつ</td><td rowspan="2">変態しない</td><td>ムカデ，ゲジ</td></tr>
<tr><td>クモ類</td><td>からだは頭胸部・腹部に分かれる。書肺という気管の変化したもので呼吸</td><td>クモ，サソリ，ダニ</td></tr>
<tr><td rowspan="2">軟体動物</td><td>頭足類</td><td colspan="3" rowspan="2">外とう膜でおおわれ，節も外骨格ももたない。
貝殻をもつものもある</td><td rowspan="3">外骨格がない</td><td>イカ，タコ</td></tr>
<tr><td>貝類</td><td>ナメクジ，アサリ，ハマグリ，マイマイ</td></tr>
<tr><td colspan="2">原生動物</td><td colspan="3">単細胞動物</td><td>ツリガネムシ，ゾウリムシ，アメーバ</td></tr>
</table>

例題12 〈動物の分類〉

次の各問いにA～Dの記号で答えよ。

A　B　C　D

魚類｜両生類｜ハチュウ類｜鳥類｜ホニュウ類

(1)　成体が肺呼吸をするかどうかの区別はどこか。

(2)　卵を産むかどうかの区別はどこか。

(3)　体内受精かどうかの区別はどこか。

(4)　恒温動物かどうかの区別はどこか。

(5)　陸上に卵を産むのはどこからどこまでか。

解答　(1)　A　(2)　D　(3)　B　(4)　C　(5)　BからD

8　身近な動物

Point Check

1　昆虫のからだ

頭部，胸部，腹部の3つの部分に分かれている。

①　頭部…目，口，1対の触角がある。

②　胸部…**6本(3対)のあし**と羽がある。

〈羽の数〉4枚：チョウ，カブトムシ，トンボ，ハチ，バッタなど

2枚：ハエ，アブ，カなど

なし：アリ，ノミなど

③　腹部…複数の節があり，節には気門(呼吸のための空気の出入り口)がある。

〈チョウ〉

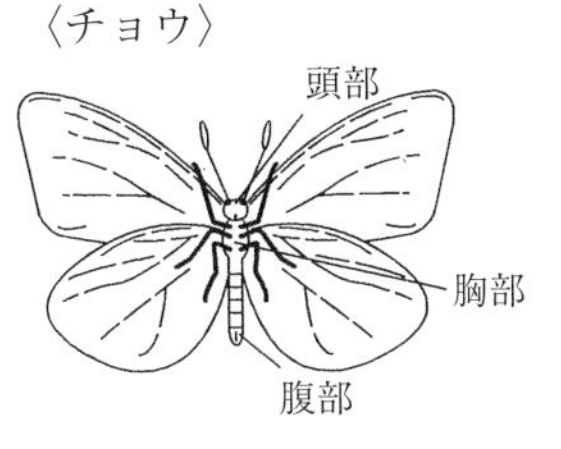

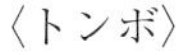

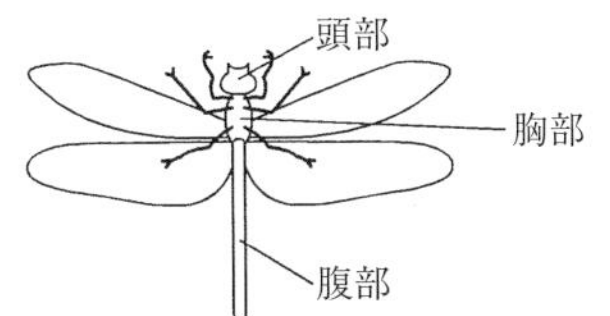

〈クワガタ〉

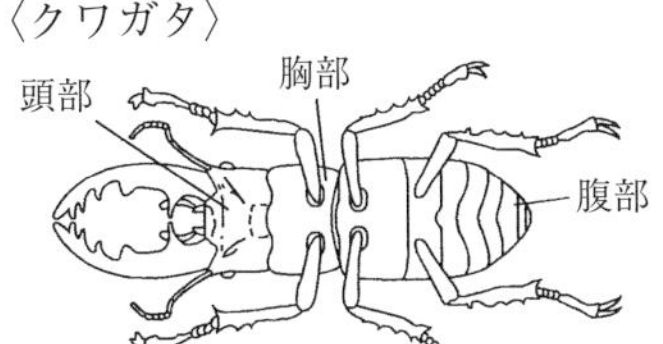

〈クモ〉

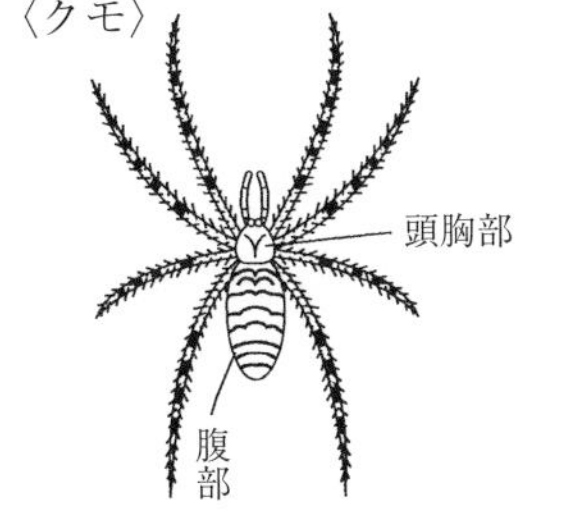

※クモは**クモ類**(昆虫ではない)に属し，**頭胸部**と**腹部**の2つに分かれ，頭胸部から8本(4対)のあしが出ている。羽はない。

2 昆虫の変態

① **完全変態**…**卵→幼虫→さなぎ→成虫**と姿をかえて成長する。

例 チョウ，カ，ハチ，アリ，カブトムシ，テントウムシ，ホタル　など

② **不完全変態**…卵→幼虫→成虫と成長し，**さなぎの時期がない**。

例 コオロギ，バッタ，カマキリ，トンボ，セミ，アメンボ　など

3 モンシロチョウの育ち方

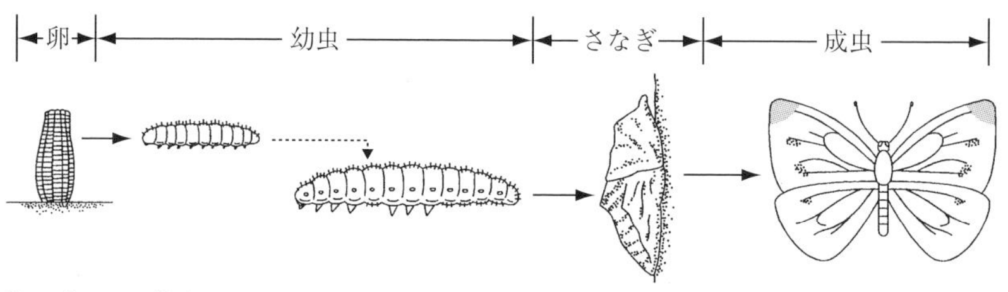

① 卵から幼虫へ

- 卵はキャベツなどアブラナ科の植物の**葉の裏**に産みつけられている。
- 卵は1mmほどの米粒形で，産みつけられたばかりのときは白い色をしているが，時間が経つにつれて，黄色から濃い黄褐色へと変化する。
- 2～3日すると**ふ化**（卵から幼虫になること）する。

② 幼虫の育ち方

- 卵からふ化した幼虫は，黄色で2～3mmほどの毛虫である。
- 卵から出るとすぐに，自分が出てきた**卵の殻を食べる**。
- さなぎになるまでに**4回脱皮**し，大きくなる。

③ さなぎ

- 最後（5回目）の脱皮をしてから，さなぎになる。

④ さなぎから成虫へ

- さなぎははじめは緑色をしているが，だんだん透き通ってきて，10日ほどすると，中の羽や背中の毛が外から見えるようになる。

4 メダカのオスとメス

メダカのオスとメスは，背びれと尻びれの形で見分けることができる。

〈オス〉　背びれ：切れこみ**あり**

尻びれ：平行四辺形に近い

〈メス〉　背びれ：切れこみ**なし**

尻びれ：オスより小さく後ろの方が狭い

5 動物の冬越し

① 昆虫の冬越し

・卵で冬越しするもの…カマキリ，オビカレハ，コオロギ，バッタ

・幼虫で冬越しするもの…カブトムシ，トンボ，ミノムシ(ミノガ)

・さなぎで冬越しするもの…モンシロチョウ，アゲハ，ハエ

・成虫で冬越しするもの…テントウムシ，ハチ，アリ，アカタテハ

② 冬眠するもの

クマ，カエル，ヘビ，カタツムリなど

例題13 〈昆虫のからだのつくり〉

モンシロチョウについて，各問いに答えよ。

(1) 下の図のモンシロチョウにあしを描け。ただし，片側だけでよい。

(2) モンシロチョウの成長について，誤っているものを選べ。

① 生まれてきた幼虫は，卵の殻を食べる。

② 卵は，アブラナの花の中に産み付けられる。

③ 幼虫も成虫も同じものを食べる。

④ 幼虫は何回か脱皮して大きくなる。

⑤ 卵→幼虫→成虫の順に成長する。

考え方 昆虫のからだは，頭部，胸部，腹部の3つの部分に分かれており，胸部から3対のあしがでている。モンシロチョウはキャベツなどアブラナ科植物の葉の裏に卵を産む。幼虫はキャベツなどを食べて脱皮を繰り返した後，さなぎになり，羽化して成虫になる。成虫は，花の蜜を吸って生活する。

解答 (1)

(2) ②，③，⑤

9 ヒトのからだとしくみ

Point Check

1 呼吸

① 呼吸

酸素を取り入れ，二酸化炭素を出すこと。呼気には，吸気と比べて，二酸化炭素と水蒸気が多く含まれている。

② 肺のつくり

気管と気管が細かく枝分かれした気管支，その先端についている小さな**肺胞**という袋からなる。

③ 肺のはたらき

肺胞をとりまく毛細血管で，空気中の酸素とからだの各部分でできた二酸化炭素や水蒸気を交換する。

2 血液循環

① 心臓のつくり

2心房・2心室の4つの部屋に分かれている。

・**心房**…静脈から戻った血液を心室に送る。

・**心室**…心房からきた血液を，強い圧力で動脈に送り出す。壁の筋肉は心房よりも厚い。

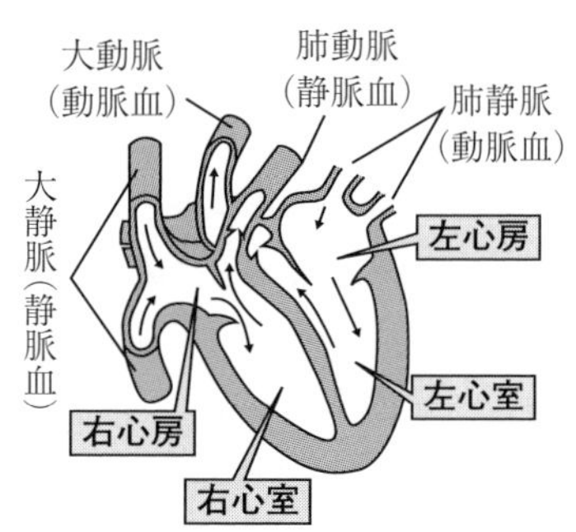

② 血液循環

・**肺循環**…血液が心臓から出て，肺をめぐり心臓に戻る経路。肺で酸素を取り入れ，二酸化炭素を放出する。

右心室→肺動脈→肺→肺静脈→左心房

・**体循環**…血液が心臓から出て，肺以外の全身をめぐり心臓に戻る経路。全身の毛細血管で酸素を放出し，二酸化炭素を回収する。

左心室→大動脈→全身の毛細血管→大静脈→右心房

肺では，血液中の二酸化炭素が放出され，酸素が供給されるので，Aが最も二酸化炭素が多く，Bで最も酸素が多い。小腸では栄養分が吸収され血液で肝臓に運ばれるので，Cで栄養分が最も多い。腎臓で血液中の尿素がこし出されるので，Dでは尿素が最も少ない。

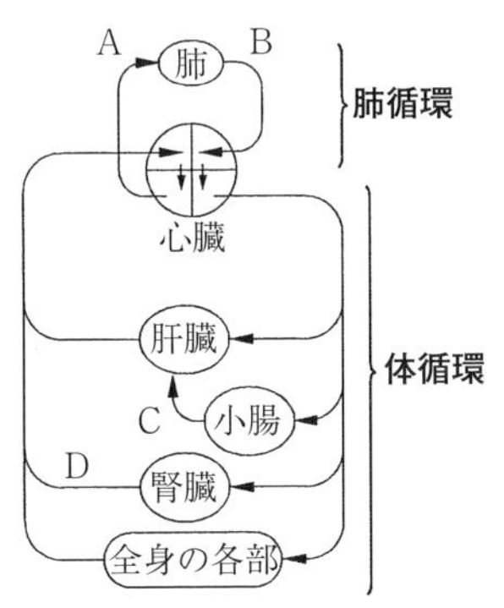

③ 血液の成分とはたらき

赤血球	酸素を運ぶ。**ヘモグロビン**を含む
白血球	体内に侵入した細菌を殺す
血小板	血液を凝固させ，出血をとめる
血しょう	栄養分，二酸化炭素，不要物を運ぶ

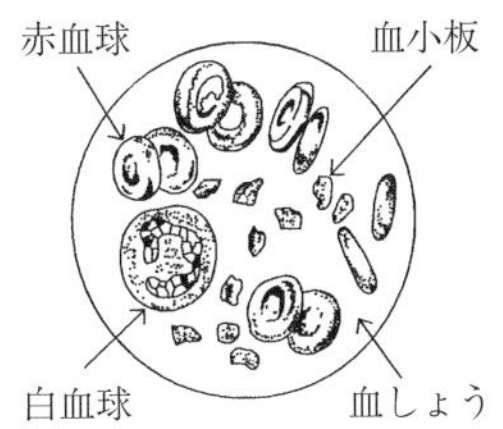

血液の流れの観察

顕微鏡で尾びれを観察すると，血管の中を多数の粒（赤血球）が一定の方向へ流れているのが見える。

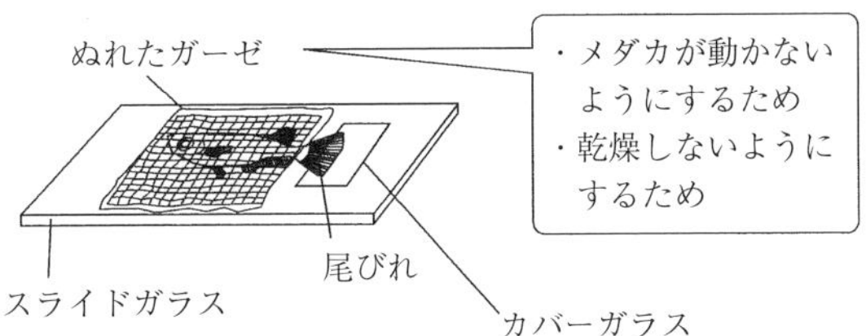

3 消化と吸収

① 消化管

口から取り入れられた食物は，**食道→胃→小腸→大腸→肛門**の順で消化管を通っていく。

② **消化酵素**

消化液中に含まれ，食物中の栄養分を分解するはたらきをもつ物質。約35～40℃で最もよくはたらく。

③ 吸収

消化された栄養分は，**小腸の柔毛（柔突起）**から吸収され，血液やリンパ液で運ばれる。柔毛によって表面積が大きくなり，効率よく吸収できる。

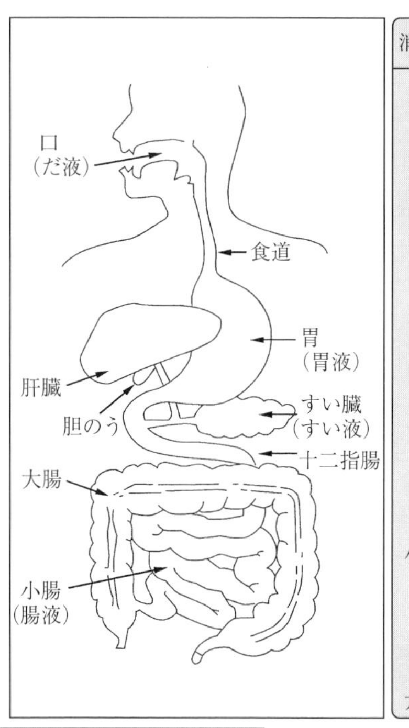

消化器	消化腺（消化液）	デンプン	タンパク質	脂肪
口	だ液腺（だ液）	アミラーゼ→麦芽糖		
胃	胃腺（胃液）		ペプシン→ペプトン	
	肝臓（胆汁）			（乳化）
	すい臓（すい液）	アミラーゼ→麦芽糖	トリプシン→ポリペプチド	リパーゼ→
小腸	腸腺（腸液）	マルターゼ→ブドウ糖	ペプチダーゼ→アミノ酸	脂肪酸＋モノグリセリド
		（小腸で吸収される）		
大腸	（なし）	（水の吸収）		

だ液の消化作用の実験

① 実験手順と結果

1）うすいデンプンのりを4本の試験管A～Dに入れ，AとBは35～40℃に保ち，CとDは氷水（0℃）で冷やし，A，Cにはだ液，B，Dには水を加える。

2）しばらくしてからヨウ素デンプン反応とベネジクト反応を見る。

ヨウ素デンプン反応…ヨウ素溶液とデンプン→青紫色

ベネジクト反応…ベネジクト液と糖→加熱→赤褐色の沈殿

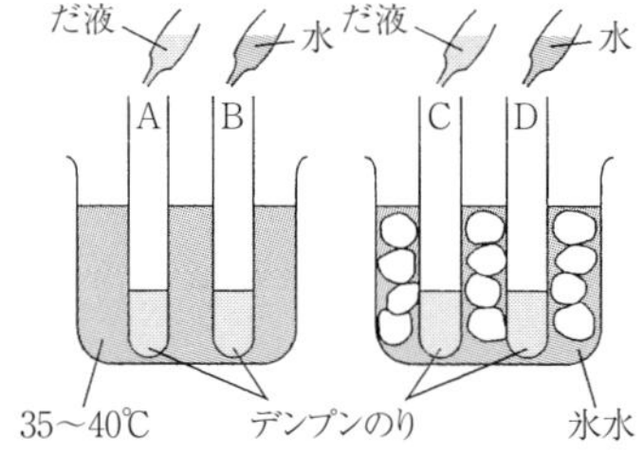

反応	A	B	C	D
ヨウ素デンプン反応	×	○	○	○
ベネジクト反応	○	×	×	×

② 結論

・AとBを比べると，Aのみにベネジクト反応が見られる（デンプンが糖になっている）。

⇒だ液には，デンプンを糖に変えるはたらきがあることがわかる。

・温度条件を変えたAとCを比べると，低温にしたCでは，ヨウ素反応は見られるが，ベネジクト反応は見られない（デンプンがそのまま）。

⇒だ液は，低温になるとはたらかなくなることがわかる。

4 肝臓と腎臓

① **肝臓**のはたらき

・タンパク質が分解されるときにできる有害な**アンモニア**を無害な**尿素**に変える。

・血液中のブドウ糖をグリコーゲンにつくりかえて貯蔵し，必要に応じてブドウ糖に分解し血液中に供給する。

・体内に入った**有害物質**（酒に含まれるアルコールなど）**の解毒作用**。

・**胆汁**を生成する（胆のうに貯められ，十二指腸へ分泌される）。

・古くなった赤血球を破壊する。

② **腎臓**のはたらき

・毛細血管中の血液から，水や尿素などの老廃物をこし取って**尿を生成する**。

・尿は輸尿管を通って，ぼうこうに一時ためられ，尿道から体外へ排出される。

例題14 〈心臓のつくりと血液循環〉

右の図は，ヒトの血液循環を模式的に表したもので，矢印はその方向を示している。

(1) 血管A～Eのうち，酸素を最も多く含む血液が流れているのはどれか。

(2) 血管A～Eのうち，ブドウ糖などの栄養分を最も多く含む血液が流れているのはどれか。

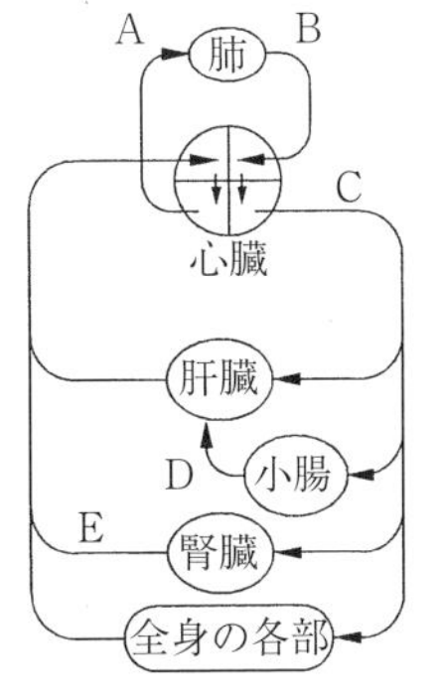

考え方 (1) 血液中の酸素は，肺で供給される。

(2) ブドウ糖は，小腸で吸収される。

解答 (1) B　(2) D

例題15〈だ液の消化作用の実験〉

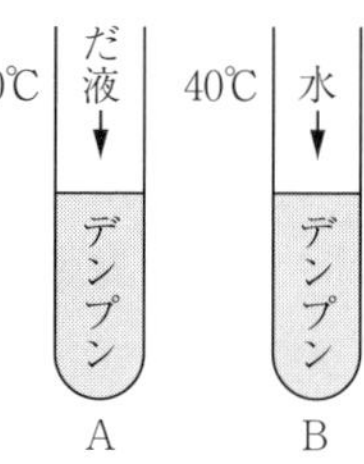

だ液のはたらきを調べるためにうすいデンプンのりを試験管A，Bに入れた。さらに，Aには水で薄めただ液を，Bには水を加えて，A，Bともに40℃で10分間保った。

(1) 10分後，A，Bの液をそれぞれ半分取り出し，ヨウ素溶液を数滴入れると，Aの液は変化がなく，Bの液には変化が見られた。Bの液の変化は何という反応か。

(2) 残りの半分の各液に（　ア　）を加えて加熱し，色の変化を調べた。Aの液には赤褐色の沈殿ができ，Bの液は変化しなかった。空欄アに入る試薬名を書け。

(3) これらの実験からわかることを書け。

考え方 だ液には，デンプンを麦芽糖に分解する酵素であるアミラーゼが含まれている。デンプンは，ヨウ素溶液に反応して青紫色になる。糖は，ベネジクト液を加えて加熱すると赤褐色になる。

解答 (1) ヨウ素デンプン反応　　(2) ベネジクト液

(3) だ液には，デンプンを糖に分解するはたらきがある。

10 生物のつながり

Point Check

1 生物界のなりたち

① **生産者**…光合成によって無機物から有機物をつくり出すことのできる**緑色植物**や植物プランクトン。

② **消費者**…生産者がつくり出した有機物を，直接食べる草食動物と間接的に食べる肉食動物。

③ **分解者**…生物の死がいや排出物に含まれる有機物を，二酸化炭素や水，窒素化合物などの無機物に分解する菌類・細菌類など。

2 食物連鎖

自然界の生物どうしが「**食う・食われる**」の関係にあること。

例 陸上で生活する生物の食物連鎖：イネ→イナゴ→カエル→ヘビ→サギ
水中で生活する生物の食物連鎖：ケイソウ→ミジンコ→フナ

3 生物のつり合い

① **生態ピラミッド**

ある生態系の，食物連鎖での量的関係は，生産者を底辺とするピラミッドの形になる。

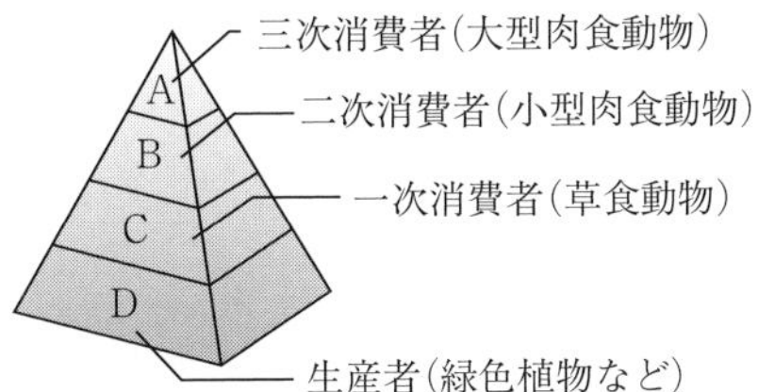

② 生物界のつり合い

何らかの原因で特定の生物が異常に増えたり減ったりしても，やがて元のピラミッドの形になり，数のつり合いが保たれる。

4 炭素の循環

炭素は，大気中の**二酸化炭素やすべての有機物**に含まれている。次の①～③を繰り返して循環する。

① 光合成植物が光合成によって大気中の二酸化炭素から炭素を取り込み，有機物を合成する。

② 炭素は有機物の成分として，食物連鎖により生物間を移動する。

③ すべての生物が行う呼吸によって有機物が水と二酸化炭素に分解され，有機物中の炭素が二酸化炭素の形で大気中に放出される。

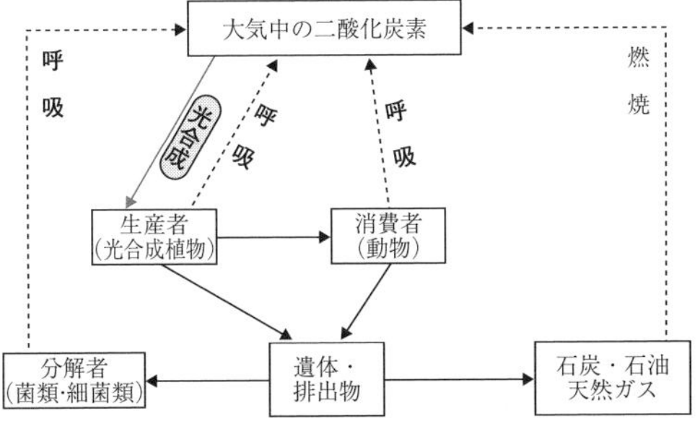

例題16 〈炭素の循環〉

次の図は，生態系における炭素の循環を表したものである。

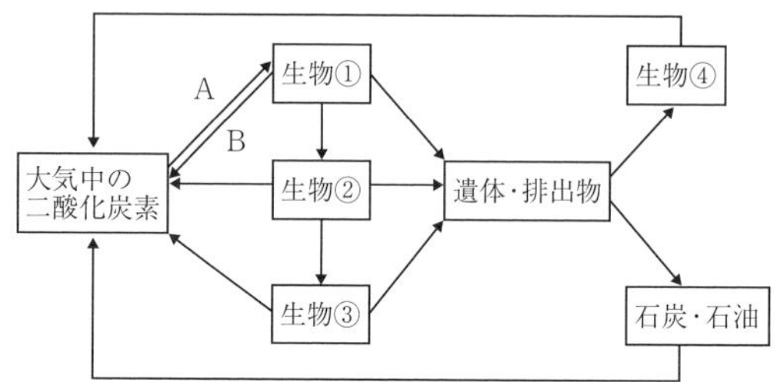

(1) A，Bのはたらきはそれぞれ何と呼ばれているか。

(2) 生物①が，A，Bのはたらきで放出する気体をそれぞれ化学式で答えよ。

(3) 生物②と生物④は，その役割からそれぞれ何と呼ばれるか。

(4) 生物①→生物②→生物③で示された「食う，食われる」関係を何というか。

考え方 生物①は二酸化炭素の吸収と放出の両方を行っている点に着目する。植物は光合成により，大気中の二酸化炭素を吸収し，酸素を放出する。また呼吸により，酸素を吸収し，二酸化炭素を放出する。

解答 (1) A．光合成　　B．呼吸

(2) A．O_2　　B．CO_2

(3) 生物②：(一次)消費者　　生物④：分解者

(4) 食物連鎖

確認問題

15 顕微鏡を使って池の水を観察した。次の各問いに答えよ。

(1) 顕微鏡の使い方についての各文を正しい順番に並べよ。

① 横から見ながら調節ねじを回す。

② 対物レンズを付ける。

③ プレパラートをステージに固定する。

④ 接眼レンズをのぞきながら調節ねじを回す。

⑤ 接眼レンズを付ける。

⑥ 反射鏡を動かして視野を明るくする。

ア　イ　ウ　エ

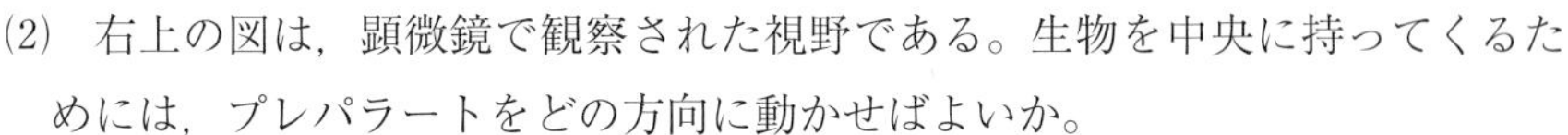

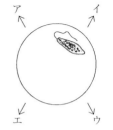

(2) 右上の図は，顕微鏡で観察された視野である。生物を中央に持ってくるためには，プレパラートをどの方向に動かせばよいか。

(3) 右上の図の生物は，緑色をしていた。この生物の名前を答えよ。

16 次の図は，種子植物の分類を表したものである。これについて，各問いに答えよ。

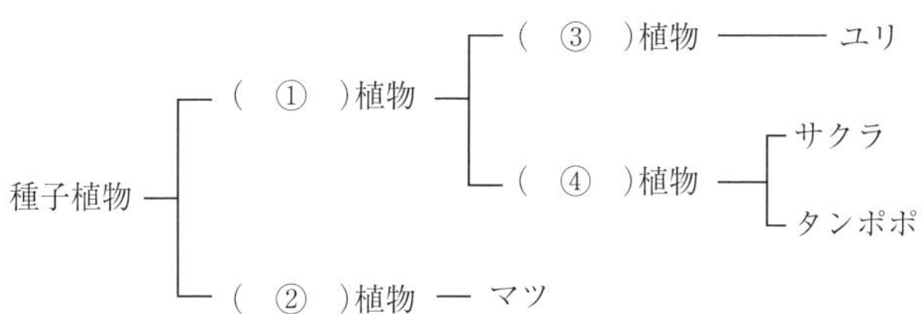

(1) 図の①，②，③，④に適切な語句を入れよ。

(2) 図中の（　②　）植物の特徴はどれか。

ア．胞子でふえる。　　イ．雄花と雌花がある。

ウ．花が咲かない。　　エ．胚珠が子房で覆われている。

オ．種子ができる。　　カ．果実ができる。

17 右の図は，アブラナの花の断面を模式的に表したものである。これについて，各問いに答えよ。

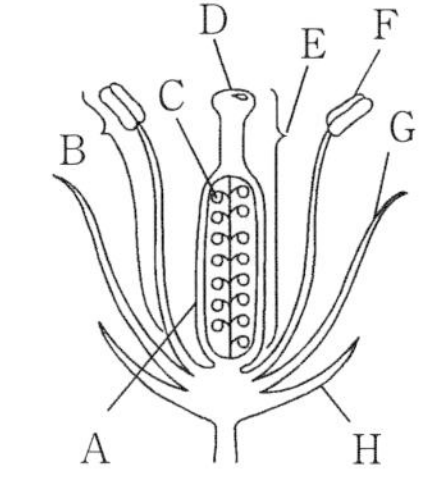

(1) 図のA～Hの部分の名称を書け。

(2) 図で果実となる部分はどこか。

(3) アブラナと同じ種類の植物はどれか。

ア．イチョウ　　イ．トウモロコシ　　ウ．ゼニゴケ
エ．ツツジ　　オ．ダイコン

18 図のように，ふ入りのアサガオの葉の一部をアルミニウム箔で覆い，一昼夜暗室においた後，数時間，日光を当てた。次に葉をアルコールで煮たのち，ある溶液でデンプンの有無を調べた。これについて，次の各問いに答えよ。

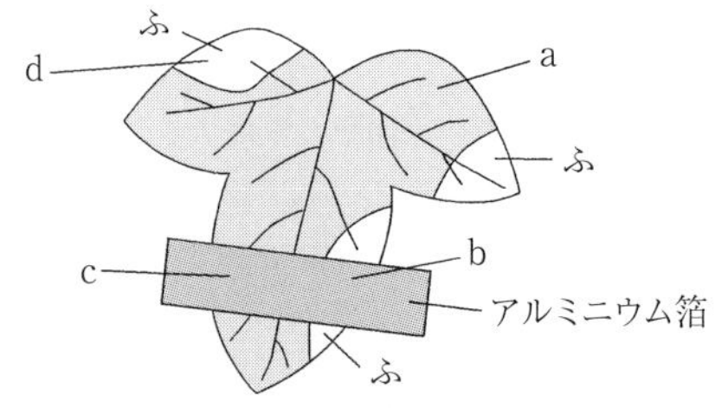

a：緑色の部分
b：アルミニウム箔で覆ったふの部分
c：アルミニウム箔で覆った緑色の部分
d：ふの部分

(1) 葉を一昼夜，暗室においた理由を説明せよ。

(2) デンプンの有無を調べる溶液は何か。

(3) (2)の溶液に反応した部分をすべて選び，a～dの記号で答えよ。

(4) aの部分とcの部分の結果からわかることを説明せよ。

(5) aの部分とdの部分の結果からわかることを説明せよ。

19 メダカのオスとメスは，背びれと尻びれで見分けることができる。図に背びれと尻びれを描いて説明せよ。

〈オス〉

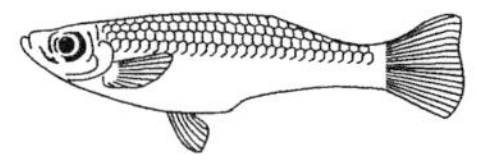

〈メス〉

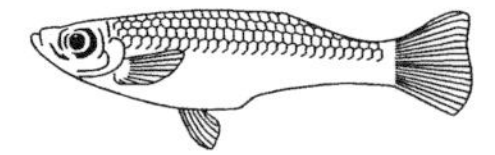

5 生命・地球（地学分野）

●ポイント

天体の分野で，特に太陽，月，星の見かけ上の動きについて問われることが多い。うまく覚えられないときは，なぜそう見えるのかを地球の自転・公転との関係を考え，図を描いて理解をするとよい。星座では，夏の大三角形や冬の大三角形もチェックしておこう。次に多いのが，気象に関する問題である。湿度の計算，前線の移動による天気の変化，日本の天気の特徴について押さえておくとよい。また，火成岩のつくりと生成場所，地層の層序，地震についても，それぞれポイントをまとめておこう。

1 気象の観測

Point Check

1 気温

① 気温の測定

風通しのよい場所で，地面から1.2～1.5mの高さで，液だめ（温度計）に直接日光が当たらないようにしてはかる。

② 温度計の目盛りの読み方

・目盛り板と目の線が直角になるようにして，目盛りを読む。

・目盛りの間に液面があるとき，小数の学習をしていない低学年の児童には，液面に近いほうの目盛りを読ませる。

③ **百葉箱**

・温度計以外に記録温度計（自記温度計）や最高温度計，最低温度計，乾湿計が設置されている。

・全体が白く塗ってある（←日光を反射させ，中の温度だけが特に高くなるのを防ぐため）。

・北向きの扉になっている（←扉を開いたときに，中へ日光が差し込まないようにするため）。

④ 気温の1日の変化

晴れの日には，**日の出前頃が最低気温**となり，太陽の高度，地温が高くなるとともに上がっていき，**14時頃に最高気温**となる。

2 湿度

① 乾湿計

乾湿計の**乾球**が示す温度と，**湿球**が示す温度を読み取り，湿度表を用いて求める。

② 湿度と気温の関係

晴れた日の湿度と気温は**逆の変化**を示し，雨の日の湿度は高いままで，あまり変化しない。

〈乾湿計による湿度の求め方〉

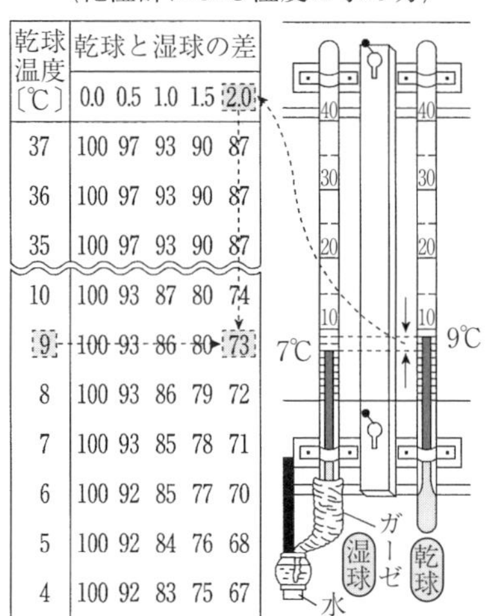

乾球温度〔℃〕	乾球と湿球の差				
	0.0	0.5	1.0	1.5	2.0
37	100	97	93	90	87
36	100	97	93	90	87
35	100	97	93	90	87
10	100	93	87	80	74
9	100	93	86	80	73
8	100	93	86	79	72
7	100	93	85	78	71
6	100	92	85	77	70
5	100	92	84	76	68
4	100	92	83	75	67

〈湿度と気温の関係〉

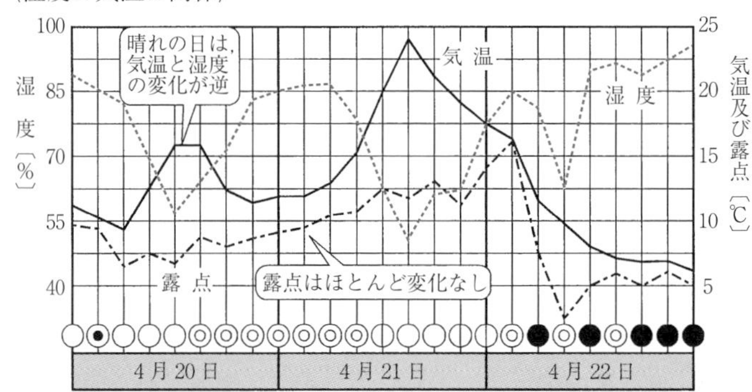

3 風

① **風向**…16方位で表す。

② **風力**…0～12の13階級で表す。

〈風向（16方位）〉

〈風向・風力の表し方〉

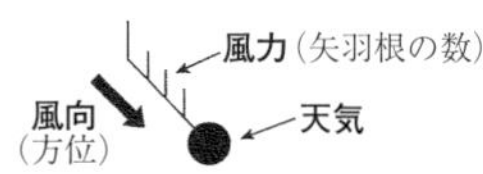

例 北西の風，風力4，雨

4 天気と雲量

天気はその日の空を覆う雲量（0～10の11段階）によって決まる。

快晴　…雲量0～1

晴れ　…雲量2～8

くもり…雲量9～10

〈代表的な天気記号〉

天気	快晴	晴れ	くもり	雨	雪
記号	○	⦶	◎	●	⊗

例題1 〈天気記号〉

次の各問いに答えよ。

(1) 右図の天気記号の天気，風向，風力を答えよ。

(2) ある地点の天気は晴れ，北西の風，風力は3であった。このときの天気記号を記せ。

解答 (1) くもり，南東の風，風力1

(2)

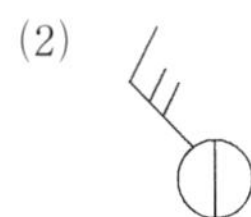

例題2 〈乾湿計による湿度〉

乾湿計が図1のような温度を示しているときの湿度を求めよ。

〈図1〉

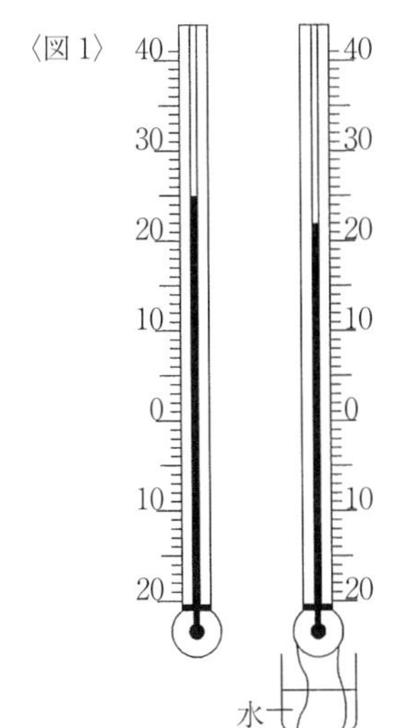

〈表1〉

乾球の示度(℃)	乾球と湿球との示度の差(℃)							
	0.0	1.0	2.0	3.0	4.0	5.0	6.0	7.0
29	100	92	85	78	71	64	58	52
28	100	92	85	77	70	64	57	51
27	100	92	84	77	70	63	56	50
26	100	92	84	76	69	62	55	48
25	100	92	84	76	68	61	54	47
24	100	91	83	75	67	60	53	46
23	100	91	83	75	67	59	52	45
22	100	91	82	74	66	58	50	43
21	100	91	82	73	65	57	49	41

考え方 乾球，湿球が示す温度をそれぞれ読み取る。表1を用い，乾球と湿球の示度の差と乾球の示度より湿度を求める。

解き方 乾球は25℃，湿球は22℃を示しているから，乾球と湿球の示度の差は3℃となる。表1より「乾球の示度」25℃と「示度の差」3℃の交点を読み取ると，湿度は76％である。

2 空気中の水蒸気の変化

Point Check

1 空気中の水蒸気

① **飽和水蒸気量**…空気1m^{3}中に含むことができる水蒸気の最大量。
気温が高いほど飽和水蒸気量は多い。

② 湿度

$$\text{湿度〔\%〕} = \frac{\text{空気}1\,\text{m}^3\text{中の水蒸気量〔g/m}^3\text{〕}}{\text{その気温での飽和水蒸気量〔g/m}^3\text{〕}} \times 100$$

③ **露点**…空気中の水蒸気が**凝結**し，水滴ができはじめるときの温度。
空気中の水蒸気量が多いほど露点は高くなる。

④ 飽和水蒸気量と露点との関係

1) 気温が下がっていくと，やがて空気中の水蒸気量と飽和水蒸気量が等しくなって飽和に達する。このときの気温が露点にあたる。

2) 気温が露点以下になると，その気温での飽和水蒸気量以上の水蒸気が凝結し，水滴となる。

〈飽和水蒸気量と気温の変化〉

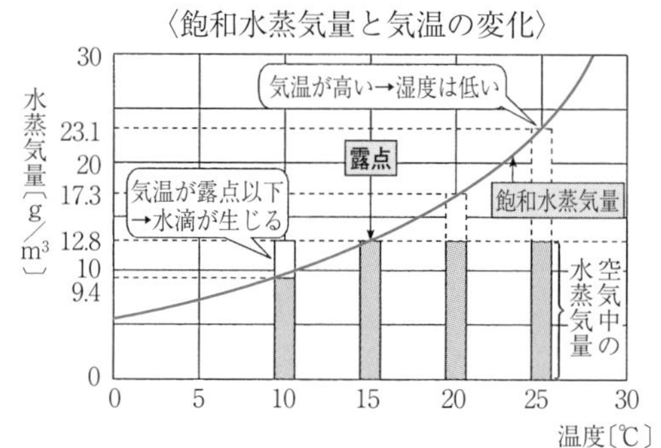

2 雲と霧のでき方

① 雲のでき方

1) 空気塊が上昇して**膨張**すると，**空気塊の温度が下がる**。

2) 温度が露点以下になると，含みきれなくなった水蒸気が大気中のちりを核にして**凝結**し，水滴や氷晶（氷の粒）が上空で漂って雲となる。

② 霧のでき方

地表付近の空気が冷やされて水蒸気が凝結し，水滴が地表近くに漂って霧となる。

例題3 〈飽和水蒸気量〉

右のグラフは，気温と飽和水蒸気量の関係を表したものである。

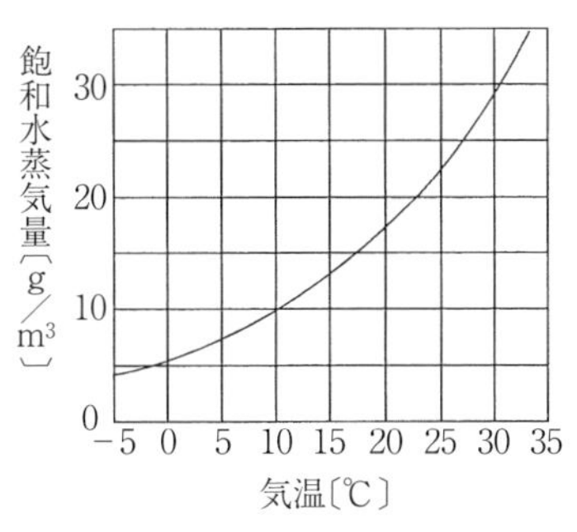

(1) 気温15℃で湿度77%のとき，この空気は$1m^3$につき約何gの水蒸気を含んでいるか。整数で答えよ。

(2) (1)の空気を冷やしていくと，水蒸気が凝結し始めるのは何℃か。

(3) (2)のときの温度を何というか。

考え方 (1) グラフから気温15℃のときの飽和水蒸気量を読み取り，

$$湿度〔\%〕= \frac{空気1m^3中の水蒸気量〔g/m^3〕}{その気温での飽和水蒸気量〔g/m^3〕} \times 100$$

を用いて，水蒸気量を求める。

(2) 凝結とは，気体が液体に変化することである。空気を冷やしていくと，その空気に含まれる水蒸気が飽和したときに凝結し始める。したがって，(1)で求めた水蒸気量とグラフの交点の温度を読み取ればよい。

解き方 (1) グラフより15℃の飽和水蒸気量は，約13gである。$1m^3$に含まれる水蒸気量は，飽和水蒸気量$\times\frac{湿度}{100}$であるから，

$$13 \times 0.77 = 10.01 \fallingdotseq 10〔g〕$$

(2) 10℃

(3) 露点

3 気圧と前線

Point Check

1 気圧と風

① **等圧線**

気圧が等しい地点を結んだ線。一般に4hPa（ヘクトパスカル）ごとに引かれ，20hPaごとに太い線になっている。

② 風

・2地点間の気圧の差で生じる。

・気圧の高いところから，低いところへ向かって吹く。

・気圧の差が大きい（等圧線の間隔が狭いところ）ほど，強い風が吹く。

③ 高気圧・低気圧と風（北半球の場合）

高気圧	・地表付近では，北半球の場合，**高気圧の中心から風が時計回りに吹き出す。** ・高気圧の中心付近では，**下降気流**が生じ，雲はできないため，天気がよい。	下降気流 高 **時計回り** 地表
低気圧	・地表付近では，北半球の場合，**低気圧の中心に風が反時計回りに吹き込む。** ・低気圧の中心付近では**上昇気流**が生じ，雲ができやすいため，天気が悪い。	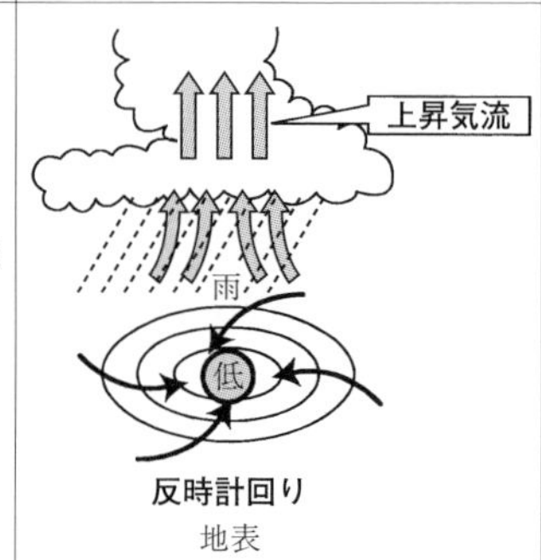

2 前線と天気の変化

前線名・記号	特徴	通過時の天気	通過後の天気
温暖前線	暖気が寒気の上にゆっくりはい上がり，寒気を押して進む。傾斜のゆるい前線面に沿って，緩やかな上昇気流が生じ，**高層雲**や**乱層雲**などが発生。	**弱い雨**がしとしとと広い範囲で**長時間降り続く**。	雨がやみ，**気温が上がり，南寄りの風が吹く**。
寒冷前線	寒気が暖気の下にもぐり込み，暖気を激しく押し上げて進む。傾斜のきつい前線面に沿って，激しい上昇気流が生じ，**積乱雲**などが発生。	突風が吹き，**強い雨**が狭い範囲で**短時間降る**。	**気温が急に下がり，北寄りの風が吹き**，天気は回復する。
停滞前線	寒気と暖気の勢力がほぼ等しいときにできる。ほぼ東西方向にのび，ほとんど動かない。梅雨時の梅雨前線，秋の秋雨前線。		
閉そく前線	寒冷前線が温暖前線に追いついて，重なったときにできる。地表面は寒気でおおわれる。		

〈寒冷前線と温暖前線の断面図〉 〈天気の変化〉

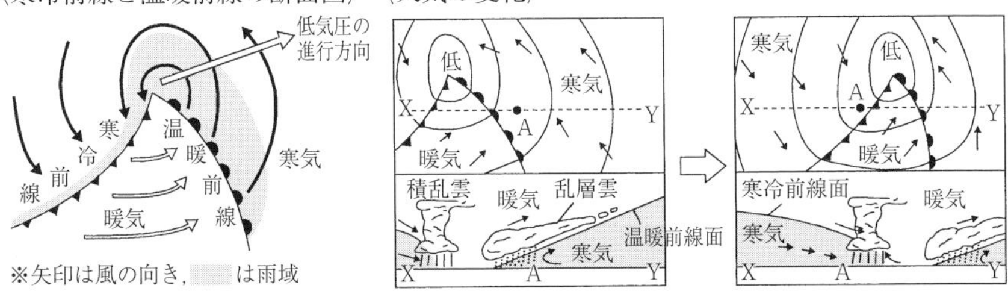

〈寒冷前線通過時の気温と気圧の変化〉

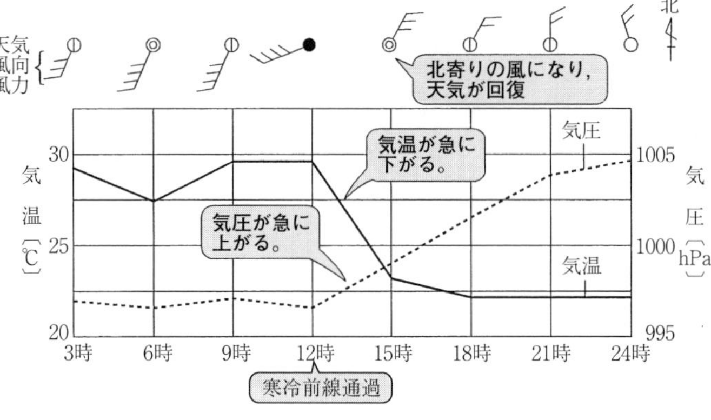

例題4 〈気圧と前線〉

右の図はある日の日本付近の天気図である。

(1) 前線Aの名称を答えよ。

(2) a地点におけるこのあとの天気の変化として適切なものを選べ。

ア．気温が上がる。

イ．気温が下がる。

ウ．穏やかな雨が長時間降り続く。

エ．雨が激しく降る。

オ．南寄りの風から北寄りの風に変わる。

カ．北寄りの風から南寄りの風に変わる。

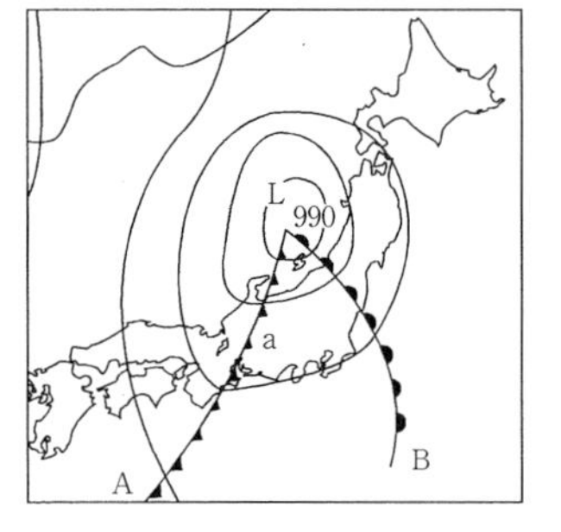

考え方 図のLは前線を伴っているので，温帯低気圧で東または北へ移動していく。したがって，このあとa地点では，前線Aが通過し天気が変わる。前線の記号から前線Aは寒冷前線，前線Bは温暖前線であることがわかる。寒冷前線付近では，積乱雲などが発生し，強いにわか雨が降る。

解答 (1) 寒冷前線　　(2) イ，エ，オ

4 日本の天気

Point Check

1 日本付近の気団

気団名	発現地	気団の性質	活動期	日本への影響
シベリア気団	シベリア大陸	寒冷乾燥	主に冬	北西の季節風
小笠原気団	日本の南方海上	温暖湿潤	主に夏	南東の季節風
オホーツク海気団	オホーツク海	寒冷湿潤	梅雨期や秋雨期	梅雨前線や秋雨前線

2 四季の天気

① 冬の天気

- 大陸に高気圧（**シベリア気団**），日本の東海上から千島方面に発達した低気圧がある（**西高東低**）。
- 等圧線は南北方向に走り，間隔が狭い。
- 寒冷で強い**北西の季節風**が吹く。
- 日本海側は雪，太平洋側は乾燥した晴れの日が続く。

〈冬の天気図〉

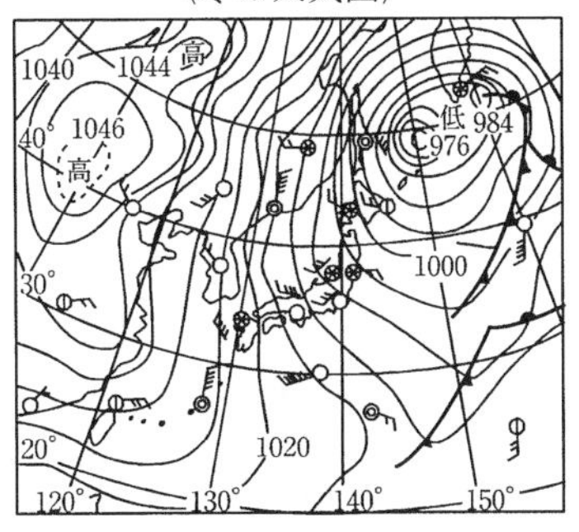

② 夏の天気

- 日本の東南海上に高気圧（**小笠原気団**），大陸に低気圧がある（南高北低）。
- 高温多湿な**南東の季節風**が吹く。
- **晴天が続き，湿度が高い**。
- 積乱雲が発達し，雷や夕立が発生しやすい。

〈夏の天気図〉

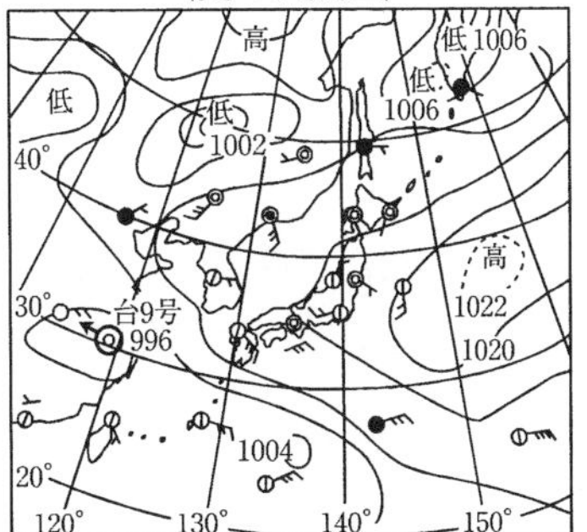

③　春と秋の天気

・**移動性高気圧や温帯低気圧が，交互に西から東へ通過**し，天気は周期的に変化する。

・高気圧通過時は晴れ，低気圧通過時はくもりや雨になる。

〈秋の移動性高気圧の天気図〉

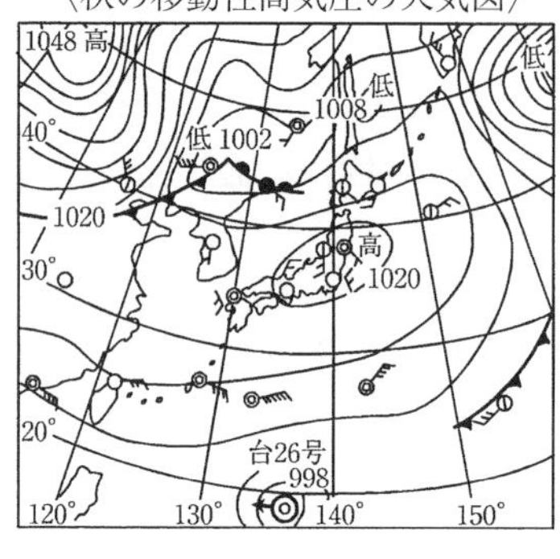

④　梅雨と秋雨の天気

・オホーツク海気団と小笠原気団の勢力がつりあい，日本の南岸沿いに**停滞前線**ができる。

・停滞前線に沿って，低気圧がゆっくり東進するため，**くもりや雨の日が続く**。

〈梅雨期の天気図〉

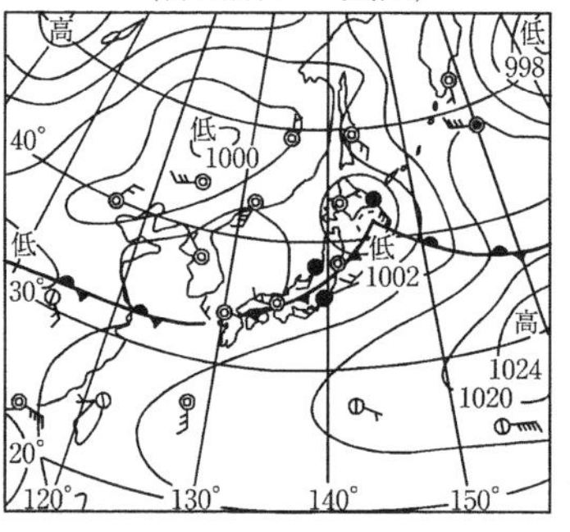

⑤　**台風**

熱帯の海上で発生する熱帯低気圧のうち，北西太平洋で発達して中心付近の最大風速がおよそ17m/s（風力8）以上になったもの。地表付近では上から見て**反時計回りに強い風が吹き込む**。

3　天気の移り変わり

①　日本付近での気圧配置の変化

高気圧・低気圧・前線などが，偏西風の影響によりほぼ西から東へ，1日に500～1000kmくらい移動する。

②　日本付近での天気の変化

高気圧・低気圧・前線が西から東へ移動するため，**天気も西から東へ変化**する。

例題5 〈日本の天気〉

右の天気図からわかる日本付近の天気として適切なものを選べ。

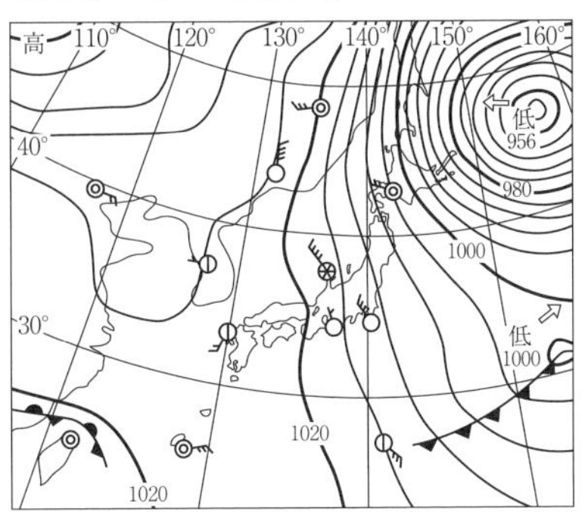

ア．西高東低の気圧配置になっている。
イ．南高北低の気圧配置になっている。
ウ．太平洋上の高気圧の勢力が強い。
エ．日本の南岸に沿って停滞前線が発生する。
オ．北西の風が吹く。
カ．湿った南東の風が吹く。
キ．本州は晴れて蒸し暑い。
ク．本州の日本海側は雪，太平洋側は快晴。

考え方 大陸に高気圧（→西高），オホーツク海上に低気圧（→東低）があり，日本付近は等圧線がほぼ南北に並んでいることから，冬の気圧配置であることがわかる。天気図記号からは，雪や北西の風を読み取ることができる。

解答 ア，オ，ク

5 太陽の動き

Point Check

1 太陽の日周運動

① 太陽の日周運動

東から西へ動き，約24時間で1周する。**地球が西から東に自転**していることによって生じる**見かけの動き**。

② **南中高度**

太陽が南中（真南を通過）したときの地平線からの角度。太陽の高度が1日のうちで最も高い。

③ 南中時刻と経度

東経135°（兵庫県明石市）上では，太陽は正午に南中する。それより東の地方ほど早く南中し，**経度が15°異なると1時間違う**。

2 太陽の年周運動

地球は，地軸が公転面の垂線と約23.4°傾いた状態で**公転**しているため，季節によって太陽の南中高度が変化する。

① 季節による太陽の道すじ(黄道)の変化

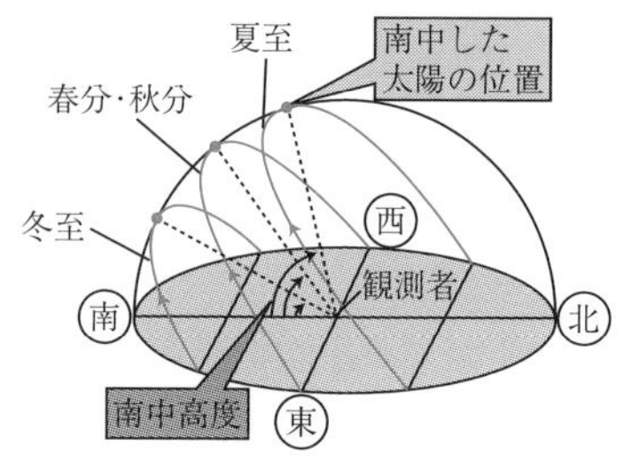

・春分・秋分…真東から昇り，真西に沈む。昼と夜の長さは同じになる。

・夏至…真東・真西より北寄りに出没する。昼の時間が最も長く，南中高度も高い。

・冬至…真東・真西より南寄りに出没する。昼の時間が最も短く，南中高度も低い。

② 季節による太陽の南中高度の変化

春分・秋分の南中高度＝90°－緯度
夏至の南中高度＝90°－緯度＋23.4°
冬至の南中高度＝90°－緯度－23.4°

3 棒の影と太陽の動き

① 棒の影のできる方位

太陽の日周運動(東→南→西)に対して，影は西→北→東へと動いていく。

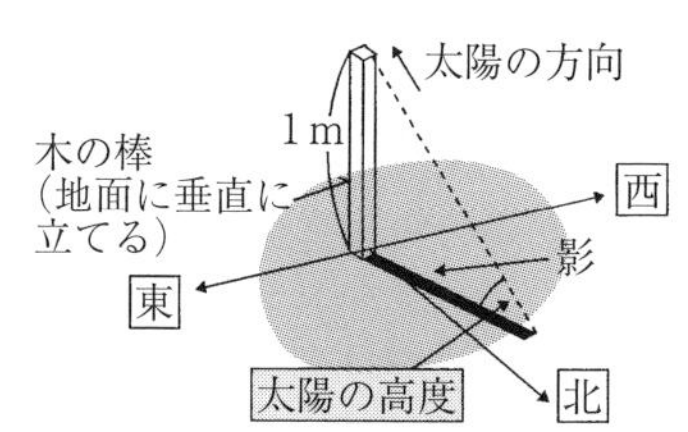

② 棒の影の長さの変化

棒の影は，太陽の高度が高いほど短くなり，高度が低いほど長くなる。したがって，**南中するとき最も短くなる**。

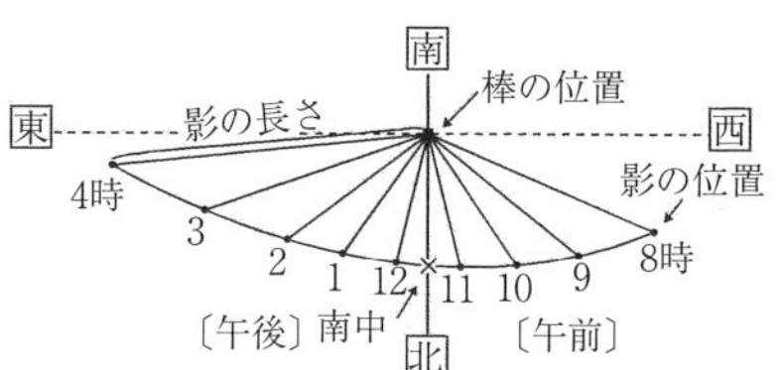

③　棒の影のでき方の1年の変化

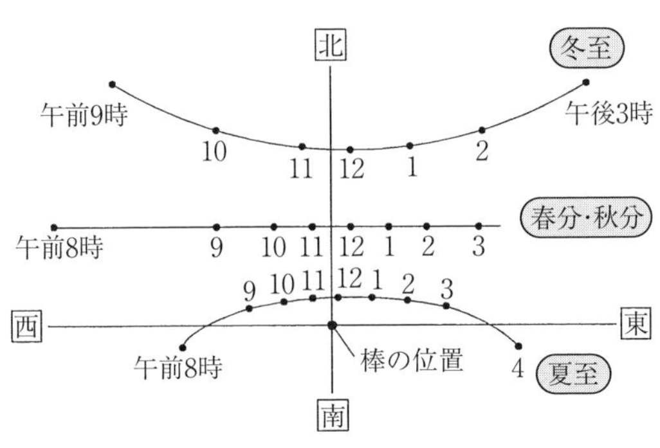

例題6 〈棒の影と太陽の1日の動き〉

6月下旬に日本のある地点で，図1のような装置を用いて棒の影の動きを調べた。

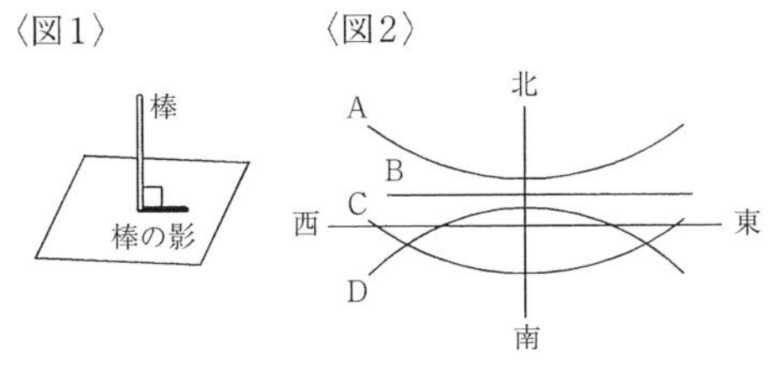

(1)　図2のA～Dで，この日の棒の影の先端が描く曲線はどれか。

(2)　棒の影が最も短くなるときを太陽の何というか。

考え方　(1)　6月下旬は夏至頃で，太陽は東の北寄りから昇って，天頂の南側を通り，西の北寄りに沈む。影は棒を中心に太陽と反対側にできる。

(2)　棒の影が最も短くなるのは，太陽の高度が最も高いときである。

解答　(1)　D　　(2)　南中

例題7 〈季節と太陽の動き〉

図は北緯34°の地点における，ある日の太陽の天球上での動きを示したものである。

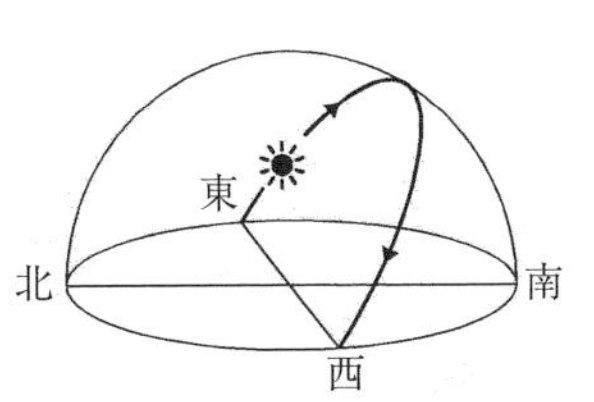

(1)　この日はいつ頃か。

(2)　この日の太陽の南中高度は何度か。

(3)　太陽の1日の動きを何というか。

考え方 (1) 太陽が出没する位置に着目する。

(2) 太陽の南中高度は　春分・秋分の南中高度＝90°－緯度　から求める。

解き方 (1) この日の太陽は，真東から昇り，真西に沈んでいるので，春分の日または秋分の日頃である。

(2) 90°－34°＝56°　　(3) 日周運動

6 月の形と動き

Point Check

1 月の動き

太陽と同じように**東から西へ**動き，1日に1周する。これは，**地球の自転**による見かけの動きである。

2 月の形の変化

月は太陽の光を反射させながら，地球のまわりを公転しているため，太陽，地球，月の位置関係により月の形が変化して見える。

① 月の満ち欠け

新月→三日月→上弦の月→満月→下弦の月→新月を約29.5日で繰り返す。

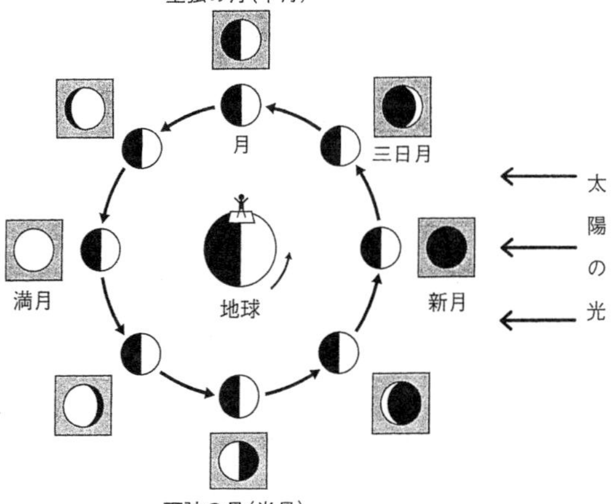

② **月齢**…新月からの日数（0～29）を表したもの。

新月（月齢0前後），三日月（月齢2前後），上弦の月（月齢7前後），満月（月齢15前後），下弦の月（月齢22前後）。

※1朔望月…新月（満月）から次の新月（満月）までのこと。

3 月の形と動き

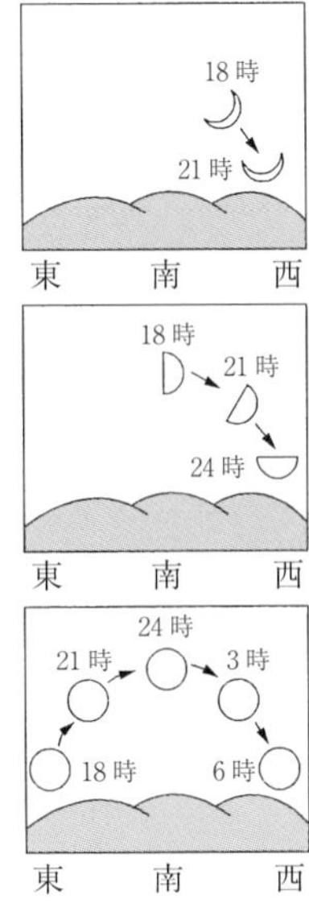

① **三日月**の動き

夕方，西の空の低いところに見え，太陽を追うように間もなく沈む。

② **上弦の月**の動き

夕方，南の空の高いところに見え，夜中に西の空に沈む。三日月が見えた日から約4日後に見える。

③ **満月**の動き

満月は，月が地球をはさんで太陽の反対側に位置しているため，**日の入りと同時に東の空**に昇り始め，真夜中に南中して，日の出頃に西の空に沈む。上弦の月が見えた日から約1週間後に見える。

④ **下弦の月**の動き

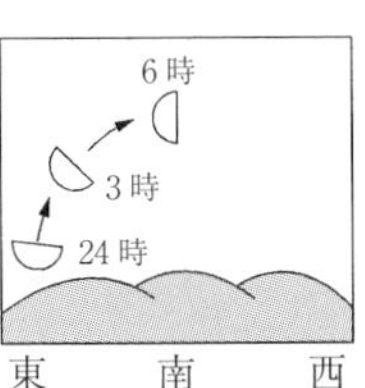

真夜中に東の空に昇り始め，日の出頃に南中する。正午頃に西の空に沈むが，太陽が昇ってからは見えなくなる。満月が見えた日から約1週間後に見える。

4 日食と月食

① **日食**

太陽，月，地球の順に，一直線上に並んだときに，地球から見た太陽全体，またはその一部が月に隠れて見えなくなる現象。**新月**の日におこる。

・皆既日食…太陽が完全に月に隠れる日食。

・部分日食…太陽の一部が欠けて見える日食。

・金環日食…月の周りに太陽の縁が輪のように見える日食。皆既日食のときに比べ，月の位置が地球から遠くなる。

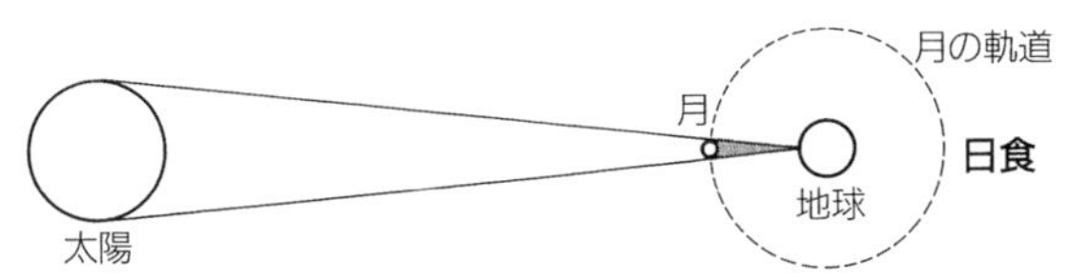

② **月食**

太陽，地球，月の順に，一直線上に並んだときに，月全体，またはその一部が地球の影に入る現象。**満月**の日におこる。日食は地球上の限られたせまい地域でしか見られないが，月食はその時刻に月が見える地域であれば，どこでも見ることができる。

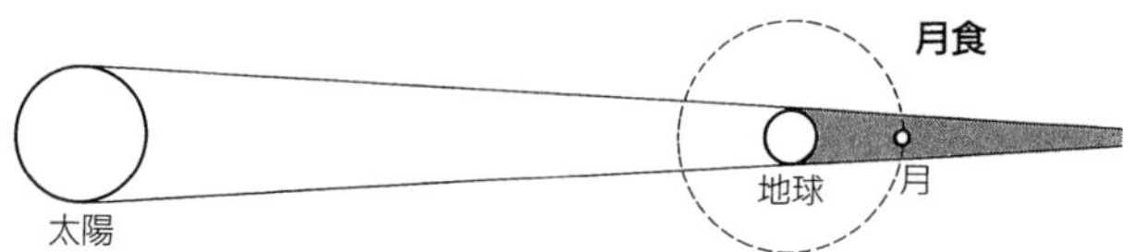

5 月を観察する場合の留意点

・観察場所を決め，目印（建物，電柱など）をスケッチする。
・一定時間（例えば1時間）ごとに記録する。

例題8 〈月の動き〉

右の図は，天の北極から見た地球，月（Ⓐ～Ⓗ），太陽の位置関係を模式的に示したものである。

(1) 月の公転の向きはa，bのどちらか。
(2) Aの位置にある月は，どのように見えるか。図を描け。
(3) 日没後，西の低い空に見える月はA～Hのどれか。

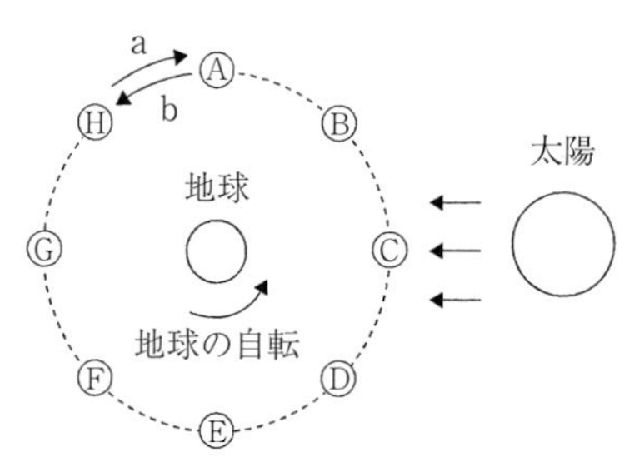

考え方 (1) 月の自転・公転の向きは，地球の自転・公転の向きと同じである。

(2) 月は地球から見て，太陽の光が当たっている面だけが光って見える。Aでは，太陽側の半分が光って見える。

(3) 時刻と方角は太陽と地球上の観測者の位置関係から考える。

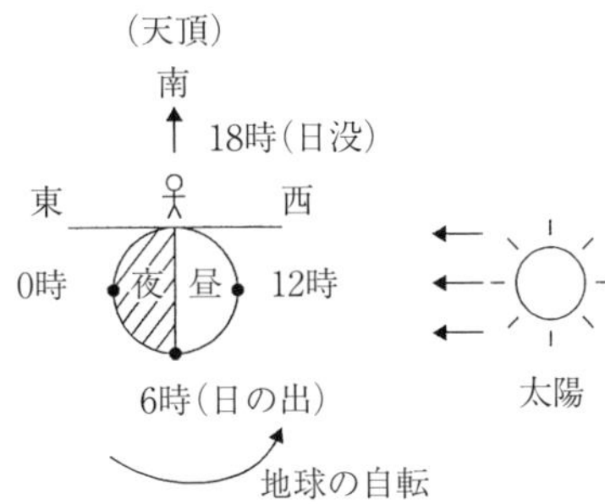

地球は自転により24時間で1周するので，1時間で15°，6時間で90°観測者と太陽の位置関係が変わる。太陽が観測者の天頂方向にあるときが正午で，90°自転をすると18時（日没），さらに自転して太陽が観測者の天頂と反対方向にあるときが0時（真夜中），そこからさらに90°自転すると6時（日の出）となる。日本では，天の北極から見た観測者の天頂方向寄りに南，自転方向に東がある。

日没時の位置から西の低い空に見えるのは，Bの三日月である。Cも西の方角にあるが太陽と重なっており，新月で見えない。A（上弦の月）は南中，Hは東の空に，G（満月）は東の低い空にあり，いずれも西の空には見えない。

解答 (1) b　　(2) D　　(3) B

7 星の動きと星座

Point Check

1 星の日周運動

地球の自転によって，**1時間に15°ずつ東から西へ**動いて見える。

- 東の空…南寄りに斜め上向きに昇る。
- 南の空…大きな弧で，東から西へ動く。
- 西の空…北寄りに斜め下向きに沈む。
- 北の空…北極星を中心に，反時計回りに回転する。

北極星の高度＝観測地点の緯度

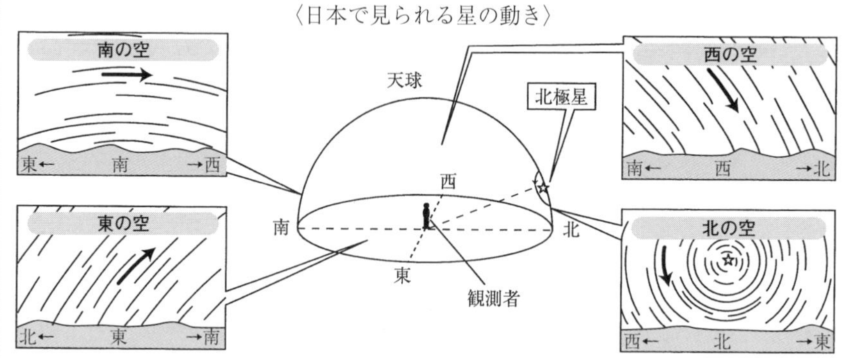

2 星の年周運動

地球の公転によって，星は**1ヵ月に30°**ずつ東から西へ動くように見え，1年で1周する。同じ星が同じ位置に見える時刻は，1日に約4分ずつ，**1ヵ月に2時間ずつ早くなる**。

3 季節の星座

地球の公転によって，真夜中に見える星座は季節により異なる。地球から見て，太陽と反対方向にある星座はよく見え，太陽と同じ方向にある星座は見ることができない。

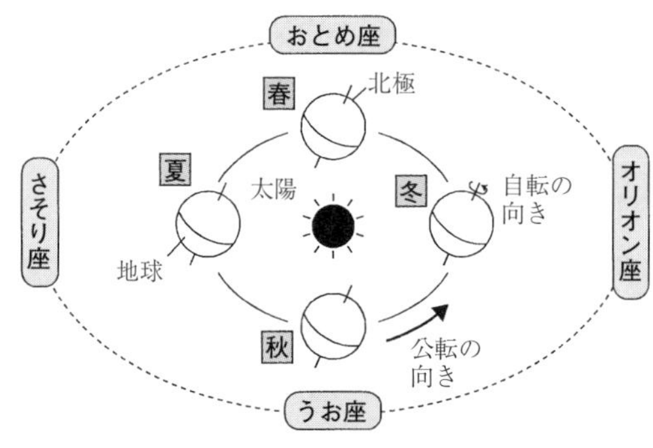

季節	代表的な星座
春	しし座，おとめ座
夏	**さそり座**，**はくちょう座**
秋	ペガスス座，うお座
冬	**オリオン座**，ふたご座

〈星の色と表面温度〉

表面温度[℃]	3000	4500	6000	7500	10000	15000
星の色	赤	だいだい	黄	うす黄	白	青白
例	アンタレス，ベテルギウス	アークトゥルス	カペラ，太陽	プロキオン	シリウス，ベガ，アルタイル，デネブ	スピカ，リゲル

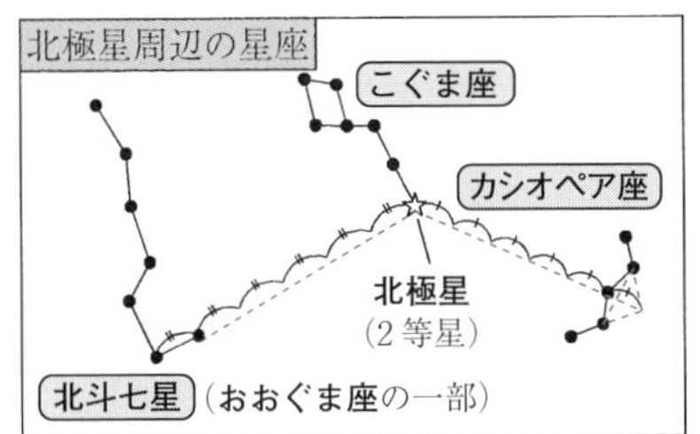

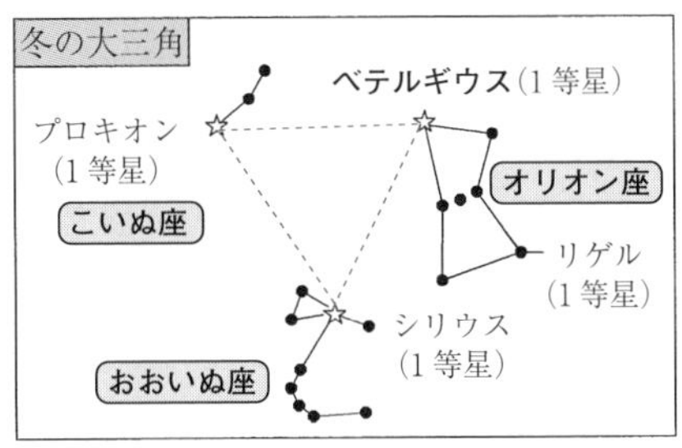

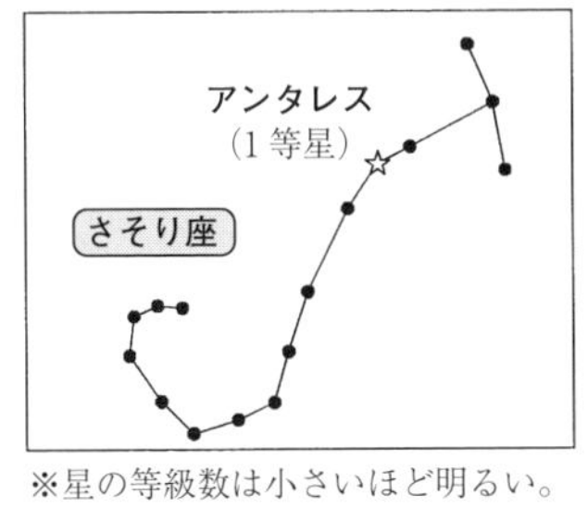

※星の等級数は小さいほど明るい。

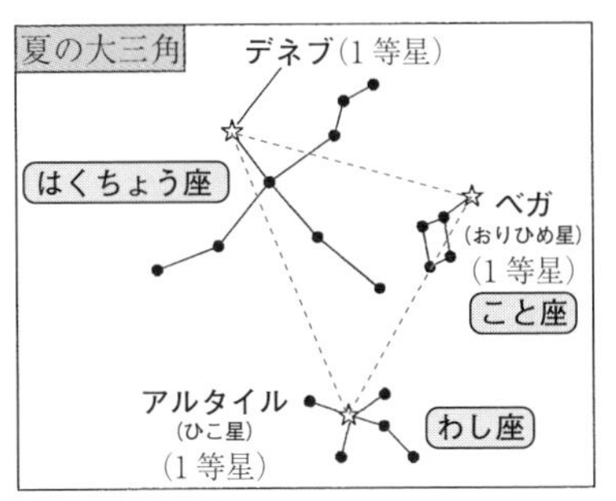

例題9 〈星の動き〉

1月10日の午後10時，真南にオリオン座が見えた。

(1) 2時間後のオリオン座の位置は図のA～Fのどれか。

(2) 2月10日の夜，オリオン座が同じ位置に見えるのは何時か。

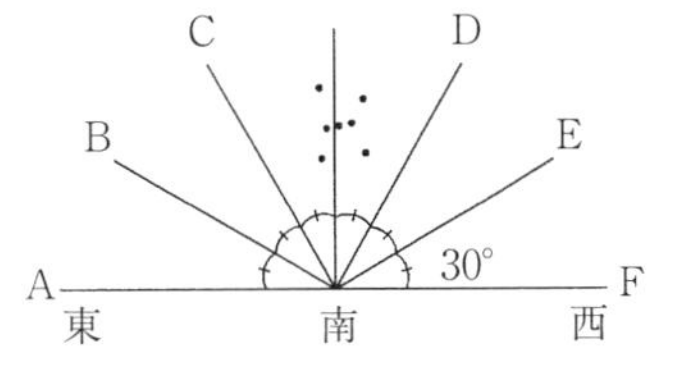

考え方 星は1時間に15°ずつ，1ヵ月に30°ずつ東から西へ動く。

(1) 2時間後には西へ$2 \times 15° = 30°$動く。

(2) 1ヵ月後の午後10時には西へ30°動くので，Dの位置。同じ位置の真南にくるのは2時間前である。

解答 (1) D　　(2) 午後8時

例題10〈季節の星座〉

図は天の北極から見た太陽のまわりを公転する地球と黄道付近の4つの星座の位置を模式的に示したものである。

(1) 地球がDの位置にあるとき，日本での季節はいつか。

(2) 日没頃，しし座が南中した。そのときの地球の位置はどこか。

(3) 季節によって見える星座が異なるのはなぜか。

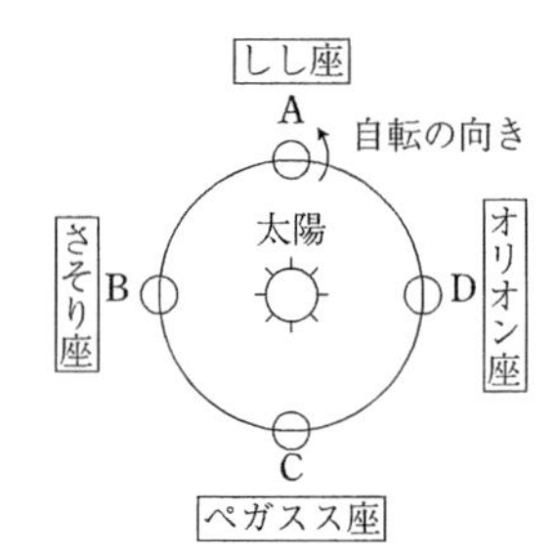

考え方 (1) 図のように，地球は太陽の反対側が夜で，Dの位置ではオリオン座が夜中に南中しており，冬となる。

(2) しし座の南中は，Aで真夜中，Bで日没，Cで正午，Dで日の出頃である。

(3) 恒星と太陽に対する地球の位置が変わるためである。

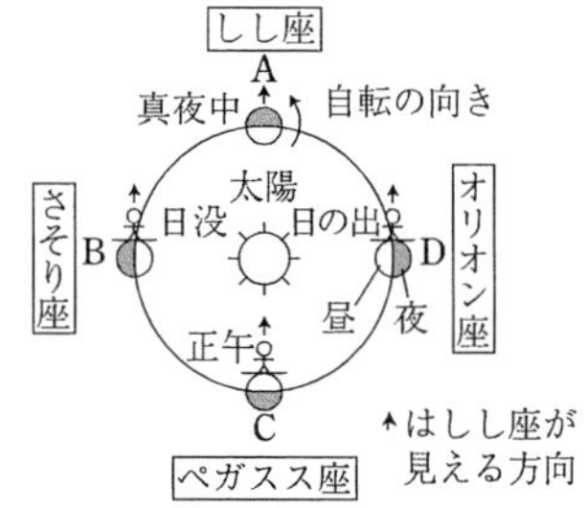

解答 (1) 冬　(2) B

(3) 地球が公転しているため。

例題11〈夏の大三角〉

夏のある夜，図のような星座が見えた。

(1) ア～ウの星座名を書け。

(2) 図中の☆a～cは1等星である。a～cの名前を書け。

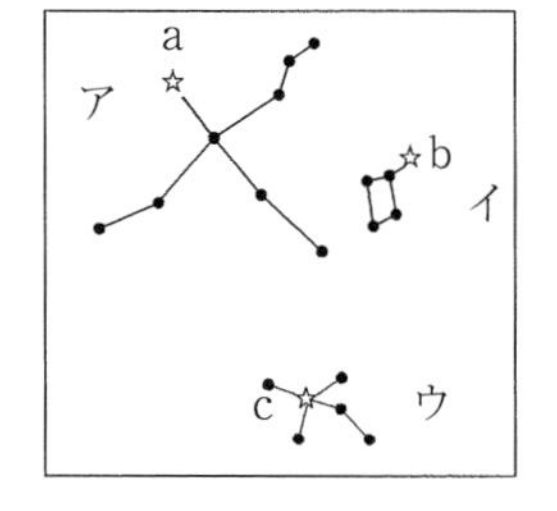

考え方 星座の形から判断する。また，1等星を結ぶと三角形ができる。これは夏の大三角である。

解答 (1) ア．はくちょう座　イ．こと座　ウ．わし座

(2) a．デネブ　b．ベガ　c．アルタイル

8 金星の動きと見え方

Point Check

1 金星の見える時刻と位置

金星は，太陽のまわりを公転する惑星の1つで，**内惑星**（地球の公転軌道よりも内側で公転している惑星）であるため，**明け方と夕方のみ見え**，真夜中に見ることはできない。

① **明けの明星**：**日の出前**しばらくの間だけ，**東の空**に見える。
② **宵**（よい）**の明星**：**夕方**（日没直後）からしばらくの間だけ，**西の空**に見える。

2 金星の満ち欠け

金星も地球もともに太陽のまわりを公転しているため，地球からの位置関係や距離が変化する。そのため，地球から見ると，太陽の位置によって光を受ける半面の形が変わり大きく満ち欠けし，地球からの距離によって見かけの大きさが変化する。

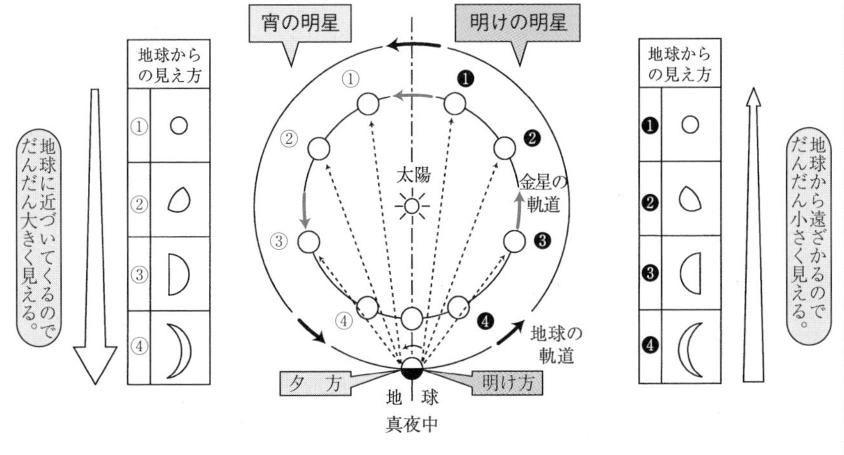

例題12 〈金星の動きと見え方〉

図1は，天の北極から見た地球，金星，太陽の位置関係を示した模式図である。名古屋で，ある日の明け方，東の空に図2のような金星を観察した。このときの金星は，A～Fのどの位置にあるか。

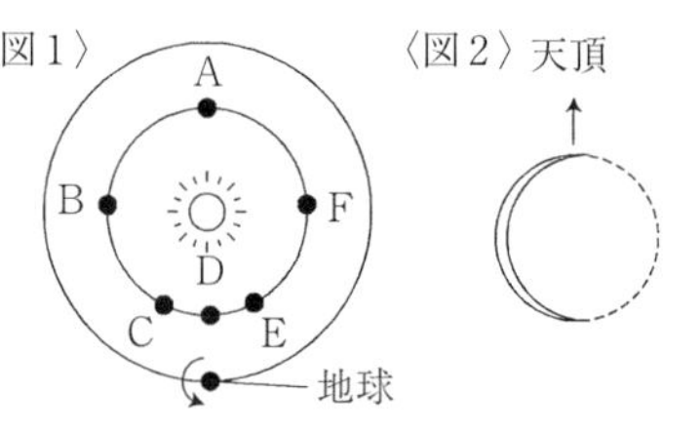

考え方 明け方，東の空に見えるのはE，Fである。Eの方が地球に近いので大きく，三日月のようなかたちに見える。

解答 E

9 流水のはたらき

Point Check

1 河川の作用

① 侵食作用

川底や川岸の岩石を削りとるはたらき。川底の傾きが大きく流れが速いほど強くはたらく。上流ではV字谷を形成する。

② 運搬作用

土砂（れき，砂，泥）などを運ぶはたらき。粘土→砂→小石→大きな石の順で流されやすく，流れが速いほど強くはたらく。

③ 堆積作用

運んできた土砂などを川底や河口に積もらせるはたらき。流れが緩やかになり，侵食作用・運搬作用が小さくなるほど逆に大きくはたらく。山地から平野部へ出る付近では**扇状地**，河口付近では**三角州**を形成する。

2 湾曲して流れる川の様子

湾曲しているところでは，**外側ほど流れが速い**ため，削られて崖になり，川底も深くなっている。逆に内側ほど流れが遅いため，石や砂が積もって広い川原ができる。

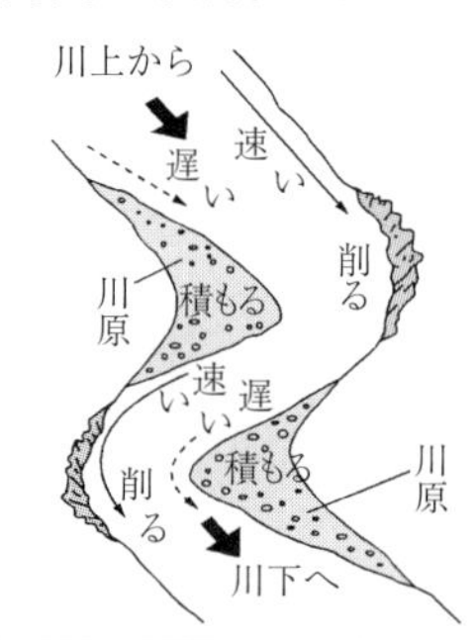

例題13 〈流水のはたらき〉

次の文の空欄にあてはまる語句を入れよ。

川が曲がっているところでは，A側には（　①　）ができやすく，B側は（　②　）になっている。これは，AとBでは（　③　）の方が水の流れが速いためである。Bで見られる流水のはたらきを（　④　）という。

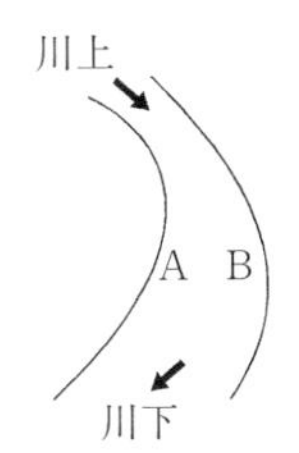

考え方 川が曲がっているところでは，外側ほど流れが速い。

解答 ①　川原　　②　崖　　③　B　　④　侵食作用

10 地層

Point Check

1 地層からわかること

① **地層累重の法則**

地層は下から上に重なる。→上に重なる地層ほど新しい。

② 地層を構成する粒の大きさ→海（湖）岸からの距離が推定できる。

・れき層…海（湖）岸近くで堆積

・砂層…海（湖）岸から少し離れたところで堆積

・粘土層…沖のほうで堆積

〈海底での堆積のようす〉

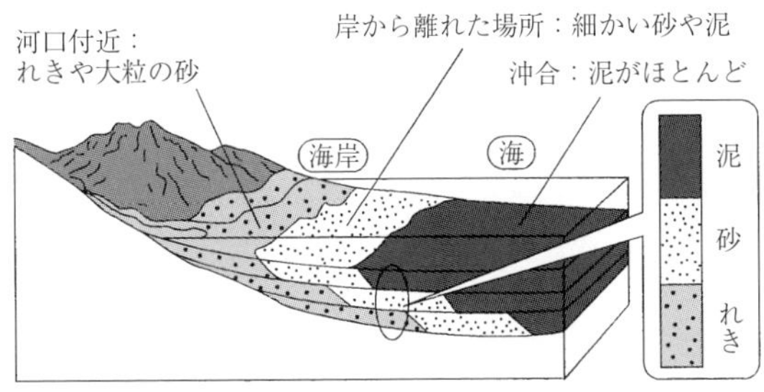

③ 火山灰や軽石など火山噴出物でできている地層

→堆積当時，付近で火山活動があったと推測できる。離れた地域の地層の対比に役立つ。

④ **かぎ層**

離れた土地の地層の年代を比較するときに目印となる地層のこと。凝灰岩や化石層などが用いられる。

2 地殻変動と地層

① 地層の変形

しゅう曲…地層に大きな圧力が水平方向に長期間加わって，地層が波打ったように曲がったもの。

断層…地殻変動により，ある面を境にして地層が断ち切られ，それによって生じた地層のずれ。

② 地層の重なり方

整合…何枚もの地層が連続して平行に積み重なっているもの。

不整合…ある面を境にして，上下の地層の重なり方が不連続になっているもの。地層が堆積の途中で陸化し，地層の表面が侵食を受けたことを意味する。

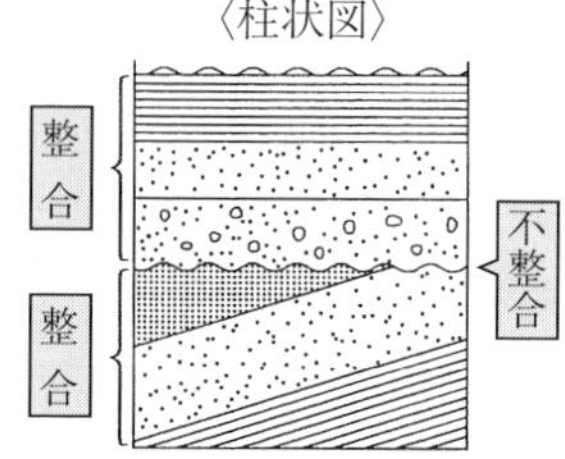

③ 不整合面のでき方

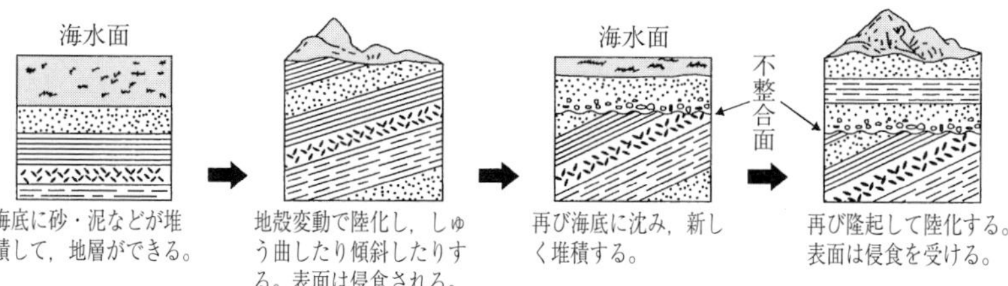

海水面
海水面
不整合面
海底に砂・泥などが堆積して，地層ができる。
地殻変動で陸化し，しゅう曲したり傾斜したりする。表面は侵食される。
再び海底に沈み，新しく堆積する。
再び隆起して陸化する。表面は侵食を受ける。

3 堆積岩

種　類	特　　徴	
れき岩	れき（粒径2mm以上）を主構成物とする。	岩石が風化・侵食によって生じた砕せつ物が堆積。
砂岩	平均粒径0.06～2mmの砂が固まったもの。	
泥岩	平均粒径0.06mm未満の泥が固まったもの。	
石灰岩	サンゴやフズリナなどの遺がいが堆積したものや，海水中に溶けている石灰分が沈殿し固まったもの。**炭酸カルシウム**が主成分で，希塩酸をかけると**二酸化炭素が発生**する。	
チャート	放散虫やケイソウなどの遺がいが堆積したものや，海水中に溶けている二酸化ケイ素が沈殿し固まったもの。**二酸化ケイ素**が主成分。非常に硬い。	
凝灰岩	火山灰や火山砂，軽石などの火山噴出物が堆積して固まった岩石。	

4 化石

① **示準化石**…地層が**堆積した時代**を知る手がかりとなる化石。

例 古生代の示準化石…**サンヨウチュウ**，**フズリナ**
中生代の示準化石…**アンモナイト**，恐竜
新生代の示準化石…**ビカリア**（第三紀），**ナウマンゾウ**（第四紀）

② **示相化石**…地層が**堆積した当時の環境**（気候・地域など）を知る手がかりとなる化石。

例 アサリ（浅い砂浜の海），**サンゴ**（温かく浅い海），ホタテ貝（冷たい海）

例題14 〈地層〉

次の図は，ある露頭でみられた地層の重なり方を模式的に示したものである。なお，地層A，Bから海に生息する生物の化石が見つかっている。

(1) 地層Bは，境界面E－Fでずれている。境界面E－Fを何というか。

(2) 境界面X－Yのような地層の重なり方を何というか。

(3) この露頭の地層ができるまでにおこったことを古い順に並べよ。

ア．海底で地層Aが堆積した。
イ．海底で地層Bが堆積した。
ウ．地層A，Bが隆起し，海面上に現れた。
エ．地層Bが隆起し，海面上に現れた。
オ．地層Bが沈降し，海面下に沈んだ。
カ．境界面E－Fができ，地層Bがずれた。

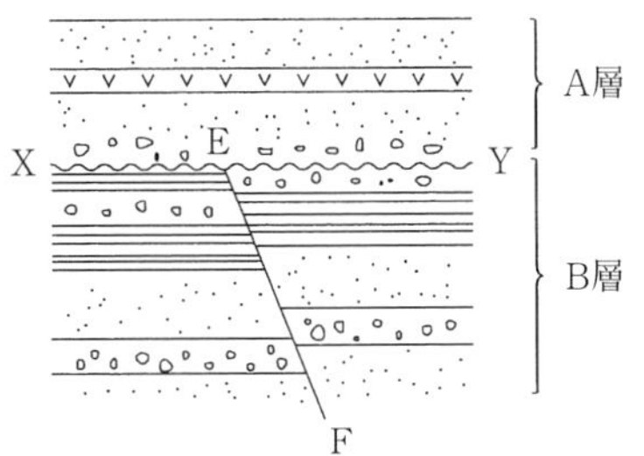

考え方 地層の逆転がない場合，地層Aより地層Bの方が古いと考える。境界面E－Fは地層Bを断ち切っているので，断層である。境界面X－Yは地層Bと地層Aの不連続面で，地層Bが一度隆起し，侵食されたことがわかる。また，断層E－Fは不整合面X－Yに切られているので，不整合面X－Yより前に形成されたことがわかる。

解答 (1) 断層（面） (2) 不整合
(3) イ→カ→エ→オ→ア→ウ

例題15 〈化石〉

次の文は，化石について述べている。空欄にあてはまる語句を答えよ。
(1) 古生物の遺骸や痕跡が地層中に残されたものを化石という。
(2) ホタテ貝の化石を含む地層は，（ ① ）で堆積したと考えられる。このように，堆積した環境を知るのに役立つ化石を（ ② ）化石という。
(3) サンヨウチュウは，（ ③ ）代に，広い範囲に生息していたが，生息していた時代が限られる生物である。そのため，その化石を含む地層の年代を決定するのに役立つ（ ④ ）化石である。

解答 ① 冷たい海 ② 示相 ③ 古生 ④ 示準

11 火山と火成岩

Point Check

1 マグマの性質と火山

火山の形と噴火のようすは，マグマの粘性によって異なる。**二酸化ケイ素** SiO_2**含有量が高いほど粘性が大きい。**

粘性	噴火	火山の特徴	火山の例
小さい ↑	穏やか ↑	**盾状火山**	マウナロア山，キラウエア山（ハワイ）
↕	↕	**成層火山**	富士山，桜島，浅間山
↓ 大きい	↓ 爆発的	**溶岩円頂丘**（溶岩ドーム）	昭和新山

2 火成岩

① 火成岩の種類

火成岩は，マグマが冷え固まってできた岩石で，マグマの冷え固まり方により火山岩と深成岩に分類される。

種類	でき方	つくり	例
火山岩	マグマが**地表**または地表近くで，**急に冷やされて**できる。	**〈斑状組織〉** 小さな鉱物（**石基**）の中に比較的大きな結晶（**斑晶**）が散らばっている。 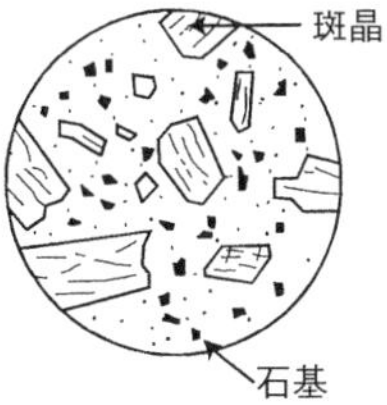 斑晶 石基	流紋岩 安山岩 玄武岩
深成岩	マグマが**地下の深いところ**で，**ゆっくりと冷えて**できる。	**〈等粒状組織〉** 粒径が大きく，ほぼそろった結晶が組み合わさっている。 	花こう岩 せん緑岩 はんれい岩

② 火成岩をつくる鉱物

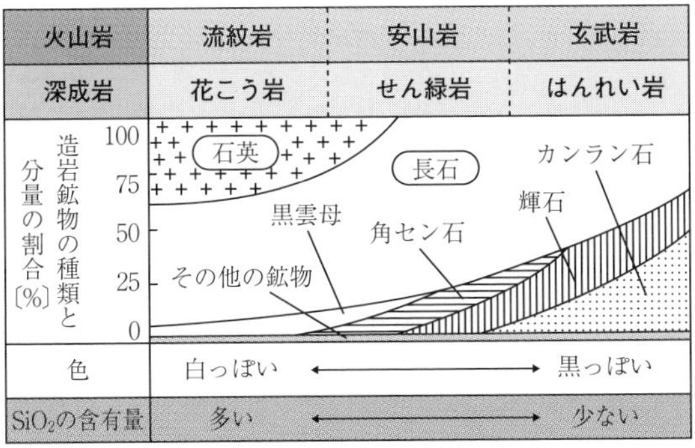

火山岩	流紋岩	安山岩	玄武岩
深成岩	花こう岩	せん緑岩	はんれい岩
造岩鉱物の種類と分量の割合〔%〕			
色	白っぽい ←→		黒っぽい
SiO_2の含有量	多い ←→		少ない

例題16〈火成岩〉

右の図は，ある岩石を観察し，スケッチしたものである。

(1) どの岩石をスケッチしたものか。

ア．玄武岩　　イ．花こう岩　　ウ．れき岩

エ．安山岩　　オ．はんれい岩

(2) この岩石の組織を何というか。

(3) この岩石のような組織をもつ火成岩はどのようにしてできたか。

考え方 大きな結晶からできているので，深成岩である。選択肢の中で深成岩は，花こう岩とはんれい岩であるが，はんれい岩は有色鉱物が多く，黒っぽい岩石でスケッチと一致しない。

玄武岩，安山岩は斑状組織をもつ火山岩であり，れき岩は堆積岩である。

解答 (1) イ　　(2) 等粒状組織

(3) マグマが地下深くでゆっくり冷え固まった。

12 地震

Point Check

1 地震のゆれ

① 震央と震源

・**震源**…地下で地震が発生した場所。

・**震央**…震源の真上に位置する地表の地点。

② 地震波

・**P波**…伝わる速度が速い波。縦波で，固体・液体・気体中を伝わる。

・**S波**…伝わる速度が遅い波。横波で，固体中のみ伝わる。

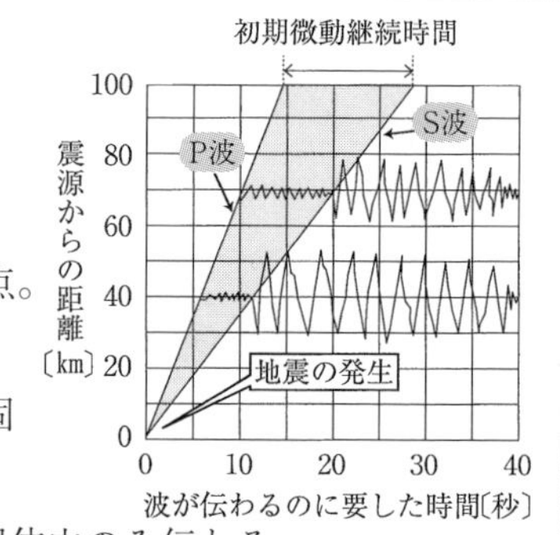

地震波の速度〔km/秒〕＝震源からの距離〔km〕÷所要時間〔秒〕

③ 地震のゆれ方

・**初期微動**…地震のはじめに起こる小さなゆれ。

・**主要動**…初期微動に続いて起こる大きなゆれ。

〈地震計の記録〉

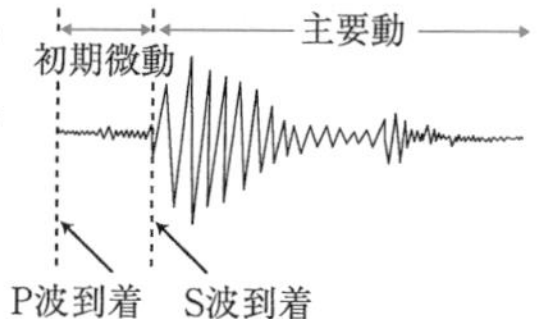

④ **初期微動継続時間**

P波が到着してからS波が到着するまでの時間で，震源からの距離に比例する。

初期微動継続時間〔秒〕＝$\dfrac{\text{震源からの距離〔km〕}}{\text{S波の速度〔km/秒〕}}-\dfrac{\text{震源からの距離〔km〕}}{\text{P波の速度〔km/秒〕}}$

2 地震の規模と分布

① **震度**…ある観測点での，地震による**ゆれの大きさ**の程度。
0，1，2，3，4，5弱，5強，6弱，6強，7の10階級で表す。

② **マグニチュード**…地震が放出する**エネルギーの大きさ**（地震そのものの大きさ（規模））を表す尺度。

※震度は，通常マグニチュードが大きいほど大きくなるが，震源からの距離や地盤の強弱によって異なる。

③ 日本の地震

1）プレートのひずみによって起きる地震。太平洋側では震源の浅い地震が，日本海側では震源の深い地震が多い。（海溝型地震）
例 十勝沖地震，東海地震，東北地方太平洋沖地震（東日本大震災）

2）プレート内の活断層が動いて起きる地震。内陸の浅い場所で発生する。
例 兵庫県南部地震（阪神淡路大震災），新潟県中越地震，熊本地震

例題17 〈地震〉

図1は，ある地点Pでの地震計の記録である。図2は，この地震の震源からの距離と，P波，S波が到達するまでの時間の関係を表したグラフである。

(1) a－bのゆれを何というか。

(2) P波の速度はいくらか。

(3) 地点Pでは，a－bのゆれが15秒続いた。地点Pから震源までの距離は何kmか。

〈図1〉

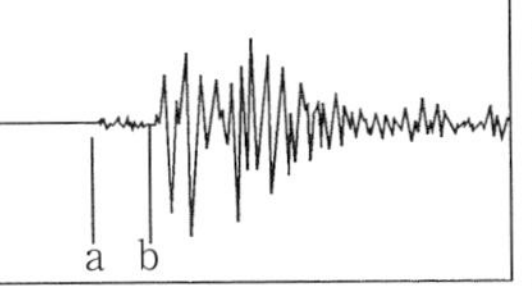

〈図2〉

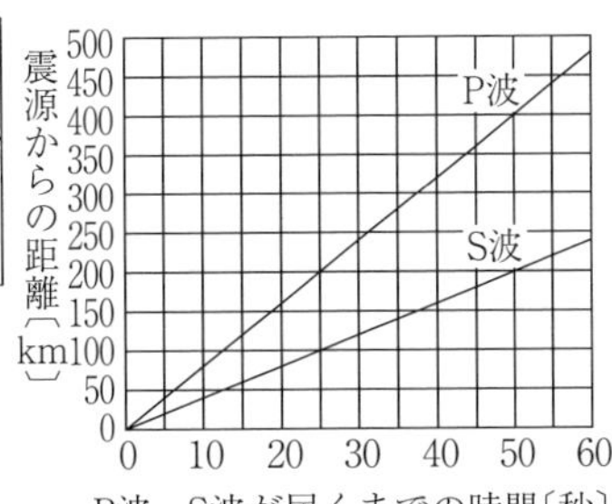

考え方 ⑴ 地震の最初の小さなゆれである。

⑵ 図2のP波のグラフから，時間と震源からの距離を読み取り，地震波の速度〔km/秒〕＝震源からの距離〔km〕÷所要時間〔秒〕を用いる。

⑶ $初期微動継続時間 = \frac{震源からの距離}{S波の速度} - \frac{震源からの距離}{P波の速度}$

を利用して求める。

解き方 ⑴ 初期微動

⑵ P波は25秒で200kmの地点に到着しているので，P波の速度は，

$$200 \div 25 = 8〔km/秒〕$$

⑶ グラフより，S波は25秒で100kmの地点に到着しているので，S波の速度は，

$$100 \div 25 = 4〔km/秒〕$$

地点Pから震源までの距離をd〔km〕とすると，

$$15 = \frac{d}{4} - \frac{d}{8}$$

$$\therefore\ d = 120〔km〕$$

確認問題

20 金属製のコップの中に水を入れてしばらく置いた。その後，コップの中に氷を入れて水の温度を下げていくと，コップの表面がくもり始めた。次の各問いに答えよ。

(1) コップの表面がくもり始めたときの温度を何というか。

(2) コップの表面がくもり始めたとき，水温は15℃で室温は25℃であった。このときの室内の湿度を求めよ。ただし，飽和水蒸気量は，気温15℃で13g/m^3，25℃で23g/m^{3}とし，有効数字は2ケタとする。

21 日没時，南中する月が見えた。1週間後の同時刻には，どちらの方角にどのような月が見られるか。

22 北緯34°のある地点で4月7日午後10時，北の空に図のような北斗七星が見えた。次の各問いに答えよ。

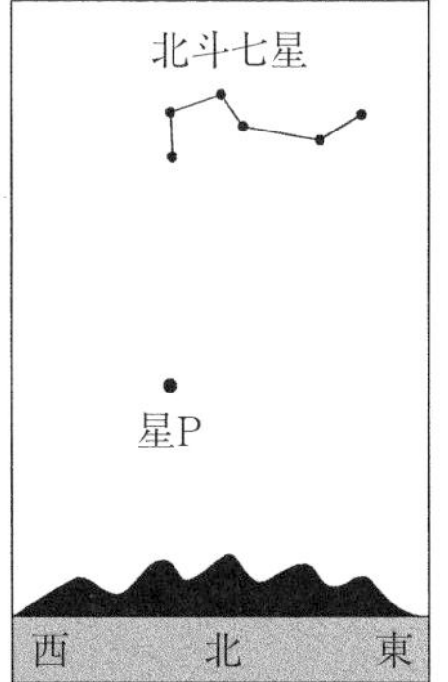

(1) しばらく観察したが，星Pの位置は変化しなかった。星Pは何という星か。

(2) 星Pの高度は何度か。

(3) 北斗七星が午後8時に同じ位置に見えるのはいつか。次のうちから選べ。

ア．2月7日　　イ．3月7日　　ウ．5月7日
エ．6月7日

23 下の図は，ある地域の地質構造を調べ，地質断面図を示したもので，A～Gは堆積岩，Hは火成岩である。次の各問いに答えよ。ただし，地層の逆転はなく，X－Y面は不整合面であるとする。

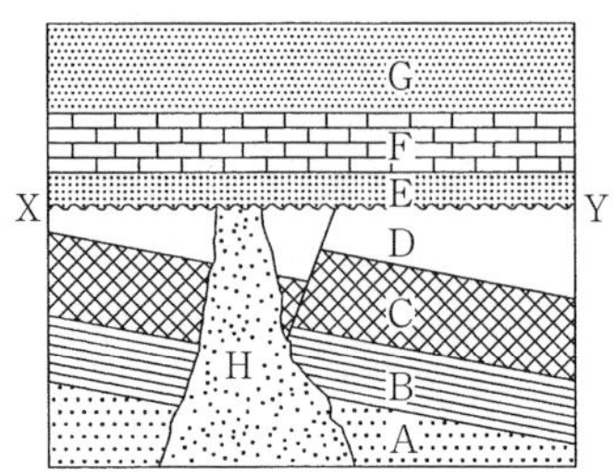

⑴　この地域の地質が形成された順序を，ア～コから選び完成させよ。

A層の堆積→（　①　）→（　②　）→（　③　）→（　④　）→（　⑤　）→（　⑥　）→（　⑦　）→（　⑧　）→（　⑨　）→（　⑩　）→G層の堆積

ア．B層の堆積　　イ．C層の堆積　　ウ．D層の堆積

エ．E層の堆積　　オ．F層の堆積　　カ．Hの貫入

キ．侵食　　ク．隆起　　ケ．沈降　　コ．断層の形成

⑵　堆積岩Eからサンゴの化石が見つかった。このことから，地層が形成された当時のこの地域の環境を簡潔に説明せよ。

⑶　堆積岩Cが中生代に形成されたとすると，この地層から見つかる可能性のある化石を次のうちから選べ。

ア．サンヨウチュウ　　イ．フズリナ

ウ．ナウマンゾウ　　エ．アンモナイト

24 右の図は，火成岩Aと火成岩Bを観察したものである。次の各問いに答えよ。

火成岩A　　火成岩B

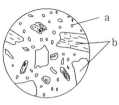

a

b

⑴　火成岩Bのa，bの部分を何というか。

⑵　火成岩A，Bにみられるような岩石の組織をそれぞれ何というか。

⑶　火成岩は，できた場所によって2つのグループに大別される。火成岩A，Bのような組織をもつ岩石のグループをそれぞれ何というか。

5

生活

Open Sesame

1 学習指導要領

●ポイント

教科目標，内容についての空欄補充問題のほか，「三つの自立」や「内容の具体的な視点」など『学習指導要領解説』の内容からの出題にも対応できるよう，キーワードを中心として，確実に覚えておくようにしよう。

1 生活科改訂の要点（一部抜粋）

(1) 教科目標の改善

具体的な活動や体験を通じて，「**身近な生活に関する見方・考え方**」を生かし，自立し生活を豊かにしていくための資質・能力を育成することを明確化した。

(2) 内容構成の改善

学習内容を〔**学校，家庭及び地域の生活に関する内容**〕，〔**身近な人々，社会及び自然と関わる活動に関する内容**〕，〔**自分自身の生活や成長に関する内容**〕の三つに整理した。

(3) 学習指導の改善・充実

・具体的な活動や体験を通して気付いたことを基に考え，気付きを確かなものとしたり，新たな気付きを得たりするようにするため，活動や体験を通して気付いたことなどについて多様に表現し考えたり，「**見付ける**」，「**比べる**」，「**たとえる**」，「**試す**」，「**見通す**」，「**工夫する**」などの多様な学習活動を行ったりする活動を重視することとした。
・各教科等との関連を積極的に図り，低学年教育全体の充実を図り，中学年以降の教育に円滑に移行することを明示した。特に，幼児期における**遊びを通した総合的な学び**から，各教科等における，より**自覚的な学び**に円滑に移行できるよう，入学当初において，生活科を中心とした合科的・関連的な指導などの工夫（**スタートカリキュラム**）を行うことを明示した。

2　生活科の目標

具体的な活動や体験を通して，**身近な生活**に関わる**見方・考え方を生かし**，**自立**し**生活**を**豊か**にしていくための資質・能力を次のとおり育成することを目指す。

(1)　**活動や体験**の**過程**において，**自分自身**，**身近な人々**，**社会及び自然**の特徴やよさ，それらの関わり等に**気付く**とともに，生活上必要な**習慣**や**技能**を**身に付ける**ようにする。

(2)　**身近な人々**，社会及び自然を**自分との関わり**で捉え，**自分自身**や**自分の生活**について考え，**表現**することができるようにする。

(3)　**身近な人々**，社会及び自然に**自ら働きかけ**，**意欲**や**自信**をもって学んだり生活を**豊か**にしたりしようとする態度を養う。

● **具体的な活動や体験を通すこと**

「具体的な活動や体験」とは，例えば，**見る，聞く，触れる，作る，探す，育てる，遊ぶ**などして対象に直接働きかける学習活動であり，また，そうした活動の楽しさやそこで気付いたことなどを**言葉，絵，動作，劇化**などの多様な方法によって表現する学習活動である。

● **身近な生活に関わる見方・考え方を生かすこと**

生活科における**見方・考え方**は，身近な生活に関わる見方・考え方であり，それは身近な人々，社会及び自然を自分との関わりで捉え，よりよい生活に向けて思いや願いを実現しようとすることであると考えられる。

● **自立し生活を豊かにしていくこと**

生活科における究極的な児童の姿である。「自立し」とは，一人一人の児童が幼児期の教育で育まれたことを基礎にしながら，将来の自立に向けてその度合を高めていくことを指す。ここでいう自立とは，以下に述べる**三つの自立**を意味している。

〈三つの自立〉

1）**学習上の自立**…自分にとって興味・関心があり，価値があると感じられる学習活動を自ら進んで行うことができるということであり，自分の思いや考えなどを適切な方法で表現できるということ。

2) **生活上の自立**…生活上必要な習慣や技能を身に付けて，身近な人々，社会及び自然と適切に関わることができるようになり，自らよりよい生活を創り出していくことができるということ。

3) **精神的な自立**…上述したような自立へと向かいながら，自分のよさや可能性に気付き，意欲や自信をもつことによって，現在及び将来における自分自身の在り方を求めていくことができるということ。

「生活を豊かにしていく」とは，生活科の学びを実生活に生かし，よりよい生活を創造していくことである。それは，**実生活**において，まだできないことやしたことがないことに自ら取り組み，自分でできることが増えたり活動の範囲が広がったりして自分自身が**成長**することでもある。

3 学年の目標

第1・2学年	(1) 学校，**家庭**及び**地域**の生活に関わることを通して，**自分と身近な人々，社会及び自然との関わり**について考えることができ，それらの**よさやすばらしさ**，**自分との関わり**に気付き，地域に**愛着**をもち**自然を大切**にしたり，**集団**や社会の一員として**安全**で**適切**な行動をしたりするようにする。 (2) **身近な人々**，社会及び**自然**と触れ合ったり関わったりすることを通して，それらを**工夫**したり楽しんだりすることができ，**活動のよさや大切さ**に気付き，**自分たちの遊びや生活をよりよくする**ようにする。 (3) **自分自身**を見つめることを通して，**自分の生活**や成長，**身近な人々の支え**について考えることができ，**自分のよさや可能性**に気付き，**意欲と自信**をもって生活するようにする。

● **2学年共通に示されている趣旨**

○ 低学年の児童には，具体的な活動を通して思考するという発達上の特徴があること。

○ 生活科は児童の生活圏を学習の対象や場にして，直接体験を重視した学習活動を展開すること。

4 生活科の内容

(1) 具体的な視点

具体的な視点とは，各内容を構成する際に必要となる視点を意味する。生活科の内容は，この具体的な視点を基に構成されている。したがって，各学校で構成する単元においては，内容を位置付けるだけではなく，具体的な視点がどのように単元構成に取り入れられているかということにも十分配慮しなければならない。9項目の内容は原則として複数の具体的な視点から構成されることになる。また，この具体的な視点は，児童や学習環境の変化，社会的要請の変化などにより，その都度若干の変更が加えられることが考えられる。

ア **健康で安全な生活**――健康や安全に気を付けて，友達と遊んだり，学校に通ったり，規則正しく生活したりすることができるようにする。

イ **身近な人々との接し方**――家族や友達や先生をはじめ，地域の様々な人々と適切に接することができるようにする。

ウ **地域への愛着**――地域の人々や場所に親しみや愛着をもつことができるようにする。

エ **公共の意識とマナー**――みんなで使うものや場所，施設を大切に正しく利用できるようにする。

オ **生産と消費**――身近にある物を利用して作ったり，繰り返し大切に使ったりすることができるようにする。

カ **情報と交流**――様々な手段を適切に使って直接的間接的に情報を伝え合いながら，身近な人々と関わったり交流したりすることができるようにする。

キ **身近な自然との触れ合い**――身近な自然を観察したり，生き物を飼ったり育てたりするなどして，自然との触れ合いを深め，生命を大切にすることができるようにする。

ク **時間と季節**――一日の生活時間や季節の移り変わりを生かして，生活を工夫したり楽しくしたりすることができるようにする。

ケ **遊びの工夫**――遊びに使う物を作ったり遊び方を工夫したりしながら，楽しく過ごすことができるようにする。

コ **成長への喜び**――自分でできるようになったことや生活での自分の役割が増えたことなどを喜び，自分の成長を支えてくれた人々に感謝の気持ちをもつことができるようにする。

サ **基本的な生活習慣や生活技能**――日常生活に必要な習慣や技能を身に付けることができるようにする。

(2) 生活科の内容の階層性

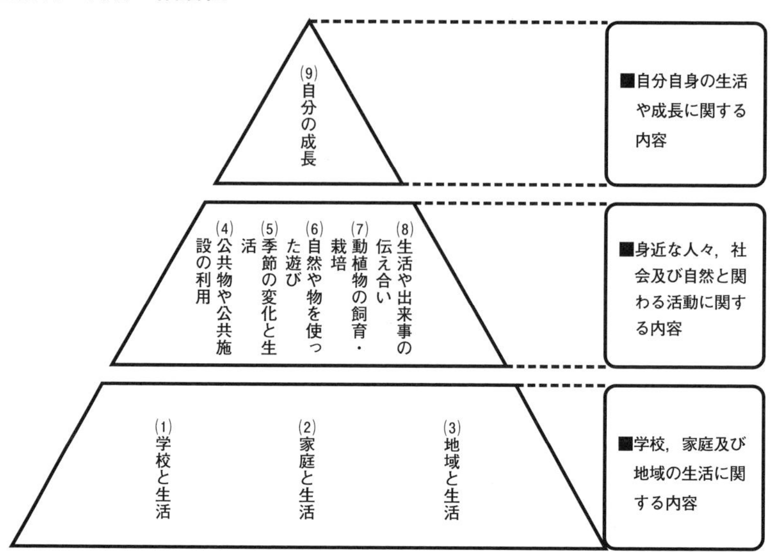

(1) **学校と生活**	**学校生活**に関わる活動を通して，学校の施設の様子や**学校生活**を支えている人々や**友達**，**通学路**の様子や**その安全を守っている人々**などについて**考えることができ**，学校での生活は様々な人や施設と関わっていることが分かり，**楽しく安心**して遊びや生活をしたり，**安全**な登下校をしたりしようとする。
(2) **家庭と生活**	家庭生活に関わる活動を通して，家庭における**家族**のことや自分でできることなどについて**考えることができ**，家庭での生活は互いに支え合っていることが分かり，**自分の役割**を積極的に果たしたり，規則正しく**健康**に気を付けて生活したりしようとする。
(3) **地域と生活**	地域に関わる活動を通して，地域の**場所**やそこで生活したり**働いたり**している人々について考えることができ，自分たちの生活は様々な人や**場所**と関わっていることが分かり，それらに**親しみや愛着**をもち，**適切に接したり安全に生活したり**しようとする。

(4) **公共物や公共施設の利用**	公共物や**公共施設**を利用する活動を通して，それらのよさを感じたり働きを捉えたりすることができ，**身の回り**には**みんなで使うもの**があることやそれらを**支えている人々**がいることなどが分かるとともに，それらを大切にし，**安全**に気を付けて**正しく**利用しようとする。
(5) **季節の変化と生活**	**身近な自然を観察**したり，**季節**や**地域の行事**に関わったりするなどの活動を通して，それらの**違いや特徴**を見付けることができ，**自然**の様子や**四季**の変化，**季節**によって**生活の様子**が変わることに気付くとともに，それらを取り入れ自分の生活を**楽しく**しようとする。
(6) **自然や物を使った遊び**	**身近な自然**を**利用**したり，**身近にある物**を使ったりするなどして遊ぶ活動を通して，遊びや遊びに使う物を**工夫**してつくることができ，**その面白さや自然の不思議さ**に気付くとともに，みんなと楽しみながら遊びを創り出そうとする。
(7) **動植物の飼育・栽培**	動物を飼ったり植物を育てたりする活動を通して，それらの**育つ場所**，**変化や成長**の様子に**関心**をもって働きかけることができ，それらは**生命をもっていること**や**成長していること**に気付くとともに，生き物への**親しみ**をもち，**大切に**しようとする。
(8) **生活や出来事の伝え合い**	自分たちの生活や地域の**出来事**を**身近な人々と伝え合う活動**を通して，**相手のことを想像したり伝えたいことや伝え方を選んだりする**ことができ，身近な人々と関わることの**よさや楽しさ**が分かるとともに，**進んで触れ合い交流**しようとする。
(9) **自分の成長**	**自分自身**の生活や成長を**振り返る**活動を通して，**自分**のことや**支えてくれた人々**について考えることができ，自分が大きくなったこと，**自分でできるようになった**こと，**役割が増えたこと**などが分かるとともに，これまでの生活や**成長**を支えてくれた人々に**感謝の気持ち**をもち，**これからの成長への願い**をもって，**意欲的**に生活しようとする。

5　指導計画の作成と内容の取扱い

(1)　指導計画作成上の配慮事項

(1)　年間や，**単元**など内容や時間のまとまりを見通して，その中で育む**資質・能力**の**育成**に向けて，児童の**主体的・対話的**で深い学びの実現を図るようにすること。その際，児童が**具体的な活動や体験**を通して，**身近な生活**に関わる**見方・考え方**を生かし，**自分と地域の人々**，社会及び**自然との関わり**が具体的に把握できるような学習活動の充実を図ることとし，**校外**での活動を積極的に取り入れること。

(2)　児童の発達の段階や特性を踏まえ，**2学年間を見通して**学習活動を設定すること。

(3)　第2の内容の(7)については，**2学年**間にわたって取り扱うものとし，動物や植物への関わり方が深まるよう**継続的**な飼育，栽培を行うようにすること。

(4)　**他教科等**との関連を**積極的**に図り，指導の効果を高め，低学年における**教育全体**の充実を図り，中学年以降の教育へ円滑に**接続**できるようにするとともに，幼稚園教育要領等に示す**幼児期の終わりまでに育ってほしい姿**との関連を考慮すること。特に，小学校入学当初においては，**幼児期**における**遊び**を通した**総合的**な学びから**他教科等**における学習に円滑に**移行**し，**主体的**に**自己**を発揮しながら，より**自覚的**な学びに向かうことが可能となるようにすること。その際，生活科を中心とした**合科的・関連的な指導**や，**弾力的な時間割の設定**を行うなどの工夫をすること。

(5)　障害のある児童などについては，学習活動を行う場合に生じる困難さに応じた指導内容や指導方法の工夫を**計画的**，**組織的**に行うこと。

(6)　第1章総則の第1の2の(2)に示す道徳教育の目標に基づき，道徳科などとの関連を考慮しながら，第3章特別の教科道徳の第2に示す内容について，生活科の**特質**に応じて適切な指導をすること。

●　(3)の動植物の飼育・栽培を2学年間にわたって取り扱う意図

飼育・栽培という活動の特性から1回限りの活動で終わるのではなく，経験を生かし，新たな目当てをもって，繰り返したり長期にわたったりして活動することを意図したものである。

(2) 第2の内容の取扱いについての配慮事項

(1) **地域の人々**，社会及び**自然**を生かすとともに，それらを**一体的**に扱うよう学習活動を工夫すること。
(2) 身近な人々，社会及び**自然**に関する**活動**の楽しさを味わうとともに，それらを通して気付いたことや楽しかったことなどについて，**言葉**，**絵**，**動作**，**劇化**などの**多様な方法**により**表現**し，考えることができるようにすること。また，このように**表現**し，考えることを通して，**気付き**を確かなものとしたり，気付いたことを**関連付け**たりすることができるよう工夫すること。
(3) 具体的な活動や体験を通して気付いたことを基に考えることができるようにするため，**見付ける**，**比べる**，**たとえる**，**試す**，**見通す**，**工夫する**などの**多様な学習活動**を行うようにすること。
(4) 学習活動を行うに当たっては，**コンピュータ**などの情報機器について，その**特質**を踏まえ，児童の発達の段階や特性及び生活科の**特質**などに応じて適切に活用するようにすること。
(5) 具体的な活動や体験を行うに当たっては，身近な**幼児**や**高齢者**，**障害のある児童生徒**などの多様な人々と触れ合うことができるようにすること。
(6) 生活上必要な**習慣**や**技能**の指導については，人，社会，**自然**及び**自分自身**に関わる学習活動の展開に即して行うようにすること。

● 合科的な指導

合科的な指導とは，各教科のねらいをより効果的に実現するための指導方法の一つで，単元又は1コマの時間の中で，複数の教科の目標や内容を組み合わせて学習活動を展開するものである。

6 指導計画の作成と学習指導

(1) カリキュラム・マネジメントを意識した指導計画の作成

生活科においては，一人一人の思いや願いから活動や体験をし，対象に直接関わることで感じ考えることを大切にする。そして，それらを表現することで整理を加えていき，学習の潜在的な価値を現実のものにしていく。その際，教師の適切な指導によって，児童中心の学習を進めていくには，特に以下の三つのことに配慮する必要がある。

- ○ 具体的な活動や体験が十分にできる**時間**を保障すること。
- ○ 主体的な活動の広がりや深まりを可能にする**空間的な視点**をもつこと。
- ○ 学習の対象にじっくりと安心して関わることのできる**心理的な余裕**をもつこと。

(2) 学習指導の特質

- ○ 児童の思いや願いを育み，**意欲や主体性**を高める学習活動にすること。
- ○ 児童の身近な**生活圏**を活動や体験の場や対象にし，本来一体となっている人や社会，自然と身体を通して直接関わりながら，自らの興味・関心を発揮して具体的な活動や体験を行うことを重視すること。
- ○ 活動や体験の中で感じたり考えたりしている児童の姿を丁寧に見取り，働きかけ，活動の充実につなげること。
- ○ 表現したり・行為したりすることを通して，働きかける対象についての気付きとともに，自分自身についての気付きをもつことができるようにすること。

(3) 学習指導の進め方

- ○ 試行錯誤や繰り返す活動を設定する。
- ○ 伝え合い交流する場を工夫する。
- ○ 振り返り表現する機会を設ける。
- ○ 児童の多様性を生かし，学びをより豊かにする。

7 スタートカリキュラム

(1) スタートカリキュラムとは

小学校に入学した子どもたちがスムーズに学校生活へ適応していけるように編成した第1学年入学当初のカリキュラム（教育課程）のこと。幼稚園・保育所・認定こども園などの遊びや生活を通した学びと育ちを基礎として，主体的に自己を発揮し，新しい学校生活を創り出していくためのものである。文部科学省・国立教育政策研究所の教育課程研究センターが2015年1月に公表した。

(2) なぜ，スタートカリキュラム？

・スタートカリキュラムに幼児教育の考え方を取り入れることで，子どもに**安心感**が生まれる。

・スタートカリキュラムで幼児期の経験を小学校の学習につなぐと，子どもが自信をもち，**成長**していく。

・スタートカリキュラムを入り口として6年間を見通すことが，子どもの**自立**につながる。

(3) スタートカリキュラムの編成

① 基本的な考え方

○ 一人一人の子どもの成長の姿から編成する

幼稚園教育要領，保育所保育指針等を読んだり，実際に幼稚園・保育所等を訪問し教職員と意見交換をしたり，要録等を活用したりして，幼児期の学びと育ちの様子や指導の在り方を生かして編成する。

○ 子どもの発達を踏まえ，時間割や学習活動を工夫する

入学時の子どもは身体全体を使って学ぶという発達の特性がある。これを踏まえ，例えば20分や15分程度のモジュールで時間割を構成したり，活動性のある学習活動を行ったりするように工夫する。

○ 生活科を中心に合科的・関連的な指導の充実を図る

合科的・関連的な指導により，自らの思いや願いの実現に向けた活動をゆったりとした時間の中で進めていくことが可能となる。

○ 安心して自ら学びを広げる学習環境を整える

子どもが安心感をもち，自分の力で学校生活を送ることができるように学習環境を整える。子どもの実態を踏まえること，人間関係が豊かに広がること，学習のきっかけが生まれることなどの視点で子どもを取り巻く学習環境を見直す。

② **手順**

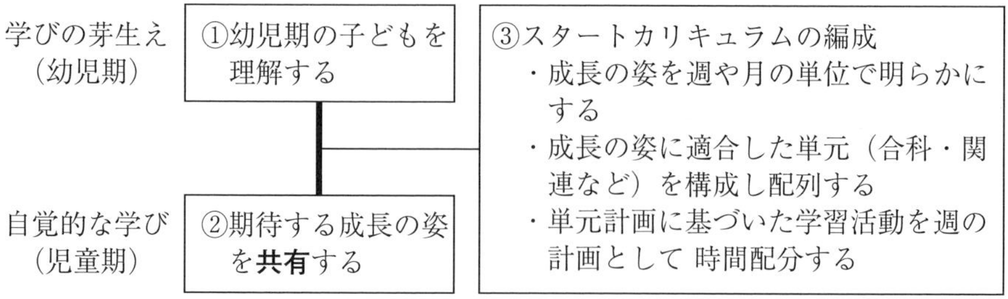

学びの芽生え（幼児期）	①幼児期の子どもを理解する	③スタートカリキュラムの編成 ・成長の姿を週や月の単位で明らかにする ・成長の姿に適合した単元（合科・関連など）を構成し配列する ・単元計画に基づいた学習活動を週の計画として 時間配分する
自覚的な学び（児童期）	②期待する成長の姿を**共有**する	

⑷ スタートカリキュラムの特質を生かした単元の構成

～学びを豊かにするポイント

○ **思いや願いを生かした学習活動を構成する**

生活の中で見付けた疑問を解決したり，子どもの思いや願いを実現したりすることで学ぶことへの意欲を高めていく。そのためにも，子どもの**つぶやき**を大切にして，子どもの**意識**の流れに沿った学校探検の計画を立てて実践する。

○ **体験をきっかけにして各教科等につなげる**

学校探検を通して，見付けたり，遊んだり，不思議だなと感じたり，やってみたいなと思ったりしたことが，「話したい」，「伝えたい」という気持ちにつながる。それは，例えば国語科における「話す・聞く」の学習活動などの**動機付け**となり，格好の学習材となる。

○ **生活上必要な習慣や技能が身に付くように指導する**

学校の公共性に意識を向けることで，学校の施設はみんなのものであること，学校にはみんなで気持ちよく生活するための決まりやマナーがあることなどに気付いたり，**学校生活のリズム**を身に付けたりすることができるように指導することが大切である。

確認問題

1　次は学習指導要領生活科の目標である。空欄に適語を入れよ。

具体的な活動や（　A　）を通して，身近な生活に関わる見方・考え方を生かし，自立し生活を豊かにしていくための資質・能力を次のとおり育成することを目指す。

(1)　活動や（　A　）の過程において，（　B　），（　C　），社会及び（　D　）の特徴やよさ，それらの関わり等に気付くとともに，生活上必要な習慣や（　E　）を身に付けるようにする。

(2)　（　C　），社会及び（　D　）を自分との関わりで捉え，（　B　）や自分の生活について考え，表現することができるようにする。

(3)　（　C　），社会及び（　D　）に自ら働きかけ，意欲や自信をもって学んだり生活を豊かにしたりしようとする態度を養う。

2　次は学習指導要領生活科の内容の一部である。空欄に適語を入れよ。

・（　A　）に関わる活動を通して，学校の施設の様子や（　A　）を支えている人々や友達，（　B　）の様子やその安全を守っている人々などについて考えることができ，学校での生活は様々な人や施設と関わっていることが分かり，楽しく安心して遊びや生活をしたり，安全な登下校をしたりしようとする。

・身近な自然を観察したり，季節や（　C　）に関わったりするなどの活動を通して，それらの違いや特徴を見付けることができ，自然の様子や四季の変化，季節によって（　D　）が変わることに気付くとともに，それらを取り入れ自分の生活を楽しくしようとする。

・動物を飼ったり植物を育てたりする活動を通して，それらの育つ場所，変化や（　E　）の様子に関心をもって働きかけることができ，それらは（　F　）をもっていることや（　E　）していることに気付くとともに，生き物への（　G　）をもち，大切にしようとする。

・自分たちの生活や（　H　）を身近な人々と伝え合う活動を通して，相手のことを想像したり伝えたいことや伝え方を選んだりすることができ，身近な人々と関わることのよさや楽しさが分かるとともに，進んで触れ合い交流しようとする。

2 学習活動

●ポイント

生活科における学習活動についての問題が出題される都道府県・市もある。そのねらいや具体的な活動内容，配慮事項などを自分なりに検討しておこう。また，動植物の飼育・栽培方法や草花の遊び方などについても確認しておこう。

1 学校探検

ねらい	○　校舎や校庭を巡りながら，学校の施設の様子や学校で働く人たちのことを知り，校内に自分の好きな場所を見つけることができるようにする。 ○　学校の施設や人，飼育動物や栽培植物などに愛着をもち，積極的に**学校生活**を送ることができるようにする。
活動の流れ〔例〕	①　教師と一緒に学校めぐりをし，探検の仕方を身に付ける。 ②　グループで，自分の行ってみたいところや会いたい人のところへ行く計画を立てる。 ③　探検グッズ(ワッペン，名刺，シールなど)を作る。 ④　校内を探検し，場所やもの，会いたい人を探す。 ⑤　校庭のいろいろな施設を見つける。 ⑥　見つけたことや気に入った場所などを，**絵**や言葉で発表したり展示したりする。
児童への支援	・気になる児童と一緒に行動する。 ・校内を巡回しながら，出会った児童たちに関わる。 ・あらかじめサポートが必要な場所に行き，児童に対応する。
配慮事項	・探検活動をする**日時**を校長や教頭，他学年の教師に伝え，事前に了解を求めておく。 ・事前に，予想される児童の動きを全校に知らせ，学校全体での協力を依頼する。 ・授業中に行うため，他の学級の迷惑にならないように，**廊下**の歩き方や見学の仕方についての約束ごとを指導しておく。

2 町探検

ねらい	○ 学校や自分の家を中心とした地域を調べたり，人々と交流したりすることを通して，自分たちの生活は，**地域の人々**の生活や様々な場所と関わっていることに気付く。 ○ 地域の自然や施設，人々の様子に関心をもち，友達と協力して町探検をすることによって，地域の自然や人との**新しい関わり**を広げることができる。 ○ 地域に**親しみ**をもち，人々と適切に接することや**安全**に生活することができるようにする。
活動の流れ〔例〕	① 学校や自分の家のまわりにあるもののうち，自分のお気に入りの場所を発表する。 ② みんなのお気に入りの場所を**地図**にまとめ，町探検の計画を立てる。 ③ 町探検に行く。 ④ 探検して**発見**したことや確かめたことなどを，絵や文にかいて発表したり展示したりする。
配慮事項	・事前に探検コースへ出向き，**危険**な箇所がないか確認しておき，行動の際に注意させる。 ・店の人に話を聞く場合などには，事前に活動の趣旨などを説明し協力を依頼する。その際，相手の都合を十分に配慮する。 ・道路の歩き方，横断歩道の渡り方など**交通安全指導**を行う。 ・決まったコース以外は歩かないことや，地域の人々への対応の仕方，緊急時の連絡方法など，探検する際の約束ごとを指導しておく。 ・他の教職員や保護者，地域の人々などの協力を得て，安全に十分配慮して活動する。

3 公園で遊ぼう

ねらい	○　公園に出かけ，遊具や自然に親しんだり，遊びを**工夫**したりしながら友達と楽しく遊ぶことができる。 ○　公共物や**公共施設**はみんなのもの，みんなのために役立っているものであることに気付く。 ○　公園での**ルール**やマナーを身に付け，**正しく**利用できるようにする。
活動の流れ〔例〕	①　公園までの行き帰りの歩き方や公園内での遊び方についての約束ごとを児童と相談して決める。 ②　安全に気を付けて公園に出かける。 ③　遊具や施設を**正しく**利用しながら，友達と一緒に楽しく遊ぶ。 ④　安全に気を付けて学校に戻る。 ⑤　公園で遊んで楽しかったことや見つけたことなどを，絵や文にかいて発表したり展示したりする。
配慮事項	・事前に，公園までの交通安全や危険箇所，公園内の**安全性**の確認をしておき，行動の際に注意させる。所要時間も確認しておく。 ・けがや事故にあった場合の対応や，緊急時の連絡態勢を整えておく。 ・遊び場を利用したり人と接したりする際の最低限のマナーを指導しておく。 ・他の教職員や保護者などの協力を得て，公園までの行き帰りや遊具，自然の様子などの**安全**に十分配慮する。 ・遊びが見つけられない児童には，集団ゲームを提案したり，草花を使った遊びを紹介したりして，仲間や遊びを広げる手助けをする。

4 動物の飼育

ねらい	○　飼育活動を通して動物とじかに触れ合い，それらの**育つ場所**，変化や**成長**の様子に興味・関心をもつことができるようにする。 ○　動物も自分たちと同じように**生命**をもっていることや成長していることに気付き，動物への**親しみ**をもち，大切にすることができるようにする。
配慮事項	・動物に対する**アレルギー**をもっている児童がいないか，事前に保護者に確認し，適切な対応をする。 ・動物に触ったり遊んだりした後は，必ず石けんで手を洗うよう指導する。 ・ウサギなどの小動物を飼育する場合は，地域の獣医師と連携し，病気や飼育についてのアドバイスを受けられるような態勢を作っておく。 ・生き物に触れない児童には，無理に触らせず，徐々に慣らしていくようにする。

(1) 生き物の選定条件

・学校の飼育小屋や教室などで飼育が可能である。
・低学年の児童が自分たちで安全に飼育ができる。
・成長のテンポが早く，低学年でもその変化に気付くことができる。
・えさの確保が容易である。

(2) 小動物の飼い方

① ウサギ

〈抱き方〉頭の後ろをもちながら首すじをしっかりとつかみ，もう一方の手でしりを抱え込むようにする。そして，自分の胸から腹にウサギの足と腹部を密着させて抱く。

※耳には神経や毛細血管が集中しているため，つかんではいけない。

〈飼育方法〉・暑さや寒さに弱いため，夏は風通しのよい涼しいところ，冬はすきま風が入らないようにして，日当たりのよい暖かいところで飼う。
・湿り気に弱いため，小屋の床は，すのこなどを使って二重にしておく。
・地下にコンクリートや金網で囲いをし，穴を掘っても逃げられないようにする。

・飲み水を与える。

・えさは，キャベツ，ニンジンなどの野菜や，タンポポ，オオバコなどの野草。

・夜に活動的になるため，夕方はえさを多めに与える。

〈留意点〉・水に濡れると病気になりやすいため，注意する。

・毎日の観察の際に，目やにや耳だれ，軟便などの異常がないか注意してみる。

・雄同士は狭い空間に入れておくとけんかをするため，別々に飼育する。

② **チャボ**

〈抱え方〉後ろから胸の前に両手をまわし，羽根と腹を押さえてもつ。

〈飼育方法〉暑さに弱いため，夏は風通しのよい涼しいところで飼う。冬はムシロなどを下げて北風を防ぐ。

〈留意点〉・多頭飼育をしない。

・ウサギと同じ小屋に入れない。ウサギの目をつつくことがある。

③ **ザリガニ**

〈飼育方法〉・水槽に小石や砂を敷き，隠れ家になるもの（植木鉢のかけらなど）を入れる。

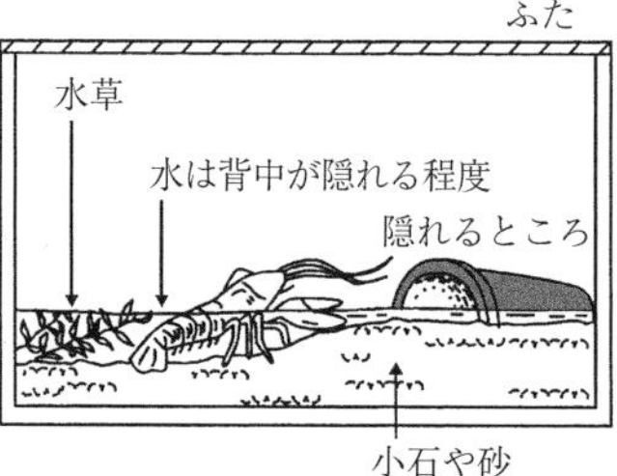

・酸素不足を防ぐため，水草またはエアポンプを入れる。

・はい出さないように重みのあるふたをする。

・日の当たらない涼しいところで飼う。

・水は夏には背中が隠れる程度に，冬には多く入れる。

・えさで水が汚れるため，汲み置きした水と定期的に取り替える。

〈留意点〉大きさの異なるザリガニ同士は共食いをするため，大きさに差のないものを少数で飼育する（幅60cmの水槽で2匹程度）。

5 植物の栽培

ねらい	○　草花と野菜の**栽培**や**収穫**を通して植物とじかに触れ合い，それらの育つ場所，変化や成長の様子に興味・関心をもつことができるようにする。 ○　植物も自分たちと同じように**生命**をもっていることや成長していることに気付き，植物への親しみをもち，**大切**にすることができるようにする。
児童への支援	・成長してから折れたり，芽が出てこなかったりした場合には，もう一度種をまいたり苗を植えたりする，友達同士で分け合うなどの解決ができるように児童に投げかける。また，教師側もあらかじめ種をまいておき，失敗した児童に対応できるよう準備しておく。 ・持続性の弱い児童に対しては，目のつきやすいところに植木鉢を置き，教師と一緒に楽しみながら水やりをしたり，グループ内で助け合って世話をするよう継続的に声がけをしたりする。

〈春まき・秋まきに適した植物〉

	草　花	野　菜
春まき・春植え	**アサガオ**，**オシロイバナ**，コスモス，**サルビア**，**ヒマワリ**，**ホウセンカ**，**マリーゴールド**	**オクラ**，キュウリ，シシトウ，エダマメ，トウモロコシ，ナス，ピーマン，ミニトマト，ラッカセイ
秋まき・秋植え	アネモネ，スイセン，スイートピー，**チューリップ**，ヒヤシンス	アブラナ，イチゴ，エンドウ，ダイコン，ニンジン

※春・秋ともに種まきのできる野菜…コマツナ，ハツカダイコン，ニラなど

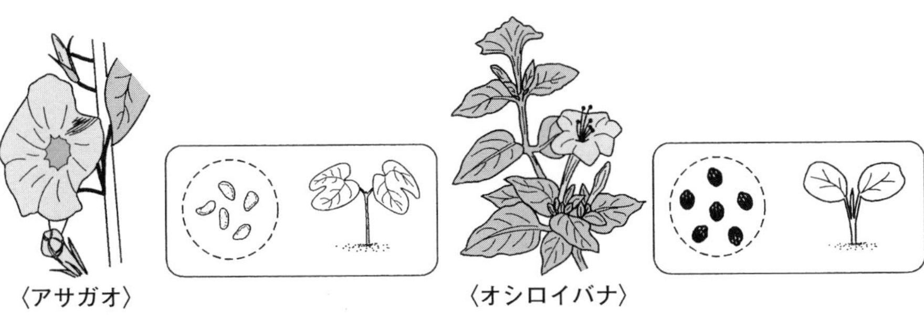

〈アサガオ〉　〈オシロイバナ〉

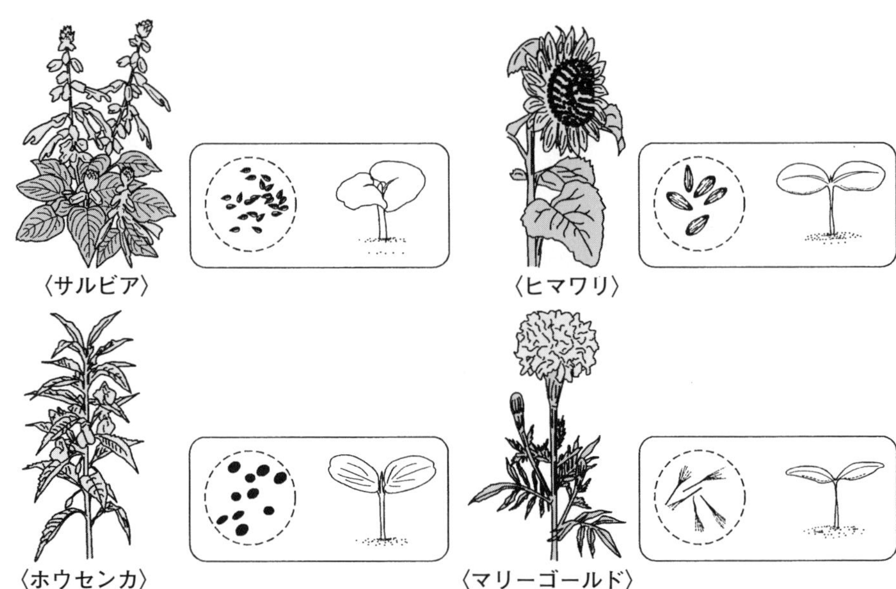

〈植え方・育て方〉

種類	種まき・苗植え	その他
アサガオ	・種をまく前に，数時間～一昼夜水に浸して吸水させる。 ・深さ約2cmの穴をあけ，1粒ずつ種をまく（5～7号鉢に2～3粒程度）。 ・種の背（曲面）を上にしてまくと発芽しやすい。	・つるが伸びてきたら（本葉7～8枚になったら）支柱を立てる。 ・つぼみができる頃に最初の追肥をする。 ・種子が十分熟してから種をとる。十分熟していないと翌年発芽しない。陰干しにして，十分乾燥させてから紙の袋などに保管する。
ミニトマト	・種をまく前にたっぷり水をやる。 ・土は種が隠れる程度にうすくかけ，水やりをしたらビニルの覆いで保温する。 ・水は根元にかける。	・苗は倒れやすいので，支柱を立てて，ひもで軽くとめる。 ・果実を大きくするため，葉のつけ根から出てくる**わき芽**はすべてつみ取り，主枝1本に仕立てる。 ・追肥は，最初の実が色づき始めたころに与え，以降は2～3週間に1回程度。 ・実が十分に赤く色づいたら収穫する。
エダマメ	・種をまく前に，数時間～一昼夜水に浸して吸水させる。 ・30cm間隔で，1ヵ所に2～3粒ずつまく。その上に2cm程度の土をかぶせる。	・根についている菌が窒素同化作用をもつため，土作りの際，他の苗よりも窒素肥料は少なくてよい。 ・本葉が2枚ぐらい出てきたら，小さい苗を間引いて1ヵ所につき1株にし，根元に土寄せする。

サツマイモ	・太くて生き生きした苗を，30cmくらいの間隔で，茎が6〜7cmくらい埋まるように植えつける。 30cm 40cm ・長い茎は**水平植え**または**舟底植え**に，短い茎は斜めに挿して植え，土をかけて軽く押さえておく。	・苗を植えてから1週間くらいは，まめに水をまき，乾燥しないように注意する。 〈調理法〉 ・**おさつチップ**（5mm幅に切り，ホットプレートやオーブントースターで焼く） ・**スイートポテト**（蒸したサツマイモをつぶし，砂糖，牛乳，卵黄，バターを加えて混ぜ合わせ，アルミ箔のカップに入れ，オーブントースターで焼く） ・**いも茶巾**（ゆでたサツマイモに砂糖，牛乳を加えて混ぜ合わせ，ラップにのせて絞る）
キュウリ	・種は，深さ約1cmの穴をあけ，1ヵ所に5〜6粒ずつまく。 ・乾燥を防ぐため刈り草やワラなどを敷き，水を十分に与える。	・つるが20〜30cmに伸び始めたら支柱を立て，50cmぐらいおきにひもで支柱につなぎとめる。 ・実は，子つると孫つるの1節目に雌花が付くので，2枚の葉を残して，その先はつみ取る。 ・肥料切れと乾燥に弱いため，定植後15日おきに追肥する。
トウモロコシ	・種は50cm間隔で，指で深さ3〜5cmの穴をあけ，1ヵ所に2〜3粒ずつまく（花粉が風によって運ばれる**他家受粉**をするので，受粉しやすいように近づけて植える）。	・発芽して本葉が2〜3枚出てきたら，間引いて1ヵ所1本にする。 ・葉が6〜9枚になるまでに追肥する。 ・間引いた後，穂が出るころまで時々土寄せをし，根元に枯れ草などを敷く。 ・連作が可能。
スイカ	・広い場所が必要なため，隣の苗と1m程度離して植える。	・つるが地面をはって伸びるため，雑草取りはまめに行う。 ・親づるとその根元から出る子づるを伸ばし，3本立てにする。孫づるはすべてつむ。 ・連作は避ける。

〈色水遊び〉

・**アサガオ，ダリア，グラジオラス，オシロイバナの花**，ヨウシュヤマゴボウの実などが適する。

・しおれかかった花でも，鮮明な色水が得られる。

・色水を使って絵や字を書いたり，しぼりぞめ，こすりぞめなどの遊び方がある。

〈草花遊び〉

草　花	遊び方
シロツメクサ	茎と茎を編んで首飾りや腕輪を作る。
タンポポ	茎の両端を裂き，水につけて反り返らせ，茎に竹ひごなどを通して水車や風車を作る。
オオバコ	・茎をお互いにひっかけて引っ張り合い，二人で**相撲ごっこ**をする。 ・葉の下の茎を筋（葉脈）が何本か出るようにして切り，その筋を引っ張ると葉がおじぎをする。 ・葉を上下から引っ張って，残った筋の本数や長さを比べる。
ナズナ	実の付いているところを引っ張って皮をむき，実が茎にぶら下がるようにして左右に回すとペンペンという音が出る。
スズメノテッポウ	穂つきの茎を取り，穂を引き抜いて残った葉を下に折り曲げ，**笛**にする。 ←穂を引き抜く この節を残す→ 切り取る→
クズ	手を筒状に軽く握り，その上に葉をのせ，一方の手でたたくとポンという音が出る。
オナモミ	実を投げて，服にくっつけて遊ぶ。
クマザサ	巻いた状態の葉を引き抜き，一度葉を開いてから巻き戻して，笛にする。

確認問題

3 「公園で遊ぼう」の授業をするにあたり，ねらいと配慮事項を2つずつ挙げよ。

4 ウサギを飼育する際の注意点として，正しいものをすべて選べ。

① ウサギを抱いて遊ぶときは，耳もとをつかんで抱っこするとよい。

② ウサギは暑さや寒さに弱いため，夏は風通しのよい涼しいところ，冬は日あたりのよい暖かいところで飼う。

③ 穴を掘って逃げられないように，地下にコンクリートや金網で囲いをする。

④ ウサギに水を飲ませると下痢をする場合があるため，水は与えなくてもよい。

5 生活科で植物を育てる活動をする場合，春まきに適した植物を次から2つ選べ。

ア．ホウセンカ　イ．スイセン　ウ．マリーゴールド
エ．チューリップ　オ．スイートピー

6
音楽

Open Sesame

1 学習指導要領

●ポイント

『学習指導要領』については，教科目標の空欄補充問題と，各学年の目標及び内容に関する空欄補充問題，学年を答える問題に対応できるようにしておこう。各学年の目標及び内容（特に〔共通事項〕）については，系統表でそれぞれの項目を比較しながらキーワードを中心に覚え，どの学年のものかしっかり把握しておく必要がある。特に，歌唱共通教材の曲名については頻出なので，確実に覚えておきたい。

1 音楽科改訂の要点（一部抜粋）

(1) 教科目標の改善

音楽科で育成を目指す資質・能力を「**生活や社会の中の音や音楽と豊かに関わる資質・能力**」と規定し，「知識及び技能」，「思考力，判断力，表現力等」，「学びに向かう力，人間性等」について示した。

(2) 学年目標の改善

従前は，「(1)音楽活動に対する興味・関心，意欲を高め，音楽を生活に生かそうとする態度，習慣を育てること」，「(2)基礎的な表現の能力を育てること」，「(3)基礎的な鑑賞の能力を育てること」の三つで示していたが，教科の目標の構造と合わせ，「(1)知識及び技能」，「(2)思考力，判断力，表現力等」，「(3)学びに向かう力，人間性等」の三つの柱で整理した。

(3) 内容の改善

① 構成の改善

「A表現」，「B鑑賞」に示していた各事項を，「A表現」では「知識」，「技能」，「思考力，判断力，表現力等」に，「B鑑賞」では「知識」，「思考力，判断力，表現力等」に再整理して示した。

② 「我が国や郷土の音楽」に関する学習の充実

これまで第5学年及び第6学年において取り上げる旋律楽器として例示していた**和楽器**を，**第3学年及び第4学年にも新たに位置付けること**とした。また，我が国や郷土の音楽の指導に当たっての配慮事項として,「音源や楽譜等の示し方,伴奏の仕方,曲に合った歌い方や楽器の演奏の仕方などの指導方法を工夫すること」を新たに示した。

2 音楽科の目標

表現及び**鑑賞**の活動を通して,**音楽的**な**見方・考え方**を働かせ,**生活**や**社会**の中の**音**や**音楽**と**豊か**に関わる**資質・能力**を次のとおり育成することを目指す。

⑴ **曲想**と**音楽の構造**などとの関わりについて**理解する**とともに,**表したい音楽表現**をするために**必要な技能**を身に付けるようにする。

⑵ **音楽表現**を**工夫**することや,音楽を**味わって聴く**ことができるようにする。

⑶ **音楽活動の楽しさ**を**体験**することを通して,**音楽を愛好する心情**と**音楽に対する感性**を育むとともに,**音楽に親しむ態度**を養い,**豊かな情操**を培う。

● **音楽的な見方・考え方**

音楽に対する感性を働かせ,音や音楽を,音楽を形づくっている要素とその働きの視点で捉え,自己のイメージや感情,生活や文化などと関連付けること。

● **音楽に対する感性**

音楽的な刺激に対する反応,すなわち音楽的感受性のこと。音楽的感受性とは,音楽の様々な特性に対する感受性を意味し,具体的には,リズム感,旋律感,和音感,強弱感,速度感,音色感などであり,表現及び鑑賞の活動の根底に関わるものである。

● **音楽に親しむ態度**

我が国や諸外国の様々な音楽,及び様々な音楽活動に関心をもち,積極的に関わっていこうとする態度。さらに,学校内外の様々な音楽や音楽活動に主体的に関わっていく態度も含む。

3 各学年の目標

第1・2学年	(1) **曲想**と音楽の**構造**などとの関わりについて**気付く**とともに，音楽表現を楽しむために必要な歌唱，**器楽**，**音楽づくり**の**技能**を身に付けるようにする。 (2) 音楽表現を考えて表現に対する思いをもつことや，**曲**や**演奏**の**楽しさ**を見いだしながら音楽を味わって聴くことができるようにする。 (3) **楽しく**音楽に関わり，**協働**して音楽活動をする楽しさを感じながら，**身の回り**の様々な音楽に**親しむ**とともに，**音楽経験**を生かして生活を**明るく**潤いのあるものにしようとする態度を養う。
第3・4学年	(1) **曲想**と音楽の構造などとの関わりについて**気付く**とともに，**表したい**音楽表現をするために必要な歌唱，**器楽**，音楽づくりの**技能**を身に付けるようにする。 (2) 音楽表現を考えて表現に対する**思い**や**意図**をもつことや，曲や**演奏**の**よさ**などを見いだしながら音楽を味わって聴くことができるようにする。 (3) **進んで**音楽に関わり，**協働**して音楽活動をする楽しさを感じながら，様々な音楽に**親しむ**とともに，音楽経験を生かして生活を**明るく**潤いのあるものにしようとする**態度**を養う。
第5・6学年	(1) **曲想**と音楽の構造などとの関わりについて**理解**するとともに，表したい音楽表現をするために必要な**歌唱**，**器楽**，**音楽づくり**の**技能**を身に付けるようにする。 (2) 音楽表現を考えて表現に対する思いや**意図**をもつことや，**曲**や**演奏**の**よさ**などを見いだしながら音楽を味わって聴くことができるようにする。 (3) **主体的**に音楽に関わり，**協働**して**音楽活動**をする楽しさを味わいながら，様々な音楽に**親しむ**とともに，**音楽経験**を生かして**生活を明るく潤い**のあるものにしようとする**態度**を養う。

「知識及び技能」の習得に関する目標のうち，「知識」の習得については，表現領域及び鑑賞領域に関する目標を示している。「技能」の習得については，表現領域に関する目標を示している。

「思考力，判断力，表現力等」の育成に関する目標では，表現領域と鑑賞領域に関する目標を示している。

「学びに向かう力，人間性等」の涵養に関する目標では，全学年とも，冒頭に音楽に関わりとし，自ら音楽に関わっていくことが重要であることを示している。

● **協働して音楽活動をする楽しさ**

音や音楽及び言葉によるコミュニケーションを図りながら，友達と音楽表現をしたり音楽を味わって聴いたりする楽しさ。

● **様々な音楽に親しむこと**

表現や鑑賞の活動を通して，児童が我が国や諸外国の様々な音楽に出会い，それらの音楽に親しむようにすること。

4 各学年の内容・内容の取扱い

	第1学年及び第2学年	第3学年
A 表現	(1) 歌唱の活動を通して，次の事項を身に付けることができるよう指導する。…………	
	ア 歌唱表現についての知識や技能を得たり生かしたりしながら，**曲想**を感じ取って表現を工夫し，どのように歌うかについて思いをもつこと。 イ 曲想と音楽の構造との関わり，曲想と歌詞の表す情景や気持ちとの関わりについて気付くこと。 ウ **思い**に合った表現をするために必要な次の(ア)から(ウ)までの技能を身に付けること。 (ア) 範唱を聴いて歌ったり，**階名で模唱**したり**暗唱**したりする技能 (イ) **自分の歌声及び発音**に気を付けて歌う技能 (ウ) 互いの歌声や伴奏を聴いて，声を合わせて歌う技能	ア 歌唱表現についての りしながら，**曲の特徴** ように歌うかについて イ **曲想**と音楽の構造や歌 て気付くこと。 ウ **思いや意図**に合った表 (ア)から(ウ)までの技能を身 (ア) 範唱を聴いたり，**ハ** う技能 (イ) 呼吸及び**発音の仕方** のない**歌い方**で歌う技 (ウ) 互いの歌声や副次的 **を合わせて**歌う技能
	(2) 器楽の活動を通して，次の事項を身に付けることができるよう指導する。…………	
	ア 器楽表現についての知識や技能を得たり生かしたりしながら，**曲想を感じ取って**表現を工夫し，どのように演奏するかについて思いをもつこと。 イ 次の(ア)及び(イ)について気付くこと。 (ア) 曲想と音楽の構造との関わり (イ) 楽器の音色と演奏の仕方との関わり ウ 思いに合った表現をするために必要な次の(ア)から(ウ)までの技能を身に付けること。 (ア) 範奏を聴いたり，**リズム譜**などを見たりして演奏する技能 (イ) 音色に気を付けて，旋律楽器及び打楽器を演奏する技能 (ウ) 互いの楽器の音や伴奏を聴いて，音を合わせて演奏する技能	ア 器楽表現についての りしながら，曲の特徴 ように演奏するかにつ イ 次の(ア)及び(イ)につい (ア) **曲想**と音楽の構造 (イ) 楽器の音色や響き ウ 思いや意図に合った表 から(ウ)までの技能を身 (ア) 範奏を聴いたり， 奏する技能 (イ) **音色**や響きに気を を演奏する技能 (ウ) 互いの楽器の音や 音を合わせて演奏す

（注）表中の矢印は，左の項目及び事項と文章が同じであることを示す。

及び第4学年	第5学年及び第6学年
……………………………………………………………………→	
知識や技能を得たり生かしたを捉えた表現を工夫し，どの**思いや意図**をもつこと。	ア　歌唱表現についての知識や技能を得たり生かしたりしながら，曲の特徴に**ふさわしい**表現を工夫し，どのように歌うかについて思いや意図をもつこと。
詞の内容との関わりについ	イ　曲想と音楽の**構造**や歌詞の内容との関わりについて理解すること。
現をするために必要な次のに付けること。	ウ　**思いや意図**に合った表現をするために必要な次の(ア)から(ウ)までの技能を身に付けること。
長調の楽譜を見たりして歌	(ア)　範唱を聴いたり，**ハ長調及びイ短調**の楽譜を見たりして歌う技能
に気を付けて，自然で無理能	(イ)　呼吸及び発音の仕方に気を付けて，**自然で無理のない**，響きのある歌い方で歌う技能
な旋律，伴奏を聴いて，**声**	(ウ)　**各声部の歌声**や**全体の響き**，伴奏を聴いて，**声を合わせて**歌う技能
……………………………………………………………………→	
知識や技能を得たり生かしたを**捉えた表現**を工夫し，どのいて**思いや意図**をもつこと。	ア　器楽表現についての知識や技能を得たり生かしたりしながら，曲の特徴にふさわしい表現を工夫し，どのように演奏するかについて**思いや意図**をもつこと。
て気付くこと。	イ　次の(ア)及び(イ)について理解すること。
との関わり	(ア)　曲想と音楽の構造との関わり
と演奏の仕方との関わり	(イ)　多様な楽器の音色や響きと演奏の仕方との関わり
現をするために必要な次の(ア)に付けること。	ウ　思いや意図に合った表現をするために必要な次の(ア)から(ウ)までの技能を身に付けること。
ハ長調の楽譜を見たりして演	(ア)　範奏を聴いたり，**ハ長調及びイ短調**の楽譜を見たりして演奏する技能
付けて，**旋律楽器及び打楽器**	(イ)　音色や響きに気を付けて，**旋律楽器及び打楽器**を演奏する技能
副次的な旋律，伴奏を聴いて，る技能	(ウ)　各声部の楽器の音や**全体の響き**，伴奏を聴いて，音を合わせて演奏する技能

	第1学年及び第2学年	第3学年
A表現	(3) **音楽づくり**の活動を通して，次の事項を身に付けることができるよう指導す	
	ア　音楽づくりについての知識や技能を得たり生かしたりしながら，次の(ア)及び(イ)をできるようにすること。 (ア)　**音遊び**を通して，音楽づくりの発想を得ること。 (イ)　どのように音を音楽にしていくかについて**思い**をもつこと。	ア　音楽づくりについて したりしながら，次の こと。 (ア)　**即興的**に表現するこ 想を得ること。 (イ)　**音を音楽へと構成**す まとまりを意識した や**意図**をもつこと。
	イ　次の(ア)及び(イ)について，それらが生み出す**面白さ**などと関わらせて気付くこと。 (ア)　**声や身の回りの様々な音**の特徴 (イ)　音やフレーズのつなげ方の特徴	イ　次の(ア)及び(イ)につい 面白さなどと関わらせ (ア)　いろいろな音の響 (イ)　音やフレーズのつ
	ウ　発想を生かした表現や，**思い**に合った表現をするために必要な次の(ア)及び(イ)の技能を身に付けること。 (ア)　設定した条件に基づいて，即興的に音を選んだり**つなげたり**して表現する技能 (イ)　音楽の**仕組み**を用いて，**簡単な音楽**をつくる技能	ウ　発想を生かした表現 (ア)　設定した**条件**に基 (イ)　**音楽の仕組み**を用
B鑑賞	(1)　鑑賞の活動を通して，次の事項を身に付けることができるよう指導する。………	
	ア　鑑賞についての知識を得たり生かしたりしながら，曲や演奏の**楽しさ**を見いだし，**曲全体**を味わって聴くこと。	ア　鑑賞についての知識を と。
	イ　**曲想**と音楽の**構造**との関わりについて気付くこと。	イ　曲想及びその変化と， て気付くこと。
共通事項	(1)　「A表現」及び「B鑑賞」の指導を通して，次の事項を身に付けることができるよ	
	ア　音楽を形づくっている**要素**を聴き取り，それらの**働きが生み出す**よさや面白さ， こと。	
	イ　音楽を形づくっている**要素**及びそれらに関わる身近な音符，休符，記号や**用語**について，音楽における**働きと関わらせて**理解すること。	イ　音楽を形づくっている せて理解すること。

及び第4学年	第5学年及び第6学年
る。…………→	
の知識や技能を得たり生か(ア)及び(イ)をできるようにする	ア　音楽づくりについての知識や技能を得たり生かしたりしながら，次の(ア)及び(イ)をできるようにすること。
とを通して，音楽づくりの発	(ア)　**即興的**に表現することを通して，音楽づくりの様々な**発想**を得ること。
ることを通して，どのように音楽をつくるかについて**思い**	(イ)　**音を音楽へと構成**することを通して，どのように**全体**のまとまりを意識した音楽をつくるかについて思いや意図をもつこと。
て，それらが生み出すよさやて気付くこと。	イ　次の(ア)及び(イ)について，それらが生み出すよさや面白さなどと関わらせて理解すること。
きやそれらの組合せの特徴	(ア)　いろいろな**音の響き**やそれらの組合せの特徴
なげ方や重ね方の特徴	(イ)　音やフレーズのつなげ方や重ね方の特徴

や，思いや意図に合った表現をするために必要な次の(ア)及び(イ)の技能を身に付けること。

づいて，**即興的**に音を選択したり**組み合わせ**たりして表現する技能

いて，**音楽**をつくる技能

…………→

得たり生かしたりしながら，曲や演奏の**よさ**などを見いだし，曲全体を味わって聴くこ

音楽の構造との関わりについ	イ　曲想及びその変化と，音楽の構造との関わりについて理解すること。

う指導する。…………→

美しさを感じ取りながら，聴き取ったことと感じ取ったこととの関わりについて考える

要素及びそれらに関わる音符，休符，記号や用語について，音楽における働きと関わら

〈歌唱共通教材〉

	曲名	種別	作詞者・作曲者
第1学年	うみ	文部省唱歌	林柳波(はやしりゅうは)作詞・井上武士(いのうえたけし)作曲
	かたつむり	文部省唱歌	
	日のまる	文部省唱歌	高野辰之(たかのたつゆき)作詞・岡野貞一(おかのていいち)作曲
	ひらいたひらいた	わらべうた	
第2学年	かくれんぼ	文部省唱歌	林柳波作詞・下総皖一(しもふさかんいち)作曲
	春がきた	文部省唱歌	高野辰之作詞・岡野貞一作曲
	虫のこえ	文部省唱歌	
	夕やけこやけ		中村雨紅(なかむらうこう)作詞・草川信(くさかわしん)作曲
第3学年	うさぎ	日本古謡	
	茶つみ	文部省唱歌	
	春の小川	文部省唱歌	高野辰之作詞・岡野貞一作曲
	ふじ山	文部省唱歌	巌谷小波(いわやさざなみ)作詞
第4学年	さくらさくら	日本古謡	
	とんび		葛原しげる作詞・梁田貞(やなだただし)作曲
	まきばの朝	文部省唱歌	船橋栄吉(ふなばしえいきち)作曲
	もみじ	文部省唱歌	高野辰之作詞・岡野貞一作曲
第5学年	こいのぼり	文部省唱歌	
	子もり歌	日本古謡	
	スキーの歌	文部省唱歌	林柳波作詞・橋本国彦(はしもとくにひこ)作曲
	冬げしき	文部省唱歌	
第6学年	越天楽今様(えてんらくいまよう)（歌詞は第2節まで）	日本古謡	慈鎮(じちん)和尚作歌
	おぼろ月夜	文部省唱歌	高野辰之作詞・岡野貞一作曲
	ふるさと	文部省唱歌	高野辰之作詞・岡野貞一作曲
	われは海の子（歌詞は第3節まで）	文部省唱歌	

〈鑑賞教材〉

第1学年及び第2学年	第3学年及び第4学年	第5学年及び第6学年
ア　**我が国及び諸外国のわらべうたや遊びうた，行進曲**や**踊り**の音楽など体を動かすことの快さを感じ取りやすい音楽，日常の生活に関連して情景を思い浮かべやすい音楽など，いろいろな種類の曲	ア　**和楽器の音楽を含めた我が国の音楽，郷土の音楽**，諸外国に伝わる民謡など生活との関わりを捉えやすい音楽，劇の音楽，人々に長く親しまれている音楽など，いろいろな種類の曲	ア　**和楽器の音楽を含めた我が国の音楽**や諸外国の音楽など文化との関わりを捉えやすい音楽，人々に長く親しまれている音楽など，いろいろな種類の曲
イ　音楽を形づくっている要素の働きを感じ取りやすく，親しみやすい曲	イ　音楽を形づくっている要素の働きを感じ取りやすく，聴く楽しさを得やすい曲	イ　音楽を形づくっている要素の働きを感じ取りやすく，聴く喜びを深めやすい曲
ウ　楽器の**音色**や人の声の**特徴**を捉えやすく親しみやすい，いろいろな演奏形態による曲	ウ　楽器や人の声による演奏表現の違いを聴き取りやすい，独奏，重奏，独唱，重唱を含めたいろいろな演奏形態による曲	ウ　楽器の音や人の声が重なり合う響きを味わうことができる，合奏，合唱を含めたいろいろな演奏形態による曲

5　指導計画の作成と内容の取扱い

1　指導計画作成上の配慮事項

(1)　題材など内容や時間のまとまりを見通して，その中で育む**資質・能力**の育成に向けて，児童の**主体的・対話的**で深い学びの実現を図るようにすること。その際，音楽的な**見方・考え方**を働かせ，**他者と協働**しながら，**音楽表現**を生み出したり音楽を聴いてそのよさなどを見いだしたりするなど，思考，判断し，表現する**一連の過程**を大切にした学習の充実を図ること。

(2)　第2の各学年の内容の「A表現」の(1)，(2)及び(3)の指導については，ア，イ及びウの各事項を，「B鑑賞」の(1)の指導については，ア及びイの各事項を適切に関連させて指導すること。

(3)　第2の各学年の内容の〔**共通事項**〕は，表現及び鑑賞の学習において共通に必要となる**資質・能力**であり，「A表現」及び「B鑑賞」の指導と併せて，十分な指導が行われるよう工夫すること。

(4)　第2の各学年の内容の「A表現」の(1)，(2)及び(3)並びに「B鑑賞」の(1)の指導については，適宜，〔共通事項〕を要として**各領域**や分野の関連を図るようにすること。

(5)　国歌「君が代」は，**いずれの学年**においても**歌える**よう指導すること。

(6)　低学年においては，第1章総則の第2の4の(1)を踏まえ，**他教科**等との関連を**積極的**に図り，指導の効果を高めるようにするとともに，**幼稚園教育要領**等に示す**幼児期の終わり**までに育ってほしい姿との関連を考慮すること。特に，小学校入学当初においては，**生活科**を中心とした**合科的・関連的**な指導や，**弾力的**な**時間割**の設定を行うなどの工夫をすること。

(7)　障害のある児童などについては，学習活動を行う場合に生じる困難さに応じた指導内容や指導方法の工夫を計画的，組織的に行うこと。

(8)　第1章総則の第1の2の(2)に示す道徳教育の目標に基づき，**道徳科**などとの関連を考慮しながら，第3章特別の教科道徳の第2に示す内容について，音楽科の**特質**に応じて適切な指導をすること。

2　第2の内容の取扱いについての配慮事項

(1)　各学年の「A表現」及び「B鑑賞」の指導に当たっては，次のとおり取り扱うこと。

ア　音楽によって喚起された**イメージ**や感情，**音楽表現**に対する**思いや意図**，音楽を聴いて感じ取ったことや想像したことなどを伝え合い共感するなど，音や音楽及び言葉による**コミュニケーション**を図り，音楽科の**特質**に応じた**言語活動**を適切に位置付けられるよう指導を工夫すること。

イ　**音楽との一体感**を味わい，**想像力**を働かせて音楽と関わることができるよう，指導のねらいに即して**体を動かす活動**を取り入れること。

ウ　児童が様々な感覚を働かせて音楽への理解を深めたり，**主体的**に学習に取り組んだりすることができるようにするため，コンピュータや教育機器を**効果的**に**活用**できるよう指導を工夫すること。

エ　児童が学校内及び**公共施設**などの学校外における音楽活動とのつながりを意識できるようにするなど，児童や学校，地域の実態に応じ，生活や**社会**の中の音や音楽と**主体的**に関わっていくことができるよう配慮すること。

オ　表現したり鑑賞したりする多くの曲について，それらを創作した**著作者**がいることに気付き，学習した曲や自分たちのつくった曲を大切にする態度を養うようにするとともに，それらの**著作者**の**創造性を尊重**する意識をもてるようにすること。また，このことが，**音楽文化の継承，発展，創造**を支えていることについて理解する素地となるよう配慮すること。

(2)　和音の指導に当たっては，合唱や合奏などの活動を通して和音のもつ**表情**を感じ取ることができるようにすること。また，長調及び短調の曲においては，**Ⅰ，Ⅳ，Ⅴ及び$Ⅴ_7$**などの和音を中心に指導すること。

(3)　**我が国**や**郷土**の音楽の指導に当たっては，その**よさ**などを感じ取って表現したり鑑賞したりできるよう，**音源**や楽譜等の示し方，伴奏の仕方，曲に合った**歌い方**や楽器の演奏の仕方などの指導方法を工夫すること。

(4)　各学年の「A表現」の(1)の歌唱の指導に当たっては，次のとおり取り扱うこと。

ア　歌唱教材については，**我が国や郷土の音楽**に愛着がもてるよう，共通教材のほか，長い間親しまれてきた**唱歌**，それぞれの地方に伝承されている**わらべうた**や**民謡**など日本のうたを含めて取り上げるようにすること。

イ　**相対的な音程感覚**を育てるために，適宜，**移動ド唱法**を用いること。

ウ　変声以前から自分の声の特徴に関心をもたせるとともに，**変声期**の児童に対して適切に配慮すること。

(5)　各学年の「A表現」の(2)の楽器については，次のとおり取り扱うこと。

ア　各学年で取り上げる打楽器は，**木琴**，**鉄琴**，**和楽器**，**諸外国**に伝わる様々な楽器を含めて，**演奏の効果**，児童や学校の実態を考慮して選択すること。

イ　第1学年及び第2学年で取り上げる旋律楽器は，**オルガン**，**鍵盤ハーモニカ**などの中から児童や学校の実態を考慮して選択すること。

ウ　第3学年及び第4学年で取り上げる**旋律**楽器は，既習の楽器を含めて，**リコーダー**や鍵盤楽器，**和楽器**などの中から児童や学校の実態を考慮して選択すること。

エ　第5学年及び第6学年で取り上げる旋律楽器は，既習の楽器を含めて，**電子楽器**，和楽器，**諸外国**に伝わる楽器などの中から児童や学校の実態を考慮して選択すること。

オ　合奏で扱う楽器については，**各声部の役割**を生かした演奏ができるよう，**楽器の特性**を生かして選択すること。

(6)　各学年の「A表現」の(3)の**音楽づくり**の指導に当たっては，次のとおり取り扱うこと。

ア　**音遊びや即興的な表現**では，身近なものから**多様な音**を探したり，**リズムや旋律を模倣**したりして，音楽づくりのための**発想**を得ることができるよう指導すること。その際，適切な**条件**を設定するなど，児童が無理なく音を選択したり組み合わせたりすることができるよう指導を工夫すること。

イ　どのような音楽を，どのようにしてつくるかなどについて，児童の実態に応じて**具体的な例**を示しながら指導するなど，**見通し**をもって音楽づくりの活動ができるよう指導を工夫すること。

ウ　つくった音楽については，指導のねらいに即し，必要に応じて作品を**記録**させること。作品を**記録**する方法については，図や絵によるもの，**五線譜**など柔軟に指導すること。

エ　**拍のないリズム**，我が国の音楽に使われている音階や**調性にとらわれない音階**などを児童の実態に応じて取り上げるようにすること。

(7)　各学年の「B鑑賞」の指導に当たっては，**言葉**などで表す活動を取り入れ，曲想と音楽の構造との関わりについて気付いたり理解したり，曲や演奏の楽しさやよさなどを見いだしたりすることができるよう指導を工夫すること。

(8)　各学年の〔共通事項〕に示す「音楽を形づくっている要素」については，児童の**発達の段階**や指導のねらいに応じて，次のア及びイから適切に選択したり関連付けたりして指導すること。

ア　音楽を特徴付けている要素

音色，**リズム**，速度，旋律，**強弱**，音の重なり，和音の響き，音階，調，拍，**フレーズ**など

イ　**音楽の仕組み**

反復，呼びかけとこたえ，変化，音楽の**縦と横**との関係など

(9)　各学年の〔共通事項〕の(1)のイに示す「音符，休符，記号や用語」については，児童の**学習状況**を考慮して，次に示すものを音楽における働きと関わらせて理解し，**活用**できるよう取り扱うこと。

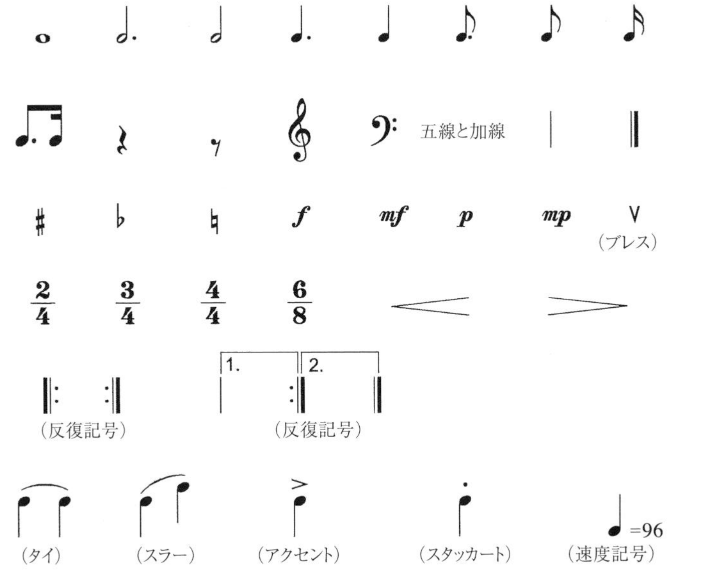

確認問題

1 次は，学習指導要領音楽科の目標である。空欄に適語を入れよ。

表現及び鑑賞の活動を通して，音楽的な見方・考え方を働かせ，生活や社会の中の音や音楽と豊かに関わる資質・能力を次のとおり育成することを目指す。

⑴ 曲想と音楽の構造などとの関わりについて理解するとともに，表したい（　A　）をするために必要な技能を身に付けるようにする。

⑵ （　A　）を工夫することや，音楽を味わって聴くことができるようにする。

⑶ 音楽活動の楽しさを体験することを通して，音楽を愛好する心情と音楽に対する（　B　）を育むとともに，音楽に親しむ態度を養い，豊かな（　C　）を培う。

2 音楽科の各学年の目標について，次の空欄に適語を入れよ。

〔第1学年及び第2学年〕

（　A　）音楽に関わり，協働して音楽活動をする楽しさを感じながら，身の回りの様々な音楽に親しむとともに，音楽経験を生かして生活を明るく潤いのあるものにしようとする態度を養う。

〔第3学年及び第4学年〕

（　B　）音楽に関わり，協働して音楽活動をする楽しさを感じながら，様々な音楽に親しむとともに，音楽経験を生かして生活を明るく潤いのあるものにしようとする態度を養う。

〔第5学年及び第6学年〕

（　C　）音楽に関わり，協働して音楽活動をする楽しさを味わいながら，様々な音楽に親しむとともに，音楽経験を生かして生活を明るく潤いのあるものにしようとする態度を養う。

3 次は学習指導要領音楽科で示されている鑑賞教材の選択の観点である。第1学年及び第2学年，第3学年及び第4学年，第5学年及び第6学年にそれぞれ分類せよ。

ア．音楽を形づくっている要素の働きを感じ取りやすく，聴く喜びを深めやすい曲

イ．和楽器の音楽を含めた我が国の音楽，郷土の音楽，諸外国に伝わる民謡など生活との関わりを捉えやすい音楽，劇の音楽，人々に長く親しまれている音楽など，いろいろな種類の曲

ウ．楽器や人の声による演奏表現の違いを聴き取りやすい，独奏，重奏，独唱，重唱を含めたいろいろな演奏形態による曲

エ．音楽を形づくっている要素の働きを感じ取りやすく，親しみやすい曲

オ．和楽器の音楽を含めた我が国の音楽や諸外国の音楽など文化との関わりを捉えやすい音楽，人々に長く親しまれている音楽など，いろいろな種類の曲

カ．我が国及び諸外国のわらべうたや遊びうた，行進曲や踊りの音楽など体を動かすことの快さを感じ取りやすい音楽，日常の生活に関連して情景を思い浮かべやすい音楽など，いろいろな種類の曲

4 次の歌唱共通教材はそれぞれ第何学年のものか答えよ。

(1)　こいのぼり　　(2)　かたつむり　　(3)　春がきた

(4)　ふるさと　　(5)　うさぎ　　(6)　さくらさくら

5 次は，学習指導要領音楽科の「指導計画の作成と内容の取扱い」の一部である。空欄に適語を入れよ。

(1)　国歌「君が代」は，いずれの学年においても（　A　）指導すること。

(2)　歌唱教材については，我が国や郷土の音楽に愛着がもてるよう，共通教材のほか，長い間親しまれてきた（　B　），それぞれの地方に伝承されている（　C　）や民謡など日本のうたを含めて取り上げるようにすること。

(3)　相対的な音程感覚を育てるために，適宜，（　D　）唱法を用いること。

2 音楽一般

●ポイント

音楽一般のうち楽典の項目は，音楽科の内容の中でも最も基礎的な知識になる。楽典は，記号的な要素が多く含まれているので，正しい学習法が必要である。また，各都道府県市の過去問題では，歌唱共通教材に関連して出題される傾向が多くみられるので，あわせて理解しておこう。西洋の音楽と日本の音楽に関する設問は頻出ではないが，各時代の音楽の特徴や主な作曲家と作品を確実に覚えておくと，容易に得点に結び付くことになる。

1 楽典

(1) 楽譜

① 譜表と音名

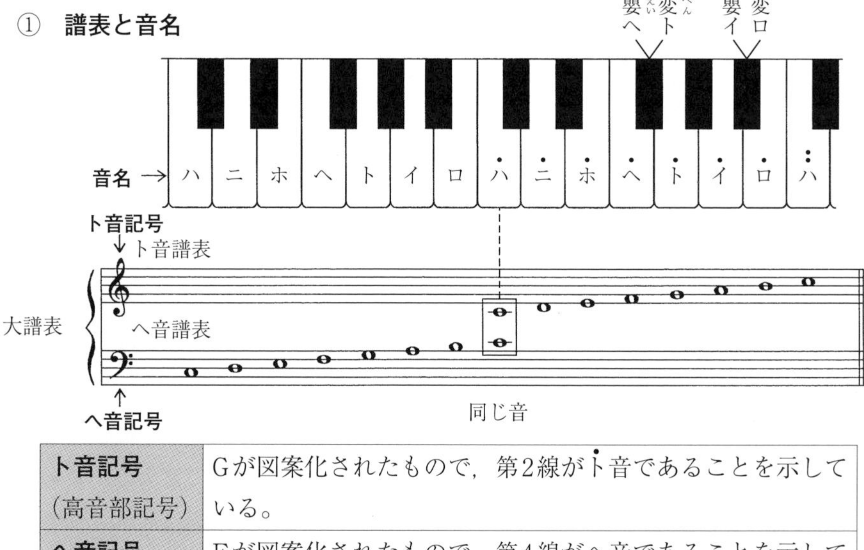

ト音記号（高音部記号）	Gが図案化されたもので，第2線がト音であることを示している。
ヘ音記号（低音部記号）	Fが図案化されたもので，第4線がヘ音であることを示している。
大譜表	ト音譜表とヘ音譜表を合わせたもの。

音名…調に関係なく，各音に付けられた名前。♯が付いた音は嬰（えい），♭が付いた音は変（へん）で示される。

※読み方：ハ…一点ハ

② **変化記号（音の高さの変化を表す記号）**

記号	読み方	意　味
♯	シャープ	半音上げる
♭	フラット	半音下げる
♮	ナチュラル	もとの高さで

調号…ト音記号やヘ音記号の右側にある♯や♭のこと。音階に変化記号が含まれるときに使い，曲の終わりまで有効。

臨時記号…音符の左側にある♯・♭・♮のこと。一時的に音高を変化させるために付けられ，その小節内だけに有効。

③ **小節と縦線**

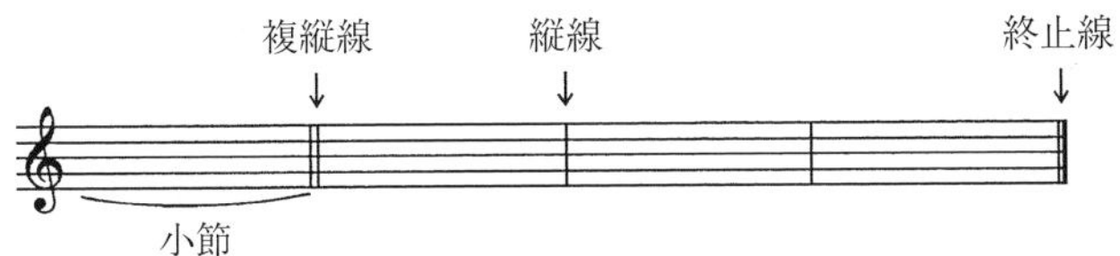

(2) **音符と休符**

① **音符と休符の種類**　　（※長さは4分音符を1としたときの割合）

音　符		長　さ	休　符	
𝅝	**全音符**	4	𝄻	**全休符**
𝅗𝅥.	**付点2分音符**	（𝅗𝅥＋𝅘𝅥）3（𝄼＋𝄽）	𝄼.	**付点2分休符**
𝅗𝅥	**2分音符**	2	𝄼	**2分休符**
𝅘𝅥.	**付点4分音符**	（𝅘𝅥＋𝅘𝅥𝅮）$1\frac{1}{2}$（𝄽＋𝄾）	𝄽.	**付点4分休符**
𝅘𝅥	**4分音符**	1	𝄽	**4分休符**
𝅘𝅥𝅮.	**付点8分音符**	（𝅘𝅥𝅮＋𝅘𝅥𝅯）$\frac{3}{4}$（𝄾＋𝄿）	𝄾.	**付点8分休符**
𝅘𝅥𝅮	**8分音符**	$\frac{1}{2}$	𝄾	**8分休符**
𝅘𝅥𝅯	**16分音符**	$\frac{1}{4}$	𝄿	**16分休符**

※全音符，全休符は長さに関わらず1小節のばしたり，休んだりする場合にも用いる。

② **3連符**

ある音符を3等分した音符

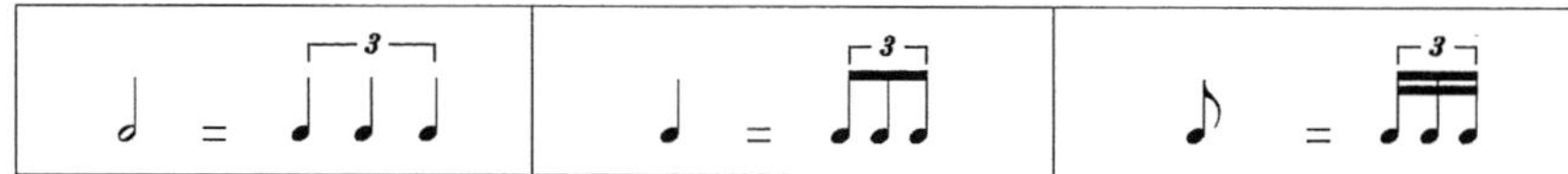

(3) 拍子

① **拍子記号**

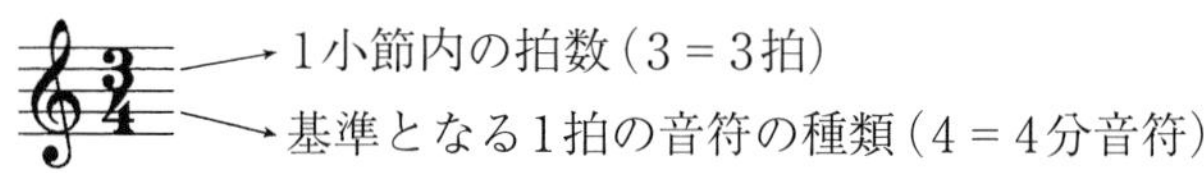

※読み方：4分の3拍子

意味：4分音符を1拍として，1小節に3拍ある拍子。

② **拍子の種類と指揮の例**

記号	読み方	1小節の拍数	指揮の例
$\frac{2}{4}$	4分の2拍子		
$\frac{3}{4}$	4分の3拍子		
$\frac{4}{4}$(C)	4分の4拍子		
$\frac{6}{8}$	8分の6拍子		

③　**弱起と強起**

弱起…曲が第1拍以外の拍（弱拍）から始まること。（※最初の小節と最後の小節を合わせて1小節の長さになる。最初の小節は1小節と数えない。）

（※①＝第1拍）

強起…曲が第1拍（強拍）から始まること。

(4)　**音程**

①　**音程と読み方**

音程…二つの音の高さの隔たりのこと。

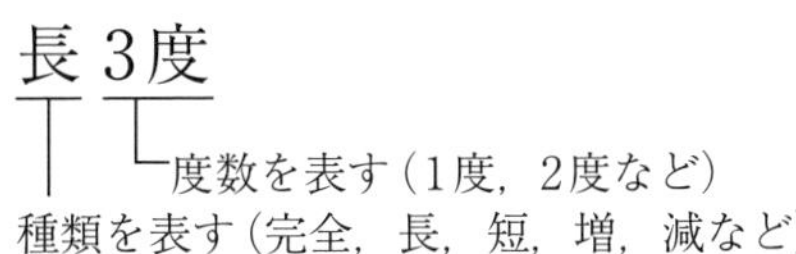

②　**半音と全音**

半音…1番近い音との関係（短2度）

全音…半音＋半音（長2度）

③　**二つの系列の関係**（※半音の増減により変化する）

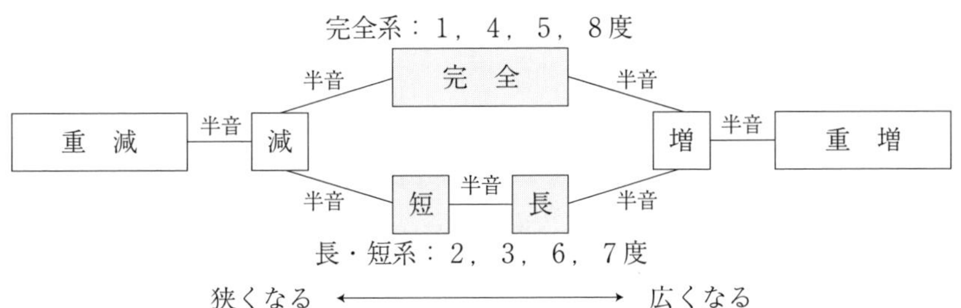

④　音程の判定表

度数＼半音の数	0	1	2
2・3度	長音程	短音程	
4・5度	増音程	完全音程	減音程
6・7度		長音程	短音程
8　度			完全音程

⑤　音程の例

完全1度　完全4度　完全5度　完全8度　長3度　短3度　長6度　短6度

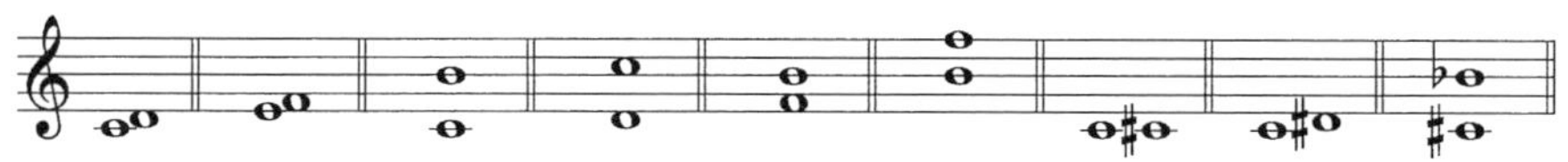

長2度　短2度　長7度　短7度　増4度　減5度　増1度　増2度　減7度

※完全8度は，**オクターブ**ともいう。

※1度には減音程は存在しない。

(5)　音階と調

①　音階の構成音と調

主　音	音階の基礎になる音であり，調の中心である。
下属音	音階上の第4音（主音の完全4度上）。
属　音	音階上の第5音（主音の完全5度上）。

階名…音名とは別に，音階の各音に付けられた名前。調によって音の高さが変わる（長調の主音＝ド，短調の主音＝ラ）。

音階…オクターブ内に，主音からの音の高さを順に配列したもの。配列によって長音階，短音階，五音音階，全音階など様々な音階が生まれる。
短音階には，自然的短音階と和声的短音階，旋律的短音階がある。

〈長音階〉

ハ長調

〈短音階（自然的短音階）**〉**

イ短調

（※ ⌣ ＝半音）

階名：　ド　レ　ミ　ファ　ソ　ラ　シ　ド

階名：　ラ　シ　ド　レ　ミ　ファ　ソ　ラ

ヘ長調

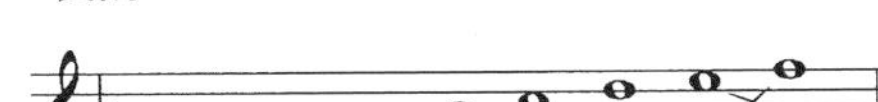

階名：　ド　レ　ミ　ファ　ソ　ラ　シ　ド

ニ短調

階名：　ラ　シ　ド　レ　ミ　ファ　ソ　ラ

②　関係調（近親調）

属　調	主調の音階の属音（第5音）を主音とする調。
下属調	主調の音階の下属音（第4音）を主音とする調。
平行調	調号の種類と数が同じ長調と短調（主調が長調なら平行調は短調，主調が短調なら平行調は長調）。
同主調（同名調）	主音が同じ長調と短調。

ハ長調を主調とした場合　　**イ短調**を主調とした場合

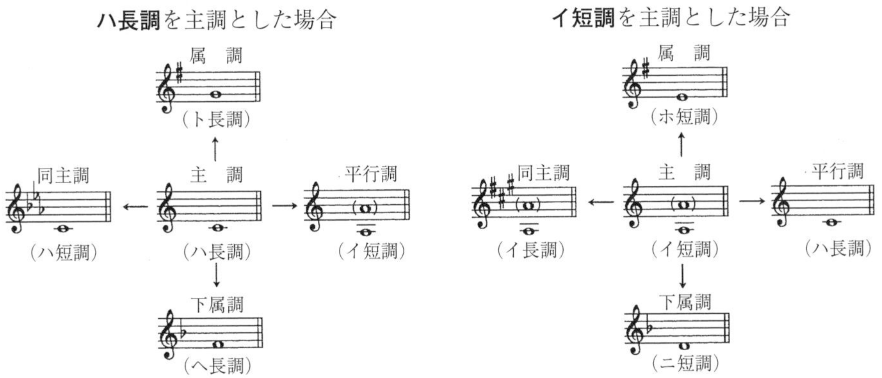

③ **移調**

曲の音程関係はそのままで，他の調に移しかえること。

例 ハ長調からヘ長調への移調（完全4度上げる）

(6) **和音**

① **和音**

和音………二つ以上の異なる音が，同時に響いたときに合成される音のこと。

和音記号…和音のよび方のことで，音階の何番めの音をもとにした和音かを表している。

※読み方：Ⅰ…1度の和音，Ⅳ…4度の和音，Ⅴ…5度の和音，
V_7…5度7の和音（属七の和音ともいう）

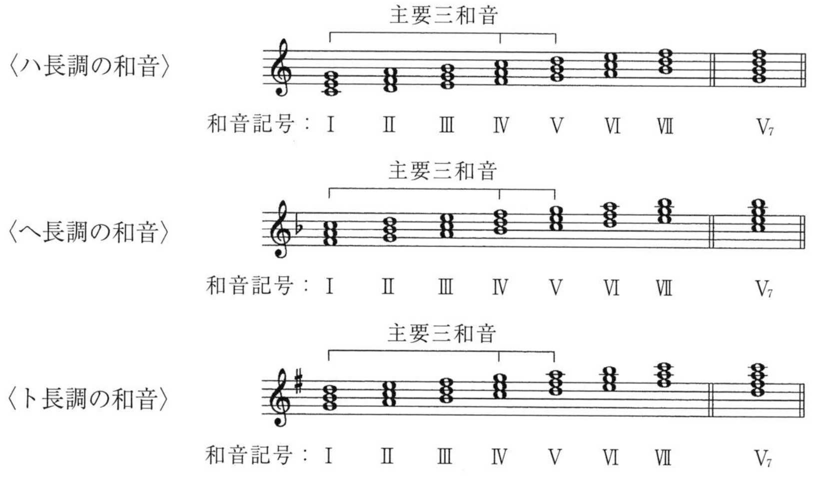

主要三和音…その調の中心的な和音で，Ⅰ（主和音），Ⅳ（下属和音），Ⅴ（属和音）のこと。

V_7の和音…Ⅴの和音に，根音（もとになる音）から数えて7度上の音を加えた和音のこと。

※和音は，音を重ねる順序を変えても同じ和音と判断する。

例　ハ長調：I

② 和音進行

和音の構造，連結，機能について詳しく理解するためには，和声学を専門的に勉強する必要がある。ここでは，小学校全科の筆記試験においてよく問われる形式に限定し，考え方を簡単に説明する。

Point Check

1）その曲が何調であるかを判断する。

2）その調の主要三和音を挙げる。

3）旋律と主要三和音を比べ，最も多く同じ音が重なる和音を選ぶ。

例　「主人は冷たい土の中に」（フォスター作曲）

1）何調であるか ⟶ ハ長調

2）ハ長調の主要三和音 ⟶

I　Ⅳ　V

3）　　の部分の音符より，和音を決定する

（注意）

曲の最後は，Ⅰ→V_7（またはⅤ）→Ⅰで終わることが多い。

※ⅤよりもV_7の方が楽曲の終止感が高いので，V_7が一般的。

③　コードネーム

和音の構成をアルファベットや数字で表したもの。調性や音階に影響されることなく，和音を表すことができる。

コードネームは英米音名で表される。

〈英米音名〉

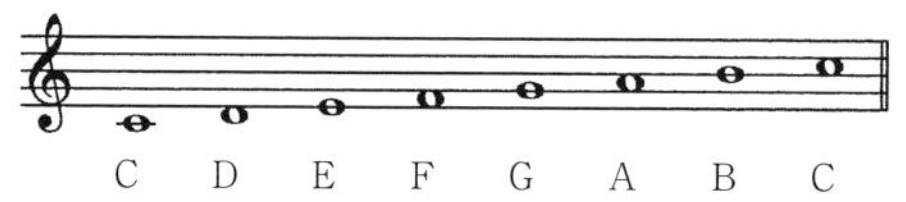

〈コードネームの示す主な内容〉

三和音の種類（長三和音（メイジャー・コード），短三和音（マイナー・コード），増三和音（オーグメント・コード），減三和音（ディミッシュ・コード））

付加音

Cm7 ＝

和音の形態

和音の根音の音名

〈**ハ長調**でよく使われるコード〉

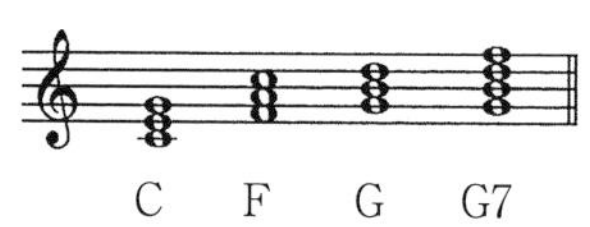

〈**ヘ長調**でよく使われるコード〉

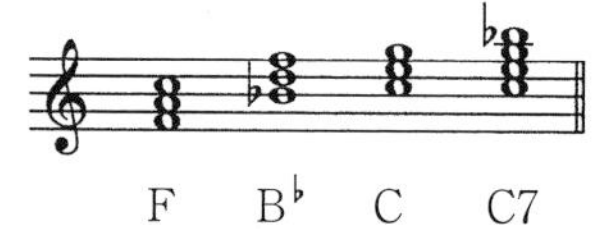

〈**ト長調**でよく使われるコード〉

〈**イ短調**でよく使われるコード〉

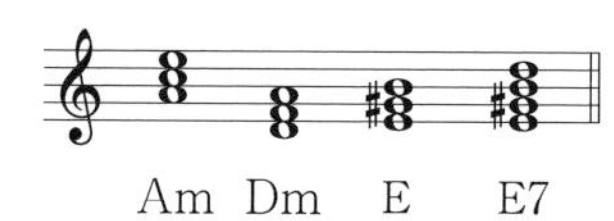

①で述べた主要三和音と対応していることに着目しよう

※読み方：C…Cメイジャー，Am…Aマイナー，G7…Gセブンス　など

(7) 楽曲の形式（歌曲形式）

① 形式の構造

形　式	楽曲のまとまりをつくるためのもの。
動　機	楽曲の最小の独立単位で，一般的に2小節で構成される。
小楽節	二つの動機が複合して構成される。
大楽節	二つの小楽節が複合して構成される。

（※楽節＝フレーズ）

② 形式の種類とその例

1）**一部形式**（一つの大楽節からなる）

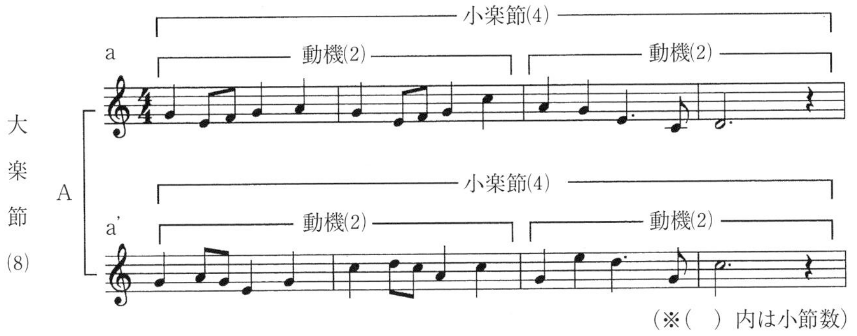

（※（　）内は小節数）

2）**二部形式**（二つの大楽節からなる）（※A・B：大楽節 a・a′・b・b′：小楽節）

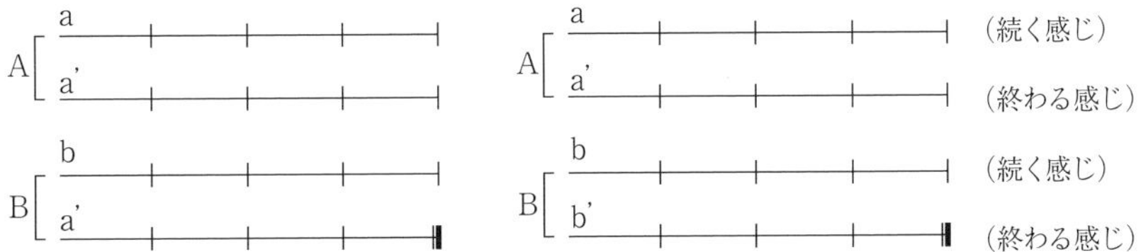

3）**三部形式**（三つの大楽節（あるいは小楽節）からなる）

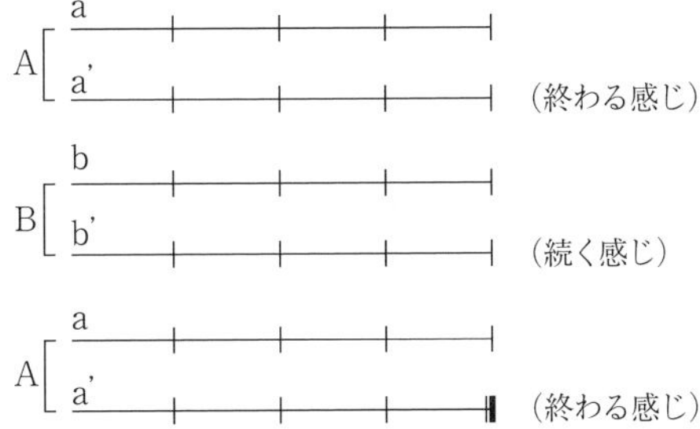

(8) 主要音楽記号・用語

① 強弱を示す記号・用語

記号・用語	読み方	意　味
pp	ピアニッシモ	とても弱く
p	ピアノ	弱く
mp	メッゾ・ピアノ	少し弱く
mf	メッゾ・フォルテ	少し強く
f	フォルテ	強く
ff	フォルティッシモ	とても強く
cresc.	クレシェンド	だんだん強く
decresc.	デクレシェンド	だんだん弱く
dim.	ディミヌエンド	

② 速さを示す記号・用語

記号・用語	読み方	意　味
Largo	ラルゴ	幅広くゆるやかに
Lento	レント	ゆるやかに
Adagio	アダージョ	ゆるやかに
Andante	アンダンテ	ゆっくり歩くような速さで
Moderato	モデラート	中ぐらいの速さで
Allegretto	アレグレット	やや速く
Allegro	アレグロ	速く
Presto	プレスト	急速に
ritardando(rit.)	リタルダンド	だんだん遅く
a tempo	ア・テンポ	もとの速さで
♩= 120	1分間に♩を120打つ速さで	

③ 発想を示す用語

用語	読み方	意　味
agitato	アジタート	激しく
amabile	アマービレ	愛らしく
brillante	ブリランテ	はなやかに
cantabile	カンタービレ	歌うように
con brio	コン・ブリオ	生き生きと
dolce	ドルチェ	甘くやわらかに
espressivo	エスプレッシーヴォ	表情豊かに
grazioso	グラツィオーソ	優雅に，優美に
maestoso	マエストーソ	荘厳に

④ 奏法を示す記号

記号	読み方	意　味
	スタッカート	その音を短く切る
	テヌート	その音の長さを十分に保って
	アクセント	その音を目立たせる
	フェルマータ	その音符や休符をほどよくのばす
	タイ	同じ高さの二つの音符をつなぐ
	スラー	高さの違う二つ以上の音符をなめらかに
V	ブレス	息つぎのしるし

⑤　反復記号

1）進行を示す記号

記号・用語	読み方	意　味
𝄆 𝄇	反復記号 （リピート）	反復記号の間をくり返す
D.C.	ダ・カーポ	始めに戻る
D.S.	ダル・セーニョ	𝄋（セーニョ）に戻る
Fine	フィーネ	終わり
𝄌	ビーデ	（*to*）𝄌から𝄌（**Coda**）へとぶ
Coda	コーダ	結び

2）演奏順序例

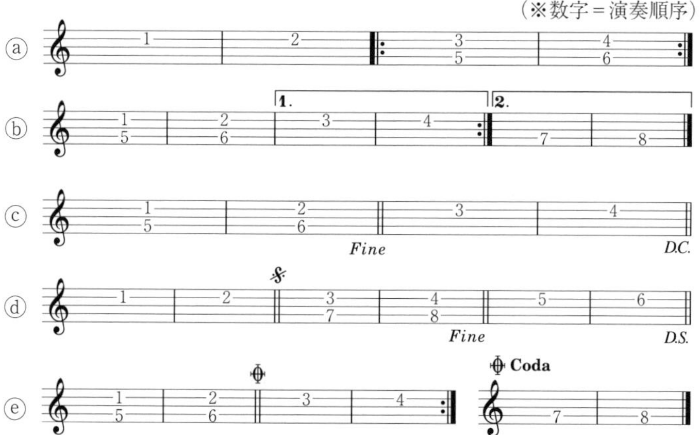

2 西洋音楽の楽曲の種類と演奏形態

(1) 西洋音楽の楽曲（器楽曲）の種類

交響曲（シンフォニー）	ソナタ形式の楽章をもつ多楽章からなる管弦楽曲。
協奏曲（コンチェルト）	ソナタ形式の楽章をもつ独奏楽器と管弦楽のための曲。
交響詩	単一楽章の管弦楽曲で標題音楽の一種。自然や文学的な内容などを自由な形で描く音楽。
ソナタ	ソナタ形式の楽章をもつ多楽章からなる独奏楽器のための曲。
序曲	歌劇（オペラ）や組曲などの冒頭に演奏する管弦楽曲。演奏会用として独立した作品もある。
前奏曲（プレリュード）	序曲とほぼ同じ。他の楽曲へ導入的役割をする器楽曲，及び独立した楽曲。管弦楽のほか，独奏曲も多く，形式も比較的自由。
練習曲（エチュード）	演奏技術を高め，表現力をみがくことを目的として書かれた曲。
無言歌	歌曲のような様式をもつロマン派のピアノ曲。
狂詩曲（ラプソディ）	物語的な内容と叙事的，英雄的，民族的な色彩をもつ曲。
トッカータ	即興的な部分をもつ鍵盤楽器のための曲。

※ソナタ形式…提示部，展開部，再現部で構成されている形式（冒頭に序奏がきたり，最後にコーダが付けられたりすることもある）。古典派時代に確立され，交響曲や協奏曲などに取り入れられた。

(2) 演奏形態

① 器楽曲

1）管弦楽の楽器

管楽器	木管楽器	ピッコロ，フルート，クラリネット，オーボエ，イングリッシュホルン，ファゴット，サクソフォーンなど
	金管楽器	トランペット，ホルン，トロンボーン，チューバ，コルネット，ユーフォニアムなど
弦楽器		バイオリン，ビオラ，チェロ，コントラバス，ハープなど
打楽器		大太鼓，小太鼓，ティンパニ，シンバル，トライアングル，カスタネット，マリンバ，シロフォン，ボンゴなど
鍵盤楽器		パイプオルガン，チェンバロ，ピアノなど

・ピッコロ

・フルート

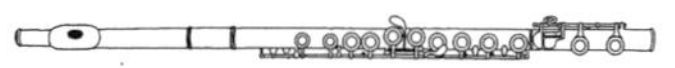

・イングリッシュホルン

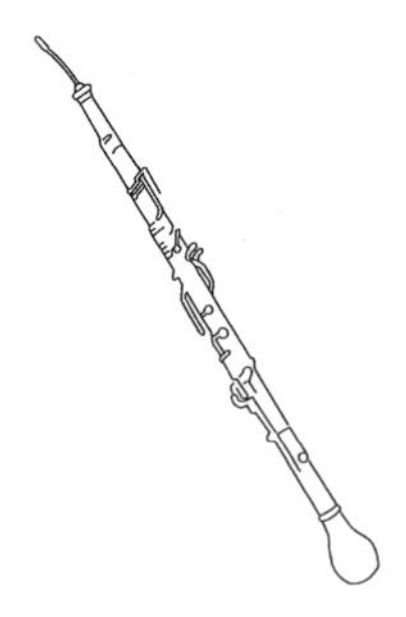

・ファゴット

・サクソフォーン

・ホルン

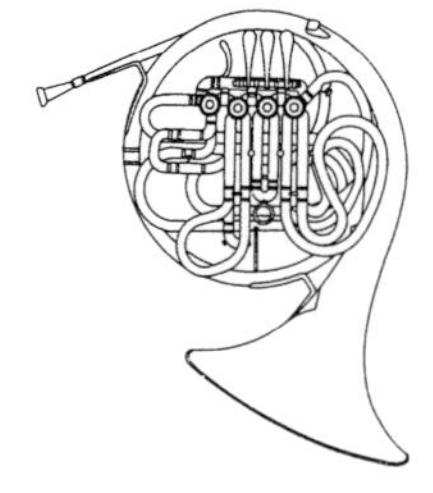

・トロンボーン

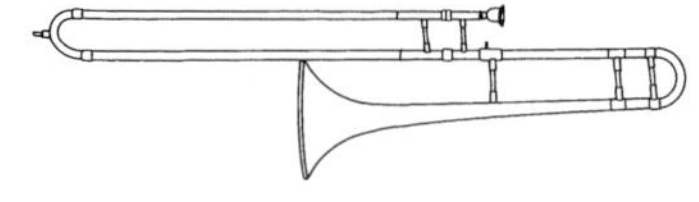

・ティンパニ

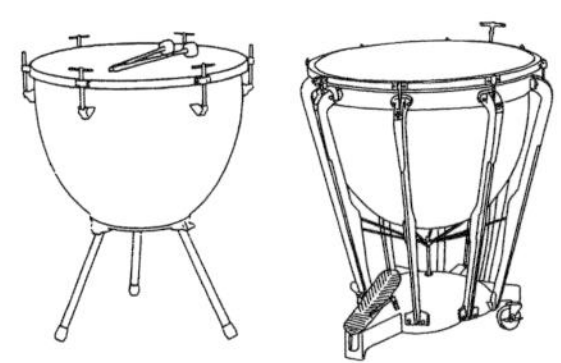

・マリンバ

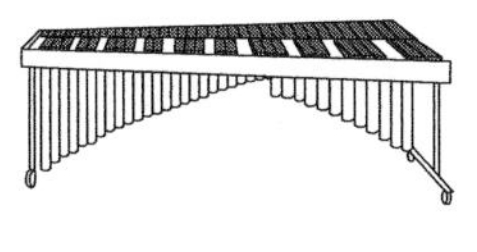

2）**演奏形態**

独　奏		一人で楽器を演奏すること。（ピアノ独奏，チェロ独奏など）
重奏	**ピアノ五重奏**	ピアノ・第1バイオリン・第2バイオリン・ビオラ・チェロ（※ピアノ・バイオリン・ビオラ・チェロ・コントラバスの編成もある。）
	弦楽四重奏	第1バイオリン・第2バイオリン・ビオラ・チェロが一般的
合奏	**管弦楽**（オーケストラ）	管楽器・弦楽器・打楽器の合奏
	吹奏楽（ブラスバンド）	管楽器・打楽器の合奏

② **声楽曲**

1）**パート**

女声	ソプラノ	（高）
	メッゾ・ソプラノ	↑
	アルト	
男声	テノール	
	バリトン	↓
	バス	（低）

2）**演奏形態**

独　唱	一つのふしを一人で歌う。（ソプラノ独唱，テノール独唱など）
斉　唱	一つのふしを二人以上で歌う。
重　唱	複数のふしをそれぞれ一人ずつで歌う。（二重唱（デュエット），三重唱（トリオ）など）
合　唱	複数のふしをそれぞれ二人以上で歌う。（混声四部合唱：ソプラノ・アルト・テノール・バス，女声二部合唱，男声三部合唱など）
ア・カペラ	無伴奏の合唱及び合唱曲。

3　世界の民族楽器

(1)　世界の諸民族の楽器

ラテン・アメリカ	コンガ，ボンゴ，ケーナ
ヨーロッパ	アルプホルン（アルプス地方），バグパイプ（スコットランド，アイルランド，イングランド），バラライカ（ロシア），ナイ（ルーマニア）
アジア	伽倻琴（カヤグム）（朝鮮半島），二胡〔アルフー〕（中国），馬頭琴〔モリンホール〕（モンゴル），シタール（インド），トガトン（フィリピン）

・コンガ

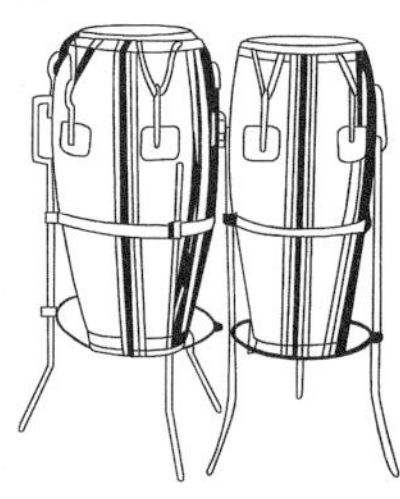

・ボンゴ

・ケーナ

・アルプホルン

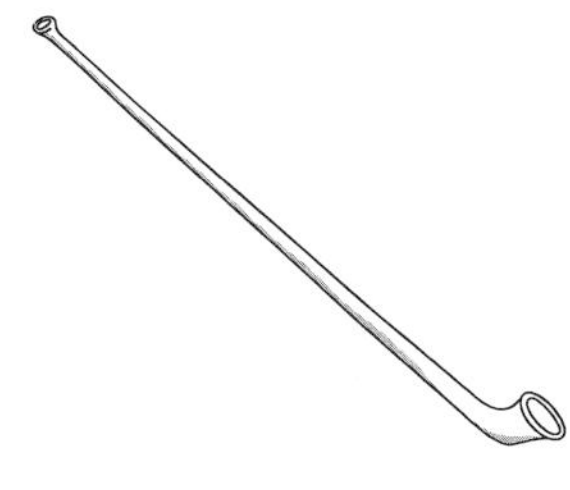

・バラライカ

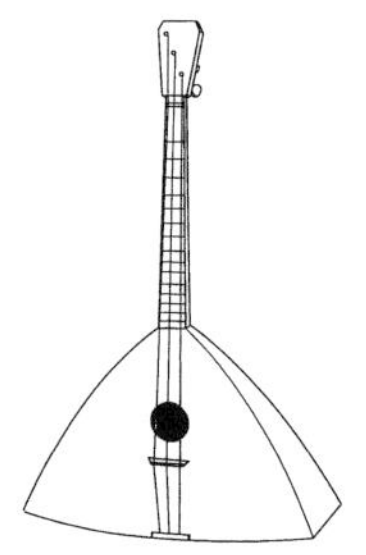

・バグパイプ

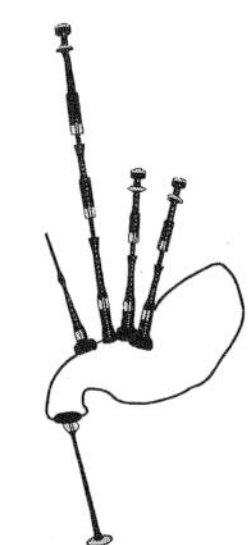

・馬頭琴

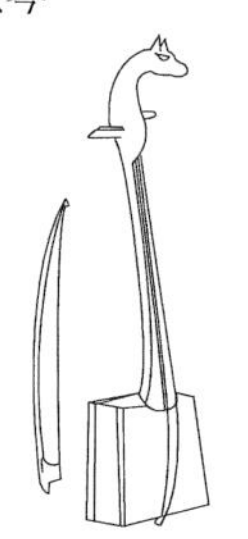

・シタール

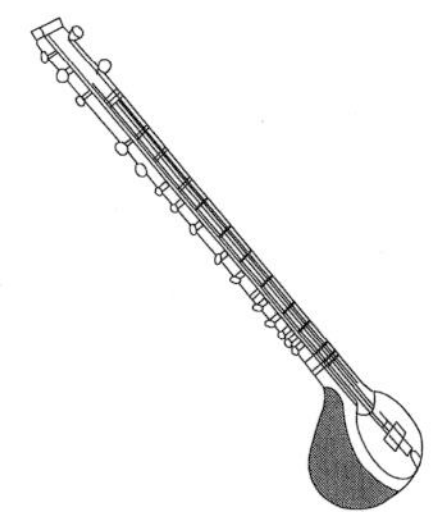

(2) 日本の伝統楽器（和楽器）

三味線	16世紀頃に中国から沖縄経由で日本に伝えられ，江戸時代に完成した。3本の弦は，それぞれ太さが異なり，撥で音を出す。本調子（ほんちょうし），二上（にあ）がり，三下（さんさ）がりといった調弦法がある。文楽（人形浄瑠璃）で用いられる。
箏（こと）	奈良時代に中国から日本に伝えられた。胴に**13本**の弦を張り，**柱（じ）**とよばれる駒を動かして音の高さを調節する。平調子（ひらぢょうし），雲井調子（くもいぢ(ぢ)ょうし）といった演奏法がある。
尺八	奈良時代頃に中国から朝鮮半島経由で日本に伝えられた。一尺八寸（約54.5cm），5孔（表4孔，裏1孔）のものが最もよく用いられる。
篠笛	歌舞伎の長唄囃子（はやし）や民俗芸能などに幅広く用いられている。

※三曲合奏（三曲）…一般的に箏，尺八，三味線の三重奏のこと。

・三味線

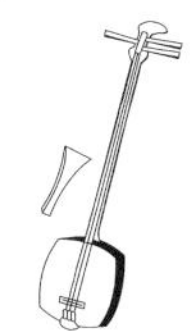

・箏

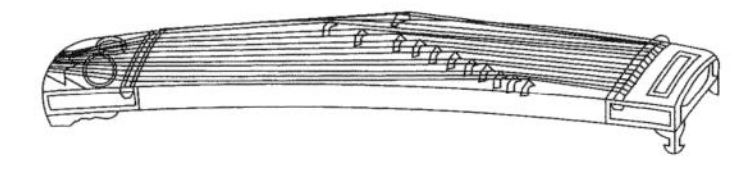

・尺八

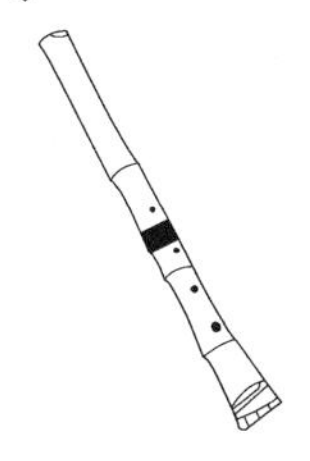

・篠笛

・小鼓

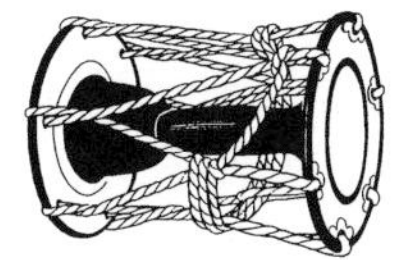

・笙

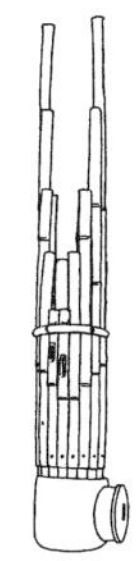

4 西洋の音楽と日本の音楽

(1) 西洋の音楽（主な音楽家と作品）

① バロック（1600～1750年頃）

ヴィヴァルディ 1678～1741年 イタリア	バロック時代の協奏曲の形式を完成 合奏協奏曲集『和声と創意の試み』より第1集「四季」
J. S. バッハ 1685～1750年 ドイツ	**音楽の父** オルガン曲「小フーガ ト短調」，宗教曲「マタイ受難曲」，ブランデンブルク協奏曲
ヘンデル 1685～1759年 ドイツ→イギリス	**音楽の母** 管弦楽組曲「水上の音楽」「王宮の花火の音楽」，オラトリオ「救世主（メサイア）」

＊オペラの誕生
＊通奏低音の流行
＊調性音楽の確立
＊器楽の発達

② 古典派（1750～1820年頃）

ハイドン 1732～1809年 オーストリア	**交響曲の父　古典派音楽の父** 交響曲第94番「驚愕」第101番「時計」，オラトリオ「天地創造」
モーツァルト 1756～91年 オーストリア	**神童** オペラ「フィガロの結婚」「魔笛」，交響曲第41番「ジュピター」，セレナード「アイネ・クライネ・ナハトムジーク」，ピアノ曲「トルコ行進曲」
ベートーベン 1770～1827年 ドイツ	**楽聖　生涯に9曲の交響曲を作曲** 交響曲第5番（「運命」）第6番「田園」第9番「合唱付き」，ピアノソナタ「悲愴」「月光」「熱情」，ピアノ曲「エリーゼのために」

＊オペラの改革
＊和声音楽（ホモフォニー）の興隆
＊ソナタ形式の誕生
＊オーケストラ編成の確立

③ **ロマン派**（1820～1900年頃）

ウェーバー 1786～1826年 ドイツ	ドイツ国民オペラを創造 オペラ「魔弾の射手」，ピアノ曲「舞踏への勧誘」
シューベルト 1797～1828年 オーストリア	**歌曲の王** 歌曲「魔王」「ます」「野ばら」，連作歌曲集「冬の旅」，交響曲第7（8）番「未完成」
ベルリオーズ 1803～69年 フランス	幻想交響曲，劇的物語「ファウストの劫罰」
メンデルスゾーン 1809～47年 ドイツ	バイオリン協奏曲 ホ短調，序曲「フィンガルの洞窟」，ピアノ曲「無言歌集」，劇の付随音楽「真夏の夜の夢」，歌曲「歌の翼に」
ショパン 1810～49年 ポーランド	**ピアノの詩人** ピアノ曲「小犬のワルツ」「英雄ポロネーズ」，ピアノ練習曲集より「別れの曲」「革命」
シューマン 1810～56年 ドイツ	歌曲集「詩人の恋」，合唱曲「流浪の民」，ピアノ曲集「子供の情景」，ピアノ曲「謝肉祭」
リスト 1811～86年 ハンガリー→ドイツ	**ピアノの魔術師**　交響詩を創始確立 交響詩「前奏曲」，ピアノ曲「ラ・カンパネラ」，ピアノ曲集「ハンガリー狂詩曲」
ワーグナー 1813～83年 ドイツ	楽劇を確立 楽劇「トリスタンとイゾルデ」「ニーベルングの指環」，オペラ「タンホイザー」
ベルディ 1813～1901年 イタリア	イタリア国民オペラを確立 オペラ「アイーダ」「リゴレット」「椿姫」「仮面舞踏会」

＊オペラの興隆
＊歌曲・標題音楽の発展

＊ピアノの普及と小品の流行
＊管楽器の改良とオーケストラの発達

スメタナ 1824～84年 チェコ	**国民楽派** 連作交響詩『我が祖国』より第2曲「モルダウ(ブルタバ)」
J. シュトラウス 2世(子) 1825～99年 オーストリア	**ワルツの王** ワルツ「美しく青きドナウ」，オペレッタ「こうもり」，ポルカ「トリッチ・トラッチ・ポルカ」
ブラームス 1833～97年 ドイツ	交響曲第1番，ピアノ4手用曲「ハンガリー舞曲集」より第5番，歌曲「子もり歌」
ビゼー 1838～75年 フランス	フランス国民オペラを確立 オペラ「カルメン」
ムソルグスキー 1839～81年 ロシア	**国民楽派　ロシア五人組の一人** 交響詩「禿山の一夜」，ピアノ組曲「展覧会の絵」(※ラベルの管弦楽編曲版も有名)
チャイコフスキー 1840～93年 ロシア	バレエ音楽「眠りの森の美女」「くるみ割り人形」「白鳥の湖」，交響曲第6番「悲愴」
ドボルザーク 1841～1904年 チェコ	**国民楽派** 交響曲第9番「新世界より」，弦楽四重奏曲第12番「アメリカ」
グリーグ 1843～1907年 ノルウェー	**国民楽派　ノルウェー国民楽派の父** 管弦楽組曲「ペール・ギュント」，ノルウェー舞曲，ピアノ協奏曲 イ短調
マーラー 1860～1911年 オーストリア	交響曲第1番「巨人」第8番「一千人の交響曲」
シベリウス 1865～1957年 フィンランド	**国民楽派** 交響詩「フィンランディア」

＊国民楽派　19世紀後半，ロシア，東欧，北欧諸国において，自国の文化や伝統を強調してつくられた音楽。作品の技法上はロマン派に属するが，その音楽の民族性が強いため，国民楽派とよばれる。

＊ロシア五人組　国民楽派の代表的作曲家であるバラキレフ，ボロディン，キュイ，ムソルグスキー，リムスキー・コルサコフをロシア五人組とよぶ。

④　**近代・現代**（1890年頃～第二次世界大戦後及び20世紀の音楽全般）

ドビュッシー 1862～1918年 フランス	**印象派　印象主義の音楽を創始確立** 管弦楽曲「牧神の午後への前奏曲」，交響詩「海」，ピアノ曲「ベルガマスク組曲」，ピアノ曲集「子どもの領分」
ホルスト 1874～1934年 イギリス	管弦楽組曲『惑星』より第4曲「木星」
シェーンベルク 1874～1951年 オーストリア→アメリカ	無調音楽・十二音技法を創始 ピアノのための組曲，連作歌曲「月に憑（つ）かれたピエロ」
ラベル 1875～1937年 フランス	管弦楽の魔術師 管弦楽組曲「ボレロ」，ピアノ曲「水の戯れ」，バレエ音楽「ダフニスとクロエ」
ストラビンスキー 1882～1971年 ロシア→アメリカ	バレエ音楽「火の鳥」「ペトルーシュカ」「春の祭典」
プロコフィエフ 1891～1953年 ロシア	交響的物語「ピーターと狼」，バレエ音楽「ロメオとジュリエット」
ガーシュイン 1898～1937年 アメリカ	クラシック音楽とジャズの融合 管弦楽曲「ラプソディ・イン・ブルー」，オペラ「ポーギーとベス」

＊印象主義の音楽
19世紀末，フランスの印象主義絵画や象徴主義の影響から生まれた音楽。

(2) 日本の音楽

① 日本の伝統音楽

雅楽	日本の伝統的な音楽・舞踊の一種。江戸時代までは，宮中や社寺などを基盤として伝承された。現在の雅楽が式として整えられたのは，平安時代中期である。

雅楽（管絃）の主な楽器…管楽器（吹き物）：**篳篥**（ひちりき），**竜笛**（りゅうてき），**笙**（しょう）
弦楽器（弾き物）：**楽琵琶**（がくびわ），**楽箏**（がくそう）
打楽器（打ち物）：**鞨鼓**（かっこ），**楽（釣）太鼓**（がく（つり）だいこ），**鉦鼓**（しょうこ）

長唄	江戸時代の**歌舞伎**の舞踊伴奏として生まれ，歌舞伎の変遷とともに発展した三味線音楽の一種。のちに，歌舞伎を離れた長唄もおこった。

② 日本の音楽の主な音楽家と作品

八橋検校（けんぎょう） 1614～85年 福島県（?）	近代箏曲の祖。平調子を考案し，箏組歌や段物を大成するなど，数多くの功績を残した。 段物「みだれ」，箏曲「六段の調」
滝廉太郎 1879～1903年 東京都	作曲家。ドイツ（ライプツィヒ音楽院）に留学したが，病のため翌年帰国した。短い生涯に，数多くの優れた作品を残した。 唱歌「鳩ぽっぽ」「お正月」，歌曲「荒城の月」
山田耕筰 1886～1965年 東京都	作曲家。日本最初の交響楽団の設立に力を注いだほか，日本音楽の発展にもつくした。歌曲には優れた作品が数多くあり，広く人々に親しまれている。 歌曲「からたちの花」「赤とんぼ」「ペチカ」「この道」「待ちぼうけ」
宮城道雄 1894～1956年 兵庫県	作曲家，箏曲家。西洋的な要素を取り入れた作品をつくり，新日本音楽を創始した。 箏十七弦による三重奏曲「さくら変奏曲」

③ 日本の主な民謡

ソーラン節	北海道	**佐渡おけさ**	新潟県
こきりこ節	富山県	**八木節**	栃木県・群馬県
ちゃっきり節	静岡県	**よさこい節**	高知県
黒田節	福岡県	**五木の子守歌**	熊本県

確認問題

6 次の各問いに答えよ。

(1) 次のア～オの記号の読み方と意味を答えよ。

ア．*mp*　　イ．♯　　ウ．𝄐

エ．<　　オ．*a tempo*

(2) 次の楽譜を演奏すると何小節になるか答えよ。

(3) 次のア～オの楽器のうち木管楽器を一つ選び，記号で答えよ。

ア．ホルン　　イ．ティンパニ　　ウ．フルート

エ．チェンバロ　　オ．コントラバス

7 次の楽譜(1)～(3)に，ハ長調の主要三和音（Ⅰ，Ⅳ，Ⅴの和音）を全音符でそれぞれ書け。

(1) Ⅰ：　(2) Ⅳ：　(3) Ⅴ：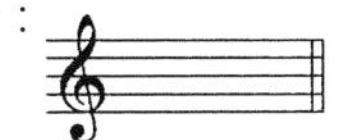

8 次の作曲家ア～オを，音楽史上年代の古い順に並べ，記号で答えよ。

ア．ショパン　　イ．ベートーベン　　ウ．ホルスト

エ．J. S. バッハ　　オ．スメタナ

3 表現－歌唱・器楽－

●ポイント

『学習指導要領』に示された歌唱共通教材については，取り扱う学年，作詞者名，作曲者名や歌詞などを問う問題は出題頻度が高い。さらに，調性，拍子，速度や移動ド唱法においての階名など楽典とともに，総合的に問う問題も頻出である。器楽については，リコーダーの運指や鍵盤楽器の基本奏法などが問われる。近年の傾向として，指導のポイントに関する出題もみられるため，歌唱共通教材及び器楽教材例となる作品について確認しておこう。

1 歌唱共通教材

(1) 第1学年

（※右下段＝楽曲について及び指導のポイント）

曲名	楽曲について及び指導のポイント
「うみ」 （文部省唱歌） 林柳波作詞 井上武士作曲	
	ト長調　一部形式〈aa′〉 歌詞の表す情景を思い浮かべながら，気持ちを込めて表情豊かに歌わせる。3拍子の拍子感を感じ取らせる。
「かたつむり」 （文部省唱歌）	
	ハ長調　変則的一部形式〈a a′ b〉 歌詞の表す情景を思い浮かべながら，親しみを込めて歌わせる。2拍子のリズム形を正しく感じ取り，自由な身体表現をしながら楽しく歌わせる。
「日のまる」 （文部省唱歌） 高野辰之作詞 岡野貞一作曲	
	ヘ長調 日本の国旗である日の丸の美しさを感じ，のびのびと歌わせる。階名模唱や音階暗唱，ハーモニカやオルガンなどで模奏（旋律部分）できるようにする。

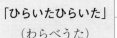

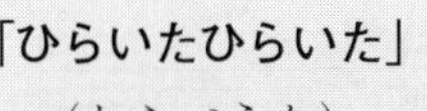 「ひらいたひらいた」 （わらべうた）	
	日本音階（ラシレミソの5音音階） 動作を付けて歌いながら遊ぶ楽しさを味わわせる。「かごめかごめ」など既知曲を歌わせ，わらべうたに親しませる。

(2)　**第2学年**

「かくれんぼ」 （文部省唱歌） 林柳波作詞 下総皖一作曲	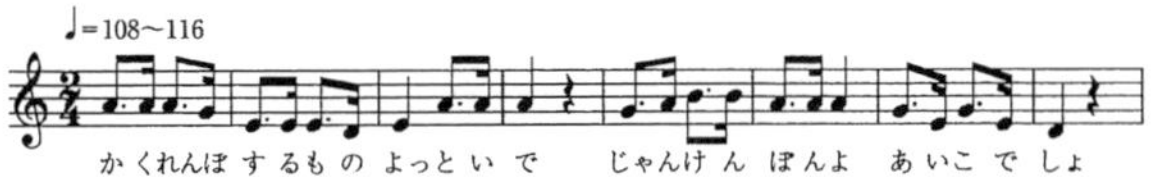 ♩=108～116 かくれんぼ するもの よっとい で じゃんけ ん ぽんよ あいこ で しょ
	日本音階 わらべうた風である遊びの情景を思い浮かべながら歌わせる。リズム唱やリズム打ちにより2拍子のスキップのリズムに慣れさせたり，自由な身体表現を工夫させたりする。
「春がきた」 （文部省唱歌） 高野辰之作詞 岡野貞一作曲	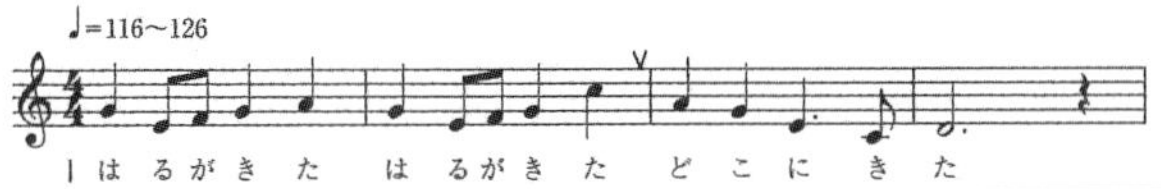 ♩=116～126 は る が き た は る が き た ど こ に き た
	ハ長調　一部形式〈aa′〉 旋律に合う自然な強弱変化を付けて歌えるようにする。階名模唱や階名暗唱，リズム唱をして正しい音程で歌わせる。最後の2小節を無理のない自然な声で歌わせる。
「虫のこえ」 （文部省唱歌）	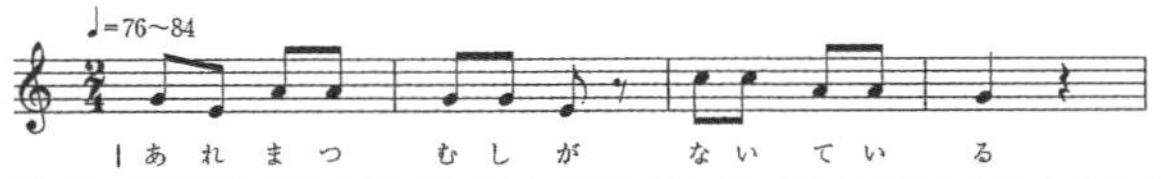 ♩=76～84 あ れ ま つ む し が な い て い る
	ハ長調　旋律構成〈aabc〉 虫の擬声語を生かし，秋の夜の虫の鳴き声を思い浮かべながら，鳴き声を工夫して楽しくできるようにする。虫の声を，様々な楽器で効果的に表現できるようにする。
「夕やけこやけ」 中村雨紅作詞 草川信作曲	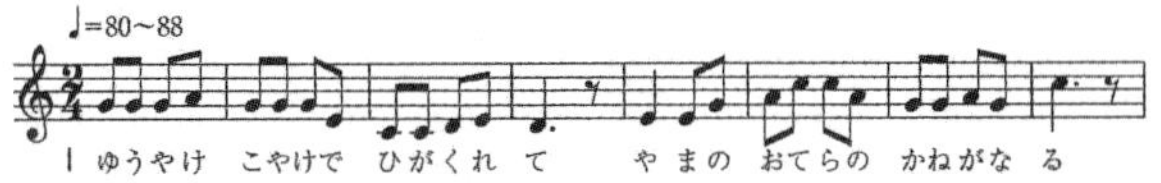 ♩=80～88 ゆうやけ こやけで ひがくれ て やまの おてらの かねがな る
	ハ長調　二部形式〈A（ab）B（cd）〉 夕焼けの美しい情景を思い浮かべながら，表情豊かに歌わせる。正しい音程で階名唱をさせたり，身近な楽器で旋律の演奏を楽しませる。

(3) 第3学年

「うさぎ」 （日本古謡）	はやさをくふうして う さぎ うさぎ なにみて はねる **陰音階**（ミファラシド）：地方によって陽音階など様々な旋律やリズムで歌われた。　原曲：わらべうた 童話的な世界の情景を思い浮かべ，親しみやすい旋律を味わって歌わせる。旋律楽器や打楽器で演奏を楽しませる。日本音階に親しませる。
「茶つみ」 （文部省唱歌）	♩＝100～108 なつも ちかづく はちじゅう はちや **ト長調**（ヨナ抜き：ファ，シ〔移動ド唱法で読む場合〕のないもの） **弱起の曲** 茶つみの情景を想像しながら，明るくリズミカルに歌わせる。弱起に注意させ，リズム唱やリズム打ちなど身体表現により，リズムを正しく感じ取らせる。
「春の小川」 （文部省唱歌） 高野辰之作詞 岡野貞一作曲	♩＝100～108 はーるの おがわは さらさら いくよ **ハ長調　二部形式**〈A（aa′）B（ba′）〉 春ののどかな風景を思い浮かべながら，表情豊かに歌わせる。強弱変化を付けたり，曲の山を把握させるなど歌い方を工夫させる。階名唱や簡単な器楽合奏ができるようにする。
「ふじ山」 （文部省唱歌） 巌谷小波作詞	♩＝92～100 あたまを くもーの うえにだー し **ハ長調　二部形式**〈A（ab）B（cd）〉 富士山の，雄大で美しい姿を想像しながら，曲想を生かして力強く歌わせる。階名唱や旋律楽器での演奏ができるようにする。

(4) **第4学年**

「さくらさくら」 （日本古謡）	♩=72～80 さ く ら　さ く ら　の や ま も　さ と－も **陰音階**（ミファラシド）　旋律構成〈abbac〉 日本古謡の美しさを味わいながら，のびやかに歌わせる。日本の音階である陰音階の特徴を感じて，自然で無理のない声で表情豊かに歌わせる。
「とんび」 葛原しげる作詞 梁田貞作曲	♩=88～96 | と　べとーベー　とーんび　そ　らたーかー　く **ハ長調　二部形式**〈A（aa′）B（ba″）〉 とんびの飛翔する様子を想像し，強弱変化を付けてのびやかに歌わせる。旋律楽器と打楽器で，簡単な器楽合奏ができるようにする。
「まきばの朝」 （文部省唱歌） 船橋栄吉作曲	♩=126～138 | ただーいち　めんに　たちーこめ　た　ま **ハ長調　自由形式**　まきば：岩瀬牧場（福島県） 牧場の朝の情景を想像しながら歌わせる。強起と弱起がまじり，リズムも一定していないため，階名唱やリズム唱により，旋律を正しく感じ取らせる。
「もみじ」 （文部省唱歌） 高野辰之作詞 岡野貞一作曲	♩=88～96 | あきのゆう　ひ　に　てるーやま　もみーじ **ヘ長調　二部形式**〈A（aa′）B（bb′）〉 秋の夕日に映える紅葉の情景を想像しながら，頭声的な発声で明るく響きのある声で歌わせる。強弱変化を付けて歌わせたり，旋律楽器で演奏を楽しませる。

(5) 第5学年

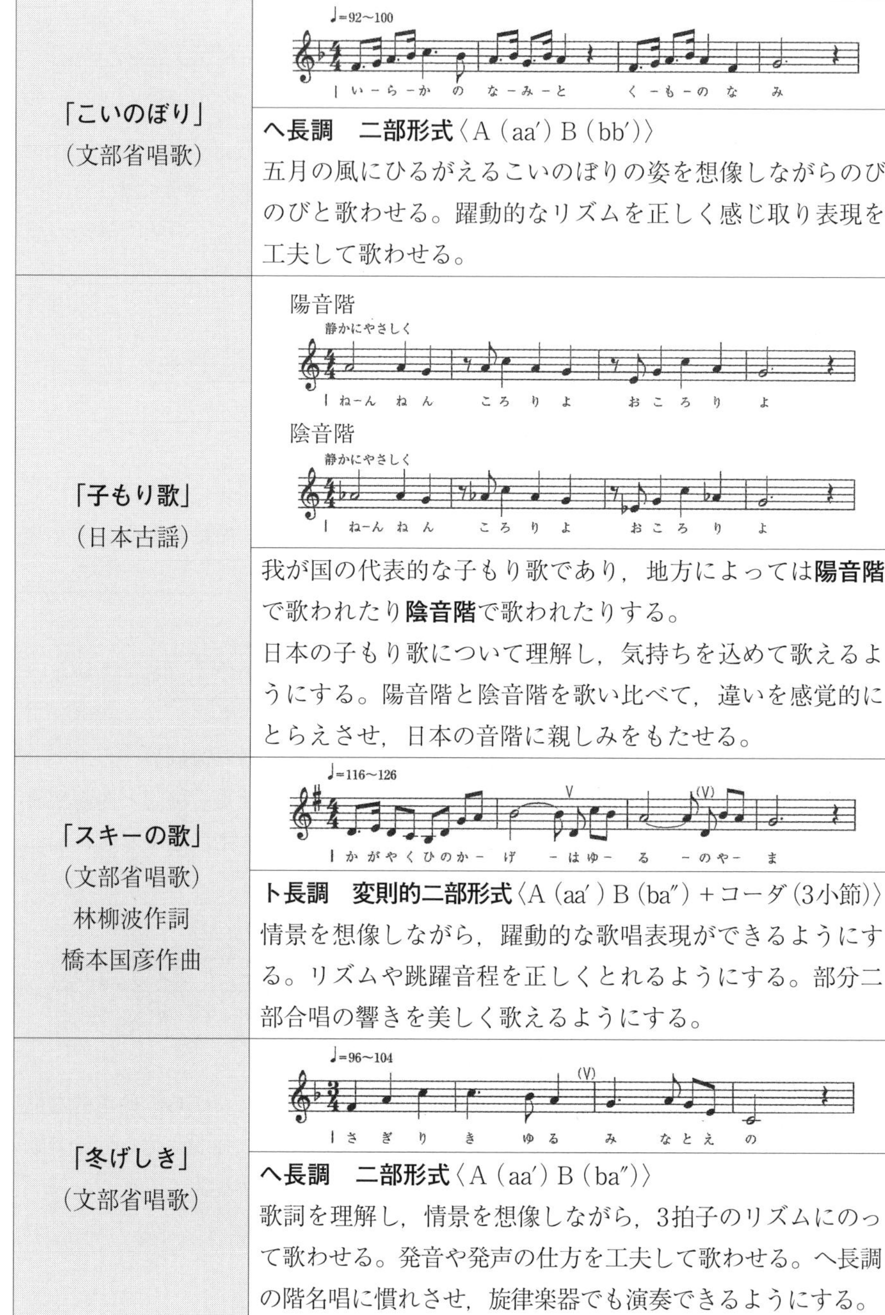

「こいのぼり」 （文部省唱歌）	♩=92～100 いーらーか の なーみーと くーもーの な み **ヘ長調　二部形式**〈A（aa′）B（bb′）〉 五月の風にひるがえるこいのぼりの姿を想像しながらのびのびと歌わせる。躍動的なリズムを正しく感じ取り表現を工夫して歌わせる。
「子もり歌」 （日本古謡）	陽音階 静かにやさしく ねーん ねん ころ り よ おころ り よ 陰音階 静かにやさしく ねーん ねん ころ り よ おころ り よ 我が国の代表的な子もり歌であり，地方によっては**陽音階**で歌われたり**陰音階**で歌われたりする。 日本の子もり歌について理解し，気持ちを込めて歌えるようにする。陽音階と陰音階を歌い比べて，違いを感覚的にとらえさせ，日本の音階に親しみをもたせる。
「スキーの歌」 （文部省唱歌） 林柳波作詞 橋本国彦作曲	♩=116～126 かがやくひのかー げ ーはゆー る ーのやー ま **ト長調　変則的二部形式**〈A（aa′）B（ba″）＋コーダ（3小節）〉 情景を想像しながら，躍動的な歌唱表現ができるようにする。リズムや跳躍音程を正しくとれるようにする。部分二部合唱の響きを美しく歌えるようにする。
「冬げしき」 （文部省唱歌）	♩=96～104 さ ぎ り き ゆる み なとえ の **ヘ長調　二部形式**〈A（aa′）B（ba″）〉 歌詞を理解し，情景を想像しながら，3拍子のリズムにのって歌わせる。発音や発声の仕方を工夫して歌わせる。ヘ長調の階名唱に慣れさせ，旋律楽器でも演奏できるようにする。

(6) 第6学年

<table>
<tr><td rowspan="2">「越天楽今様
（歌詞は第2節まで）」
（日本古謡）
慈鎮和尚作歌</td><td>
</td></tr>
<tr><td>旋律：雅楽の律音階　歌詞：「四季の景色」より春・夏
雅楽の旋律に七五調の歌詞を付けたもの。古くから歌われた我が国の律音階の旋律を味わいながら歌わせ，親しみをもたせる。</td></tr>
<tr><td rowspan="2">「おぼろ月夜」
（文部省唱歌）
高野辰之作詞
岡野貞一作曲</td><td>
</td></tr>
<tr><td>ハ長調　二部形式〈A（aa′）B（ba″）〉
歌詞を理解し，情景を想像しながら表情豊かに歌わせる。響きを聴きながら，3拍子にのって二部合唱ができるようにする。</td></tr>
<tr><td rowspan="2">「ふるさと」
（文部省唱歌）
高野辰之作詞
岡野貞一作曲</td><td>
</td></tr>
<tr><td>ヘ長調　二部形式〈A（aa′）B（ba″）〉
歌詞を理解し，ふるさとを思う気持ちを生かして表現の工夫をさせる。声の重なりによる響きの美しさを感じ取りながら，二部合唱ができるようにする。旋律楽器でアンサンブルや合奏をさせる。</td></tr>
<tr><td rowspan="2">「われは海の子
（歌詞は第3節まで）」
（文部省唱歌）</td><td>
</td></tr>
<tr><td>ニ長調　二部形式〈A（ab）B（cd）〉
歌詞を理解し，情景を思い浮かべて力強いリズムにのってのびのびと歌わせる。呼吸や発声に気をつけ，曲想を工夫させる。旋律楽器による演奏や，打楽器による伴奏を工夫して，器楽合奏ができるようにする。</td></tr>
</table>

2　移動ド唱法と固定ド唱法

(1)　移動ド唱法と固定ド唱法

移動ド唱法…長調の主音をド，短調の主音をラとする唱法
固定ド唱法…調性にかかわらず，常に一定の音をドとする唱法

例1　「ふるさと」(へ長調)の場合

例2　「うみ」(ト長調)の場合

3　リコーダー

(1)　運指表(ソプラノ・リコーダー)

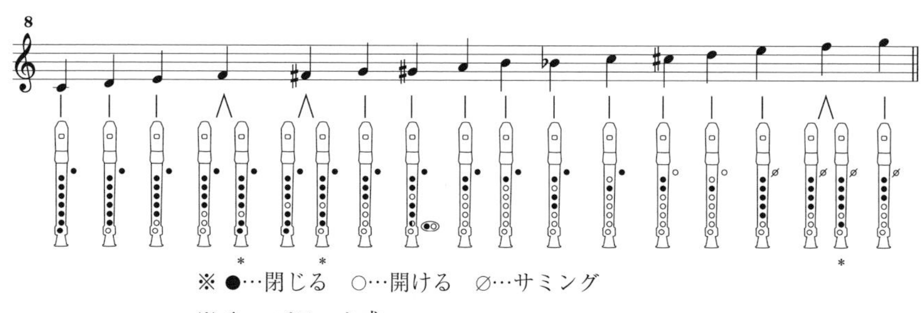

※ ●…閉じる　○…開ける　∅…サミング
※ ＊…バロック式
※ ソプラノ・リコーダーの実音は記譜音より1オクターブ高い音が出る

(2) 奏法

① タンギング

音を出したり止めたりするための舌の動きのこと。tu（トゥー），to（トー），ti（ティー），du（ドゥー）などの種類がある。

② サミング

サムホール（裏穴）にわずかな隙間をつくることにより，高音を奏する運指のこと。（楽譜）より高い音を出すときには，親指を少し開ける。

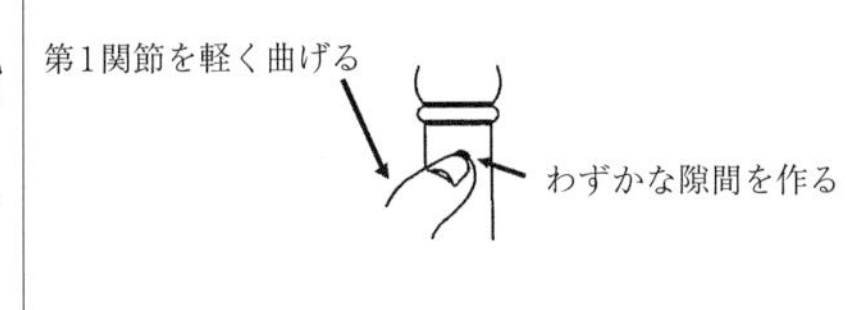

③ 美しい音の出し方

低い音	**緩やかな息で吹く**：toのように口の中の空間を少し広くしたり，doのようにタンギングを柔らかくする。
高い音	**息を勢いよく出す**：サミングで作るサムホールの隙間を小さくし，タンギングをtiのようにして口の中を狭めて，スピードのある息を吹き込む。

確認問題

9 次の(1)～(5)の曲は，それぞれ第何学年の歌唱共通教材であるか答えよ。

(1) 「とんび」　(2) 「おぼろ月夜」　(3) 「冬げしき」

(4) 「うみ」　(5) 「ふじ山」

10 次の(1)～(2)の楽譜は，歌唱共通教材である。曲名をそれぞれ答えよ。

(1)

(2)

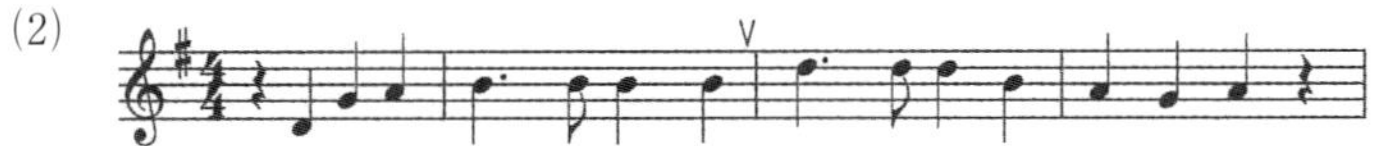

11 次の楽譜を見て，各問いに答えよ。

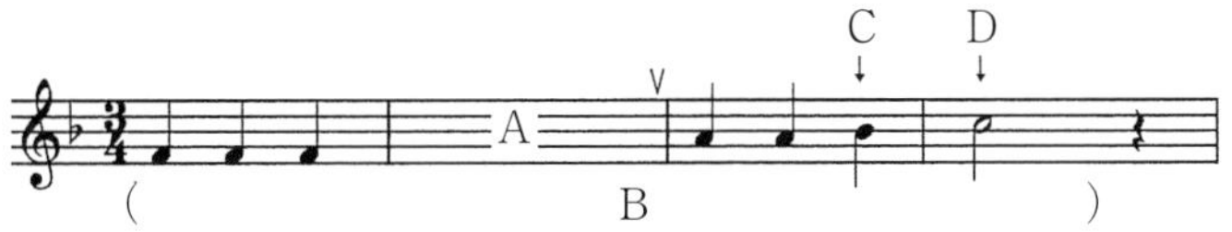

(1) この曲の曲名を答えよ。

(2) この曲の調性を答えよ。

(3) この曲に最もふさわしい速度を，ア～オから選び，記号で答えよ。

ア．♪＝152　イ．♩＝76～84　ウ．𝅗𝅥.＝60

エ．♩＝58～63　オ．♩＝120～132

(4) 楽譜中Aの小節にあてはまる音符を書け。

(5) 楽譜中の空欄Bにあてはまる1番の歌詞を，ひらがなで答えよ。

(6) 楽譜中Cの音をソプラノ・リコーダーで演奏する場合の運指を，バロック式で答えよ。

(7) この曲を移動ド唱法で歌う場合，楽譜中Dの音の階名を答えよ。

鑑賞

●ポイント

鑑賞については，以下にあげた鑑賞教材例からの出題が多い。この他，小学校の教科書で扱われている曲などを中心におさえていくとよいだろう。内容としては，作品名，作曲者名，演奏形態や使用楽器名などを覚えておこう。

1 鑑賞教材例

（※楽譜は移調したものもある）

「白鳥」 サン・サーンス作曲	 様々な動物を音楽でユーモラスに描いた，管弦楽組曲「動物の謝肉祭」の第13曲。静かに泳ぐ白鳥の様子を**チェロ**独奏（**ピアノ**伴奏付）で表している。
ホルン協奏曲 **第1番 ニ長調 第1楽章** モーツァルト作曲	 第1主題は，のびやかな田園的情緒をただよわせている。
「荒城の月」	はるこうろうの はなのえん 土井晩翠作詞。『中学唱歌』に収められている日本の代表的な歌曲。無伴奏の旋律に山田耕筰が編曲して伴奏譜を付けたものが広く歌われている。
「箱根八里」	はこねのやまは てんかのけん かんこくかんも 鳥居忱(まこと)作詞。『中学唱歌』に収載。箱根の山の情景を快活な調子で歌う。
「花」 滝廉太郎作曲	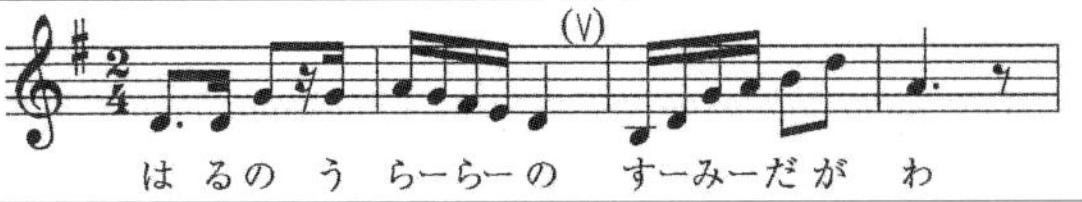 はるのうらーらーの すーみーだがわ 武島羽衣作詞。組み歌「四季」の中の1曲である。二重唱曲（ピアノ伴奏付き）。

曲名	解説
ピアノ五重奏曲 「ます」 第4楽章 シューベルト作曲	(原曲：ニ長調) シューベルト自身が作曲した歌曲「ます」のテーマをもとにつくられている。この曲の楽器編成は，ピアノ・バイオリン・ビオラ・チェロ・コントラバスである。
「赤とんぼ」	ゆうや　けこやけーの　あかとんぼ 三木露風作詞。日本的な叙情をしみじみと歌い上げる作品であり，人々に幅広く愛唱されている。
「この道」	このみちはーい　つかきた　みち　あ あーそうだ この曲の作詞者である北原白秋が，札幌へ旅行したときにつくられた作品。
「待ちぼうけ」 山田耕筰作曲	まちぼうけ　まちぼうけ　あるひせっせと　のらかせぎ この曲の作詞者である北原白秋が，中国の故事にヒントを得て，働かずに獲物(うさぎ)を待つ男を描いたコミカルな歌曲。
「春の海」 宮城道雄作曲	尺八 箏 **箏**と**尺八**の二重奏曲。のどかな春の海の様子を描いた作品。
「木星(ジュピター)」 (組曲『惑星』から) ホルスト作曲	(原曲：変ホ長調) 『惑星』は，ホルストが占星術にヒントを得て作曲した。「木星」はその第4曲で，大規模なオーケストラで演奏される。

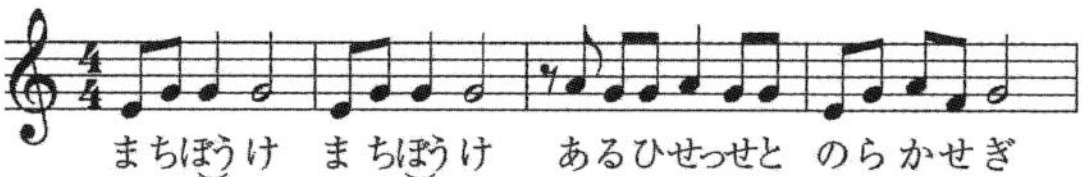

モルダウ（ブルタバ） （連作交響詩『我が祖国』から） スメタナ作曲	 スメタナが祖国ボヘミア（チェコ共和国の西部）の伝統や美しい自然を題材にして作曲した，6曲からなる連作交響詩『我が祖国』の第2曲である。ボヘミアを南北に流れるモルダウ（ブルタバ）川の様々な姿と，その周りの景色や人々の生活が表現されている。
交響曲 **第5番 ハ短調 第1楽章** ベートーベン作曲	 第1楽章の最初の動機（楽譜）について，「このように運命は扉をたたく」とベートーベン自身が語ったとされることから，日本ではこの曲を「運命」ともよんでいる。全曲は四つの楽章からなり，第3楽章と第4楽章は切れ目なく演奏される。
行進曲 **「威風堂々」** **第1番** エルガー作曲	 （原曲：ニ長調） 行進曲「威風堂々」全5曲の中でも，この「第1番」が最も有名である。この曲の第1トリオ（中間部）に用いられている親しみやすい旋律は，国王エドワード7世から歌詞を付けて歌えるようにするのがよいとの提案を受け，後に「希望と栄光の国」として戴冠式をたたえる音楽の中に取り入れられた。現在でもイギリスの第2の国歌のように扱われ，愛唱されている。

確認問題

12 次の(1)〜(5)の作曲家の作品を，ア〜オから選び，それぞれ記号で答えよ。

(1) 山田耕筰　(2) イェッセル

(3) ベートーベン　(4) 宮城道雄

(5) 滝廉太郎

ア.「荒城の月」　イ.「赤とんぼ」　ウ.「春の海」

エ.「おもちゃの兵隊」　オ.「トルコ行進曲」

13 次の楽譜は，ピアノ五重奏曲「ます」である。各問いに答えよ。

(1) この曲の作曲者名を答えよ。

(2) この曲の演奏に使用される弦楽器をすべて答えよ。

7

図画工作

Open Sesame

1 学習指導要領

●ポイント

『学習指導要領』については，教科目標をはじめ，各学年の目標・内容，指導計画の作成と内容の取扱いの空欄補充問題に対応できるよう，キーワードを中心に各々の語句を確実に覚えておく必要がある。また，各学年の内容に関して，何学年のものかを答える問題や，指導計画の作成と内容の取扱いについては，記述問題として出題されることもある。

1 図画工作科改訂の要点（一部抜粋）

(1) 教科目標の改善

・**生活や社会の中の形や色などと豊かに関わる資質・能力の育成**を一層重視することを示した。
・育成を目指す資質・能力を，「**知識及び技能**」，「**思考力，判断力，表現力等**」，「**学びに向かう力，人間性等**」の三つの柱で整理して示した。
・図画工作科の特質に応じた物事を捉える視点や考え方である「**造形的な見方・考え方**」を働かせることを示した。
・育成を目指す資質・能力の三つの柱のそれぞれに「**創造**」を位置付け，図画工作科の学習が造形的な創造活動を目指していることを示した。

(2) 内容の改善

・「Ａ表現」の内容を「思考力，判断力，表現力等」と「技能」の観点から整理して示した。
・「Ｂ鑑賞」の内容を「思考力，判断力，表現力等」の観点から整理して示した。
・第5学年及び第6学年の鑑賞の対象に「**生活の中の造形**」を位置付け，生活を楽しく豊かにする形や色などについての学習を深めることができるようにした。
・〔共通事項〕(1)アなどを「知識」として，イなどを「思考力，判断力，表現力等」として位置付けた。

2 図画工作科の目標

表現及び鑑賞の活動を通して，**造形的**な**見方・考え方**を働かせ，**生活**や**社会**の中の**形**や**色**などと豊かに関わる資質・能力を次のとおり育成することを目指す。

(1) 対象や事象を捉える**造形的な視点**について自分の**感覚**や**行為**を通して理解するとともに，**材料**や**用具**を使い，表し方などを工夫して，**創造的につくったり表したりする**ことができるようにする。

(2) **造形的**なよさや**美しさ**，**表したいこと**，表し方などについて考え，**創造的に発想や構想**をしたり，作品などに対する自分の**見方や感じ方**を深めたりすることができるようにする。

(3) **つくりだす喜び**を味わうとともに，**感性**を育み，**楽しく豊かな生活を創造しようとする態度**を養い，**豊かな情操**を培う。

● **造形的な見方・考え方**

感性や想像力を働かせ，対象や事象を，形や色などの造形的な視点で捉え，自分のイメージをもちながら意味や価値をつくりだすこと。

● **生活や社会の中の形や色などと豊かに関わる資質・能力**

図画工作科の学習活動において，児童がつくりだす形や色，作品などや，家庭，地域，社会で出会う形や色，作品，造形，美術などと豊かに関わる資質・能力のこと。様々な場面において，形や色などと豊かに関わる資質・能力を働かせることが，楽しく豊かな生活を創造しようとすることなどにつながる。

● **対象や事象を捉える造形的な視点**

材料や作品，出来事などを捉える際の「形や色など」，「形や色などの感じ」，「形や色などの造形的な特徴」などのこと。一人一人が感性や想像力を働かせて様々なことを感じ取ったり考えたりし，自分なりに理解したり，何かをつくりだしたりするときなどに必要となるものである。

3　各学年の目標

第1・2学年	(1)　対象や事象を捉える**造形的な視点**について自分の**感覚**や**行為**を通して**気付く**とともに，**手や体全体の感覚**などを働かせ**材料**や**用具**を使い，表し方などを工夫して，**創造的**につくったり表したりすることができるようにする。 (2)　造形的な**面白さ**や**楽しさ**，表したいこと，表し方などについて考え，**楽しく発想**や**構想**をしたり，**身の回りの作品**などから自分の**見方**や**感じ方**を広げたりすることができるようにする。 (3)　**楽しく**表現したり**鑑賞**したりする活動に取り組み，**つくりだす喜び**を味わうとともに，**形や色**などに関わり**楽しい生活**を**創造**しようとする態度を養う。
第3・4学年	(1)　対象や事象を捉える**造形的な視点**について自分の**感覚**や**行為**を通して**分かる**とともに，**手や体全体**を十分に働かせ**材料**や用具を使い，表し方などを工夫して，**創造的**につくったり表したりすることができるようにする。 (2)　造形的な**よさ**や**面白さ**，表したいこと，表し方などについて考え，**豊かに発想**や**構想**をしたり，**身近にある作品**などから自分の**見方**や**感じ方**を**広げたり**することができるようにする。 (3)　**進んで**表現したり**鑑賞**したりする活動に取り組み，**つくりだす喜び**を味わうとともに，**形や色**などに関わり**楽しく豊かな生活**を創造しようとする態度を養う。
第5・6学年	(1)　対象や事象を捉える**造形的な視点**について自分の**感覚**や**行為**を通して理解するとともに，**材料**や用具を活用し，表し方などを工夫して，**創造的**につくったり表したりすることができるようにする。 (2)　**造形的**な**よさ**や**美しさ**，表したいこと，表し方などについて考え，**創造的に発想**や**構想**をしたり，**親しみのある作品**などから自分の**見方**や**感じ方**を**深めたり**することができるようにする。 (3)　**主体的**に表現したり**鑑賞**したりする活動に取り組み，**つくりだす喜び**を味わうとともに，**形や色**などに関わり**楽しく豊かな生活**を創造しようとする**態度**を養う。

学年の目標は，教科の目標を受け，児童の表現や鑑賞の特性を考慮し，その実現を図るための具体的な目標である。

学校や児童の実態などに応じ，弾力的な指導を重視する観点から，第1学年及び第2学年（低学年），第3学年及び第4学年（中学年），第5学年及び第6学年（高学年）の2学年ごとにまとめて示している。各学年においては，2学年間を見通し，学年間の関連を図るとともに，その1年間に必要な経験などを配慮しながら，それぞれの学年にふさわしい内容を選択して指導計画を作成し，目標の実現を目指すことになる。

学年の目標は，教科の目標の(1)，(2)，(3)に対応して示している。

(1)は，「知識及び技能」に関する目標であり，「知識」は〔共通事項〕(1)ア，「技能」は「A表現」(2)ア，イに対応している。

(2)は，「思考力，判断力，表現力等」に関する目標であり，「A表現」(1)ア，イ，「B鑑賞」(1)ア，〔共通事項〕(1)イに対応している。

(3)は，「学びに向かう力，人間性等」に関する目標である。

(1)と(2)の目標は互いに働き合うものである。(3)の目標は，(1)と(2)の目標のそれぞれに関連するものである。また，目標の実現に当たっては，(1)，(2)，(3)のそれぞれを相互に関連させながら児童の資質・能力の育成を図る必要がある。

教科の目標では，(1)，(2)，(3)のそれぞれに「創造」を位置付け，図画工作科の学習が**造形的な創造活動**を目指していることを示している。学年の目標では，(1)と(3)に関しては全ての学年に「創造」を位置付けている。(2)に関しては高学年にのみ「創造」を位置付け，低学年では「**楽しく**発想や構想をし」，中学年では「**豊かに**発想や構想をし」と示し，高学年での「**創造的に**発想や構想をし」につながるようにしている。

4　各学年の内容

	第1学年及び第2学年	第3学年
A表現	(1)　表現の活動を通して，**発想**や**構想**に関する次の事項を身に付けることができる	
	ア　**造形遊びをする**活動を通して，**身近な自然物**や**人工の材料**の**形や色**などを基に造形的な活動を思い付くことや，**感覚や気持ち**を生かしながら，どのように**活動するかについて考えること**。 イ　**絵や立体，工作に表す活動**を通して，**感じたこと，想像したこと**から，表したいことを**見付ける**ことや，**好きな形や色**を選んだり，いろいろな形や色を考えたりしながら，どのように**表すかについて考えること**。	ア　**造形遊びをする**活動 などを基に造形的な活 **形や色**などを思い付き かについて考えること。 イ　絵や立体，**工作**に表 **想像**したこと，**見たこ** けることや，表したい **色**，材料などを生かし ついて考えること。
	(2)　表現の活動を通して，技能に関する次の事項を身に付けることができるよう指	
	ア　**造形遊び**をする活動を通して，身近で**扱いやすい**材料や用具に十分に**慣れる**とともに，**並べたり，つないだり，積んだりする**など**手や体全体の感覚**などを働かせ，**活動を工夫してつくること**。 イ　絵や立体，**工作**に表す活動を通して，身近で**扱いやすい**材料や用具に十分に慣れるとともに，**手や体全体の感覚**などを働かせ，表したいことを基に**表し方を工夫して表すこと**。	ア　**造形遊び**をする活動 **切**に扱うとともに，前 ての経験を生かし，**組** **だり**，形を変えたりす 分に働かせ，活動を工 イ　絵や立体，**工作**に表 を**適切**に扱うとともに， いての経験を生かし， 表したいことに合わせ
B鑑賞	(1)　鑑賞の活動を通して，次の事項を身に付けることができるよう指導する。…………	
	ア　**身の回りの作品**などを鑑賞する活動を通して，**自分たちの作品**や**身近な材料**などの**造形的な面白さや楽しさ**，表したいこと，表し方などについて，感じ取ったり考えたりし，自分の見方や感じ方を**広げる**こと。	ア　**身近にある作品**など **分たちの作品**や**身近な** **造形的**な**よさや面白さ**， し方などについて，感 の**見方や感じ方**を広げ
共通事項	(1)　「A表現」及び「B鑑賞」の指導を通して，次の事項を身に付けることができるよ	
	ア　自分の**感覚**や**行為**を通して，**形や色**などに**気付く**こと。 イ　**形や色**などを基に，自分の**イメージ**を**もつ**こと。	ア　自分の**感覚**や**行為**を通 かること。 イ　**形や色などの感じ**を こと。

(注) 表中の矢印は，左の項目及び事項と文章が同じであることを示す。

及び第4学年	第5学年及び第6学年
よう指導する。→	
を通して，身近な**材料**や**場所**動を思い付くことや，**新しい**ながら，どのように活動する	ア　**造形遊び**をする活動を通して，材料や**場所**，**空間**などの特徴を基に造形的な活動を思い付くことや，**構成**したり**周囲の様子**を考え合わせたりしながら，どのように活動するかについて考えること。
す活動を通して，**感じた**こと，とから，表したいことを見付ことや**用途**などを考え，**形や**ながら，どのように表すかに	イ　絵や立体，**工作**に表す活動を通して，感じたこと，**想像**したこと，見たこと，**伝え合いたい**ことから，**表したいこと**を見付けることや，形や色，材料の特徴，**構成の美しさ**などの感じ，**用途**などを考えながら，どのように**主題**を表すかについて考えること。
導する。→	
を通して，材料や用具を**適**学年までの材料や用具につい**み合わせ**たり，**切ってつない**るなどして，**手や体全体**を十夫してつくること。	ア　**造形遊び**をする活動を通して，活動に応じて材料や用具を**活用**するとともに，前学年までの材料や用具についての経験や技能を**総合的**に生かしたり，方法などを**組み合わせ**たりするなどして，活動を工夫してつくること。
す活動を通して，材料や用具前学年までの材料や用具につ**手や体全体**を十分に働かせ，て表し方を工夫して表すこと。	イ　絵や立体，**工作**に表す活動を通して，表現方法に応じて材料や用具を**活用**するとともに，前学年までの材料や用具などについての経験や技能を**総合的**に生かしたり，**表現に適した方法などを組み合わせ**たりするなどして，表したいことに合わせて表し方を工夫して表すこと。
→	
を鑑賞する活動を通して，**自****美術作品**，**製作の過程**などの**表したいこと**，いろいろな表じ取ったり考えたりし，自分ること。	ア　**親しみのある作品**などを鑑賞する活動を通して，**自分たちの作品**，**我が国や諸外国の親しみのある美術作品**，**生活の中の造形**などの**造形的なよさや美しさ**，**表現の意図**や**特徴**，表し方の**変化**などについて，**感じ取ったり**考えたりし，**自分の**見方や感じ方を深めること。
う指導する。→	
して，**形や色などの感じ**が分	ア　自分の**感覚や行為**を通して，形や色などの**造形的な特徴**を理解すること。
基に，自分の**イメージ**をもつ	イ　形や色などの**造形的な特徴**を基に，自分の**イメージ**をもつこと。

5 指導計画の作成と内容の取扱い

1 指導計画の作成に当たっては，次の事項に配慮するものとする。

(1) 題材など内容や時間の**まとまり**を見通して，その中で育む**資質・能力**の育成に向けて，児童の**主体的・対話的で深い学び**の実現を図るようにすること。その際，**造形的**な**見方・考え方**を働かせ，表現及び鑑賞に関する**資質・能力**を相互に関連させた学習の充実を図ること。

(2) 第2の各学年の内容の「A表現」及び「B鑑賞」の指導については相互の関連を図るようにすること。ただし，「B鑑賞」の指導については，**指導の効果**を高めるため必要がある場合には，**児童や学校の実態に応じて，独立して行う**ようにすること。

(3) 第2の各学年の内容の〔**共通事項**〕は，表現及び鑑賞の学習において共通に必要となる**資質・能力**であり，「A表現」及び「B鑑賞」の指導と併せて，**十分な指導**が行われるよう工夫すること。

(4) 第2の各学年の内容の「A表現」については，造形遊びをする活動では，(1)のア及び(2)のアを，絵や立体，工作に表す活動では，(1)のイ及び(2)のイを関連付けて指導すること。その際，(1)のイ及び(2)のイの指導に配当する**授業時数**については，**工作に表すことの内容**に配当する**授業時数**が，**絵や立体に表すことの内容**に配当する**授業時数**と**およそ等しく**なるように計画すること。

(5) 第2の各学年の内容の「A表現」の指導については，**適宜共同してつくりだす活動**を取り上げるようにすること。

(6) 第2の各学年の内容の「B鑑賞」においては，**自分たちの作品や美術作品**などの**特質**を踏まえて指導すること。

(7) **低学年**においては，第1章総則の第2の4の(1)を踏まえ，他教科等との関連を積極的に図り，**指導の効果**を高めるようにするとともに，幼稚園教育要領等に示す**幼児期の終わりまでに育ってほしい姿との関連**を考慮すること。特に，小学校入学当初においては，**生活科**を中心とした合科的・関連的な指導や，**弾力的**な時間割の設定を行うなどの工夫をすること。

(8) 障害のある児童などについては，学習活動を行う場合に生じる**困難さ**に応じた指導内容や指導方法の工夫を計画的，**組織的**に行うこと。

(9) 第1章総則の第1の2の(2)に示す**道徳教育の目標**に基づき，道徳科などとの関連を考慮しながら，第3章特別の教科道徳の第2に示す内容について，図画工作科の**特質**に応じて適切な指導をすること。

2 第2の内容の取扱いについては，次の事項に配慮するものとする。

(1) 児童が**個性を生かして**活動することができるようにするため，学習活動や**表現方法**などに幅をもたせるようにすること。

(2) 各学年の「A表現」及び「B鑑賞」の指導を通して，児童が〔**共通事項**〕のアとイとの関わりに気付くようにすること。

(3) 〔**共通事項**〕のアの指導に当たっては，次の事項に配慮し，必要に応じて，その後の学年で**繰り返し**取り上げること。

ア 第1学年及び第2学年においては，いろいろな形や色，**触った感じ**などを捉えること。

イ 第3学年及び第4学年においては，形の感じ，色の感じ，それらの組合せによる感じ，色の**明るさ**などを捉えること。

ウ 第5学年及び第6学年においては，動き，**奥行き**，**バランス**，**色の鮮やかさ**などを捉えること。

(4) 各学年の「A表現」の指導に当たっては，活動の全過程を通して児童が実現したい**思い**を大切にしながら活動できるようにし，**自分のよさや可能性**を見いだし，**楽しく豊かな生活**を創造しようとする態度を養うようにすること。

(5) 各活動において，互いのよさや**個性**などを認め尊重し合うようにすること。

(6) 材料や用具については，次のとおり取り扱うこととし，必要に応じて，当該学年より前の学年において**初歩的**な形で取り上げたり，その後の学年で**繰り返し**取り上げたりすること。

ア 第1学年及び第2学年においては，土，粘土，木，紙，クレヨン，パス，**はさみ**，のり，**簡単な小刀類**など身近で扱いやすいものを用いること。

イ 第3学年及び第4学年においては，**木切れ**，板材，**釘**，水彩絵の具，小刀，使いやすいのこぎり，**金づち**などを用いること。

ウ 第5学年及び第6学年においては，**針金**，**糸のこぎり**などを用いること。

⑺　各学年の「Ａ表現」の⑴のイ及び⑵のイについては，児童や学校の**実態**に応じて，児童が工夫して楽しめる程度の**版に表す経験**や**焼成する経験**ができるようにすること。

⑻　各学年の「Ｂ鑑賞」の指導に当たっては，児童や学校の**実態**に応じて，**地域の美術館**などを利用したり，**連携**を図ったりすること。

⑼　各学年の「Ａ表現」及び「Ｂ鑑賞」の指導に当たっては，思考力，判断力，表現力等を育成する観点から，〔共通事項〕に示す事項を視点として，感じたことや思ったこと，考えたことなどを，話したり聞いたり話し合ったりする，**言葉で整理する**などの**言語活動**を充実すること。

⑽　コンピュータ，**カメラ**などの情報機器を利用することについては，表現や鑑賞の活動で使う用具の一つとして扱うとともに，**必要性**を十分に検討して利用すること。

⑾　**創造することの価値**に気付き，自分たちの作品や美術作品などに表れている**創造性**を大切にする態度を養うようにすること。また，こうした態度を養うことが，**美術文化**の**継承**，**発展**，**創造**を支えていることについて理解する**素地**となるよう配慮すること。

●　材料や用具に関する事項

	用具	材料
低学年	・**クレヨン，パス** ・**はさみ，のり** ・簡単な小刀類	・土，粘土，木，紙
中学年	・**水彩絵の具** ・**小刀，使いやすいのこぎり** ・金づち	・**木切れ，板材，**釘
高学年	・**糸のこぎり**	・針金

3　造形活動で使用する材料や用具，活動場所については，安全な扱い方について指導する，**事前に点検**するなどして，**事故防止**に留意するものとする。

4　**校内**の適切な場所に作品を**展示**するなどし，**平素の学校生活**においてそれを鑑賞できるよう配慮するものとする。また，学校や地域の**実態**に応じて，**校外**に児童の作品を展示する機会を設けるなどするものとする。

<参考>図画工作科の年間授業時数

区分	第1学年	第2学年	第3学年	第4学年	第5学年	第6学年
授業時数	68	70	60	60	50	50

確認問題

1 次は学習指導要領図画工作科の目標である。空欄に適語を入れよ。

表現及び（ A ）の活動を通して，造形的な見方・考え方を働かせ，生活や社会の中の形や色などと豊かに関わる資質・能力を次のとおり育成することを目指す。

(1) 対象や事象を捉える造形的な視点について自分の感覚や行為を通して理解するとともに，材料や用具を使い，表し方などを工夫して，（ B ）につくったり表したりすることができるようにする。

(2) 造形的なよさや美しさ，表したいこと，表し方などについて考え，（ B ）に発想や構想をしたり，作品などに対する自分の見方や感じ方を深めたりすることができるようにする。

(3) つくりだす喜びを味わうとともに，（ C ）を育み，楽しく豊かな生活を創造しようとする態度を養い，（ D ）を培う。

2 次は学習指導要領図画工作科の第5学年及び第6学年の目標である。空欄にあてはまる語句をア～サからそれぞれ選べ。

(1) 対象や事象を捉える（ A ）な視点について自分の（ B ）や行為を通して理解するとともに，材料や用具を活用し，表し方などを工夫して，（ C ）につくったり表したりすることができるようにする。

(2) （ A ）なよさや美しさ，表したいこと，表し方などについて考え，（ C ）に発想や構想をしたり，親しみのある（ D ）などから自分の見方や感じ方を深めたりすることができるようにする。

(3) （ E ）に表現したり鑑賞したりする活動に取り組み，つくりだす喜びを味わうとともに，形や色などに関わり楽しく豊かな生活を創造しようとする態度を養う。

ア．主体的　イ．実践的　ウ．創造的　エ．造形的
オ．想像力　カ．感覚　キ．感性　ク．技能
ケ．構想　コ．作品　サ．工作

3 次は学習指導要領図画工作科の各学年の内容である。第3学年及び第4学年の内容を選べ。

① 造形遊びをする活動を通して，身近で扱いやすい材料や用具に十分に慣れるとともに，並べたり，つないだり，積んだりするなど手や体全体の感覚などを働かせ，活動を工夫してつくること。

② 絵や立体，工作に表す活動を通して，感じたこと，想像したこと，見たことから，表したいことを見付けることや，表したいことや用途などを考え，形や色，材料などを生かしながら，どのように表すかについて考えること。

③ 絵や立体，工作に表す活動を通して，感じたこと，想像したことから，表したいことを見付けることや，好きな形や色を選んだり，いろいろな形や色を考えたりしながら，どのように表すかについて考えること。

④ 造形遊びをする活動を通して，材料や場所，空間などの特徴を基に造形的な活動を思い付くことや，構成したり周囲の様子を考え合わせたりしながら，どのように活動するかについて考えること。

⑤ 絵や立体，工作に表す活動を通して，表現方法に応じて材料や用具を活用するとともに，前学年までの材料や用具などについての経験や技能を総合的に生かしたり，表現に適した方法などを組み合わせたりするなどして，表したいことに合わせて表し方を工夫して表すこと。

4 次は学習指導要領図画工作科「指導計画の作成と内容の取扱い」の一部である。空欄に適語を入れよ。

○ 各学年の内容の「Ａ表現」及び「Ｂ鑑賞」の指導については相互の関連を図るようにすること。ただし，「Ｂ鑑賞」の指導については，指導の効果を高めるため必要がある場合には，児童や学校の実態に応じて，（　Ａ　）行うようにすること。

○ 各学年の内容の〔（　Ｂ　）〕は，表現及び鑑賞の学習において共通に必要となる資質・能力であり，「Ａ表現」及び「Ｂ鑑賞」の指導と併せて，十分な指導が行われるよう工夫すること。

○ 各学年の内容の「Ａ表現」については，造形遊びをする活動では，(1)のア及び(2)のアを，絵や立体，工作に表す活動では，(1)のイ及び(2)のイを関連付けて指導すること。その際，(1)のイ及び(2)のイの指導に配当する授業時数については，工作に表すことの内容に配当する授業時数が，絵や立体に表すことの内容に配当する授業時数とおよそ（　C　）なるように計画すること。

○　各学年の内容の「A表現」の指導については，適宜（　D　）つくりだす活動を取り上げるようにすること。

○　低学年においては，第1章総則の第2の4の(1)を踏まえ，他教科等との関連を積極的に図り，指導の効果を高めるようにするとともに，幼稚園教育要領等に示す幼児期の終わりまでに育ってほしい姿との関連を考慮すること。特に，小学校入学当初においては，（　E　）を中心とした合科的・関連的な指導や，弾力的な時間割の設定を行うなどの工夫をすること。

○　第1章総則の第1の2の(2)に示す道徳教育の目標に基づき，（　F　）などとの関連を考慮しながら，第3章特別の教科道徳の第2に示す内容について，図画工作科の特質に応じて適切な指導をすること。

2 表現

●ポイント

小学校段階で使う用具や製作の手順に関する問題，「デザイン」における色彩，モダンテクニックに関する問題が頻出問題である。用具に関しては，特に彫刻刀とのこぎりについて，その特徴や使い方，安全面での配慮事項を確実に理解しておく必要がある。

1 絵画

(1) 水彩画の用具

① 水彩絵の具

・透明水彩絵具（ウォーターカラー）と不透明水彩絵具（ガッシュなど）がある。
・顔料をアラビアゴム（展色材），グリセリンなどで練り合わせてつくる。

② パレット

・絵の具は，似た色が隣同士になるように並べる。
・仕切りにのせる絵の具は，チューブのキャップ程の量でよい。
・広いスペースは，絵の具を溶いたり，混ぜたりするときに使う。
・使い終わったら，筆を使ってよく洗いふいておく。

③ 筆

丸筆	最も一般的な筆。太い線や細い線など，変化のある線が描ける。
平筆	面を表現したり，広い部分を塗ったりするのに適している。
彩色筆	丁寧な彩色をするのに適している。主に日本画で使われる。
面相筆	穂が細長く，精密な輪郭線や線描に適している。
刷毛（はけ）	広い面を塗るのに適している。

※児童の場合，丸筆の細・中・太を1本ずつと，中くらいの太さの平筆を1本用意させるとよい。

④ **筆洗**（水入れ）

・大きくて仕切りのあるものがよく，**絵の具を溶くための水を含ませる所**，汚れた筆を**洗う所**，筆を**すすぐ所**に分けて使う。

⑤　色が濁らないようにするための工夫

筆	・色を変えるときはよく洗い，前の色と次の色が混ざらないようにする。
筆洗	・水をこまめに替える。 ・付け水をきれいにしておく。
パレット	・混色するとき，明るい色を先にパレットに取り出し，それに暗い色を混ぜるようにする。 ・絵の具を置く所と混色する所（広く仕切られた部分）を分ける。
塗り方	・薄い色の部分から塗るようにする。 ・重色するときは，下の色が完全に乾いてから次の色を重ねる。

(2)　描画材料の種類と特徴

種類	特　　徴	線の感じ
鉛筆	線描，濃淡，ぼかしなど，多彩で精密な表現ができる。	
コンテ	線は柔らかく，こすって濃淡を表現できる。デッサン，特に**クロッキー**などによく使われる。	
クレヨン	顔料を主にロウで練り固めたもの。発色はよいが，線がやや硬く，混色はしにくい。広い面を塗るときは，横にして塗る。	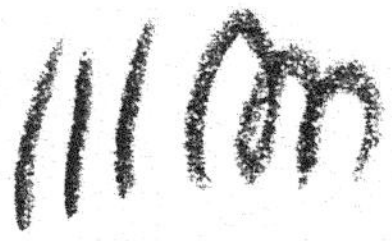
パス	クレヨンよりロウ分が少ないため，軟質で塗りやすい。混色や重色がしやすい。線の太さや濃淡など変化が出しやすい。	
ペン	鋭く，細い線が描けるので，精密な絵にも適する。	
毛筆	太い線，細い線，強い線，弱い線など，線の太さや濃淡の変化を自在に表現できる。	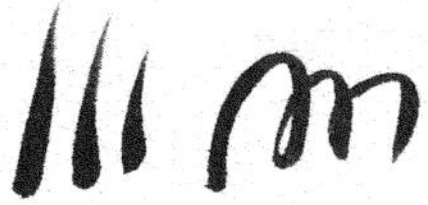

(3) 水彩画の基礎技法

透明描法	水の量を多くして薄く溶き，下の色が透けるようにして描く方法。**下の色が乾いてから**，上に別の色を重ねる（**重色**）。明るい部分から塗り始め，暗い部分は色を重ね，明るい部分はあまり重ねないようにする。
不透明描法	水の量を少なめにして濃いめに溶き，下の色を隠すようにして描く方法。
点描法	筆の穂先を使い，短いタッチで色を置く技法。
こすり込み	水をほとんど使わず，画面にすり込む。
ぼかし	絵の具を塗ったあとに，水を含ませた筆でなぞって色をなじませる。
にじみ	画面に絵の具や水をあらかじめ塗っておき，乾かないうちに別の色をのせる。
洗い出し	水を多く含んだ筆で軽くこすり，布やティッシュペーパーなどで絵の具を吸い取る。

(4) 絵画の基本

① 素描（デッサン）とクロッキー

主に単色で描かれた絵のことを素描（**デッサン**）といい，**クロッキー**のように対象の形や動きを線描で素早く表現したものも含まれる。

② 素描のテクニック

〈立方体の描き方〉

●全体を大きく３つの明暗に分ける。
●明暗は線の粗密で表現する。

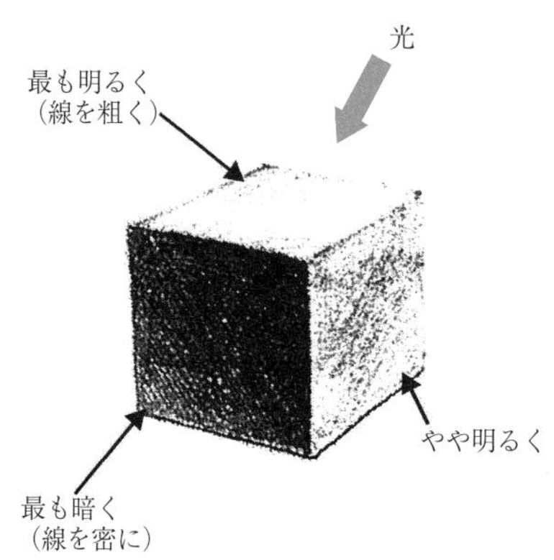

〈手の描き方〉

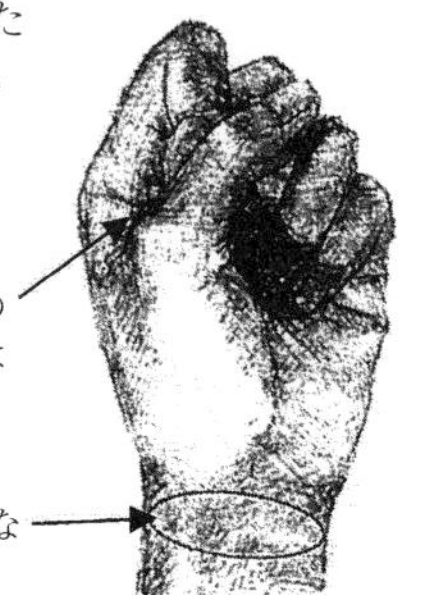

(5) 透視図法（線遠近法）と空気遠近法

① 透視図法

線の方向で空間を表現する方法。**消失点**（線の集まる点）の数により，表現法が異なる。

一点透視図法	画面から遠ざかる方向にのみ遠近感が出せ，最も実写に近くなる。
二点透視図法	奥行きは画面の左右方向と正面にでき，自然な立体感がでる。
三点透視図法	左右方向の遠近感に，さらに高さの遠近感が加わる。

一点透視図法

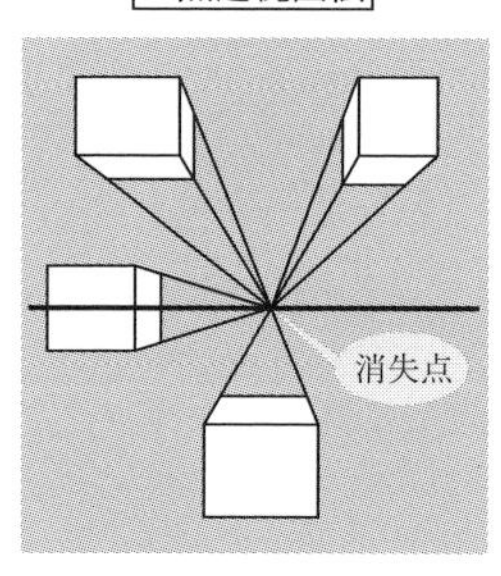

二点透視図法

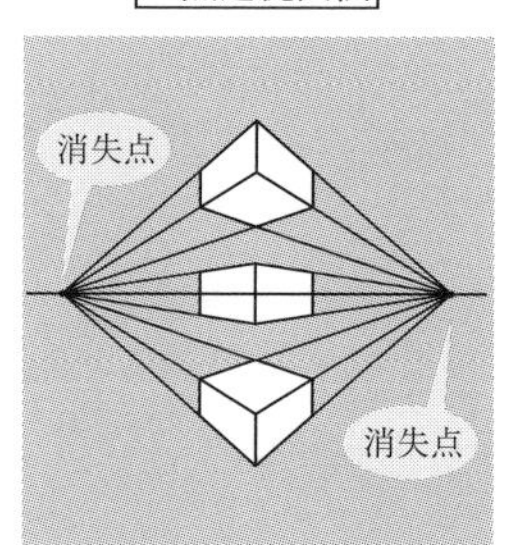

三点透視図法

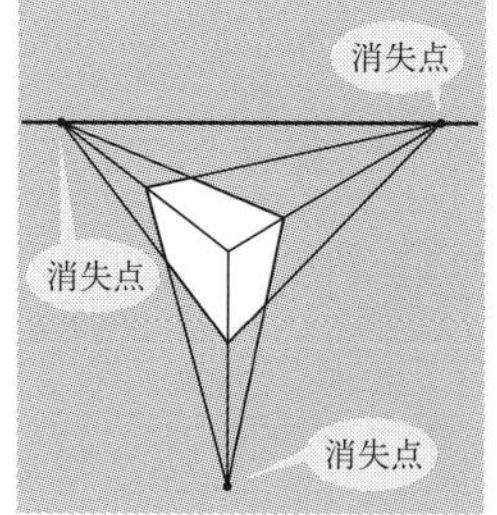

② 空気遠近法

近景をはっきりと描き，遠景をぼんやりと描いて，奥行きを表す方法。

(6) 造形能力の発達

年齢	発達段階	特色
1歳半～2歳半頃	なぐり描き期（スクリブル期，錯画期）	●紙の上に点や線など，印付けを行うようになる。 ●描く際の身体運動を通じ，手を次第にコントロールするようになるが，描かれたものの意味は，大人にはわからない。
2歳半～4歳頃	象徴期（命名期）	●円や渦巻きの形への意味付けを行うようになり，形に名前付けができるようになる。 ●頭から足の出た「**頭足人**」とよばれる人間を描くようになる。
5～8歳頃	**図式期**	●初期は，紙の上に各図がバラバラに表現されカタログのような絵を描く。 ●次第に形同士が関係づけられ，基底線を基準に空間の上下が認識・表現されるようになる。 〈この時期の描画の特色〉 ① カタログ式表現 各図が無関係に配置される。 ② **レントゲン描法（透明画）** 車の中など見えない所を透視したように描く。 ③ 拡大描写（誇張的表現） 自分が関心のあるものを拡大して描く。 ④ 擬人化（アニミズム） 無生物や動物に人間のような表情をつけて描く。 ⑤ **基底線**，太陽，帯状の空の出現 ⑥ **展開図描法** 3次元を表現するため，ものを展開図のように描く。 ⑦ 視点の移動 絵巻物のように時間の経過を1つの画面に描く。
8～11歳頃	前写実期（黎明期）	●視覚的にとらえた現実の世界を，そのまま画面に表現しようとする。描画に対し自信を失うこともある。 ●図式的表現傾向から写実的表現傾向へ移行する。
11～14歳頃	写実期	●発達した観察力を基に，明暗や陰影，立体感，質感などの表現を試みるようになる。

2 版画

(1) 彫刻刀

① 彫刻刀の種類と特徴

種類	特徴・用途	形状	版の断面
切り出し刀	板に切り込みを入れ，細かい溝や輪郭，文字などを彫るのに用いる。		
平刀	浅く平らに彫れ，不要な部分を彫ったり，ぼかしたりするときに用いる。		
丸刀	半円形の溝状に彫れ，太い線や柔らかい線，広い部分を彫るのに適している。柔らかい雰囲気が出せる。		
三角刀	鋭く細い線が彫れ，細かな部分や輪郭線などを彫るのに用いる。力の入れ具合で線の太さを調節できる。		

② 彫刻刀の持ち方

平刀，丸刀，三角刀は，利き手で鉛筆を持つようにして握り，反対の手の人差し指と中指を彫刻刀の柄の先に置いて刃の動きを調整しながら彫る。

③ 安全な取り扱い方

・彫る際に，刃の進む方向に指や手を置かない。
・刃の切れる彫刻刀を使う。
（使用する前に，刃の切れ味や破損していないかを確認する。）
・版木を回して彫りやすい向きにする。
・版木が滑らないように濡れた布などを敷く。

(2) 版画の種類

版の形式	版とインクの関係	特徴と版種	主な版種とその特徴	
凸版	紙 インク 版	版の凸部にインクをつけ，紙の上からばれんでこすって刷る。コラグラフ，リノカットもこれにあてはまる。	**木版画**	彫刻刀を使って彫り，陰刻・陽刻を組み合わせて版にする。
			紙版画	画用紙，ケント紙，ボール紙などをカッターで切り，版をつくる。
凹版	版	版の凹部にインクをつめ，凹部以外の不要なインクを拭き取り，プレス機などで刷る。メゾチントもこれにあてはまる。	**ドライポイント**	塩化ビニル板などに**ニードル**などで直接彫って版をつくる。
			エッチング	**グランド**（防食剤）を塗った銅板や亜鉛板にニードルなどで線刻し，希硝酸で**腐食**して版をつくる。
孔版	紙	版にインクの通る穴をあけて，下の紙にインクを押し出す。	**シルクスクリーン**	木枠にスクリーンを張って，版の上から**スキージー**（ゴム製のへら）でインクを押し出して刷る。
			ステンシル	紙を切り抜き，その穴にタンポやローラーでインクを刷り込む。
平版	紙 版	平らな面にインクがつく面とつかない面をつくり，刷りとる。デカルコマニー，マーブリングもこれにあてはまる。	**リトグラフ**	水と油が反発し合うことを利用して，クレヨンなどの油性画材で版に描画し，水をはじく部分に油性インクをのせて刷る。

(3) 木版画（単色）の制作

① 木版画の表現方法

陽刻	輪郭線を残してまわりを彫る方法。全体的に白っぽい画面になる。
陰刻	輪郭線を彫って白くぬく方法。全体的に暗い感じになる。

② 木版画の制作過程

1) **スケッチ**(下書き)をする

・主題を明確にし，白と黒のバランスや画面構成を考えながら行う。鉛筆は柔らかいものを使用する。

2) **転写**する

・スケッチしたものにトレーシングペーパーをのせ，柔らかい鉛筆で写す。

・**トレーシングペーパーを裏返して**版木にとめ，定規やスプーンで強くこすって板に転写する。

※版木に直接描いたり，**カーボン紙**を使って写したりする方法もある。

3) **墨入れ**をする

・主題が生かされるように，黒のつながりに留意して墨入れをする。

・彫りのあとがわかるように，版の全面に薄墨を塗る。

4) **彫り**

〈版画作業板〉

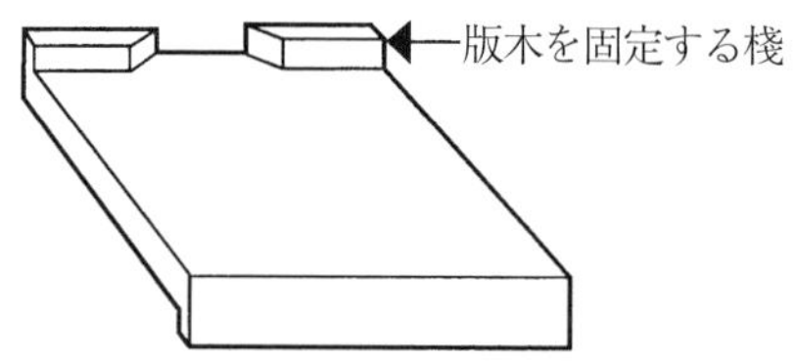

・彫り残す部分と彫り取る部分の関係を見ながら彫る。

・**版画作業板**などで版木を固定すると作業がしやすい。

5) **刷り**

・インクの量を常に調節しながら，練り板の縦横の幅を十分に使ってインクを均一に練る。

・凸部のみに均一にインクがのるように，ローラーには力を入れずに，軽く動かす。

・刷り紙を見当紙に合わせてのせ，ばれんで刷る。**ばれんは中心から外へ円を描きながら動かす**。

〈ばれん〉

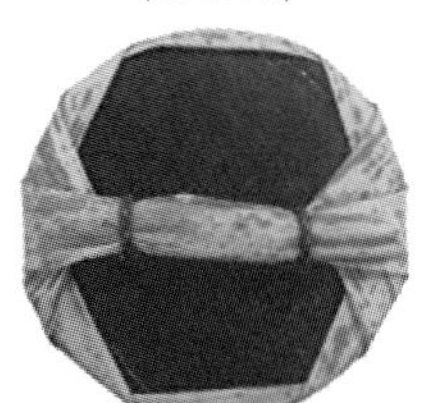

(4) **多色木版画**

一版多色木版画	版は1枚で，部分的に違う色をつけて刷る方法。	**彫り進み法**	彫り進める過程を何回かの段階に分け，違う色を刷り重ねていく方法。明るい色から刷り，彫り進めながら最後に黒に近い色で刷る。
		塗り分け法	一枚の作品を各部分に分け，違う色を組み合わせたり，刷り重ねたりする方法。
多版多色木版画	複数の版をつくり，それぞれの色をつけて刷る。 版がずれないよう見当を彫る。		

3 彫刻・焼き物

(1) 彫刻

① 彫刻の表現の方法

彫造（カービング）	木や石などの固形材料を，外から彫り刻む方法。
塑造（モデリング）	粘土や石膏などの可塑性のある材料を，中心から外側につけ加えたり，型に流し込んだりして形にする方法。

② 彫刻の種類

丸彫り	完全な**立体**で，**あらゆる方向から鑑賞**できる。
レリーフ（浮き彫り）	盛り上げによる**半立体**で，**正面からのみ鑑賞**できる。丸彫りと絵画の両方の要素をもつ。光のあたる方向によって，明暗の美しさをもつ。

(2) 粘土による塑像

① 粘土の種類

土粘土	粘土どうしはよくつき，大きなものをつくりやすい。水で練り直して何度でも使うことができ，焼成に適したものもある。
油粘土	においがあり，べたつくものが多い。硬くならないので，何度でも使える。焼成することはできない。
紙粘土	小さく細かなものがつくりやすく，軽くて着色ができる。ひび割れしやすい。乾くとそのまま保存できる。

② 粘土の扱い方

水分を少しずつ加えたり，粘土板などに広げて乾燥させたりしながら，粒子が均一になるようによく練る。**耳たぶ程度**のやわらかさがよい。

硬くなった粘土を使う場合，できるだけ細かく粉末状にした後，水を少しずつ加えて小さなかたまりにまとめ，ビニール袋に入れて保管するとよい。

③ 粘土の保管方法

水で練った粘土は，乾燥しないように，**固くしぼった布でくるみ，ビニール袋でしっかり包む**。油で練った粘土はほこりがつきやすいので，ビニールの布や袋で保管する。

④　粘土による塑像の制作過程

1）スケッチ（下書き）をする

・いろいろな角度からスケッチをして形の特徴をつかみ，ポーズの構想を練る。

2）**心棒づくり**

・針金をねじり合わせたものや木片を使って，骨組みをつくる。

・つくる形の各部の中心に心棒が入るようにする。

・粘土のつきをよくするために，心棒全体を**水でぬらした麻ひもでしっかりと巻く**。

※麻ひもを水でぬらすのは，乾いた後，ひもがしまってしっかりと巻けるため。

3）肉付け

・全体をかたまりでとらえ，バランスを考えながら立体的に肉付けする。

4）仕上げ

・量感と質感の表現を大切にし，指やへらのタッチを生かしながら細部の形を整える。

⑤　**テラコッタ**

テラコッタ用粘土や陶芸用粘土で作った作品を1～2週間，日陰干しにして完全に乾燥させて焼成したもの。

〈扱い方の基本〉

・十分に乾燥させる。

・厚くなる部分は内部をくりぬき，薄くする。

・約800℃で焼成する。

⑶　石膏

①　石膏液の作り方

1）水を入れ，水面全体に平均に石膏粉をふりこむ。

2）石膏が水面全体にたまったら，ふりこむのを止める。

3）へらで静かに混ぜる。

②　石膏の保管方法

・湿気を吸いやすく，湿気を吸った石膏は固まらなくなるので，ビニール袋などに入れて封をしっかりして保管する。

・古い石膏を使う場合は，少量を水で溶き，固まるかどうか確かめてから使う。

(4) 焼き物

① 成形の技法

手びねり	粘土に穴をあけて押し広げ，粘土を回しながら厚みが等しくなるように形を整える。
ひもづくり	粘土で直径1～3cm程度のひもをつくり，それを巻きあげたり，輪にして積み上げたりして成形する方法。
板づくり	**たたら板**と**のし棒**を使って平らな粘土をつくり，**どべ**(粘土を水で溶いたもの)でつけて成形する。接着面をへらなどで傷つけておくと，よく接着する。
ろくろづくり	ろくろの上に粘土をのせ，回しながら成形する。
型づくり	石こう型やビンなどに粘土を押し当てて成形する。

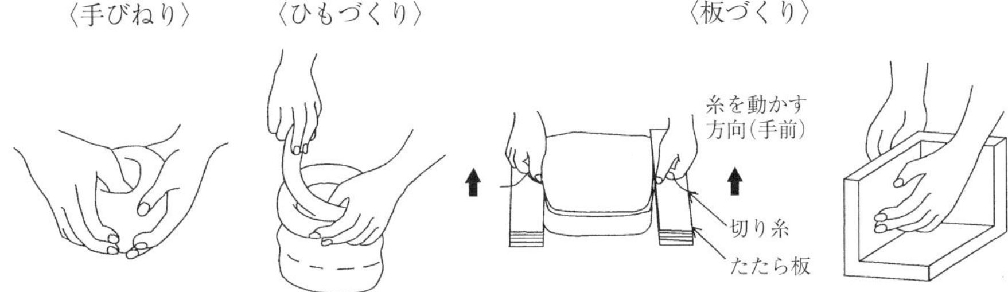

② 焼き物の製作過程

1)デザイン

・成形の方法を考えて，デザインする。

2)土練り(成土)

・粘土の水分を調節し，荒練りで密度を均一にしたあと，仕上げ練りで中の空気(気泡)を抜く。

※空気が残っていると，素焼きのとき中の空気が急激に膨張し，破裂してしまうため。

3)成形

・厚みをできるだけ均等にする。

4)加飾

・素地の表面に模様や図柄を施す。

5）乾燥

・日陰で，内部や下側までゆっくり乾かす。

※水分が残っていると，素焼きのときそれが急激に膨張し，破裂してしまうため。

6）素焼き

・徐々に温度を上げながら**750～850℃**で加熱し，ゆっくりと冷ます。

※土の中の水分をとばすため，あぶりに十分時間をかける必要がある。

7）施釉（せゆう）

・厚みが均一になるように釉薬（ゆうやく）（ガラス質の粉を水で溶いたうわぐすり）をかける。

8）本焼き

・**1200～1300℃**まで加熱し，しばらく温度を保ったあと，ゆっくりと冷ます。

4　木工芸

(1)　木工作のための用具

①　**両刃のこぎり**…直線に切るときに使う。

縦びき刃	**木目に沿って切る**ときに使う。 目が粗い。
横びき刃	**木目を断つようにして切る**ときに使う。 目が細かい。

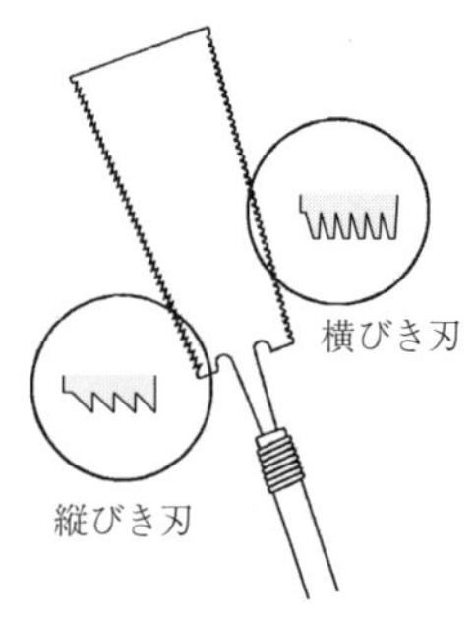

〈使い方〉

1）材料が動かないように手や万力，クランプでしっかり固定する。

2）のこ身を**真上**から見るように構える。

3）切り始めは，ひく位置に**親指**の関節をあわせ，**刃元**でゆっくりと切り込みを入れる。

4）刃全体でゆっくりひいて切るようにする。**ひく時に力を入れ**，戻す時に軽く押し出すようにする。ひき込みの角度は30°くらいにする。かたい材料，厚い材料の場合はやや角度を高く，やわらかい材料，薄い材料の場合はやや低くする。

5）切り終わりは，のこぎりを徐々に**ねかせて**，**ゆっくり**と引く。

② **電動糸のこぎり**

〈用途〉

・**曲線**に切る。

・板を**くり抜く**（きりで穴をあけてから刃を通す）。

〈刃の取り付け方〉

・電源を切り，刃は**手前**に向け，**下向き**に取り付ける。

・**下部**しめ具で刃**を止めてから**，**上部**しめ具を締めて刃をしっかり固定する。

〈使用上の留意点〉

・刃の進む方向に手を置かない。

・両手で板をしっかり押さえ，ゆっくりと**板を押し出して切る**。

・角張った形をひく時は，ひき始めから角までひき，ゆっくりと次の方向へ板を回してのこぎりの刃が無理なく切れることを確認し，次の方向へとひいて切る。

・刃を取り換える時や使わない時はスイッチを切り，コードのプラグを抜いておく。

③ **きり**

三つ目ぎり	主に深い穴や**木ねじ**の下穴（案内穴）あけに使う。
四つ目ぎり	主に**くぎ**を打つときの下穴あけに使う。
ねずみ歯ぎり	竹ひごなどを通すときに使う。

〈使い方〉

・きりの刃先を穴をあける位置にあわせて立て，手のひらで柄尻を軽くたたく。

・両手できりの柄を押さえるように，上から下へともみ下ろし，これをくり返して穴をあける。

④　げんのう，金づち

げんのう	くぎの**打ち始めは平面**（**平らな面**）で打つ。**打ち終わり**は素材を傷つけないようにするため，**曲面**（**少し丸い面**）で打ち込む。
金づち	とがっている方は，くぎの下穴をあけるときに使う。

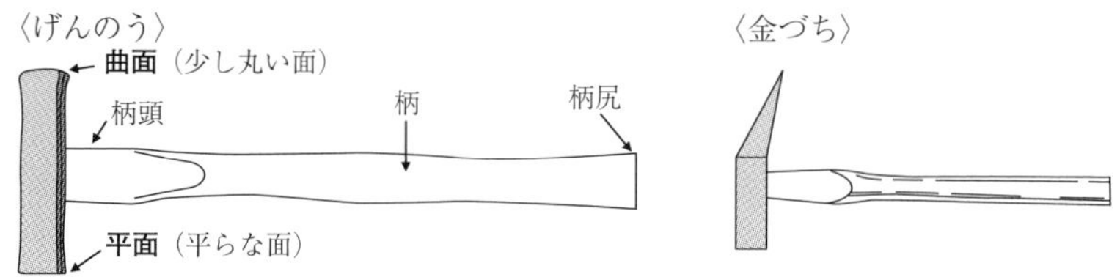

〈げんのうを用いたくぎの打ち方の手順〉

・打ち始めは，手を打たないようにくぎの下の方を持つ。げんのうは，柄頭に近い方を持ち，平面（平らな面）で軽く打つ。
・くぎがしっかり刺さったら，げんのうの柄尻に近い方を持ち，肘と手首を使って強く打つ。
・打ち終わりは，げんのうの柄頭に近い方を持ち，曲面（少し丸い面）で打つ。

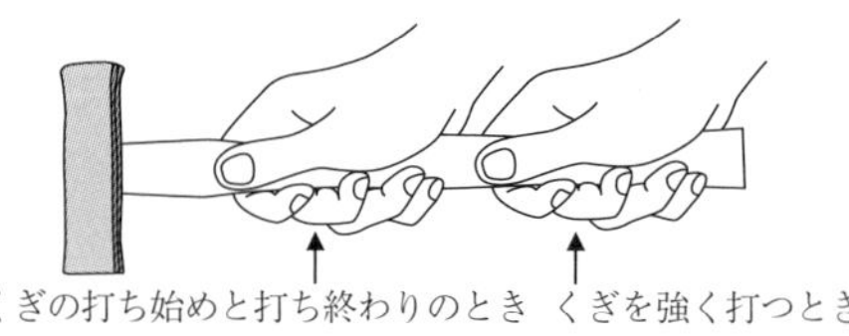

⑤　くぎ抜き

柄は片手でもち，てこのはたらきを利用して，上に押し上げるようにして抜く。

⑥　圧締用具

はたがね	接着作業や寸法線の記入に使う。
クランプ	接着作業，のこぎりで切るときや，きりで穴をあけるときに使う。
木工用万力	小さい部材をのこぎりで切るときや木工やすりで削るときに使う。

〈はたがね〉

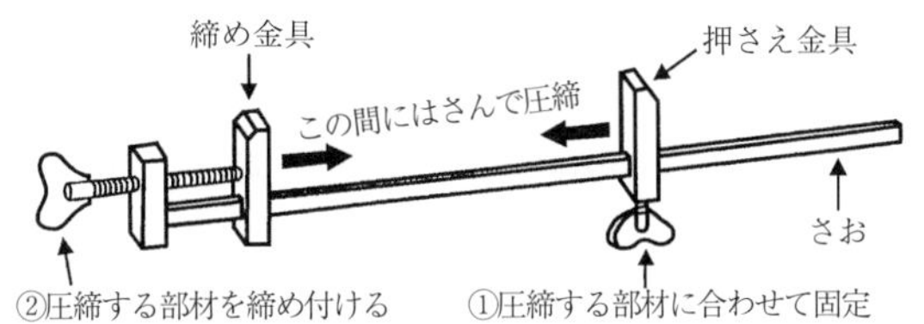

〈クランプ〉　〈木工用万力〉

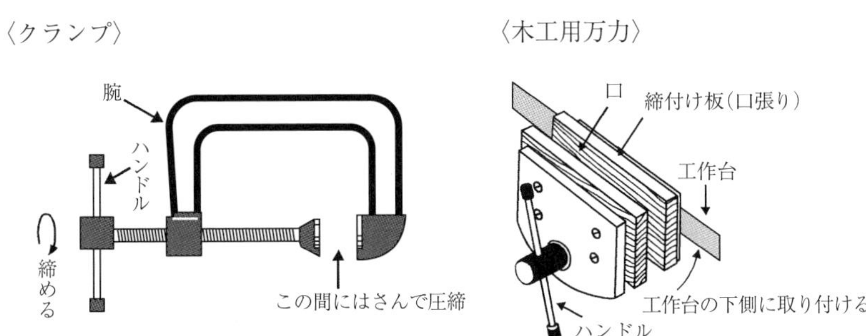

(2) 木工芸

① 板材(木材)の種類

柾目板	**木目がほぼ平行**。表裏の材質が似ており，くるい(曲がったりそったりすること)が少ない。
板目板	**木目に変化**がある。表裏の材質が異なるため，くるいや逆目が出やすい。

〈柾目板〉　〈板目板〉　〈板目板のそり方〉

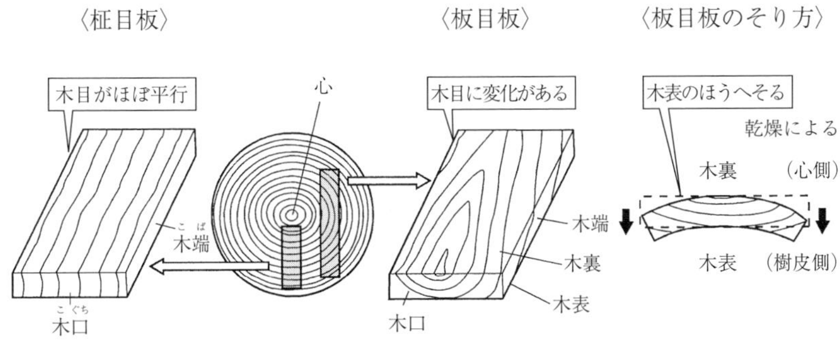

② 塗装の手順

素地みがき→目止め→やすりみがき→下塗り→やすりみがき→上塗り

・**目止め**…木材表面の小穴や傷などを埋めて，平らにする。**との粉**と水を混ぜた目止め剤をへらやはけですり込み，半乾きの状態でふき取る。

・**紙やすり**…**番号が大きいほど目が細かい**。仕上げる際，例えば，80番，160番，240番のように目の粗いものから順に使用する。木目に沿ってみがく。

5　その他の用具の特徴と取扱い

(1)　紙工作のための用具

はさみ	・身体の正面で切る。 ・紙をまっすぐ切るときは，はさみを大きく開き，**刃の根元**で切る。 ・紙を丸く切るときは，**紙を回しながら切る**（右図）。 ・人に渡すときには，刃先の方を握り，**持ち手の方を相手に向けて渡す**。
カッターナイフ	・長い部分を切る：柄をはさむようにして持つ（図1） ・細かく短い部分を切る。 ：鉛筆を持つように持ち，小指を紙に軽く着けて安定させる（図2） ・直線を切る：刃の側面を定規に押し当てて切る。 ・段ボールを切る：刃は段ボールに対して垂直にし，小刻みに上下させる。 （図1） （図2） ※刃を必要以上に出さないようにする。 ※切れ味が悪いと余分な力が入り危険なので，刃先を折って新しくする。 ※折った刃先は，所定の容器などに入れておく。 ※人に渡すときには，刃を相手に向けて渡さない。
千枚通し	針が細長い。重ねた紙の穴あけに適している。
目打ち	針が短く，元が太い。厚みがあるものの穴あけに適している。

(2) 金属工作のための用具と材料

① 針金

・鉄製のものよりも，**アルミ製**のものが，切断，加工ともに容易である。

・針金の太さの規格を番線といい，番線の数字が大きくなるほど，針金の太さは細くなる。

※針金の先は尖っているため，用意するときや切った後は丸めたり，ビニールテープを巻いたりしておく。

※切断時には，飛ばないように固定して切る。

② ペンチ

・針金を曲げる場合，ペンチの先端の部分に針金をはさんで，ひねったり，指で押したりして曲げる。

・針金を切るときは，刃の先よりも元の方で切ると切りやすい。

・針金を止めるときは，針金の交差させたところをねじり，更に引っ張りながら何度かねじってしめる。

・2本の針金を結びつける際は，ペンチで2本一緒に引っ張りながら，よじる。

※ラジオペンチ…刃先が細くなっており，細かな作業をするのに適している。

〈ペンチ〉

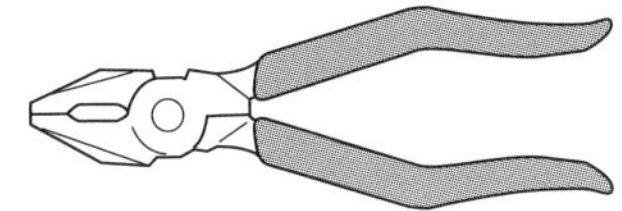

〈ラジオペンチ〉

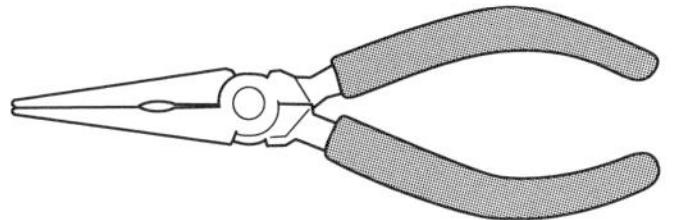

(3) 接着剤

種類	用途	特徴
木工用接着剤 (酢酸ビニル樹脂エマルジョン系接着剤)	木，紙，布，発泡スチロール，コルクなど	固着に時間がかかる。 手や服についても水で洗い落とせ，安全性が高い。
合成ゴム系接着剤 (有機溶剤系接着剤)	プラスチック，ゴム，布，皮，金属など	表面が半乾きの状態になるまで待ってから，強く押しつけて接着する。
エポキシ系接着剤	金属，タイル，陶磁器，ガラス，石材など	主剤と硬化剤を混ぜ，化学反応で硬化する。

6 デザイン

(1) 色彩

① 色の三要素(三属性)

色相	有彩色の**色合い**(色味)。色の**寒暖**の感じを表現するのに関係の深い要素。同じ色相の色でも，薄い色，鮮やかな色，暗い色などがあり，このような**色の調子**を**トーン**という。
明度	**明るさ**の度合い。色の**軽重感**を表現するのに関係の深い要素。すべての色の中で，**白が最も高く，黒が最も低い**。
彩度	**鮮やかさ**の度合い。各色相の中で最も彩度の高い色を**純色**という。

② 色の種類

無彩色	**白，灰，黒**。色相，彩度はなく，明度をもつ。
有彩色	無彩色以外の色。色の三要素をすべてもつ。

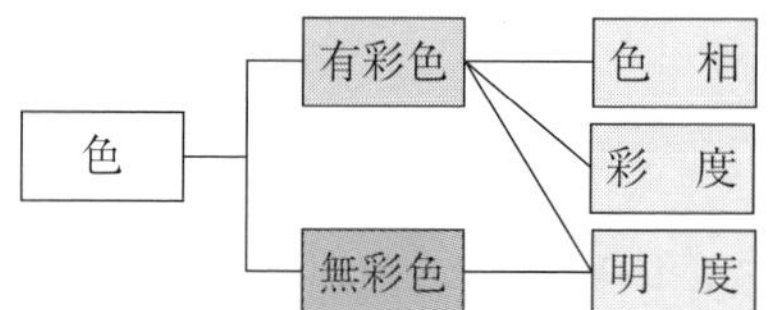

③ 清色と濁色

清色	純色に白色だけが混ざった色を**明清色**といい，黒色だけが混ざった色を**暗清色**という。比較的すんだ色調。
濁色	純色や清色に灰色(黒+白)を混ぜた色。比較的くすんだ色調。

④　**色相環**

よく似た色相の純色を並べた環。色相環の中で互いに向かい合った位置にある色を**補色**といい，補色関係にある色を組み合わせると最も目立つ配色になる。

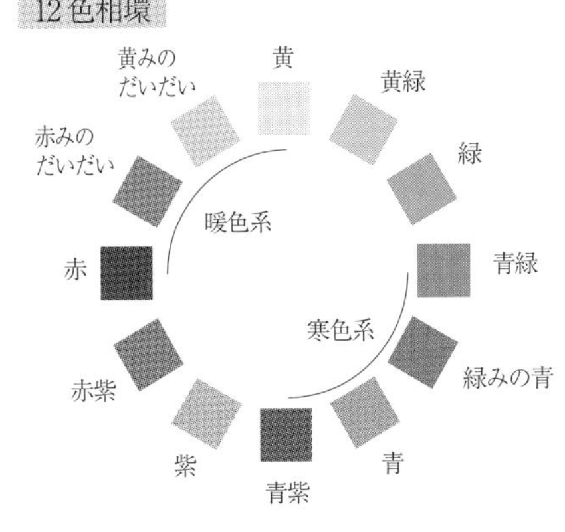

⑤　**色の対比**

色を単独で見る場合と，他の色と隣り合わせたり，周囲の色の中で見たりする場合とでは違った感じに見えること。

明度対比	同じ明度の色でも，暗い中では明るく，明るい中では暗く感じて見える。
色相対比	同じ色相の色でも，周囲の色相の違いにより，色相の感じが違って見える。
彩度対比	同じ彩度の色も，低彩度の中では鮮やかさを増し，高い彩度の中ではにぶく見える。

⑥　**加法混色と減法混色**

減法混色	**色の三原色**（赤紫・緑みの青・黄）による混色。混ぜる色数が増えるほど，彩度や明度が低くなり，**黒**に近い色になる。
加法混色	**光の三原色**（赤・緑・青）による混色。無色（**白**）に近い色になる。

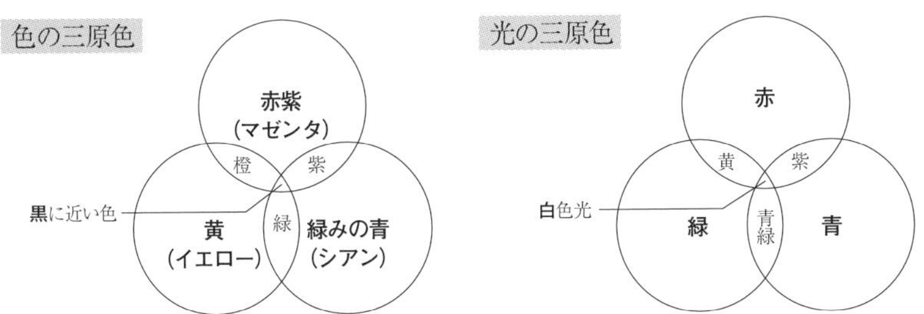

(2) いろいろな表現技法（モダンテクニック）

フロッタージュ（こすり出し）	ものの表面や地肌の感じを，紙の上から鉛筆やコンテ，パステルなどでこすり，写し取る技法。
マーブリング（墨流し）	水面に，墨や油性の絵の具を落とし，そこにできた流れ模様を紙に写し取る技法。
スパッタリング（霧吹き，ぼかし）	絵の具のついたブラシで網をこすり，霧吹きのような効果を出す技法。
ドリッピング（たらし，吹き流し）	紙の上に多めの水で溶いた絵の具をたっぷりとたらし，紙面を傾けたり，口やストローを使って吹いたりして模様を作る技法。
デカルコマニー（転写，合わせ絵）	絵の具をつけた紙を二つに折って合わせ，手を押しつけてから再び開くと，偶然の模様ができる技法。
スクラッチ（ひっかき）	厚く塗り重ねた絵の具やクレヨンやパスの上から，先のとがったものでひっかいて，下の色が出てくるようにする技法。
コラージュ（貼り絵）	紙や布，ひもなど材質の異なるものを貼って画面を構成する技法。
バチック（はじき絵）	クレヨンやろうで絵や図柄を描き，その上から多めの水で溶いた水彩絵の具で彩色する技法。
スタンピング（型押し）	ものに直接絵の具やインクをつけて版にし，紙に押し当てて型を写し取る技法。

(3) 美の秩序（構成美の要素）

シンメトリー	対称	点や線，面を中心にして，左右・上下・放射などが対応する形の構成。
リピテーション	くり返し	同じ形（単位になる形）を規則的にくり返す構成。
グラデーション	階調	形や色が一定の割合で段階的に変化する構成。
リズム	律動	形や色などの連続的な変化やくり返しから受ける動きの感じを表す構成。
アクセント	強調	形や色の効果によって，画面の中の一部分を視覚的に強調し，全体の感じを引きしめる構成。
プロポーション	比例・割合	形や大きさ，長さなどの割合のこと。
コントラスト	対比・対立	性質が反対の形や色を組み合わせることによって，強い感じの効果を出す構成。
バランス	つり合い	上下左右などで形や色の組み立ては異なるが，見た目に受ける感じのつり合いがとれている構成。

確認問題

5 水彩絵の具を使って絵を描く際，色が濁らないようにするために児童に対してどのような指導を行うか。筆，水，パレットのそれぞれについて具体的に答えよ。

6 次の図は彫刻刀を示したものである。それぞれの彫刻刀の名称を答えよ。

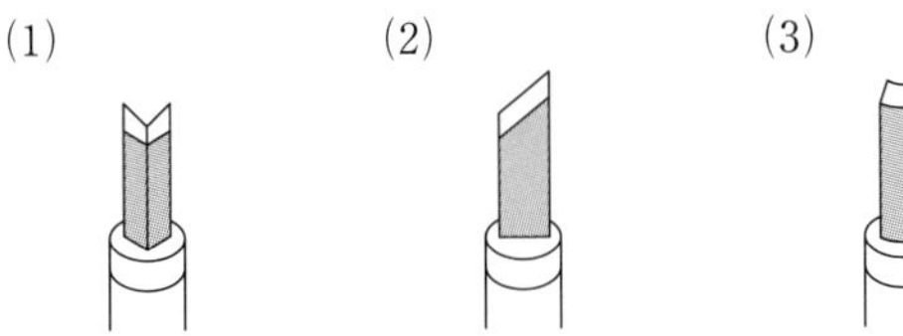

7 のこぎりの取り扱いについて，次の各問いに答えよ。

(1) 両刃のこぎりを使用して木目を断つように切る場合，縦びき，横びきのうち，どちらの刃を使うか。

(2) 電動糸のこぎりを使用する場合，刃は自分の手前側，向こう側のどちらの向きに取り付けるか。また，刃は上側，下側のうち，どちらを先に取り付けるか。

8 次は，版画の種類についての記述である。空欄にあてはまる語句を答えよ。

(1) 水と油がはじきあうことを利用し，クレヨンなどの油性画材で版に描画し，水をはじく部分に油性インクをのせて刷る平版の印刷技術を（　A　）という。

(2) 銅板・亜鉛板・塩化ビニル板の版材にニードルなどで直接傷をつけて凹部を作り，インクをつめ，強い圧力で紙に刷り取る凹版の印刷技術を（　B　）という。

(3) シルクスクリーンやステンシルなど，版にインクの通る穴を開けて刷る版画の形式を（　C　）版という。

9 色彩について，次の各問いに答えよ。

(1) 色の三要素を答えよ。

(2) 色の三原色は赤紫色と緑みの青色と，もう一つは何色か。

(3) 白・黒・灰色のように色味をもたない色を何というか。

(4) 12色相環で，紫と黄緑のように互いに向かい合った色どうしの関係を何というか。

10 次の説明に該当するモダンテクニックの名称を，ア～クから選び，記号で答えよ。

(1) ろうやクレヨンで絵や図柄を描き，その上から多めの水で溶いた水彩絵の具で色をつける技法。

(2) 水面に墨汁や油性の絵の具をたらし，水面を細い棒などで静かに動かしてできた模様を上から紙を当てて写し取る技法。

(3) 紙や布，その他様々なものを貼って画面を構成する技法。

(4) ブラシに絵の具をつけ，金網でこすり，霧状にして画面に絵の具を飛ばす技法。

(5) ガラスの板や固めの紙に絵の具をたらし，上から画用紙を押し当てて模様を作る技法。

(6) 凹凸のある面に薄い紙を重ね，鉛筆やパスなどでこすり，凹凸の模様を写し取る技法。

ア．ドリッピング　イ．スクラッチ　ウ．スパッタリング
エ．デカルコマニー　オ．コラージュ　カ．フロッタージュ
キ．マーブリング　ク．バチック

11 焼き物の板づくりで，粘土と粘土をつけるために，粘土を水で溶いたものを何というか。

3 鑑賞

●ポイント

作家と作品名を結びつける問題が圧倒的に多い。日本では，葛飾北斎，尾形光琳，歌川（安藤）広重，喜多川歌麿，黒田清輝，西洋では，ミレー，モネ，セザンヌ，ゴッホ，ピカソの出題率が高い。実際の作品とともに覚えておくようにしよう。

1 日本の美術

(1) 飛鳥時代

法隆寺	金堂，五重塔は**世界最古の木造建築物**。中門を入ると，右に金堂，左に五重塔が，回廊，講堂などに囲まれて建っている。五重塔の各層の平面の減少率は上方へいくほど大きく，最上層は最下層の約半分の大きさである。
釈迦三尊像	**鞍作鳥**（止利仏師）の作といわれる。法隆寺金堂の本尊にある。
玉虫厨子	飛鳥様式の全面黒漆ぬりの厨子（仏像を安置した箱）。法隆寺にある。

(2) 奈良時代

▼阿修羅像（興福寺）

仏を守る八部衆の一人。顔が3面，腕が6本あり，少年のような憂いを含んだ顔に表現されている。

▼月光菩薩像（東大寺法華堂）

中国より導入された塑像の形式で作成された。

(3) 平安時代

▼「源氏物語絵巻」	▼「鳥獣（人物）戯画」

平安貴族の生活をかいた『源氏物語』を絵巻物にしたもの。天井を取り去って斜め上から室内を見下ろす**吹抜屋台**という構図法を用いる。	**鳥羽僧正覚猷**の作とされる。当時の世の中を風刺し，さる，うさぎなどの動物を**擬人化**して，物語が右から左へ展開している。

(4) 鎌倉時代

▼金剛力士像（東大寺南大門）

運慶・快慶の作。写実的で力強さにあふれている。

(5) 室町時代

雪舟（等楊）	宋・元の画家に学び，**日本水墨画**を大成した。墨の濃淡で立体感を表し，筆の輪郭線も併用する**破墨法**という用法を用いる。「山水長巻」ともよばれる**「四季山水図巻」**も有名。	**▶「秋冬山水図・秋景」**	

		▼「天橋立図」

竜安寺石庭	水を使わず，砂と石だけで山水を表す**枯山水**の代表例として有名。
鹿苑寺金閣	第1層は**寝殿造**，第2層は武家造，第3層は**禅宗様**。2・3層の外壁に金箔が施されている。
慈照寺銀閣	上層は禅宗様，下層は**書院造**。

(6) **安土桃山時代**

狩野永徳	狩野派の基礎を築く。織田信長，豊臣秀吉に仕え，安土城，大坂城などに，力強い筆致と濃彩で巨大な**金碧障壁画**（金箔の地の上に岩絵の具で描いたもの）を描く。	▼「唐獅子図屏風」
長谷川等伯	当時流行した狩野派に対抗し，長谷川派の祖となる。破墨法・空気遠近法を用いた「松林図屏風」といった水墨画や，「智積院襖絵・楓図」などの金碧障壁画を描いた。	▼「松林図屏風」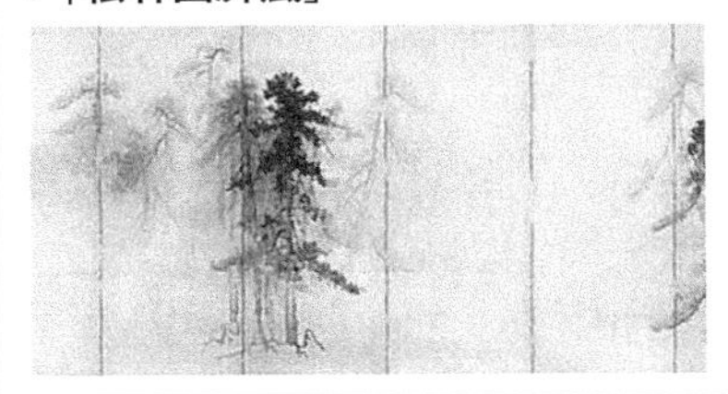

姫路城	白壁が美しく，別名「白鷺城」とよばれる。現存する城郭建築では最大。

(7) 江戸時代

俵屋宗達	大和絵の伝統をもとにして，華麗な色彩，豊かな量感といった新しい絵画形式を築き，琳派の祖とされる。「風神雷神図屛風」は，金地の大画面に風神雷神を大胆な構図で描く。	▼「風神雷神図屛風」 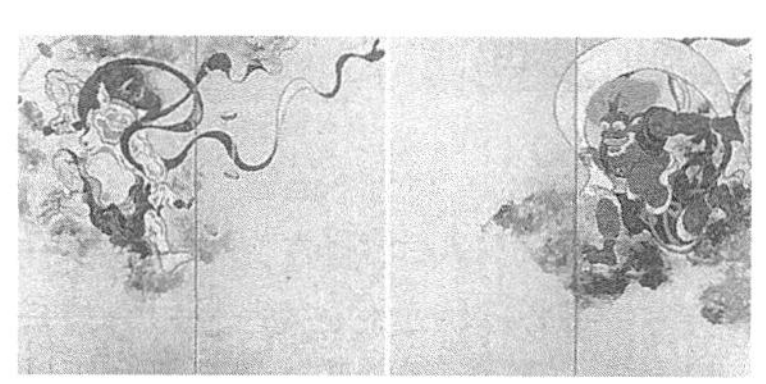
尾形光琳	大和絵に装飾的な作風をあわせ，琳派を確立した。「紅白梅図屛風」は，流水の曲線で画面を分割し，左右に紅白の梅を配置した大胆な構図。他に「**燕子花図屛風**」がある。	▼「紅白梅図屛風」 
菱川師宣	優美な筆線と独自の構図で美人風俗画様式をつくり上げ，**浮世絵**として確立させた。「見返り美人図」は肉筆画であるが，浮世絵版画を創始し，絵本，挿絵を多く残した。	▶「見返り美人図」 
鈴木春信	美人画や役者絵を描き，**錦絵**とよばれる**多色刷版画**を創始。「雨の夜詣で」は，夜中に雨が激しく降る中を，若い女性が一人で神社にお参りに来た様子が描かれている。	
喜多川歌麿	上半身を大きく描く**大首絵**という手法を開拓し，鮮やかな色彩で女性の美しさを表現した。「ポッピンを吹く女」のほか，「北国五色墨・切の娘」がある。	▼「ポッピンを吹く女」 

東洲斎写楽	顔や手の表情を誇張して役者の個性を表現する**役者大首絵**を大成し，役者絵を多く描く。「三代目大谷鬼次の奴江戸兵衛」のほか，「**市川鰕蔵(えびぞう)の竹村定之進(さだのしん)**」がある。	▼「三代目大谷鬼次の奴江戸兵衛」 
葛飾北斎	狩野派や洋画の遠近法などを取り入れ，変化のある構図を特色とする独自の画風を開く。風景版画の「富嶽三十六景」のほか，洋画の影響を受けた「**くだんうしがふち**」もある。	▼富嶽三十六景「凱風快晴」  ▼富嶽三十六景「神奈川沖浪裏」 
歌川（安藤）広重	変化に富んだ日本の四季の風景を，きわめて叙情的に**風景版画**として表す。「名所江戸百景・大はしあたけの夕立」は，浮世絵に魅せられた**ゴッホ**が，その秘密を解き明かそうと油絵で模写しようとしたほどの作品である。	▼東海道五十三次「庄野」  ▶「名所江戸百景・大はしあたけの夕立」 

(8) **明治以降**

日本画	**狩野芳崖**	山口県出身。岡倉天心やフェノロサに認められ，東京美術学校の創設に努めた。「悲母観音」は漢画風の手法に西洋画の色彩や空間を取り入れた革新的な作品。	▶「**悲母観音**」 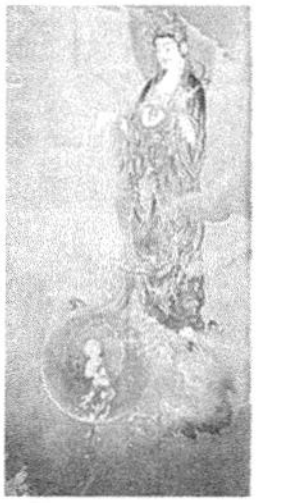
	菱田春草	長野県出身。日本美術院の創立に参加し，日本画の近代化に尽力。洋画の技法を取り入れた斬新な画風を追求した。「黒き猫」のほか，屏風画の「**落葉**」がある。	▶「**黒き猫**」 
	横山大観	茨城県出身。岡倉天心とともに日本美術院創立に参加し，新時代の日本画の創造を目指した。「無我」のほか，水墨画に「**生々流転**」がある。	▶「**無我**」 
	上村松園	京都府出身。京都の風俗，歴史，謡曲の物語などを題材にとり，女性の目を通して気品あふれる格調高い美人画を描いた。女性として初の文化勲章を受章。「序の舞」などがある。	
	竹久夢二	岡山県出身。大正ロマンを体現したような美人画で知られ，新聞や雑誌の挿絵画家として活躍。日本のグラフィックデザイナーの先駆者として多くの作品を残した。	▶「**黒船屋**」 

	作家	解説	作品
日本画	**村上華岳**	大阪府出身。日本古典やルネサンス絵画・インド美術の研究に基づき，宗教性と美的感性による昇華された独自の世界を形成。「裸婦図」「阿弥陀之図」「日高河清姫図」がある。	
	東山魁夷	神奈川県出身。人も動物も登場しない，純然たる風景画を多く描く。「白馬の森」のほか，「卓上のランプ」「青渓」「黄山暁雲」「ヴィラットの教会」などがある。	▼「白馬の森」
	浅井忠	東京都出身。日本最初の洋画団体である明治美術会を創立。「収穫」は，堅実な写実的技法で，農村の平凡な日常生活の一こまが描かれている。ほかに「春畝」がある。	▼「収穫」
洋画	**黒田清輝**	鹿児島県出身。**フランス**で印象派的な**外光表現**の手法を学ぶ。「読書」は，外光のさし込む窓際で読書をする婦人の姿が，明るい色彩で描かれている。	▼「読書」 ▼「湖畔」
	青木繁	福岡県出身。浪漫主義思潮を代表する油彩画家。黒田清輝に外光派の画法を学ぶ。「海の幸」は，紺碧の海を背景に大魚をかつぐ漁師の裸像群を描いた大作である。	▼「海の幸」

洋画	**安井曽太郎**	京都府出身。セザンヌなどから感化を受け，写生を根底にし，日本の風土に立脚した清爽堅実な写実的作風を確立。「少女像」など肖像画に独自の画風を示す。	▶**「金蓉」**
	岸田劉生	東京都出身。愛娘をモデルにした一連の「麗子像」を制作。肩掛けの編目の一目一目まで細かく描かれ，神秘的な微笑が印象的である。	▶**「麗子微笑」**
	東郷青児	鹿児島県出身。未来派ないしキュビスムを叙情化した，甘美な色調の装飾的作風の女性像で知られる。「遠い街」「赤い帽子」「レダ」なども有名。	▶**「サルタンバンク」**
	佐伯祐三	大阪府出身。フォーヴィスムを日本にもたらす。パリの街角，店先などを独特の荒々しいタッチで描いた作品が多く，大半は都市風景であるが，人物・静物画もある。「郵便配達夫」が有名。	
彫刻	**高村光雲**	東京都出身。伝統的な木彫技法を受け継ぎながら，熟練した技術と写生を加味し，独自の新しい彫刻をつくり出した。「老猿」は木彫の作品。	▶**「老猿」**
	高村光太郎	東京都出身。高村光雲の長男。**ロダン**の影響を受け，写実的な造形を追求した。詩人としても有名。「手」は，手のもつ空間的広がりが巧みに表現されている。	▶**「手」**

彫刻	**荻原守衛**	フランスでロダンについて学び，日本にロダンの作風を伝える。「女」は，ブロンズの作品で，女性の美を量感と空間による力強い構造で表現している。	▶「女」
版画	**棟方志功**	青森県出身。ゴッホの絵画に感動し油絵を始め，のちに版画制作に転じる。仏教を題材にした作品が有名。「釈迦十大弟子」は全十二作からなる。	▶**釈迦十大弟子「阿難陀の柵」**

2 西洋の美術

(1) 建築

時代	特徴	例
ギリシア	大理石の巨大な柱でつくられた神殿は，**黄金分割**によって縦横のバランスがみごとに調和している。**パルテノン神殿**は，エンタシスや溝掘りをもつ柱が特徴。	パルテノン神殿
ローマ	壮大な建築物の空間を最大限に生かす**アーチ構造**がとり入れられる。**コロッセウム**は円形闘技場。	コロッセウム
ビザンツ	丸屋根や半円形のアーチ，窓があり，壁面に**モザイク**があるのが特徴。	聖ソフィア寺院
ロマネスク	開口部の小さい荘厳な石造りや円型アーチ，広い壁面をもつのが特徴。	ピサ大聖堂
ゴシック	高い**尖塔**と，着色したガラスを鉛の枠で固定し，絵や模様を表現した**ステンドグラス**が特徴。	**アミアン大聖堂** ノートルダム大聖堂 シャルトル大聖堂

(2) **ルネサンス**…ギリシアやローマに題材を求め，人物を自然のまま**写実的**に表現。

ボッティチェリ（イタリア）	繊細で流麗な線で描かれた女性像が特徴。「ヴィーナスの誕生」のほか，「**春**（プリマヴェーラ）」など宗教的・神秘的な幻想に満ちあふれた作品を残した。	▼**「ヴィーナスの誕生」** 
レオナルド＝ダ＝ヴィンチ（イタリア）	三大巨匠の一人。絵画，彫刻，建築のほか自然科学など多方面に才能を発揮し，ルネサンス期最大の万能人として知られる。「最後の晩餐」はミラノにあるサンタ・マリア・デッレ・グラツィエ修道院の食堂に描かれた壁画で，一点透視遠近法が用いられる。「受胎告知」は初期の作品。「モナ＝リザ」では輪郭線をぼかして描く**スフマート**という技法が用いられている。	▼**「最後の晩餐」**  ▶**「モナ＝リザ」** 
ミケランジェロ（イタリア）	三大巨匠の一人。「最後の審判」は，ローマのシスティナ礼拝堂の祭壇に描かれ，天井画「**天地創造**」とともに感動をよぶ大壁画。旧約聖書を題材にした彫刻「ダヴィデ像」「モーセ像」でも有名。	▼**「最後の審判」**  ▼**「ダヴィデ像」** 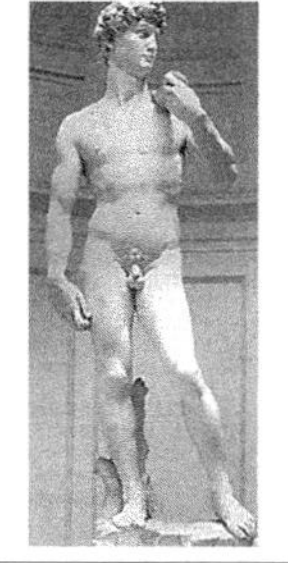

ラファエロ (イタリア)	三大巨匠の一人。教会や宮廷の装飾壁画，祭壇画に傑作を残し，聖母像の絵も多い。「美しい女庭師」は，聖母マリアと幼な児イエスに聖ヨハネを配しピラミッド型の安定した画面構成。	▼「美しい女庭師」 

(3) **バロック～写実派**

① **バロック**…強い色彩と誇張された動きのある表現。ポルトガル語で「歪んだ真珠」を意味する。

レンブラント (オランダ)	幻想を細密に描いた作風で知られ，肖像画家として活躍。光と影を効果的に表現する**明暗法**を用い，絵の具を厚く盛り上げる近代油絵法を完成。	▼「夜警」 
フェルメール (オランダ)	映像のような写実的な手法と綿密な空間構成，そして光による巧みな質感表現を特徴とする。「真珠の耳飾りの少女」「牛乳を注ぐ女」「水差しを持つ女」が代表作。	

② **ロマン主義**…色彩を効果的に使い，劇的な情景を情熱的に表現。

ドラクロワ (フランス)	独自の空想，輝くような色彩，粗いタッチによる動感表現により，キリスト教的主題や神話的主題を壮大なスケールで描いた。「民衆を率いる自由の女神」は，7月革命をテーマとする。	▼「民衆を率いる自由の女神」 
ジェリコー (フランス)	兵士や馬の激しい動きを描写する表現力は，他の多くの画家に影響を与える。フランス海軍の軍船メデューズ号の難破事件という時事的なテーマを，大作に描き上げて議論をよんだ。	▼「メデューズ号の筏」 

③　**自然主義**…鋭い観察力で，ありのままの素朴な自然の姿を詩的に表現。

ミレー（フランス）	農村で働く人々の姿を生き生きと描き，敬虔な信仰に満ちた風景画に秀いで，現代絵画の先駆けとなった。「落穂拾い」のほか，「**晩鐘**」「種をまく人」が代表作。	▼**「落穂拾い」** 

④　**写実派**…現実の自然や人間の生活を客観的に表現。

クールベ（フランス）	社会主義思想に共感を抱いて労働者や農民を描くことから出発。自然や現実を尊重し，観察したものを客観的に描写した。油彩の「波」のほか，「画家のアトリエ」がある。

(4)　**印象派～後期印象派**

①　**印象派**…光の変化に応ずる色調の変化や空気のゆれ動きを，主観的感覚により明るい色彩で表現。

マネ（フランス）	印象派の創始者。主題をその時代のできごとや日常的な事柄から選び，単純色を使って大まかに描く手法をとる。浮世絵の影響も見受けられる。「オランピア」「草上の食事」も有名。	▶**「笛を吹く少年」** 
モネ（フランス）	太陽の光によって刻々と変化する色をとらえ，見えるままの印象を明るい色彩で描いた。日本の大衆芸術を好んだことでも有名。印象派という名称の由来となった「印象―日の出」のほか，「ラ・ジャポネーズ」などもある。	▼**「睡蓮」** 

ルノワール （フランス）	パリの中流階級の都会的な楽しみ，余暇の余裕に溢れた人々を，やわらかな筆触で描いた。女性の肖像・浴女に傑作が多い。「舟遊びをする人々の昼食」「ピアノに向かう二人の若い娘」などもある。	▼**「ムーラン・ド・ラ・ギャレット」** 
ドガ （フランス）	アングルの先例に基づく構図とデッサンを重視し，写真技術や浮世絵なども取り入れながら，独自の世界を作った。人工的な照明による思いがけない光と影の効果のもとで描いた代表作群「踊り子」が有名である。	▶**「舞台の踊り子」** 

② **新印象派**…色彩科学を研究し，独特の点描画法により表現。

スーラ （フランス）	色の純度を生かすため，色彩理論を厳格に適用し，規則的な点描によって画面を作り上げる手法を生み出す。不思議な夢幻的印象を与える詩情溢れる作品を描いた。	▼**「グランド・ジャット島の日曜日の午後」** 

③ **後期印象派**…視覚尊重にとどまらず，自己の感覚により画面を構成する個性に満ちた表現。

セザンヌ （フランス）	「近代絵画の父」とよばれる。静物画に力を注ぎ，安定した建築的構図，堅固な形態，青と橙色を基調とする明快な色彩感覚などが特徴。「**サント・ヴィクトワール山**」「青いかびん」も有名。	▼**「りんごとオレンジ」** 

ゴッホ （オランダ）	心が感じた印象を，明るい色彩と激しいタッチで情熱的に描く。**浮世絵**に強く興味をもち，「名所江戸百景・大はしあたけの夕立」の模写や「**タンギー爺さん**」でその手法を用いる。ほかに，「**星月夜**」「種まく人」がある。	▼「ひまわり」  ▼「アルルの跳ね橋」 
ゴーギャン （フランス）	単純化した色彩の配置に重点を置く一方，大きな面に分割して描く平面的表現に独自の道を開く。文明生活を嫌い，南国の人物や風景を描いた作品が多い。「タヒチの女」「アレアレア」が代表作。	

④　彫刻

ロダン （フランス）	「近代彫刻の生みの親」といわれる。鋭い写実的技法を駆使して，人間のもつ情念，情熱を様々なモチーフによって表現。「**バルザック像**」「**地獄の門**」「カレーの市民」などもある。	▼「考える人」   ▼「青銅時代」 

(5)　**現代～近代**

①　**キュビスム（立体派）**…いろいろな角度から見たものの形を，ひとつの画面に幾何学的に再構成するという美術運動。

ピカソ （スペイン）	キュビスム（「**泣く女**」）を創始して衝撃的な手法を展開した後，シュールレアリスムを取り入れ，独自の多彩な画風を発展させた。「ゲルニカ」は，スペイン内戦におけるドイツの無差別爆撃に抗議し，戦争の残虐さを訴えた大作。	▼「ゲルニカ」  ▶「アヴィニョンの娘たち」 

レジェ （フランス）	都市や機械，工場などを幾何学的に分解し，円筒形の形状を描いて画面を抽象的に再構築する手法をとる。絵画だけでなく，映画・舞台，バレエの衣装デザインなど多方面において活躍。

② **エコール・ド・パリ（パリ派）**…パリに移り住み，特定の運動に関わることなく自己の世界を表現。

モディリアーニ （イタリア）	単純化，デフォルメされたフォルムと精妙な色調により，優美で哀調を帯びた独自の画風を創り上げげた。異様に長い首をもった肖像画が多いが，優美で独特の曲線をまとった表情が特徴。	**▶「子どもを抱くジプシー女」** 
シャガール （ロシア）	素朴な大地に根づく童話の詩情にあふれ，自由に飛翔した幻想的な画風を生み出した。「エッフェル塔の結婚式」「青いサーカス」「誕生日」などもある。	**▶「私と村」** 

③ **シュールレアリスム（超現実派）**…人間の潜在意識や空想を表現。

ダリ （スペイン）	独自の価値観を作品の中に展開し，時間，宗教，量子力学，遺伝子学などをモチーフにした幻想的で非合理的な絵画を多く制作した。	**▼「記憶の固執」** 
マグリット （ベルギー）	「イメージの魔術師」とよばれ，日常的事物やイメージを超現実的に組み合わせ，詩的な幻想空間を描いた「ピレネーの城」のほか，「**大家族**」「光の帝国」「物の力」「無謀な企て」などがある。	**▶「ピレネーの城」** 

④ **抽象派**…対象を直線的につかみ，想像力により形や色を再構成して表現。

モンドリアン （オランダ）	キュビスムの影響を受け，黒の水平線と垂直線に隈取りされた三原色と無彩色で描く，幾何学的なスタイルを確立。「赤と黄と青のコンポジション」が代表作。
カンディンスキー （ロシア）	抽象表現主義の創始者。作曲にたとえ，心の感動を色や形の構成による方法で表現することを主張。芸術作品が内包する本質を明瞭に表現する絵画を求めた。「即興」などがある。

⑤ **表現主義**…心の内側の不安や恐れなどの感情を劇的に表現。

ムンク （ノルウェー）	強烈な色彩表現と流れるようなタッチで，個人的で感情的な世界観を創出した。「叫び」は，人間の不安が極限に達したときの一瞬を表現した作品である。	**▶「叫び」** 

⑥ 素朴派

アンリ=ルソー （フランス）	平板なフォルムと，秩序をもたせて交互に配置された明暗の色彩によって，写実と幻想の交錯する独創的なスタイルを樹立。後にピカソやゴーギャンらの支持を集めた。「蛇使いの女」などがある。

⑦ その他

ロートレック （フランス）	印象派や浮世絵の影響を受けながら，大胆で単純な色彩，ダイナミックな動きに溢れた独創的な石版画を描く。キャバレー，娼婦，芝居小屋などの情景を題材とする。「ディヴァン・ジャポネ」が有名。	
デュフィ （フランス）	油彩・水彩，工芸，木版，エッチングなど，多岐に渡り才能を発揮。独特の明るい色彩と軽快な線で，「海」や「アトリエ」「音楽」などをテーマに数々の作品を残した。	
ポロック （アメリカ）	アクション・ペインティングの代表的な画家。キャンバスを床に平らに置き，直接絵具をしたたらせる**ドリッピング**という技法を用い，無意識から湧き上がる抽象的な作品を残した。	**▼「秋のリズム」**

確認問題

12 次の作品の作者をア～コから選べ。

(1)

(2)

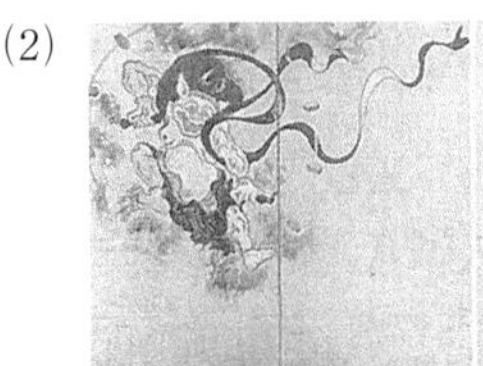

(3)

(4)

ア．岸田劉生　イ．狩野永徳　ウ．俵屋宗達　エ．荻原守衛
オ．菱田春草　カ．葛飾北斎　キ．鈴木春信　ク．黒田清輝
ケ．歌川（安藤）広重　コ．高村光太郎

13 日本の画家とその作品名の組み合わせとして正しいものを選べ。

① 雪舟 ――――「松林図屏風」
② 長谷川等伯 ――「紅白梅図屏風」
③ 菱川師宣 ―――「ポッピンを吹く女」
④ 浅井忠 ――――「海の幸」
⑤ 横山大観 ―――「無我」

14 次の作品の作者をア～コから選べ。

(1)

(2)

(3)

(4)

ア．モディリアーニ　イ．ゴッホ　ウ．ダリ　エ．セザンヌ
オ．スーラ　カ．ミケランジェロ　キ．ロダン　ク．ピカソ
ケ．ルノワール　コ．マティス

15 次の文にあてはまる人物を答えよ。

(1) 自然主義を代表する画家で，「落穂拾い」「晩鐘」などで農村の人々の様子を生き生きと描いた。

(2) ルネサンス期に活躍し，科学者としても有名で，代表作に「最後の晩餐」などがある。

(3) ノルウェー出身の表現主義の画家で，「叫び」や「思春期」などの作品を描いた。

(4) 19世紀に活躍した印象派の画家で，「印象―日の出」「睡蓮」といった作品のほか，日本の大衆芸術を好んだことでも有名である。

(5) バロック期に肖像画家として活躍し，光と影を効果的に表現する明暗法を用い，「夜警」を描いた。

(6) 1960年代のアメリカを中心に広がったポップアートを代表する芸術家で，シルクスクリーンの技法を用いた作品を数多く残した。

8

家庭

Open Sesame

1 学習指導要領

●ポイント

『学習指導要領』については，教科目標をはじめ，各学年の内容，指導計画の作成と内容の取扱いに関する空欄補充問題に対応できるよう，キーワードを中心に各々の語句を確実に覚えておく必要がある。また，内容の取扱いの「実習の指導」については記述問題もみられるため，しっかり理解しておくとともに細かい内容についても確認しておこう。

1 家庭科改訂の要点（一部抜粋）

(1) 教科目標の改善

・育成を目指す資質・能力を三つの柱により明確にし，全体に関わる目標を柱書として示すとともに，(1)として「**知識及び技能**」を，(2)として「**思考力，判断力，表現力等**」を，(3)として「**学びに向かう力，人間性等**」の目標を示すこととした。

・学年の目標については，これまで第5学年と第6学年をまとめて，家庭科で育成する資質・能力について三つの側面（家庭生活への関心，知識及び技能の習得と活用，家庭生活をよりよくしようとする実践的な態度）から具体的に示していたが，これらを整理し，教科の目標としてまとめて示すこととした。

(2) 内容の改善

① 内容構成の改善

従前のA，B，C，Dの四つの内容を「**A家族・家庭生活**」，「**B衣食住の生活**」，「**C消費生活・環境**」の三つの内容とした。A，B，Cのそれぞれの内容は，**生活の営みに係る見方・考え方**に示した主な視点が共通している。

A～Cの三つの内容は，空間軸と時間軸の視点から学習対象を整理した。

小学校における空間軸の視点	主に自己と家庭
小学校における時間軸の視点	現在及びこれまでの生活

② **履修についての改善**

内容の「A家族・家庭生活」の(1)のアについては，第4学年までの学習を踏まえ，2学年間の学習の見通しをもたせるためのガイダンスとして，**第5学年の最初**に履修させることとした。

2 家庭科の目標

生活の営みに係る**見方・考え方**を働かせ，**衣食住**などに関する**実践的・体験的**な活動を通して，生活を**よりよく**しようと工夫する資質・能力を次のとおり育成することを目指す。

(1) **家族**や**家庭**，**衣食住**，**消費**や**環境**などについて，**日常生活**に必要な**基礎的な理解**を図るとともに，それらに係る**技能**を身に付けるようにする。

(2) **日常生活**の中から問題を見いだして**課題**を設定し，様々な解決方法を考え，**実践を評価・改善**し，考えたことを**表現**するなど，**課題を解決する力**を養う。

(3) **家庭生活を大切にする心情**を育み，**家族や地域の人々との関わり**を考え，**家族の一員**として，**生活**をよりよくしようと工夫する**実践的な態度**を養う。

● **衣食住などに関する実践的・体験的な活動を通して**

「衣食住などに関する実践的・体験的な活動を通して」とは，家庭科における学習方法の特質を述べたものである。具体的には，**衣食住**や家族の生活などの**家庭生活**に関する内容を主な学習対象として，調理，製作などの実習や観察，調査，実験などの実践的・体験的な活動を通して，**実感を伴って理解する学習**を展開することを示している。

3 各学年の内容・内容の取扱い

● **第5学年及び第6学年**

	内　容	内容の取扱い
A 家族・家庭生活	次の(1)から(4)までの項目について，**課題**をもって，家族や**地域**の人々と協力し，よりよい家庭生活に向けて考え，工夫する活動を通して，次の事項を身に付けることができるよう指導する。	

A 家族・家庭生活	⑴ **自分の成長と家族・家庭生活** ア **自分の成長**を自覚し，**家庭生活**と**家族の大切さ**や家庭生活が家族の**協力**によって営まれていることに気付くこと。	・⑴のアについては，ＡからＣまでの各内容の学習と関連を図り，**日常生活**における様々な問題について，**家族や地域の人々との協力，健康・快適・安全，持続可能な社会の構築**等を視点として考え，解決に向けて工夫することが大切であることに気付かせるようにすること。
	⑵ **家庭生活と仕事** ア 家庭には，家庭生活を**支える**仕事があり，互いに協力し**分担する**必要があることや**生活時間**の**有効な使い方**について理解すること。 イ 家庭の仕事の**計画**を考え，工夫すること。	・⑵のイについては，内容の「Ｂ衣食住の生活」と関連を図り，衣食住に関わる**仕事**を具体的に実践できるよう配慮すること。
	⑶ **家族や地域の人々との関わり** ア 次のような知識を身に付けること。 (ア) 家族との触れ合いや**団らん**の大切さについて理解すること。 (イ) 家庭生活は**地域の人々**との関わりで成り立っていることが分かり，**地域**の人々との**協力**が大切であることを理解すること。 イ 家族や**地域**の人々とのよりよい関わりについて考え，工夫すること。	・⑶については，幼児又は低学年の児童や高齢者など異なる世代の人々との関わりについても扱うこと。また，イについては，他教科等における学習との関連を図るよう配慮すること。
	⑷ **家族・家庭生活についての課題と実践** ア **日常生活**の中から**問題**を見いだして**課題**を設定し，よりよい生活を考え，計画を立てて**実践**できること。	
B 衣食住の生活	次の⑴から⑹までの項目について，課題をもって，健康・快適・安全で豊かな食生活，衣生活，住生活に向けて考え，工夫する活動を通して，次の事項を身に付けることができるよう指導する。	・**日本の伝統的な生活**についても扱い，**生活文化**に気付くことができるよう配慮すること。

	内容	内容の取扱い
B 衣食住の生活	(1) **食事の役割** ア　食事の役割が分かり，日常の食事の**大切さ**と食事の仕方について理解すること。 イ　楽しく食べるために日常の食事の仕方を考え，**工夫**すること。	
	(2) **調理の基礎** ア　次のような知識及び技能を身に付けること。 (ア)　調理に必要な材料の**分量や手順**が分かり，**調理計画**について理解すること。 (イ)　調理に必要な用具や食器の安全で**衛生的**な取扱い及び**加熱用調理器具**の安全な取扱いについて理解し，適切に使用できること。 (ウ)　**材料**に応じた**洗い方**，調理に適した**切り方**，**味の付け方**，**盛り付け**，**配膳**及び**後片付け**を理解し，適切にできること。 (エ)　材料に適した**ゆで方**，**いため方**を理解し，適切にできること。 (オ)　**伝統的**な日常食である**米飯**及び**みそ汁**の調理の仕方を理解し，適切にできること。 イ　おいしく食べるために調理計画を考え，調理の仕方を工夫すること。	・(2)のアの(エ)については，ゆでる材料として**青菜やじゃがいも**などを扱うこと。(オ)については，和食の基本となる**だしの役割**についても触れること。
	(3) **栄養を考えた食事** ア　次のような**知識**を身に付けること。 (ア)　体に必要な**栄養素の種類と主な働き**について理解すること。 (イ)　**食品**の**栄養的な特徴**が分かり，**料理や食品**を**組み合わせて**とる必要があることを理解すること。 (ウ)　献立を構成する要素が分かり，**1食分の献立作成**の方法について理解すること。	・(3)のアの(ア)については，**五大栄養素**と食品の**体内での主な働き**を中心に扱うこと。(ウ)については，献立を構成する要素として主食，**主菜**，**副菜**について扱うこと。 ・食に関する指導については，**家庭科**の特質に応じて，**食育**の充実に資するよう配慮すること。また，**第4学年**までの食に関する学習との関連を図ること。

	内容	内容の取扱い
B 衣食住の生活	イ　**1食分**の献立について栄養のバランスを考え，工夫すること。 (4)　**衣服の着用と手入れ** ア　次のような知識及び技能を身に付けること。 (ア)　衣服の主な**働き**が分かり，**季節**や**状況**に応じた日常着の**快適な**着方について理解すること。 (イ)　日常着の**手入れ**が必要であることや，**ボタンの付け方**及び**洗濯の仕方**を理解し，適切にできること。 イ　日常着の**快適な着方**や**手入れ**の仕方を考え，工夫すること。	
	(5)　**生活を豊かにするための布を用いた製作** ア　次のような知識及び技能を身に付けること。 (ア)　製作に必要な**材料**や**手順**が分かり，製作計画について理解すること。 (イ)　手縫いや**ミシン縫い**による**目的に応じた**縫い方及び**用具**の**安全**な取扱いについて理解し，適切にできること。 イ　生活を**豊か**にするために布を用いた物の製作計画を考え，製作を工夫すること。	・(5)については，日常生活で使用する**物を入れる袋**などの製作を扱うこと。
	(6)　**快適な住まい方** ア　次のような知識及び技能を身に付けること。 (ア)　**住まいの主な働き**が分かり，**季節の変化**に合わせた生活の大切さや住まい方について理解すること。 (イ)　住まいの**整理・整頓**や**清掃の仕方**を理解し，適切にできること。 イ　**季節の変化**に合わせた住まい方，**整理・整頓**や清掃の仕方を考え，**快適な住まい方**を工夫すること。	・(6)のアの(ア)については，主として**暑さ・寒さ**，**通風・換気**，**採光**，及び**音**を取り上げること。暑さ・寒さについては，(4)のアの(ア)の日常着の快適な着方と関連を図ること。

C 消費生活・環境	内容	内容の取扱い
	次の(1)及び(2)の項目について，課題をもって，**持続可能な社会の構築**に向けて**身近**な消費生活と環境を考え，工夫する活動を通して，次の事項を身に付けることができるよう指導する。	
	(1) **物や金銭の使い方と買物** ア　次のような知識及び技能を身に付けること。 (ア)　買物の**仕組み**や**消費者**の**役割**が分かり，**物や金銭の大切さと計画的な使い方**について理解すること。 (イ)　**身近な**物の**選び方**，**買い方**を理解し，購入するために必要な**情報**の**収集・整理**が適切にできること。 イ　購入に必要な情報を**活用**し，身近な物の**選び方**，**買い方**を考え，工夫すること。	・(1)については，内容の「A家族・家庭生活」の(3)，「B衣食住の生活」の(2)，(5)及び(6)で扱う用具や実習材料などの身近な物を取り上げること。 ・(1)のアの(ア)については，**売買契約**の基礎について触れること。
	(2) **環境に配慮した生活** ア　自分の生活と身近な環境との関わりや環境に配慮した物の使い方などについて理解すること。 イ　環境に配慮した生活について物の使い方などを考え，工夫すること。	・(2)については，内容の「B衣食住の生活」との関連を図り，実践的に学習できるようにすること。

4 指導計画の作成と内容の取扱い

1 指導計画の作成に当たっては，次の事項に配慮するものとする。

(1) 題材など内容や**時間**のまとまりを見通して，その中で育む**資質・能力**の育成に向けて，児童の**主体的・対話的**で深い学びの実現を図るようにすること。その際，**生活の営み**に係る**見方・考え方**を働かせ，知識を**生活体験等**と関連付けてより深く理解するとともに，**日常生活**の中から**問題**を見いだして様々な解決方法を考え，他者と**意見交流**し，実践を**評価・改善**して，新たな課題を見いだす**過程**を重視した学習の充実を図ること。

(2) 第2の内容の「Ａ家族・家庭生活」から「Ｃ消費生活・環境」までの各項目に配当する授業時数及び各項目の履修学年については，児童や学校，地域の**実態**等に応じて各学校において適切に定めること。その際，「Ａ家族・家庭生活」の(1)のアについては，**第4学年までの学習**を踏まえ，**2学年間の学習の見通し**をもたせるために，**第5学年の最初**に履修させるとともに，「Ａ家族・家庭生活」，「Ｂ衣食住の生活」，「Ｃ消費生活・環境」の学習と関連させるようにすること。

(3) 第2の内容の「Ａ家族・家庭生活」の(4)については，**実践的な活動**を家庭や地域などで行うことができるよう配慮し，**2学年間で一つ又は二つ**の課題を設定して履修させること。その際，「Ａ家族・家庭生活」の(2)又は(3)，「**Ｂ衣食住の生活**」，「**Ｃ消費生活・環境**」で学習した内容との関連を図り，課題を設定できるようにすること。

(4) 第2の内容の「Ｂ衣食住の生活」の(2)及び(5)については，**学習の効果**を高めるため，2学年間にわたって取り扱い，平易なものから**段階的**に学習できるよう計画すること。

(5) **題材の構成**に当たっては，児童や学校，地域の**実態**を的確に捉えるとともに，**内容相互**の関連を図り，指導の効果を高めるようにすること。その際，他教科等との関連を明確にするとともに，中学校の学習を見据え，**系統的**に指導ができるようにすること。

(6) 障害のある児童などについては，学習活動を行う場合に生じる困難さに応じた指導内容や指導方法の工夫を計画的，組織的に行うこと。

(7) 第1章総則の第1の2の(2)に示す道徳教育の目標に基づき，道徳科などとの関連を考慮しながら，第3章特別の教科道徳の第2に示す内容について，家庭科の特質に応じて**適切な指導**をすること。

2　第2の内容の取扱いについては，次の事項に配慮するものとする。

(1)　指導に当たっては，衣食住など生活の中の様々な言葉を**実感を伴って**理解する学習活動や，自分の生活における課題を解決するために**言葉**や**図表**などを用いて生活をよりよくする方法を考えたり，**説明**したりするなどの学習活動の充実を図ること。

(2)　指導に当たっては，**コンピュータ**や**情報通信ネットワーク**を**積極的に活用**して，実習等における情報の収集・整理や，実践結果の**発表**などを行うことができるように工夫すること。

(3)　生活の**自立**の基礎を培う基礎的・基本的な知識及び技能を習得するために，調理や製作等の手順の**根拠**について考えたり，実践する喜びを味わったりするなどの**実践的・体験的**な活動を充実すること。

(4)　学習内容の定着を図り，一人一人の**個性**を生かし伸ばすよう，児童の特性や**生活体験**などを把握し，技能の習得状況に応じた**少人数指導**や教材・教具の工夫など**個**に応じた指導の充実に努めること。

(5)　家庭や地域との**連携**を図り，児童が身に付けた知識及び技能などを**日常生活**に活用できるよう配慮すること。

3　実習の指導に当たっては，次の事項に配慮するものとする。

(1)　施設・設備の安全管理に配慮し，学習環境を整備するとともに，**熱源**や用具，**機械**などの取扱いに注意して**事故防止**の指導を徹底すること。

(2)　**服装**を整え，**衛生**に留意して用具の手入れや**保管**を適切に行うこと。

(3)　調理に用いる食品については，**生の魚や肉**は扱わないなど，**安全・衛生**に留意すること。また，**食物アレルギー**についても配慮すること。

〈参考〉家庭科の年間授業時数

第5学年……年間60単位時間

第6学年……年間55単位時間

確認問題

1 次は，学習指導要領家庭科の目標である。空欄にあてはまる語句を正しく組み合わせているものを選べ。

生活の営みに係る見方・考え方を働かせ，衣食住などに関する（　A　）な活動を通して，生活をよりよくしようと工夫する資質・能力を次のとおり育成することを目指す。

⑴　家族や家庭，衣食住，消費や環境などについて，（　B　）に必要な基礎的な理解を図るとともに，それらに係る技能を身に付けるようにする。

⑵　（　B　）の中から問題を見いだして課題を設定し，様々な解決方法を考え，実践を評価・改善し，考えたことを表現するなど，課題を解決する力を養う。

⑶　（　C　）を大切にする心情を育み，家族や地域の人々との関わりを考え，（　D　）として，生活をよりよくしようと工夫する（　E　）な態度を養う。

	A	B	C	D	E
①	実践的・問題解決的	家庭生活	日常生活	家族の一員	意欲的
②	実践的・体験的	家庭生活	日常生活	家族の一員	意欲的
③	実践的・体験的	日常生活	家庭生活	家族の一員	実践的
④	体験的・問題解決的	家庭生活	日常生活	自立した個人	意欲的
⑤	体験的・問題解決的	日常生活	家庭生活	自立した個人	実践的

2 次は，学習指導要領家庭科の「B衣食住の生活」の内容の取扱いの一部である。空欄に適語を入れよ。

○　日本の（　A　）な生活についても扱い，生活文化に気付くことができるよう配慮すること。

○　「栄養を考えた食事」のアの㋐については，（　B　）と食品の体内での主な働きを中心に扱うこと。㋒については，献立を構成する要素として主食，主菜，副菜について扱うこと。

○　食に関する指導については，家庭科の特質に応じて，（　C　）の充実に資するよう配慮すること。また，第4学年までの食に関する学習との関連を図ること。

○ 「快適な住まい方」のアの(ア)については，主として暑さ・寒さ，通風・換気，（　D　），及び音を取り上げること。暑さ・寒さについては，「衣服の着用と手入れ」のアの(ア)の日常着の快適な着方と関連を図ること。

3 家庭科の実習において，配慮すべき事項を3つ挙げよ。

2 衣生活

●ポイント

衣生活については，繊維の種類と特徴，洗濯や取扱い絵表示，布を用いた製作の基本として，なみ縫い，返し縫い，かがり縫い等の縫い方やまち針のとめ方，ミシンの取扱いに関する出題が多い。また，用具の安全管理や布地選びの視点，環境に配慮した衣生活に関する指導法の出題も増えてきているので，しっかり確認しておこう。

1 衣服の機能と購入

(1) 衣服の働き

保健衛生上の働き	寒さ暑さを防いだり，皮膚を清潔に保ったり，ほこりや害虫，けがなどから身体を守ったりする。
生活活動上の働き	身体の動きを妨げずに，運動や作業など活動をしやすくする。運動や作業における安全性を高める。
社会生活上の働き	個性を表現する。職業や所属集団を表す。気持ちを表す(社会的慣習)。礼服や制服，アクセサリーなど。

(2) 着方の工夫

あたたかい着方	・重ね着などをして**空気層**を増やし，あたたかさを保つ。 ・そで口やえりもとがしまっている，熱を逃がさない形のものを着る。
すずしい着方	・うす地で織り目があらく，**通気性**のよい生地のものを着る。 ・そで口やえりもとが開いており，熱を逃がす形のものを着る。

(3) 衣服の選択

衣服を選択するときには，**T.P.O**(時間，場所，場合)を考えて選択するとよい。既製服には，表示(サイズ表示，組成表示，取り扱い表示，はっ水性の表示，原産国表示)が付けられているので，これらを見て，条件に合う物を購入するとよい。

2 衣服材料

(1) 織物の三原組織

織物は，たて糸とよこ糸を直角に交錯させてつくる。糸の交錯の仕方を織物組織といい，その基本となる三原組織に**平織**，**斜文織**（**綾織**），**朱子織**がある。

平　織	斜文織（綾織）	朱子織
たて糸とよこ糸が1本ずつ交差しているので，地合がかたく，耐久性がある。	斜め方向にうねがあらわれるのが特徴。地合はやわらかく伸びやすい。	たて糸またはよこ糸が布表面に浮かしてある。美しい光沢で感触がよい。耐久性が悪い。
ブロード，**ギンガム**など	**サージ**，**デニム**など	**サテン**，ドスキンなど

(2) 繊維の種類と特徴

分　類		繊維名	特　　徴	用　途
天然繊維	植物繊維	綿	**吸湿性・吸水性が大きく**，日光・熱・洗濯・アルカリに強くて丈夫である。**しわになりやすく**，洗濯で収縮する。乾きにくい。	**肌着**・**寝具**・浴衣・靴下・タオル
		麻	**冷感がある**。吸湿性・吸水性が大きい。伸びにくい。しわになりやすく，洗濯で収縮する。乾きにくい。光沢，ハリがある。	**夏服地**・ハンカチ・テーブルクロス
	動物繊維	毛	保温性が大きく，吸湿性に富む。**ぬれてもまれるとフェルト化し，縮む**。虫害を受けやすい。日光に弱く，**塩素系漂白剤で黄変**する。アルカリに弱いため，**中性洗剤**を使用。	**コート**・スーツ・**セーター**・毛布・服地・床敷物
		絹	**しなやかな感触で光沢に富み**，吸湿性が大きい。**塩素系漂白剤や紫外線で黄変**する。虫害を受けやすい。アルカリに弱いため，**中性洗剤**を使用。	**スカーフ**・**ネクタイ**・肌着・和服

分類		繊維名	特徴	用途
化学繊維	再生繊維	レーヨン,キュプラ	吸湿性・吸水性が大きい。**ぬれると極端に弱くなり**，縮む。摩擦に弱く，**しわになりやすい**。	裏地・服地
	半合成繊維	アセテート	**絹のような光沢がある。熱可塑性がある**。摩擦，アイロン熱に弱い。アルカリに弱いため，**中性洗剤**を使用。	服地・裏地・和装品・肌着
	合成繊維	ポリエステル	摩擦や引っ張りに強い。軽い。**乾きやすく，しわになりにくい。吸湿性が小さい。静電気を帯びやすい。**	**各種被服・スポーツウエア**
		アクリル	弾力性があり，保温性に富む。**毛に似た風合いをもつ。吸湿性が小さく**，乾きが速い。毛玉ができやすい。	セーター・毛布・カーペット・寝具
		ナイロン	摩擦や引っ張りに強く，軽くてしわになりにくい。熱に弱く，**塩素系漂白剤や紫外線で黄変**する。	**ストッキング・水着・靴下**
		ポリウレタン	**ゴムのように伸縮性が大きい**。伸びても強度が落ちない。**塩素系漂白剤で黄変**する。	**水着**・靴下・肌着

(3) **混用**

2種類以上の繊維を混ぜて使うこと。それぞれの繊維の長所を生かし，短所を補う。

・**混紡**…糸にする段階で繊維をまぜる方法。綿とポリエステルの混紡は，吸湿性がよく，乾きが速く，しわになりにくく丈夫である。

・交織…別々の繊維でできた糸で織る方法。

※組成表示……衣服材料の布に用いられている繊維の種類と混用率（布地などに対する使用繊維の重量割合）を示したもの。**家庭用品品質表示法**に基づく。

＜組成表示の例＞

綿 65％
ポリエステル 35％

3 衣服の手入れ

(1) 洗剤

① 洗剤の種類と特徴

洗剤の種類	液性	界面活性剤の成分	特徴	適した繊維
石けん	**弱アルカリ性**	**脂肪酸塩**	冷水にとけにくい。石けんかすが残ると布が黄ばみやすい。	綿，麻，合成繊維，レーヨン，キュプラ
合成洗剤		**陰イオン系** **非イオン系**	水に溶け，汚れ落ちがよい。手荒れをおこすことがある。	
	中性		水に溶け，洗浄力はおとるが，洗い上がりの風合いがよい。	毛，絹，アセテート

※純石けん分が70～100％未満のものを複合石けんという。

② **洗剤の標準使用量**

汚れがよく落ちる最小限の必要量のこと。それより多く使っても，汚れの落ち方はほとんど変わらない。多く使うことによってむしろすすぎ水や電気も無駄になり，水質汚濁や手荒れなどにもつながりかねないので，適量を守るようにする。

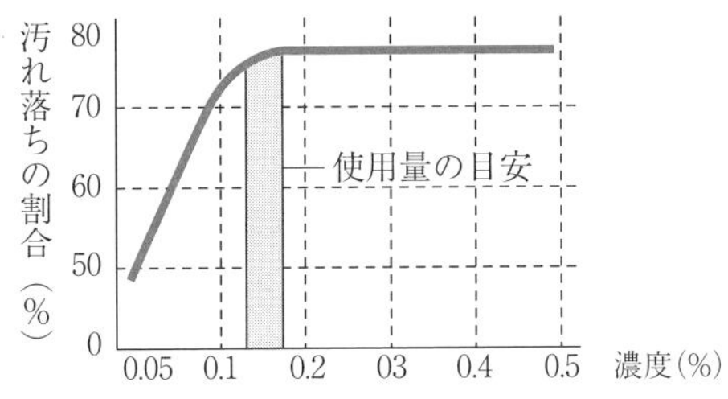

③ **界面活性剤の働き**

洗剤の主成分である**界面活性剤**が，繊維から汚れを取り除く働きをする。水になじみやすい**親水基**と，油になじみやすい**親油基**をもち，繊維の間に浸透し，汚れと混じり合って繊維から汚れを取り除く。

〈汚れの落ちる過程〉

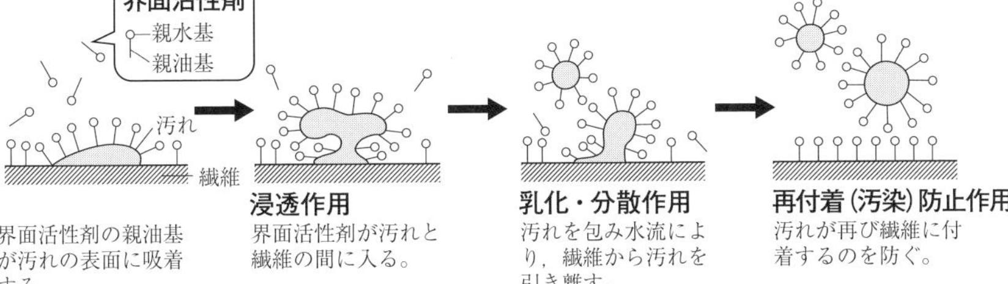

(2) 洗濯

① 浴比

洗濯物の重さと水の量(洗濯液)の重量比率のこと。洗濯機の種類や繊維の種類，汚れの程度によって異なる。**手洗いは1：10～20**，洗濯機洗いは1：15～20が目安である。

② 手洗いの長所

・布地の材質や汚れ方に応じて洗い分けることができる。
・汚れたところだけ部分洗いができる。
・小物などはその都度こまめに洗って使うことができる。
※**毛糸**を手洗いする場合，**中性洗剤**を用いて押し洗いあるいはつかみ洗いをし，**日陰で平干し**(すのこの上など)にする。

③ 衣料用漂白剤の種類と特徴

種類		特徴	適用繊維
酸化型	塩素系	白物専用，漂白力が大	綿・麻・レーヨン・アクリル・ポリエステルなど
	酸素系	色・柄物にも可	すべての繊維※
還元型		白物専用	すべての繊維

※酸素系のうち，過炭酸ナトリウムを主成分とするものについては，絹・毛を除くすべての繊維。

④ 環境に留意した洗濯の仕方

・標準使用量以上の洗剤を使用しない。
・すすぐときには，必要以上に水を使わない(ためすすぎをする)。
・風呂の残り湯を利用する。

⑤ 洗濯物を干すときの注意

・洗濯物のしわをのばし，形を整えて干す。
・**取扱い絵表示**にあった干し方をする。
・物干しざおやロープなどをふく。
・風通しのよいところに干す。

(3) 新JISの洗濯表示記号（2016年12月1日より使用）

国際化対応のため，2016年12月から，洗濯表示は新しいJIS規格にならって表示されることとなった。**家庭用品品質表示法**に基づく。

	記号	記号の意味
洗濯処理	95	液温は95℃を限度とし，洗濯機で洗濯ができる
	70	液温は70℃を限度とし，洗濯機で洗濯ができる
	60	液温は60℃を限度とし，洗濯機で洗濯ができる
	60	液温は60℃を限度とし，洗濯機で弱い洗濯ができる
	50	液温は50℃を限度とし，洗濯機で洗濯ができる
	50	液温は50℃を限度とし，洗濯機で弱い洗濯ができる
	40	液温は40℃を限度とし，洗濯機で洗濯ができる
	40	液温は40℃を限度とし，洗濯機で弱い洗濯ができる
	40	液温は40℃を限度とし，洗濯機で非常に弱い洗濯ができる
	30	液温は30℃を限度とし，洗濯機で洗濯ができる
	30	液温は30℃を限度とし，洗濯機で弱い洗濯ができる

	記号	記号の意味
漂白処理		塩素系及び酸素系漂白剤を使用して漂白ができる
		酸素系漂白剤のみ使用できる
		漂白できない
自然乾燥		つり干しがよい
		日陰のつり干しがよい
		ぬれつり干しがよい
		日陰のぬれつり干しがよい
		平干しがよい
		日陰の平干しがよい
		ぬれ平干しがよい
		日陰のぬれ平干しがよい

	記号	記号の意味
洗濯処理	30	液温は30℃を限度とし，洗濯機で非常に弱い洗濯ができる
		液温は40℃を限度とし，手洗いができる
		家庭での洗濯はできない
ドライクリーニング	P	パークロロエチレン及び石油系溶剤によるドライクリーニングができる
	P	パークロロエチレン及び石油系溶剤による弱いドライクリーニングができる
	F	石油系溶剤によるドライクリーニングができる
	F	石油系溶剤による弱いドライクリーニングができる
		※ドライクリーニングはできない
アイロン仕上げ		底面温度200℃を限度としてアイロン仕上げができる
		底面温度150℃を限度としてアイロン仕上げができる
		底面温度110℃を限度としてアイロン仕上げができる
		アイロンはできない

	記号	記号の意味
タンブル乾燥		タンブル乾燥ができる (排気温度上限80℃)
		低い温度でのタンブル乾燥ができる (排気温度上限60℃)
		タンブル乾燥はできない
ウエットクリーニング	W	ウエットクリーニングができる
	W	弱い操作によるウエットクリーニングができる
	W	非常に弱い操作によるウエットクリーニングができる
	W	ウエットクリーニングはできない

付記用語
記号で表せない取扱情報は，必要に応じて，記号を並べて表示した近くに用語や文章で付記する（事業者の任意表示）。
例：あて布使用

※ドライクリーニング…有機溶剤などを用いて，主に油性のよごれを落とすこと。

(4) しみ抜き

しみの種類	しみ抜きの方法
しょうゆ・ソース・茶・コーヒー・ジュース	歯ブラシや綿棒に**水または湯**を含ませ，軽くたたく。とれないときは，中性洗剤を用いる。
血液	歯ブラシや綿棒に**水または洗剤液**を含ませ，軽くたたく（加熱すると固まるので，湯は使わない）。
カレー・ドレッシング	中性洗剤をつけた歯ブラシで軽くたたくか，つまみ洗いをする。
鉄さび	1％シュウ酸液に浸し，水洗いする
ガム	氷で冷やして，つめではがす。
泥	泥が乾いてから手でもみ落とし，ブラシをかける。
墨汁	練り歯みがきまたは飯粒をぬりつけて，流水でもみ洗いをする。

こすらず，たたいて
他の布に移し出す。

(5) アイロンかけ

① 適正温度

洗濯表示	適正温度	繊維の種類
（アイロン・点3つ）	底面温度200℃を限度としてアイロン仕上げができる	綿，麻
（アイロン・点2つ）	底面温度150℃を限度としてアイロン仕上げができる	毛，絹，レーヨン，ポリエステルなど
（アイロン・点1つ）	底面温度110℃を限度としてアイロン仕上げができる	アクリル，ポリウレタンなど

② 注意点

- **布目にそってかける**（斜め方向は布地が伸びやすく，型くずれするため）。
- スチームアイロンの先に手を近づけないようにする。
- 使用しないときは，必ず立てておく。
- 使用後は，目盛りを「切」にし，差込みプラグを持ってコンセントからはずす。
- 差込みプラグは，濡れた手でさわらない。
- 完全に冷めてから片付ける。

4 裁縫の基本

(1) 玉結びと玉どめ

玉結びのし方

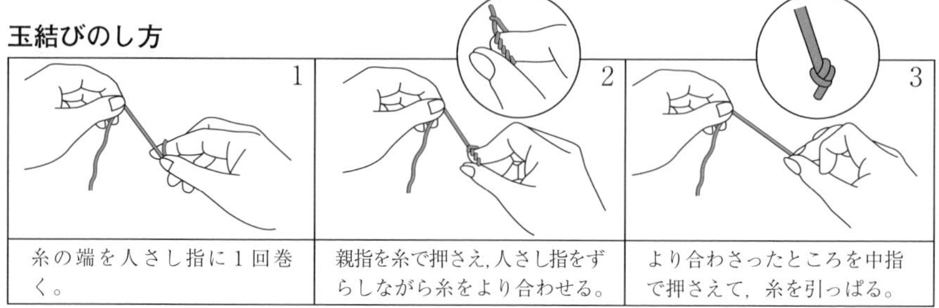

1	2	3
糸の端を人さし指に 1 回巻く。	親指を糸で押さえ, 人さし指をずらしながら糸をより合わせる。	より合わさったところを中指で押さえて, 糸を引っぱる。

玉どめのし方

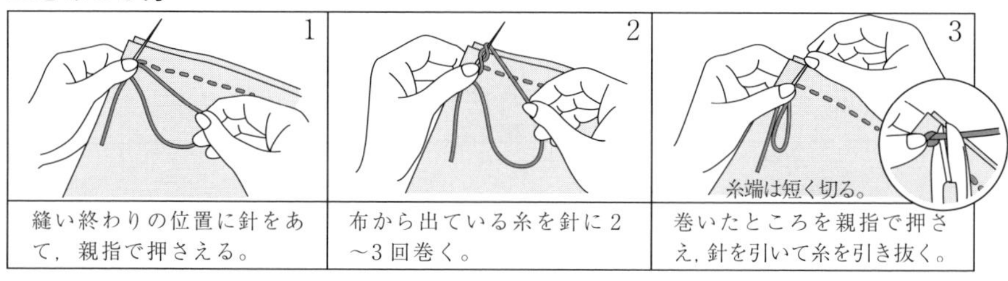

1	2	3
縫い終わりの位置に針をあて, 親指で押さえる。	布から出ている糸を針に 2 ～3 回巻く。	巻いたところを親指で押さえ, 針を引いて糸を引き抜く。

(2) 布の縫い合わせ方

なみ縫い

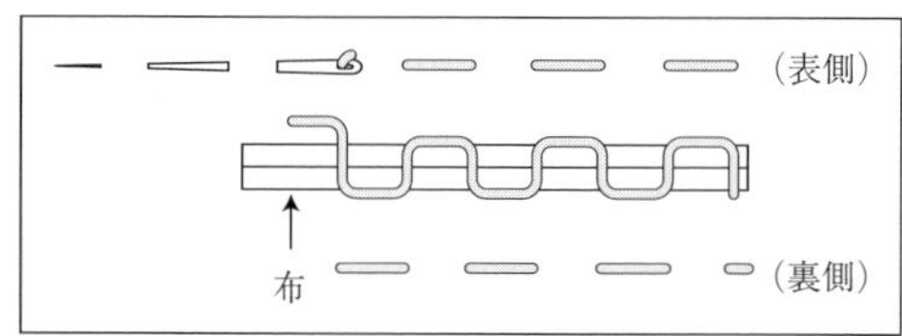

5mm ぐらいの間隔で, 針を前後に動かして縫う。

本返し縫い

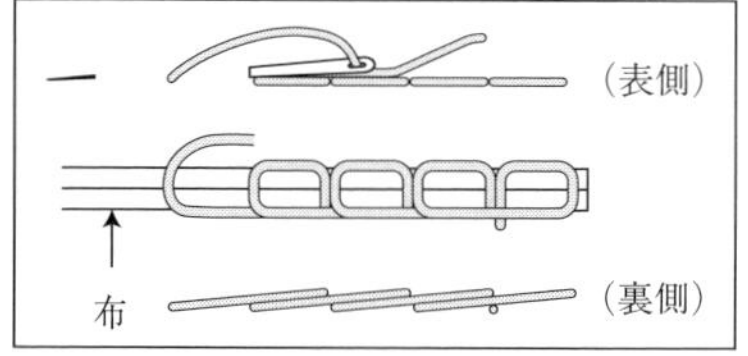

1 針ずつ返して縫う。
手縫いの中で最も丈夫な縫い目。

半返し縫い

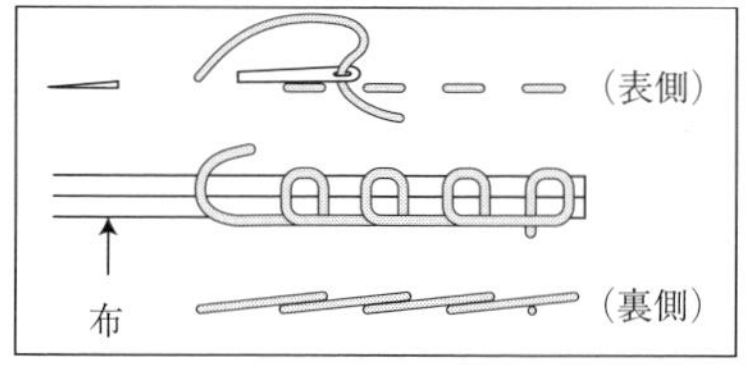

1 針の半分だけ返して縫う。

(3) 縫い代のしまつ

まつり縫い

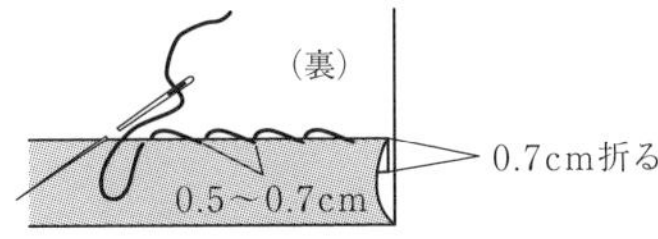

すそなどを折り止める
ときに用いる。

三つ折り縫い

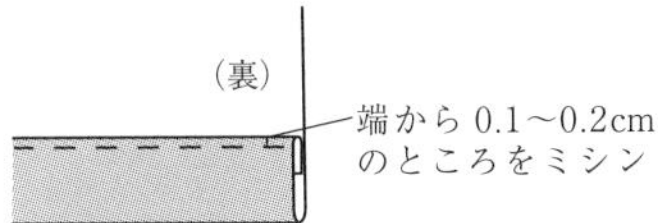

すそやそで口などの
しまつに用いる。

かがり縫い

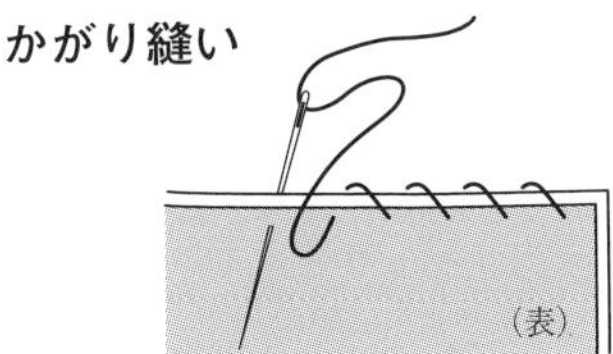

二度縫い

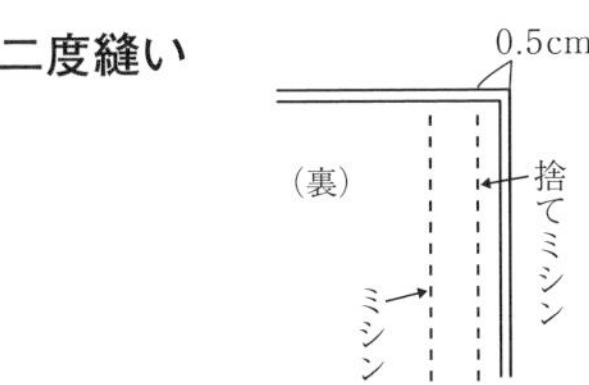

ほつれにくい布に用いる。

折り伏せ縫い

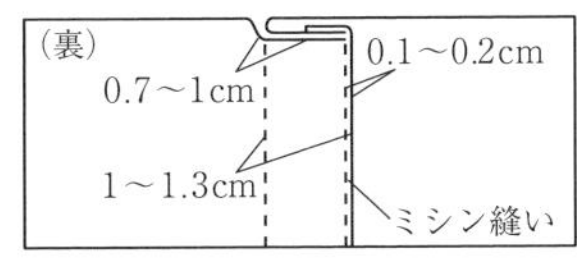

木綿のシャツや子ども服など，丈
夫に仕立てたいときに用いる。

袋縫い

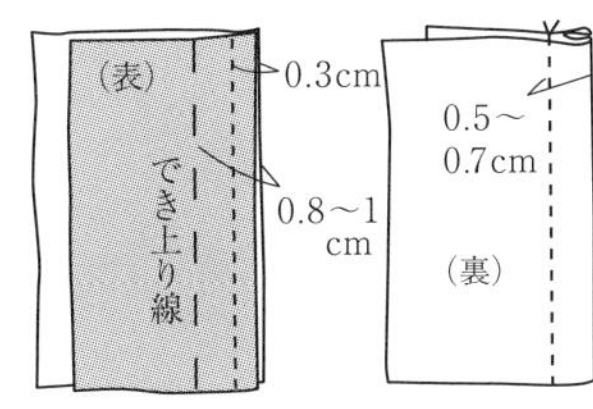

裁ち目を表に出したくないとき
や，丈夫にしたいときに用いる。

端ミシン

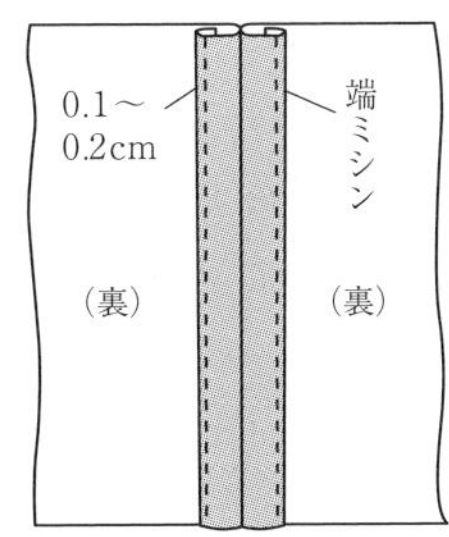

薄地または中程度地の
ほつれやすい布に用いる。

ピンキング

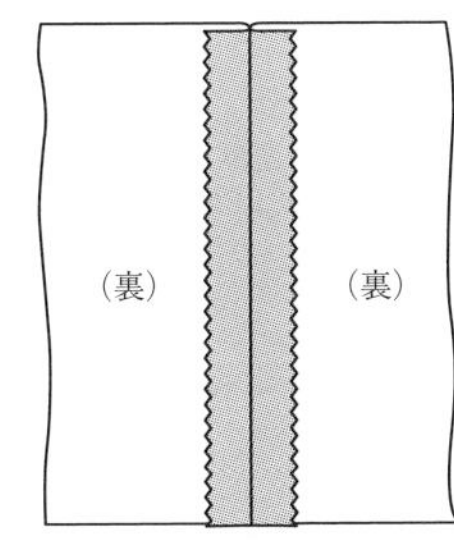

ほつれにくい布に用いる。

ジグザグ縫い

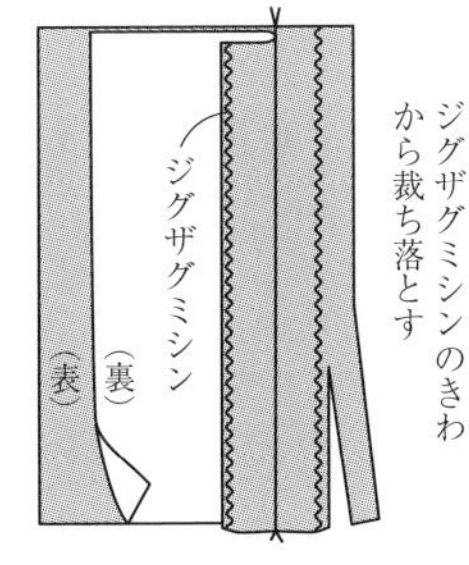

厚地でほつれやすい布
に用いる。

(4) ボタンつけ

① 2つ穴ボタンのつけ方

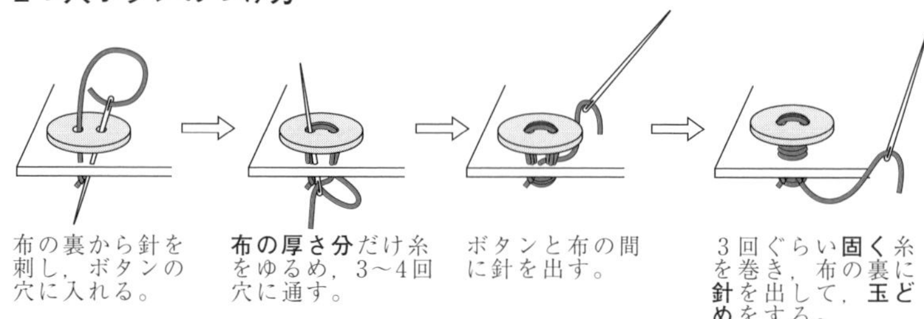

布の裏から針を刺し，ボタンの穴に入れる。
布の厚さ分だけ糸をゆるめ，3～4回穴に通す。
ボタンと布の間に針を出す。
3回ぐらい固く糸を巻き，布の裏に針を出して，玉どめをする。

② ボタンつけのポイント

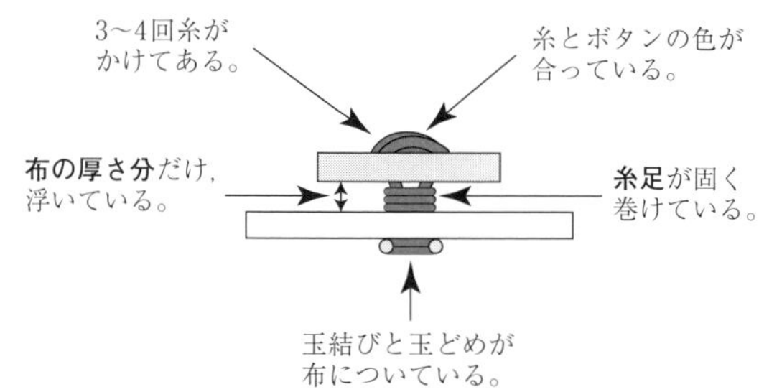

3～4回糸がかけてある。
糸とボタンの色が合っている。

糸足が固く巻けている。

(5) まち針のとめ方

① 正しいとめ方

・縫い上がり線に対して**直角**に，針先を縫い代側に向けてとめる。

・布と布とがきちんととまり，ずれないようにする。

・縫うときにじゃまにならないようにとめる。

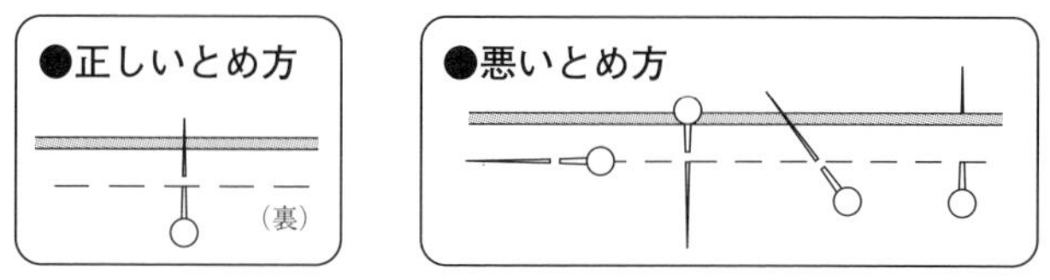

●悪いとめ方

② とめ方の順序

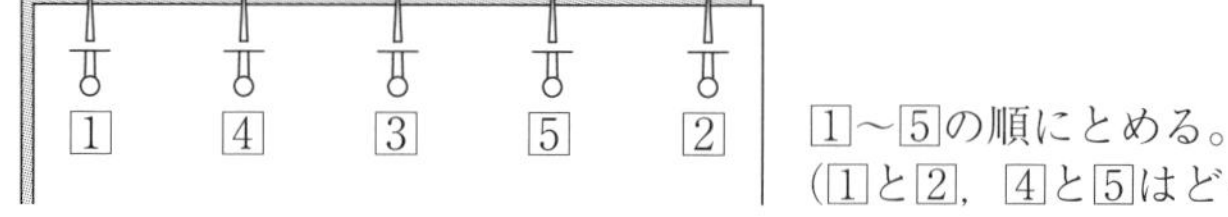

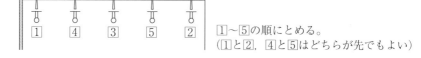

1～5の順にとめる。
（1と2，4と5はどちらが先でもよい）

(6) しつけのし方

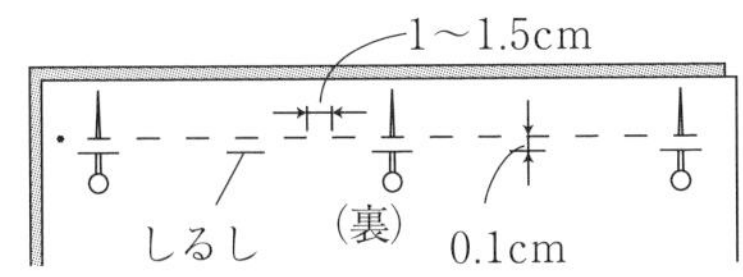

しるしの 0.1 cm **外側**を 1 ～1.5 cm の大きさの縫い目で，2 枚の布地のつり合いをとりながら，なみ縫いで縫う。

(7) 縫製のための用具

・**裁ちばさみ**…布を切るための用具。
・**リッパー**…ミシンで縫ったところなどを，ほどくときに使う用具。
・**指ぬき**…なみ縫いなどで布を縫う際に，指にはめて使用する用具。

※指ぬきのはめ方と針の持ち方

〈長針の場合〉

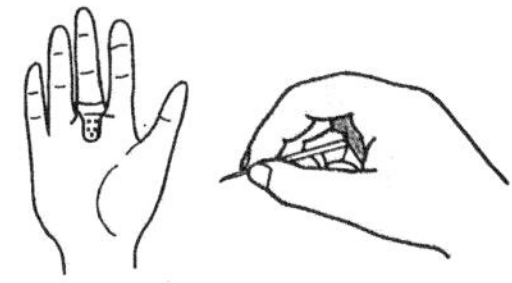

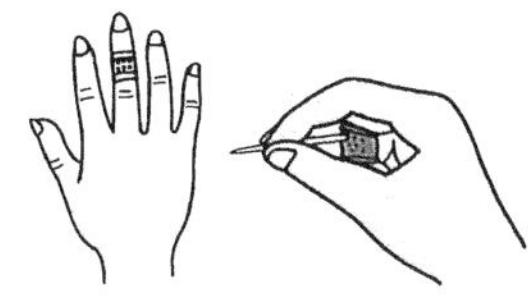

(8) 用具の安全な取扱い

① 針

・紛失を防ぐため，使用前と使用後に針の数を必ず確認する。
・折れた針は，空きビンなどふたのある容器に入れるなど管理を徹底する。
・針先は人に向けない。
・使った針は，きちんと針刺しに戻す。

② はさみ

・受け渡しのときは刃先を人に向けない。
・使用しない場合は，サックを付け，すぐに片付けるようにする。

5 ミシンの取扱い

(1) ミシンの構造

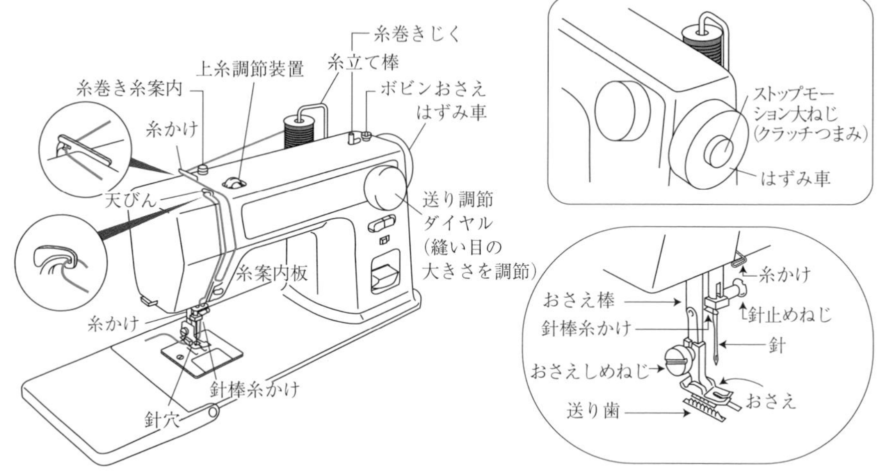

(2) ミシン縫いの準備

① ミシン針と糸の選び方

布	ミシン針	縫い糸
うす地(ローンなど)	9番	カタン糸80番, ポリエステル糸80番
ふつう地(ブロードなど)	11番	カタン糸50, 60, 80番, ポリエステル糸60番
厚地(デニムなど)	14番	カタン糸50番, ポリエステル糸50番

② 針のつけ方

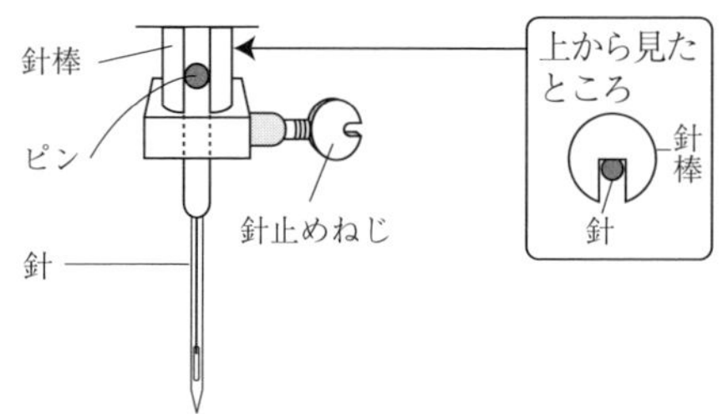

針は平らな面を針棒のみぞにつけ, ピンに突き当たるまで差し込む。

③ 上糸のかけ方

糸立て棒→糸かけ(上)→糸案内板→天びん→糸かけ(下)→針棒糸かけ→針穴

④ 糸調子の調節の仕方

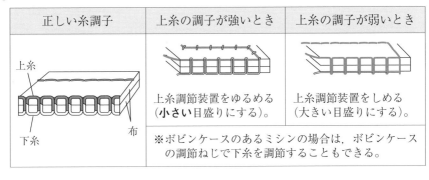

正しい糸調子	上糸の調子が強いとき	上糸の調子が弱いとき
上糸 下糸 布	上糸調節装置をゆるめる（**小さい**目盛りにする）。	上糸調節装置をしめる（大きい目盛りにする）。
	※ボビンケースのあるミシンの場合は，ボビンケースの調節ねじで下糸を調節することもできる。	

(3) ミシンの縫い方

ミシン縫いをするときは，体が**針棒**の正面にくるように座る。

① 縫い始め

1) 布をおさえの下に置き，上糸と下糸をそろえておさえの向こう側に出す。
2) 縫い始めの位置に針を下ろす。
3) おさえを下ろして縫い始める。

※縫い始めと縫い終わりには，**返し縫い**をして糸をほつれにくくする。

② 角の縫い方

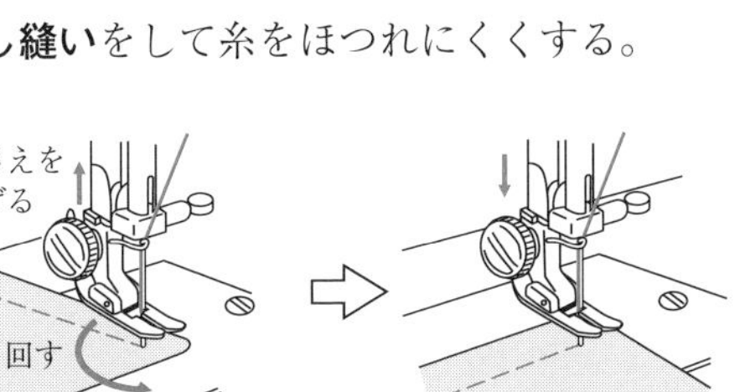

1) 布に針を刺したままミシンを止める。
2) おさえを上げる。
3) 針を軸にして布を回す。
4) おさえを下ろして再び縫う。

③ 縫い終わり

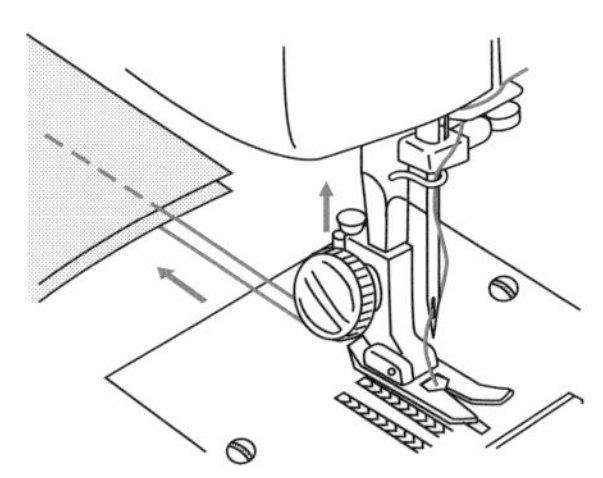

1) 針を上げる。
2) おさえを上げる。
3) 布を**向こう側**に静かに引き，糸を15cmくらい残して切る。

※ミシン縫いの練習で，糸をかけずに縫うことを**から縫い**という。

(4) ミシンが調子よく縫えないときの主な原因

故障の内容	原因
針が折れる	・針止めねじがゆるんでいる。 ・針のつけ方が浅い。 ・おさえがゆるんでいる(取りつけ方が正しくない)。 ・針が曲がっている。 ・針の太さが布地の厚さに合っていない。
針棒が動かない	・はずみ車(ストップモーション大ねじ)がゆるんでいる。 ・糸巻き軸が下糸を巻く状態になっている。 ・かまの中にほこりや糸くずがつまっている。
布地が進まない	・送り調節ダイヤルの目盛りが0になっている。 ・送り歯が針板より低くなっている。 ・送り歯にほこりや糸くずがつまっている。
縫い目がとぶ	・針のつけ方が正しくない(針のつけ方が浅い，針の平らな部分が針棒のみぞにあたっていない)。 ・針が曲がっている，針の先がつぶれている。 ・布，針，糸のつり合いが悪い。 ・おさえの圧力が弱い。
上糸が切れる	・上糸のかけ方が正しくない。 ・針のつけ方が正しくない。 ・上糸調節装置をしめすぎている。 ・糸立てに糸がからまっている。
下糸が切れる	・ボビンケースの糸調子ばねの下に糸が正しく通されていない。 ・ボビンケースにほこりや糸くずがつまっている。 ・下糸の巻き方が悪い。

(5) ミシンの安全な取扱い

・縫うとき以外は，足をコントローラーからはずしておく。
・使用中は，針先から目を離さないようにする。
・針の下に手を入れない。
・コントローラーは急に強く踏まない。
・ミシンで縫っている人の体にさわったり，ミシンにさわったりしない。
・針を取りかえるときや手入れをするとき，使い終わったときは，必ず電源を抜く。

(6) 手縫いと比較したミシン縫いのよさ

・丈夫である。
・早く縫うことができる。

6 生活に役立つ物の製作

(1) 材料の布

・**しるしが付けやすい，裁ちやすい，ほつれにくい，縫いやすい**など，児童が取り扱いやすい種類を選択する。例えば，薄手の木綿などである。

・製作する物が汚れやすい物であれば，**洗濯に対して丈夫**な布にするなど，目的に応じた材料を選択するようにする。

(2) ティッシュペーパー入れの製作（手縫い）

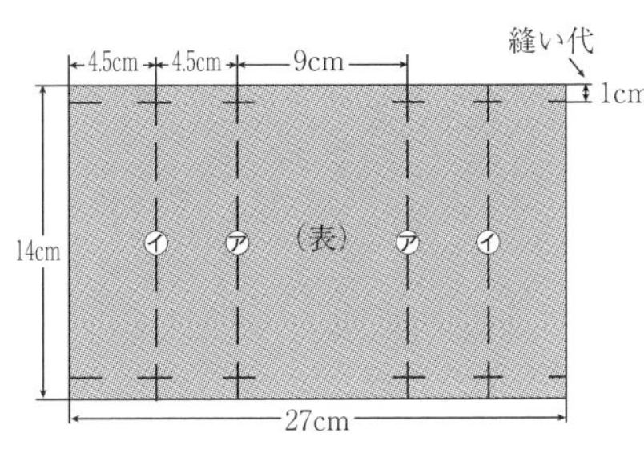

1）布を裁って，㋐㋑の線と縫い代のしるしをつける。

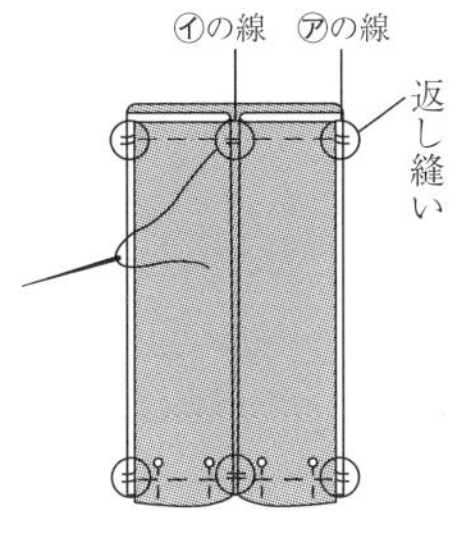

2）布の表を内側にして，㋐を谷折り，㋑を山折りにして，両端を縫う。

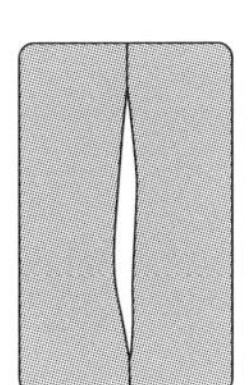

3）表に返して，形を整える。

(3) ナップザック型の袋の製作（手縫い）

① 材料

・布………丈夫で，縫いやすく，ほつれにくい綿など。

・ひも……丈夫ですべりのよい丸ひも。

※布を裁断する前に，布目のゆがみやしわを取るためにアイロンをかけるが，この工程を**地直し**という。

② 製作手順

1）必要な布の大きさを決め，型紙をつくる

・**ゆとり**を考えてできあがりの大きさを決める。

2）布を裁ち，しるしをつける

・型紙の矢印（⟷）を，布の**縦方向**（耳に平行）に合わせて（←伸びが少なく，製作中にずれが生じにくいため），布の上に置き，まち針でとめる。

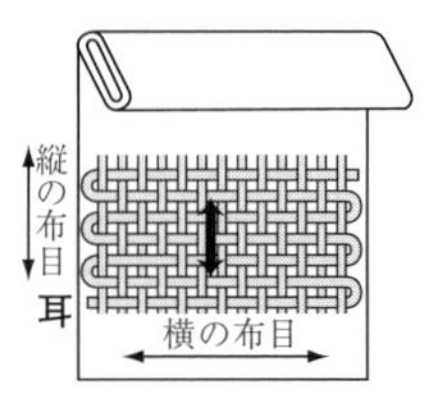

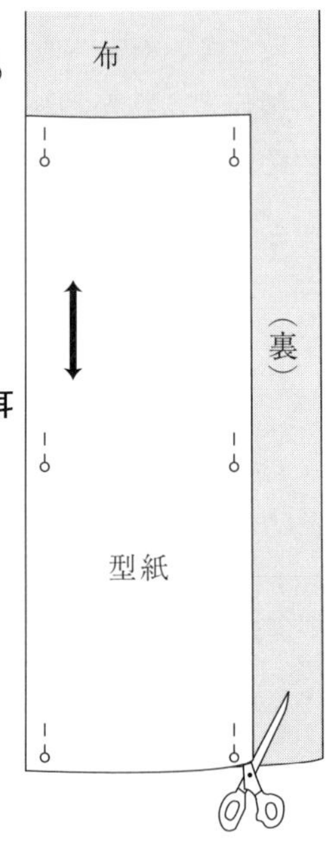

・布を裁つ。

※**耳**…布を織ってつくられた布の左右のはし。横糸が輪になっているため，ほつれにくい。

※裁つときには，布を手でおさえ，はさみの先を台につけた状態で切る。

・布の**裏側**にでき上がり線のしるしをつける。

3）脇を縫う

・**内表**（布の表と表を内側にして合わせること）にして縫う。

4）口あきどまりを縫う

・脇の縫い代を開いて口あきどまりまで縫う。

・口あきどまりを縫う。

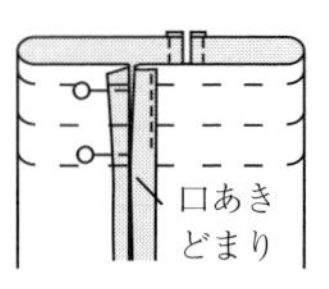

5）出し入れ口を縫う

・ひも通しを三つ折りにして縫う。

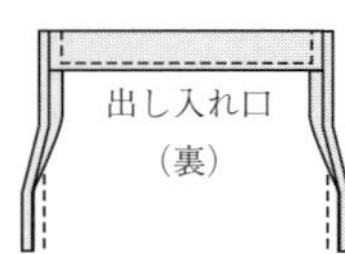

6）ひもを通す

確認問題

4 次の説明にあてはまる特徴をもつ繊維を，次のア～クから選べ。

(1) 保温性が大きいが，ぬれてもまれるとフェルト化し縮む。アルカリに弱いため，中性洗剤を使用する。

(2) 軽くて弾力性に富むが，熱に弱く，塩素系漂白剤や紫外線で黄変する。

(3) アルカリに強く吸水性・吸湿性に優れているが，しわになりやすく，洗濯で収縮する。

ア．絹　イ．綿　ウ．ポリウレタン　エ．アクリル
オ．毛　カ．麻　キ．ポリエステル　ク．ナイロン

5 次の洗濯表示の意味をそれぞれ答えよ。

(1)

(2)

(3)

6 次の縫い方の名称を答えよ。

(1) 布

(2)

(3)
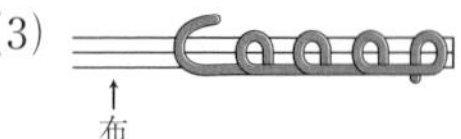

7 次のうち，まち針のとめ方として正しいものを選べ。

ア

イ
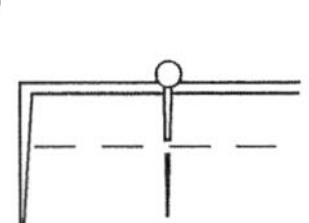

ウ

エ
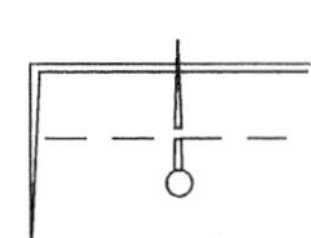

8 ミシンの上糸が切れる原因として，適切でないものをすべて選べ。

① 針のつけ方が正しくない。

② 糸かけの順序が間違っている。

③ 布，針，糸のつり合いが悪い。

④ 上糸調節装置をしめすぎている。

⑤ 針の太さと布地の厚さが合っていない。

3 食生活

●ポイント

米飯とみそ汁の調理法が最頻出事項であり，次いで栄養素の働きと6つの基礎食品群が頻出事項である。これらについては，細かい内容までも含めてしっかりと学習しておきたい。また，調理実習時の安全・衛生面での留意事項や環境に配慮した調理について記述させる問題も多い。

1 栄養

(1) 栄養素の働き

栄養素は，**炭水化物**，**脂質**（脂肪），**たんぱく質**，**無機質（ミネラル）**，**ビタミン**の5つに分類される。この五大栄養素は，体内での主な働きにより，**主にエネルギーのもとになるもの**，**主に体をつくるもとになるもの**，**主に体の調子を整えるもとになるもの**の3つのグループに分けられる。

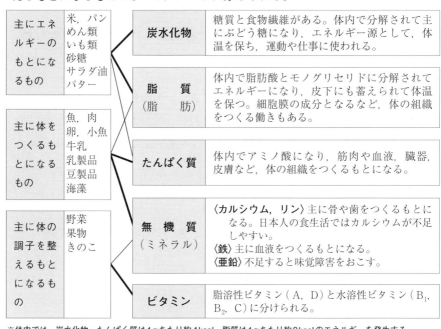

主にエネルギーのもとになるもの	米，パン めん類 いも類 砂糖 サラダ油 バター
主に体をつくるもとになるもの	魚，肉 卵，小魚 牛乳 乳製品 豆製品 海藻
主に体の調子を整えるもとになるもの	野菜 果物 きのこ

炭水化物	糖質と食物繊維がある。体内で分解されて主にぶどう糖になり，エネルギー源として，体温を保ち，運動や仕事に使われる。
脂　質 （脂　肪）	体内で脂肪酸とモノグリセリドに分解されてエネルギーになり，皮下にも蓄えられて体温を保つ。細胞膜の成分となるなど，体の組織をつくる働きもある。
たんぱく質	体内でアミノ酸になり，筋肉や血液，臓器，皮膚など，体の組織をつくるもとになる。
無　機　質 （ミネラル）	**〈カルシウム，リン〉**主に骨や歯をつくるもとになる。日本人の食生活ではカルシウムが不足しやすい。 **〈鉄〉**主に血液をつくるもとになる。 **〈亜鉛〉**不足すると味覚障害をおこす。
ビタミン	脂溶性ビタミン（A，D）と水溶性ビタミン（B_1，B_2，C）に分けられる。

※体内では，炭水化物・たんぱく質は1gあたり約4kcal，脂質は1gあたり約9kcalのエネルギーを発生する。
※海藻は，「主に体の調子を整えるもとになるもの」に分類することもある。

(2) 6つの基礎食品群

食品は，含まれている主な栄養素によって，6つの群に分けられる。必要な栄養素をバランスよくとるために，各群の食品を組み合わせて食べるようにする。

群	食品の種類	具体例	主な栄養素	働き
1群	**魚・肉・卵・豆・豆製品**	あじ，たこ，いか，あさり，牛肉，豚肉，ハム，ソーセージ，鶏卵，豆腐，油あげ，みそ，納豆	**たんぱく質**	**主に体の組織をつくる**
2群	**牛乳・乳製品・小魚・海藻**	牛乳，チーズ，ヨーグルト，にぼし，しらすぼし，わかめ，こんぶ，のり，ほしひじき	**無機質（カルシウム・鉄）**	
3群	**緑黄色野菜**	ほうれん草，ピーマン，ブロッコリー，にんじん，トマトなどの**緑や赤・黄色の濃い野菜**	**カロテン（ビタミンA）**	**主に体の調子を整える**
4群	**その他の野菜・果物**	キャベツ，白菜，レタス，大根，きゅうりなどの**色のうすい野菜**，いちご，りんご，みかん，しいたけ	**ビタミンC**	
5群	**穀類・いも類・砂糖**	米飯，もち，うどん，スパゲッティ，そば，パン，小麦粉，じゃがいも，さつまいも，砂糖	**炭水化物**	**主にエネルギーとなる**
6群	**油脂**	サラダ油，ゴマ油，バター，マーガリン，マヨネーズ，ドレッシング	**脂質（脂肪）**	

(3) ビタミンの種類と働き

ビタミン名		主な働き	欠乏症	多く含まれる食品
脂溶性	**ビタミンA**	目の働きを助け，皮膚や粘膜を健全に保つ。	**夜盲症**，発育障害	**レバー**，卵黄，バター，うなぎ，緑黄色野菜，のり
	ビタミンD	骨や歯の発育を助ける。**カルシウムの吸収を促進**する。	**くる病**，骨軟化症	**魚類**，きのこ類，卵黄，レバー，バター
水溶性	**ビタミンB_1**	炭水化物の代謝を助ける。神経の働きを調節する。	**脚気**，神経障害	**胚芽**，**豚肉**，豆類，レバー
	ビタミンB_2	炭水化物・脂質・たんぱく質の代謝を助け，発育を促進する。	**口角炎**，発育障害	卵，豆類，レバー，チーズ
	ビタミンC	血管を丈夫にし，傷の回復を早める。	**壊血病**	野菜，果実，いも類

(4) 食事摂取基準

日本人の健康の保持・促進を図る上で摂取することが望ましいエネルギー及び栄養素の量を，性・年齢別，身体活動レベル別などによって示したもの。

※**食品成分表**…食品の**可食部**（食品のうち，食べられる部分）100 gあたりの主な栄養素の成分値を示したもの。

(5) 水の働き

人体の成分の約3分の2を占める水は，栄養素には含まれないが生命維持のために必要不可欠なもので，①消化吸収された栄養素を運搬する，②体内でできた老廃物を運搬排出する，③体温を調節する，などの働きをしている。

(6) 献立の作成

① 献立作成のポイント

栄養のバランス（6つの基礎食品群をバランスよく組み合わせる），家族の好み，予算，季節感（旬のものを取り入れる），いろどり，作業効率など

〈例〉

米飯	白米
みそ汁	みそ，大根，油あげ，ねぎ
鮭のムニエル	鮭，小麦粉，バター，サラダ油，レモン，ブロッコリー

⇨6つの基礎食品群のうち，**牛乳・小魚・海藻が不足**しているから，**「わかめときゅうりの酢の物」「ひじきの煮物」「ヨーグルト」**などを加える。

② 献立作成の順序

一汁三菜を基本として，まず主食を決め，次いで主菜，副菜，汁物の順で考える。（主菜から決めてもよい。）

③ 和食の配膳

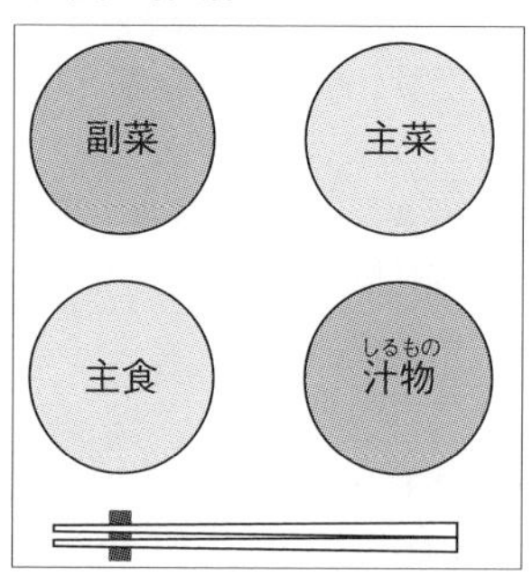

米飯，みそ汁，きゅうりの酢の物，鮭のムニエルを配膳する場合，副菜（きゅうりの酢の物），主菜（鮭のムニエル），主食（米飯），汁物（みそ汁）となる。

2 食品の特性と日常食の調理

(1) 日常よく使用される食品

日常生活で手に入りやすく，調理の基礎的事項を学ぶ上で適切な食品として，**米**，**野菜**，**いも類**，**卵**などが挙げられる。

(2) 米飯

① 米の特性

・米にはうるち米ともち米があり，私たちが日常食べているのはうるち米である。また，うるち米を粉にしたものが**上新粉**，**もち米**を粉にしたものが**白玉粉**である。

・米の**胚乳**部分の主な栄養素は，**炭水化物（でんぷん）**である。

・**胚芽やぬか層にはビタミン**$\mathbf{B_1}$が豊富に含まれている。

・精白米は玄米より消化はよいが，胚芽とぬか層が除かれるため，**ビタミン**$\mathbf{B_1}$含量が低い。

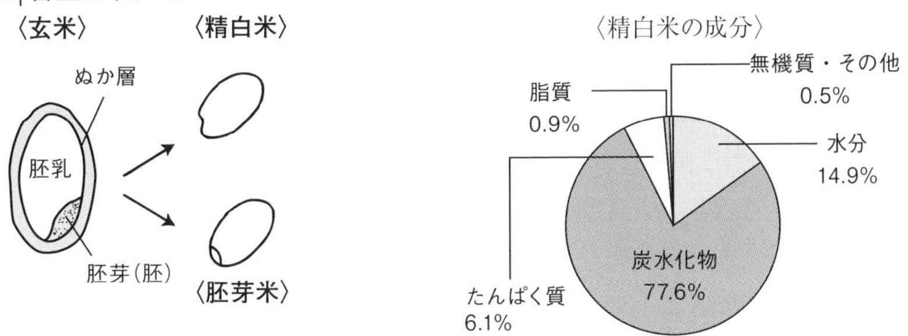

・生の米（**βでんぷん**）は消化されにくいが，米に水を加えて加熱すると，のり状になり味も消化もよい**αでんぷん**になる。これをでんぷんの**糊化（α化）**という。糊化したでんぷんは冷えると，硬く粘りのない**βでんぷん**になる。これをでんぷんの**老化（β化）**という。

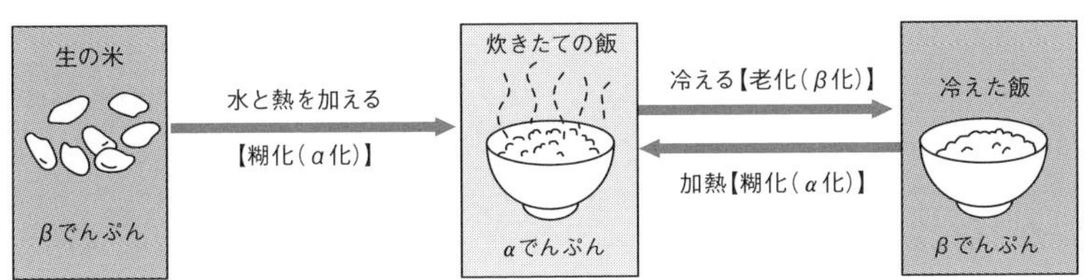

② 米と水の分量

1人分の分量……**米80g，水120g**（**120mL**） ※水は**米の重量の1.5倍，体積の1.2倍**

③ 米飯の調理法

1）米を洗う…ビタミンB_1の損失を少なくするため，また，洗っている間の吸水を防ぐために，手早く行う。

2）吸水させる…しんのないふっくらとした炊き上がりにするため，**30分以上**吸水させる。

3）加熱する…火加減に注意し，火を消したら蒸らして余分な水分をとばす。

	洗う ⇨	吸水 ⇨	炊く			⇨蒸らす
米の炊き方	米を3～4回水をかえて洗う。	吸水させる。	点火し，沸騰するまで**強火**にかける。	沸騰したら1～2分で**中火**にする。	水が引いたら**弱火**で炊く。	火を消して蒸らす。
時間		**30分間以上**	約2～5分間	約5～7分間	約15分間	約10分間

④ 小学校における「米飯」の調理

- 米は，我が国の主要な農産物であり，主食として**日本人の食生活から切り離すことができない食品**である。
- **米の洗い方，水加減，浸水時間**，加熱の仕方，蒸らしなど，固い米が柔らかい米飯になるまでの一連の操作や変化を実感的にとらえ，炊飯することができるようにする。
- 自動炊飯器による炊飯は対象としていないが，他の調理を学習するに当たって，1食分の食事として米飯を組み合わせ調理する場合には，自動炊飯器の利用も考えられる。

(3) みそ汁

① みその特性

蒸した大豆に**こうじ**，**食塩**を混ぜて発酵，熟成させてつくる。

② 大豆の加工品

大豆は，良質のたんぱく質，脂質，ビタミンなどを多く含み，加工品として利用されることが多い。加工品としては，**みそ**，**しょうゆ**，**納豆**，**豆腐**，**油あげ**，**おから**，**きな粉**，**ゆば**などがある。

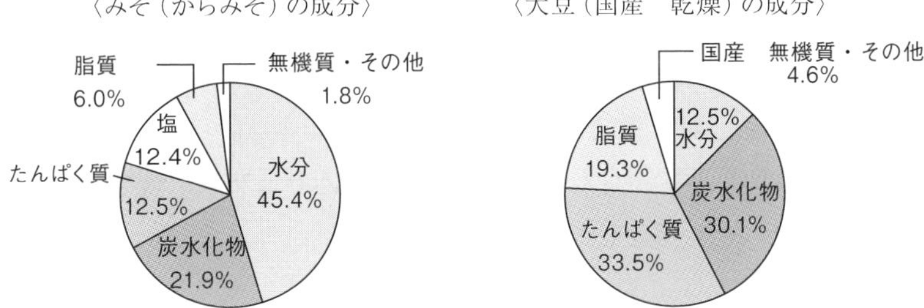

③ みそ汁の分量

1人分の分量……**みそ10g**（**小さじ1 $\frac{2}{3}$**），**水150mL＋蒸発分50mL** **※塩分約12%のみその場合**

④ みそ汁の調理法（煮干しだしの場合）

1） 頭とはらわたを取り除いた煮干しを3つか4つにちぎり，水の入った鍋につけておく。

2） 材料を切る。

【切り方例】

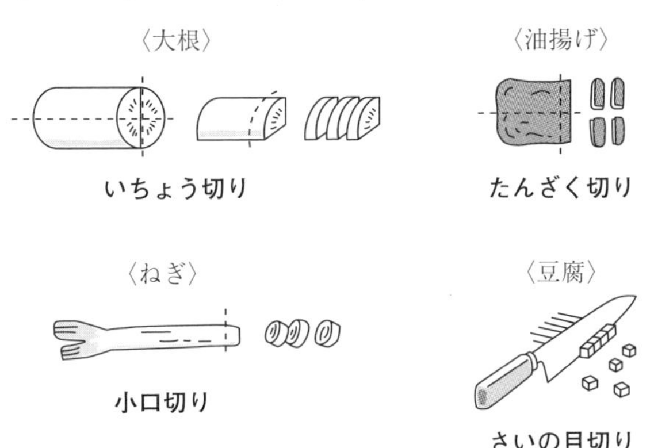

3)　1)の鍋を強火にかけ，沸騰したら中火にして5分間煮てこす。途中，あくをすくい取る。

4)　材料を入れて煮る。**火の通りにくいもの**から順番に入れる。

【具を入れる順序】　例　大根→油あげ→(みそ)→ねぎ

※だいこんは固いので，先に入れてやわらかくする。ねぎ，青菜など，煮すぎると色が悪くなったり，旨味が損なわれたりする材料は，みそを加え，ひと煮立ちしてから入れる。油あげは前もって油抜き(熱湯を回しかける)をしておく。

5)　材料に火が通ったら，一度火を止め，温度を下げてみそを溶き入れる。

6)　再び加熱し，**ひと煮立ちしたら，すぐ火を止める。**(←煮立たせすぎるとみその香りや旨味が損なわれるため，**みそを入れてからは長く煮ない**。)

⑤　だしのとり方

材料		とり方
煮干し		**頭**と**はらわた**を取り除き，3つか4つにちぎったものを，**水の中**に入れる。強火で加熱し，沸騰したら，中火で5分間煮てから取り出す(取り出さなくてもよい)。
かつおぶし	一番だし	**沸騰した湯**に入れ，再沸騰した後すぐに火を止め，かつおぶしが沈んだらこす。
	二番だし	一番だしをとったあとのかつおぶしに，はじめの半量の水を加えて火にかけ，沸騰後2～3分間煮てこす。
こんぶ		水に30分以上つけておき，そのまま火にかけ，**沸騰直前に取り出す**。

※煮干しとかつおぶしのうま味成分は**イノシン酸**，こんぶのうま味成分は**グルタミン酸**。

⑥　小学校における「みそ汁」の調理

・みそは，大豆の加工品であり，調味料として日本人には古くから親しまれている食品であり，それぞれの地方で特徴があるみそが生産されている。

・**だしのとり方，中に入れる実の切り方や入れ方，みその香りを損なわない扱い方**などを調べ，みそ汁を調理することができるようにする。

・指導に当たっては，例えば，みそ汁の中に入れる実の選び方や取り合わせ方について，日常よく使われる食品の中から栄養のバランスや季節などを考えて，食品の組合せを工夫することも考えられる。

(4) 野菜

① 種類と成分

緑黄色野菜	可食部100g当たり**600 μg以上**の**カロテン**を含む野菜。カロテンは体内で**ビタミンA**にかわる。	ほうれん草，ピーマン，トマト，にんじん，ブロッコリー，かぼちゃなど
淡色野菜	可食部100g当たり600 μg未満の**カロテン**を含む野菜。	キャベツ，白菜，レタス，大根，きゅうりなど

成分……水分，ビタミン類，無機質のほか，**食物繊維**を多く含む。

※食物繊維：体内で消化吸収されないが，腸の調子を整え，便通をよくする働きがある。

② 調理法とそのよさ

調理法	〈ゆでる〉	〈炒める〉
よさ	○やわらかくなって，食べやすく消化がよくなる。 ○生食に比べて**かさが減り，多くの量を食べることができる**。 ○食中毒のもとになるような細菌などの有害なものが取り除かれる。	○油で炒めると風味が増す。 ○油とともに摂取することで，**カロテンの吸収がよくなる**。 ○水を使わず，高温で短時間に加熱するため，水に溶けやすく熱に弱い**ビタミンCの損失が少ない**。
調理のポイント	○**根菜は水**から，**葉菜は湯**からゆでる。 **【青菜をゆでる場合】** ○**沸騰したたっぷりの湯**に少量の**塩**を入れ，**ふたをせずに**ゆでる。 ○ゆであがったら**すぐ水につけ**，冷ます。（←色鮮やかにゆで上げるため。余熱によるゆで過ぎを防ぐため。）	○野菜の水切りを十分にする。（←水っぽくならないようにするため） ○フライパンをあたためてから油を入れ，油が全体にいきわたってから炒める。 ○**強火で短時間**で炒める。（←弱火で炒めると，調理時間も長くなり，水っぽくなるため） ○火の通りにくいものから順に炒める。

(5) じゃがいも

① 特性と種類

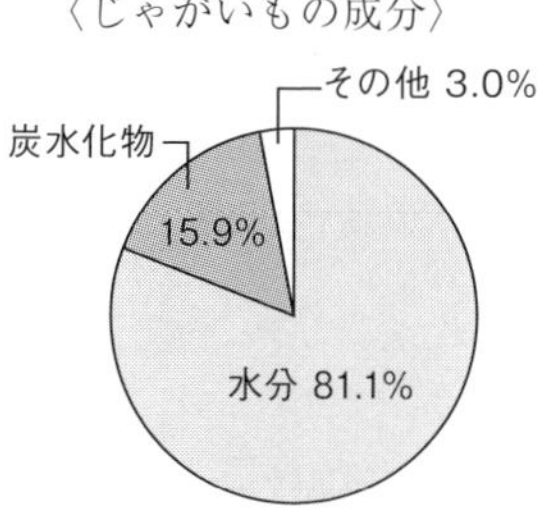

・じゃがいもに含まれているビタミンCは，比較的熱に強く，貯蔵時における減少も少ない。

・**芽や緑色になった皮**の部分には，**ソラニン**という天然毒素が含まれており，大量に食べると食中毒を起こす可能性がある。芽は包丁の角を使ってえぐり取り，緑色になった皮の部分は厚くむくなど必ず取り除くこと。

・廃棄率は**約10%**。

・**男しゃくいも**のような粉質のじゃがいもは**粉ふきいも**に，**メークイン**のような粘りのあるじゃがいもは**煮物**に適している。

② 調理のポイント（ゆでる場合）

1）同じ大きさに切る（←同じゆで加減にするため）。

2）切ったじゃがいもは**水につける**（←空気に触れると変色〔褐変〕するため）。

3）じゃがいもがかぶる程度の水を入れ，水から8～12分ゆでる。

(6) 卵

① 特性

・卵のたんぱく質は必須アミノ酸のバランスがよい。**ビタミンCを除く**各種ビタミンや無機質にも富む。

・1個の重さは**50～60g**。（卵殻：卵黄：卵白＝1：3：6）

・殻には，食中毒を起こす**サルモネラ菌**がつきやすい。

② 鮮度の見分け方

平らな皿に割ったとき，卵黄と卵白が盛り上がった状態にあるものが新しい。

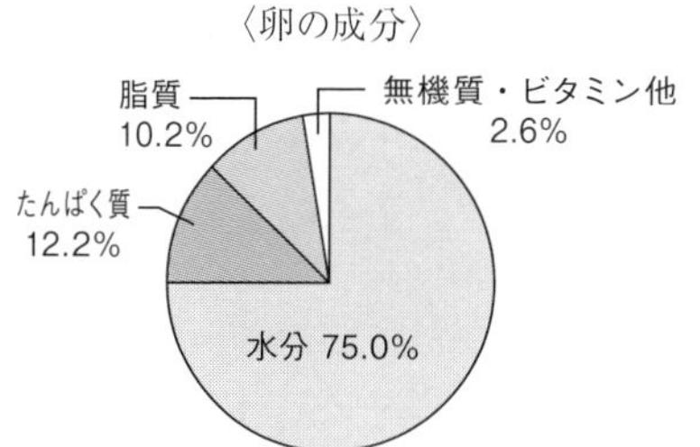

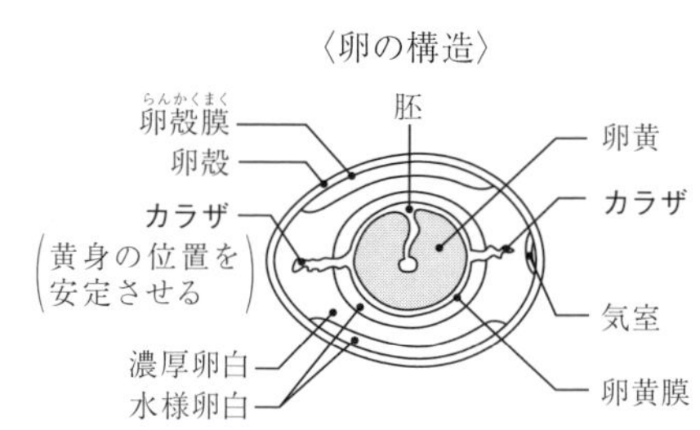

③ 調理性

性　質	調理例	特　　性
熱凝固性	ゆで卵，目玉焼，プリン	卵黄は約68℃，卵白は約73℃で凝固する。
起泡性	メレンゲ，スポンジケーキ，淡雪かん	卵白をかきまぜると細かい泡が生じる。温めるとよく泡立ち，砂糖を加えると安定する。
乳化性	**マヨネーズソース**	卵黄中のレシチン（リン脂質）は油を乳化する。

④ ゆで卵の調理法

1）卵がかぶる程度の水と，**酢か塩**を入れ（←ひびが入ったとき，そこから卵白が飛び出さないようにするため），**水からゆでる**。

※火にかける10分ほど前に冷蔵庫から出しておくと，ひびが入りにくい。

2）沸騰するまで卵をころがしながら加熱する（←黄身がかたよらないようにするため）。

3）沸騰したら中火にする。沸騰後，**3～5分で半熟，10～12分で全熟**（かたゆで）になる。

4）ゆであがったら，**水につけ冷ます**（←殻をむきやすくするため。余熱でのゆで過ぎを防ぐため）。

※ゆですぎると卵黄が暗緑色になるのは，卵白中の硫黄化合物と卵黄中の鉄が結合するため。

(7) 乳製品の種類と製法

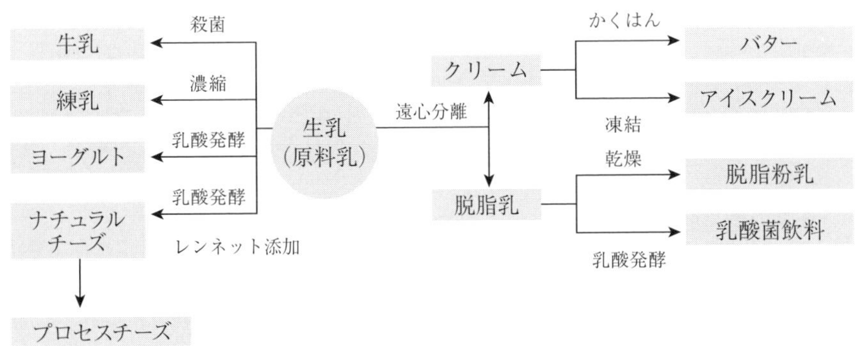

3 調理の基本

(1) 廃棄率

食品全体の重量に対しての食べられない部分（皮，種，殻，骨など）の割合を廃棄率という。材料購入時には，廃棄率を考えて購入する。

$$準備する材料(g) = \frac{可食部の重量}{100 - 廃棄率} \times 100$$

(2) 材料を切る目的

・熱の通りをよくする。
・味をしみ込みやすくする。
・食べやすくする。
・見た目を美しくする。

(3) 食品の重量と容量の関係

（単位：g）

食　品	小さじ 5mL（cc）	大さじ 15mL（cc）	カップ 200mL（cc）
水・酢・酒	**5**	**15**	**200**
食塩	6	18	240
しょうゆ・みそ	6	18	230
上白糖	3	9	130
油	4	12	180
小麦粉	3	9	110
精白米	−	−	170

（食品成分表2021による）

〈計量スプーンの使い方〉

●1杯

すりきりべら

●$\frac{1}{2}$杯

すりきりにしたあと，半量をかき出す。

(4) 食品の衛生的な取扱い

・身支度を整え，石けんで手を洗う。
・新鮮な食品を用い，保管する場合は温度管理に注意する。
・台所，ふきん，調理器具を清潔に保ち，細菌による汚染を防ぐ。
・野菜などはよく洗う。
・魚介や肉類は中心まで十分に加熱する。
・調理したものはできるだけ早く食べ，長時間の室内放置は避ける。

(5) 調理用具の取扱い

① **包丁の安全な取扱い**

・添え手の指先が刃の先に出ないよう，**指先を丸くする**。

・刃先を人に向けない。

・**渡すときは調理台の上に置く**。

・使い終わったら調理台の上に置きっぱなしにせず，所定の場所に片付ける。

② **まな板の衛生的な取扱い**

・**切る前に水でぬらし，よく拭き取ってから使用する**。（←ぬらさないと，食材の汁がまな板の中にしみ込み，雑菌が繁殖しやすくなるため。）

・**魚や肉の面，野菜の面を決めておき，同じ面で使用しない**。

・使用後は丁寧に洗い，熱湯や漂白剤で殺菌し，よく乾かす。

③ **ふきんの衛生的な取扱い**

・食器用と台拭き用を区別する。

・使用後は洗剤液などで丁寧に洗い，熱湯や漂白剤で殺菌し，よく乾かす。

④ **フライパンの取扱い**

〈鉄製〉

・十分に熱してから油を入れる。

・使用後は，たわしなどで洗い，**さびないよう火にかけて乾かし**，油引きをする。

〈フッ素樹脂加工のもの〉

・火にかけ，少しあたためてから，油を入れる。

・**表面を傷つけないよう**，木べらや専用のフライ返しでかき混ぜる。

・使用後は，**表面を傷つけないよう**スポンジなどの柔らかいもので洗い，ふきんで拭く。

(6) ガスこんろの安全な取扱い

①使用前	・ゴム管にひび割れはないか，ゴム管はガス栓とコンロの両方にしっかりはまっているか点検する。 ・安全バンドやゴムキャップがついているか点検する。 ・ガス栓と器具栓が閉じていることを確かめてから元栓を開く。
②使用中	・火がついている間はその場を離れないようにし，煮こぼれや風による火のたち消えに注意する。 ・燃えやすいものをガス台のそばに置かない。 ・ガスの**不完全燃焼**に気をつけ，**換気**を十分に行う。
③使用後	・器具栓とガス栓の両方を確実に締める。

【ガス漏れに気付いたとき】

・器具栓とガス栓を締める。
・窓や出入り口をあけ，換気する。
・引火のおそれがあるので，換気扇のスイッチは入れない。
（←たまっているガスが，電気の火花で爆発する危険があるため）
※都市ガスは空気より軽いため上にたまり，**プロパンガスは空気より重い**ため下にたまる。

(7) 環境に留意した調理

・調理手順を考え，能率よく作業を進め，無駄なエネルギーを使わない。
・野菜の葉や皮を使い切る調理法を考えるなどして，できるだけ調理くずを少なくする。
・**油汚れのついた食器類は，紙や古布で油を拭き取ってから洗う。**
・**水や洗剤を必要以上に使用しないようにする。**
・**ごみは地域の決まりに応じて分別し，それぞれ所定の場所に捨てる。**
・生ごみは，水をしっかり切ってから捨てる。
・廃油は，ぼろ布や紙に吸い取らせるか，凝固剤で固めてから捨てる。

4　食品の選択と安全

(1)　生鮮食品

野菜や果実，魚，肉などのように，生産地でとれたままの鮮度を保ち，加工されていない食品を**生鮮食品**という。鮮度が低下しやすく，腐敗もはやく保存期間が短いため，保存方法に注意する必要がある。生鮮食品には，それぞれ1年のうち最も多く出回る時期（**旬**）があり，**味がよく，栄養価が高く，価格も安い**という特徴がある。

(2)　加工食品

缶詰，発酵食品，冷凍食品，インスタント食品などのように，食品に様々な加工をして，保存性を高めたり，味をよくしたり，調理しやすくしたものを**加工食品**という。

〈長所〉長期保存できる。調理が省力化できる。価格が安定している。

〈短所〉**食品添加物**が使われていることが多い（例：ハムやソーセージには発色剤として亜硝酸ナトリウムが使用されている）。食塩・砂糖・脂質の過剰摂取になりやすい。家庭の味が失われる。

※**食品添加物**…加工食品の製造過程で，保存性を高めたり，色を鮮やかにしたりするなどの目的で使用される物質。

(3)　食育基本法（2005年施行）

家庭や学校の教育における食生活改善により，国民の健康増進を図ることを目的とする法律。子どもたちが豊かな人間性をはぐくみ，生きる力を身に付けていくためには，何よりも「食」が重要である，と規定している。国や地方自治体に食育推進の施策策定を義務付ける一方，国民には健全な食生活を，農林水産業者や食品業界には安全な食料の提供などを求めている。

(4)　地産地消

「地域生産　地域消費」の略で，地域でとれた食材を，その地域で消費すること。消費者の農産物に対する安全・安心志向の高まりや生産者の販売の多様化が進むなか，消費者と生産者の信頼関係の構築，地域の農業と関連産業の活性化を図る取り組みで，農林水産省が推進している。

(5) トレーサビリティ

食品がいつ，どこで，どのように生産・流通されてきたかが追跡できるシステム。2004年には牛肉トレーサビリティ法，2011年には米のトレーサビリティ法が施行された。

(6) フードマイレージ

食品の輸送距離という意味で，相手国別の食料輸入量〔t〕×輸送距離〔km〕で表される。

(7) 食品の表示

食品には，食品表示法によって品名，原産地，原材料名，消費期限または賞味期限，食品添加物，内容量，保存方法，栄養成分の量及び熱量，アレルゲンなどの表示が義務づけられている。

① 食品の期限表示

消費期限	賞味期限
安全に食べることができる期限。**劣化速度の速い（製造日よりおよそ5日以内で劣化）食品**に表示される。	おいしく食べることができる期限。**比較的長く保存が可能な食品**に表示される。期限を超えたからといって直ちに食べられなくなるわけではない。
弁当，惣菜，食肉，豆腐，ゆでめん，生菓子類など	牛乳，練り製品，缶詰，冷凍食品，即席めん，味噌，しょうゆ，マヨネーズなど

② 遺伝子組換え食品

大豆，トウモロコシなどの遺伝子組換え作物とその加工食品には，その**表示が義務付けられている**。

③ アレルギー物質（アレルゲン）を含む食品

小麦，そば，卵，乳（牛乳，乳製品），落花生，えび，かにの7品目は食物アレルギーの原因となることが多いため，これらを原料とする加工食品には，**その表示が義務付けられている**。

④ 食品の表示マーク

JASマーク（ジャスマーク）	JAS	JASは**日本農林規格**の略称で，JAS規格に適合した食品につけられる。対象品は**農・林・畜・水産物及びその加工品**など。
特色JASマーク	JAS	相当程度明確な特色の規格を満たす製品につけられる。
有機JASマーク	JAS	**有機農産物及び有機農産物加工食品**のJAS規格に合格したものにつけられる。このマークの貼付されたものでなければ，「有機野菜」等の表示をしてはならない。 ※有機農産物…化学的に合成された肥料や農薬を一切使わずに作られる農産物のこと。
特別用途食品マーク	消費者庁許可 区分	**病人や乳児，高齢者**のように，健康上特別な状態にある人の健康維持増進に利用できると認められた食品につけられる。対象品は，病者用食品，乳児用調製粉乳など。
特定保健用食品マーク	消費者庁許可 特定保健用食品	上記の特別用途食品のうち，からだの生理学的機能などに影響を与える保健機能成分を含み，特定の保健の目的が期待される食品につけられる。
牛乳の公正マーク	公正	正しい表示がされた**牛乳・乳飲料**などにつけられる。業者が，不当表示や誇大広告を規制する目的でつけている。
E（地域特産品認証）マーク	E E E	地域の原材料のよさを活かし，地域の文化や技術にこだわってつくられた特産品に，都道府県がつける共通のマーク。

(7) 食中毒

① 食中毒の発生原因

細菌やウィルス，化学物質，自然毒など。

② 食中毒予防の三原則

・菌をつけない（**手洗い**）。
・菌を増やさない（**低温保存**）。
・菌を殺す（**加熱殺菌**）。

③ 主な食中毒

原因菌	主な原因食品	症　状
腸管出血性大腸菌（O－157）	汚染を受けたすべての食品	腹痛，下痢，血便など 溶血性尿毒症症候群や脳炎などの合併症を起こすことがあり，**幼児や高齢者では死に至ることもある。**
腸炎ビブリオ	**生の魚**（魚介類），漬物，折詰弁当など	激しい腹痛，下痢，嘔吐，発熱など
サルモネラ菌	**家畜やねずみなどの糞便が感染源。** **卵**，食肉，乳製品など	**発熱**，頭痛，腹痛，下痢など 症状は重い。
ブドウ球菌	**人や動物の化膿巣が感染源。** **握り飯**，菓子類，練り製品など	激しい嘔吐，下痢，腹痛など
ボツリヌス菌	**いずし**，ハム，ソーセージ，缶詰など	**神経麻痺**，視力低下など極めて重篤で，**致死率が高い。**
ノロウイルス	かきなどの二枚貝	吐き気，嘔吐，下痢，腹痛，発熱など

(8) 「朝食」の役割

睡眠中にさがった体温をあげ，脳やからだにエネルギーを供給する。活動に必要なエネルギーが供給されるので，午前中，勉強や仕事に積極的に取り組むことができる。

確認問題

9　栄養素について，次の各問いに答えよ。

⑴　食品は体内での主な働きにより3つに分けられるが，その3つを挙げよ。

⑵　ア～コの食品をA～Eの栄養素に分類せよ。

A．炭水化物　B．脂質　C．たんぱく質　D．無機質　E．ビタミン

ア．米　イ．豆腐　ウ．キャベツ　エ．じゃがいも

オ．わかめ　カ．のり　キ．あじ　ク．ほうれん草

ケ．バター　コ．砂糖

10　米飯の調理について，次の文の空欄にあてはまる語句を答えよ。

⑴　米の胚乳部分の主な栄養素は，（　A　）である。

⑵　米の胚芽部分と（　B　）には，（　C　）が多く含まれている。

⑶　でんぷんに水を加えて加熱すると，味も消化もよくなる。これを（　D　）といい，冷えてもどることを（　E　）という。

⑷　米を炊く場合，水は米の重量の（　F　）倍，体積の（　G　）倍必要である。

⑸　ふっくらと炊き上げるために，米は（　H　）分以上吸水させる。

11　みそ汁の調理について，次の各問いに答えよ。

⑴　煮干だしのとり方として，正しいものを選べ。

①　水から入れて沸騰させ，3～5分煮てこす。

②　水に30分ほどつけておき，そのまま火にかけ，沸騰直前に取り出す。

③　沸騰した湯に入れ，再沸騰した後すぐに火を止め，こす。

⑵　計量スプーン大さじ1杯のみその分量は何gか。また，1人分のみそ汁のみその分量は何gが適量か。

⑶　次の材料の切り方を答えよ。

A．ねぎ

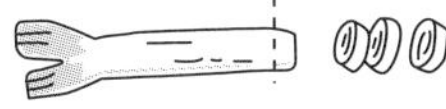

B．大根

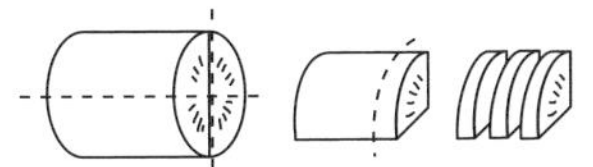

C．油あげ

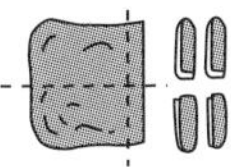

⑷　みそを入れてひと煮立ちしたら，すぐに火を止める理由を答えよ。

4 家族の生活と住居

●ポイント

表示マークの名称，対象品目，意味について多く出題されている。「2　衣生活」の家庭洗濯等取扱い絵表示と「3　食生活」の食品の表示マークと併せて出題されることも多いので，JASマークとJISマークを混同しないよう注意したい。また，各種リサイクル法や3R運動など環境に関して出題されやすい傾向にあるので，しっかり学習しておこう。

1　消費生活と消費者

(1)　契約

契約	法的な効果が生じる約束であり，当事者同士の意思表示が合致することで成立する。したがって，売買契約は，消費者の「買いたい」という意思と販売者の「売りたい」という**意思が合致したとき**（口頭でもよい）**に成立**し，消費者と販売者が合意し，消費者がお金を支払い，販売者が商品を渡したときに成立するわけではない。

(2)　民法改正

民法改正に伴い，2022年4月より，成年年齢が20歳から18歳に引き下げられた。

18歳になったらできること	①親の同意がない携帯電話，ローン，クレジットカードなどの契約，②結婚，③10年有効のパスポートの取得，④公認会計士や司法書士，医師免許などの国家資格取得，⑤性同一性障害の人が性別の取り扱いの変更審判，⑥普通自動車免許の取得，⑦裁判員　など
20歳にならないとできないこと	①飲酒，②喫煙，③競馬，競輪等の投票券の購入，④養子を迎える，⑤大型・中型自動車運転免許の取得　など

(3) 表示マーク

JISマーク（ジスマーク） 	産業標準化法に基づきJIS（**日本産業規格**）に適合した製品につけられる。**ノート**，自動車，電化製品，文字コードなどの情報処理，サービスなど。
SGマーク 	消費生活用製品のうち，**製品安全協会**の**安全基準**に適合したものにつけられる。乳幼児用製品，家具・家庭用品，**自転車**，**スポーツ・レジャー用品**など。SGはSafety Goodsの略。損害賠償制度が適用される。
STマーク 	（社）日本玩具協会の安全基準に適合した**おもちゃ**につけられる。STはSafety Toyの略。損害賠償制度が適用される。
SFマーク 	公益社団法人 日本煙火協会の安全基準に適合した国産・輸入品のおもちゃ**花火**につけられる。SFはSafety Fireworksの略。損害賠償制度が適用される。

PSCマーク  特別特定製品  特定製品	**消費生活用製品安全法**により，危害を及ぼすおそれの多い製品のうち，国の基準に適合したものにつけられる。 〈特別特定製品〉 乳幼児用ベッド，浴槽用温水循環器，ライターなど 〈特定製品〉 登山用ロープ，家庭用の圧力なべ及び圧力がまなど
PSEマーク  特定電気用品  特定以外の電気用品	電気用品安全法の基準に適合した製品につけられる。 〈特定電気用品〉 コード，コンセント，直流電源装置など 〈特定以外の電気用品〉 電気冷蔵庫，電気洗濯機，電子レンジなど
ジャドママーク 	公益社団法人 日本通信販売協会の基準に適合した正会員の通信販売広告につけられる。
Gマーク 	経済産業省のグッドデザイン商品選定制度で，グッドデザイン賞を受賞したデザインにつけられる。

(4) **悪質商法(問題商法)**…巧妙な手口で，商品を売りつけたり金銭をだまし取ったりする商法

種　類	主な内容
アポイントメントセールス(呼び出し販売)	電話などで「抽選にあたった」などと言って喫茶店や営業所に呼び出し，商品を購入させる。
キャッチセールス(路上販売)	路上で「アンケートに協力を」などと言って声をかけ，喫茶店などに連れ込み，商品を購入させる。
マルチ・マルチまがい商法	儲かるからと商品の販売組織に誘い，商品を契約させ，次々に組織への加入者を増やすことにより利益を得る。
ネガティブ・オプション(送りつけ商法)	注文していない品物を一方的に送りつけ，断らなければ買ったとみなして代金を請求する。
点検商法	点検と称して訪問し，故障箇所など問題点を指摘して不安をあおり，工事をさせて高額な費用を請求する。
フィッシング詐欺	金融機関やオンラインショップなどの実在する送信者を詐称した電子メールを送りつけ，偽のホームページに接続させるなどの方法で，クレジットカード番号や個人情報を入力させ，金銭や情報を盗み取る。
催眠(SF)商法	一つの会場に人を集め，商品を先着順に無料配布するなどしてその場の雰囲気を盛り上げ，来場者を興奮状態にした上で，高額な商品を購入させる。

(5) **クーリング・オフ制度**

〈クーリング・オフ期間〉

訪問販売	8日間
割賦販売	8日間
現物まがい商法	14日間
マルチ商法	20日間

消費者が購入契約を結び，代金を支払った後でも，一定の条件の下であれば**無条件で契約を解除**できる制度のことで，**特定商取引法**に規定されている。原則として，すべての商品・役務が対象となる。一定の期日内に，申込みの撤回または契約の解除の旨を記した**書面**を販売会社あてに送付する。郵便局の**内容証明郵便**，簡易書留，特定記録郵便を利用すると，証拠が残り確実である。また，2022年6月から，電子メールやUSBメモリ等の記録媒体などの**電磁的記録**でも行うことが可能となった。なお，乗用自動車，葬儀，生鮮食料品，開封・使用した化粧品や健康食品，現金取引で3,000円に満たないもの，通信販売(返品の可否・条件を明示していない場合はクーリング・オフ可)は，クーリング・オフ適用対象外である。

(6) 消費者保護法と消費者行政

① 消費者をめぐる法律

消費者基本法 (2004年施行)	1968年に制定された「**消費者保護基本法**」を抜本的に改正し，**消費者の自立支援**を消費者政策の重点においた法律。
消費者契約法 (2001年施行)	不適切な契約から生じる契約者被害の防止・救済のために，事業者が最低限守るべき包括的な民事ルールを定めた法律。事業者の一定の言動によって**消費者が事実を誤認したり，困惑したりして契約を結んだ場合には，契約を取り消すことができる**。
製造物責任法 **（PL法）** (1995年施行)	**製品の欠陥によって生命や身体，財産などに被害**が生じた場合，製造業者等に対して**損害賠償**を求めることができることを定めた法律。製造業者に「過失」がなくても，製品に「欠陥」があれば賠償責任を負わせることができる。

② 行政機関

消費者庁	内閣府の外局として設置。これまでの縦割行政の弊害を改め，消費者の視点から消費者行政を一元化することを目的とする。日本農林規格（JAS）法，製造物責任法（PL法）など，表示や安全にかかわる約30の法律を所管する。
消費生活センター	**各都道府県，市町村の行政機関**。消費者への情報提供や苦情処理，商品テストなどの消費者保護施策の実施に当たっている。

※**国民生活センター**…消費者に対する啓蒙・教育などを行う独立行政法人。

(7) 消費者の4つの権利

「安全である権利」「知らされる権利」「選ぶ権利」「意見が反映される権利」

※1962年に，アメリカの**ケネディ大統領**が上記の「**消費者の4つの権利**」を提唱した。その後，フォード大統領がこれに「消費者教育を受ける権利」をつけ加えた。さらに，国際消費者機構（CI）が，これらに「生活の基本的ニーズが保障される権利」「補償を受ける権利」「健全な環境のなかで働き生活する権利」を加えて「**消費者の8つの権利**」とした。

2 環境に配慮した生活

(1) リサイクル法

容器包装リサイクル法（2000年全面施行）	容器包装廃棄物処理の役割分担について，消費者には**分別排出**を，自治体には**分別収集**を，容器や包装材を使う業者には**再商品化**の責任を義務づけた法律。
家電リサイクル法（2001年施行）	小売業者に使用済みの家電の回収を，家電メーカーに再利用を義務づけた法律。**運搬・回収費用とリサイクル費用は消費者が負担**する。**エアコン，テレビ**（**ブラウン管，液晶・プラズマ**），**冷蔵庫・冷凍庫，洗濯機・衣類乾燥機**が対象。

(2) ごみ減量の3R

環境に配慮した生活を送るために「3R運動」が進められている。3Rとは，ごみ減量のための3原則のことで，以下の3つのRの総称である。

リデュース（**Reduce**）	**減量**（**発生抑制**）	製品をつくるときに使う資源の量や廃棄物の発生を減らす。 例 洗剤やシャンプーなどは詰め替え用のものを選ぶ。 コンポストを利用して生ごみを減らす。
リユース（**Reuse**）	**再使用**	使用済製品やその部品などを繰り返し使用する。 例 ビンやペットボトルなどの容器をくり返し使う。 紙の裏面をメモ用紙に使う。
リサイクル（**Recycle**）	**再生利用**	廃棄物などを原材料やエネルギー源として有効利用する。 例 新聞紙，空ビンなどを回収し，再資源化する。

※3Rに，**リフューズ**（**Refuse：断る** 例 過剰包装を断る。レジ袋を断る。）を加えて**4R**，さらに**リペア**（**Repair：修理**）を加えて**5R**とすることもある。

(3) グリーンコンシューマー

地球環境への負担の少ない消費の在り方を目指し，環境に配慮した生活スタイルを送っている消費者のこと。商品の購入から廃棄までのすべての過程で，自分にとっての便利さや快適さよりも環境保全を優先する。自分の消費行動が環境にやさしいかどうかを点検・評価するものの一つに**環境家計簿**がある。

(4) 環境に関する表示マーク

エコマーク		グリーンマーク	
	環境への負荷が少なく環境保全に役立つと認められた商品につけられる。対象品は，生活日用品など。		**古紙を再生利用した製品**につけられる。対象品は，トイレットペーパー，コピー用紙，ノートなど。

飲料用スチール缶識別マーク	飲料用アルミ缶識別マーク	PETボトル識別マーク
スチール	アルミ	1 PET
炭酸飲料，ジュースなど	ビール，炭酸飲料など	清涼飲料，しょうゆなど
プラスチック製容器包装識別マーク	**紙製容器包装識別マーク**	**牛乳パック再利用マーク**
プラ	紙	R 牛乳パック再利用
トレー，ボトルのふた，卵パック，カップ麺のカップなど	菓子箱，包装紙，紙袋，ティッシュボックスなど	トイレットペーパー，文具類，紙コップなど
再生紙使用マーク（Rマーク）	**省エネルギーマーク（eマーク）**	**〔R〕マーク（ガラスびんリターナブルマーク）**
R100 古紙配合率100％再生紙を使用しています	e 橙色　e 緑色	R
再生紙を使用した印刷物などにつけられる。数字は古紙の配合率を示す。	家電製品などで，国の定める省エネ基準目標を達成したものは緑色，未達成のものは橙色で表示。	日本ガラスびん協会が認定する，回収後に洗浄され，そのまま再使用されるガラスびんにつけられるマーク。

(5) エシカル消費

地域の活性化や雇用などを含む，人・社会・地球・環境に配慮した消費行動のこと。

3 住居

(1) 室内環境の条件

温度，湿度，明るさ(光)，換気，音(遮音・防音)
※室内環境の快適性は，気温，気流，湿度の3つの条件に左右される。

(2) 室内温度・湿度

快適な室内温度は，夏は27℃前後，冬は21℃前後とされる。調整する際は，できるだけ自然気候を活用する。また，暖かい空気は上方に行くので，室内の温度のむらを少なくする工夫をする。

快適な室内湿度は，50％前後とされる。湿度が高いと結露やダニ・カビの発生につながり，乾燥しすぎると呼吸器系を痛めるので，適切な湿度に調整する。

(3) 日照と採光

① 太陽光線の役割

光線の種類	役割	内容
紫外線	**衛生効果**	強い殺菌作用がある。人体の新陳代謝やビタミンDの生成を促す。
可視光線	**明るさ**	昼間，室内に明るさをもたらす。
赤外線	**熱効果**	建物を暖めて室温を高めるほか，乾燥効果や湿気防止の効果がある。

② 日照(日当たり)

日照とは，建物の窓など外に開いている部分に太陽光線が直接当たることをいう。日照時間の最も短い冬至においても，住宅の場合，最小限2時間必要とされており，4時間を標準，6時間が理想的とされている。

③ 採光

採光とは，昼間の自然光を室内にとり入れて明るくすることをいう。明るさを測定する器具として**照度計**がある。建築基準法では，採光のための窓の面積は，**住宅の場合には床面積の7分の1以上**，教室の場合には床面積の5分の1以上となるよう規定されている。

※建ぺい率…敷地面積に対する建築面積の割合のこと。

(4) 照明

① 目的に合った照明の明るさ

（単位：**ルクス**）

		照度範囲
手元	食事・調理	200～500
	勉強・読書	500～1000
	手芸・さいほう	750～2000
部屋全体	居間・ろうか	30～75
	食堂・台所	50～100
	勉強するところ	80～150
	学校の教室・図書館※	300～750

（JIS照明基準による　※は学校環境衛生基準による）

② 白熱灯と蛍光灯

白熱灯	電気使用量は多いが光に暖かみがあり，頻繁につけたり消したりする所に適している。
蛍光灯	電気使用量が少なく寿命が長いため，長時間つけておく所に適している。

(5) 換気

① 換気と通風

〈空気の流れ（部屋を上から見た図）〉

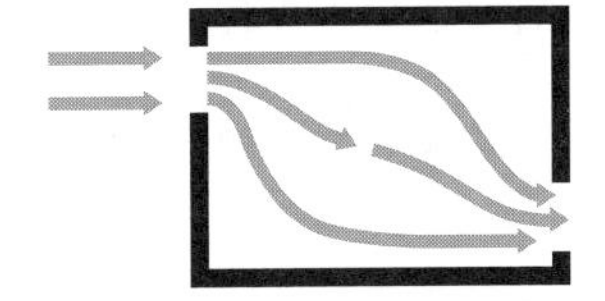

換気には，窓を開けて風を通す**自然換気**と，換気扇を回して空気の動きをつくり出す**強制換気**とがある。右図のように空気の出入り口を，対角線になるように2ヵ所設けると，空気の流れがよくなる。

② 結露

気密性の高い住まいでは，冬など室内外の温度差が大きい場合，大気中の水蒸気が凝結して水滴となり，窓ガラスや壁の内側につくことがある。この現象を**結露**といい，かびやダニの発生原因となる。通風や換気によって湿度を適切に保つことで防ぐことができる。

③ 二酸化炭素の濃度と人体への影響

換気が悪く，空気中の二酸化炭素濃度が高くなると人体に悪影響を及ぼす。

二酸化炭素の濃度（%）	人体への影響
1～2	不快感が起こる。
3	呼吸中枢が刺激されて呼吸が増し，脈搏，血圧が上昇する。
4	頭痛，目まい，耳鳴り，などが起こる。
5～6	呼吸が激しく，呼吸困難となる。
7～10	数分間で意識不明となり，死亡する。

※教室などでは，二酸化炭素の濃度が0.15％以下であることが望ましい。

④ 一酸化炭素中毒

空気の出入りの少ない部屋で長時間燃料を燃やし続けると，酸素が不足して，中毒を起こす一酸化炭素が発生する。

空気中の一酸化炭素濃度	呼吸時間と中毒症状
0.02%	2～3時間で，軽い頭痛
0.08%	45分で頭痛・目まい・吐き気・痙攣，2時間で失神
0.16%	20分で頭痛・目まい・吐き気，2時間で死亡
0.32%	5～10分で頭痛・目まい，30分で死亡

⑤ シックハウス症候群

住宅の内装材などから発生する揮発性の化学物質（ホルムアルデヒド，クロルピリホス，トルエン，キシレンなど）が原因で起こる，めまいや頭痛などの健康被害の諸症状のこと。化学物質の発生を抑えた建材を選び，住まいの手入れを行い，十分な換気を行うなどして防止する。

(6) 住まいの手入れ

① 住まい用洗剤の種類と液性

- 一般掃除及びガラス拭き用……**弱アルカリ性**
- 換気扇及びガスレンジ用………**アルカリ性**
- 浴室用……………………………**弱酸性，中性**
- トイレ用…………………………アルカリ性，中性，酸性

② **住まい用洗剤の統一絵表示**

酸性タイプの洗浄剤を塩素系の製品と同時に使用すると，有害な**塩素ガス**が発生し，呼吸困難による死亡などの事故につながるおそれがあるため，表示をよく確認する。

酸性タイプ

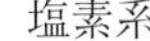

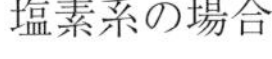

塩素系と併用不可

酸性タイプと併用不可

子供に注意

目に注意

必ず換気

(7) **快適な住まい方の工夫**

① **夏を涼しく住まう工夫**

- 窓を開けて**風通しをよくする**。
- ブラインドやカーテン，すだれ，緑のカーテン（つる性の植物を窓際にはわせたもの）などで**日よけをする**。
- 庭や道路などに水をまく**打ち水**をする。
- 風鈴や朝顔などによって涼しさを演出する。

② **冬を暖かく住まう工夫**

- 昼間の日光を十分室内に取り込む。
- 昼間の暖められた空気を逃がさないよう，夕方早めに雨戸や厚手のカーテンを閉める。
- 厚手のカーテンや保温性の高いカーペットを利用。

(8) **バリアフリーとユニバーサルデザイン**

バリアフリー	障害のある人や高齢者にとって，障壁となるもの（バリア）を取り除くような配慮をした住まいやまちづくりのこと。 例 段差のない道やスロープ，視覚障害者用の信号機や誘導用ブロック，手すりが設置されている浴槽やトイレ，車いすに座ったまま作業ができる台所
ユニバーサルデザイン	障害者や高齢者だけでなく，すべての人が安全で簡単に利用できるよう，環境や製品面で工夫されたデザインのこと。 例 自動ドア，自動水栓，ぎざぎざの付いたシャンプー容器

確認問題

12 次の説明にあてはまるカードの名称を答えよ。

(1) テレホンカードや図書カードのように，事前に現金を支払って購入し，現金の代わりに使うカード。

(2) 商品を購入するときに使用し，レジで専用の端末装置に通し，暗証番号を押すと，即時に銀行口座から利用代金が引き落とされるカード。

13 次のマークの名称を答えよ。また，その対象品を下のア～ウから選べ。

(1) 

(2) 

(3) 

ア．歩行器・野球用ヘルメット　　イ．おもちゃ　　ウ．マスク

14 クーリング・オフ制度に関する記述として，誤っているものを選べ。

① 代金を支払った後でも，適用条件を満たした場合，購入した商品代金の全額が返還される。

② 店頭販売や訪問販売で購入した場合に適用される。

③ 代金の総額が3,000円未満の場合は適用にならない。

④ マルチ商法の場合のクーリング・オフ期間は20日である。

15 「環境に配慮した生活」について，次の各問いに答えよ。

(1) 次のマークの名称を答えよ。

A 

B 

(2) 環境に配慮した生活スタイルを送っている消費者のことを何というか，カタカナで答えよ。

(3) 環境に配慮した生活を送るために「3R運動」が進められている。3Rとは何という言葉の頭文字をとったものか，カタカナで答えよ。また，それぞれの言葉の意味を簡潔に答えよ。

9
体育

Open Sesame

学習指導要領

●ポイント

『学習指導要領』からの出題頻度は非常に高い。特に体育科の目標，体育科の領域構成の表，各学年の内容及び内容の取扱い，指導計画の作成と内容の取扱いについての空欄補充問題などに対応できるよう，キーワードを中心に確実に暗記しておく必要がある。

1 体育科改訂の要点（一部抜粋）

(1) 内容構成の改善

運動領域については，従前，(1)技能（「体つくり運動」は運動），(2)態度，(3)思考・判断としていたものを，(1)知識及び技能（「体つくり運動系」は知識及び運動，(2)思考力，判断力，表現力等，(3)学びに向かう力，人間性等の内容構成とした。

(2) 内容及び内容の取扱いの改善

① **体つくり運動系**

低学年については，新たに領域名を「**体つくりの運動遊び**」とし，内容を「体ほぐしの運動遊び」及び「多様な動きをつくる運動遊び」で構成した。

② **陸上運動系**

「走・跳の運動（遊び）」及び「陸上運動」については，児童の実態に応じて**投の運動（遊び）**を加えて指導できることを新たに「内容の取扱い」に示した。

③ **水泳運動系**

中学年については，新たに領域名を「水泳運動」とし，内容を「**浮いて進む運動**」及び「**もぐる・浮く運動**」で構成した。高学年についても，新たに領域名を「水泳運動」とし，内容を「クロール」，「平泳ぎ」及び「**安全確保につながる運動**」で構成した。

④ **オリンピック・パラリンピックに関する指導**

各運動領域の内容との関連を図り，ルールやマナーを遵守することや**フェアなプレイ**を大切にすることなど，児童の発達の段階に応じて，運動を通してスポーツの意義や価値等に触れることができるようにすることを，新たに「指導計画の作成と内容の取扱い」に示した。

2 体育科の目標

体育や保健の**見方・考え方**を働かせ，**課題を見付け**，**その解決に向けた学習過程**を通して，**心と体**を**一体**として捉え，**生涯**にわたって**心身の健康を保持増進し豊かなスポーツライフ**を**実現する**ための**資質・能力**を次のとおり育成することを目指す。

⑴ その**特性に応じた各種の運動の行い方**及び**身近な生活**における**健康・安全**について理解するとともに，**基本的な動きや技能**を身に付けるようにする。

⑵ 運動や健康についての**自己の課題**を見付け，その解決に向けて**思考**し**判断する**とともに，**他者に伝える力**を養う。

⑶ 運動に**親しむ**とともに**健康の保持増進**と**体力の向上**を目指し，**楽しく明るい生活**を営む**態度**を養う。

● **体育の見方・考え方**

運動やスポーツを，その価値や特性に着目して，楽しさや喜びとともに体力の向上に果たす役割の視点から捉え，自己の適性等に応じた「**する・みる・支える・知る**」の多様な関わり方と関連付けること。

● **保健の見方・考え方**

個人及び社会生活における課題や情報を，健康や安全に関する原則や概念に着目して捉え，疾病等のリスクの軽減や生活の質の向上，健康を支える環境づくりと関連付けること。

● **楽しく明るい生活を営む態度**

生涯にわたる豊かなスポーツライフを実現するための資質・能力，健康で安全な生活を営むための実践力及び健やかな心身を育てることによって，現在及び将来の生活を健康で活力に満ちた楽しく明るいものにすること。

3 各学年の目標

第1・2学年	(1) 各種の**運動遊び**の**楽しさに触れ**，その**行い方**を知るとともに，**基本的な動き**を身に付けるようにする。 (2) 各種の**運動遊び**の行い方を**工夫**するとともに，考えたことを**他者に伝える力**を養う。 (3) 各種の**運動遊び**に進んで取り組み，**きまり**を守り誰とでも**仲よく**運動をしたり，**健康・安全**に留意したりし，**意欲的**に運動をする態度を養う。
第3・4学年	(1) 各種の運動の**楽しさや喜び**に触れ，その**行い方**及び**健康で安全な生活**や**体の発育・発達**について理解するとともに，**基本的な動きや技能**を身に付けるようにする。 (2) 自己の運動や**身近な生活**における健康の課題を見付け，その解決のための方法や活動を**工夫**するとともに，考えたことを**他者**に**伝える力**を養う。 (3) 各種の運動に進んで取り組み，**きまりを守り誰とでも仲よく**運動をしたり，**友達**の考えを**認めたり**，**場**や用具の安全に留意したりし，**最後まで努力して**運動をする態度を養う。また，**健康の大切さ**に気付き，自己の健康の**保持増進**に進んで取り組む態度を養う。
第5・6学年	(1) 各種の運動の**楽しさや喜び**を味わい，その**行い方**及び**心の健康**や**けがの防止**，**病気の予防**について理解するとともに，各種の運動の**特性に応じた基本的な技能**及び**健康で安全な生活を営むための技能**を身に付けるようにする。 (2) 自己や**グループ**の運動の課題や**身近な健康**に関わる課題を見付け，その解決のための方法や活動を工夫するとともに，自己や**仲間**の考えたことを**他者に伝える力**を養う。 (3) 各種の運動に**積極的**に取り組み，**約束**を守り助け合って運動をしたり，**仲間**の考えや取組を認めたり，**場**や用具の安全に留意したりし，**自己の最善を尽くして**運動をする態度を養う。また，**健康・安全の大切さ**に気付き，自己の健康の**保持増進**や**回復**に進んで取り組む態度を養う。

※(1)：「知識及び技能」に関する目標
(2)：「思考力，判断力，表現力等」に関する目標
(3)：「学びに向かう力，人間性等」に関する目標

4 体育科の内容

(1) 運動領域

<table>
<tr><th>学年</th><th>第1学年・第2学年</th><th>第3学年・第4学年</th><th>第5学年・第6学年</th></tr>
<tr><td rowspan="7">領域</td><td>体つくりの運動遊び</td><td colspan="2">体つくり運動</td></tr>
<tr><td>器械・器具を使っての運動遊び</td><td colspan="2">器械運動</td></tr>
<tr><td>走・跳の運動遊び</td><td>走・跳の運動</td><td>陸上運動</td></tr>
<tr><td>水遊び</td><td colspan="2">水泳運動</td></tr>
<tr><td colspan="2">ゲーム</td><td>ボール運動</td></tr>
<tr><td>表現リズム遊び</td><td colspan="2">表現運動</td></tr>
<tr><td></td><td colspan="2">保健</td></tr>
</table>

運動領域においては，**発達の段階**のまとまりを考慮するとともに，基本的な**動きや技能**を身に付け，運動を豊かに実践していくための基礎を培う観点から，発達の段階に応じた指導内容の**明確化・体系化**を図った。各学校においては，育成を目指す資質・能力の系統を踏まえ，「何を教えるのか」とともに，「どのように指導するか」を整理し，学習を進めることが求められる。

(2) 保健領域

第3学年	第4学年	第5学年	第6学年
健康な生活	体の発育・発達	心の健康 けがの防止	病気の予防

＜領域構成と内容＞

	第1・2学年	第3学年	第4学年	第5学年	第6学年
体つくり運動系	**【体つくりの運動遊び】**	**【体つくり運動】**			
	・体ほぐしの運動遊び	・体ほぐしの運動		・体ほぐしの運動	
	・多様な動きをつくる運動遊び	・多様な動きをつくる運動		・体の動きを高める運動	
器械運動系	**【器械・器具を使っての運動遊び】**	**【器械運動】**			
	・固定施設を使った運動遊び ・マットを使った運動遊び ・鉄棒を使った運動遊び ・跳び箱を使った運動遊び	・マット運動 ・鉄棒運動 ・跳び箱運動		・マット運動 ・鉄棒運動 ・跳び箱運動	
陸上運動系	**【走・跳の運動遊び】**	**【走・跳の運動】**		**【陸上運動】**	
	・走の運動遊び	・かけっこ・リレー ・小型ハードル走		・短距離走・リレー ・ハードル走	
	・跳の運動遊び	・幅跳び ・高跳び		・走り幅跳び ・走り高跳び	
水泳運動系	**【水遊び】**	**【水泳運動】**			
	・水の中を移動する運動遊び ・もぐる・浮く運動遊び	・浮いて進む運動 ・もぐる・浮く運動		・クロール	
				・平泳ぎ	
				・**安全確保**につながる運動	
ボール運動系	**【ゲーム】**			**【ボール運動】**	
	・ボールゲーム ・鬼遊び	・ゴール型ゲーム		・ゴール型	
		・ネット型ゲーム		・ネット型	
		・ベースボール型ゲーム		・ベースボール型	
表現運動系	**【表現リズム遊び】**	**【表現運動】**			
	・表現遊び	・表現		・表現	
	・リズム遊び	・リズムダンス		・フォークダンス （日本の民謡を含む）	
保健		健康な生活	体の発育・発達	心の健康 けがの防止	病気の予防

5　各学年の内容・内容の取扱い

①　第1学年及び第2学年

	内　容	内容の取扱い
A 体つくりの運動遊び	(1)　次の運動遊びの楽しさに触れ，その行い方を知るとともに，体を動かす心地よさを味わったり，基本的な動きを身に付けたりすること。 ア　**体ほぐしの運動遊び**では，手軽な運動遊びを行い，**心と体の変化**に気付いたり，みんなで関わり合ったりすること。 イ　**多様な動きをつくる運動遊び**では，**体のバランス**をとる動き，**体を移動**する動き，**用具を操作**する動き，力試しの動きをすること。 (2)　体をほぐしたり多様な動きをつくったりする遊び方を工夫するとともに，考えたことを友達に伝えること。 (3)　運動遊びに進んで取り組み，きまりを守り誰とでも仲よく運動をしたり，場の安全に気を付けたりすること。	・**2学年間にわたって指導**するものとする。
B 器械・器具を使っての運動遊び	(1)　次の運動遊びの楽しさに触れ，その行い方を知るとともに，その動きを身に付けること。 ア　**固定施設**を使った運動遊びでは，登り下りや**懸垂移行**，渡り歩きや跳び下りをすること。 イ　**マット**を使った運動遊びでは，いろいろな方向への転がり，手で支えての体の保持や回転をすること。 ウ　**鉄棒**を使った運動遊びでは，支持しての揺れや上がり下り，ぶら下がりや易しい回転をすること。 エ　**跳び箱**を使った運動遊びでは，跳び乗りや跳び下り，手を着いてのまたぎ乗りやまたぎ下りをすること。 (2)　器械・器具を用いた簡単な遊び方を工夫するとともに，考えたことを友達に伝えること。 (3)　運動遊びに進んで取り組み，順番やきまりを守り誰とでも仲よく運動をしたり，場や器械・器具の安全に気を付けたりすること。	

C 走・跳の運動遊び	(1) 次の運動遊びの楽しさに触れ，その行い方を知るとともに，その動きを身に付けること。 ア **走の運動遊び**では，**いろいろな方向**に走ったり，低い障害物を走り越えたりすること。 イ **跳の運動遊び**では，**前方**や**上方**に跳んだり，**連続**して跳んだりすること。 (2) 走ったり跳んだりする**簡単な遊び方**を工夫するとともに，考えたことを友達に伝えること。 (3) 運動遊びに進んで取り組み，順番やきまりを守り誰とでも仲よく運動をしたり，**勝敗を受け入れたり**，場の安全に気を付けたりすること。	・児童の実態に応じて**投の運動遊び**を加えて指導することができる。
D 水遊び	(1) 次の運動遊びの楽しさに触れ，その行い方を知るとともに，その動きを身に付けること。 ア **水の中を移動する運動遊び**では，水につかって歩いたり走ったりすること。 イ **もぐる・浮く運動遊び**では，息を止めたり吐いたりしながら，水にもぐったり浮いたりすること。 (2) 水の中を移動したり，もぐったり浮いたりする簡単な遊び方を工夫するとともに，考えたことを友達に伝えること。 (3) 運動遊びに進んで取り組み，順番やきまりを守り誰とでも仲よく運動をしたり，水遊びの心得を守って安全に気を付けたりすること。	
E ゲーム	(1) 次の運動遊びの楽しさに触れ，その行い方を知るとともに，易しいゲームをすること。 ア **ボールゲーム**では，簡単なボール操作と**攻めや守り**の動きによって，易しいゲームをすること。 イ **鬼遊び**では，一定の区域で，逃げる，追いかける，陣地を取り合うなどをすること。 (2) 簡単な規則を工夫したり，攻め方を選んだりするとともに，考えたことを友達に伝えること。 (3) 運動遊びに進んで取り組み，**規則**を守り誰とでも仲よく運動をしたり，**勝敗**を受け入れたり，場や用具の安全に気を付けたりすること。	

F 表現リズム遊び	⑴　次の運動遊びの楽しさに触れ，その行い方を知るとともに，**題材**になりきったり**リズム**に乗ったりして踊ること。 ア　**表現遊び**では，身近な**題材**の特徴を捉え，全身で踊ること。 イ　**リズム遊び**では，軽快な**リズム**に乗って踊ること。 ⑵　身近な**題材**の特徴を捉えて踊ったり，軽快な**リズム**に乗って踊ったりする簡単な踊り方を工夫するとともに，考えたことを**友達**に伝えること。 ⑶　運動遊びに進んで取り組み，**誰とでも**仲よく踊ったり，場の安全に気を付けたりすること。	・⑴のイについては，**簡単なフォークダンス**を含めて指導することができる。
		・学校や地域の実態に応じて歌や運動を伴う伝承遊び及び自然の中での運動遊びを加えて指導することができる。 ・各領域の各内容については，運動と健康が関わっていることについての具体的な考えがもてるよう指導すること。

②　第3学年及び第4学年

	内　容	内容の取扱い
A 体つくり運動	(1) 次の運動の楽しさや喜びに触れ，その行い方を知るとともに，体を動かす心地よさを味わったり，基本的な動きを身に付けたりすること。 ア　**体ほぐしの運動**では，手軽な運動を行い，心と体の変化に気付いたり，みんなで関わり合ったりすること。 イ　**多様な動きをつくる運動**では，体のバランスをとる動き，体を**移動する**動き，用具を操作する動き，力試しの動きをし，**それらを組み合わせること**。 (2) 自己の課題を見付け，その解決のための活動を工夫するとともに，考えたことを友達に伝えること。 (3) 運動に進んで取り組み，きまりを守り誰とでも仲よく運動をしたり，友達の考えを認めたり，場や用具の安全に気を付けたりすること。	・**2学年間にわたって指導**するものとする。
B 器械運動	(1) 次の運動の楽しさや喜びに触れ，その行い方を知るとともに，その技を身に付けること。 ア　**マット運動**では，**回転系**や**巧技系**の**基本的**な技をすること。 イ　**鉄棒運動**では，**支持系**の基本的な技をすること。 ウ　**跳び箱運動**では，**切り返し系**や**回転系**の基本的な技をすること。 (2) 自己の能力に適した課題を見付け，技ができるようになるための活動を工夫するとともに，考えたことを友達に伝えること。 (3) 運動に進んで取り組み，きまりを守り誰とでも仲よく運動をしたり，友達の考えを認めたり，場や器械・器具の安全に気を付けたりすること。	

C 走・跳の運動	(1) 次の運動の楽しさや喜びに触れ，その行い方を知るとともに，その動きを身に付けること。 ア **かけっこ・リレー**では，**調子よく**走ったりバトンの受渡しをしたりすること。 イ **小型ハードル走**では，小型ハードルを調子よく走り越えること。 ウ **幅跳び**では，**短い助走**から踏み切って跳ぶこと。 エ **高跳び**では，**短い助走**から踏み切って跳ぶこと。 (2) 自己の能力に適した課題を見付け，動きを身に付けるための活動や競争の仕方を工夫するとともに，考えたことを友達に伝えること。 (3) 運動に進んで取り組み，きまりを守り誰とでも仲よく運動をしたり，勝敗を受け入れたり，友達の考えを認めたり，場や用具の安全に気を付けたりすること。	・児童の実態に応じて**投の運動**を加えて指導することができる。
D 水泳運動	(1) 次の運動の楽しさや喜びに触れ，その行い方を知るとともに，その動きを身に付けること。 ア **浮いて進む運動**では，**け伸び**や初歩的な泳ぎをすること。 イ **もぐる・浮く運動**では，息を止めたり吐いたりしながら，いろいろなもぐり方や浮き方をすること。 (2) 自己の能力に適した課題を見付け，水の中での動きを身に付けるための活動を工夫するとともに，考えたことを友達に伝えること。 (3) 運動に進んで取り組み，きまりを守り誰とでも仲よく運動をしたり，友達の考えを認めたり，水泳運動の心得を守って安全に気を付けたりすること。	

E ゲーム	(1) 次の運動の楽しさや喜びに触れ，その行い方を知るとともに，**易しい**ゲームをすること。 ア **ゴール型ゲーム**では，基本的なボール操作と**ボールを持たないときの動き**によって，**易しい**ゲームをすること。 イ **ネット型ゲーム**では，基本的なボール操作と**ボールを操作できる位置に体を移動する動き**によって，**易しい**ゲームをすること。 ウ **ベースボール型ゲーム**では，蹴る，**打つ**，捕る，投げるなどのボール操作と得点をとったり防いだりする動きによって，**易しい**ゲームをすること。 (2) 規則を工夫したり，ゲームの型に応じた**簡単な作戦**を選んだりするとともに，考えたことを友達に伝えること。 (3) 運動に進んで取り組み，規則を守り誰とでも仲よく運動をしたり，勝敗を受け入れたり，友達の考えを認めたり，場や用具の安全に気を付けたりすること。	・(1)のアについては，味方チームと相手チームが入り交じって得点を取り合うゲーム及び**陣地**を取り合うゲームを取り扱うものとする。
F 表現運動	(1) 次の運動の楽しさや喜びに触れ，その行い方を知るとともに，**表したい感じ**を表現したり**リズムに乗ったり**して踊ること。 ア **表現**では，身近な生活などの題材からその主な特徴を捉え，表したい感じを**ひと流れ**の動きで踊ること。 イ **リズムダンス**では，軽快なリズムに乗って**全身**で踊ること。 (2) 自己の能力に適した課題を見付け，題材やリズムの特徴を捉えた踊り方や交流の仕方を工夫するとともに，考えたことを友達に伝えること。 (3) 運動に進んで取り組み，誰とでも仲よく踊ったり，友達の動きや考えを認めたり，場の安全に気を付けたりすること。	・(1)については，学校や地域の実態に応じて**フォークダンス**を加えて指導することができる。

G 保健	(1) 健康な生活について，課題を見付け，その解決を目指した活動を通して，次の事項を身に付けることができるよう指導する。 ア 健康な生活について理解すること。 (ア) 心や体の調子がよいなどの健康の状態は，**主体**の要因や**周囲の環境**の要因が関わっていること。 (イ) 毎日を健康に過ごすには，**運動**，**食事**，**休養**及び**睡眠**の調和のとれた生活を続けること，また，**体の清潔**を保つことなどが必要であること。 (ウ) 毎日を健康に過ごすには，明るさの調節，**換気**などの生活環境を整えることなどが必要であること。 イ 健康な生活について課題を見付け，その解決に向けて考え，それを**表現**すること。 (2) 体の発育・発達について，**課題**を見付け，その解決を目指した活動を通して，次の事項を身に付けることができるよう指導する。 ア 体の発育・発達について理解すること。 (ア) 体は，年齢に伴って変化すること。また，体の発育・発達には，**個人差**があること。 (イ) 体は，**思春期**になると次第に大人の体に近づき，体つきが変わったり，初経，精通などが起こったりすること。また，**異性への関心**が芽生えること。 (ウ) 体をよりよく発育・発達させるには，適切な**運動**，**食事**，**休養**及び**睡眠**が必要であること。 イ 体がよりよく発育・発達するために，課題を見付け，その解決に向けて考え，それを表現すること。	・(1)を第3学年，(2)を第4学年で指導するものとする。 ・(1)については，学校でも，**健康診断**や**学校給食**など様々な活動が行われていることについて触れるものとする。 ・(2)については，自分と他の人では発育・発達などに違いがあることに気付き，それらを**肯定的**に受け止めることが大切であることについて触れるものとする。
		・各領域の各内容については，**運動と健康**が密接に関連していることについての具体的な考えがもてるよう指導すること。

③　**第5学年及び第6学年**

	内　　容	内容の取扱い
A 体つくり運動	(1)　次の運動の楽しさや喜びを味わい，その行い方を理解するとともに，体を動かす心地よさを味わったり，体の動きを高めたりすること。 ア　**体ほぐしの運動**では，**手軽**な運動を行い，**心と体との関係**に気付いたり，**仲間と関わり合ったり**すること。 イ　**体の動きを高める運動**では，**ねらい**に応じて，**体の柔らかさ**，**巧みな動き**，**力強い動き**，**動きを持続する能力**を高めるための運動をすること。 (2)　自己の体の状態や**体力**に応じて，運動の行い方を工夫するとともに，自己や仲間の考えたことを他者に伝えること。 (3)　運動に積極的に取り組み，**約束**を守り助け合って運動をしたり，仲間の考えや取組を認めたり，場や用具の安全に気を配ったりすること。	・**2学年間にわたって指導**するものとする。また，(1)のイについては，体の柔らかさ及び巧みな動きを高めることに重点を置いて指導するものとする。その際，**音楽に合わせて**運動をするなどの工夫を図ること。 ・(1)のアと「G保健」の(1)のアの(ウ)については，相互の関連を図って指導するものとする。
B 器械運動	(1)　次の運動の楽しさや喜びを味わい，その行い方を理解するとともに，その技を身に付けること。 ア　**マット運動**では，**回転系**や**巧技系**の基本的な技を安定して行ったり，その発展技を行ったり，それらを繰り返したり組み合わせたりすること。 イ　**鉄棒運動**では，**支持系**の基本的な技を安定して行ったり，その発展技を行ったり，それらを繰り返したり組み合わせたりすること。 ウ　**跳び箱運動**では，**切り返し系**や**回転系**の基本的な技を安定して行ったり，その発展技を行ったりすること。 (2)　自己の能力に適した課題の解決の仕方や技の組み合わせ方を工夫するとともに，自己や仲間の考えたことを他者に伝えること。 (3)　運動に積極的に取り組み，**約束を守り**助け合って運動をしたり，仲間の考えや取組を認めたり，場や器械・器具の安全に気を配ったりすること。	

C 陸上運動	(1) 次の運動の楽しさや喜びを**味わい**，その行い方を**理解する**とともに，その技能を身に付けること。 ア **短距離走・リレー**では，一定の距離を**全力**で走ったり，**滑らか**なバトンの受渡しをしたりすること。 イ **ハードル走**では，ハードルを**リズミカル**に走り越えること。 ウ **走り幅跳び**では，**リズミカルな助走**から踏み切って跳ぶこと。 エ **走り高跳び**では，**リズミカルな助走**から踏み切って跳ぶこと。 (2) 自己の能力に適した課題の解決の仕方，競争や記録への挑戦の仕方を工夫するとともに，自己や仲間の考えたことを他者に伝えること。 (3) 運動に積極的に取り組み，約束を守り助け合って運動をしたり，勝敗を受け入れたり，仲間の考えや取組を認めたり，場や用具の安全に気を配ったりすること。	・児童の実態に応じて，**投の運動**を加えて指導することができる。
D 水泳運動	(1) 次の運動の楽しさや喜びを味わい，その行い方を理解するとともに，その技能を身に付けること。 ア **クロール**では，手や足の動きに呼吸を合わせて**続けて長く**泳ぐこと。 イ **平泳ぎ**では，手や足の動きに呼吸を合わせて**続けて長く**泳ぐこと。 ウ **安全確保につながる運動**では，**背浮き**や浮き沈みをしながら**続けて長く**浮くこと。 (2) 自己の能力に適した課題の解決の仕方や記録への挑戦の仕方を工夫するとともに，自己や仲間の考えたことを他者に伝えること。 (3) 運動に積極的に取り組み，約束を守り助け合って運動をしたり，仲間の考えや取組を認めたり，水泳運動の心得を守って安全に気を配ったりすること。	・(1)のア及びイについては，**水中からのスタート**を指導するものとする。また，学校の実態に応じて**背泳ぎ**を加えて指導することができる。

E ボール運動	(1) 次の運動の楽しさや喜びを味わい，その行い方を理解するとともに，その技能を身に付け，簡易化されたゲームをすること。 ア **ゴール型**では，**ボール操作**と**ボールを持たないときの動き**によって，**簡易化**されたゲームをすること。 イ **ネット型**では，個人やチームによる**攻撃と守備**によって，**簡易化**されたゲームをすること。 ウ **ベースボール型**では，ボールを打つ**攻撃**と隊形をとった**守備**によって，**簡易化**されたゲームをすること。 (2) ルールを工夫したり，自己やチームの特徴に応じた作戦を選んだりするとともに，自己や仲間の考えたことを他者に伝えること。 (3) 運動に積極的に取り組み，ルールを守り助け合って運動をしたり，勝敗を受け入れたり，仲間の考えや取組を認めたり，場や用具の安全に気を配ったりすること。	・(1)については，アはバスケットボール及びサッカーを，イはソフトバレーボールを，ウはソフトボールを主として取り扱うものとするが，これらに替えて**ハンドボール，タグラグビー，フラッグフットボール**などア，イ及びウの型に応じたその他のボール運動を指導することもできるものとする。なお，学校の実態に応じてウは取り扱わないことができる。
F 表現運動	(1) 次の運動の楽しさや喜びを味わい，その行い方を理解するとともに，表したい感じを表現したり踊りで交流したりすること。 ア **表現**では，いろいろな**題材**からそれらの主な特徴を捉え，表したい感じをひと流れの動きで**即興的**に踊ったり，簡単なひとまとまりの動きにして踊ったりすること。 イ **フォークダンス**では，日本の民踊や外国の踊りから，それらの踊り方の特徴を捉え，音楽に合わせて簡単な**ステップ**や動きで踊ること。 (2) 自己やグループの課題の解決に向けて，表したい内容や踊りの特徴を捉えた練習や発表・交流の仕方を工夫するとともに，自己や仲間の考えたことを他者に伝えること。 (3) 運動に積極的に取り組み，互いのよさを認め合い助け合って踊ったり，**場の安全**に気を配ったりすること。	・(1)については，学校や地域の実態に応じて**リズムダンス**を加えて指導することができる。

G 保健	(1) 心の健康について，課題を見付け，その解決を目指した活動を通して，次の事項を身に付けることができるよう指導する。 ア 心の**発達**及び不安や悩みへの対処について理解するとともに，簡単な対処をすること。 (ア) 心は，いろいろな**生活経験**を通して，**年齢**に伴って**発達**すること。 (イ) 心と体には，密接な関係があること。 (ウ) 不安や悩みへの対処には，**大人や友達に相談する**，**仲間と遊ぶ**，**運動をする**などいろいろな**方法**があること。 イ 心の健康について，**課題**を見付け，その解決に向けて思考し判断するとともに，それらを**表現**すること。 (2) けがの防止について，**課題**を見付け，その解決を目指した活動を通して，次の事項を身に付けることができるよう指導する。 ア けがの防止に関する次の事項を**理解する**とともに，けがなどの簡単な手当をすること。 (ア) **交通事故**や**身の回りの生活の危険**が原因となって起こるけがの防止には，**周囲の危険**に気付くこと，**的確な判断の下に安全に行動すること**，**環境**を安全に整えることが必要であること。 (イ) けがなどの簡単な手当は，**速やかに**行う必要があること。 イ けがを防止するために，**危険の予測**や回避の方法を考え，**それらを表現すること**。 (3) 病気の予防について，課題を見付け，その解決を目指した活動を通して，次の事項を身に付けることができるよう指導する。 ア 病気の予防について理解すること。 (ア) 病気は，**病原体**，**体の抵抗力**，**生活行動**，**環境**が関わりあって起こること。 (イ) 病原体が主な要因となって起こる病気の予防には，病原体が体に入るのを防ぐことや病原体に対する体の**抵抗力**を高めることが必要であること。	・(1)及び(2)を第5学年，(3)を第6学年で指導するものとする。また，**けがや病気からの回復**についても触れるものとする。 ・(3)のアの(エ)の薬物については，**有機溶剤**の心身への影響を中心に取り扱うものとする。また，**覚醒剤**等についても触れるものとする。

G 保健	(ウ) **生活習慣病**など生活行動が主な要因となって起こる病気の予防には，適切な運動，**栄養**の偏りのない**食事**をとること，**口腔**の衛生を保つことなど，**望ましい生活習慣**を身に付ける必要があること。 (エ) **喫煙**，**飲酒**，**薬物乱用**などの行為は，健康を損なう原因となること。 (オ) **地域**では，**保健**に関わる様々な活動が行われていること。 イ 病気を予防するために，課題を見付け，その解決に向けて思考し判断するとともに，それらを表現すること。	
		・各領域の各内容については，運動領域と保健領域との関連を図る指導に留意すること。

6 指導計画の作成と内容の取扱い

1 指導計画の作成に当たっての配慮事項

(1) 単元など内容や時間のまとまりを見通して，その中で育む**資質・能力**の育成に向けて，児童の**主体的・対話的**で深い学びの実現を図るようにすること。その際，体育や保健の**見方・考え方**を働かせ，運動や健康についての**自己の課題**を見付け，その解決のための活動を選んだり工夫したりする活動の充実を図ること。また，**運動の楽しさや喜び**を味わったり，**健康の大切さ**を実感したりすることができるよう留意すること。

(2) **一部の領域**の指導に偏ることのないよう**授業時数**を配当すること。

(3) 第2の第3学年及び第4学年の内容の「G保健」に配当する**授業時数**は，2学年間で**8単位時間程度**，また，第5学年及び第6学年の内容の「G保健」に配当する**授業時数**は，2学年間で**16単位時間程度**とすること。

(4) 第2の第3学年及び第4学年の内容の「G保健」並びに第5学年及び第6学年の内容の「G保健」(以下「保健」という。)については，効果的な学習が行われるよう**適切な時期**に，**ある程度まとまった時間**を配当すること。

(5) 低学年においては，第1章総則の第2の4の(1)を踏まえ，他教科等との関連を積極的に図り，指導の効果を高めるようにするとともに，幼稚園教育要領等に示す**幼児期**の終わりまでに育ってほしい姿との関連を考慮すること。特に，小学校入学当初においては，**生活科**を中心とした合科的・関連的な指導や，弾力的な時間割の設定を行うなどの工夫をすること。

(6) 障害のある児童などについては，学習活動を行う場合に生じる困難さに応じた指導内容や指導方法の工夫を計画的，組織的に行うこと。

(7) 第1章総則の第1の2の(2)に示す道徳教育の目標に基づき，**道徳科**などとの関連を考慮しながら，第3章特別の教科道徳の第2に示す内容について，体育科の**特質**に応じて適切な指導をすること。

2　**第2の内容の取扱いにおける配慮事項**

(1) **学校や地域**の実態を考慮するとともに，個々の児童の**運動経験**や**技能の程度**などに応じた指導や児童自らが運動の**課題の解決**を目指す活動を行えるよう工夫すること。特に，**運動を苦手と感じている児童**や，**運動に意欲的に取り組まない児童**への指導を工夫するとともに，障害のある児童などへの指導の際には，周りの児童が様々な特性を尊重するよう指導すること。

(2) **筋道**を立てて練習や作戦について話し合うことや，身近な**健康の保持増進**について話し合うことなど，コミュニケーション能力や論理的な思考力の育成を促すための言語活動を積極的に行うことに留意すること。

(3) 第2の内容の指導に当たっては，**コンピュータ**や**情報通信ネットワーク**などの情報手段を積極的に活用し，各領域の特質に応じた学習活動を行うことができるように工夫すること。その際，情報機器の基本的な操作についても，内容に応じて取り扱うこと。

(4) 運動領域におけるスポーツとの多様な関わり方や保健領域の指導については，**具体的な体験**を伴う学習を取り入れるよう工夫すること。

(5) 第2の内容の「A体つくりの運動遊び」及び「A体つくり運動」の(1)のアについては，**各学年の各領域**においてもその**趣旨**を生かした指導ができること。

(6) 第2の内容の「D水遊び」及び「D水泳運動」の指導については，適切な**水泳場の確保**が困難な場合にはこれらを取り扱わないことができるが，これらの**心得**については，必ず取り上げること。

(7) **オリンピック・パラリンピック**に関する指導として，**フェア**なプレイを大切にするなど，児童の発達の段階に応じて，各種の運動を通してスポーツの**意義や価値等**に触れることができるようにすること。

(8) **集合，整頓，列の増減**などの行動の仕方を身に付け，**能率的で安全な集団**としての行動ができるようにするための指導については，内容の「A**体つくりの運動遊び**」及び「A**体つくり運動**」をはじめとして，**各学年の各領域**(保健を除く。)において適切に行うこと。

(9) **自然**との関わりの深い**雪遊び，氷上遊び，スキー，スケート，水辺活動**などの指導については，学校や地域の**実態**に応じて**積極的に行う**ことに留意すること。

(10) 保健の内容のうち**運動，食事，休養**及び**睡眠**については，**食育**の観点も踏まえつつ，健康的な**生活習慣**の形成に結び付くよう配慮するとともに，保健を除く**第3学年以上**の各領域及び**学校給食**に関する指導においても関連した指導を行うようにすること。

(11) 保健の指導に当たっては，健康に関心をもてるようにし，**健康に関する課題を解決する学習活動**を取り入れるなどの指導方法の工夫を行うこと。

7 体育・健康に関する指導

年間計画を作成するに当たっては，学習指導要領の総則第1の2の(3)「学校における体育・健康に関する指導」との関連を十分に考慮することが重要である。

学校における**体育・健康**に関する指導を，児童の**発達の段階**を考慮して，学校の**教育活動全体**を通じて適切に行うことにより，**健康で安全な生活**と**豊かなスポーツライフ**の実現を目指した教育の充実に努めること。特に，学校における**食育の推進**並びに体力の向上に関する指導，**安全**に関する指導及び**心身の健康**の保持増進に関する指導については，**体育科，家庭科**及び**特別活動**の時間はもとより，各教科，道徳科，外国語活動及び総合的な学習の時間などにおいてもそれぞれの特質に応じて適切に行うよう努めること。また，それらの指導を通して，**家庭や地域社会**との**連携**を図りながら，**日常生活**において適切な**体育・健康**に関する活動の実践を促し，**生涯**を通じて**健康・安全**で**活力ある生活**を送るための**基礎**が培われるよう配慮すること。

<参考>体育科の年間授業時数

区分	第1学年	第2～4学年	第5・6学年
授業時数	102	105	90

確認問題

1 次は，学習指導要領体育科の目標である。空欄に適語を入れよ。

体育や保健の見方・考え方を働かせ，課題を見付け，その解決に向けた学習過程を通して，（　A　）と（　B　）を一体として捉え，生涯にわたって心身の健康を保持増進し豊かな（　C　）を実現するための資質・能力を次のとおり育成することを目指す。

(1)　その特性に応じた各種の（　D　）及び身近な生活における（　E　）について理解するとともに，基本的な動きや技能を身に付けるようにする。

(2)　運動や健康についての自己の課題を見付け，その解決に向けて思考し判断するとともに，他者に伝える力を養う。

(3)　運動に（　F　）とともに健康の保持増進と（　G　）を目指し，楽しく明るい生活を営む態度を養う。

2 次は，学習指導要領体育科の各学年の目標である。空欄に適語を入れよ。

〔第1学年及び第2学年〕

(1)　各種の運動遊びの（　A　）に触れ，その行い方を知るとともに，基本的な動きを身に付けるようにする。

(2)　各種の運動遊びの行い方を工夫するとともに，考えたことを他者に伝える力を養う。

(3)　各種の運動遊びに進んで取り組み，（　B　）を守り誰とでも仲よく運動をしたり，健康・安全に留意したりし，（　C　）に運動をする態度を養う。

〔第3学年及び第4学年〕

(1)　各種の運動の（　A　）や喜びに触れ，その行い方及び健康で安全な生活や（　D　）について理解するとともに，基本的な動きや技能を身に付けるようにする。

(2)　自己の運動や身近な生活における健康の課題を見付け，その解決のための方法や活動を工夫するとともに，考えたことを他者に伝える力を養う。

(3)　各種の運動に進んで取り組み，（　B　）を守り誰とでも仲よく運動をしたり，友達の考えを認めたり，場や用具の安全に留意したりし，最後まで努力して運動をする態度を養う。また，健康の大切さに気付き，自己の健康の保持増進に進んで取り組む態度を養う。

〔第5学年及び第6学年〕

⑴　各種の運動の（　A　）や喜びを味わい，その行い方及び心の健康やけがの防止，（　E　）について理解するとともに，各種の運動の（　F　）に応じた基本的な技能及び健康で安全な生活を営むための技能を身に付けるようにする。

⑵　自己やグループの運動の課題や身近な健康に関わる課題を見付け，その解決のための方法や活動を工夫するとともに，自己や（　G　）の考えたことを他者に伝える力を養う。

⑶　各種の運動に積極的に取り組み，（　H　）を守り助け合って運動をしたり，（　G　）の考えや取組を認めたり，場や用具の安全に留意したりし，自己の最善を尽くして運動をする態度を養う。また，健康・安全の大切さに気付き，自己の健康の保持増進や（　I　）に進んで取り組む態度を養う。

3　保健領域の内容である「健康な生活」，「病気の予防」はそれぞれ第何学年で指導するか。

4　次は，学習指導要領体育科の「指導計画の作成と内容の取扱い」の一部である。空欄にあてはまる語句をア～トから選び，記号で答えよ。

⑴　第3学年及び第4学年の内容の「G保健」に配当する授業時数は，2学年間で（　A　）単位時間程度，また，第5学年及び第6学年の内容の「G保健」に配当する授業時数は，2学年間で（　B　）単位時間程度とすること。

⑵　「D水遊び」及び「D水泳運動」の指導については，適切な（　C　）の確保が困難な場合にはこれらを取り扱わないことができるが，これらの（　D　）については，必ず取り上げること。

⑶　集合，整頓，列の増減などの行動の仕方を身に付け，能率的で安全な集団としての行動ができるようにするための指導については，「A体つくりの運動遊び」及び「（　E　）」をはじめとして，各学年の各領域（保健を除く。）において適切に行うこと。

⑷　自然との関わりの深い雪遊び，氷上遊び，スキー，スケート，水辺活動などの指導については，学校や地域の（　F　）に応じて（　G　）に行うことに留意すること。

⑸　保健の内容のうち運動，食事，（　H　）については，食育の観点も踏まえ

つつ，健康的な生活習慣の形成に結び付くよう配慮するとともに，保健を除く第3学年以上の各領域及び（　Ⅰ　）に関する指導においても関連した指導を行うようにすること。

ア．4　イ．8　ウ．16　エ．32　オ．プール
カ．水泳場　キ．心得　ク．準備運動　ケ．事故防止
コ．基本の運動　サ．A体つくり運動　シ．ゲーム
ス．体ほぐしの運動　セ．積極的　ソ．弾力的　タ．生理
チ．休養及び睡眠　ツ．学校給食　テ．実態　ト．総合的な学習の時間

2 器械運動

●ポイント

器械運動については，技名を問うとともに，その技のポイントや指導法を問う問題が多く出されている。そのため，①技の名称を正確に覚えること，②運動の指導のポイントを把握しておくこと，③うまくできない児童への手だてを考えておくこと，④場や用具の具体的な工夫のあり方を考えておくことが大切である。平成29年『学習指導要領解説』や文部科学省から出された「器械運動指導の手引」を確認しておくとよい。

1 マット運動

器械運動の技は，系，技群，グループという視点によって分類されている。系は技の運動課題の視点，技群は運動技術の視点，グループは運動の方向などの視点から大きく分類したものである。

マット運動における**接転技**は背中をマットに接して回転する技，**ほん転**技は手や足の支えで回転する技，**平均立ち技**はバランスをとりながら静止する技である。

系	技群	グループ	基本技	発展技	さらなる発展技
回転系	接転技群	前転グループ	前転	開脚前転	
				補助倒立前転	倒立前転，跳び前転
		後転グループ	後転		
			開脚後転	伸膝後転	後転倒立
	ほん転技群	倒立回転グループ	補助倒立ブリッジ	倒立ブリッジ	前方倒立回転 前方倒立回転跳び
			側方倒立回転	ロンダート	
		はね起きグループ	首はね起き	頭はね起き	
巧技系	平均立ち技群	倒立グループ	壁倒立	補助倒立	倒立
			頭倒立		

(1) 回転系／接転技群／前転グループ技

① 前転

しゃがんだ姿勢から手で支えながら腰を上げ，体を丸めながら後頭部－背中－尻－足裏の順にマットに接して前方に回転して立ち上がること。

② 易しい場での開脚前転

傾斜をつくった場で両手を着き，腰を高く上げながら後頭部をつき前方へ回転し，膝を伸ばして足を左右に大きく開き，接地するとともに素早く両手を股の近くに着いて膝を伸ばしたまま開脚立ちをすること。

③ 開脚前転

両手と後頭部をつきながら腰を高く上げ前方へ回転し，膝を伸ばして足を左右に大きく開き，接地するとともに素早く両手を股の近くに着いて膝を伸ばしたまま開脚立ちをすること。

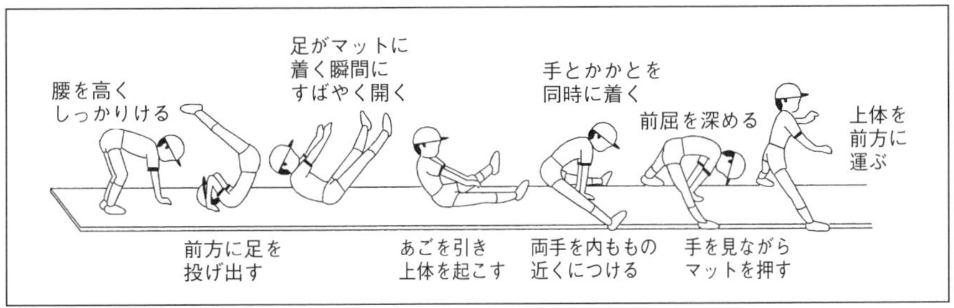

〈練習方法〉

1) しりを浮かす練習

❶ 開脚座から手を着いて前屈しながらしりを浮かす。

❷ **ゆりかご**からしりを浮かす。

❸ 首倒立からしりを浮かす。

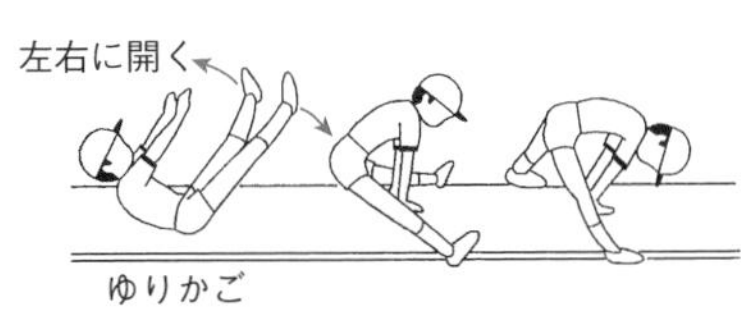

2) 立ち上がりの練習

❹ 2つ折りマットなど段差を利用する。

3) 開脚前転の練習

❺ 2つ折りマットなど段差を利用する。

❻ ベニヤ板や踏切板で傾斜をつくったマットを利用する。

〈指導のポイント〉

・膝を伸ばしてから大きく足を開く。

・起き上がる際に体を前に曲げて，マットをしっかり押す。

・回転のスピードをうまく利用する。

〈うまくできない児童への指導〉

・回転できない——傾斜を利用した練習❻をくり返し行う。

・足が開かない——90cm幅のマットを利用し，マットの外にかかとから着地する。

・立ち上がれない——段差を利用した練習❺をくり返し行う。あごを引き，しりの下に手を押し込み，上体を勢いよく前へ倒すよう助言する。回転力を失わないようにするため，足がマットに着く瞬間に足を開くよう助言する。

④　**補助倒立前転**

片足を振り上げ補助倒立を行い，前に倒れながら腕を曲げ，頭を入れて前転すること。

(2)　**回転系／接転技群／後転グループ技**

①　**後転**

しゃがんだ姿勢から体を丸めながら尻－背中－後頭部－足裏の順にマットに接して腰を上げながら後方に回転し，両手で押して立ち上がること。

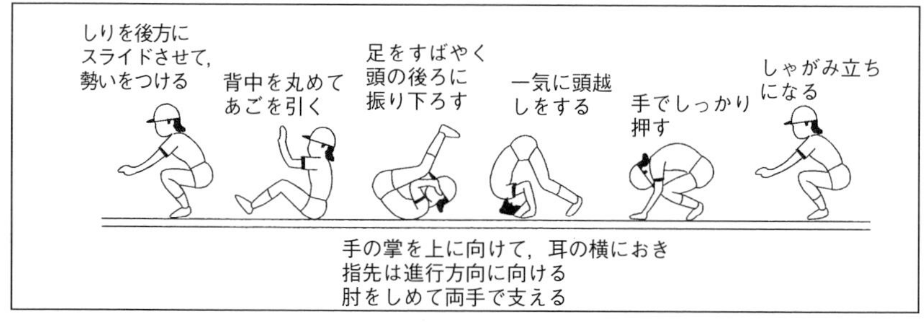

〈予備的練習方法〉

・ゆりかごからしゃがむ

・ゆりかごから肩越しに斜め回転

・腕組みゆりかごでの回転

〈指導のポイント〉

・手は肩幅とし，脇をしめる。
・背中を丸めてあごを引き，上体を後ろに倒して，素早く手を着き後頭部をマットに着ける。
・後頭部と手で体を支え，足先を勢いよく後ろに振り込み，一気に頭越しをする。
・手でマットをしっかりと押し，できるだけ高い位置に保ち，手の近くに足を着く。

〈うまくできない児童への指導〉

・回転できない――帯を使用して，帯を引き寄せ後ろに転がる。

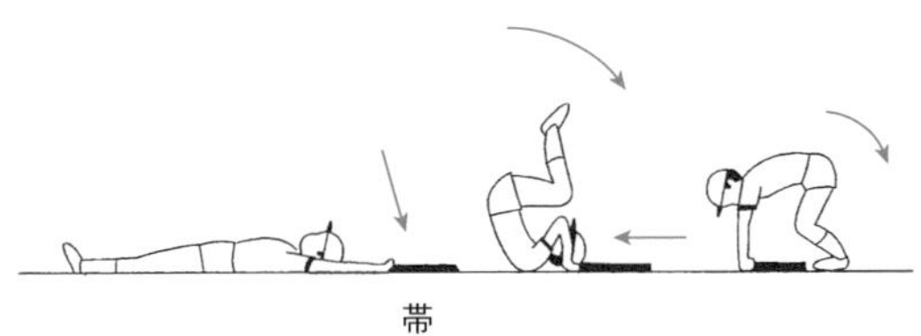
帯

ベニヤ板や踏切板で傾斜をつくったマットを利用する。
マットに手を着くときに腰を支え，膝を体に引きつけさせるように補助する。

・立ち上がれない――マットの下にロイター板などを置いて坂をつくる。
おしりを遠くにつけるようにして回転させる。

② **開脚後転**

しゃがんだ姿勢から体を丸めながら尻－背中－後頭部－足裏の順にマットに接して腰を上げながら後方に回転し，膝を伸ばして足を左右に大きく開き，両手で押して膝を伸ばしたまま開脚立ちすること。

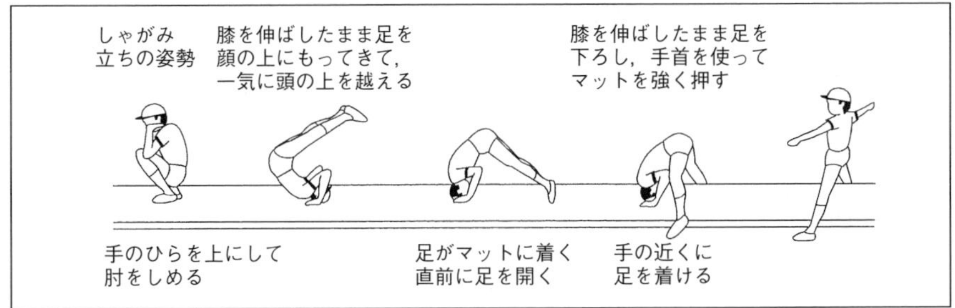
しゃがみ
立ちの姿勢
膝を伸ばしたまま足を
顔の上にもってきて，
一気に頭の上を越える
膝を伸ばしたまま足を
下ろし，手首を使って
マットを強く押す
手のひらを上にして
肘をしめる
足がマットに着く
直前に足を開く
手の近くに
足を着ける

③　**伸膝後転**

直立の姿勢から前屈しながら後方へ倒れ，尻をつき，膝を伸ばして後方に回転し，両手でマットを押して膝を伸ばしたまま立ち上がること。

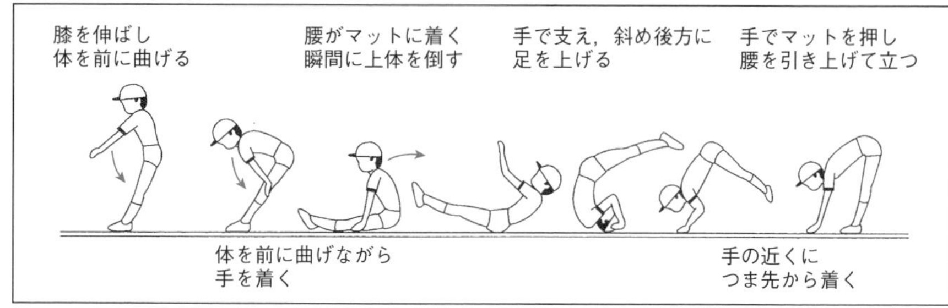

〈練習方法〉

・両手両足をマットに着けた体勢から膝を伸ばして立つ。
・後転でマットを重ねた上に立つ。
・段差を利用した伸膝後転
・平らなマットでの伸膝後転

〈指導のポイント〉

・膝を伸ばしたまま一気に頭の上を越える。
・手の近くに足を着く。
・体を深く曲げたまま，手でマットをしっかり押す。

〈うまくできない児童への指導〉

・立つときに膝が曲がる――傾斜や段差のあるマットを利用する。両手両足をマットに着けた体勢から膝を伸ばして立つ練習をする。

(3)　**回転系／ほん転技群／倒立回転グループ技**

①　**補助倒立ブリッジ**

二人組の補助者は，実施者が両手をマットに着いて足を振り上げるときに，実施者の背中に手を当て，ブリッジの姿勢をつくりやすいように支えること。

②　**倒立ブリッジ**

倒立位から前方へ体を反らせ，ゆっくりと足を下ろしながらブリッジの姿勢をつくること。

③　側方倒立回転

正面を向き，体を前方へ振り下ろしながら片足を振り上げ，前方に片手ずつ着き，腰を伸ばした姿勢で倒立位を経過し，側方回転しながら片足を振り下ろして起き上がること。

腰を高く保ちながら，
踏み出した足と同じ
側の手を着く
膝を伸ばし，あごを上げ，
マットをしっかりと見る
あとから着いた手でマットを
突き放し，片足ずつ着地する
踏み切りを強くして，踏み出した足とは
逆の足を勢いよく振り上げる
手足は同一直線上に着く

〈練習方法〉

1）手・足の着く順番を覚える練習

・**手・足の図を書き，その上を進む。**

・**マット上に手を支えてマットを跳び越す。**

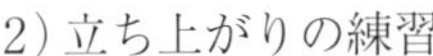

2）立ち上がりの練習

・振り上げ倒立から足を替えて横向きに立つ。

・**壁倒立から1/4ひねりをして下り，立つ。**

3）振り上げの練習

・壁に向かって振り上げ倒立

・壁を背にして振り上げ倒立

4）側方倒立回転の練習

・マットの縫い目と縫い目との間で側方倒立回転を行う。

・側方倒立回転をしてすぐに進行方向に走り出す。

〈指導のポイント〉

・手と足が一直線上を進む。
・足の振り上げを大きくして，回転のスピードを高める。
・両足とも，頭を通過するまで膝を曲げないようにする。
・手を突き放して立ち上がる。

〈うまくできない児童への指導〉

・一直線上に進むことができない――立ち上がりの練習を十分にした後，一本の線上で練習して手足の位置の確認をする。
・立ち上がりがうまくできない――足の振り上げとけりに注意して，立ち上がりの練習を行う。

④　**ロンダート**

助走からホップを行い，片足を振り上げながら片手ずつ着き，体を1/2ひねり両足を真上で揃え，両手で押しながら両足を振り下ろし，空中で回転して立ち上がること。

勢いよく腕を振り上げ
ホップしてから
側方倒立回転に移る
上体をひねり
ながら手を着く
倒立姿勢になったところで
体を$\frac{1}{4}$ひねる
勢いよく足を
振り込む
後ろ向きになって
着地
両手で突き放す

(4)　**回転系／ほん転技群／はね起きグループ技**

①　**首はね起き**

前転を行うように回転し，両肩－背中がマットについたら腕と腰を伸ばし，体を反らせながらはね起きること。

②　**頭はね起き**

両手で支えて頭頂部をついて屈身の姿勢の頭倒立を行いながら前方に回転し，尻が頭を越えたら腕と腰を伸ばし，体を反らせながらはね起きること。

(5) 巧技系／平均立ち技群／倒立グループ技

① 壁倒立

壁に向かって体を前方に振り下ろしながら片足を振り上げ両手を着き，体を真っ直ぐに伸ばして壁に足をもたれかけて倒立すること。

② 補助倒立

体を前方に振り下ろしながら片足を振り上げ両手を着き，体を真っ直ぐに伸ばして逆さの姿勢になり，補助者の支えで倒立すること。

両手は肩幅，
視線はマットに

③ 頭倒立

頭と両手で三角形をつくるように，両手を肩幅くらいに着き，頭を三角形の頂点になるようについて，腰の位置を倒立に近付けるように上げながら両足をゆっくりと上に伸ばし逆さの姿勢になること。

両手と頭で
三角形をつくる

〈うまくできない児童への指導〉

・倒立できない――**かえる逆立ち足たたき**や補助つき斜め立ち歩きを行い，両手で体を支える感じをつかませる。

・静止できない――指に力を入れて肘をしっかり伸ばし，頭を起こしてマットを見るよう助言する。

・足の振り上げができない――子どもの振り上げ足側に立ち，振り上げ足の動きに合わせて膝のあたりを支える。

2～3回

かえる逆立ち足たたき

2 鉄棒運動

鉄棒運動には支持系と懸垂系とがあるが，小学校で学習するのは支持系のみである。技群は前に回る**前方支持回転技群**と後ろに回る**後方支持回転技群**に分類される。前転・後転グループは腹を鉄棒に掛け，足掛け回転グループは足を鉄棒に掛けて回る。

系	技群	グループ	基本技	発展技	さらなる発展技
支持系	前方支持回転技群	前転グループ	前回り下り	前方支持回転	前方伸膝支持回転
			かかえ込み前回り		
			転向前下り	片足踏み越し下り	横とび越し下り
		前方足掛け回転グループ	膝掛け振り上がり	膝掛け上がり	もも掛け上がり
			前方片膝掛け回転	前方もも掛け回転	
	後方支持回転技群	後転グループ	補助逆上がり	逆上がり	
			かかえ込み後ろ回り	後方支持回転	後方伸膝支持回転
		後方足掛け回転グループ	後方片膝掛け回転	後方もも掛け回転	
			両膝掛け倒立下り	両膝掛け振動下り	

(1) 支持系／前方支持回転技群／前転グループ技

① 前回り下り

支持の姿勢から前方へ上体を大きく振り出して，腰を曲げたまま回転し，両足を揃えて開始した側に着地すること。

② かかえ込み前回り

支持の姿勢から腰を曲げながら上体を前方へ倒し，手で足を抱え込んで回転すること。

③ 転向前下り

前後開脚の支持の姿勢から前に出した足と同じ側の手を逆手に持ちかえ，反対側の手を放しながら後ろの足を前に出し，逆手に持ちかえた手は握ったままで横向きに着地すること。

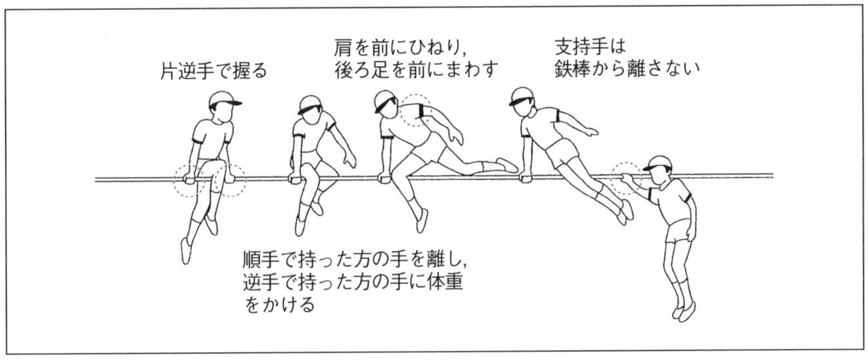
片逆手で握る
肩を前にひねり，
後ろ足を前にまわす
支持手は
鉄棒から離さない
順手で持った方の手を離し，
逆手で持った方の手に体重
をかける

④　前方支持回転

支持の姿勢から腰と膝を曲げ，体を前方に勢いよく倒して腹を掛けて回転し，その勢いを利用して手首を返しながら支持の姿勢に戻ること。

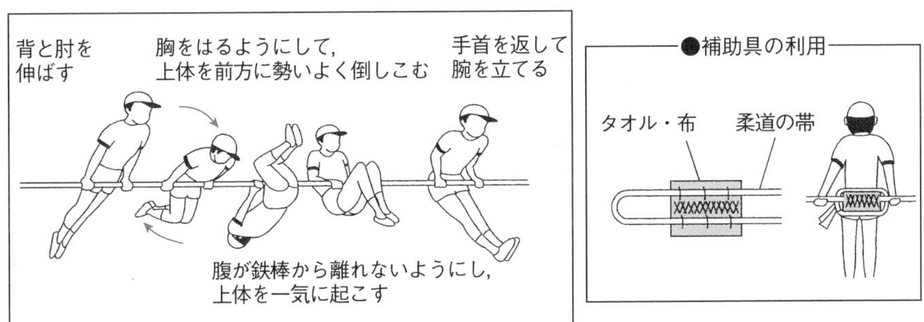
背と肘を
伸ばす
胸をはるようにして，
上体を前方に勢いよく倒しこむ
手首を返して
腕を立てる
腹が鉄棒から離れないようにし，
上体を一気に起こす
●補助具の利用
タオル・布
柔道の帯

⑤　片足踏み越し下り

片逆手の支持の姿勢から順手側の手の近くに足を鉄棒に乗せ，踏み込みながら順手を離し，逆手握りの手は鉄棒を握ったままで横向きに下りること。

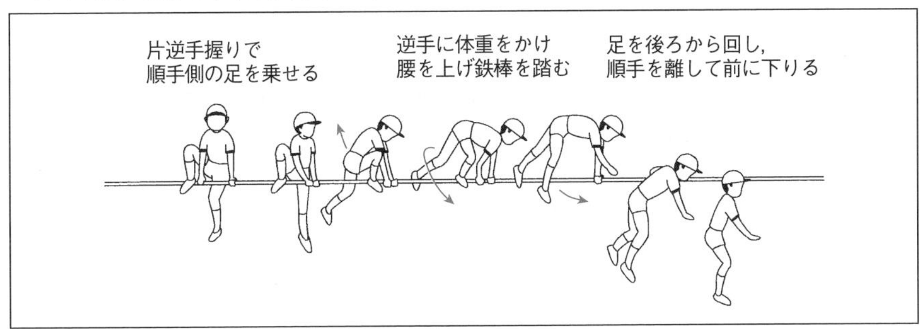
片逆手握りで
順手側の足を乗せる
逆手に体重をかけ
腰を上げ鉄棒を踏む
足を後ろから回し，
順手を離して前に下りる

(2) 支持系／前方支持回転技群／前方足掛け回転グループ技

① 膝掛け振り上がり

片膝を鉄棒に掛け，腕を曲げて体を鉄棒に引きつけながら，掛けていない足を前後に大きく振動させ，振動に合わせて前方へ回転し手首を返しながら上がること。

② 前方片膝掛け回転

逆手で鉄棒を持ち，前後開脚の支持の姿勢から前方へ上体を大きく振り出して，膝を掛けて回転し，手首を返しながら前後開脚の支持の姿勢に戻ること。

③ 膝掛け上がり

鉄棒の下を走り込み，両足を振り上げ，振れ戻りながら片膝を掛けて手首を返しながら上がること。

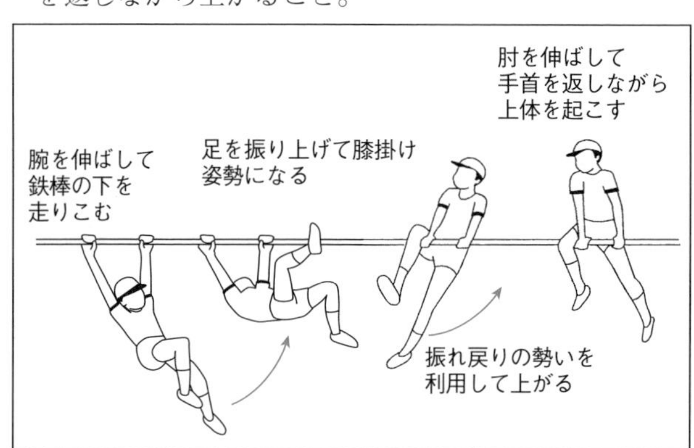

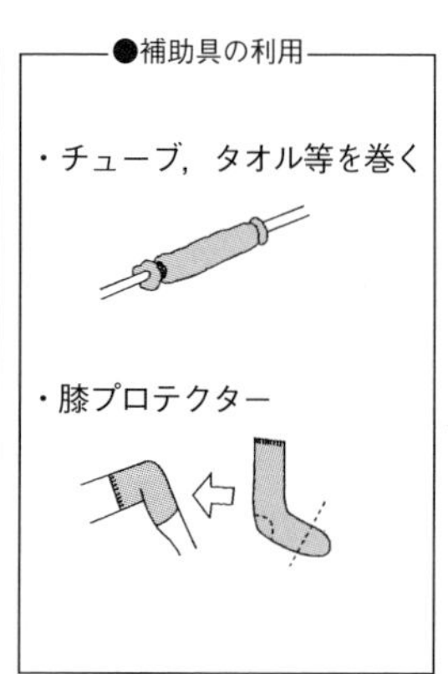

上体を起こす
振れ戻りの勢いを
利用して上がる

●補助具の利用
・チューブ，タオル等を巻く
・膝プロテクター

④ 前方もも掛け回転

逆手で鉄棒を持ち，前後開脚の支持の姿勢から前方へ上体を大きく振り出して，足を伸ばし鉄棒を挟むように回転し，手首を返しながらももを掛けて前後開脚の支持の姿勢に戻ること。

(3) 支持系／後方支持回転技群／後転グループ技

① 補助逆上がり

補助や補助具を利用した易しい条件の基で，足の振り上げとともに腕を曲げ上体を後方へ倒し，手首を返して鉄棒に上がること。

② かかえ込み後ろ回り

支持の姿勢から腰を曲げながら上体を後方へ倒し，手で足を抱え込んで回転すること。

③ 逆上がり

足の振り上げとともに腕を曲げ，上体を後方へ倒し手首を返して鉄棒に上がること。

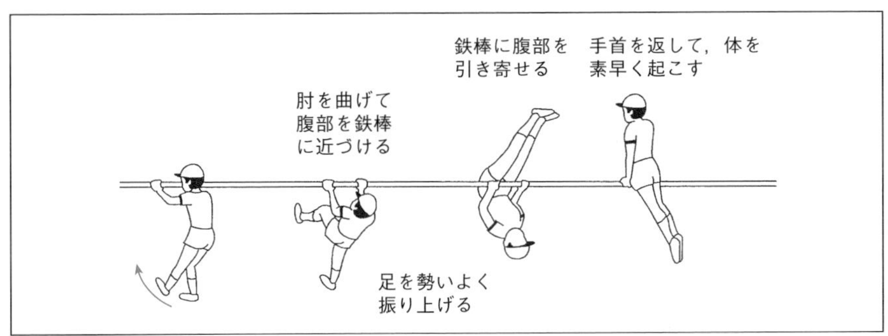
鉄棒に腹部を
引き寄せる
手首を返して，体を
素早く起こす
肘を曲げて
腹部を鉄棒
に近づける
足を勢いよく
振り上げる

〈練習方法（補助具や補助者の活用）〉

跳び箱

逆上がり練習器

跳び箱と踏切板

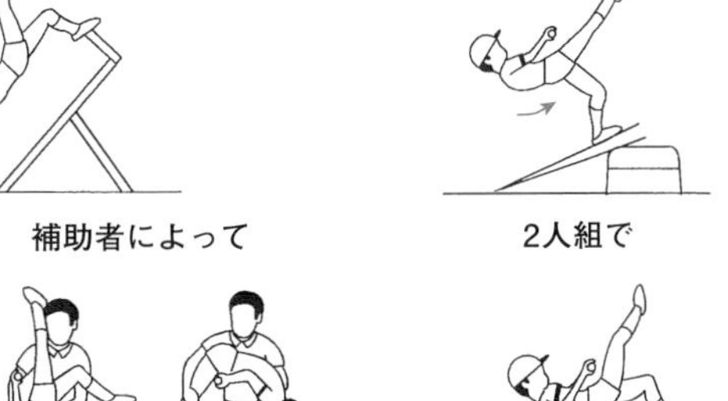

ゴムのチューブや
柔道帯，ロープ

補助者によって

2人組で

〈指導のポイント〉

・手の幅は肩幅と同じ程度とし，脇をしめて肘を曲げる。
・あごを引き，膝を伸ばして足を上の方向に大きく振り上げる。
・鉄棒に腹部を引き寄せる。
・上体を後方へ一気に倒し込む。
・手首を返し，頭を起こして手のひらで支える。

④　**後方支持回転**

支持の姿勢から腰と膝を曲げたまま体を後方に勢いよく倒し，腹を鉄棒に掛けたまま回転し，手首を返して支持の姿勢に戻ること。

腕を伸ばし，
足を後ろに
振り上げる
肩を後ろに倒すと同時に
足を前に振り込む
脇をしめて鉄棒に
腹部を引き寄せ
回転する
手首を返し
上体を起こす

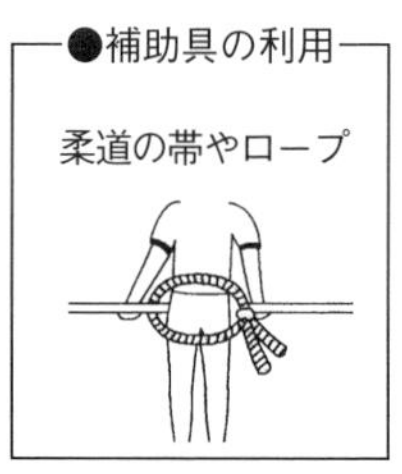
●補助具の利用
柔道の帯やロープ

(4)　**支持系／後方支持回転技群／後方足掛け回転グループ技**

①　**後方片膝掛け回転**

前後開脚の支持の姿勢から後方へ上体と後ろ足を大きく振り出し片膝を掛けて回転し，手首を返しながら前後開脚の支持の姿勢に戻ること。

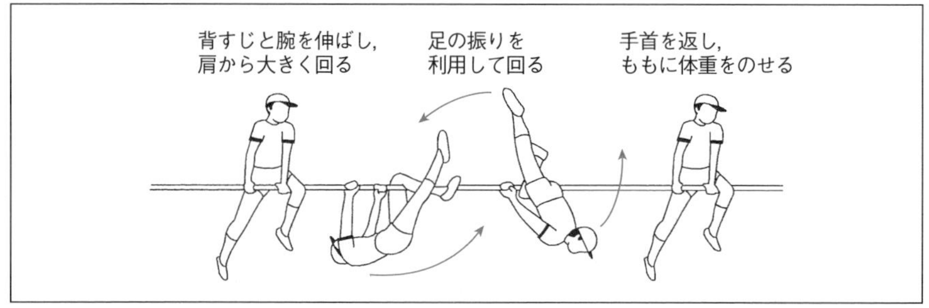
背すじと腕を伸ばし，
肩から大きく回る
足の振りを
利用して回る
手首を返し，
ももに体重をのせる

②　**両膝掛け倒立下り**

鉄棒に両膝を掛けた姿勢から両手を放し，その両手を地面に着いて倒立の姿勢になり，指先の方向へ手で少し歩いて移動し，両膝を鉄棒から外してつま先から下りること。

③ **後方もも掛け回転**

前後開脚の支持の姿勢から後方に上体と後ろ足を大きく振り出し，ももを掛けて回転し手首を返しながら前後開脚の支持の姿勢に戻ること。

④ **両膝掛け振動下り**

鉄棒に両膝を掛けて逆さまになり両手を離し，腕と頭を使って体を前後に振動させ，振動が前から後ろに振れ戻る前に膝を鉄棒から外して下りること。

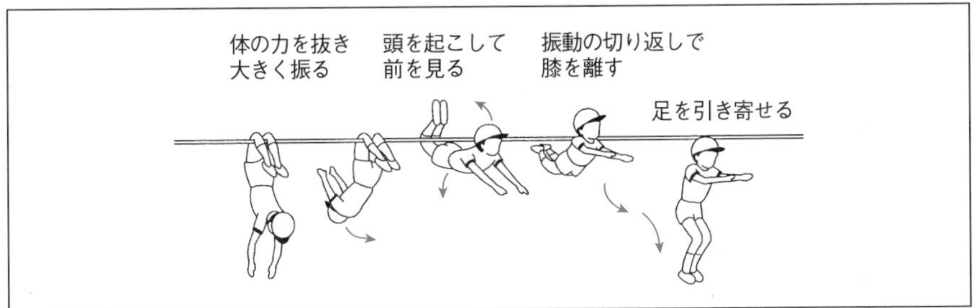

(5) 鉄棒の握り方

順手	親指を下にして握る。 逆上がり，膝かけ上がり，前方支持回転など，ほとんどの技で使う。	
逆手	親指を上にして握る。 前方片膝かけ回転で使う。	
片逆手	順手と逆手で握る。 転向前下り，片足踏み越し下りで使う。	

3 跳び箱運動

跳び箱運動は，跳び箱上に支持し，回転方向に切り返して跳び越す**切り返し系**と，跳び箱上を回転しながら跳び越す**回転系**に分類される。

系	グループ	基本技	発展技	さらなる発展技
切り返し系	切り返し跳びグループ	開脚跳び	かかえ込み跳び	屈身跳び
回転系	回転跳びグループ	台上前転	伸膝台上前転	
		首はね跳び	頭はね跳び	前方屈腕倒立回転跳び

(1) 切り返し系／切り返し跳びグループ技

① 開脚跳び

助走から両足で踏み切り，足を左右に開いて着手し，跳び越えて着地すること。

両足をそろえて
強く踏み切る
踏み切りと同時に
体を前に投げ出す
跳び箱の奥の方に
両手をいっしょに着き，
強く突き放す
ひざを曲げて着地し，
静止する

〈練習方法〉

❶ 台からの開脚跳び下り
❷ ボック型の跳び箱での開脚跳び
❸ ボック型の跳び箱での開脚跳びで，着手して突き放した後で手をたたいてから着地

〈指導のポイント〉

・手は後から前に振り，跳び箱の前方に着くようにする。
・手の突き放しと足の開きのタイミングを合わせて跳び下りる。

〈うまくできない児童への指導〉

・おしりが跳び箱にぶつかる――丸めたマットの上に跳び乗る練習や練習❶で，踏み切りスピードに合わせて踏み切れるようにする。踏み切り後，体を前方に投げ出すよう助言する。

・肩が前に出て，前のめりに着地する――練習❶，❸で手の突き放しのタイミングを覚える。

② かかえ込み跳び

助走から両足で踏み切って着手し，足をかかえ込んで跳び越し着地すること。

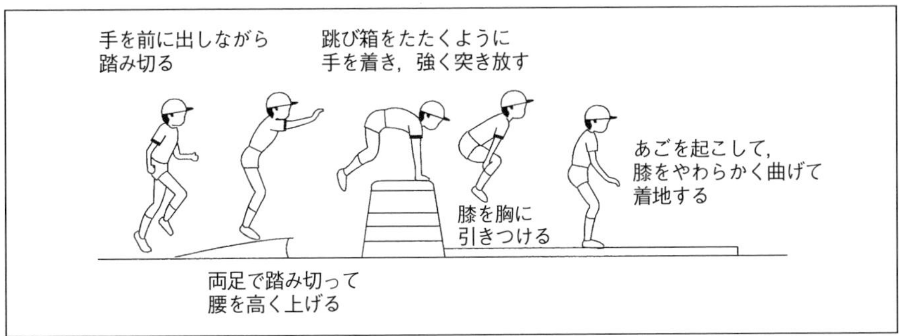

〈練習方法〉

1) うさぎ跳びの練習

2) 跳び上がりの練習

・跳び上がって台上で正座する

・跳び上がって台上でしゃがむ

3) 跳び上がり下りの練習

・手より前方に跳び乗ってすぐにジャンプ

・連続跳び上がり下り

4) 横向きの跳び箱でかかえ込み跳び

・着地場所を高くして

・かかえ込み跳びでゴムひもを跳び越す

・かかえ込み跳びで手たたき

〈指導のポイント〉

・助走のスピードを落とさずに，体を前に投げ出しながら踏み込む。
・手はできるだけ跳び箱の前の方に着く。
・手の突き放しは，短く鋭く行う。
・手の突き放しと同時に膝を素早くかかえ込む。
・着地は上体を起こして行う。

(2) 回転系／回転跳びグループ技

① 台上前転

助走から両足で踏み切り，腰の位置を高く保って着手し，前方に回転して着地すること。

跳び箱の手前に
手を着き，
腕でしっかりと
体を支える
あごを引いて背中を丸め，
頭の後ろから背骨を1つずつ
つけていくような感じで転がる
両足で強く
踏み切り，
腰を高く上げる
あごを引き背中を
丸くして着地する

〈練習方法〉

・低い台への跳び上がり前転
・縦向きの跳び箱から前転下り
・横向きの跳び箱での台上前転の練習

〈指導のポイント〉

・スピードのある助走から，勢いを止めずに強く踏み切る。
・跳び箱の手前に着手し，腰をできるだけ高く引き上げる。
・頭を入れ，背中を丸めてまっすぐに回る。
・膝をかかえ込み，足から立つ。

〈うまくできない児童への指導〉

・踏み切りが弱く腰が高く上がらない――マット上で前転がまっすぐできるようにし，徐々にマットを重ね高くしていく。その後，跳び箱1段から始める。跳び箱の前にゴムを張り，踏み切りからの第一空中局面を大きくする。

・跳び箱から落ちることを怖がる――跳び箱にマットをかぶせる。補助者をつける。最初は跳び箱1段から練習する。

② **伸膝台上前転**

助走から両足で強く踏み切り，足を伸ばしたまま腰の位置を高く保って着手し，前方に回転して着地すること。

③ **首はね跳び**

台上前転を行うように回転し，背中が跳び箱についたら腕と腰を伸ばして体を反らせながらはね起きること。

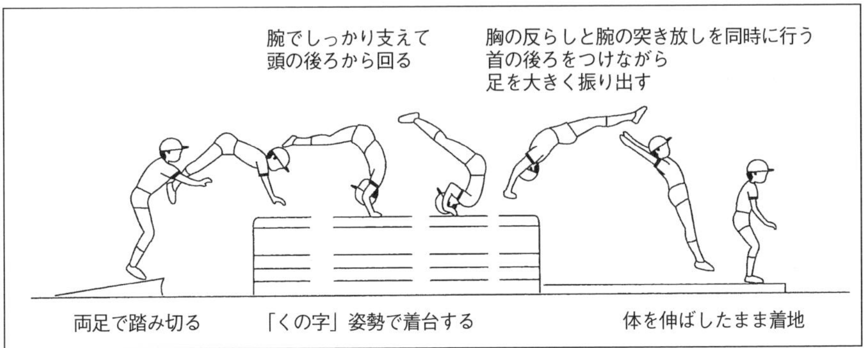
腕でしっかり支えて
頭の後ろから回る
胸の反らしと腕の突き放しを同時に行う
首の後ろをつけながら
足を大きく振り出す
両足で踏み切る
「くの字」姿勢で着台する
体を伸ばしたまま着地

④ **頭はね跳び**

伸膝台上前転を行うように腰を上げ回転し，両手で支えながら頭頂部をつき，尻が頭を越えたら腕と腰を伸ばし，体を反らせながら回転すること。

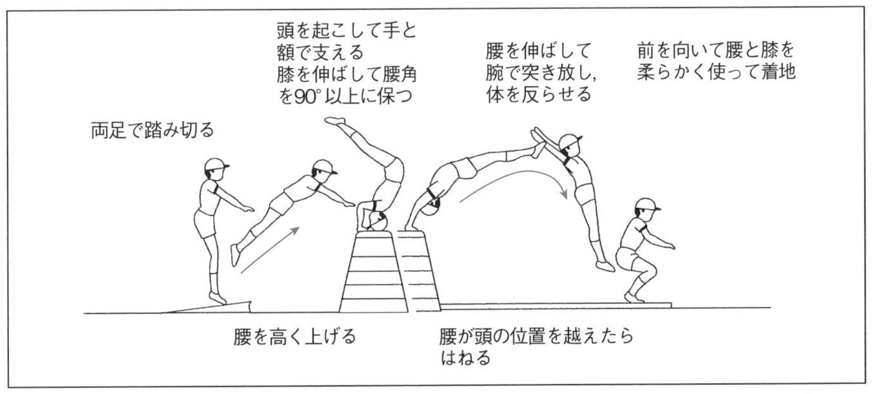
頭を起こして手と
額で支える
膝を伸ばして腰角
を90°以上に保つ
腰を伸ばして
腕で突き放し，
体を反らせる
前を向いて腰と膝を
柔らかく使って着地
両足で踏み切る
腰を高く上げる
腰が頭の位置を越えたら
はねる

確認問題

5 次の文は各種のマット運動について述べたものである。それぞれ何の運動についてのものか，ア～ケから選び，記号で答えよ。

(1) 両手と頭が正三角形になるように支えて倒立する。
(2) 膝を伸ばして後転し，足がマットに着く直前に開いて立つ。
(3) 倒立の状態から前転して立ち上がる。
(4) 手を順番にマットにつけて，倒立しつつ一直線上を横に回転する。
(5) 両足で強く踏み切って体を空間に浮かせ，手を着き前転する。

ア．背支持倒立（首倒立）　イ．頭倒立　ウ．倒立前転
エ．開脚前転　オ．伸膝前転　カ．開脚後転
キ．伸膝後転　ク．側方倒立回転　ケ．跳び前転

6 鉄棒運動について，次の図を見て各問いに答えよ。

(1) この技の名称を答えよ。
(2) この技は，最初にどのような握り方をして行うか。

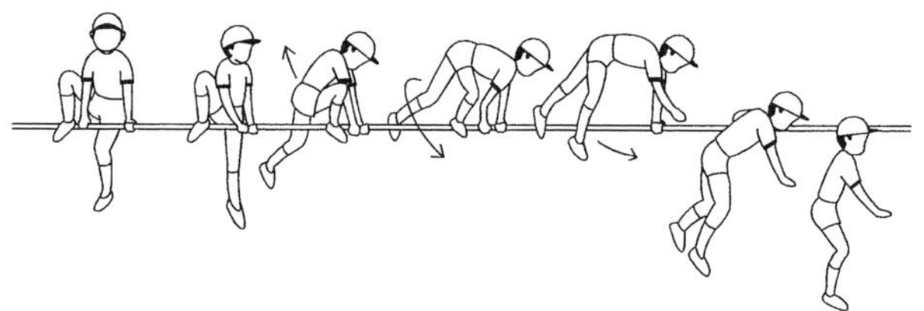

7 跳び箱運動について，次の図を見て各問いに答えよ。

(1) この技の名称を答えよ。
(2) 次のア，イにおける指導のポイントを述べよ。
　ア．助走から跳び箱に手を着くまで
　イ．跳び箱への着手から，両腕の間から足を抜くまで
(3) 跳び箱から落ちることを怖がっている児童に対して，練習方法をどのように工夫するか。具体的に述べよ。

3 陸上運動

●ポイント

ハードル走，走り幅跳びにおける指導のポイントや，うまくできない児童に対する指導法について近年多く出題されているので，しっかり押さえておこう。また，テークオーバーゾーン，コーナートップ制などの専門用語や基本的ルールに関しての出題も多い。

1 短距離走・リレー

(1) 短距離走

① スタートの形

スタンディングスタート	立ったままの姿勢からスタート
クラウチングスタート	かがんだ姿勢からのスタート

② フィニッシュ（ゴールイン）

胴体（トルソー）の一部が決勝線に到達したとき。

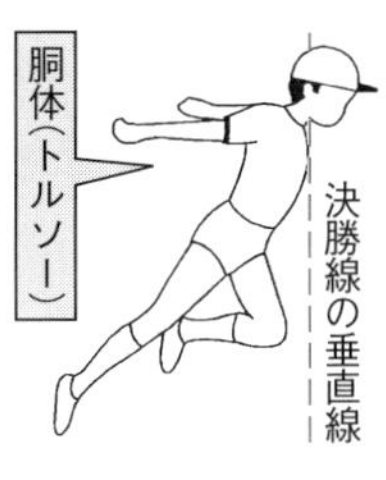

③ **フライング**

不正スタートのこと。国際陸上競技連盟のルールでは，フライングした競技者は，失格となる。小学校レベルの大会においては，「同じ競技者が2回フライングすると失格」とした以前のルールを採用している。

※位置についたときに，手や足がスタートラインやその前方の地面に触れてはいけないが，**リレー競技のバトンは前方の地面につけてもよい。**

④ コース

セパレートコース	あらかじめ走るコースが決められている。
オープンコース	走るコースが決められていない。

⑤ **ピッチ**と**ストライド**

ピッチ	走るときの単位時間の脚の回転数（歩数）
ストライド	走るときの一歩の長さ（歩幅）

(2) リレー

① **テークオーバーゾーン**

バトンの受け渡しを行う区域のことで，長さは30m。

② **コーナートップ制**

リレーで次走者がバトンを受け取るために待つ位置を決める方法。オープンレーンの定められた地点を前走者が通過した順に，次走者がテークオーバーゾーン内に**内側**から並ぶ。

③ **減速しないバトンパスの仕方**

・次走者は，前走者が目標ポイントに達したら全力でダッシュする。
・前走者もパスするまでスピードを落とさない。
・前走者の「ハイ」の合図で両者ともしっかり腕を伸ばし，**利得距離**（バトンが渡った瞬間の両走者の距離）を大きくする。
・前走者と次走者が，それぞれ左右違う手でパスを行う。

④ **バトンパスのルール**

・バトンパスはテークオーバーゾーン内で受け渡されなければならない。
※バトンの位置がテークオーバーゾーン内にあれば，走者はテークオーバーゾーンの外でもよい。
・バトンを投げ渡してはいけない。
・バトンを落とした場合，その走者が拾う。
※バトンパスの最中（バトンが次走者の手に触れている状態）の場合には，前走者が拾う。

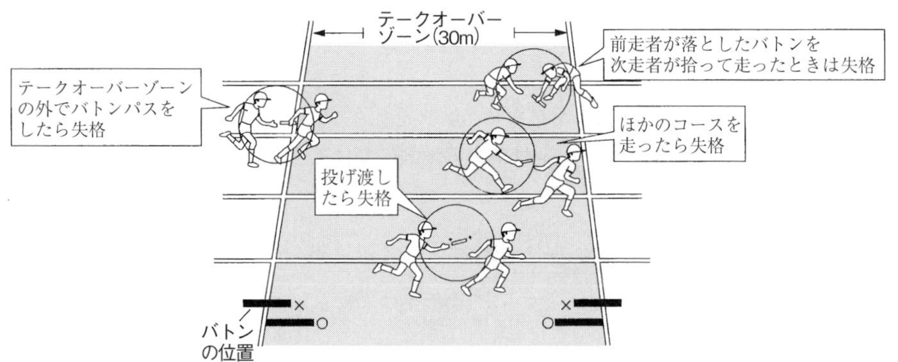

2 ハードル走

(1) 走り方

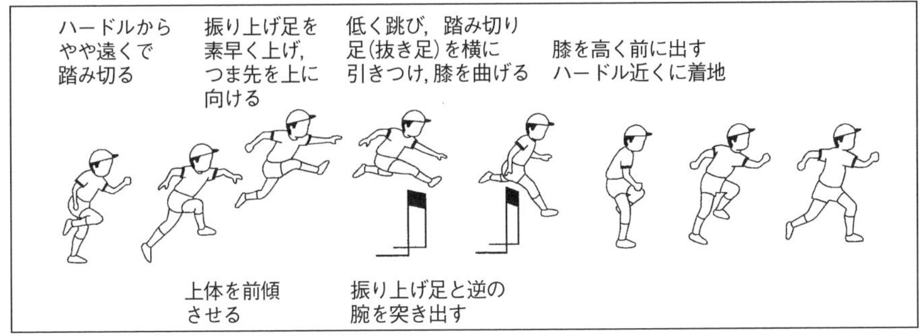
ハードルから
やや遠くで
踏み切る
振り上げ足を
素早く上げ,
つま先を上に
向ける
低く跳び, 踏み切り
足(抜き足)を横に
引きつけ, 膝を曲げる
膝を高く前に出す
ハードル近くに着地
上体を前傾
させる
振り上げ足と逆の
腕を突き出す

〈指導のポイント〉

1) **インターバル**(ハードル間)

・**3歩〜5歩**で走り, 同じ足が踏み切り足となるようにする。

2) 走り越し(ハードリング)

・ハードルから**遠くで踏み切り, 近くで着地**する。

・上体を前傾させ, 振り上げ足は水平にし, つま先を上に向ける。

・姿勢を低くし, 重心の上下動を少なくする。

・振り上げ足は素早く振り下ろし, 滞空時間を短縮する。

〈うまくできない児童への指導〉

・ハードルを素早く走り越せない——ハードルから遠くで踏み切り, 近くで着地する(ハードルを低く跳び越す)よう助言する。抜き脚を素早くするよう助言する。

・ハードルを走り越せない——地面にハードリングの姿勢で座り, 腕振り動作と上体の前傾動作を反復練習させる。立った姿勢のまま, ハードル上で抜き脚だけ練習させる。低いハードルで, 振り上げ足・踏み切り足・腕振りの動作をゆっくり練習させる。

・リズミカルに走れない——地面に歩幅のマークをつけ, ミニハードルや低いハードルを用いて練習させる。2台のハードルで児童の歩幅に合わせたインターバルをつくり, 慣れてきたらインターバルを広げたり, ハードル数を増やしたりする。

〈児童一人ひとりが積極的に取り組める場の工夫〉

・ハードルの高さが異なるコースの設定
・インターバルの長さが異なるコースの設定
・ハードルのかわりにボールを置いたり，ゴムを張ったりしたコースの設定（ハードルへの恐怖心をなくさせるため）

(2) ハードル走で失格になる場合

・足がハードルの外側にはみ出てバーの高さより低い位置を通ったとき。
・自分のレーン以外のハードルを跳んだとき。

3 走り幅跳び

(1) 跳び方

① そり跳び

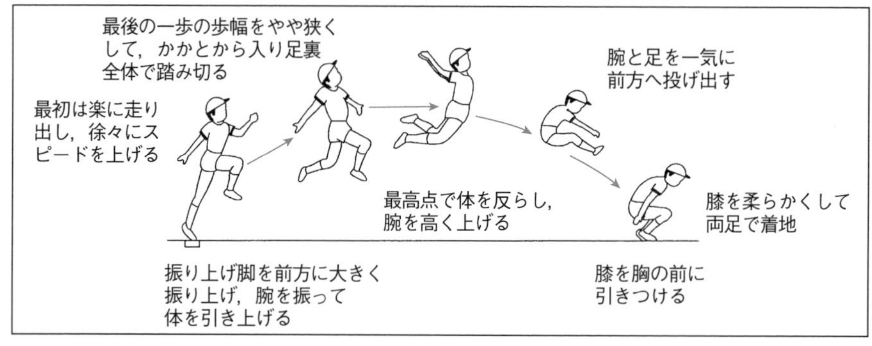

② はさみ跳び

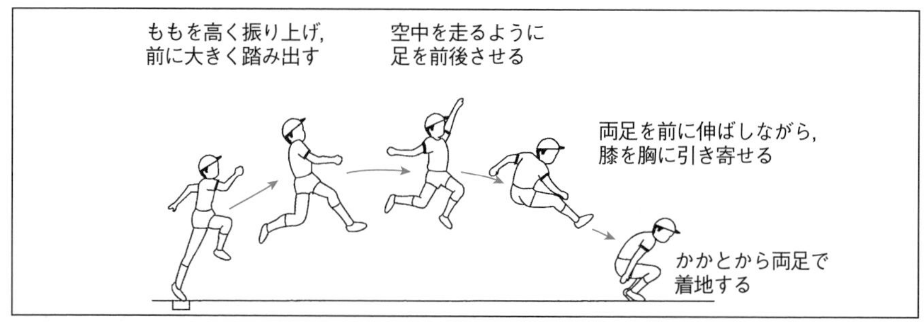

※走り幅跳びの主な技能は，**助走**，**踏み切り**，**空間動作**，**着地**の4つに分けられる。

〈うまくできない児童への指導〉

輪踏み幅跳び

- 片足で踏み切れない――**輪踏み幅跳び**練習をさせる。
  踏み切りゾーンを設ける。
  歩幅を狭めない助走の練習をさせる。

- 両足で着地できない――低い台上からの立ち幅跳びを練習させる。
  鉄棒を利用したけんすい振り跳びを練習させる。

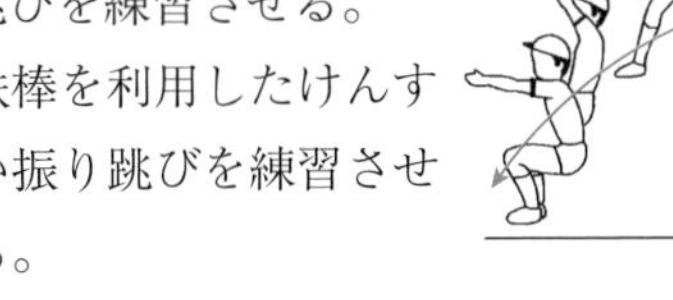

- 踏み切り前に減速してしまう――**輪踏み幅跳び**練習をさせる。

(2) **走り幅跳びのルール**

① 無効試技(失敗)

- 跳躍しないで走り抜けたり，跳躍の際に身体のどこかが踏切線(踏切板の砂場に近い側の先端)の先の地面に触れたりしたとき。

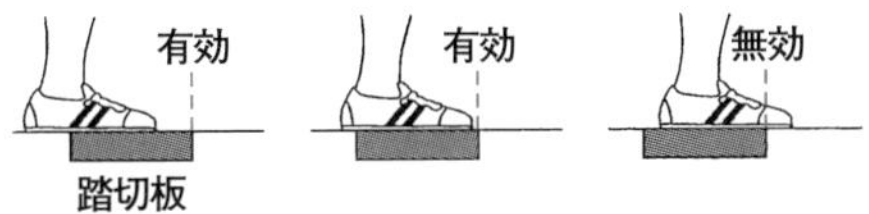

- 踏切線の延長線より先でも手前でも，踏切板の両端よりも外側から踏切ったとき。
- 着地の反動で，着地点より後方の砂場の外に出たとき。
- 着地後，砂場の中を通って戻ったとき。　など

② 測定方法

- 踏切線と砂場に残った最も近い痕跡の**最短距離**を**直角**に測る。

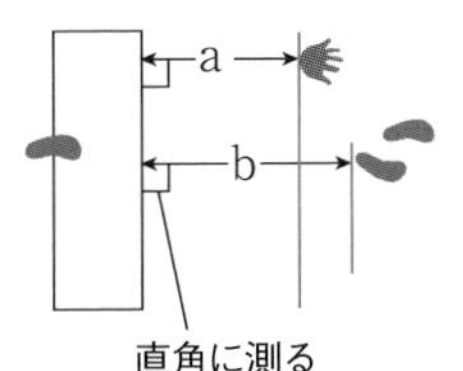

※手や腰をついてしまった場合，その地点で最も近い痕跡となる。左図では，bではなくaが測定する長さとなる。

4 走り高跳び

(1) 跳び方

① はさみ跳び

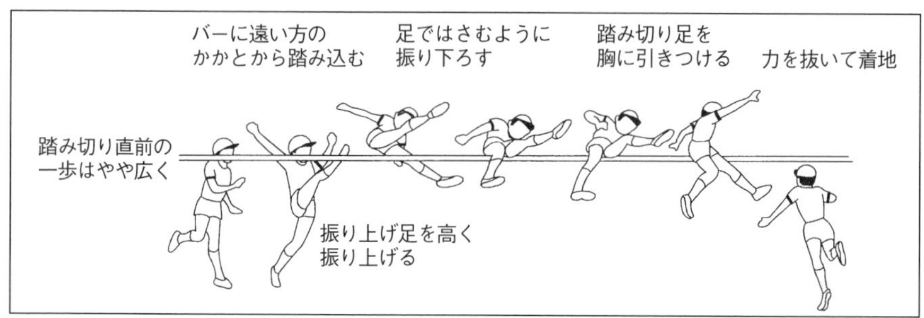
バーに遠い方の
かかとから踏み込む
足ではさむように
振り下ろす
踏み切り足を
胸に引きつける
力を抜いて着地
踏み切り直前の
一歩はやや広く
振り上げ足を高く
振り上げる

〈うまくできない児童への指導〉

・リズミカルな助走ができない——走り幅跳びの練習法と同じ要領で，リズミカルにバネを感じるように走り，上方に踏み切る練習をさせる。

・踏み切りが弱い——バスケットボールリングへの踏み切り・跳躍の練習をさせる。

・抜き足の開きが足りない——**2重バー高跳び練習**を行う。

(2) 走り高跳びのルール

① 無効試技(失敗)

・両足で踏み切りを行ったとき。

・跳躍後，バーを落としたとき。

・バーを越える前に，体の一部がバーの垂直面から先の地面あるいは着地場所に触れたとき。

② 試技回数

同じ高さは続けて**3回**まで。

確認問題

8 短距離走・リレーに関する次の記述の空欄にあてはまる語句を入れよ。

(1) 立ったままの姿勢で行うスタートを(A)スタートといい，両手を地面についてかがんだ姿勢で行うスタートを(B)スタートという。

(2) 走るときの単位時間における脚の回転数のことを(C)，歩幅のことを(D)という。

(3) リレーでバトンパスを行う区域を(E)といい，その長さは(F)mである。

(4) (G)コースのリレーで，前走者が一定地点を通過した順に，次走者が(E)内に内側から並ぶ方法を(H)という。

9 ハードル走について，正しいものには○，誤っているものには×をつけよ。

① インターバルは3歩または5歩で走り，同じ足が踏み切り足となるようにする。

② ハードルからやや近くで踏み切り，遠くで着地する。

③ 振り上げ足は，膝をまっすぐ伸ばし，つま先を立てる。

④ 上体は起こしたまま，重心の上下動を少なくしてまたぎ越す。

⑤ 着地は，振り上げ足のかかとを地面にたたきつけるように素早く振り下ろす。

10 走り幅跳びについて，次の各問いに答えよ。

(1) 踏み切り前3～5歩でスピードを落とさずにスムーズに踏み切ることができるようにするために，指導上どのような工夫をすればよいか。

(2) 跳んだ後，両足で着地できるようにするために，指導上どのような工夫をすればよいか。

11 走り高跳びのルールについて，次の文の空欄にあてはまる語句を入れよ。

(1) バーを越える前に，体の一部がバーの垂直面から先の地面あるいは着地場所に触れたり，跳躍後，(A)を落としたりすると，(B)となる。

(2) 競技者は，同じ高さを(C)回失敗すると，次の試技はできない。

4 水泳運動

●ポイント

水泳運動領域からの出題はそれほど多くないが，バディシステムと安全管理における配慮事項については，しっかり押さえておく必要がある。また，伏し浮き，クロール，平泳ぎなどの泳法の手や足の技術的なポイントについても一通り理解しておきたい。

1 泳法　※文部科学省「水泳指導の手引」より

(1) 泳ぎの基本となる動き

① **バブリング**

水中に顔をつけ，口や鼻から息を吐く。

② **ボビング**

息を止めてもぐり，跳び上がって空中で息を吸う。

③ **だるま浮き**

両膝をかかえて水中で浮く。おへそを見るようにする。

④ **伏し浮き**

両手先から両足先まで体をまっすぐ伸ばし，下向きに浮く。

〈指導のポイント〉

・体をまっすぐ伸ばすとき，体の力を抜く。視線は水底を見る。

・息を大きく吸い，安定するまでじっと待つ。

④ **け伸び**

プールの底や壁をけって浮いて伸び，伏し浮きの姿勢で水面上を進む。体を一直線に伸ばし(**ストリームライン**)，頭部は髪の生え際まで水中に入れる。

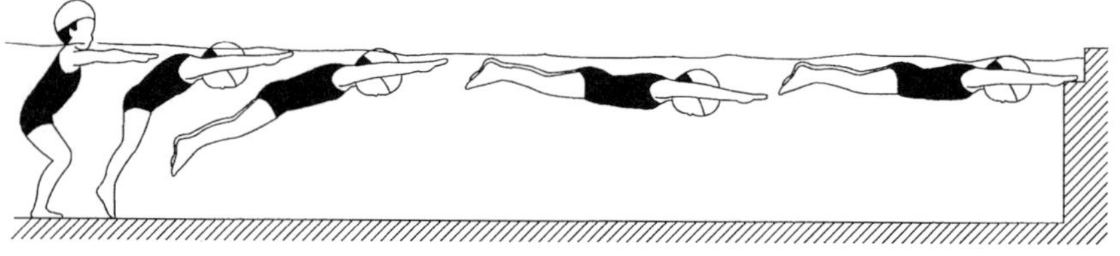

⑤ **面かぶりクロール**

顔をつけたまま，ばた足とクロールの腕のかき(ストローク)をする。

(2) クロール

全身をまっすぐ伸ばして水面に伏し浮き，足を左右交互に上下させ，腕は左右交互に水をかいて水面上を前方に戻し，顔を横に上げて呼吸しながら泳ぐ。

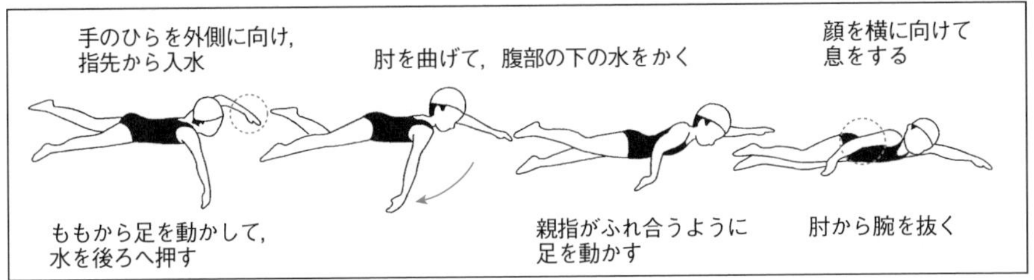
手のひらを外側に向け，
指先から入水
肘を曲げて，腹部の下の水をかく
顔を横に向けて
息をする
ももから足を動かして，
水を後ろへ押す
親指がふれ合うように
足を動かす
肘から腕を抜く

① **足の動作**（キック）

ア　左右の足の幅は，**親指**が触れ合う程度にし，かかとを10cm程度離す。

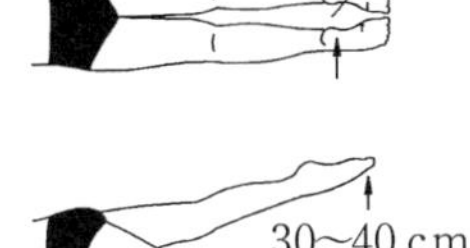
10 cm
30~40 cm

イ　上下動の幅は，30～40cm程度に動かす。

ウ　けり下ろし動作は，膝を柔らかくしてしなやかに伸ばした足を，太ももから徐々に足先へ力が加わるように力強く打つようにする。

エ　けり終わった後，上方に戻す動作は，足を伸ばして太ももから上げるようにする。

② **腕の動作**（プル）

ア　左右の腕は，一方の**手先**を水中に入れたとき，他方の腕は肩の下までかき進める。

イ　手先を水中に入れるとき，手のひらを斜め**外向き**（45度程度）にし，頭の前方，肩の線上に入れる。

ウ　入水後，腕を伸ばし，手のひらを平らにして水を押さえ，水面下30cm程度まで押さえたら腕を曲げ，手のひらを後方に向けかき始める。

エ　手先が太ももに触れる程度まで，手のひらと前腕で体の下をかき進める。

オ　腕は，**肘から水面上に抜き上げ**て手首の力を抜き，手先は水面上を一直線に前方へ運ぶように戻す。

③ **呼吸法**

ア　**呼気は，水中で鼻と口で行う**。徐々に吐き出し始め，最後は力強く吐き出す。

イ　**吸気は，体の中心を軸にして顔を横に上げ口で行い**，素早く大きく吸い込む。

ウ　一方の腕で，体の下をかく間に呼気し，水面上で抜き上げながら顔を出し，肩の横まで戻す間に吸気する。呼気から吸気は連続させる。

〈指導上の留意点〉

・クロールの指導には，ばた足から腕の練習に入り，面かぶりクロールでよく進むようになったら，呼吸を組み合わせてクロールを完成させる。

・水をかく場合，手は体の下をまっすぐ後方にかき，戻す動作のときは肘を上に向けて前方へ戻させる。

〈うまくできない児童に対する指導〉

・**ばた足がうまくできない**――足を伸ばして足首の力を抜いた状態をとらせ，ももの部分を支えて上下に動かすなど適切な補助によって，太ももからの動きを覚えさせる。

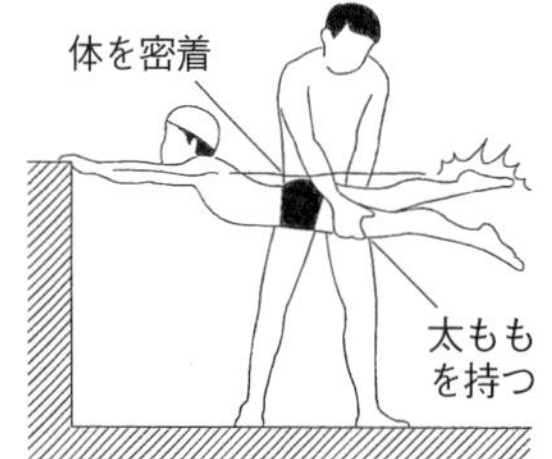

・**脚や腰が沈む**――頭部を髪の生え際まで沈め，吸気時には「右向け右」の要領で顔を横に上げ，下になる耳が水面から離れないようにさせる。**ビート板**を使う。

(3)　平泳ぎ

平泳ぎは，全身をまっすぐ伸ばして水面に伏し浮き，両手のひらを下に向けて胸の前からそろえて前方に出し，**円**を描くように左右に水をかき，足の動きは足の裏で水をとらえ左右後方に水を押し挟み，顔を前に上げて呼吸をしながら泳ぐ。

① **足の動作**

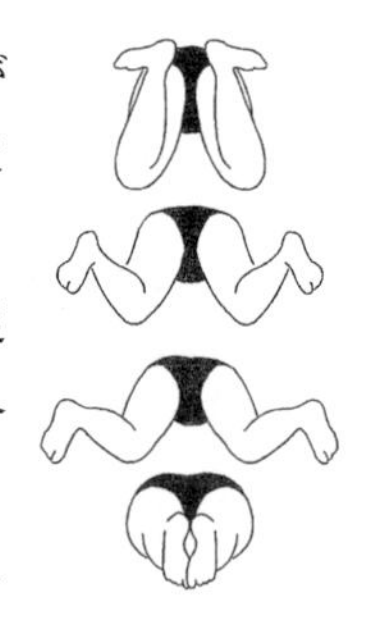

ア　両足先をそろえて伸ばした状態から，両膝を引き寄せながら肩の幅に開き（この時，足首はまだリラックス），同時に**足の裏を上向き**にしてかかとをしりの方に引き寄せる。

イ　けり始めは，親指を外向きにし，土踏まずを中心とした**足の裏**で水を左右後方に押し出し（この時，足先をしっかり外向きに保つ），膝が伸びきらないうちに両足で水を押し挟み，最後は両足をそろえてける（この時，足首もしっかり伸ばしてそろえる。足裏が上向き）。

ウ　けり終わったら，惰力を利用してしばらく伸びをとる。

② **腕の動作**

ア　両手のひらを下向きにしてそろえ，腕の前，あごの下から水面と平行に前方に出す。

イ　両手のひらを**斜め外向き**にして左右に水を押し開きながら腕を曲げ，手のひらと前腕を後方に向ける。

ウ　両肘が肩の横にくるまで手をかき進めたら，両腕で内側後方に水を押しながら胸の前でそろえる。

③ **呼吸法**

ア　**呼気は，水中で鼻と口で行う**。徐々に吐き出し始め，最後は力強く吐き出す。

イ　**吸気は，顔を前に上げ，口で行う**。素早く大きく吸い込む。

ウ　腕を前に伸ばしながら呼気し，かき終わりと同時に口を水面上に出して吸気する。呼気から吸気は連続させる。

〈指導上の留意点〉

・平泳ぎの指導には，まず腕の動作を定着させてから呼吸法の練習に入る。腕の動作だけで呼吸しながらよく進むようになったら，既習のかえる足をさらに正確に覚えさせ，足の動作を加えて平泳ぎを完成させる。

・手のひらは，常に肩より前で動かし，両手で逆ハート型を描くようにさせる。

〈うまくできない児童に対する指導〉

・足の甲で水をける――陸上で足首の返しを練習させたり，プールの壁につかまらせて足首の返しを補助したりして，足の裏で水をけることを覚えさせる。

・膝を前方へ引き寄せ過ぎる――プールサイドに伏せさせ，かかとをしりに引き寄せることを覚えさせる。

⑷ 背泳ぎのポイント

・手先は頭の前方，肩の線上に**小指側**から入水する。

・入水後，手のひらで20～30㎝程度まで水を押さえたら，肘を下方に下げながら手のひらを後方に向ける。

・腕は手のひらが水面近くを太ももに触れる程度までかき進める。

・最後は手のひらを下にして腰の下に押し込む。

・腕を伸ばし，手を**親指側**から抜き上げて進行方向へ戻す。

2 水泳指導における安全管理

(1) 安全管理項目

	安全管理項目	詳　細
授業前	児童の健康状態についての確認	・体温，顔色，けがの有無などによって，児童の健康状態を把握する。 ・保護者からの事前連絡によって，児童の健康状態を把握する。
	プール内の施設・設備の点検（プールの水，プールサイド，プールの排水口，シャワー，消毒槽，救命救急用具など）	・**水温は23℃以上**であることが望ましい。 ・遊離残留塩素濃度は，**0.4～1.0mg/L**が適切である。 ・プールの破損や異物が投げ込まれていないか確認する。 ・プールサイドやプールの附属施設の清潔・整とんに努める。
授業中	準備運動	・身体のすべての部分の屈伸，回旋，ねん転などを取り入れた運動を行い，全身の筋肉をほぐし，関節を柔軟にしておく。
	健康観察	・体調が悪くなった児童はいないか確認する。
	人員点呼	・事故を未然に防ぎ，事故を早期に発見するため，入水前，指導の展開の途中，退水後に，絶えず敏速かつ正確に実施する。 ・**バディシステム**と呼名点呼を併用することが望ましい。
	安全上のルール指導の徹底	・プールサイドを走らない，ふざけない，滑りやすいので転倒に気を付ける，勝手に飛び込んだりしない等の守るべきルールを指導する。
	監視	・事故やけがなどの異常がおこっていないか，溺水者はいないか，常に注意する。 ・プールの安全使用規則を無視する児童がいた場合には，直ちに注意を与える。
	休憩	・活動の間に適当な休憩をとる。

(2) バディシステム

① バディシステム

バディシステムは，二人一組で**互いに相手の安全を確かめさせる**方法のことで，事故防止のためだけでなく，互いに進歩の様子を確かめ合ったり，欠点を矯正する手助けになったりするなど**学習効果を高めるための手段**としても効果的である。

② 具体的な方法

教師の笛の合図と「バディ」という号令があったとき，互いに片手をつなぎ合わせて挙げさせ点呼をとる。この際，単に手を組ませるだけでなく，相互に相手の表情，動作について観察し，異常があったら直ちに連絡するように指導する。

3 指導法

(1) 呼吸の練習法（例）

泳ぎながらの呼吸は，陸上における日常の呼吸とはいくつかの点で異なっているため，これらに慣れるために次の順序で練習する。

1 水圧に慣れる	① 首まで水に浸かった状態で呼吸の反復練習をする。 ② 水中でいろいろな動作（ゲームや遊びも）をしてみる。
2 鼻呼吸から口呼吸へ	① 鼻を手でつまんで口で呼吸する。 ② 口から吸って鼻から吐く。 ③ 口から吸って口から吐く。
3 水を吹き飛ばしての呼吸	① シャワーにかかりながら呼吸する。 ② 水を吹き飛ばすことに注意して，壁につかまりながら**バブリング（水面でブクブク息を吐き出す）**をする。 ③ 顔を水につけ，ビート板でキックしながら，一定のリズムによる顔の上げ下げに応じての呼吸を練習する。
4 腕の動作に合わせての呼吸	① 壁につかまって，いろいろなリズムでのバブリング ② 歩きながら，手で水を押さえてのバブリング ③ 歩きながら，クロール，平泳ぎの腕の動作に合わせての呼吸

(2) 水を怖がったり，嫌ったりする児童への指導(例)

① 洗面器の水に顔をつけたり，シャワーの水を顔にかけたりする。このとき目は開かせ，顔の水を手でぬぐわないようにし，水に顔をつけることに慣れさせる。

② 壁つたわり歩行，壁つたわり潜水，水中歩行，鬼ごっこ，石拾い，水中じゃんけん，ボール遊びなどの遊戯で水に慣れさせる。

③ プールに入って肩まで水につかり，歩きながら顔をつけたり，上げたりする。

④ その場で膝を縮めて頭まで水に入り，膝を伸ばして顔を出すことをくり返す。このとき，水中で「ンー」，顔を上げて「パッ」と声を出させ，「パッ」で息つぎができることを身に付けさせる。

以上のことに十分時間をかけ，水に対する恐怖感を段階的に取り除いていくようにする。

4 見学者への指導

見学の理由はいろいろであり，その状態も様々であるが，児童一人ひとりの状態に応じて学習に参加させることが必要である。具体的には，児童の心身の状態によって次のような対応が考えられる。

① グループと行動をともにし，プールサイドで，計時，監視，学習カードの記録などのほか，学習資料を利用してグループの活動に参加させる。

② プールサイドで，全体の監視や時計係(学習内容の区切りの時間を知らせる)，水質検査などの補助を教師の指導の下で行わせる。

③ 見学ノートと実技に関する学習資料を持たせ，学習内容をメモするとともに，副読本により学習内容の理解を深めさせる。

＜参考＞水泳競技

① **個人メドレー**

バタフライ→背泳ぎ→平泳ぎ→自由形の順で泳ぐ。

② **メドレーリレー**

4人が同じ距離ずつ，背泳ぎ→平泳ぎ→バタフライ→自由形の順で泳ぐ。

※自由形は，背泳ぎ，平泳ぎ，バタフライ以外の泳法。

確認問題

12 水泳に関する次の説明は何についてのものか答えよ。

(1) 両手先から両足先まで体をまっすぐ伸ばし，下向きに浮く。

(2) 水中でブクブク息を吐き出す。

(3) 膝をかかえて水中で浮く。

(4) プールの底や壁をけって伏し浮き姿勢で進む。

13 クロールについて，次の各問いに答えよ。

(1) クロールに関する次の記述のうち，誤っているものを選べ。

① 左右の足の幅は親指が触れ合う程度にし，かかとを10cm程度離す。

② 上下動30～40cm程度の幅でばた足をする。

③ 腕は，手のひらを内向き45°にして，手先から水面に入れていく。

④ 手のひらと前腕で体の下をかいた後，肘から水面上に抜き上げる。

⑤ 呼気は水中で鼻と口で行い，徐々に吐き出し始め，最後に一気に吐く。

(2) ばた足がうまくできない児童に対し，どのような指導を行うか。

14 平泳ぎに関する次の記述の空欄にあてはまる語句をア～コから選び，記号で答えよ。ただし，同じ語句を何度使用してもよい。

(1) 脚は（　A　）足で，けり始めは，親指を（　B　）向きにして，足の（　C　）で水をける。

(2) 手のひらを斜め（　D　）向きにして開きながら水をかき，（　E　）の前でそろえる。

(3) 手のかきが終わるときに息を（　F　）。腕を前に伸ばして両足をけるときに息を（　G　）。

ア．ばた　　イ．かえる　　ウ．外　　エ．内　　オ．かかと
カ．裏　　キ．胸　　ク．腹　　ケ．吐く　　コ．吸う

15 水泳の安全管理について，次の各問いに答えよ。

(1) 次の記述の空欄に適する数字を入れよ。

・プールの水温は，（　A　）℃以上であることが望ましい。

・プールの遊離残留塩素濃度は，（　B　）～（　C　）mg/Lが適切である。

(2) バディシステムのねらいを2つ答えよ。

5 ボール運動・新体力テスト

●ポイント

ボール運動については，バスケットボール，サッカー，ソフトバレーボール，ソフトボール，ハンドボールの基本的なルールや用語については確実に把握しておく必要がある。特に注意したい用語としては，「マンツーマンディフェンス」「ゾーンディフェンス」「コーナーキック」「インサイドキック」が挙げられる。新体力テストについては，小学生対象の8項目と測定される能力を整理して覚えておくこと。

1 ボール運動の内容（第5・6学年）

(1) 競技種目と特性

型	競技種目	特　性
ゴール型	バスケットボール サッカー ハンドボール タグラグビー フラッグフットボール	コート内で攻守が入り交じり，手や足などを使って攻防を組み立て，一定時間内に得点を競い合うゲーム
ネット型	ソフトバレーボール プレルボール	ネットで区切られたコートの中で攻防を組み立て，一定の得点に早く達することを競い合うゲーム
ベースボール型	ソフトボール ティーボール	攻守を規則的に交代し合い，一定の回数内で得点を競い合うゲーム

(2) 主な競技種目の内容

競技種目	内　容
タグラグビー	初心者向けのラグビー。相手側のインゴールにボールを置けばトライになる。腰につけた2本のタグのうち1本を相手プレーヤーに取られるとタックルとみなされ，前進をやめて，味方にボールをパスしなければならない。

フラッグフットボール	初心者向けのアメリカンフットボール。相手側のエンドゾーンまでボールを運べばタッチダウンになる。ディフェンスがボールを持っているプレーヤーのフラッグを取ればタックルとみなされ，その攻撃が終了する。
プレルボール	バレーボールに似たゲーム。低いネットをはさんで，ボールを手で打ってバウンドさせてパスをつなぎ，決められた回数内で相手コートに返球する。
ティーボール	ルールは野球やソフトボールとほぼ同じ。ピッチャーがおらず，バッティングティー上にある静止したボールを打者が打つ。

2　バスケットボール（ゴール型）

(1)　競技の方法

①　チーム…1チーム5人の2チームが対戦。

②　得点…スリーポイントエリアからのゴールには3点，スリーポイントラインの内側からのゴールには2点，フリースローによるゴールには1点。

③　試合の開始…ジャンプボールによる。

④　試合の再開…シュートが成功した場合はエンドラインの外から，ボールがコート外に出たときは，その場所に最も近いアウトから，スローインをして再開する。

(2)　パスとピボット

①　パス

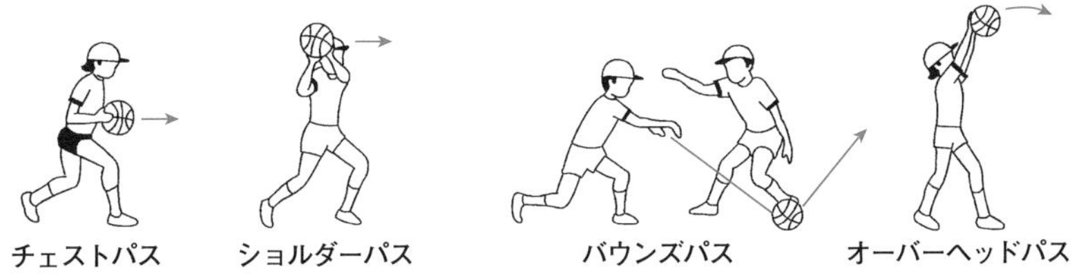

②　**ピボット**

片方の足を軸にし他方の足を動かし，体を回転させる。軸足を動かしてはいけない。

(3) 防御の方法

名　称	方　法	長　所	短　所
マンツーマンディフェンス	それぞれが防御する相手を決めて，1対1の形で守る方法。	シュートされにくい。相手を選んで防御できる。	ファウルをおかしやすい。速攻が出にくい。
ゾーンディフェンス	マークする相手を決めずに5人のプレーヤーが協力しあって，ボールを中心に決められた場所を守る方法。	抜かれてもカバーしやすい。体力の消耗やファウルが少ない。	速いパスや左右の揺さぶりに弱い。相手にじっくり攻めさせることになる。

(4) ルール用語

<table>
<tr><td rowspan="8">ファウル
（身体接触による違反及びスポーツマンらしくない不当な行為。反則として記録される。）</td><td colspan="2">パーソナルファウル：身体接触によるファウル</td></tr>
<tr><td>ブロッキング</td><td>相手の進行を不当に妨げる</td></tr>
<tr><td>プッシング</td><td>相手を手や体で押す</td></tr>
<tr><td>イリーガルユースオブハンズ</td><td>相手を手でたたく</td></tr>
<tr><td>ホールディング</td><td>相手を手や腕でつかんだり押さえたりする</td></tr>
<tr><td>チャージング</td><td>ボールのコントロールにかかわらず，無理に進行して突き当たる</td></tr>
<tr><td colspan="2">テクニカルファウル：スポーツマンらしくない行為</td></tr>
<tr style="display:none"><td></td><td></td></tr>
<tr><td rowspan="3">バイオレーション
（ファウルを除くすべての規則違反。相手チームにスローインが与えられる。）</td><td>トラベリング</td><td>ボールを持ったまま3歩以上進む。ピボットの軸足を途中でかえる</td></tr>
<tr><td>ダブルドリブル</td><td>両手を同時にボールに触れてドリブルしたり，1度ドリブルを止めた後，再び続けてドリブルしたりする</td></tr>
<tr><td>アウトオブバウンズ</td><td>ボールを境界線外に出したり，ボールを持って境界線を踏んだり踏み越えたりする</td></tr>
</table>

3 サッカー(ゴール型)

(1) 競技の方法

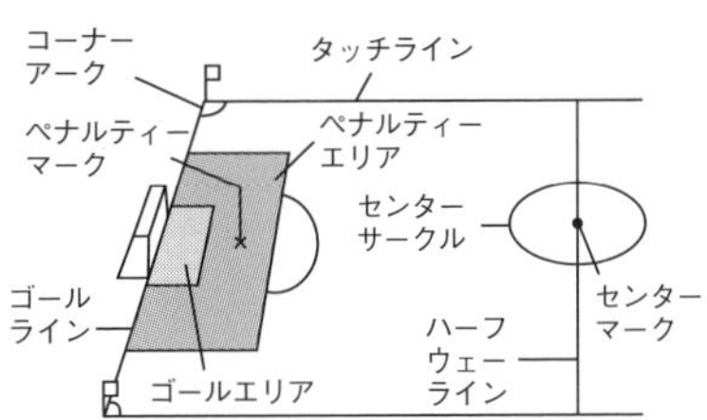

① チーム…1チーム11人の2チームが対戦。

② 得点…ボール全体がゴールラインを完全に通過したとき1点。

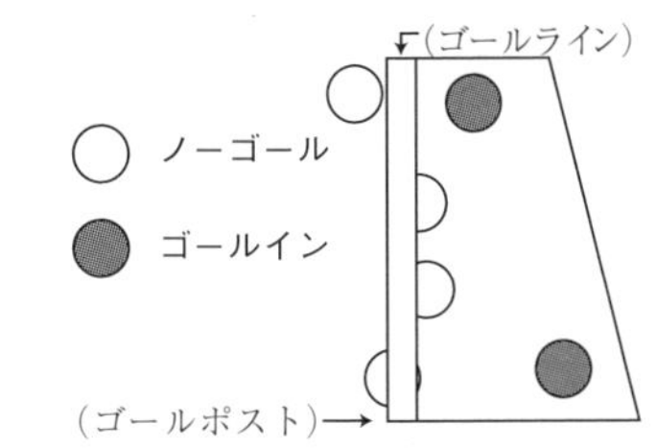

③ 競技の開始…**キックオフ**(センターマークに置かれたボールを相手側エンドに蹴り入れること)で開始。

④ 競技の再開

スローイン:ボールが**タッチライン**から外に完全に出たとき。相手チームが，ボールの出た地点の外からボールをコート内に投げ入れる。

ゴールキック:ボールが最後に**攻撃側プレーヤー**に触れてゴールラインから外に完全に出たとき。守備側が，ゴールエリア内からペナルティーエリアの外に直接出るようにキックする。

コーナーキック:ボールが最後に**守備側プレーヤー**に触れてゴールラインから外に完全に出たとき。攻撃側が，ボールの出た地点に近いコーナーアークからキックする。

(2) キックとボール操作のテクニック

インステップキック	**足の甲**で蹴る。シュートやロングパスに使う。最もパワーとスピードが出る。
インサイドキック	**足の内側**で蹴る。ショートパスなどパスの正確さが要求されるときに使う。
アウトサイドキック	足の甲の外側で蹴る。フェイントを仕掛ける場合に使う。
ヘディング	空中のボールを額で打つ。
トラッピング	転がってきたボールや飛んできたボールを手や腕以外で受け止め，相手を惑わす方向にコントロールする。トラップとは「罠」の意味。

(3) 主な反則とその対応

反則名	反則の内容	対応
タックリング	相手競技者の安全を脅かすタックルをする	**直接フリーキック** ：ゴールに直接シュートすることができる （ペナルティーエリア内ではペナルティーキックが与えられる）
スピッティング	相手につばを吐きかける	
ハンドリング	ボールを意図的に手や腕で扱う	
ホールディング	相手を押さえる	
プッシング	相手を押す	
キッキング	相手を蹴る	
トリッピング	相手をつまずかせる	
ストライキング	相手を打つ，打とうとする（頭突きを含む）	
ジャンピングアット	相手に飛びかかる	
ファウルチャージ	相手を乱暴にチャージする	
・危険な方法でプレーしたとき ・ゴールキーパーが6秒を超えて手でボールを保持したとき ・**オフサイド**があったとき　など		**間接フリーキック** ：直接シュートすることはできない
直接フリーキックとなる反則を，守備側が自陣のペナルティーエリア内で行ったとき		**ペナルティーキック**

オフサイド…攻撃側のプレーヤーがオフサイドポジションにいて，積極的にプレーに参加したと主審が判断したとき。オフサイドポジションとは，ボールよりも前方で，相手側陣内にいて，守備側の後方から2人目のプレーヤーよりも，相手ゴールラインに近い場所のこと。

4 ハンドボール（ゴール型）

(1) 試合の進行

① チーム…1チーム7人（コートプレーヤー6人，ゴールキーパー1人）の2チームが対戦。
② 得点…ボールがゴールポストを完全に通過したとき，1点が入る。
③ 試合の開始…トスの結果，スローオフを選んだチーム（攻撃側）がスローオフエリアからスローオフする。
④ 勝敗…一定時間内に得点の多いチームが勝ちとなる。

(2) 主なルール・反則

① オーバーステップ…ボールを持って4歩以上動く。
② オーバータイム…3秒を超えてボールを持つ。
③ キックボール…膝より下でボールに触れる。
④ ジャッグル…空中にボールを上げ，位置を移してそのボールが床に着く前に再びキャッチする。
⑤ ダブルドリブル…ドリブルの終了後，再び続けてドリブルをする。
⑥ パッシブプレー…ゲームの進行をわざと遅らせたりするなど攻撃に積極性を欠くプレーをする。

5 ソフトボール(ベースボール型)

(1) 競技の方法

① チーム…1チーム9人(ファーストピッチ)の2チームが攻守を交代し合って対戦。(1チーム10人〔エキストラヒッターを採用する場合は11人〕のスローピッチもある)
② 攻守の交代…攻撃側の3人がアウトになると，攻守を交代する。
③ 得点…ランナーがホームベースに帰ると，1点の得点。
④ 勝敗…7回終了時の得点の多いチームが勝ち。同点のときは，8回から促進ルールである**タイブレーカーシステム**(攻撃を無死走者2塁の状況から始める方式)で行われる。
⑤ ピッチング…下手投げで行う。この際，ステップは1歩のみ，腕の回転も1回転と決められている。
⑥ **指名選手(DP)**…打撃専門のプレーヤー。

(2) 主な用語

① スクイズ…3塁走者を本塁に迎え入れるためにバントすること。
② タッチアップ…打者がフライを打ち上げたとき，塁上の走者が塁に戻ってベースに触り，野手が捕球した瞬間にスタートを切って次塁へ進塁するプレー。タッグアップともいう。

6　ソフトバレーボール（ネット型）

軽く大きく柔らかいゴム製ボールを使ってバドミントンコートで行うなど，手軽にできるように日本バレーボール協会が考案した，4対4で行う簡易バレーボール。

(1)　競技の方法

①　チーム…1チーム4人の2チームがネットをはさんで対戦。
②　勝敗…1セット15点。原則として3セットマッチで，2セット先取したチームが勝ち。
③　得点…サーブ権の有無にかかわらず，ラリーに勝つ，あるいは相手側に反則があった場合，得点を得る（**ラリーポイント制**）。

(2)　主な反則

キャッチ（ホールディング）	ボールをつかんだり，投げたりしたとき。
ダブルコンタクト	ブロッカーを除き，2回連続してボールに触れたとき。
フォアヒット	同じチームが3回を越えてボールに触れたとき（ブロックを除く）。
ペネトレーションフォールト	相手コートに侵入したとき。ネットを越えて相手コート上にあるボールに触れたとき（**オーバーネット**）と，足がセンターラインを踏み越したとき（**パッシング・ザ・センターライン**）。
タッチネット	プレー中，ネットや両アンテナの内側に触れたとき。

〈未経験の児童がソフトバレーボールの楽しさを味わうための工夫〉

・ボールを操作する回数を増やす（または，制限なし）。
・ワンバウンドでも可とする。
・ネットの高さを低く，コートの大きさを狭くする。
・やわらかいボールや軽いボールを使用する。　　など

7 新体力テスト（スポーツテスト）

(1) 体力の要素

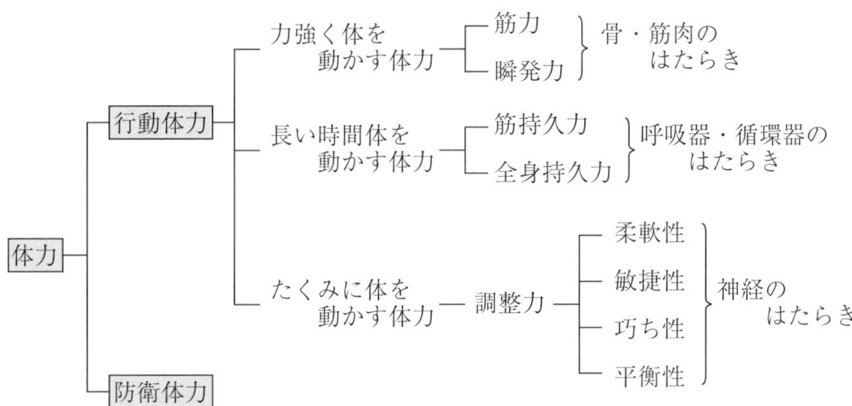

・**行動体力**…運動やスポーツを行うために必要な体力。

・**防衛体力**…ストレスや環境に適応したり，病原体に抵抗したりするための体力。

(2) 新体力テスト項目

子どもの体力の実態を把握し，体力向上を目的として体育指導の参考にするとともに，子どもたちに自分の体力の現状を理解させ，進んで体力づくりに取り組ませるために実施するものである。小学生（6歳から11歳まで）の内容は，次の8項目である。

テストの順序は定められていないが，**20mシャトルラン**は最後に実施する。

テスト項目	測定する能力	実施方法
握力	**筋力**	握力計の指針が**外側に**なるように持ち，身体や衣服に触れないようにして力いっぱい握りしめる。左右交互に2回ずつ実施し，各々よい方の記録を平均する。
上体起こし	**筋力・筋持久力**	マットで仰向けの姿勢を取り，両手を軽く握って両腕を胸の前で組む。両膝の角度を90度に保つ。「始め」の合図で仰向けの姿勢から，両肘と両大腿部がつくまで上体を起こし，素早く仰向けの姿勢に戻す。これを**30秒間**くり返し，回数を数える。
長座体前屈	**柔軟性**	両足を2つの箱の間に入れ，膝を伸ばして座り，壁に背中，尻をぴったりとつける。両手を箱の上部に固定した厚紙から離さずに，ゆっくりと前屈して箱全体を真っ直ぐ前方にできるだけ遠くまで滑らせ，箱の移動距離を求める。2回行い，よい方の記録をとる。
反復横とび	**敏捷性**	中央線をまたいで立ち，「始め」の合図で右—中央—左—中央—右と**サイドステップ**をする。これを**20秒間**くり返し，それぞれのラインを通過するごとに1点とする。2回実施し，よい方の記録をとる。
20mシャトルラン	**全身持久力**	スタート音で走り出し，次の音が鳴るまでに20m先のラインを越えて（踏んで）向きを変えて，スタートの姿勢で待つ。合図の音と音の間は徐々に短くなり，それに合わせて往復をくり返す。走ることをやめたときや，次の音が鳴るまでに反対側のスタートラインに行けないことが2回続いたときに終了。折り返しの総回数を数える。
50m走	**スピード**	**スタンディングスタート**から，50mの直線コースを走る。実施は1回。記録は1/10秒単位とし，それ未満は切り上げ。
立ち幅とび	**筋パワー（瞬発力）**	両足を軽く開いて，つま先が踏み切り線の前端にそろうように立ち，両足で同時に踏み切って前方へ跳ぶ。2回実施し，よい方の記録をとる。
ソフトボール投げ	**巧ち性・筋パワー**	直径2mの円から出ないようにして，中心角30度に開いた2本の直線の枠内に力一杯投げる。ソフトボール1号を使用し，2回投げてよい方の記録をとる。

確認問題

16 バスケットボールについて，次の各問いに答えよ。

⑴ 防御の方法の1つで，攻撃側の一人ひとりに対して，守備側が一人ずつマークする防御の仕方を何というか。

⑵ 軸足のつま先を床につけたまま他の足を前後に動かして方向を変え，パスやドリブル等をしやすくする動きを何というか。

⑶ ボールを持ったまま3歩以上進む反則を何というか。

⑷ ボールのコントロールにかかわらず，無理に進行して相手の胴体に突き当たる反則のことを何というか。

17 サッカーに関する次の用語を簡潔に説明せよ。

⑴ コーナーキック

⑵ トラッピング

⑶ トリッピング

⑷ キックオフ

18 次の新体力テストの各項目は，どのような能力を測るのに適しているか，ア～オより選べ。

⑴ 反復横とび　⑵ 握力　⑶ 50m走

⑷ 長座体前屈　⑸ 20mシャトルラン

ア．柔軟性　イ．スピード　ウ．筋力

エ．敏捷性　オ．全身持久力

6 保健

●ポイント

保健についての出題はそれほど多くはないが，基本的な知識を問われることが多いため，得点源となり得る。応急手当や熱中症，生活習慣病，エイズ，喫煙・飲酒・薬物乱用などについて，基本的事項を押さえておこう。

1 思春期の体の変化

(1) 二次性徴

思春期の頃から現れてくる男女の外見上の特徴。これに対して，一次性徴とは，男女の生殖器にみられる生まれつきの違いをいう。

(2) 二次性徴が現れるしくみ

・脳の**下垂体前葉**から**性腺刺激ホルモン**が分泌される。
・性腺(**精巣・卵巣**)の働きが活発になる。
・**男子は精巣から男性ホルモン，女子は卵巣から女性ホルモン**が分泌され，それぞれ男女の体らしく変化する。

2 応急手当

(1) 応急手当

治療を受けるまでの間の一時的・臨時的手当て。状態の悪化を防ぎ，苦痛を和らげ，またその後の専門的な処置や治療の効果を高めることを目的として行う。

＜RICEの原則＞

R (Rest)：安静にする　I (Ice)：冷やす　C (Compression)：圧迫する
E (Elevation)：心臓より高くする(挙上)

(2) 応急手当の方法

切り傷 すり傷	・傷口を流水でよく洗った後，消毒をする。 ・清潔な布やガーゼで傷口を覆い，包帯やばんそうこうを巻く。
やけど	・流水で，痛みや熱さを感じなくなるまで冷やす（10～15分程度）。 ・服を着ている場合は，服の上から流水で冷やす。 ・水ぶくれはつぶさない。
鼻血	・鼻血を飲み込まないように頭を前傾させ，口で息をさせる。 ・鼻翼の部分を指ではさむようにして，奥に向かって圧迫する。 ・冷やしたタオルなどで，鼻のつけ根を冷やす。 ・清潔なガーゼを鼻につめる。 ・首の後ろをたたくのは誤った手当。
頭を打ったとき	・頭痛や吐き気の有無を確認する。 ・傷がある場合，汚れを流水で洗浄し，傷口をガーゼなどで強く押さえて圧迫する。 ・こぶがある場合，濡れタオルや冷湿布で冷やす。
打撲	・患部を濡れタオルや冷湿布で冷やす。 ・包帯などで圧迫する。 ・患部を心臓より高い位置に挙げ，うっ血を防ぐ。
捻挫	・患部を濡れタオルや冷湿布で冷やす。 ・関節を三角巾などで固定する。 ・患部を心臓より高い位置に挙げ，うっ血を防ぐ。 ・もんだり，引っ張ったりしない。
突き指	・患部を濡れタオルや冷湿布で冷やす。 ・副木を当てて，突き指した指と隣の指とを一緒に包帯で巻いて固定する。 ・患部を心臓より高い位置に挙げ，うっ血を防ぐ。 ・患部を引っ張ったりしない。
骨折	・骨折部位を動かさないようにし，安静にする。 ・骨折部位の上下の関節に届く長さの副木を当てて固定する。 ・患部を心臓より高い位置に挙げ，うっ血を防ぐ。

足がつる(こむら返り)	・足を伸ばしながら，足指をひざの方向にそらす。 ・温湿布で温める。 ・筋肉マッサージをする。
脳貧血	・水平または足を高くして寝かせる。 ・衣服をゆるめ，毛布などで全身を保温する。

(3) 熱中症

① 熱中症の症状

体温をこえるような蒸し暑いところに長時間いたり，水分をとらずに運動をしたりした場合などに，体の中に熱がこもり，体温調節や循環機能のはたらきに障害がおこる病気。けいれん，めまい，頻脈，意識混濁などの症状があらわれる。症状の程度により，熱けいれん，熱疲労，**熱射病**に分けられる。(熱失神を加える分け方もある)

※**熱射病**…発汗がなく，体温が40℃以上に上昇し，脈が速くなって意識障害を生じる。死亡率が高い。

② 暑さ指数（WBGT）

・人体と外気との熱のやりとり(熱収支)に着目し，気温，湿度，日射・輻射，風(気流)の要素をもとに算出する，熱中症予防のための指標。

③ 応急手当

・涼しく風通しのよい場所に移動し，衣服をゆるめて安静を保つ。
・頸部や脇の下などに，冷たいタオル，アイスパック・氷などをあてて，体を冷やす。
・濡れタオルを体にあて，うちわ等で風を当てる。
・吐き気がなければ，薄い食塩水やスポーツドリンクなどを飲ませる。(自分で水分を摂れない場合には，無理に与えない。)
・熱射病の場合，早急に救急車を呼び，医療機関に運ぶ。

④ 予防

・直射日光の下や高温の室内で，長時間にわたる運動や作業をしない。
・屋外で運動や作業を行うときは，日傘や帽子を使い，できるだけ軽装にし，吸湿性や通気性のよい素材を着用する。
・運動中，休憩をこまめにとる。
・運動中は水分補給を十分に行う。

3 病気とその予防

(1) ヘルスプロモーション

人々が自らの健康をコントロールし，改善することができるようにするプロセスのこと。1986年にWHO（世界保健機関）がオタワ憲章で提唱した概念。

(2) 病気の発生要因

病気は，**病原体**，**体の抵抗力**，**生活行動**，**環境**が関わりあって起こる。病原体を病因，体の抵抗力，生活行動を主体要因，環境を環境要因という。

(3) 生活習慣病

主として食習慣・運動習慣・休養・喫煙・飲酒などの生活習慣が，その発病や症状の進行に関わる病気。代表的なものとしては，**悪性新生物（がん）**，**心臓病（心疾患）**，**脳卒中（脳血管疾患）**，**脂質異常症（高脂血症）**，**糖尿病**，**歯周病**などがあり，中でもがん，心臓病，脳卒中は，これら3つで日本人の死亡原因の半数近くを占めている。

なお，日本人の死因の第1位は「悪性新生物（がん）」，第2位は「心疾患（高血圧性を除く）」，第3位は「老衰」となっている（2021年）。

(4) 感染症

病気の原因となる病原体に感染することで発病する病気。感染症の発病には，感染者の**抵抗力**や**栄養状態**が関わっている。感染症を予防するためには，**感染源**をなくす，**感染経路**を断ち切る，体の抵抗力を高める，という三原則に基づいて対策を立てることが大切である。

(5) 新型コロナウイルス感染症

新型コロナウイルス「SARS－CoV2」の感染によって発熱や肺炎などが起こる感染症のことで，2019年12月以降，短期間で世界中に広がった。世界保健機関（WHO）は，この疾病を「**COVID-19**」と名づけた。日本政府は2020年2月にこの疾患を感染症法に基づく「**指定感染症**」とし，2021年2月の感染症法の一部改正により「新型インフルエンザ等感染症」へと変更された。主な感染経路は，**飛沫感染**や**接触感染**のほか，ウイルスを含んだ空気中に漂う微粒子を吸い込んでも感染する**エアロゾル感染**などである。

そして2023年5月より，新型コロナウイルス感染症の感染症法上の位置付けが，「5類感染症」に変更となった。

4 喫煙・飲酒・薬物乱用と健康

(1) 喫煙

たばこの煙には多種多様な有害物質が含まれており，喫煙者が直接吸い込む煙（**主流煙**）よりも，たばこの火のついた先から立ち上る煙（**副流煙**）の方に有害物質は多く含まれている。喫煙者の近くにいるだけで，否応なしにたばこの煙を吸わされてしまうことを**受動喫煙**といい，非喫煙者の健康にも悪影響を及ぼす。

有害物質	作　用	健康への悪影響
ニコチン	・末梢血管を収縮させ，血圧を上昇させる。 ・吸うことがやめられなくなる（**依存性**）。	・**動脈硬化** ・**喫煙の習慣化**
タール	・健康な細胞をがん細胞に変化させ（発がん作用），増殖させる（がん促進作用）。	・**各種のがん**
一酸化炭素	・ヘモグロビンと強く結合し，血液が運ぶ酸素の量を減少させる。 ・血管壁を傷つける。	・細胞が酸素不足の状態になり，**心臓に負担** ・動脈硬化
シアン化物	・組織呼吸を妨げたり，気道の線毛を破壊したりする。	・慢性気管支炎や肺気腫

(2) 飲酒

① 飲酒のプラス面

適度な量の飲酒は，疲労回復や血行促進，ストレス解消など心身によい影響をもたらす。

② 飲酒のマイナス面

・アルコールが脳に作用し，判断力・集中力を鈍らせ，事故を起こしやすくなる。

・短時間に大量の酒を飲むと，体内のアルコール濃度が急激に高まり，**急性アルコール中毒**で死亡することもある。

・過度な飲酒を長期間続けると，アルコールは**肝臓**で解毒されるため，肝臓に負担がかかり，肝炎や肝硬変になる危険性が高くなる。また，脳への影響によって大脳の萎縮が現れやすく，認知症が早期に発生する場合もある。

【未成年の喫煙・飲酒が法律で禁止されている理由】

心身が発達途中にあるため，大人よりも影響を強く受けるため。具体的には，次のようなことが挙げられる。

・臓器障害を起こしやすい。
・依存症になりやすい。
・薬物乱用や非行などの行動に結びつきやすい。

(3) 薬物乱用

医薬品を本来の目的からはずれて使用したり，医薬品でない薬物を不正に使用したりすることで，体をむしばむだけでなく，大脳の正常な働きを損ない，**人格を破壊**する。また，乱用を続けると使用する量や回数が増えたり（**依存性**），より強い薬物を求めたり（耐性）するようになり，やめたくてもやめられなくなる。

主な薬物	薬物乱用の症状
シンナーなどの有機溶剤	シンナーやその主成分であるトルエンは，**脳（中枢神経）を麻痺させ働きを鈍くする作用**がある。そのため乱用すると，目が見えない，手足がしびれてきかなくなる，貧血になる，**幻覚**や**幻聴**があるなどの症状が現れたり，歯が溶解しボロボロになったりし，最悪の場合は死に至ることもある。
覚せい剤	シンナーとは逆に**脳（中枢神経）を興奮させる作用**がある。そのため乱用すると，一時的に気分が高ぶり疲労感がとれたような感じになるが，効果が切れると激しい疲労感や憂うつ感に襲われる。幻覚や被害妄想，肺機能障害，腎機能不全，心不全などを招き，一度に大量に使用すると急性中毒で死亡することもある。

(4) 喫煙・飲酒・薬物乱用防止に関する指導

喫煙，飲酒，薬物乱用の防止に関する指導では，知識の詰め込みではなく，児童自らが考え，適切な判断ができるようにすることが大切である。よって，ケーススタディ，ロールプレイングなど，多様な指導方法を用いて，実践的に理解できるように工夫する必要がある。

【実践的な理解を図る指導法例】

・誘われた場合の断り方をロールプレイングやシナリオ作成で練習させる。
・防止教育ビデオを視聴させ，各自の意見を発表させる。
・外部から専門家を招き，薬物乱用防止教室を開催する。

確認問題

19 次の傷害の応急手当の方法をア～オより選べ。

(1) すり傷　(2) 骨折　(3) 捻挫　(4) やけど

ア．患部に冷湿布をし，さらに関節を三角巾などで固定する。

イ．皮膚が青白いときには，温水に1～2時間ひたす。

ウ．患部を動かさないようにして安静にし，副木で上下の関節を含めて固定する。

エ．流水で，痛みや熱さを感じなくなるまで冷やす。

オ．病原体が入らないように，まず傷口をよく洗った後，消毒薬をつける。

20 熱中症について，次の各問いに答えよ。

(1) 熱中症のうち，極めて重篤で発汗がなく，体温が40℃以上に上昇し，意識障害を引き起こすものを特に何というか。

(2) (1)の場合を除く，熱中症の一般的な応急手当の方法を3つ答えよ。

21 病気の予防について，次の各問いに答えよ。

(1) 病気の発生要因となるものを4つ挙げよ。

(2) 日本人の死因の半数近くを占める生活習慣病とはどの疾病のことをいうか，上位3つとも挙げよ。

22 喫煙や飲酒，薬物乱用についての次の記述のうち，下線部が正しいものには○をつけ，誤っているものは正しい語句に直せ。

(1) たばこの煙に含まれる有害物質のうち，①タールには依存性があり，②ニコチンには発がん作用やがん促進作用がある。

(2) たばこの有害物質は副流煙にも多く含まれているため，喫煙者の近くにいる人もたばこの煙を吸うことになる。このことを③受動喫煙という。

(3) 短時間に大量の酒を飲むと，④腎臓でのアルコールの解毒が間に合わず，体内のアルコール濃度が急激に高まり，意識障害を起こしたりする。このことを⑤慢性アルコール中毒という。

(4) シンナーやトルエンには，脳の中枢神経を⑥興奮させる作用がある。そのため乱用すると，脳細胞や視神経がおかされるなどの障害が現れる。

10

外国語活動・外国語

Open Sesame

学習指導要領

●ポイント

小学校における英語教育については，中学年で外国語活動，高学年で教科としての「外国語」が導入されることとなった。教科目標や英語の目標，「指導計画の作成と内容の取扱い」に関する空欄補充問題などに対応できるよう，キーワードを中心に各々の語句を確実に覚えておく必要がある。

1　外国語活動・外国語科改訂の要点（一部抜粋）

(1)　中学年の外国語活動，高学年の外国語科の導入の趣旨

小学校では，平成23年度から高学年において外国語活動が導入された。

<成果>

児童の高い学習意欲，中学生の外国語教育に対する積極性の向上といった成果が認められている。

<課題>

・音声中心で学んだことが，中学校の段階で**音声から文字への学習**に円滑に接続されていない。

・**日本語と英語の音声の違い**や**英語の発音と綴りの関係**，**文構造**の学習において課題がある。

・高学年は，児童の抽象的な思考力が高まる段階であり，より体系的な学習が求められる。

<今回の改訂>

小学校中学年から外国語活動を導入し，「**聞くこと**」，「**話すこと**」を中心とした活動を通じて外国語に慣れ親しみ外国語学習への**動機付け**を高めた上で，高学年から**発達の段階**に応じて段階的に文字を「**読むこと**」，「**書くこと**」を加えて**総合的・系統的**に扱う教科学習を行うとともに，**中学校への接続を図る**ことを重視することとしている。

(2)　中学年の外国語活動，高学年の外国語科の目標

・各学校段階の学びを接続させるとともに，「**外国語を使って何ができるように**

なるか」を明確にするという観点から設定している。

・小学校中学年の外国語活動の目標として「**聞くこと**」,「**話すこと［やり取り］**」,「**話すこと［発表］**」の三つの領域を設定し,**音声面を中心とした外国語を用いたコミュニケーションを図る素地となる資質・能力**を育成することとしている。

・高学年において「**読むこと**」,「**書くこと**」を加えた教科として外国語科を導入し,五つの領域の**言語活動**を通じて,**コミュニケーションを図る基礎となる資質・能力**を育成することとしている。

2　外国語活動の目標

外国語による**コミュニケーション**における**見方・考え方**を働かせ,外国語による**聞くこと**,**話すこと**の**言語活動**を通して,**コミュニケーション**を図る**素地**となる資質・能力を次のとおり育成することを目指す。

(1)　外国語を通して,**言語や文化**について**体験的**に理解を深め,日本語と外国語との**音声の違い**等に気付くとともに,外国語の**音声**や**基本的な表現**に**慣れ親しむ**ようにする。

(2)　**身近で簡単な事柄**について,外国語で聞いたり**話したり**して**自分の考えや気持ち**などを**伝え合う力**の**素地**を養う。

(3)　外国語を通して,**言語**やその**背景**にある**文化**に対する**理解**を深め,**相手に配慮しながら**,**主体的**に外国語を用いて**コミュニケーション**を図ろうとする態度を養う。

●　外国語によるコミュニケーションにおける見方・考え方

外国語によるコミュニケーションの中で,どのような視点で物事を捉え,どのような考え方で思考していくのかという,物事を捉える視点や考え方であり,「外国語で表現し伝え合うため,外国語やその背景にある文化を,社会や世界,他者との関わりに着目して捉え,コミュニケーションを行う目的や場面,状況等に応じて,情報を整理しながら考えなどを形成し,再構築すること」である。

●　コミュニケーションを図る素地となる資質・能力

中学年の外国語活動の目標の中心となる部分で,高学年の外国語科の目標である,「コミュニケーションを図る基礎となる資質・能力」及び中学校の外国語科の目標である,「簡単な情報や考えなどを理解したり表現したり伝え合ったりするコミュニケーションを図る資質・能力」につながるものである。「素地」としたのは,中学校の外国語科が「コミュニケーションを図る資質・能力」であることに対して，高学年の外国語科の目標がその「基礎となる資質・能力」であり，それに対しての「素地となる資質・能力」ということからである。

3 外国語科の目標

外国語による**コミュニケーション**における**見方・考え方**を働かせ，外国語による**聞くこと**，**読むこと**，**話すこと**，**書くこと**の**言語活動**を通して，**コミュニケーション**を図る**基礎**となる**資質**・能力を次のとおり育成することを目指す。

(1) 外国語の**音声**や**文字**，**語彙**，**表現**，**文構造**，**言語の働き**などについて，日本語と外国語との**違い**に気付き，これらの**知識**を理解するとともに，**読むこと**，**書くこと**に**慣れ親しみ**，**聞くこと**，**読むこと**，**話すこと**，**書くこと**による**実際のコミュニケーション**において活用できる**基礎的**な**技能**を身に付けるようにする。

(2) **コミュニケーション**を行う**目的**や**場面**，**状況**などに応じて，**身近で簡単な事柄**について，聞いたり話したりするとともに，**音声で十分に慣れ親しんだ**外国語の**語彙**や**基本的な表現**を**推測**しながら読んだり，**語順**を**意識**しながら書いたりして，自分の**考えや気持ち**などを**伝え合う**ことができる**基礎的な力**を養う。

(3) 外国語の**背景**にある**文化**に対する理解を深め，**他者**に**配慮**しながら，**主体的**に外国語を用いて**コミュニケーション**を図ろうとする**態度**を養う。

4 各言語（英語）の目標

英語学習の**特質**を踏まえ，外国語活動については3つの領域別，外国語については5つの領域別に目標が設置されている。

	外国語活動	外国語
聞くこと	ア　ゆっくり**はっきりと**話された際に，自分のことや**身の回りの物**を表す簡単な**語句**を聞き取るようにする。 イ　ゆっくりはっきりと話された際に，**身近で簡単な事柄**に関する基本的な**表現**の意味が分かるようにする。	ア　ゆっくりはっきりと話されれば，自分のことや身近で簡単な事柄について，簡単な**語句**や基本的な**表現**を聞き取ることができるようにする。 イ　ゆっくりはっきりと話されれば，日常生活に関する身近で簡単な事柄について，具体的な**情報**を聞き取ることができるようにする。

聞くこと	ウ　文字の読み方が**発音**されるのを聞いた際に，どの文字であるかが分かるようにする。	ウ　ゆっくりはっきりと話されれば，日常生活に関する身近で簡単な事柄について，短い話の**概要**を捉えることができるようにする。
読むこと		ア　**活字体**で書かれた文字を識別し，その読み方を発音することができるようにする。 イ　**音声**で十分に慣れ親しんだ簡単な語句や基本的な表現の意味が分かるようにする。
話すこと［やり取り］	ア　基本的な表現を用いて**挨拶，感謝，簡単な指示**をしたり，それらに応じたりするようにする。 イ　自分のことや**身の回りの物**について，**動作**を交えながら，自分の考えや気持ちなどを，簡単な語句や基本的な表現を用いて**伝え合う**ようにする。 ウ　サポートを受けて，自分や相手のこと及び身の回りの物に関する事柄について，簡単な語句や基本的な表現を用いて**質問**をしたり質問に答えたりするようにする。	ア　**基本的**な表現を用いて**指示，依頼**をしたり，それらに応じたりすることができるようにする。 イ　日常生活に関する身近で簡単な事柄について，自分の**考え**や気持ちなどを，簡単な語句や**基本的**な表現を用いて**伝え合う**ことができるようにする。 ウ　自分や相手のこと及び身の回りの物に関する事柄について，簡単な語句や基本的な表現を用いてその場で**質問**をしたり質問に答えたりして，伝え合うことができるようにする。
話すこと［発表］	ア　身の回りの物について，人前で**実物**などを見せながら，簡単な語句や基本的な表現を用いて話すようにする。 イ　自分のことについて，**人前で実物などを見せながら**，簡単な語句や基本的な表現を用いて話すようにする。 ウ　**日常**生活に関する身近で簡単な事柄について，人前で実物などを見せながら，自分の考えや気持ちなどを，簡単な語句や基本的な表現を用いて話すようにする。	ア　日常生活に関する身近で簡単な事柄について，簡単な語句や基本的な表現を用いて話すことができるようにする。 イ　自分のことについて，伝えようとする内容を**整理**した上で，簡単な語句や基本的な表現を用いて話すことができるようにする。 ウ　身近で**簡単な**事柄について，伝えようとする内容を整理した上で，自分の考えや気持ちなどを，**簡単な**語句や基本的な表現を用いて話すことができるようにする。

書くこと		ア　大文字，小文字を**活字体**で書くことができるようにする。また，**語順**を意識しながら音声で十分に慣れ親しんだ簡単な語句や基本的な表現を**書き写す**ことができるようにする。 イ　自分のことや身近で簡単な事柄について，**例文**を参考に，音声で十分に慣れ親しんだ簡単な語句や基本的な表現を用いて書くことができるようにする。

5　各言語（英語）の内容

【外国語活動】

●　第3学年及び第4学年

〔知識及び技能〕

(1)　英語の特徴等に関する事項

〔思考力，判断力，表現力等〕

(2)　情報を整理しながら考えなどを形成し，英語で表現したり，伝え合ったりすることに関する事項

(3)　言語活動及び言語の働きに関する事項

①　言語活動に関する事項

②　言語の働きに関する事項

〈言語活動例〉

聞くこと	(ア)　身近で簡単な事柄に関する短い話を聞いて**おおよその内容**が分かったりする活動。 (イ)　身近な人や身の回りの物に関する簡単な語句や基本的な表現を聞いて，それらを表すイラストや写真などと**結び付ける**活動。 (ウ)　文字の読み方が発音されるのを聞いて，活字体で書かれた文字と**結び付ける**活動。
話すこと［やり取り］	(ア)　知り合いと簡単な挨拶を交わしたり，感謝や簡単な指示，依頼をして，それらに応じたりする活動。 (イ)　自分のことや身の回りの物について，動作を交えながら，好みや要求などの自分の考えや気持ちなどを伝え合う活動。 (ウ)　自分や相手の好み及び欲しい物などについて，簡単な質問をしたり質問に答えたりする活動。

話すこと［発表］	(ア) 身の回りの物の数や形状などについて，人前で実物やイラスト，写真などを見せながら話す活動。 (イ) 自分の好き嫌いや，欲しい物などについて，人前で実物やイラスト，写真などを見せながら話す活動。 (ウ) 時刻や曜日，場所など，日常生活に関する身近で簡単な事柄について，人前で実物やイラスト，写真などを見せながら，自分の考えや気持ちなどを話す活動。

【外国語科】

● 第5学年及び第6学年

〔知識及び技能〕

(1) 英語の特徴やきまりに関する事項

〔思考力，判断力，表現力等〕

(2) 情報を整理しながら考えなどを形成し，英語で表現したり，伝え合ったりすることに関する事項

(3) 言語活動及び言語の働きに関する事項

① 言語活動に関する事項

② 言語の働きに関する事項

〈言語活動例〉

聞くこと	(ア) 自分のことや学校生活など，身近で簡単な事柄について，簡単な語句や基本的な表現を聞いて，それらを表す**イラストや写真**などと結び付ける活動。 (イ) **日付や時刻**，**値段**などを表す表現など，日常生活に関する身近で簡単な事柄について，**具体的な情報**を聞き取る活動。 (ウ) 友達や家族，学校生活など，身近で簡単な事柄について，簡単な語句や基本的な表現で話される短い会話や説明を，**イラストや写真**などを参考にしながら聞いて，**必要な情報**を得る活動。
読むこと	(ア) 活字体で書かれた文字を見て，どの文字であるかやその文字が大文字であるか小文字であるかを**識別する活動**。 (イ) 活字体で書かれた文字を見て，その読み方を適切に発音する活動。 (ウ) 日常生活に関する身近で簡単な事柄を内容とする掲示やパンフレットなどから，**自分が必要とする情報を得る**活動。 (エ) 音声で十分に慣れ親しんだ簡単な語句や基本的な表現を，絵本などの中から識別する活動。

話すこと［やり取り］	(ア) 初対面の人や知り合いと挨拶を交わしたり，相手に指示や依頼をして，それらに応じたり断ったりする活動。 (イ) 日常生活に関する身近で簡単な事柄について，自分の考えや気持ちなどを伝えたり，簡単な質問をしたり質問に答えたりして伝え合う活動。 (ウ) 自分に関する簡単な質問に対してその場で答えたり，相手に関する簡単な質問をその場でしたりして，短い会話をする活動。
話すこと［発表］	(ア) 時刻や日時，場所など，日常生活に関する身近で簡単な事柄を話す活動。 (イ) 簡単な語句や基本的な表現を用いて，自分の趣味や得意なことなどを含めた自己紹介をする活動。 (ウ) 簡単な語句や基本的な表現を用いて，学校生活や地域に関することなど，身近で簡単な事柄について，自分の考えや気持ちなどを話す活動。
書くこと	(ア) 文字の読み方が発音されるのを聞いて，活字体の**大文字**，**小文字**を書く活動。 (イ) 相手に伝えるなどの**目的をもって**，身近で簡単な事柄について，音声で十分に慣れ親しんだ簡単な語句を**書き写す**活動。 (ウ) 相手に伝えるなどの**目的をもって**，語と語の**区切り**に注意して，身近で簡単な事柄について，音声で十分に慣れ親しんだ基本的な表現を**書き写す**活動。 (エ) 相手に伝えるなどの**目的をもって**，名前や年齢，趣味，好き嫌いなど，**自分に関する簡単な**事柄について，音声で十分に慣れ親しんだ簡単な語句や基本的な表現を用いた例の中から言葉を**選んで書く**活動。

6 指導計画の作成と内容の取扱い

(1) 指導計画の作成に当たっての配慮事項

【外国語活動】

(1) 指導計画の作成に当たっては，**第5学年及び第6学年並びに中学校及び高等学校における指導との接続**に留意しながら，次の事項に配慮するものとする。

ア 単元など内容や時間のまとまりを見通して，その中で育む**資質・能力**の育成に向けて，**児童の主体的・対話的で深い学びの実現**を図るようにすること。その際，**具体的**な課題等を設定し，児童が外国語によるコミュニケーションにおける**見方・考え方**を働かせながら，コミュニケーションの**目的**や場面，状況などを意識して活動を行い，英語の音声や語彙，表現などの知識を，**三つの領域**における実際のコミュニケーションにおいて活用する学習の充実を図ること。

イ **学年ごと**の目標を適切に定め，**2学年間**を通じて外国語活動の目標の実現を図るようにすること。

ウ　実際に英語を用いて互いの考えや気持ちを**伝え合う**などの言語活動を行う際は，2の(1)に示す事項について理解したり練習したりするための指導を必要に応じて行うこと。また，**英語を初めて学習することに配慮**し，簡単な語句や基本的な表現を用いながら，**友達との関わり**を大切にした**体験的な言語活動**を行うこと。

エ　言語活動で扱う題材は，**児童の興味・関心**に合ったものとし，**国語科**や音楽科，図画工作科など，他教科等で児童が学習したことを活用したり，**学校行事で扱う内容**と関連付けたりするなどの工夫をすること。

オ　外国語活動を通して，**外国語**や**外国の文化**のみならず，**国語**や**我が国の文化**についても併せて理解を深めるようにすること。言語活動で扱う題材についても，**我が国の文化**や，**英語の背景にある文化**に対する関心を高め，理解を深めようとする態度を養うのに役立つものとすること。

カ　障害のある児童などについては，学習活動を行う場合に生じる困難さに応じた指導内容や指導方法の工夫を計画的，組織的に行うこと。

キ　**学級担任の教師**又は**外国語活動を担当する教師**が**指導計画**を作成し，授業を実施するに当たっては，ネイティブ・スピーカーや英語が堪能な**地域人材**などの協力を得る等，指導体制の充実を図るとともに，指導方法の工夫を行うこと。

【外国語科】

(1)　指導計画の作成に当たっては，**第3学年及び第4学年並びに中学校及び高等学校における指導との接続**に留意しながら，次の事項に配慮するものとする。

ア　単元など内容や時間のまとまりを見通して，その中で育む**資質・能力**の育成に向けて，児童の**主体的・対話的**で深い学びの実現を図るようにすること。その際，**具体的**な課題等を設定し，児童が**外国語によるコミュニケーション**における**見方・考え方**を働かせながら，コミュニケーションの**目的**や場面，状況などを意識して活動を行い，英語の音声や語彙，表現などの知識を，**五つの領域**における実際のコミュニケーションにおいて活用する学習の充実を図ること。

イ　**学年ごと**の目標を適切に定め，**2学年間**を通じて外国語科の目標の実現を図るようにすること。

ウ　実際に英語を使用して互いの考えや気持ちを**伝え合う**などの言語活動を行う際は，2の(1)に示す言語材料について理解したり練習したりするための指導を必要に応じて行うこと。また，第3学年及び第4学年において第4章外国語活動を履修する際に扱った簡単な語句や基本的な表現などの学習内容を**繰り返し指導**し**定着**を図ること。

エ　児童が英語に多く触れることが期待される**英語学習の特質**を踏まえ，必要に応じて，特定の事項を取り上げて第1章総則の第2の3の(2)のウの(イ)に掲げる指導を行うことにより，**指導の効果**を高めるよう工夫すること。このような指導を行う場合には，当該指導の**ねらい**やそれを関連付けて指導を行う事項との関係を明確にするとともに，単元など内容や時間のまとまりを見通して，資質・能力が**偏りなく**育成されるよう計画的に指導すること。

オ　**言語活動**で扱う題材は，児童の**興味・関心**に合ったものとし，**国語科**や音楽科，図画工作科など，他の教科等で児童が学習したことを活用したり，**学校行事**で扱う内容と関連付けたりするなどの工夫をすること。

カ　障害のある児童などについては，学習活動を行う場合に生じる困難さに応じた指導内容や指導方法の工夫を計画的，組織的に行うこと。

キ　**学級担任の教師**又は**外国語を担当する教師**が**指導計画**を作成し，授業を実施するに当たっては，ネイティブ・スピーカーや英語が堪能な**地域人材**などの協力を得る等，指導体制の充実を図るとともに，指導方法の工夫を行うこと。

(2)　2の内容の取扱いについての配慮事項

【外国語活動】

ア　英語でのコミュニケーションを体験させる際は，児童の**発達の段階**を考慮した表現を用い，児童にとって**身近なコミュニケーションの場面**を設定すること。

イ　文字については，児童の**学習負担**に配慮しつつ，**音声**によるコミュニケーションを**補助**するものとして取り扱うこと。

ウ　言葉によらないコミュニケーションの手段もコミュニケーションを支えるものであることを踏まえ，**ジェスチャー**などを取り上げ，その役割を理解させるようにすること。

エ　身近で簡単な事柄について，友達に質問をしたり質問に答えたりする力を育成するため，**ペア・ワーク**，**グループ・ワーク**などの学習形態について適宜工夫すること。その際，相手とコミュニケーションを行うことに課題がある児童については，個々の児童の**特性**に応じて指導内容や指導方法を工夫すること。

オ　児童が身に付けるべき資質・能力や児童の実態，教材の内容などに応じて，**視聴覚教材**やコンピュータ，情報通信ネットワーク，教育機器などを有効活用し，児童の**興味・関心**をより高め，**指導の効率化**や**言語活動の更なる充実**を図るようにすること。

カ　各単元や各時間の指導に当たっては，コミュニケーションを行う**目的**，場面，状況などを明確に設定し，言語活動を通して育成すべき資質・能力を明確に示すことにより，児童が**学習の見通し**を立てたり，振り返ったりすることができるようにすること。

【外国語科】

ア　2の(1)に示す言語材料については，平易なものから難しいものへと段階的に指導すること。また，児童の**発達の段階**に応じて，聞いたり読んだりすることを通して意味を理解できるように指導すべき事項と，話したり書いたりして表現できるように指導すべき事項とがあることに留意すること。

イ　**音声指導**に当たっては，**日本語との違い**に留意しながら，発音練習などを通して2の(1)のアに示す言語材料を指導すること。また，音声と文字とを関連付けて指導すること。

ウ　文や文構造の指導に当たっては，次の事項に留意すること。

(ア)　児童が**日本語と英語との語順等の違い**や，**関連のある文や文構造のまとまり**を認識できるようにするために，**効果的な指導**ができるよう工夫すること。

(イ)　**文法の用語や用法**の指導に偏ることがないよう配慮して，**言語活動**と効果的に関連付けて指導すること。

エ　身近で簡単な事柄について，友達に質問をしたり質問に答えたりする力を育成するため，**ペア・ワーク**，**グループ・ワーク**などの学習形態について適宜工夫すること。その際，他者とコミュニケーションを行うことに課題がある児童については，個々の児童の**特性**に応じて指導内容や指導方法を工夫すること。

オ　児童が身に付けるべき資質・能力や児童の実態，教材の内容などに応じて，**視聴覚教材**やコンピュータ，情報通信ネットワーク，教育機器などを有効活用し，児童の**興味・関心**をより高め，**指導の効率化**や**言語活動の更なる充実**を図るようにすること。

カ　各単元や各時間の指導に当たっては，コミュニケーションを行う**目的**，場面，状況などを明確に設定し，言語活動を通して育成すべき資質・能力を明確に示すことにより，児童が**学習の見通し**を立てたり，振り返ったりすることができるようにすること。

(3)　教材についての留意事項

【外国語科】

ア　教材は，聞くこと，読むこと，話すこと［やり取り］，話すこと［発表］，書くことなどのコミュニケーションを図る基礎となる資質・能力を**総合的**に育成するため，1に示す**五つ**の領域別の目標と2に示す内容との関係について，単元など内容や時間のまとまりごとに各教材の中で明確に示すとともに，実際の言語の**使用場面**や言語の働きに十分配慮した題材を取り上げること。

イ　英語を使用している人々を中心とする世界の人々や日本人の**日常生活**，風俗習慣，物語，地理，歴史，**伝統文化**，自然などに関するものの中から，児童の**発達の段階**や**興味・関心**に即して**適切**な題材を**変化をもたせて**取り上げるものとし，次の観点に配慮すること。

(ア)　**多様な考え方**に対する理解を深めさせ，**公正**な**判断力**を養い**豊かな心情**を育てることに役立つこと。

(イ)　**我が国の文化**や，英語の**背景**にある文化に対する**関心**を高め，理解を深めようとする態度を養うことに役立つこと。

(ウ)　広い視野から**国際理解**を深め，国際社会と向き合うことが求められている我が国の一員としての自覚を高めるとともに，**国際協調**の精神を養うことに役立つこと。

確認問題

1　次は，学習指導要領の外国語活動及び外国語科の目標である。空欄に適語を入れよ。

【外国語活動】

外国語によるコミュニケーションにおける見方・考え方を働かせ，外国語による聞くこと，話すことの言語活動を通して，コミュニケーションを図る（　A　）となる資質・能力を次のとおり育成することを目指す。

(1)　外国語を通して，言語や文化について（　B　）に理解を深め，日本語と外国語との（　C　）の違い等に気付くとともに，外国語の（　C　）や基本的な表現に慣れ親しむようにする。

(2)　身近で簡単な事柄について，外国語で聞いたり話したりして自分の考えや気持ちなどを伝え合う力の（　A　）を養う。

(3)　外国語を通して，言語やその背景にある文化に対する理解を深め，相手に配慮しながら，（　D　）に外国語を用いてコミュニケーションを図ろうとする態度を養う。

【外国語科】

外国語によるコミュニケーションにおける見方・考え方を働かせ，外国語による聞くこと，読むこと，話すこと，（　E　）の言語活動を通して，コミュニケーションを図る基礎となる資質・能力を次のとおり育成することを目指す。

(1)　外国語の（　C　）や文字，語彙，表現，文構造，言語の働きなどについて，日本語と外国語との違いに気付き，これらの知識を理解するとともに，読むこと，（　E　）に慣れ親しみ，聞くこと，読むこと，話すこと，（　E　）による実際のコミュニケーションにおいて活用できる基礎的な技能を身に付けるようにする。

(2)　コミュニケーションを行う（　F　）や場面，状況などに応じて，身近で簡単な事柄について，聞いたり話したりするとともに，（　C　）で十分に慣れ親しんだ外国語の語彙や基本的な表現を推測しながら読んだり，（　G　）を意識しながら書いたりして，自分の考えや気持ちなどを伝え合うことができる基礎的な力を養う。

(3)　外国語の背景にある文化に対する理解を深め，他者に配慮しながら，（　D　）に外国語を用いてコミュニケーションを図ろうとする態度を養う。

2 英語

●ポイント

語い・文法については，主に，空欄補充問題として出題されている。基礎的知識を確実に身に付けよう。

会話文は，出題頻度が高く，文脈から考えて空欄にあてはまる応答文を選択する形式のものが多い。正答を導き出すのに最も重要なのは，前後の会話の流れを把握することである。とくに，会話問題には会話特有の表現があるので，あらかじめ覚えておこう。

英文読解は，主に，書かれている内容を把握するものと，英文を基にして各問いに答えるものとがある。読解力以外に文法などの基礎的事項の定着も求められる。

1 語い・文法

例題 1 〈英単語の意味〉

(1) 次の英文が表す単語を書け。

① a piece of furniture for sleep or rest, which usually has four legs

② a season marked by low temperature

③ the large round object that circles the Earth

(2) 次の①②とほぼ同じ意味を持つ単語をア～クからそれぞれ一つずつ選べ。

① probably　② plentiful

ア．peaceful　イ．often　ウ．namely　エ．many

オ．natural　カ．maybe　キ．contrary　ク．enough

解答 (1) ① bed　② winter　③ moon

(2) ① カ　② エ

例題2 〈空欄補充〉

(1) 次の英文の（　）に適語を入れよ。

① You should (　　) better than to believe him.
（～しないだけの分別がある）

② (　　) from being welcomed, they were treated impolitely by the villagers.
（～どころか）

③ She made up her (　　) to leave her hometown.　（決心する）

④ Resentment took the (　　) of awkwardness.　（～に取って代わる）

⑤ Did you (　　) to see him in the city hall?　（偶然に～する）

(2) 次の英文の（　）に適語を入れよ。

① It will not be (　　)(　　) the result is announced.
（まもなく結果が発表されるだろう）

② The man was seen (　　)(　　) the house.
（その男は家に入るところを見られた）

③ She (　　)(　　) stolen the money.
（彼女がそのお金を盗んだはずはない）

④ I don't like mathematics, (　　)(　　) physics.
（私は数学がきらいだ。まして物理はいっそうきらいだ）

⑤ We could not live (　　)(　　) the air.
（空気がなければ生きていけないだろう）

解答 (1) ① know　② Far　③ mind　④ place　⑤ happen
(2) ① long before　② to enter　③ cannot have
④ much[still] less　⑤ but for

解説 (2) ① It will not be long before～「まもなく～だろう」
② 知覚動詞（see, hearなど）+O+原形不定詞「Oが～するのを見る[聞く]」の構文を受動態にするとき，原形不定詞がto不定詞に変わる。
③ cannot have +過去分詞「～したはずがない」
過去の行為，状態に関する推測を表す。
④ much[still] less (let alone)「(否定文で) まして～ない」
⑤ but for～「～がなければ」

2 会話

例題 〈会話表現〉

次の会話文の（　　）に入る適当なものを選べ。

① A：Shall we have dinner at that new restaurant?
　B：Yes,（　　　）.

ア．we can　　イ．you shall　　ウ．I will　　エ．let's

② A：I am sorry to bother you.
　B：（　　　）

ア．You're welcome.　　イ．That's all right.　　ウ．No, thank you.
エ．It is very kind of you.

③ A：Do you mind my sitting here?
　B：（　　　）This seat is open.

ア．Yes, I do.　　イ．Never mind.　　ウ．No, not at all.
エ．No, you shouldn't.

④ A：Hello. May I speak to Mr. Brown?
　B：（　　　）.

ア．Speaking　　イ．Taking　　ウ．Saying　　エ．Telling

⑤ A：Could you give me a ride to the station?
　B：（　　　）

ア．No, not at all.　　イ．Yes, you could.　　ウ．Sure, with pleasure.
エ．No, thanks anyway.

解答 ① エ　② イ　③ ウ　④ ア　⑤ ウ

3 英文読解

例題1 〈内容把握問題〉

次の英文は，歴史上のある人物について述べたものである。誰について説明したものか選べ。

He was born in Yamaguchi Prefecture in 1841. He studied in London in his youth. He worked for the Meiji Government and became the first prime minister of Japan. He was assassinated at the Harbin Railway Station in 1909.

ア．坂本龍馬　　イ．大隈重信　　ウ．伊藤博文　　エ．原敬　　オ．板垣退助

〈解き方のポイント〉

英文からキーワード及びキーセンテンスをピックアップしてみよう。このような形式では地元の名所や地元ゆかりの著名人について問われることが多い。

解答　ウ

解説　the first prime minister of Japan「日本の初代首相」が大きなヒントとなる。

〈全訳〉

彼は1841年に山口県に生まれた。若い頃ロンドンに留学していた。明治政府のために働き，日本の初代首相となった。1909年にハルビン駅で暗殺された。

例題2 〈長文読解〉

次の英文を読んで，あとの問いに答えよ。

Some business executives in Toronto slept outdoors in very cold weather, recently, to raise money for young people who don't have homes. Business people and other well-known people in Toronto gathered near Ryerson University with cardboard boxes and sleeping bags, to spend the cold night outside. It was part of a fundraiser called "Sleep Out: Executive Edition," by Covenant House Toronto, a shelter for homeless youths. The executives left Ryerson and went to different parks and other locations, like subway shelters, (　①　) they spent the night. Participating (　②　) the fundraiser were Patrick Nangle, the president of shipping company Purolator, Toronto police chief Bill Blair and a vice-president at a major bank.

According（　③　）Covenant House, on any given night up to 20,000 young people are without a home and have to sleep outside in Toronto. Seventeen other cities in North America are doing similar fundraisers. Covenant House hopes to raise more than $800,000 in Toronto.

問1　文中の空欄①～③に入る適語を選べ。

ア．in　　イ．for　　ウ．on　　エ．where　　オ．what　　カ．to

問2　英文の内容と一致しないものを一つ選べ。

ア．トロントの経営者や有名人がホームレスのように屋外で夜を明かした。

イ．“Sleep Out”という募金活動を主催したのはホームレスの若者の支援組織であった。

ウ．トロントには屋外で眠らなければならない若者が2万人もいると言われている。

エ．ホームレスの若者のための募金活動はトロント以外の17都市でも行われ，合計80万ドルを集めた。

〈解き方のポイント〉

まず，英文を読む前に設問に目を通そう。というのは，問2のような設問を一読すれば，英文読解のヒントを得られるだけでなく，英文読解の上での**キーワード**（ここでは，**raise money, fundraiser**など）を把握できるからである。

また，問1のような空欄補充問題は英文を読み進めながら，並行して解答していくとよいだろう。

解答　問1　①　エ　　②　ア　　③　カ　　問2　エ

解説　問1　空欄補充問題。空欄補充には（a）熟語や関係詞など知識を伴うもの，（b）文脈から判断するもの，の2種類がある。本問は（a）に該当する。

①　different parks and other locationsを先行詞とする非制限用法の関係副詞whereが入る。

②　participate in～「～に参加する」，③　according to～「～によれば」は押さえておきたい熟語。

問2　内容一致問題。この種の問題は**消去法**で解くことをお勧めする。文中に必ず根拠が示されているので，一つ一つ押さえていこう。また，文中に具体的な数字が出てきた場合，そこがねらわれやすいので注意。

エ．最終文参照。トロントだけで80万ドルを集めたい，と述べられている。

〈全訳〉

最近，トロントの一部の経営幹部がホームレスの若者のための金を集めるため，非常に寒い日に屋外で眠った。トロントのビジネスパーソンやその他の有名人が段ボールと寝袋を持ってライアソン大学の近くに集まり，寒い夜を屋外で明かすことにした。これは，ホームレスの若者向けのシェルター Covenant House Torontoによる「外で眠ろう：エグゼクティブバージョン」という募金活動の一環だった。経営幹部たちはライアソン大学を出て，様々な公園やその他の場所（地下鉄構内など）へ散り，そこで一夜を過ごした。募金活動に参加したのは，配送会社Purolatorの社長Patrick Nangle，トロント警察署長Bill Blair，主要銀行の副頭取などであった。

Covenant Houseによると，トロントには家を持たず屋外で眠らなければならない若者が一夜あたり最大2万人もいるという。北米の他の17都市でも同様の募金活動が行われている。Covenant Houseはトロントで80万ドル以上を調達したいと考えている。

確認問題

2 次の各説明が表す英単語を選べ。

(1) the science of numbers, quantities, and shapes and the relations between them

ア．physics　イ．mathematics　ウ．history　エ．chemistry

(2) a device or room that is used to keep things (such as food and drinks) cold

ア．warehouse　イ．temperature　ウ．thermometer

エ．refrigerator

(3) to combine (two or more things) to form or create something

ア．integrate　イ．separate　ウ．produce　エ．quantify

(4) not graceful, lacking skill, or difficult to use or handle

ア．poor　イ．suitable　ウ．substantial　エ．awkward

(5) to fail to take care of or to give attention to (someone or something)

ア．notify　イ．disclose　ウ．neglect　エ．consume

3 次の英文のそれぞれの(　　)に入る適語を選べ。

(1) He never imagined that he would have his bag (　　) in the classroom.

ア．steal　イ．to steal　ウ．stealing　エ．stolen

(2) You should welcome all the guests warmly as if they (　　) your best friends.

ア．had been　イ．were　ウ．be　エ．are

(3) My sons have been looking forward to (　　) you.

ア．see　イ．saw　ウ．seen　エ．seeing

(4) Taking everything (　　) consideration, I believe the project should be suspended.

ア．with　イ．for　ウ．in　エ．into

(5) Run to the station, (　　) you may catch the train.

ア．and　イ．but　ウ．or　エ．otherwise

4 次の二つの英文が同じ意味になるように（　　）に適語を入れよ。

(1) She is the most intelligent student in the class.
= (　　　) (　　　) student in the class is as intelligent as she.

(2) I do not like him because he always criticizes other people.
= I do not like him because he always finds (　　　) (　　　) other people.

(3) We believed that he was an American by mistake.
= We (　　　) him for an American.

(4) Wherever you are, I will come to help you.
= (　　　) (　　　) where you are, I will come to help you.

(5) Fifteen minutes' ride will bring you to the airport.
= It will (　　　) fifteen minutes to the airport (　　　) car.

5 次の会話文の（　　）に適語を入れよ。なお，示した文字から始めること。

(1) A：Someone has stolen my new bike.
B：Oh, that's too (b　　　). Have you reported to the police?

(2) A：Excuse me, could you tell me the way to the City Hall?
B：I'm (a　　　) I don't know. I am a stranger here.

(3) A：May I use your telephone?
B：Sure, go (a　　　).

(4) A：Why not take a break for a while?
B：That's a good (i　　　).

(5) A：What's (w　　　)? You look so pale.
B：I feel sick. I think I should go home.

6 下の(1)～(5)は，外国語活動でよく使われる英文である。どのような場面で用いられるものか，ア～クからそれぞれ1つずつ選べ。

(1) Nice try!

(2) Face each other.

(3) That's all for today.

(4) Put the card on the table.

(5) One more time, please.

ア．授業開始を伝える場面

イ．カードをテーブルに置くよう指示する場面

ウ．2人組になるよう指示する場面

エ．もう一度発言するよう促す場面

オ．互いに向かい合うよう指示する場面

カ．がんばったことをほめる場面

キ．別の生徒に発言を求める場面

ク．授業終了を伝える場面

7 次の会話文の（　　）に入る適当なものを選べ。

(1) A：What did you think of his new book?

B：To be honest, (　　　).

A：Me, neither.

ア．it isn't very good　　イ．I hated it　　ウ．I didn't like it

エ．I really enjoyed it

(2) A：Can you help me find my key?

B：(　　　).

A：Thank you very much.

ア．Of course not　　イ．Certainly　　ウ．Yes, I do

エ．Yes, I'd rather not

(3) A：The examinations are over.

B：Do you think that you will pass them?

A：(　　　).

ア．I hope that　　イ．I hope it　　ウ．I hope for　　エ．I hope so

(4) A：We're having a party this weekend. Can you come?

B：I would like to, (　　　).

A：Oh, it's a shame. I wish you could come.

ア．so I'm looking forward to the weekend

イ．and I will join you at the party

ウ．but I will be busy writing reports

エ．but I hope to attend the party

(5) A：(　　　) I'm Alex Wright.

B：Nice to meet you, Mr. Wright. I'm Tom Canes.

A：Nice to meet you, too, Mr. Canes.

ア．It's been ages! イ．Let me introduce you to my friend.

ウ．Good to see you again. エ．May I introduce myself?

8 次の英文を読んで，空欄に入る適語を選べ。

As the birthrate is declining in Japan, the total population is on the decrease after peaking at 128.06 million in 2010; expected to（ ① ）to 116.62 million by 2030 and below 100 million in 2048. This population decline, alongside the declining birthrate, is a major（ ② ）to sustainable maintenance and improvement of the economy and individual living standards.

The elderly population（65 and over）in Japan is（ ③ ）annually and is forecast to reach 36.85 million in 2030. Consequently, the proportion of the productive population（15 to 64 years old）relative to an elderly individual is expected to decrease from about 2.8 in 2010 to about 1.8 in 2030 and even about 1.3 in 2050. This accelerating super-aged society is raising concerns about problems such as a（ ④ ）of labor and medical care, increased care burden and social security charges. The population aging, combined with the declining birthrate and the concentration of population into urban areas, which（ ⑤ ）the depopulation of local communities, causes local economies to decline.

ア．contribution イ．increase ウ．threat エ．decreasing

オ．prevents カ．growing キ．accelerates ク．shortage

ケ．surplus コ．fall

9 次の英文を読んで，あとの問いに答えよ。

House prices have gone way up in the last few years — especially in some big cities like Toronto and New York. That's partly because the land that houses are built on has become much more expensive. But what about the land people park their cars on? It turns out, parking spaces have become more expensive as well, especially in New York, where parking spaces are scarce.

The New York Times newspaper reported this week that one condo is charging $1 million… for a parking spot. That's right, if you want to live in one of the 10 luxury condos on 42 Crosby Street in New York City, not only will you have to pay about $9 million for the condo, but you'll havc to pay $1 million to park your car. The parking spots are about 200 square feet（about 18.6 square meters）in size, which works out to about $5,000 a square foot. Not only that, but every month the condo owners have to pay more than $8,800 in taxes and other fees to take care of the building.

英文の内容と一致するものはどれか。

ア．大都市では家の価格は上がっているが，土地の価格はそれほど上昇していない。

イ．ニューヨークの駐車場の価格はあまりに高いので，住民はもはや車を持ちたがらない。

ウ．ニューヨークの高級コンドミニアムでは駐車場が100万ドルもする。

エ．ニューヨークの高級コンドミニアムの駐車場の広さは，1区画あたり5,000平方フィートである。

オ．コンドミニアムのオーナーは建物の管理料として年間8,800ドルを支払っている。

10 次の英文を読んで，あとの問いに答えよ。

The price for a bar of chocolate may soon be going up. That's because cocoa beans, the main ingredient in chocolate, are becoming harder to get. People around the world are demanding more chocolate and the farmers who grow cocoa beans can't（ ① ）up with the demand for them. Chocolate sales in China have more than doubled in the past 10 years.

The problem is that cocoa is a product that doesn't make much money for farmers. It has been pointed（ ② ）that cocoa prices have to go up so farmers will make more money and will continue to grow the beans. Right now farmers make only three percent of the value of a chocolate bar.

Last month, 12 cocoa and chocolate companies signed an agreement that promised to help farmers continue growing cocoa. According to Olam, one of companies, this agreement will provide farmers with some money, better planting materials, fertilizers and training in Ivory Coast and Ghana in Africa. If this happens, it is expected that more farmers will（ ③ ）to grow cocoa.

⑴　空欄①〜③に入る適語を選べ。

ア．out　　イ．stop　　ウ．want　　エ．put　　オ．to　　カ．keep

⑵　次のうち，本文の内容と一致しないものを選べ。

ア．ココア豆はチョコレートバーの主原料である。

イ．中国国内のチョコレートの売上は過去10年で2倍以上になった。

ウ．ココア豆は収益性が高いので，多くの農家がこれを栽培している。

エ．ココア・チョコレート製造会社がココア農家を支援するための協定を締結した。

オ．ココア農家の栽培継続を支援する協定には，農家に対する資金や肥料の提供が含まれる。

11

特別の教科　道徳

Open Sesame

学習指導要領

●ポイント

「道徳」が教科化されることになったことから，出題が増えてきた分野である。最も出題が多いのは，「目標」の空欄補充問題である。次いで「指導計画の作成と内容の取扱い」についての空欄補充問題や正誤問題，内容の４つの視点の項目分け問題が多い。いずれも正確な知識が求められるため，キーワードを中心に確実に覚えておく必要がある。

1　「特別の教科　道徳」の目標

第１章総則の第１の２の(2)に示す道徳教育の**目標**に基づき，**よりよく生きるための**基盤となる**道徳性**を養うため，**道徳的諸価値**についての理解を基に，**自己**を見つめ，物事を**多面的・多角的**に考え，**自己の生き方**についての考えを深める学習を通して，**道徳的**な**判断力**，**心情**，**実践意欲**と**態度**を育てる。

●　第１章総則の第１の２の(2)に示す道徳教育の目標

道徳教育は学校の教育活動全体を通じて行う教育活動であり，その目標は「第1章　総則」「第1　小学校教育の基本と教育課程の役割」の2の(2)に次のように示されている。

「道徳教育は，教育基本法及び学校教育法に定められた教育の根本精神に基づき，**自己の生き方**を考え，主体的な判断の下に行動し，自立した人間として**他者**と共によりよく生きるための基盤となる**道徳性**を養うことを目標とすること。」

●　道徳的諸価値についての理解

道徳的価値とは，よりよく生きるために必要とされるものであり，人間としての在り方や生き方の礎となるものである。児童が今後，様々な問題場面に出会った際に，その状況に応じて**自己の生き方**を考え，主体的な判断に基づいて道徳的実践を行うためには，道徳的価値の意義及びその大切さの理解が必要になる。

● 自己を見つめる

自己を見つめるとは，自分との関わり，つまりこれまでの自分の経験やそのときの感じ方，考え方と照らし合わせながら，更に考えを深めることである。このような学習を通して，児童一人一人は，道徳的価値の理解と同時に自己理解を深めることになる。

● 道徳的な判断力，心情，実践意欲と態度

道徳性とは，人間としてよりよく生きようとする人格的特性であり，道徳教育は道徳性を構成する諸様相である道徳的判断力，道徳的心情，道徳的実践意欲と態度を養うことを求めている。

道徳的判断力	それぞれの場面において善悪を判断する能力
道徳的心情	道徳的価値の大切さを感じ取り，善を行うことを喜び，悪を憎む感情
道徳的実践意欲	道徳的判断力や道徳的心情を基盤とし道徳的価値を実現しようとする意志の働き
道徳的態度	それらに裏付けられた具体的な道徳的行為への身構え

2　内容

A　主として自分自身に関すること

	第1学年・第2学年	第3学年・第4学年	第5学年・第6学年
善悪の判断，自律，自由と責任	よいことと悪いこととの区別をし，よいと思うことを進んで行うこと。	正しいと**判断した**ことは，**自信**をもって行うこと。	自由を大切にし，**自律**的に判断し，責任のある行動をすること。
正直，誠実	うそをついたりごまかしをしたりしないで，素直に伸び伸びと生活すること。	過ちは素直に改め，正直に明るい心で生活すること。	誠実に，明るい心で生活すること。
節度，節制	健康や**安全**に気を付け，物や**金銭**を大切にし，身の回りを整え，わがままをしないで，規則正しい生活をすること。	自分でできることは自分でやり，**安全**に気を付け，よく考えて行動し，節度のある生活をすること。	**安全**に気を付けることや，**生活習慣**の大切さについて理解し，自分の生活を見直し，節度を守り節制に心掛けること。
個性の伸長	自分の**特徴**に気付くこと。	自分の**特徴**に気付き，長所を伸ばすこと。	自分の**特徴**を知って，短所を改め長所を伸ばすこと。
希望と勇気，努力と強い意志	自分のやるべき勉強や仕事をしっかりと行うこと。	自分でやろうと決めた目標に向かって，強い意志をもち，粘り強くやり抜くこと。	より高い目標を立て，希望と勇気をもち，困難があってもくじけずに努力して物事をやり抜くこと。
真理の探究			真理を大切にし，物事を探究しようとする心をもつこと。

B　主として人との関わりに関すること

	第1学年・第2学年	第3学年・第4学年	第5学年・第6学年
親切，思いやり	身近にいる人に温かい心で接し，親切にすること。	相手のことを思いやり，進んで親切にすること。	誰に対しても思いやりの心をもち，相手の立場に立って親切にすること。
感謝	家族など日頃世話になっている人々に感謝すること。	**家族**など生活を支えてくれている人々や**現在の生活**を築いてくれた高齢者に，尊敬と感謝の気持ちをもって接すること。	日々の生活が家族や過去からの多くの人々の支え合いや助け合いで成り立っていることに感謝し，それに応えること。
礼儀	気持ちのよい挨拶，言葉遣い，動作などに心掛けて，明るく接すること。	礼儀の大切さを知り，誰に対しても真心をもって接すること。	時と場をわきまえて，礼儀正しく真心をもって接すること。
友情，信頼	友達と仲よくし，助け合うこと。	友達と互いに理解し，信頼し，助け合うこと。	友達と互いに信頼し，学び合って友情を深め，異性についても理解しながら，人間関係を築いていくこと。
相互理解，寛容		自分の考えや意見を相手に伝えるとともに，相手のことを理解し，自分と異なる意見も大切にすること。	自分の考えや意見を相手に伝えるとともに，謙虚な心をもち，広い心で 自分と異なる意見や立場を尊重すること。

C　主として集団や社会との関わりに関すること

	第1学年・第2学年	第3学年・第4学年	第5学年・第6学年
規則の尊重	約束やきまりを守り，みんなが使う物を大切にすること。	約束や社会のきまりの意義を理解し，それらを守ること。	法やきまりの意義を理解した上で進んでそれらを守り，自他の権利を大切にし，義務を果たすこと。

公正，公平，社会正義	自分の**好き嫌い**にとらわれないで接すること。	誰に対しても分け隔てをせず，公正，公平な**態度**で接すること。	誰に対しても差別をすることや偏見をもつことなく，公正，公平な**態度**で接し，正義の実現に努めること。
勤労，公共の精神	働くことのよさを知り，みんなのために働くこと。	働くことの大切さを知り，進んでみんなのために働くこと。	働くことや社会に奉仕することの充実感を味わうとともに，その意義を理解し，公共のために役に立つことをすること。
家族愛，家庭生活の充実	父母，祖父母を敬愛し，進んで家の手伝いなどをして，家族の役に立つこと。	父母，祖父母を敬愛し，家族みんなで協力し合って楽しい家庭をつくること。	父母，祖父母を敬愛し，家族の幸せを求めて，進んで役に立つことをすること。
よりよい学校生活，集団生活の充実	**先生**を敬愛し，**学校**の人々に親しんで，学級や学校の生活を楽しくすること。	先生や学校の人々を敬愛し，みんなで協力し合って楽しい学級や学校をつくること。	先生や学校の人々を敬愛し，みんなで協力し合ってよりよい学級や学校をつくるとともに，様々な集団の中での自分の役割を自覚して集団生活の充実に努めること。
伝統と文化の尊重，国や郷土を愛する態度	我が国や郷土の文化と生活に親しみ，愛着をもつこと。	我が国や郷土の伝統と文化を大切にし，国や郷土を愛する心をもつこと。	我が国や郷土の伝統と文化を大切にし，先人の努力を知り，国や郷土を愛する心をもつこと。
国際理解，国際親善	他国の人々や**文化**に親しむこと。	他国の人々や**文化**に親しみ，関心をもつこと。	他国の人々や**文化**について理解し，日本人としての自覚をもって国際親善に努めること。

D　主として生命や自然，崇高なものとの関わりに関すること

	第1学年・第2学年	第3学年・第4学年	第5学年・第6学年
生命の尊さ	生きることのすばらしさを知り，生命を大切にすること。	生命の尊さを知り，生命あるものを大切にすること。	生命が多くの生命のつながりの中にあるかけがえのないものであることを理解し，生命を尊重すること。
自然愛護	身近な自然に親しみ，動植物に優しい心で接すること。	自然のすばらしさや不思議さを感じ取り，自然や動植物を大切にすること。	自然の偉大さを知り，自然環境を大切にすること。
感動，畏敬の念	美しいものに触れ，すがすがしい心をもつこと。	美しいものや気高いものに感動する心をもつこと。	美しいものや気高いものに感動する心や人間の力を超えたものに対する畏敬の念をもつこと。
よりよく生きる喜び			よりよく生きようとする人間の強さや気高さを理解し，人間として生きる喜びを感じること。

3　指導計画の作成と内容の取扱い

1　各学校においては，道徳教育の**全体計画**に基づき，各教科，外国語活動，総合的な学習の時間及び**特別活動**との関連を考慮しながら，道徳科の**年間指導計画**を作成するものとする。なお，作成に当たっては，第2に示す各学年段階の**内容項目**について，相当する**各学年において全て取り上げること**とする。その際，児童や学校の実態に応じ，**2学年間**を見通した**重点的**な指導や内容項目間の関連を密にした指導，一つの内容項目を**複数の時間**で扱う指導を取り入れるなどの工夫を行うものとする。

2　第2の内容の指導に当たっては，次の事項に配慮するものとする。

(1)　校長や教頭などの参加，他の教師との協力的な指導などについて工夫し，**道徳教育推進教師**を中心とした指導体制を充実すること。

(2)　道徳科が学校の**教育活動全体**を通じて行う**道徳教育の要**としての役割を果たすことができるよう，**計画的・発展的な指導**を行うこと。特に，各教科，外国語活動，総合的な学習の時間及び**特別活動**における道徳教育としては取り扱う機会が十分でない内容項目に関わる指導を補うことや，児童や学校の実態等を踏まえて指導をより一層深めること，内容項目の相互の関連を捉え直したり発展させたりすることに留意すること。

(3)　児童が自ら道徳性を養う中で，自らを振り返って**成長を実感**したり，これからの**課題や目標**を見付けたりすることができるよう工夫すること。その際，道徳性を養うことの意義について，児童自らが考え，理解し，**主体的**に学習に取り組むことができるようにすること。

(4)　児童が**多様な感じ方や考え方**に接する中で，考えを深め，判断し，表現する力などを育むことができるよう，自分の考えを基に話し合ったり書いたりするなどの**言語活動**を充実すること。

(5)　児童の発達の段階や特性等を考慮し，指導の**ねらい**に即して，**問題解決的な学習**，**道徳的行為**に関する**体験的な学習**等を適切に取り入れるなど，指導方法を工夫すること。その際，それらの活動を通じて学んだ内容の**意義**などについて考えることができるようにすること。また，**特別活動**等における多様な実践活動や体験活動も道徳科の授業に生かすようにすること。

(6) 児童の発達の段階や特性等を考慮し，第2に示す内容との関連を踏まえつつ，**情報モラル**に関する**指導を充実する**こと。また，**児童の発達の段階や特性**等を考慮し，例えば，社会の持続可能な発展などの現代的な課題の取扱いにも留意し，**身近な社会的課題**を自分との関係において考え，それらの**解決に寄与しよう**とする意欲や態度を育てるよう努めること。なお，多様な見方や考え方のできる事柄について，特定の見方や考え方に偏った指導を行うことのないようにすること。

(7) 道徳科の授業を公開したり，授業の実施や地域教材の開発や活用などに家庭や地域の人々，各分野の専門家等の積極的な参加や協力を得たりするなど，家庭や地域社会との**共通理解**を深め，相互の連携を図ること。

3　教材については，次の事項に留意するものとする。

(1) 児童の発達の段階や特性，地域の実情等を考慮し，多様な教材の活用に努めること。特に，**生命の尊厳**，**自然**，**伝統と文化**，**先人の伝記**，**スポーツ**，**情報化**への対応等の**現代的**な課題などを題材とし，児童が問題意識をもって**多面的・多角的**に考えたり，感動を覚えたりするような充実した教材の開発や活用を行うこと。

(2) 教材については，教育基本法や学校教育法その他の法令に従い，次の観点に照らし適切と判断されるものであること。

ア　児童の発達の段階に即し，ねらいを達成するのにふさわしいものであること。

イ　**人間尊重**の精神にかなうものであって，**悩みや葛藤等の心の揺れ**，人間関係の理解等の課題も含め，児童が**深く**考えることができ，人間としてよりよく生きる喜びや勇気を与えられるものであること。

ウ　多様な見方や考え方のできる事柄を取り扱う場合には，特定の見方や考え方に偏った取扱いがなされていないものであること。

4　児童の**学習状況**や**道徳性に係る成長の様子**を継続的に把握し，指導に生かすよう努める必要がある。ただし，**数値などによる評価は行わない**ものとする。

● 評価の基本的態度

道徳性の評価の基盤には，教師と児童との**人格的な触れ合い**による**共感的な理解**が存在することが重要である。その上で，児童の成長を見守り，努力を認めたり，励ましたりすることによって，児童が自らの成長を実感し，更に意欲的に取り組もうとするきっかけとなるような評価を目指すことが求められる。なお，道徳性は，極めて**多様な児童の人格全体**に関わるものであることから，評価に当たっては，**個人内の成長の過程**を重視すべきである。

● 道徳科に関する評価

道徳科の評価の具体的な在り方については，

・数値による評価ではなく，**記述式**であること。

・**他の児童との比較による評価ではなく**，児童がいかに成長したかを積極的に受け止めて認め，励ます**個人内評価**として行うこと。

・個々の内容項目ごとではなく，**大くくりなまとまり**を踏まえた評価とすること。

・道徳科の学習活動に着目し，年間や学期といった一定の時間的なまとまりの中で児童の学習状況や道徳性に係る成長の様子を把握すること。

・個々の教師が個人として行うのではなく，学校として組織的・計画的に行うこと。

・発達障害等のある児童についての配慮すべき観点等を学校や教員間で共有すること。

各学校においては，これらに基づき適切に評価を行うことが求められる。

確認問題

1 次は学習指導要領「特別の教科　道徳」の目標である。空欄にあてはまる語句を語群から選び答えよ。

第1章総則の第1の2の(2)に示す道徳教育の目標に基づき，よりよく生きるための基盤となる（　A　）を養うため，（　B　）諸価値についての理解を基に，自己を見つめ，物事を多面的・多角的に考え，自己の生き方についての考えを（　C　）学習を通して，（　B　）な判断力，心情，実践意欲と態度を育てる。

<語群>　道徳性　　人間性　　人格的　　道徳的　　養う　　深める

2 次は学習指導要領「特別の教科　道徳」の内容の四つの視点である。空欄に適する語句を入れよ。

A　主として（　①　）に関すること

B　主として人との関わりに関すること

C　主として集団や社会との関わりに関すること

D　主として（　②　）や自然，崇高なものとの関わりに関すること

3 次は学習指導要領「特別の教科　道徳」の「指導計画の作成と内容の取扱い」の一部である。空欄にあてはまる語句をア～クからそれぞれ選び，記号で答えよ。

2　第2の内容の指導に当たっては，次の事項に配慮するものとする。

(1)　校長や教頭などの参加，他の教師との協力的な指導などについて工夫し，（　A　）を中心とした指導体制を充実すること。

(4)　児童が多様な感じ方や考え方に接する中で，考えを深め，判断し，表現する力などを育むことができるよう，自分の考えを基に話し合ったり書いたりするなどの（　B　）を充実すること。

(5)　児童の発達の段階や特性等を考慮し，指導のねらいに即して，（　C　）な学習，道徳的行為に関する体験的な学習等を適切に取り入れるなど，指導方法を工夫すること。

ア．教務主任　　イ．道徳教育推進教師　　ウ．多面的　　エ．表現活動
オ．言語活動　　カ．問題解決的　　キ．主体的　　ク．課題追求的

12 その他

Open Sesame

1 総合的な学習の時間

●ポイント

全県的な出題は少ないが，「目標」の空欄補充問題を中心に，学習指導要領本文からの出題がみられる。キーワードを中心に内容を把握しておく必要がある。

1 学習指導要領

第1 目 標

探究的な見方・考え方を働かせ，**横断的・総合的**な学習を行うことを通して，よりよく**課題を解決し**，**自己の生き方**を考えていくための資質・能力を次のとおり育成することを目指す。

⑴ **探究的**な学習の過程において，課題の解決に必要な知識及び技能を身に付け，課題に関わる**概念**を形成し，**探究的な学習のよさ**を理解するようにする。

⑵ 実社会や実生活の中から**問い**を見いだし，自分で課題を立て，情報を集め，**整理・分析**して，**まとめ・表現**することができるようにする。

⑶ **探究的**な学習に**主体的・協働的**に取り組むとともに，**互いのよさ**を生かしながら，**積極的**に社会に**参画しよう**とする**態度**を養う。

第2 各学校において定める目標及び内容

1 目標

各学校においては，**第1の目標**を踏まえ，各学校の総合的な学習の時間の目標を定める。

2 内容

各学校においては，第1の目標を踏まえ，各学校の総合的な学習の時間の内容を定める。

3 各学校において定める目標及び内容の取扱い

各学校において定める目標及び内容の設定に当たっては，次の事項に配慮するものとする。

⑴ 各学校において定める目標については，各学校における**教育目標**を踏まえ，総合的な学習の時間を通して育成を目指す資質・能力を示すこと。

(2) 各学校において定める目標及び内容については，他教科等の目標及び内容との違いに留意しつつ，他教科等で育成を目指す資質・能力との関連を重視すること。

(3) 各学校において定める目標及び内容については，**日常生活**や社会との関わりを重視すること。

(4) 各学校において定める内容については，目標を実現するにふさわしい探究課題，**探究課題の解決**を通して育成を目指す**具体的**な資質・能力を示すこと。

(5) 目標を実現するにふさわしい探究課題については，学校の実態に応じて，例えば，国際理解，情報，環境，**福祉・健康**などの現代的な諸課題に対応する**横断的**・総合的な課題，**地域**の人々の暮らし，伝統と文化など**地域**や学校の特色に応じた課題，児童の**興味・関心**に基づく課題などを踏まえて設定すること。

(6) 探究課題の解決を通して育成を目指す具体的な資質・能力については，次の事項に配慮すること。

ア **知識及び技能**については，他教科等及び総合的な学習の時間で習得する知識及び技能が相互に関連付けられ，社会の中で生きて働くものとして形成されるようにすること。

イ 思考力，判断力，表現力等については，**課題の設定**，情報の収集，整理・**分析**，まとめ・**表現**などの**探究的**な学習の過程において発揮され，**未知の状況**において活用できるものとして身に付けられるようにすること。

ウ 学びに向かう力，人間性等については，**自分自身**に関すること及び**他者**や社会との関わりに関することの両方の視点を踏まえること。

(7) 目標を実現するにふさわしい探究課題及び探究課題の解決を通して育成を目指す具体的な資質・能力については，教科等を越えた全ての学習の基盤となる資質・能力が育まれ，活用されるものとなるよう配慮すること。

第3　指導計画の作成と内容の取扱い

1 指導計画の作成に当たっては，次の事項に配慮するものとする。

(1) 年間や，単元など内容や時間のまとまりを見通して，その中で育む資質・能力の育成に向けて，児童の**主体的・対話的で深い学びの実現**を図るようにすること。その際，児童や学校，地域の実態等に応じて，児童が**探究的な見方・考え方**を働かせ，教科等の枠を超えた**横断的・総合的**な学習や児童の興味・関心等に基づく学習を行うなど創意工夫を生かした教育活動の充実を図ること。

(2) 全体計画及び年間指導計画の作成に当たっては，学校における全教育活動との関連の下に，目標及び内容，学習活動，指導方法や指導体制，学習の評価の計画などを示すこと。

(3) 他教科等及び総合的な学習の時間で身に付けた資質・能力を相互に関連付け，学習や**生活**において生かし，それらが総合的に働くようにすること。その際，言語能力，**情報活用能力**など全ての学習の基盤となる資質・能力を重視すること。

(4) 他教科等の目標及び内容との違いに留意しつつ，第1の目標並びに第2の各学校において定める目標及び内容を踏まえた適切な学習活動を行うこと。

(5) 各学校における総合的な学習の時間の名称については，各学校において適切に定めること。

(6) 障害のある児童などについては，学習活動を行う場合に生じる困難さに応じた指導内容や指導方法の工夫を計画的，組織的に行うこと。

(7) 第1章総則の第1の2の(2)に示す道徳教育の目標に基づき，道徳科などとの関連を考慮しながら，第3章特別の教科道徳の第2に示す内容について，総合的な学習の時間の特質に応じて適切な指導をすること。

2 第2の内容の取扱いについては，次の事項に配慮するものとする。

(1) 第2の各学校において定める目標及び内容に基づき，児童の学習状況に応じて教師が適切な指導を行うこと。

(2) **探究的**な学習の過程においては，他者と**協働**して課題を解決しようとする学習活動や，言語により分析し，まとめたり表現したりするなどの学習活動が行われるようにすること。その際，例えば，比較する，分類する，**関連付ける**などの考えるための技法が活用されるようにすること。

(3) 探究的な学習の過程においては，コンピュータや情報通信ネットワークなどを適切かつ効果的に活用して，情報を収集・整理・発信するなどの学習活動が行われるよう工夫すること。その際，コンピュータで文字を入力するなどの学習の基盤として必要となる情報手段の基本的な操作を習得し，情報や情報手段を主体的に選択し活用できるよう配慮すること。

(4) 自然体験や**ボランティア活動**などの社会体験，ものづくり，生産活動などの体験活動，観察・実験，見学や調査，**発表や討論**などの学習活動を積極的に取り入れること。

(5) 体験活動については，第1の目標並びに第2の各学校において定める目標及び内容を踏まえ，**探究的な学習**の過程に適切に位置付けること。

(6) グループ学習や異年齢集団による学習などの多様な学習形態，**地域の人々**の協力も得つつ，全教師が一体となって指導に当たるなどの指導体制について工夫を行うこと。

(7) 学校図書館の活用，他の学校との連携，公民館，図書館，博物館等の社会教育施設や社会教育関係団体等の各種団体との連携，地域の教材や学習環境の積極的な活用などの工夫を行うこと。

(8) 国際理解に関する学習を行う際には，探究的な学習に取り組むことを通して，諸外国の生活や文化などを体験したり調査したりするなどの学習活動が行われるようにすること。

(9) 情報に関する学習を行う際には，**探究的な**学習に取り組むことを通して，情報を**収集・整理・発信**したり，情報が日常生活や社会に与える影響を考えたりするなどの学習活動が行われるようにすること。第1章総則の第3の1の(3)のイに掲げるプログラミングを**体験**しながら**論理的思考力**を身に付けるための学習活動を行う場合には，プログラミングを体験することが，**探究的な**学習の過程に適切に位置付くようにすること。

2 特別活動

●ポイント

全県的な出題は少ないが,「目標」の空欄補充問題を中心に,学習指導要領及び解説等からの出題がみられる。キーワードを中心に内容を把握しておく必要がある。

1 学習指導要領

第1 目 標

集団や社会の**形成者**としての**見方・考え方**を働かせ,様々な**集団活動**に**自主的**,**実践的**に取り組み,互いのよさや可能性を発揮しながら**集団や自己**の**生活上**の課題を解決することを通して,次のとおり資質・能力を育成することを目指す。

(1) 多様な他者と**協働**する様々な**集団活動**の**意義**や活動を行う上で必要となることについて理解し,**行動の仕方**を身に付けるようにする。

(2) 集団や自己の生活,**人間関係**の課題を見いだし,解決するために話し合い,**合意形成**を図ったり,**意思決定**したりすることができるようにする。

(3) **自主的**,**実践的**な**集団活動**を通して身に付けたことを生かして,集団や社会における生活及び人間関係をよりよく**形成**するとともに,**自己の生き方**についての考えを深め,**自己実現**を図ろうとする態度を養う。

第2 各活動・学校行事の目標及び内容

〔学級活動〕

1 目標

学級や学校での生活をよりよくするための課題を見いだし,解決するために話し合い,合意形成し,役割を分担して協力して実践したり,学級での話合いを生かして自己の課題の解決及び将来の生き方を描くために意思決定して実践したりすることに,自主的,実践的に取り組むことを通して,第1の目標に掲げる資質・能力を育成することを目指す。

2 内容

1の資質・能力を育成するため,全ての学年において,次の各活動を通して,それぞれの活動の意義及び活動を行う上で必要となることについて理解し,主体的に考えて実践できるよう指導する。

(1)　学級や学校における生活づくりへの参画

ア　学級や学校における生活上の諸問題の解決

学級や学校における生活をよりよくするための課題を見いだし，解決するために話し合い，合意形成を図り，実践すること。

イ　学級内の組織づくりや役割の自覚

学級生活の充実や向上のため，児童が主体的に組織をつくり，役割を自覚しながら仕事を分担して，協力し合い実践すること。

ウ　**学校における多様な集団の生活の向上**

児童会など学級の枠を超えた多様な集団における活動や学校行事を通して学校生活の向上を図るため，学級としての提案や取組を話し合って決めること。

(2)　日常の生活や学習への適応と自己の成長及び健康安全

ア　基本的な生活習慣の形成

身の回りの整理や挨拶などの基本的な生活習慣を身に付け，節度ある生活にすること。

イ　よりよい**人間関係**の形成

学級や学校の生活において互いのよさを見付け，違いを尊重し合い，仲よくしたり信頼し合ったりして生活すること。

ウ　心身ともに健康で安全な生活態度の形成

現在及び生涯にわたって心身の健康を保持増進することや，事件や事故，災害等から身を守り安全に行動すること。

エ　食育の観点を踏まえた学校給食と望ましい**食習慣**の形成

給食の時間を中心としながら，健康によい食事のとり方など，望ましい食習慣の形成を図るとともに，食事を通して人間関係をよりよくすること。

(3)　一人一人の**キャリア形成**と**自己実現**

ア　現在や将来に**希望**や目標をもって生きる意欲や態度の形成

学級や学校での生活づくりに**主体的**に関わり，自己を生かそうとするとともに，**希望**や目標をもち，その実現に向けて**日常の生活**をよりよくしようとすること。

イ　**社会参画**意識の醸成や働くことの意義の理解

清掃などの当番活動や係活動等の自己の役割を自覚して**協働**することの意義を理解し，社会の一員として役割を果たすために必要となることについて**主体的**に考えて行動すること。

ウ　**主体的**な学習態度の形成と学校図書館等の活用

学ぶことの意義や現在及び将来の学習と**自己実現**とのつながりを考えたり，**自主的**に学習する場としての学校図書館等を活用したりしながら，学習の見通しを立て，**振り返る**こと。

3　内容の取扱い

(1)　指導に当たっては，各学年段階で特に次の事項に配慮すること。

〔第1学年及び第2学年〕

話合いの**進め方**に沿って，自分の意見を発表したり，他者の意見をよく聞いたりして，合意形成して実践することのよさを理解すること。基本的な生活習慣や，**約束やきまりを守る**ことの大切さを理解して行動し，生活をよくするための目標を決めて実行すること。

〔第3学年及び第4学年〕

理由を明確にして考えを伝えたり，自分と異なる意見も受け入れたりしながら，集団としての目標や活動内容について合意形成を図り，実践すること。自分のよさや役割を自覚し，よく考えて行動するなど**節度**ある生活を送ること。

〔第5学年及び第6学年〕

相手の思いを受け止めて聞いたり，相手の立場や考え方を理解したりして，**多様な意見のよさ**を積極的に生かして合意形成を図り，実践すること。**高い目標**をもって粘り強く努力し，**自他のよさ**を伸ばし合うようにすること。

(2)　2の(3)の指導に当たっては，学校，家庭及び地域における学習や生活の見通しを立て，学んだことを振り返りながら，新たな学習や生活への意欲につなげたり，将来の生き方を考えたりする活動を行うこと。その際，児童が活動を記録し蓄積する教材等を活用すること。

〔児童会活動〕

1　目標

異年齢の児童同士で協力し，学校生活の充実と向上を図るための諸問題の解決に向けて，計画を立て役割を分担し，協力して運営することに自主的，実践的に取り組むことを通して，第1の目標に掲げる資質・能力を育成することを目指す。

2　内容

1の資質・能力を育成するため，学校の全児童をもって組織する児童会において，次の各活動を通して，それぞれの活動の意義及び活動を行う上で必要となることについて理解し，主体的に考えて実践できるよう指導する。

(1)　児童会の組織づくりと児童会活動の計画や運営

児童が主体的に組織をつくり，役割を分担し，計画を立て，学校生活の課題を見いだし解決するために話し合い，合意形成を図り実践すること。

(2)　異年齢集団による交流

児童会が計画や運営を行う集会等の活動において，学年や学級が異なる児童と共に楽しく触れ合い，交流を図ること。

(3)　学校行事への協力

学校行事の特質に応じて，児童会の組織を活用して，計画の一部を担当したり，運営に協力したりすること。

3 **内容の取扱い**

(1) 児童会の計画や運営は，主として高学年の児童が行うこと。その際，学校の全児童が主体的に活動に参加できるものとなるよう配慮すること。

〔クラブ活動〕

1 **目標**

異年齢の児童同士で協力し，共通の興味・関心を追求する集団活動の計画を立てて運営することに自主的，実践的に取り組むことを通して，**個性の伸長**を図りながら，第1の目標に掲げる資質・能力を育成することを目指す。

2 **内容**

1の資質・能力を育成するため，主として**第4学年**以上の同好の児童をもって組織するクラブにおいて，次の各活動を通して，それぞれの活動の意義及び活動を行う上で必要となることについて理解し，主体的に考えて実践できるよう指導する。

(1) クラブの組織づくりとクラブ活動の計画や運営

児童が活動計画を立て，役割を分担し，協力して運営に当たること。

(2) クラブを楽しむ活動

異なる学年の児童と協力し，創意工夫を生かしながら共通の興味・関心を追求すること。

(3) クラブの成果の発表

活動の成果について，クラブの成員の発意・発想を生かし，協力して全校の児童や地域の人々に発表すること。

〔学校行事〕

1 **目標**

全校又は学年の児童で協力し，よりよい学校生活を築くための**体験的な活動**を通して，集団への**所属感**や連帯感を深め，公共の精神を養いながら，第1の目標に掲げる資質・能力を育成することを目指す。

2 **内容**

1の資質・能力を育成するため，全ての学年において，全校又は学年を単位として，次の各行事において，学校生活に**秩序と変化**を与え，学校生活の**充実と発展**に資する**体験的な活動**を行うことを通して，それぞれの学校行事の意義及び活動を行う上で必要となることについて理解し，**主体的**に考えて実践できるよう指導する。

(1) 儀式的行事

学校生活に有意義な変化や折り目を付け，厳粛で清新な気分を味わい，新しい生活の展開への**動機付け**となるようにすること。

(2) 文化的行事

平素の学習活動の成果を発表し，**自己の向上**の意欲を一層高めたり，文化や芸術に親しんだりするようにすること。

(3) 健康安全・体育的行事

心身の健全な発達や健康の保持増進，事件や事故，**災害**等から身を守る安全な行動や規律ある集団行動の体得，運動に親しむ態度の育成，責任感や連帯感の涵(かん)養，体力の向上などに資するようにすること。

(4) 遠足・集団宿泊的行事

自然の中での集団宿泊活動などの平素と異なる生活環境にあって，見聞を広め，自然や文化などに親しむとともに，よりよい人間関係を築くなどの集団生活の在り方や**公衆道徳**などについての体験を積むことができるようにすること。

(5) 勤労生産・奉仕的行事

勤労の尊さや生産の喜びを体得するとともに，ボランティア活動などの社会奉仕の精神を養う体験が得られるようにすること。

3 内容の取扱い

(1) 児童や学校，地域の実態に応じて，2に示す行事の種類ごとに，行事及びその内容を重点化するとともに，各行事の趣旨を生かした上で，行事間の関連や統合を図るなど精選して実施すること。また，実施に当たっては，自然体験や社会体験などの体験活動を充実するとともに，体験活動を通して気付いたことなどを振り返り，まとめたり，発表し合ったりするなどの事後の活動を充実すること。

第3　指導計画の作成と内容の取扱い

1 指導計画の作成に当たっては，次の事項に配慮するものとする。

(1) 特別活動の各活動及び学校行事を見通して，その中で育む資質・能力の育成に向けて，児童の主体的・対話的で深い学びの実現を図るようにすること。その際，よりよい**人間関係の形成**，よりよい集団生活の構築や**社会への参画**及び**自己実現**に資するよう，児童が集団や社会の形成者としての見方・考え方を働かせ，様々な集団活動に自主的，実践的に取り組む中で，互いのよさや個性，多様な考えを認め合い，等しく合意形成に関わり役割を担うようにすることを重視すること。

(2) 各学校においては特別活動の全体計画や各活動及び学校行事の年間指導計画を作成すること。その際，学校の創意工夫を生かし，学級や学校，地域の実態，児童の発達の段階などを考慮するとともに，第2に示す内容相互及び各教科，道徳科，外国語活動，総合的な学習の時間などの指導との関連を図り，児童による自主的，実践的な活動が助長されるようにすること。また，家庭や地域の人々との連携，社会教育施設等の活用などを工夫すること。

(3) 学級活動における児童の**自発的，自治的な活動**を中心として，各活動と学校行事を相互に関連付けながら，個々の児童についての理解を深め，教師と児童，児童相互の**信頼関係**を育み，学級経営の充実を図ること。その際，特に，**いじめの未然防止等**を含めた生徒指導との関連を図るようにすること。

(4) 低学年においては，第1章総則の第2の4の(1)を踏まえ，他教科等との**関連**を積極的に図り，指導の効果を高めるようにするとともに，幼稚園教育要領等に示す幼児期の終わりまでに育ってほしい姿との**関連**を考慮すること。特に，小学校入学当初においては，**生活科**を中心とした**関連**的な指導や，**弾力的**な時間割の設定を行うなどの工夫をすること。

(5) 障害のある児童などについては，学習活動を行う場合に生じる困難さに応じた指導内容や指導方法の工夫を計画的，組織的に行うこと。

(6) 第1章総則の第1の2の(2)に示す道徳教育の目標に基づき，道徳科などとの関連を考慮しながら，第3章特別の教科道徳の第2に示す内容について，特別活動の特質に応じて適切な指導をすること。

2 第2の内容の取扱いについては，次の事項に配慮するものとする。

(1) 学級活動，児童会活動及びクラブ活動の指導については，指導内容の特質に応じて，教師の適切な指導の下に，児童の自発的，自治的な活動が効果的に展開されるようにすること。その際，よりよい生活を築くために自分たちできまりをつくって守る活動などを充実するよう工夫すること。

(2) 児童及び学校の実態並びに第1章総則の第6の2に示す道徳教育の重点などを踏まえ，各学年において取り上げる指導内容の重点化を図るとともに，必要に応じて，内容間の関連や統合を図ったり，他の内容を加えたりすることができること。

(3) 学校生活への**適応**や人間関係の形成などについては，主に集団の場面で必要な指導や援助を行う**ガイダンス**と，個々の児童の多様な実態を踏まえ，一人一人が抱える課題に個別に対応した指導を行う**カウンセリング**（教育相談を含む。）の双方の趣旨を踏まえて指導を行うこと。特に入学当初や各学年のはじめにおいては，個々の児童が学校生活に適応するとともに，**希望や目標**をもって生活できるよう工夫すること。あわせて，児童の家庭との連絡を密にすること。

(4) 異年齢集団による交流を重視するとともに，幼児，高齢者，障害のある人々などとの交流や対話，障害のある幼児児童生徒との交流及び共同学習の機会を通して，協働することや，他者の役に立ったり社会に貢献したりすることの喜びを得られる活動を充実すること。

3 入学式や卒業式などにおいては，その意義を踏まえ，国旗を掲揚するとともに，国歌を斉唱するよう指導するものとする。

確認問題
解答解説

Open Sesame

1 国語

1

A．適切　B．特質
C．伝え合う力　D．言語感覚
E．自覚

2

A．キ　B．エ　C．コ
D．ウ　E．カ

3

⑤

解説

①，④は第1学年・第2学年，②，③は第5学年・第6学年の内容である。

4

A．読書意欲　B．日常生活
C．学校図書館　D．探し方
E．人間形成　F．生活科
G．親しむ　H．発達の段階
I．調和

5

(1) りっとう　(2) はつがしら
(3) ふるとり　(4) あくび
(5) つつみがまえ

6

飛→ 
必→ 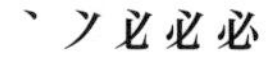

7

(1) 鈍感　(2) 特殊　(3) 絶対
(4) 抽象　(5) 原因

8

① 意 → 以　② 真 → 信
③ 完 → 貫　④ 句 → 口
⑤ 新 → 進　⑥ 策 → 索
⑦ 無我<u>無</u>中 → 無我<u>夢</u>中
⑧ 発 → 髪

9

(1) 三年　(2) 他生（多生）
(3) 証拠　(4) 光陰
(5) 念仏

10

(1) ②　(2) ①

11

(1) 副詞　(2) 連体詞　(3) 名詞

12

②

解説

②のみ助動詞で，「読まない」を「読まぬ」のように，打消の助動詞「ぬ」に置き換えられる。①，③，④，⑤は形容詞である。

13

(1) **私の父が，こう申しておりました。**

(2) **校長先生，いらっしゃいましたら職員室においでください。**

(3) **部長は，まだ会社に出勤しておりません。**

解説

(1) 「お父さん」は自分の身内であるため，相手に対しては「父」とへりくだり，謙譲表現を用いる。

(2) 「校長先生」に対しては，丁寧語の「おりましたら」ではなく，尊敬表現を用いる。また，「まいって」は謙譲語であり，「校長先生が」来ることを願う立場で使うことは誤りである。

(3) 「ご～する」という謙譲表現と，「いらっしゃる」という尊敬表現が混用されている。部長は自分の会社の人間であるため，対外的には部長の行為に尊敬表現を用いない。

14

A．イ　B．エ
C，D．ケ，コ（順不同）

解説

アの『万葉集』の編者は大伴家持らといわれ，歌人には，山部赤人，山上憶良，額田王，柿本人麻呂などがいる。ウの『新古今和歌集』は後鳥羽院の院宣により撰進されたもので，撰者は藤原定家ら，歌人には，西行のほか式子内親王，慈円などがいる。

15

(1) **エ**　(2) **コ**　(3) **シ**
(4) **サ**　(5) **ケ**　(6) **オ**

16

(1) **島崎藤村**

(2) **［用語上］ア　［形式上］イ　［内容上］ア**

17

(1) **書物**

(2) **愉しい友達，経験の豊かな友達**

(3) **過去の時間の重味と，東西の世界のひろがりを教えてくれたこと。（30字）**

解説

(2) 該当個所が「そしてまた」と並列に2つあるため，それぞれを書く。

(3) 「いずれにせよ」の前後で，同じ意味を言い換えている。「過去の時間の重味と，東西の世界のひろがりを，身をもって教えてくれた経験の豊かな友達でもあった。」という部分が該当する。それを30字以内にまとめる。

18

(1) **エ**　(2) **イ**　(3) **ウ**

19

(1) **A．松尾芭蕉　B．正岡子規**

(2) **A．蛙―春　D．万緑―夏**

(3) **雀の子**

2 社会

1

A．グローバル　B．民主的
C．公民　D．多角的
E．愛情　F．国土

2

A．地理的　B．情報化
C．伝統　D．先人
E．年表　F．消費生活
⑴　第5学年　⑵　第4学年
⑶　第6学年　⑷　第6学年
⑸　第3学年

3

⑴　第4学年　⑵　第6学年
⑶　第3学年　⑷　第4学年
⑸　第5学年　⑹　第5学年

4

A．ケ　B．シ　C．エ
D．ア　E．カ

5

A．135　B．9　C．早
D．500m　E．メルカトル

6

⑴　ウ　⑵　オ
⑶　エ　⑷　日本アルプス

7

A．もも　B．茶　C．ピーマン

8

⑴　ウ
⑵　B．サウジアラビア
　C．アメリカ合衆国
⑶　フェアトレード

9

⑴　CO_2
⑵　青森県，秋田県，鹿児島県

解説
⑵　「白神山地」と「屋久島」。

10

⑴　キ　⑵　ウ
⑶　オ　⑷　エ

11

A．日清戦争　B．日露戦争
C．第一次世界大戦　D．五・四
E．国際連盟　F．日中
G．真珠湾　H．太平洋
I．原子爆弾　J．ポツダム

12

⑤

解説
①　島原・天草一揆は1637年，イギリス（ピューリタン）革命は1640年。

② 五・一五事件は1932年，世界恐慌は1929年。

③ 戊辰戦争は1868年，アメリカ南北戦争は1861年。

④ 日清戦争は1894年，義和団事件は1900年。

⑤ 関ヶ原の戦い，東インド会社（英）設立とも1600年。

13

⑴ ウ　⑵ イ
⑶ オ　⑷ ア

14

⑴ 国民主権，基本的人権の尊重，平和主義

⑵ 子どもに普通教育を受けさせる義務，勤労の義務，納税の義務

15

自由権：④，⑥　社会権：①，⑤
参政権：②　受益権：③

解説

④は身体（人身）の自由，⑥は経済的自由である。

16

④

解説

① 「指名」ではなく，「任命」する権限を有する（憲法第79条第1項）。内閣が指名するのは最高裁判所長官である（憲法第6条第2項）。

② 内閣総理大臣は，国会の承認を経ずとも任意に国務大臣を罷免できる（憲法第68条第2項）。

③ 国務大臣は，内閣総理大臣によって任命される（憲法第68条第1項）。国会の指名に基づき天皇によって任命されるのは内閣総理大臣である（憲法第6条第1項）。

④ 憲法第70条。

⑤ 「文民」ではなく，「国会議員」である（憲法第68条第1項）。内閣総理大臣その他の国務大臣は，その全員が文民でなければならない（憲法第66条第2項）。

17

③

18

②

解説

① 非政府組織のことで，開発・人権・環境・平和など地球規模の問題に国境を越えて取り組む非営利の民間組織である。

② 政府開発援助のことである。

③ 国連平和維持活動のことで，国連によって組織された平和維持軍による停戦監視・兵力引き離し，停戦監視団による停戦監視のほか，最近では文民による選挙監視，人権監視，復興開発，組織・制度構築などの行政的支援活動も行われている。

④ 経済協力開発機構のことで，ヨーロッパ諸国を中心に日本，アメリカを含め38ヵ国（2023年6月現在）の先進国が加盟する経済協力機構である。経済成長，貿易自由化，発展途上国支援に貢献することを目的とする。

⑤ アジア太平洋経済協力（会議）のことで，アジア太平洋地域の21ヵ国・地域（2023年6月現在）が参加する経済協力のための会議である。

3 算数

1

A．数学的活動　B．日常の事象
C．筋道　D．的確
E．生活

2

(1) 第3学年
(2) 第5学年
(3) 第1学年
(4) 第4学年

3

A．基礎的な能力　B．反復
C．豊かな感覚　D．能率的

4

(1) $\mathbf{\frac{4}{5}}$　(2) $\mathbf{\frac{13}{10}}$
(3) **12**　(4) **−40**
(5) $\mathbf{-\sqrt{2}}$　(6) $\mathbf{11-3\sqrt{2}}$

解説

(1) (与式) $=\frac{3}{4}+\frac{1}{16}\times\frac{4}{5}=\frac{3}{4}+\frac{1}{20}=\frac{16}{20}$
$=\frac{4}{5}$

(2) (与式) $=\frac{3}{10}-\frac{3}{2}\times\frac{3}{7}\times\left(-\frac{14}{9}\right)$
$=\frac{3}{10}+1=\frac{13}{10}$

(3) (与式) $=-4\times\frac{3}{2}+(-27)\times\left(-\frac{2}{3}\right)$
$=-6+18=12$

(4) (与式) $=9\times(-4)-4=-36-4=-40$

(5) (与式) $=3\sqrt{2}-\frac{8\sqrt{2}}{2}=-\sqrt{2}$

(6) (与式) $=2-6\sqrt{2}+9+\frac{6\sqrt{2}}{2}$
$=11-6\sqrt{2}+3\sqrt{2}=11-3\sqrt{2}$

5

(1) $\mathbf{(x+5)(x-7)}$
(2) $\mathbf{(a-b)(a-c)}$
(3) $\mathbf{(x+y)(x-y+2)}$
(4) $\mathbf{(x+2)^2}$

解説

(2) (与式) $=(a^2-ac)-(ab-bc)$
$=a(a-c)-b(a-c)$
$=(a-b)(a-c)$

(3) (与式) $=(x^2-y^2)+(2x+2y)$
$=(x+y)(x-y)+2(x+y)$
$=(x+y)\{(x-y)+2\}$
$=(x+y)(x-y+2)$

(4) (与式) $=4x^2+4x+1-3x^2+3$
$=x^2+4x+4$
$=(x+2)^2$

6

8 cm

解説

色紙の枚数を少なくするためには，色紙の1辺をできる限り大きくすればよい。色紙の1辺は縦と横の長さの最大公約数となる。$56=2^3\times7$，$48=2^4\times3$で，56と48の最大公約数は$2^3=8$

7

274 cm

解説

長方形の周囲の長さは，10，18，26，…より，初項10，公差８の等差数列である。よって，34番目は，

$$10+(34-1)\times 8=274$$

8

6分後

解説

兄が出発して弟に追いつくまでの時間をx〔分〕とおくと，弟が兄に追いつかれるのは，$(14+x)$分後であるから，兄が進んだ距離は$220x$〔m〕，弟の進んだ距離は$66(14+x)$〔m〕

$$220x=66(14+x)$$
$$220x=924+66x$$
$$154x=924$$
$$x=6\text{〔分〕}$$

9

6％の食塩水は400g
12％の食塩水は200g

解説

6％の食塩水をx〔g〕とすると，12％の食塩水は$(600-x)$〔g〕となるから，

$$\frac{6}{100}x+\frac{12}{100}(600-x)=\frac{8}{100}\times 600$$
$$6x+12(600-x)=4800$$
$$-6x=-2400$$
$$x=400\text{〔g〕}$$

よって，6％の食塩水は400g，12％の食塩水は200g

10

75

解説

十の位の数をxとおくと，
もとの2桁の数は，$10x+(12-x)$
数字を入れかえた数は，$10(12-x)+x$
この数がもとの数より18小さいから，

$$10(12-x)+x=10x+(12-x)-18$$
$$120-10x+x=10x+12-x-18$$
$$-18x=-126$$
$$x=7$$

よって，もとの整数は75

(別解)

十の位の数をx，一の位の数をyとおくと，

$$\begin{cases} x+y=12 & \cdots① \\ 10x+y-18=10y+x & \cdots② \end{cases}$$

②の式を整理して，

$$9x-9y=18 \quad \cdots②'$$

①×9＋②′

$$\begin{array}{rl} & 9x+9y=108 \\ +) & 9x-9y=18 \\ \hline & 18x\quad=126 \\ & x\quad=7 \end{array}$$

これを①に代入すると，$y=5$
よって，もとの整数は75

11

$a=-1$，13

解説

$x=-3$を与えられた方程式に代入する。

$$(-3)^2a-(a+3)\times(-3)+4-a^2=0$$
$$9a+3a+9+4-a^2=0$$
$$a^2-12a-13=0$$
$$(a-13)(a+1)=0$$
$$a=-1,\ 13$$

12

-6，2

解説

連続した3つの整数を，それぞれ$n-1$，n，$n+1$とすると，

$$(n+1)(n-1)+2n=14$$
$$n^2-1+2n-14=0$$
$$n^2+2n-15=0$$
$$(n+5)(n-3)=0$$
$$n=-5,\ 3$$

よって，連続した3つの整数は，

-6，-5，-4と，2，3，4

したがって，最小の数は，-6と2

13

(1) $\boldsymbol{l : y=\frac{3}{4}x+3}$

$\boldsymbol{m : y=3x-3}$

(2) $\boldsymbol{\left(\frac{8}{3},\ 5\right)}$　(3) **8**

(4) **20**

解説

(1) 直線lは傾き$\frac{3}{4}$，切片3であるから，

$$y=\frac{3}{4}x+3$$

直線mは傾き3，切片-3であるから，

$y=3x-3$

(2) 交点Pの座標は，2直線の式を連立方程式として解く。(1)より，

$$\frac{3}{4}x+3=3x-3$$
$$3x-12x=-12-12$$
$$9x=24$$
$$x=\frac{8}{3},\ y=5$$

(3) △PBCにおいて，BCを底辺，点Pのx座標を高さと考える。

$\mathrm{BC}=3-(-3)=6$，x座標$\frac{8}{3}$より，

$$\frac{1}{2}\times 6\times\frac{8}{3}=8$$

(4) △PAB＝△PBC＋△ABCである。

△ABCにおいて，BCを底辺，OAを高さと考えると，

$$\triangle \mathrm{ABC}=\frac{1}{2}\times 6\times 4=12$$
$$\triangle \mathrm{PAB}=8+12=20$$

14

$-48\leqq y\leqq 0$

解説

$y=ax^2$に$x=2$，$y=-12$を代入すると，

$-12=4a$　　$a=-3$

よって，式は$y=-3x^2$

グラフは上に凸となり，xの変域に0を含むから，

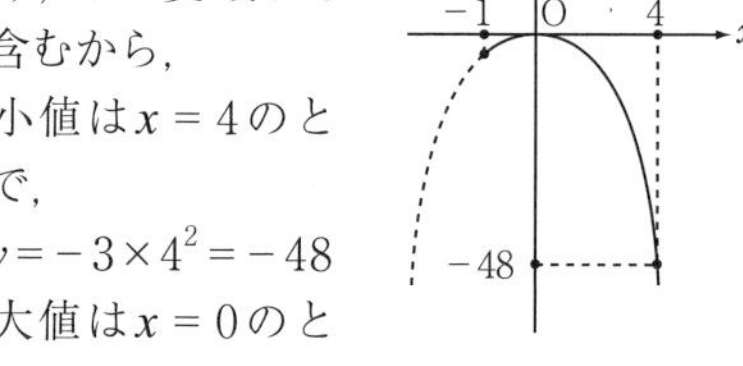

最小値は$x=4$のときで，

$y=-3\times 4^2=-48$

最大値は$x=0$のときで，$y=0$

15

(1) $\boldsymbol{y=x^2}$　(2) **(2，4)**

(3) **3**　(4) $\boldsymbol{y=5x}$

解説

(1) $y=ax^2$のグラフ上の点が$(-1,\ 1)$であるから，

それぞれの値を代入すると，

$1=a\times(-1)^2$より，$a=1$

よって，$y=x^2$

(2) 交点Bは，$y=x^2$と$y=2x$の交点であるから，

$$x^2=2x$$
$$x^2-2x=0$$
$$x(x-2)=0 \text{より，}$$
$$x=0,\ 2 \qquad y=0,\ 4$$

Bのx座標は正だから，（2，4）

(3) A（−1，1），B（2，4）だから，
直線ABの式は，

$$y-4=\frac{4-1}{2-(-1)}(x-2)$$
$$y=x-2+4$$
$$y=x+2$$

直線ABの切片は2だから，直線ABとy軸との交点をCとすると，

$$\triangle OAB=\triangle OAC+\triangle OBC$$
$$=\frac{1}{2}\times2\times1+\frac{1}{2}\times2\times2$$
$$=3$$

(4) 求める直線は，線分ABの中点と原点を通る。線分ABの中点の座標は，

$\left(\frac{2+(-1)}{2},\ \frac{4+1}{2}\right)$だから，

$\left(\frac{1}{2},\ \frac{5}{2}\right)$

原点Oと点$\left(\frac{1}{2},\ \frac{5}{2}\right)$を通る直線の式は，$y=ax$に$\left(\frac{1}{2},\ \frac{5}{2}\right)$をそれぞれ代入して求める。

$$\frac{5}{2}=\frac{1}{2}a$$
$$a=5$$

よって，$y=5x$

16

105°

解説

折り返した角は等しいことと，長方形の向かい合う辺は平行であることを利用する。下の図において，

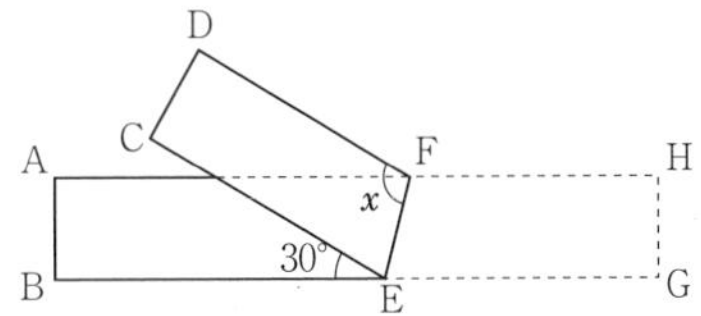

∠FEG＝∠CEFより，

$$\angle BEF=30^\circ+\frac{1}{2}\times(180^\circ-30^\circ)$$
$$=105^\circ$$

よって，x＝∠HFE＝∠BEF＝105°

（別解）

$$x=\angle AFD+\angle AFE$$
$$=30^\circ+\frac{1}{2}\times(180^\circ-30^\circ)=105^\circ$$

17

$\frac{8\sqrt{3}}{3}$ **cm²**

解説

△ABCは正三角形で，Eは辺BCの中点なので，

AE⊥BC

BE＝EC＝4〔cm〕

Dから辺ECに垂線DGを引くと，DE＝DCより，Gは辺ECの中点で，DG⊥ECより，

AD＝EG＝2〔cm〕

AD：EC＝1：2

また，AD∥ECより，△FAD∽△FCE

よって，AF：CF＝1：2

$$\triangle CDF=\frac{2}{3}\triangle CAD$$

DG＝AE＝$4\sqrt{3}$，AD＝2より，

$$\triangle CAD=\frac{1}{2}\times2\times4\sqrt{3}=4\sqrt{3}\text{〔cm}^2\text{〕}$$

よって，求める面積は，

$$\triangle CDF=\frac{2}{3}\times4\sqrt{3}=\frac{8\sqrt{3}}{3}\text{〔cm}^2\text{〕}$$

18

(1) $\frac{8\sqrt{6}}{3}$　(2) $4\sqrt{2}+\frac{4\sqrt{6}}{3}$

(3) $16+\frac{16\sqrt{3}}{3}$

解説

(1) △ABCは，∠A = 90°の直角二等辺三角形だから，

$BC = 8\sqrt{2}$

△CDBは，∠D = 60°の直角三角形だから，

$BD : BC = 1 : \sqrt{3}$

よって，$BD : 8\sqrt{2} = 1 : \sqrt{3}$

したがって，$BD = \frac{8\sqrt{2}}{\sqrt{3}} = \frac{8\sqrt{6}}{3}$

(2) △ABCは，∠A = 90°の直角三角形で，AEは∠A = 90°の二等分線だから，Eは辺BCの中点である。

よって，$AE = \frac{1}{2}BC = 4\sqrt{2}$

∠CEF = ∠CBD = 90°より，
同位角が等しいから，FE∥DB
ゆえに，中点連結定理から

$EF = \frac{1}{2}BD = \frac{4\sqrt{6}}{3}$

よって，

$AF = AE + EF$
$= 4\sqrt{2} + \frac{4\sqrt{6}}{3}$

(3) $\triangle CFA = \frac{1}{2} \times AF \times CE$

$= \frac{1}{2} \times \left(4\sqrt{2} + \frac{4\sqrt{6}}{3}\right) \times 4\sqrt{2}$

$= 16 + \frac{16\sqrt{3}}{3}$

19

28°

解説

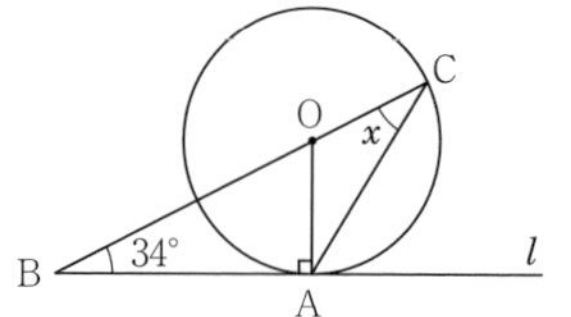

上の図で，∠OAB = 90°だから，

∠BOA = 90° − 34° = 56°

△OACは二等辺三角形であるから，

$\angle x = \frac{1}{2} \times 56° = 28°$

20

(1) $6\sqrt{85}\,\mathrm{cm}^2$　(2) $336\mathrm{cm}^3$

解説

(1) △OABは二等辺三角形であるから，OからABに垂線OEをひく。

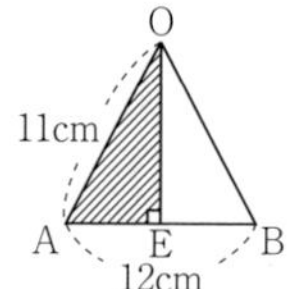

△OAEは直角三角形で，EはABの中点であるから，

AE = 6〔cm〕

△OAEにおいて，

$OA^2 = AE^2 + OE^2$より，

$11^2 = 6^2 + OE^2$

$OE = \sqrt{85}$

$\triangle OAB = \frac{1}{2} \times 12 \times \sqrt{85}$

$= 6\sqrt{85}$〔cm²〕

(2) △ABCにおいて，

$AC^2 = AB^2 + BC^2$より，

$AC = \sqrt{12^2 + 12^2} = 12\sqrt{2}$〔cm〕

OからACに垂線OHをひくと，

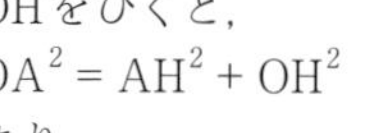

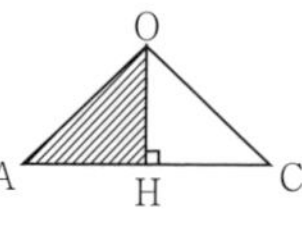

$OA^2 = AH^2 + OH^2$より，

$11^2 = (6\sqrt{2})^2 + OH^2$

OH = 7〔cm〕

よって，体積は$V=\frac{1}{3}abh$の公式より，

$$\frac{1}{3}\times 12^2\times 7=336〔\mathrm{cm}^3〕$$

21

12個

解説

偶数の一の位の数は偶数であるから，求める3桁の偶数の一の位は，2，4の2通りある。

そのそれぞれに対し，百の位，十の位は残りの3個の数字から2個選んで並べるから，${}_3P_2$通りある。

よって，3桁の偶数は，

$$2\times {}_3P_2=2\times 3\times 2=12〔個〕$$

22

(1) **210通り**

(2) **90通り**

解説

(1) 10個の異なるものから4個選んだ組合せの総数であるから，求める選び方は，

$$ {}_{10}C_4=\frac{10\cdot 9\cdot 8\cdot 7}{4\cdot 3\cdot 2\cdot 1}=210〔通り〕$$

(2) 男子6人の中から2人を選ぶ方法は，${}_6C_2$通りあり，そのそれぞれに対して，女子4人の中から2人を選ぶ方法が${}_4C_2$通りずつある。

よって，求める選び方は，

$$ {}_6C_2\times {}_4C_2=\frac{6\cdot 5}{2\cdot 1}\times\frac{4\cdot 3}{2\cdot 1}=90〔通り〕$$

23

(1) $\mathbf{\frac{1}{9}}$　　(2) $\mathbf{\frac{1}{6}}$

(3) $\mathbf{\frac{5}{6}}$

解説

2個のサイコロを同時に投げたときの，出る目の場合の数は，

$$6\times 6=36〔通り〕$$

(1) 出る目の差が4である場合は，

(1，5)，(5，1)，(2，6)，(6，2)の4通り。

よって，求める確率は，$\frac{4}{36}=\frac{1}{9}$

(2) 同じ目である場合は，

(1，1)，(2，2)，(3，3)，(4，4)，(5，5)，(6，6)の6通り。

よって，求める確率は，$\frac{6}{36}=\frac{1}{6}$

(3) 「目の和が5以上である」という事象は，「目の和が4以下である」の余事象であり，(1，1)，(1，2)，(1，3)，(2，1)，(2，2)，(3，1)の6通りの場合がある。

よって，求める確率は，

$$1-\frac{6}{36}=\frac{5}{6}$$

24

$\mathbf{\frac{7}{40}}$

解説

10個の球から，3個の球を取り出す場合の数は，

$$ {}_{10}C_3=\frac{10\cdot 9\cdot 8}{3\cdot 2\cdot 1}=120〔通り〕$$

赤球7個から1個を取り出す場合の数は，${}_7C_1$通りで，そのそれぞれに対して白球3個から2個を取り出す場合の数が${}_3C_2$通りであるから，

赤球が1個，白球が2個である場合の数は，

$$ {}_7C_1\times {}_3C_2=7\times 3=21〔通り〕$$

よって，求める確率は，

$$\frac{21}{120}=\frac{7}{40}$$

25

⑴ $\frac{1}{9}$　⑵ $\frac{1}{3}$

解説

3人の手の出し方の総数は,

$3^3=27$〔通り〕

⑴ AとBが勝つ場合は,

AとBがグー，Cがチョキ

AとBがチョキ，Cがパー

AとBがパー，Cがグー

の3通り。

よって，求める確率は，$\frac{3}{27}=\frac{1}{9}$

⑵ 1人だけが勝つ場合，勝者の決まり方はAかBかCの3通りある。

その各々に対して，勝ち方がグー，チョキ，パーの3通りある。

よって，求める確率は，$\frac{3\times3}{27}=\frac{1}{3}$

26

平均値：6.5点　中央値：6.5点
最頻値：7点

解説

度数の合計は40人である。

・平均値は,

$$\frac{1}{40}(3\times2+4\times4+5\times6+6\times8+7\times9+8\times5+9\times3+10\times3)$$
$$=\frac{1}{40}\cdot260$$
$$=6.5〔点〕$$

・中央値は得点の低いものから順に並べたときの20番目と21番目の値の平均値なので,

$$\frac{6+7}{2}=6.5〔点〕$$

・最頻値は最も度数の多い得点なので，7点。

27

⑴ **165cm**　⑵ **166cm**

解説

データを値の小さいものから順に並べる。

⑴ 仮の平均を166cmとする。

データ	仮の平均との差
157	−9
158	−8
162	−4
163	−3
166	0…(仮の平均)
168	2
169	3
170	4
172	6
計	−9

上の表より，平均値は,

$$166+\frac{-9}{9}=165〔cm〕$$

⑵ 中央値は小さいものから順に並べたときの5番目の値なので166cm

28

③

解説

① 第1四分位数は，箱ひげ図からおよそ45点である。このため，得点が45点より低い生徒は最大でも50人であるが，個々のデータはわからないので，40点未満の生徒が50人以上いるとは確実にいえない。

② 中央値（第2四分位数）は，箱ひげ図からおよそ65点である。得点が45点より高く65点より低い生徒は，最大で50人であるといえるが，個々のデータはわからないので，50点台の生徒が50人以上いるとは確実にいえない。

③ 中央値（第2四分位数）がおよそ65点なので，65点以上の生徒は少なくとも

100人はいる。したがって，60点以上の生徒も100人以上いると確実にいえる。

④　この箱ひげ図からは平均値はわからない。

⑤　第3四分位数は，箱ひげ図からおよそ75点である。このため，得点が75点より高い生徒は最大でも50人である。この50人が全員80点以上のこともあり得るので，80点以上の生徒が40人以下であるとは確実にいえない。

4 理科

1

A．見通し　B．事物・現象
C．科学的　D．自然を愛する

2

(1) **第4学年**　(2) **第5学年**
(3) **第3学年**　(4) **第6学年**

3

(1) **60cm**　(2) **3倍**
(3) **倒立の実像**　(4) **像が暗くなる。**

解説

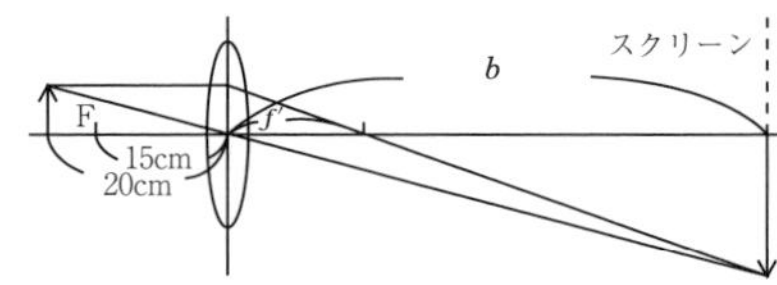

(1) $\frac{1}{f}=\frac{1}{a}+\frac{1}{b}$に$f=15$，$a=20$を代入して，

$$\frac{1}{15}=\frac{1}{20}+\frac{1}{b}\qquad\therefore\quad b=60\text{〔cm〕}$$

(2) 実像の大きさをもとの像のx〔倍〕とすると，
(物体の大きさ):(実像の大きさ)$=a:b$より，

$$1:x=20:60\qquad\therefore\quad x=3\text{〔倍〕}$$

(4) レンズを半分覆った場合，像の形は変わらないが，覆わない場合に比べて像の明るさは半分になる。

4

(1) **0.7g/cm^3**　(2) **1.5cm**
(3) **0.6N**

解説

(1) 密度$=\frac{質量}{体積}$であるから，

$$\frac{140}{8\times5\times5}=0.7\text{〔g/cm}^3\text{〕}$$

(2) 木片の重さは1.4Nであるから，水に浮かんでいる木片にはたらく浮力も1.4N。

水の密度は1g/cm^{3}であるから，水面に出ている木片の高さをx〔cm〕とすると，木片が押しのけた水の質量は

$$1\times8\times5\times(5-x)=40(5-x)\text{〔g〕}$$

であり，この水の重さは，

$$0.4(5-x)\text{〔N〕}$$

アルキメデスの原理より，これが浮力とつり合うので，

$$0.4(5-x)=1.4$$
$$\therefore\quad x=1.5\text{〔cm〕}$$

(3) アルキメデスの原理より，体積200cm^{3}の木片を完全に水中に沈めたとき，物体が受ける浮力は2Nである。

木片に下向きにはたらく力，すなわち木片の重さと木片を押す力の和が2Nであれば，木片は完全に水中に沈む。

よって，木片を押す力は，

$$2-1.4=0.6\text{〔N〕}$$

5

(1) **②**
(2) **振り子の糸の長さを長くする。**

解説

(1) 振り子がA，Dの位置にあるとき，運動エネルギーが0，位置エネルギーが最大である。一方，振り子がCの位置にあるとき，位置エネルギーが0，運動エネルギーが最大である。

(2) 振り子の周期は，振り子の長さによって変わる。

6

(1) **2.4A**　(2) **14.4W**
(3) **4V**　(4) **A＞B＞D＞C**

解説

(1) オームの法則 $I=\frac{V}{R}$ より，

$$I_A=\frac{12}{5}=2.4\text{〔A〕}$$

(2) $P=VI=\frac{V^2}{R}$ より，

$$P_B=\frac{12^2}{10}=14.4\text{〔W〕}$$

(3) $I=\frac{12}{5+10}=0.8$〔A〕より，

$$V=RI=5\times0.8=4\text{〔V〕}$$

（別解）

C，Dは直列回路なので，電圧と抵抗は比例する。

$$V_C:V_D=5:10=1:2$$

よって，$V_C=12\times\frac{1}{3}=4$〔V〕

(4) $P=VI$より，A，Bにおいて$V_A=V_B=12$，$I_A>I_B$であるから，$P_A>P_B$
C，Dにおいて，$I_C=I_D$，$V_C<V_D$であるから，$P_D>P_C$

また，$P=\frac{V^2}{R}$より，B，Dにおいて，$R_B=R_D$，$V_B>V_D$であるから，$P_B>P_D$

よって，$P_A>P_B>P_D>P_C$

7

(1) **N極**　(2) **b**

解説

(1) 電磁誘導では，近づけた極と同じ極がコイルの端にできる。
(2) 右ねじの法則をあてはめる。検流計の針が＋側にふれたときは，電流が＋端子から入っていることを示し，針が－側にふれたときは，電流が－端子から入っていることを示すことからもわかる。

8

〈起こりうる事故〉

アルコールが少ないと，容器内の混合気体に引火し，爆発することがある。

〈対応〉

アルコールランプが冷えてから，アルコールをつぎ足す。または，アルコールが7～8分目まで入ったものと取り替える。

9

- **暖房した部屋の窓ガラスの内側に結露が起こる。**
- **氷の入ったガラスコップのまわりに水滴がつく。**

などから1つ

10

(1) **38％**　(2) **ア**
(3) **硝酸カリウム**　(4) **50g**
(5) **再結晶**

解説

(1) 質量パーセント濃度〔％〕

$$=\frac{\text{溶質の質量〔g〕}}{\text{溶液の質量〔g〕}}\times100$$

より，

$$\frac{60}{100+60}\times100=37.5\fallingdotseq38\text{〔％〕}$$

(2) 水溶液が飽和に達すると，結晶が析出し始める。グラフの縦軸の硝酸カリウム60gと溶解度曲線との交点から温度を求める。
(3) 硝酸カリウムは，溶媒である水の温度差に対する溶解度が大きいので，混合溶液を60℃から20℃まで冷却することにより，食塩を含まない純粋な硝酸カリウムを析出させることができる。

(4) グラフより，20℃における硝酸カリウムの溶解度は30なので，

80 − 30 = 50〔g〕

11

(1) A．アンモニア　B．二酸化炭素
C．酸素　D．水素

(2) 大理石，貝殻，卵の殻
などから1つ

(3) 二酸化マンガンに過酸化水素水を少量ずつ加える。

(4) 捕集方法：上方置換法
理由：アンモニアは空気より軽く，水に非常に溶けやすいから。

解説

(3) 一度に多量の過酸化水素水を加えると，急激に酸素が発生して容器が破裂する恐れがある。

12

(1) アンモニア水，水酸化ナトリウム水溶液

(2) 希塩酸，水酸化ナトリウム水溶液
気体：水素

(3) 希塩酸　捕集方法：水上置換法

(4) 水酸化ナトリウム水溶液，食塩水

(5) 気体：二酸化炭素
方法：気体の入った容器に石灰水を加えて振る。

解説

(1) フェノールフタレイン液は，弱アルカリ性で赤色に変化する。

(2) アルミニウムは両性金属で，希塩酸，水酸化ナトリウムの両方に溶け，水素を発生する。

$2Al + 6HCl \longrightarrow 2AlCl_3 + 3H_2\uparrow$

$2Al + 2NaOH + 6H_2O \longrightarrow 2Na[Al(OH)_4] + 3H_2\uparrow$

(3) スチールウール（鉄）は希塩酸に溶け，水素を発生する。

$Fe + 2HCl \longrightarrow FeCl_2 + H_2\uparrow$

(4) 固体の物質が溶けている水溶液を加熱すると，水が蒸発し，溶けていた固体が析出する。

(5) 炭酸水は二酸化炭素を溶かした水溶液である。

13

(1) 炭酸水素ナトリウムの分解で発生する水が，加熱している試験管の底の方に流れ，試験管が割れるのを防ぐため。

(2) ガラス管を水の中から取り出す。

(3) 無色無臭。石灰水に通すと，白濁する。水に少し溶ける。空気より重い。
などから2つ

解説

炭酸水素ナトリウムの分解である。

炭酸水素ナトリウム ⟶
炭酸ナトリウム＋水＋二酸化炭素

(1) 水は水蒸気として発生したものが，水滴となって試験管の内側につく。

(2) 火を消すと試験管A内の温度が下がり気圧も下がるために，水が逆流して，試験管が割れる可能性がある。

(3) 試験管Bに採集されるのは，二酸化炭素である。

14

(1) 電解質である水酸化ナトリウムを加えることにより，電流を流しやすくするため。

(2) a

(3) a：H_2　b：O_2
$H_2 : O_2 = 2 : 1$

解説

水の電気分解である。

$$2H_2O \longrightarrow O_2 + 2H_2$$

陽極ではOH^-が電子を放出し，酸素が発生する。陰極ではH^+が電子を受け取り，水素が発生する。化学反応式より，水素の係数は2，酸素の係数は1であるから，発生する水素と酸素の体積比は，

$$H_2 : O_2 = 2 : 1$$

15

(1)　⑤→②→⑥→③→①→④

(2)　イ　　**(3)　ミドリムシ**

解説

(2)　顕微鏡で見える像は，実際のものとは上下左右が反対である。

(3)　緑色でべん毛をもち，植物と動物の両方の特徴を兼ね備えている生物である。

16

(1)　①　被子　　②　裸子

③　単子葉　　④　双子葉

(2)　イ，オ

解説

裸子植物は，胚珠が子房で包まれておらず，胚珠がむきだしの花を咲かせる。また，子房がないので，受粉しても果実はできず，種子のみができる。

17

(1)　A．子房　　B．おしべ

C．胚珠　　D．柱頭

E．めしべ　　F．やく

G．花びら（花弁）

H．がく

(2)　A　　**(3)　オ**

解説

(3)　アブラナは双子葉植物の離弁花類。

18

(1)　葉のデンプンをなくすため。

(2)　ヨウ素溶液（ヨウ素ヨウ化カリウム溶液）

(3)　a

(4)　光合成には日光が必要である。

(5)　光合成には葉緑体が必要である。

解説

(1)　一昼夜暗所に置くと，暗所に置く前に光合成で作られたデンプンを呼吸によって消費する。

(3)　デンプンはヨウ素溶液に反応し，青紫色を呈する。

(4)　cの部分は緑色であるがアルミニウム箔で覆ったので，日光が当たらない。このため，光合成を行わず，デンプンが存在していないので，ヨウ素デンプン反応を示さない。

(5)　dの部分は白いふの部分で葉緑体がないので，光合成を行わない。このため，デンプンが存在せず，ヨウ素デンプン反応は示さない。

19

〈オス〉　〈メス〉

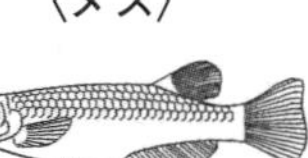

オス：背びれに切れこみがあり，尻びれが平行四辺形。

メス：背びれに切れこみはなく，尻びれがオスより小さく，後の方が狭くなっている。

20

(1) **露点**　(2) **57 %**

解説

(1) コップのまわりの空気が冷やされ水蒸気量が飽和に達したため，水蒸気が凝結し水滴になり，コップの表面がくもった。

(2) この空気の露点は15℃なので，空気中に最初に含まれていた水蒸気量は15℃の飽和水蒸気量に等しい。

湿度〔%〕＝

$$\frac{\text{空気}1\,\text{m}^3\text{中の水蒸気量〔g/m}^3\text{〕}}{\text{その気温での飽和水蒸気量〔g/m}^3\text{〕}} \times 100$$

$$= \frac{13}{23} \times 100 \fallingdotseq 57\,〔\%〕$$

21

東の空に満月

解説

日没時に南中する月は，上弦の月である。1週間後には満月となり，日没時に東の空から昇る。

22

(1) **北極星**　(2) **34°**

(3) **ウ**

解説

(2) 北極星の高度＝観測地点の緯度

(3) 北の空の星は，北極星を中心に反時計回りに動いて見える。同じ星が同じ位置に見える時刻は，1ヵ月に2時間ずつ早くなる。

23

(1) ① **ア**　② **イ**

③ **ウ**　④ **コ**

⑤ **カ**　⑥ **ク**

⑦ **キ**　⑧ **ケ**

⑨ **エ**　⑩ **オ**

(2) **温かく浅い海**　(3) **エ**

解説

(1) A層，B層，C層，D層の順に堆積した。断層はA層～D層を切っているので，A層～D層が堆積した後，断層が形成された。火成岩Hは断層で切られていないので，断層の形成より火成岩Hの貫入の方が新しい。D層，火成岩HとE層は不整合の関係にあるので，土地が隆起した後，侵食を受けた。その後，沈降し，E層，F層，G層の順に堆積した。

(2) サンゴは，地層が形成された当時の環境を知る手がかりとなる示相化石のひとつである。堆積岩Eからサンゴの化石が発見されたので，当時，この付近は暖かく，浅い海であったと考えられる。

(3) 示準化石は，地層のできた地質年代を知る手がかりとなる化石である。サンヨウチュウ，フズリナは古生代，アンモナイトは中生代，ナウマンゾウは新生代の示準化石である。

24

(1) **a．石基**　**b．斑晶**

(2) **A．等粒状組織**　**B．斑状組織**

(3) **A．深成岩**　**B．火山岩**

5 生活

1

A．体験　B．自分自身
C．身近な人々　D．自然
E．技能

2

A．学校生活　B．通学路
C．地域の行事　D．生活の様子
E．成長　F．生命
G．親しみ　H．地域の出来事

3

〔解答例〕
〈ねらい〉
・公園に出かけ，遊具や自然に親しんだり，遊びを工夫したりしながら友達と楽しく遊ぶことができる。
・公共物や公共施設はみんなのもの，みんなのために役立っているものであることに気付く。
・公園でのルールやマナーを身に付け，正しく利用できるようにする。
などから２つ
〈配慮事項〉
・事前に，公園までの交通安全や危険箇所，公園内の安全性の確認をしておき，行動の際に注意させる。所要時間も確認しておく。
・けがや事故にあった場合の対応や，緊急時の連絡態勢を整えておく。
・遊び場を利用したり人と接したりする際の最低限のマナーを指導しておく。
・他の教職員や保護者などの協力を得て，公園までの行き帰りや遊具，自然の様子などの安全に十分配慮する。
・遊びが見つけられない児童には，集団ゲームを提案したり，草花を使った遊びを紹介したりして，仲間や遊びを広げる手助けをする。
などから２つ

4

②，③

解説
①　ウサギを抱くときは，首すじをしっかりとつかみ，もう一方の手でしりを抱え込むようにする。耳は持ってはいけない。
④　飲み水は必要である。

5

ア，ウ

6 音楽

1

A．音楽表現　B．感性
C．情操

2

A．楽しく　B．進んで
C．主体的に

3

第1学年及び第2学年：エ，カ
第3学年及び第4学年：イ，ウ
第5学年及び第6学年：ア，オ

4

(1) 第5学年　(2) 第1学年
(3) 第2学年　(4) 第6学年
(5) 第3学年　(6) 第4学年

5

A．歌えるよう　B．唱歌
C．わらべうた　D．移動ド

6

(1) ア．読み方：メッゾ・ピアノ
意味：少し弱く
イ．読み方：シャープ
意味：半音上げる
ウ．読み方：フェルマータ
意味：その音符や休符をほどよくのばす
エ．読み方：クレシェンド
意味：だんだん強く
オ．読み方：ア・テンポ
意味：もとの速さで
(2) 8小節
(3) ウ

解説
(2) 演奏順序（数字）は次のとおり。

7

(1)
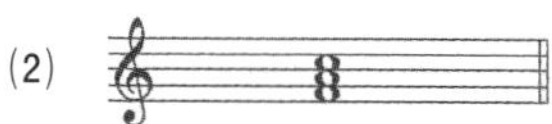

(2)
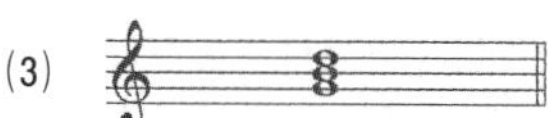

(3)

8

エ→イ→ア→オ→ウ

解説
作曲家の生没年は，それぞれ次のとおり。
ア．1810～49年
イ．1770～1827年
ウ．1874～1934年
エ．1685～1750年
オ．1824～84年

9

(1) 第4学年　(2) 第6学年
(3) 第5学年　(4) 第1学年
(5) 第3学年

10

(1) 「われは海の子」
(2) 「茶つみ」

11

(1) 「ふるさと」
(2) へ長調
(3) イ
(4) 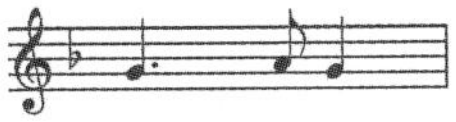
(5) うさぎおいしかのやま
(6) 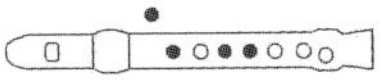
(7) ソ

解説

この曲の作詞者は高野辰之，作曲者は岡野貞一である。

12

(1) イ　(2) エ　(3) オ
(4) ウ　(5) ア

13

(1) シューベルト
(2) バイオリン，ビオラ，チェロ，コントラバス　(順不同)

7 図画工作

1

A．鑑賞　B．創造的
C．感性　D．豊かな情操

2

A．エ　B．カ　C．ウ
D．コ　E．ア

3

②

解説

①，③は第1学年及び第2学年，④，⑤は第5学年及び第6学年の内容である。

4

A．独立して　B．共通事項
C．等しく　D．共同して
E．生活科　F．道徳科

5

筆：色を変えるときはよく洗い，前の色と次の色が混ざらないようにする。
水：筆洗（水入れ）の水をこまめに替える。付け水をきれいにしておく。
パレット：混色するときに色を多く使いすぎないようにする。絵の具を置く所と混色する所を分ける。

6

(1)　三角刀　(2)　切り出し刀
(3)　丸刀

7

(1)　横びき　(2)　手前側，下側

8

A．リトグラフ　B．ドライポイント
C．孔

9

(1)　色相，明度，彩度　(2)　黄色
(3)　無彩色　(4)　補色

10

(1)　ク　(2)　キ　(3)　オ
(4)　ウ　(5)　エ　(6)　カ

11

どべ

12

(1)　カ　(2)　ウ
(3)　ク　(4)　コ

解説

(1)　富嶽三十六景「凱風快晴」
(2)　「風神雷神図屏風」
(3)　「湖畔」　(4)　「手」

13

⑤

解説

① 「松林図屛風」は長谷川等伯の作品。
② 「紅白梅図屛風」は尾形光琳の作品。
③ 「ポッピンを吹く女」は喜多川歌麿の作品。
④ 「海の幸」は青木繁の作品。

14

(1) カ　(2) イ
(3) ク　(4) オ

解説

(1) 「ダヴィデ像」　(2) 「星月夜」
(3) 「ゲルニカ」
(4) 「グランド・ジャット島の日曜日の午後」

15

(1) ミレー
(2) レオナルド＝ダ＝ヴィンチ
(3) ムンク
(4) モネ
(5) レンブラント
(6) (アンディ・)ウォーホル

8 家庭

1

③

2

A．伝統的　　B．五大栄養素
C．食育　　D．採光

3

・施設・設備の安全管理に配慮し，学習環境を整備するとともに，熱源や用具，機械などの取扱いに注意して事故防止の指導を徹底すること。
・服装を整え，衛生に留意して用具の手入れや保管を適切に行うこと。
・調理に用いる食品については，生の魚や肉は扱わないなど，安全・衛生に留意すること。また，食物アレルギーについても配慮すること。

4

(1) オ　(2) ク　(3) イ

5

(1) 液温は40℃を限度とし，手洗いができる。
(2) 底面温度150℃を限度としてアイロン仕上げができる。
(3) 日陰のつり干しがよい。

6

(1) なみ縫い　(2) 本返し縫い
(3) 半返し縫い

7

エ

解説

まち針は，縫い上がり線に対して直角に，針先を縫い代側に向けてとめる。

8

③，⑤

解説

③は縫い目がとぶ原因，⑤は針が折れる原因。

9

(1) ・主にエネルギーのもとになるもの
・主に体をつくるもとになるもの
・主に体の調子を整えるもとになるもの
(2) A．炭水化物……ア，エ，コ
B．脂質…………ケ
C．たんぱく質…イ，キ
D．無機質………オ，カ
E．ビタミン……ウ，ク

10

A．炭水化物（でんぷん）
B．ぬか層
C．ビタミンB_1
D．糊化（α化）
E．老化（β化）
F．1.5
G．1.2
H．30

11

(1) ①
(2) 大さじ1杯…18g
1人分の分量…15g
(3) A．小口切り
B．いちょう切り
C．たんざく切り
(4) みそを煮立たせすぎると，みその香りや旨味が損なわれるから。

解説
(1) ②はこんぶ，③はかつお（一番だし）のだしのとり方。

12

(1) プリペイドカード
(2) デビットカード

13

(1) JISマーク，ウ
(2) SGマーク，ア
(3) STマーク，イ

14

②

解説
② 店頭販売は適用外である。

15

(1) A．エコマーク
B．グリーンマーク
(2) グリーンコンシューマー
(3) リデュース：減量（発生抑制）
リユース：再使用
リサイクル：再生利用

9 体育

1

A．心　B．体
C．スポーツライフ　D．運動の行い方
E．健康・安全　F．親しむ
G．体力の向上

2

A．楽しさ　B．きまり
C．意欲的　D．体の発育・発達
E．病気の予防　F．特性
G．仲間　H．約束
I．回復

3

健康な生活：第3学年
病気の予防：第6学年

4

A．イ　B．ウ　C．カ
D．キ　E．サ　F．テ
G．セ　H．チ　I．ツ

5

(1) イ　(2) カ　(3) ウ
(4) ク　(5) ケ

6

(1) 片足踏み越し下り　(2) 片逆手

7

(1) かかえ込み跳び

(2) ア．助走のスピードを落とさずに体を前に投げ出しながら踏み込む。両足で踏み切り，腰を高く上げるようにする。　など

イ．跳び箱をたたくように手を着き，強く突き放す。できるだけ跳び箱の前方に手を着く。手の突き放しと同時に膝を素早くかかえ込む。　など

(3) 低い跳び箱で行う。ウレタンマットなどを用いて着地位置を高くする。補助者をつける。　など

8

A．スタンディング
B．クラウチング
C．ピッチ
D．ストライド
E．テークオーバーゾーン
F．30
G．オープン
H．コーナートップ制

9

① ○　② ×　③ ○
④ ×　⑤ ○

解説

② ハードルから遠くで踏み切り，近くで着地する。

④ 上体はやや前傾にし，姿勢を低くする。

10

(1) 輪踏み幅跳び練習をさせる。踏み切りゾーンを設ける。歩幅を狭めない助走の練習をさせる。 など

(2) 低い台上からの立ち幅跳びを練習させる。鉄棒を利用したけんすい振り跳びを練習させる。 など

11

A．バー　B．無効試技（失敗）
C．3

12

(1) 伏し浮き　(2) バブリング
(3) だるま浮き　(4) け伸び

13

(1) ③
(2)〔解答例〕
脚を伸ばして足首の力を抜いた状態をとらせ，膝上の部分を支えて上下に動かすなど適切な補助によって，太ももからの動きを覚えさせる。

解説
(1) ③ 手のひらは斜め外向きにする。

14

A．イ　B．ウ　C．カ
D．ウ　E．キ　F．コ
G．ケ

15

(1) A．23　B．0.4　C．1.0
(2) ・事故防止のため，互いに相手の安全を確かめさせる。
・互いに進歩の様子を確かめ合ったり，欠点を矯正する手助けになったりするなど，学習効果を高める。

16

(1) マンツーマンディフェンス
(2) ピボット
(3) トラベリング
(4) チャージング

17

(1) ボールが最後に守備側プレーヤーに触れてゴールラインから外に完全に出たとき，攻撃側に与えられるキックで，ボールの出た地点に近いコーナーアークからキックする。

(2) 転がってきたボールや飛んできたボールを手や腕以外で受け止め，相手を惑わす方向にコントロールすること。

(3) 相手をつまずかせたときにとられるファウル。

(4) 競技開始のプレーで，センターマークに置かれたボールを相手側エンドに蹴り入れること。

18

(1) エ　(2) ウ　(3) イ
(4) ア　(5) オ

19

(1) オ　(2) ウ
(3) ア　(4) エ

20

(1) 熱射病

(2) ・涼しくて風通しのよい場所に寝かせる（安静を保つ）。
・衣服をゆるめて風を送り，体を冷やす。
・吐き気がなければ，薄い食塩水やスポーツドリンクなどを飲ませる。

21

(1) 病原体，体の抵抗力，生活行動，環境

(2) がん（悪性新生物），心臓病（心疾患），脳卒中（脳血管疾患）

22

① ニコチン ② タール
③ ○ ④ 肝臓
⑤ 急性アルコール中毒
⑥ 鈍く（抑制）させる

10 外国語活動・外国語

1

A．素地　B．体験的
C．音声　D．主体的
E．書くこと　F．目的
G．語順

2

(1) イ　(2) エ　(3) ア
(4) エ　(5) ウ

解説

(1) 「数，量，形についての，またそれらの関係についての学問」

(2) 「物（食品や飲料など）を冷たく保つのに使われる装置または部屋」

(3) 「何かを形成または生成するため（2つ以上の物を）結びつける」

(4) 「優雅ではない，技能が欠落している，使いにくいまたは扱いにくい」

(5) 「（何かもしくは誰か）の世話をしない，または（何かもしくは誰か）に注意を払わない」

3

(1) エ　(2) イ　(3) エ
(4) エ　(5) ア

解説

(1) 「彼は，自分のかばんが教室で盗まれるとは思いもしていなかった」
have + O + 過去分詞「Oを～される」

(2) 「あなたはすべてのお客を，まるで親友であるかのように温かくもてなすべきです」
as if + 仮定法「あたかも～であるかのように」
「お客が親友である」というのは現在の事実に反するので仮定法過去。

(3) 「私の息子たちはずっとあなたにお会いするのを楽しみにしていました」
look forward to + 動名詞「～することを楽しみにしている」

(4) 「すべてを考慮に入れると，プロジェクトを中断すべきだと思う」
take ～ into consideration「～を考慮に入れる」

(5) 「駅まで走りなさい，そうすれば列車に間に合うかもしれません」
命令文 + and～「…しなさい，そうすれば～」

4

(1) **No other**　(2) **fault with**
(3) **took**　(4) **No matter**
(5) **take, by**

解説

(1) 「彼女はクラスで最も賢い生徒です」
原級，比較級を用いた最上級表現を押さえておきたい。

(2) 「彼はいつも人の批判ばかりしているので好きではない」
find fault with～「～を批判する，～のあらさがしをする」

(3) 「我々は間違って彼をアメリカ人だと思いこんだ」
take O for～「Oを～とみなす，Oを～と間違える」

(4) 「あなたがどこにいようとも，助けに行きます」
no matter where～「たとえどこに～でも」：no matterの後にはwhat, how, whenなどの疑問詞が入る。

(5)「空港まで車で15分かかります」
It takes＋時を表す名詞(to～)「(～まで)…かかる」

5

(1) **bad**　(2) **afraid**
(3) **ahead**　(4) **idea**
(5) **wrong**

解説

相手の不幸に対して「それは大変だったね」と同情する表現That's too bad.や，相手にとって不利益なことを言うときの前置きとして用いられるI'm afraid「残念ながら」などは，ぜひ覚えておきたい頻出表現である。「どうしたのですか」と尋ねる表現としてはWhat's wrong (with you)?の他にWhat's the matter (with you)?がある。

〈全訳〉

(1) A：誰かが私の新しい自転車を盗んだんです。
B：まあ，ひどい。警察には届けましたか？

(2) A：すみません，市役所への行き方を教えてくださいませんか。
B：あいにく知らないのです。私もこの辺りには詳しくありませんので。

(3) A：あなたの電話を借りてもいいですか。
B：どうぞ。

(4) A：少し休憩しませんか。
B：それはいい考えですね。

(5) A：どうかしたんですか。顔色が悪いですよ。
B：気分が悪いんです。家に帰った方がよさそうです。

6

(1) カ　(2) オ　(3) ク
(4) イ　(5) エ

解説

外国語活動の授業でよく使う英語表現は頻出。ほめる表現，発言を促す表現，生徒に対する指示の表現など，決まった言い方があるので押さえておきたい。

〈全訳〉

(1) 惜しかったですね。
(2) お互いに向かい合ってください。
(3) 今日はここまでです。
(4) カードをテーブルに置いてください。
(5) もう一度言ってみてください。

7

(1) ウ　(2) イ　(3) エ
(4) ウ　(5) エ

解説

(1) 空欄の後のAの言葉にneitherとあることから，空欄には否定文が入る。Aの「私もです」という発言より，空欄ではBが「私は～」と述べていると判断できる。

(2) Can you～？「～してくれませんか」という依頼に対する答え方を覚えておこう。

(4) 空欄の後のAの「残念です。あなたが来てくれたらいいのに」という発言より，空欄には誘いを断る内容が入ることがわかる。

(5) BのNice to meet you.は初対面の相手に対する挨拶。それに対してAも「こちらこそ，はじめまして」という初対面の挨拶で応じている。したがってア「久しぶりです！」とウ「また会えてうれしい」は不適。

〈全訳〉

(1) A：彼の新しい本をどう思った？
B：正直言って，好きになれなかっ

た。

A：私も。

(2) A：鍵を探すのを手伝ってくれませんか。

B：いいですよ。

A：ありがとう。

(3) A：試験が終わりました。

B：合格できそうですか。

A：そう願います。

(4) A：今週パーティを開くつもりですが，来てもらえますか？

B：行きたいのですが，レポートを書くのに忙しいのです。

A：残念です。あなたに来てほしかったのですが。

(5) A：自己紹介させてください。アレックス・ライトです。

B：はじめまして，ライトさん。私はトム・ケインズです。

A：こちらこそ，はじめまして，ケインズさん。

8

① コ　② ウ　③ カ
④ ク　⑤ キ

解説

人口問題に関する基本的な知識があればたやすく答えられる問題である。総人口の減少，高齢者人口の増加，その結果としての労働力の不足，地方の過疎化が加速，などに相当する語を文中で求められる品詞・形に合わせて選択していく。文中に挙げられた具体的な数値もヒントとなる。

〈全訳〉

日本では出生率が低下しているため，総人口は2010年の1億2,806万人をピークに減少傾向にある。2030年までに1億1,662万人にまで減り，2048年には1億人を下回るだろうと予想されている。出生率の低下と並んで，この人口減は，経済や個人の生活水準の持続可能な維持・向上に対する大きな脅威となっている。

日本の高齢者人口（65歳以上）は毎年増加しており，2030年には3,685万人に達すると予想されている。その結果，高齢者1人に対する生産年齢人口（15歳～64歳）の割合は2010年の約2.8人から2030年には約1.8人にまで低下し，2050年には約1.3人まで低下するだろうと予想される。この急速な社会の超高齢化は，労働力や医療の不足，介護の負担の増加，社会保障料の増加などの問題に対する懸念を生じさせている。高齢化に加えて，出生率の低下と都市部への人口集中（それは地方の過疎化を加速する）によって，地方経済の衰退がもたらされる。

9

ウ

解説

ア．家の価格の上昇は，一部には，土地の価格の上昇によってもたらされている（第1段落第2文）。

イ．「住民は車を持ちたがらない」という記述は本文中にない。

ウ．第2段落前半部分の内容に一致する。

エ．1区画あたりの広さは約200平方フィートであり，1平方フィートあたり約5,000ドルという計算になる（第2段落第3文）。

オ．オーナーは税金やその他の管理料として毎月8,800ドル以上を支払わなければならない（最終文）。

〈全訳〉

過去数年間，特にトロントやニューヨークなどの一部の大都市で家の価格が上昇している。その理由の一部は，家が建っている土地の価格が大幅に上がっていることである。しかし，人が車を停める土地はどうだろう？駐車場スペースの価格もやはり高騰していることが判明した。特に，駐車場スペースの少ないニューヨークではなおさらである。

今週，ニューヨークタイムズ紙は，あるコンドミニアムでは駐車場料金として100万ドルを請求していると報道した。その通り。ニューヨーク市のクロスビーストリート42番地にある10軒の高級コンドミニアムのうちの1軒に住もうと思ったら，コンドミニアムに約900万ドルを支払うだけでなく，車を停めるために100万ドルも支払わなければならないのだ。駐車場の大きさは約200平方フィート（約18.6平方メートル）であるから，1平方フィートあたり約5,000ドルという計算になる。それだけでなく，コンドミニアムのオーナーは毎月，8,800ドル以上を税金とその他の建物管理費として支払わなければならない。

10

(1) ① カ　② ア　③ ウ
(2) ウ

解説

(1) keep up with ～「～についていく」
point out「指摘する」

(2) ココア豆は農家にとって儲かる商品ではない，とある（第2段落第1文）。増え続けるココア豆の需要に対応するため，支援を提供して，ココア豆の栽培農家を増やしたい考えだ，というのが本文の趣旨である。

〈全訳〉

チョコレートバーの価格は，近日中に上昇するかもしれない。チョコレートの主原料であるココア豆の入手が困難になっているからだ。世界中の人々がチョコレートを食べたがるようになり，ココア豆の栽培農家は需要に追いつけずにいる。過去10年間で，中国でのチョコレートの販売は2倍以上に増えた。

問題なのは，ココアは農家にとって収益の上がる商品ではないことだ。農家が儲けを出し，ココア豆の栽培を続ける気になるように，ココアの価格を上げるべきだと指摘されている。今のところ，チョコレートバーの価格のうち農家の取り分はわずか3パーセントにすぎない。

先月，ココア・チョコレートの製造会社12社が，農家によるココア栽培継続を支援することを定めた協定に調印した。そのうちの1社であるオラム社によると，この協定は資金，より優れた作付け材料，肥料，アフリカのコートジボワールやガーナでの研修などを農家に提供する。これが実現すれば，ココアを栽培したいと考える農家は増えるだろうと期待されている。

11 特別の教科　道徳

1

A．道徳性　　B．道徳的
C．深める

2

① 自分自身　② 生命

3

A．イ　　B．オ
C．カ

教員採用試験対策　オープンセサミシリーズ
参考書　専門教科　小学校全科

発　行　2023年10月20日　第1版第1刷

編　著　東京アカデミー
発行人　佐川泰宏
発行所　株式会社ティーエーネットワーク
〒450-6306 名古屋市中村区名駅1-1-1
ＪＰタワー名古屋６Ｆ
電話：052-586-7805㈹
FAX：052-563-2109
発売元　東京アカデミー七賢出版株式会社
〒171-0021 東京都豊島区西池袋1-11-1
メトロポリタンプラザビル13F
電話：03-6852-0803
FAX：03-6852-0180

ISBN978-4-86455-632-3　C7337

●出版案内，テキストの追補等の情報については東京アカデミー七賢出版のホームページをご覧ください。

https://www.shichiken.co.jp